张普定◎著

刑法学理论专题研究

XING FA XUE LI LUN ZHUAN TI YAN JIU

中国政法大学出版社

2019·北京

图书在版编目（ＣＩＰ）数据

刑法学理论专题研究/张普定著.—北京:中国政法大学出版社,2019.1

ISBN 978-7-5620-8821-9

Ⅰ.①刑… Ⅱ.①张… Ⅲ.①刑法－法的理论－研究－中国 Ⅳ.①D924.01

中国版本图书馆CIP数据核字(2019)第002333号

书　　名	刑法学理论专题研究
	XINGFAXUE LILUN ZHUANTI YANJIU
出 版 者	中国政法大学出版社
地　　址	北京市海淀区西土城路25号
邮　　箱	fadapress@163.com
网　　址	http://www.cuplpress.com （网络实名：中国政法大学出版社）
电　　话	010-58908633(第七编辑部) 58908334(邮购部)
承　　印	北京朝阳印刷厂有限责任公司
开　　本	787mm×1092mm 1/16
印　　张	29.75
字　　数	487千字
版　　次	2019年1月第1版
印　　次	2019年1月第1次印刷
定　　价	87.00元

PREFACE

前　言

"时光荏苒，白驹过隙"，自 1988 年从中国政法大学毕业，到大学任教，如今已走过 30 个春秋。多年来我辛苦工作，努力耕耘，在为社会培养法学才俊的同时，刑法学教学也成为我喜爱并选择终生相伴的事业。经过长期的学术积淀和反复斟酌，我将自己的理论思考汇集成《刑法学理论专题研究》这本书，希冀能用自己的汗水为刑法学发展掀起一朵浪花，为刑法学的研究多少发挥一些推动作用。

刑法学在我国确立已经整整 100 年，不容置疑的是，刑法学已成为法学中的显学。近 20 年刑法学的飞速发展，不仅改造了我国的刑法学体系并且对我国刑法学体系进行新的构建提供了契机。一方面，我国刑法学出现了许多新的术语，开辟了一些新的领域，如风险刑法，丰富了刑法学的理论，使刑法学科的知识愈加艰深，因此需要对新理论进行梳理和探讨；另一方面，我国刑法学要取得真正的发展，根本出路在于密切关注司法实践，司法实践是刑法学发展的养料和生命力所在，作为应用学科，刑法学应当立足于解决中国的法律问题。刑法学研究在注重理论的同时，应力求结合司法解释的规定，对司法实践有所帮助。本书正是基于这样的理念，希望能积极推动传统刑法学的转型，推动刑法学更好地服务于社会实践，并使读者能深入掌握刑法学基本理论，及时了解刑事立法与司法的发展动态，关注刑法学的前沿问题，同时对一些疑难案件的分析和解决提供切实可行的方案。

《刑法学理论专题研究》的内容围绕刑法学理论更新展开。我国刑法典关于犯罪成立条件的规定与大陆法系的规定之间并无多大差别，而在犯罪构成理论体系上却与国外存在天壤之别，因此，犯罪论体系完全是一个理论建构问题，我国刑法学没有必要拒绝已经在世界上对一百多个国家产生根本性影响的德国刑法学体系。在理论突飞猛进的今天，刑法学固步自封、因循守旧已不现实。将体系多元化作为学术发展的基础，学术研究才会有自己的风格，才具独特性，才能有创造性的见解。本书试图打破占统治地位的犯罪构成四要件理论，结合中国的司法实践，对受到热捧的阶层学说加以改造，将相对科学合理的阶层学说中国化，旨在建立客观主义的刑法学，既符合逻辑发展顺序，又直接指导司法实践。这种新型的犯罪论体系抛弃了犯罪客体的概念，并将犯罪主体回归到犯罪客观要件的本来领域。还将犯罪阻却事由纳入犯罪论体系之中，从而形成了新的法益保护要件、犯罪客观要件、犯罪主观要件和犯罪阻却事由体系，全书按照这样的体系分析犯罪论的要素和具体罪名的特征。本书针对近年来刑法学中的热点问题和特别重要的问题，结合刑事立法和《刑法修正案（九）》展开论述。虽然罪刑法定原则被写进了我国《刑法》，但这种写法与世界大多数国家表述不同，值得探讨，罪刑法定司法化的路径更应是关注的重点。共同犯罪亦即共犯，学术界成熟的概念如正犯、帮助犯等刑法立法也应给予关注。我国刑罚种类少，体系封闭，需要进行深度改造，尤其对于死刑的限制适用，是目前需要进一步解决的问题。刑罚裁量更多的时候是一个司法适用问题，需要对法律规定进行细化分析。本书对刑法中重要罪名的分析比较深入，对新型犯罪和刑事司法实践中争议较大的互联网金融犯罪、网络著作权犯罪、网络赌博犯罪等也进行了详尽分析。具体罪名中，对在司法实践中占比很高的犯罪，如抢劫罪、强奸罪等，进行了重点研究，对于社会关注、危害很大的受贿罪，尤其是性贿赂问题，进行了深度剖析。

我在刑法学教学科研中承担了一些课题项目，有的内容涉及立法完善，于是结合刑法的缺憾之处，本书进一步进行了阐述，为立法提供佐证。有的课题则是涉及司法适用问题的项目，书中内容结合了司法实践和社会实践并对其进行论证，这些课题阶段性成果在此讨论，供同仁批评，希望有抛砖引玉之用。

《刑法学理论专题研究》选取了刑法学中的若干复杂问题，对近年来这些领域新的理论观点加以阐释，希望对刑法学研习者的知识视野有所裨益，但以本人瓶颈之识，内容疏漏之处，在所难免，尚祈读者不吝指正。

在《刑法学理论专题研究》付梓之际，我要感谢我的学生热情关心和帮助，他们对知识的渴求，对我一如既往的尊重和喜爱，时时激励着我，使我在教学和学术的钻研中不曾有半点懈怠，有些学生参与校对书稿，做了大量繁杂工作。我也要感谢我家人的鼓励和关心，使我能有充裕的时间安心向学，静心思考，促成了本书的及时诞生。我更要感谢中国政法大学出版社的信任和支持，出版社编辑老师对本书从体例编排和研究内容方面均提出了不少宝贵意见，本书才能够顺利出版面世。

张普定

2018 年 4 月 27 日

于太原

CONTENTS

目　录

第一章

CHAPTER 01 | **罪刑法定原则与刑法新理念**

罪刑法定原则是我国刑法三大原则中的首要原则，也是三大原则中最重要的原则，适用刑法平等原则和罪刑相适应原则是罪刑法定原则的发展，也是罪刑法定原则的两个派生原则。罪刑法定原则是现代世界各国和地区普遍认同的一个极为重要的刑法原则和国际法原则。据不完全统计，目前世界上公开反对罪刑法定原则的国家和地区已经不存在，大多数国家和地区都把罪刑法定原则规定在刑法条文中，也有些国家虽然没有在法律中加以规定，但在理论和实践中都予以承认。特别是发展至今，罪刑法定原则已经从原来的国内刑法原则，发展成宪法上的原则并进而演变成国际法上的一个重要原则。《世界人权宣言》《欧洲人权公约》和《公民权利和政治权利国际公约》对罪刑法定原则都作出了明确规定。一个法律原则能够在这么长的时间内被不同国家、不同社会制度、不同民族的人们所广泛、持久地接受，这本身就足以证明罪刑法定原则内容的科学性及其具有的强大生命力。

第一节　罪刑法定原则的历史沿革

一、罪刑法定原则的产生

罪刑法定原则，亦称罪刑法定主义，作为刑法的一项基本原则，并不是随着刑法的产生而产生的，而是在刑法发展到一定的历史阶段，相对于封建时代的罪刑擅断而产生的。在古希腊和古罗马时代，就有了罪刑法定思想的萌芽。罗马法就有"适用刑罚必须根据实体法"的规定。德国学者修特兰达认为，罪刑法定原则的思想渊源最早可以追溯到中世纪英国的《自由大宪章》。1215 年英王约翰在贵族、僧侣、平民等各阶层结成的大联盟的强烈要求下，签署了共 49 条的特许状，这就是著名的《自由大宪章》（以下简称《大宪章》）。其中第 39 条规定："凡自由民除经其贵族依法判决或遵照内国法律之规定外，不得加以扣留、监禁、没收财产、剥夺其法律保护权，或加以放逐、伤害、搜索或逮捕。"这被认为是罪刑法定原则的渊源。这一观点历来被大多数学者所接受。当然，也有人对此提出质疑。如日本的横山晃一郎指出："由费尔巴哈所确定的近代刑法的罪刑法定主义，如果认为起源于英国的大宪章，那么在成为罪刑法定主义渊源的英国，就要承认不成文的普通法不是法渊，可是在英国直到今天近代刑法不是还不存在吗?"[1]横山教授认为：英国大宪章不能成为罪刑法定原则的渊源。

更多的日本学者，如泷川幸辰、木村龟二、大谷实、大野义真等教授还是认为，《大宪章》的确可以说是罪刑法定主义历史和思想的渊源。德国著名刑法学家、近代刑法学之父冯·费尔巴哈在其 1801 年的《刑法教科书》中指出，没有法律，也就不存在市民的刑罚。现在的法律不适用时，刑罚也不能适用。据此，大陆法系将罪刑法定原则的含义经典表述为法无明文规定不为罪，法无明文规定不处罚。即无法无罪，无法无刑。这里所说的法律，自然是针对成文法而言。日本学者正田满三郎认为，费氏的学说，"应当称为制定法主义的刑法理论"，《大宪章》第 39 条毕竟具有保障人权的意义，而罪刑法定原则的核心被认为在于限制法官的恣意，保障公民的人权。在这个意义上亦即从实质上看，说罪刑法定原则渊源于中世纪的英国大宪章，无可厚非。

英国大宪章之后，罪刑法定原则的思想，伴随着人权思想的展开，在英国 1628 年的《权利请愿书》和 1689 年 10 月的《权利法案》中逐渐发展成熟。17、18 世纪启蒙思想运动中，英国约翰·洛克的自由主义思想，法国孟德斯鸠的三权分立思想，以及德国费尔巴哈的心理强制说为罪刑法定提供了强大的理论支撑。此后，罪刑法定原则远渡重洋，传到北美。1787 年颁布的《美利坚合众国宪法》第 5 条修正案规定："对任何人，不依正当的法律程序不得剥夺其生命、自由和财产。"第 14 条修正案又进一步延展规定为："无论何州不经正当法律程序不得剥夺任何公民的生命、自由或财产。"从而在法律上确定了适当的法律程序原则，罪刑法定原则得到了进一步的发展。

---

〔1〕 转引自王玉成：《社会变迁中之罪刑法定原则》，台湾大伟书局 1988 年版，第 213 页。

如果说在以普通法为主体的英美法系中，罪刑法定原则主要从程序方面加以规定，那么它在实体上得到明确表现的，是 1789 年法国大革命之后的《人权与公民权利宣言》即《人权宣言》。其第 8 条规定："法律只能规定确实需要和显然不可少的刑罚，不依据犯罪行为前制定、颁布并付诸实施的法律，不得处罚任何人。"这一规定为法国 1791 年宪法和 1791 年的《法国刑法典（草案）》所采用。1810 年的《法国刑法典》继续采纳这一原则，其中第 4 条规定："没有在犯罪行为时以明文规定刑罚的法律，对任何人不得处以违警罪、轻罪和重罪。"《法国刑法典》的这一规定为欧洲大陆各国纷纷效仿，各国均在刑法开篇即规定罪刑法定原则，形成了罪刑法定原则最直接的刑法渊源。例如，1871 年的《德国刑法典》第 2 条、1889 年的《意大利刑法典》第 1 条，1882 年施行的《日本刑法》第 1 条。从此，罪刑法定原则成为许多国家刑法的基本原则。

随着历史和社会的发展，法治国逐渐出现，罪刑法定原则意味着法律和民权至高无上的地位。罪刑法定原则通过司法审判来保障个人权利和自由。数百年法律进步的里程显示，作为保护个人权利和自由堤坝的罪刑法定原则，已经成为当今世界各国，尤其是大陆法系国家刑法所明文确认的最重要的基本原则。

二、罪刑法定原则在我国刑法中的确立

罪刑法定原则在我国的确立经过了一个曲折而漫长的过程。罪刑法定原则早在从清末沈家本等人修律起即存在，至今已经有百年历史。1911 年《大清新刑律》首度确立了罪刑法定原则，但是，在我国近现代由于社会的长期动荡，法律处于不稳定状态，不具备条件推行罪刑法定原则。可以说，中华人民共和国成立之前，罪刑法定原则在我国根本没有贯彻执行的可能性。从中华人民共和国成立至今，我国大致经历了三个阶段。

（一）罪刑非法定阶段（从 1949 年中华人民共和国成立之后到 1979 年）

中华人民共和国成立之初，摧毁了国民党的旧法统，按照苏联早期的法制模式，开始建立新的法律制度。我国当时处于计划经济体制下，司法实践主要是依靠政策办案，罪刑法定原则无从谈起。当时的刑法就是政治的工具，它主要的功能就是保护社会。甚至还出现许多"罪刑由人民群众定"的案件；

又如，在文化大革命前期，三五个人凑到一起，假某某群众组织之名，就可对公民抄家、游斗、通缉等，在北京等地，发生了有些被害人不经过审判就无端被打死的惨剧。

因此，当时不仅刑事诉讼程序方面与罪刑法定原则存在着背离，在刑事实体法方面，在长达 30 年的时间里，我国甚至没有一部刑法典，更遑论对罪刑法定原则的确认及遵守。在这种情况下，罪刑法定原则也就失去了必须用法律明文规定的现实基础。所以，从 1949 年新中国成立之后到 1979 年这段时间里，罪刑是非法定的。

（二）罪刑法定与类推制度并存阶段（从 1979 年到 1997 年）

1979 年《刑法》并没有明确规定罪刑法定原则，与此相反，该法第 79 条这一条文明确规定了类推制度。

类推制度是一种对刑法分则没有明文规定为犯罪的行为，比照最类似的条文定罪量刑的制度，这显然是不利于被告人的类推。从这个意义上说，罪刑法定原则与刑事类推实际上体现了刑法中的一对矛盾，这就是刑法的保障机能与保护机能之间的矛盾。刑法的保障机能要求实行罪刑法定，使公民能够预见到自己行为的法律后果，以便更好地保障公民的人身及其他各种权利。而刑法的保护机能要求实行类推，使刑法能够更好地保护社会的政治、经济和其他各种秩序。实际上，罪刑法定原则与刑事类推这两者是根本不可能结合的。最根本的原因是，罪刑法定原则本身就和类推是对立的，它就是为了反对类推而提出来的。

类推制度的推出与当时的社会背景有很大的关系。在当时的形势下，我国各种危害国家安全和其他性质的犯罪仍然存在，并且会随着经济体制和政治体制的改革而不断发展变化。在这种情况下，允许有限制的类推在当时普遍被认为是必要的。所以，从 1979 年到 1997 年之间，随着新中国首部刑法典的颁行，虽然刑法中并未明确规定罪刑法定原则，但是部分体现了罪刑法定的精神，同时，类推制度是罪刑法定精神的补充。这一阶段拉开了我国向社会主义法治迈进的序幕，但尚不能认为罪刑法定原则已经成为我国刑法的基本原则。

（三）1997 年以来罪刑法定刑事立法的确立阶段

类推虽然在一定程度上弥补了立法的缺憾，但却代价高昂：严重破坏法治、扩张刑罚权和损害公民的权利。刑法的漏洞虽然可能导致某些法无明文规定的危害行为得不到应有的惩罚，但是，如果继续保留类推制度，人们的权利和自由将遭到"法外"的侵害，国家法治会得不偿失。随着人权保障观念的加深，我国现行《刑法》废除了类推制度，同时在刑法条文中明文规定了罪刑法定原则。《刑法》第 3 条明确规定："法律明文规定为犯罪行为的，依照法律定罪处刑；法律没有规定为犯罪行为的，不得定罪处刑。"罪刑法定原则在刑法中的明确规定，标志着中国刑法取得巨大进步，对我国建设法治国家的作用不可估量，具有深远影响和历史意义。

第二节　罪刑法定原则的内容

一、罪刑法定原则的基本内容

罪刑法定原则，在有些理论中又称罪刑法定主义，是指认定行为人的行为是否构成犯罪、构成什么样的犯罪，以及应承担什么样的刑事责任并给予什么样的刑罚处罚，必须以刑法的明文规定为前提，如果刑法没有明文规定，即使行为侵害了法益，也不能认定为犯罪，不能追究刑事责任和给予刑罚处罚。简言之，"法无明文规定不为罪、法无明文规定不处罚。"这一原则一开始是资产阶级在同封建主义斗争的过程中提出的一个口号，后来这个口号慢慢地演变为法律的原则，在宪法上率先得到了承认，随后在宪制性的法律中也得到了承认，然后逐步地被世界各国和地区以刑法条文的形式固定为国内刑法的原则，最后逐步被国际法所承认。这个过程是漫长和曲折的，但是，应该看到，经过数百年的发展，罪刑法定原则的内容并没有发生很大的变化，仍然包括三方面内容：（1）罪刑法定化，即犯罪和刑罚必须事先由法律作出明文规定；（2）罪刑实定化，即对构成犯罪的行为和犯罪的构成要件以及犯罪的具体法律后果，刑法应作出实体性的规定；（3）罪刑明确化，即刑法的条文必须用清晰的文字表达准确，意思清晰，不得含糊其辞或模棱两可。

二、罪刑法定原则的派生原则

罪刑法定原则的基本内容还体现在由这一原则派生出来的其他原则的内

容中，罪刑法定原则主要有五个派生原则。

（一）禁止类推适用刑法

罪刑法定的理论基础，就在于法律规定的明确性和可预测性，法律作出明文规定使人们知道行为的边界，才能够促使其做出适法行为，将类推作为刑法的适用原则将极易导致随意出罪入罪，使人们处于不知何时就要受到处罚的惶恐之中，不利于保障公民的权利与自由，不利于社会的发展，因此，刑事法律作为对违法行为人惩处手段最为严厉的最后一道防线，在是否能够适用类推上应受到严格的限制。

法律一经制定，就已经落后于社会的发展，1997 年刑法距今已经经过了20 多年，社会在此期间经历了巨大的变化，新型犯罪也层出不穷，有些犯罪手段并未明文规定于刑法典之中，能否对此种行为进行打击，涉及惩罚犯罪与保障人权理念的冲突问题。基于严厉打击犯罪的考虑，通过类推解释比照最相类似的规定对新型犯罪行为进行处罚，有利于打击犯罪，使犯罪行为受到法律的严厉追究，进而维护社会稳定；而出于保障人权的考虑，由于新型犯罪并未被法律所明文禁止，所以不能苛求当事人做出的行为符合一个未经公布的标准，法律不得强人所难。而保障人权正是现代法治国家刑法制定的基础与根本目的，因此出于保障人权的考虑，司法实践也表明，应禁止类推适用刑法。

当然，罪刑法定禁止的类推是广义的类推，对于有利于被告人的"类推"，刑法并不禁止。这是因为在刑事诉讼过程中，对犯罪嫌疑人有罪负举证责任的是国家公诉机关，其对自己的指控负有重组正面标准的义务，若其不能达到证明标准，使案件事实真伪不明，就应当认定公诉机关所指控的有罪或罪重的案件事实不存在，从而作出对被告人有利的判决。

（二）禁止适用习惯法

习惯法是一个领域通行的做法或双方之间长期形成的习惯做法，习惯本身具有非成文性，且不同的地区与不同的当事人之间存在不同的习惯，难以形成普遍的标准，不能作为裁判的规范。即使仅在明知此习惯做法的当事人之间适用该习惯，对于在相同犯罪行为上未形成该习惯的其他违法行为人来说也会导致刑法适用的不均衡，不利于树立司法的权威，容易给枉法裁判留下空间，不利于社会稳定和人权的保障，因此习惯法应被禁止适用。

在我国，禁止适用习惯法并不代表对少数民族地区因历史形成特有的民族通行做法完全否定，民族自治地方可以根据本民族的风俗习惯和宗教信仰对法律做适当变通，并制定自治条例和单行条例，对于刑法中的部分条文可以变通适用少数民族习惯的变通规定，不再受该部分刑法条文的规制。

（三）禁止刑法溯及既往

法律不溯及既往是现代法治国家共同确立的刑法原则，法律的作用在于指引、评价和教育，因此法律只能对其颁布施行之后发生的不法行为进行规制，而不能制定新法将之前合法的行为规定为违法行为，进而追究之前行为的法律责任，否则整个社会将处于人人自危的状态，法律将成为执政集团和利益集团打击报复社会公众的工具，丧失了其存在的正当性。

法不溯及既往并不否定刑法对犯罪行为的追诉，刑法中对不同量刑幅度的案件规定了相应的追诉时效，是惩罚犯罪与保障人权相互统一的结果。

同样出于人道主义和保障被告人人权的考量，禁止刑法溯及既往原则并不禁止有利于被告人的溯及既往，这即是刑法的"从旧兼从轻"原则，即，当"新法"规定的罪名与量刑标准轻于"旧法"中的规定，即使案件事实发生于"新法"生效之前，仍然可以适用"新法"中的规定。

（四）禁止绝对的不定刑和不定期刑

禁止绝对不定刑和不定期刑，就是要求刑法种类与期限规定的明确性，不能做出诸如"故意杀人的，判处刑罚"或"故意杀人的，判处有期徒刑"，甚至有"依法严惩"之类的规定。

禁止绝对不定刑和绝对不定期刑的目的，一方面在于保证人们对其行为的预测可能性，法律在明确的前提下规范和指引人们的行为，使人们在是否作出违法行为和遵守法律之间做出正确的选择，若法律规定模糊，则法律便丧失其指引作用，无法发挥其应有的社会规范效果。禁止绝对不定刑和不定期刑，另一方面的意义在于限制司法机关的裁量权，不定刑和不定期刑的规定容易导致法院滥用自由裁量权，不利于限制司法机关的权利，极易导致主观定罪和司法不公情形的出现。

（五）刑法的明确性

罪刑法定原则要求刑法的规定必须是明确的，公开的，而不能是秘密的，含混不清的。中国古代强调刑律的权威性，认同"法不可知则威不可测"，因而刑法典不向社会公布。现代法治强调刑法的可预测性，因此现代的刑法必须是明确的和可获知的。不仅如此，现代法治的理念还要求加大普法力度，向普通公众解释刑法的规定，确保公众对法律的理解，这是预防犯罪与保障人权的要求。

刑法的规定必须具有明确性，其使用的语言和概念必须是含义明确的和易于理解的。法律的适用者是法律共同体，但法律的教育和指引对象是全体社会成员，刑法由代表广大社会公众的立法机关制定，其服务对象也应当面向社会公众，因而在刑法典内容的语言使用上要采用易于普通公众理解的语词，尽量避免采用只有法律共同体成员才能知晓的专业语言和晦涩语句。

三、对我国刑法关于罪刑法定原则规定方式的评价

罪刑法定原则的派生原则的内容与罪刑法定原则的内容在本质上是一致的，只不过是从不同的侧面丰富和完善了罪刑法定原则"不定罪、不处罚"的基本内容。

但是，我国罪刑法定原则的内容呈现的是所谓的"两点论"：一是法律如果有明文规定的，就按照法律规定定罪或处罚；二是法律没有明文规定不能定罪，不能处罚。按照他们的观点，对于罪刑法定原则的理解应该分两个层面，首先应该是"要定罪""要处罚"，其次才是"不定罪""不处罚"。

关于两点论的合理性，持赞成的观点有以下两种理由：

第一，我国《刑法》第3条关于罪刑法定原则的表述有现实意义。

我国刑法对罪刑法定原则作出这样规定有其现实意义。西方资产阶级国家的罪刑法定，产生于资产阶级革命之初。当时作为平民阶层的资产阶级，主要从保护自由民，保护自由民阶层利益的角度出发，大声疾呼，著书立说，讨论法的正义性、人的权利的不可剥夺，得出的一个重要结论便是法律没有明文规定的，就不能追究行为人的刑事责任。这一规定主要是为了保护自由民，并考虑到当时的阶级力量对比所作出的。我们是人民民主专政的国家，不存在罪刑法定原则产生时的社会背景。这个时候的罪刑法定主要维护社会秩序，发挥法制的社会功用。对社会秩序、经济秩序提供保护，而不是突出对哪一个阶层的利益的特殊保护和考虑。在这个时候、司法机关一方面要积极履行自己的职责，法律有明文规定的行为，必须严格依法办理，不能放纵，

这是积极意义上的罪刑法定。法律规定的就不能放纵，必须追究，这才对社会发展有利。另一方面就是从保护人权的角度来考虑。这里的人权是整个社会、每个公民的基本权利。对此，如果法律没有明文规定的，就绝对不能追究公民的刑事责任。作为统治者，如果不代表社会大多数公民的利益，不从这一点出发考虑立法，是不可能真正做到"长治久安"的。[1]

有人认为，一个原则的提出，有它的历史背景和初衷，罪刑法定最初是针对罪刑擅断提出的，因此，它最初强调"法无明文规定不为罪，法无明文规定不处罚"，但是随着时代的进步，西方国家仍然强调罪刑法定原则。从"法无明文规定不为罪"来讲，应当是与西方国家的法治理念有关。西方法治国家强调刑法的合理性，其中存在着形式合理性问题，但即便是法律规定为犯罪的，检察官、法官仍然是有很大的自由裁量权的。比如说，国外的检察官，其自由裁量权就很大，很多行为无论是实体要求还是程序证据要求都构成犯罪的，检察官仍可能根据功利的要求，考虑社会效果，自由裁量不起诉。因此，西方国家的罪刑法定与其人文环境、社会背景都有密切的联系。从我国的现实来说，我国经历了一个法律虚无阶段，现在强调十六字法治原则，也就是"有法可依，有法必依，执法必严，违法必究"。基于这个原则，我国现行刑法修订确立了罪刑法定原则，并从两个方面来表述，因此具有其现实意义，同时也体现了国情的需要。

对罪刑法定的理解和我国正确适用刑法也是直接相关的。我国司法机关在运用刑法的时候，应该尽量充分地去适用我国刑法，也就是说，社会上出现侵害法益的行为，我国刑法并不是完全地毫无遗漏地作出了规定。有一些问题需要司法工作人员思考、进行比较。如果认为刑法无论如何解释，都不可能适用这种特定行为，比如，教师、医生利用从事的职业的便利收受他人财物，目前刑法规定的两种受贿犯罪行为都不能容纳，就不能"依法追究"其刑事责任。这是问题的一个方面。另一方面，有一些可以解释到刑法里来，现有的罪名应该管住这种行为的，就应当更充分地发挥现行刑法的功用，把现行刑法中罪名的规定能用足用活到什么程度就用到什么程度，比如，共同受贿行为的认定，一方不是国家工作人员，但与身为国家工作人员、又与之有关的亲友共同受贿，能不能以受贿罪定罪处罚？实践中、法学界都有过不

---

[1]　张军等：《刑法纵横谈》，法律出版社 2003 年版，第 18 页。

同认识。对成克杰与李平共同受贿的最高人民法院的裁判，恰当地、完全符合法理地解决了这个问题。既不违反罪刑法定原则，又充分地发挥了现行刑法的作用。[1]

还有人认为，我国刑法分两方面表述，还有一个思想方法论的问题。因为一个层面是说法律有规定的，按照法律定罪处刑，另一个层面是说法律没有规定的，不得定罪处刑，因此法律这样规定避免了片面性。法无明文规定不为罪好理解也好执行，但是如果在法律有规定的情况下如何处理，我国的罪刑法定表述就回答了这一问题，对司法工作人员具有指导作用。我国刑法之所以这样规定，与我国公民的法律观念还比较落后，没有形成良好的法治氛围有关。

我国刑法关于罪刑法定的特殊表达方式其现实意义除了表现在积极利用刑法保护社会利益以外，更多地与我国司法现状有关。就我国司法现状而言，法律没有明文规定的，不得定罪处刑，这个问题已经被认同，并得到解决，但是法律明文规定为犯罪行为的，依照法律的规定去定罪处刑的问题，还没有被真正地认识到。一方面，只认识到了它的积极作用，就是说，既然法律已经明文规定了，就应当严格适用。这的确是积极的，在这一点上我们重视不够，但它对于司法公正具有特殊的意义。随着我国法制的不断健全，尽管还不能完全杜绝冤假错案的发生，但是至少对于法律没有明文规定的行为，硬编一个罪名去定罪不太容易，然而对于那些法律有规定的，法官是否能够按照法律的规定去定罪去处刑，这个问题则是现在比较突出的。因此，《刑法》第3条前半部分的罪刑法定，更多是强调司法机关要严格依法办事，也就是要求司法机关要有所作为。且严格依法有所作为——严格依法司法。如果不按法律规定的去定罪处罚，就谈不上适用刑法人人平等，谈不上罪刑相当，这些原则都是要求依法执行的。

罪刑法定原则的内容目前在我国已经深入人心。法律没有规定的，原则上都能做到不定罪。现在问题恰恰是在于法律有规定的地方，由于司法工作人员对法律的理解不够全面，可能确实有一些依照法律能够定罪的没有定罪，造成一些犯罪被放纵的现象。甚至包括司法腐败的因素在内，该重判的轻判了，该轻判的重判了，这些情况都存在。因此，从实践来看，我国《刑法》

---

[1] 最高人民法院刑事审判第一庭：《刑事审判参考》，法律出版社 2000 年版。

第3条的前半段具有重要的现实意义，如果不这样规定就可能为一些以权谋私、徇私枉法的行为撕开一个口子。通过罪刑法定从正面规定法律有明文规定的，就必须依法定罪处刑。所以，《刑法》第3条的规定对于预防司法工作人员犯罪，避免以权谋私、徇私枉法，具有其现实意义，体现了罪刑法定的限制功能。也就是说，法律规定为犯罪的，只能依法定罪处刑，不能枉法裁判。这一点也是为了限制司法机关不能法外制裁。也就是说，即使是法律规定为犯罪的行为，也不得随意定罪、法外制裁。因此，我国关于罪刑法定的规定符合中国国情，具有一定的针对性，并且从罪刑法定的表述来看，也体现了罪刑法定的共性。

第二，我国刑法规定的罪刑法定原则分为两部分内容，前一部分是积极的罪刑法定，后一部分是消极的罪刑法定。

该种观点认为，罪刑法定的表述，在国外刑法中一般都表述为"法无明文规定不为罪"，我国立法机关对罪刑法定的表述还加上一个内容就是"法律明文规定为犯罪行为的，依照法律定罪处刑"。从客观来说，这应当是中国对于罪刑法定的一个有创见的独特的表述方式。这种表述是立法机关经过考虑的，立法机关认为这种表述可能比较全面。对这种表述，《刑法》第3条前半段规定的是积极意义上的罪刑法定，后半段是消极意义上的罪刑法定，并且认为我国刑法罪刑法定的这种表述是比西方刑法更为先进和完整的一种表述方式。

有人认为尽管我国罪刑法定有两方面的规定，但重点还是在第二部分内容。西方国家刑法中都只规定"法无明文规定不为罪"，而没有规定"法律有规定的，按照法律定罪处刑"，实际上，这里涉及对于罪刑法定精神实质的理解。罪刑法定原则的精神实质是限制机能，也就是限制立法机关、司法机关行使刑罚权，因此有利于被告人的类推与罪刑法定的精神不矛盾，罪刑法定只是排斥不利于被告人的类推。严格从字面上说，有利于被告人的类推也是违背罪刑法定的，但之所以说它不违背罪刑法定的精神，主要是因为它没有违反罪刑法定的这种限制性的精神，西方国家罪刑法定的真实含义是限制司法机关滥用司法权，因此要强调"法无明文规定的不得定罪处刑"。

罪刑法定，应理解为是一种形式合理性的问题。那么，法律没有明文规定的不得定罪处刑，就意味着在法律的形式合理性与实质合理性发生冲突的时候，形式合理性优先，而放弃实质合理性。也就是说，一个行为即使侵害了法益，如果按照实质合理性标准可能要定罪处罚，但是按照罪刑法定的原则，只要法律没有规定，那么实质合理性要服从形式合理性，不能定罪处罚。这一点也就是罪刑法定的基本含义。前半句话涉及的问题，可能出现这样的情况：法律规定是按照形式合理性来规定的，但是法律规定的行为在现实生活条件下已经不再侵害保护的法益，那么在这种情况下，按照《刑法》第3条前半句的规定，即法律规定的应当定罪处刑，实质合理性要服从形式合理性，但是一个行为并没有侵害法益，这种情况不是没有可能出现，比如在立法时这种行为侵害了刑法保护的法益，但是随着社会的发展，情况发生变化，可能这种行为不存在侵害法益的情形了，可按照所谓积极意义上的罪刑法定的观点，那么这种行为就应当依照法律定罪处刑。

质疑罪刑法定"两点论"内容的观点进一步认为，我国罪刑法定原则从本质上仍然是"一点论"，也就是说罪刑法定内容的应有之义仍侧重于"不定罪""不处罚"，而"两点论"是对罪刑法定原则理解上的根本性偏差，必然会导致罪刑法定原意中"侧重点"的转移，从而使罪刑法定原则应有的价值完全丧失。[1]

持"两点论"的这些学者认为，作为刑法基本原则之一的罪刑法定原则，不应该只包括保障人权的机能，还应该体现刑法惩罚犯罪的保护机能，刑法首先应该强调"要定罪、要处罚"，其次才是"不定罪、不处罚"。其实这个观点是将刑法的机能与罪刑法定原则的机能混为一谈，就是把刑法的所要实现的双重机能要求，强加给罪刑法定原则，作为罪刑法定原则的内容和罪刑法定的机能。罪刑法定原则以保障公民自由、限制国家刑罚权的行使为宗旨，罪刑法定原则的机能实际上只能发挥对行为人个人基本权利的保障机能，而保护机能与保障机能双重机能的统一则是刑法的任务。

对于"两点论"中所强调的"要定罪""要处罚"，与我国长期以来比较重视社会、国家本位，导致比较偏重刑法的惩罚和保护的机能，而忽视对公民个人权利的保护的历史背景和传统观念有关。持"两点论"观点的学者，将正确运用刑罚权以惩罚犯罪和保护人民作为刑法首要任务是无可厚非的，但是，如果根据这些就认为罪刑法定原则的原本内容就包含"两点论"，甚至进一步提出罪刑法定原则首先应该追求"要定罪、要处罚"，其次才能体现

---

〔1〕 刘宪权：《刑法学名师讲演录》，上海人民出版社 2016 年版，第 49 页。

"不定罪、不处罚"的内在价值，这样就完全背离了罪刑法定原则的基本精神和价值取向，这无论在理论上还是实践中都是不可取的。主张坚持"一点论"，是因为"两点论"中的前一点其实根本无需强调，特别是在我国，依照法律对刑事被告人定罪和处罚是不可能受到忽视的，因而也就没有必要再加以强调了，否则就会忽视罪刑法定原则"不定罪、不处罚"的真正要求。

从世界范围内罪刑法定主义的内涵和我国司法实践中迷信口供容易酿成冤案的实际状况来看，应该摒弃"绝不放过一个坏人"的陈旧观念，树立"绝不冤枉一个好人"的刑事司法新理念，运用"一点论"防止司法机关越权和滥用权力的现象发生。我国的法治建设更加迫切，所以，罪刑法定原则的"一点论"这种观点更具有说服力。

第三节 罪刑法定原则的基本精神

我国规定罪刑法原则实质上是为了遏制公权力的滥用，避免再次发生"文革"时期法制建设停滞不前的状况。罪刑法定原则于 1997 年在刑法中明确规定，其标志着中国朝法治现代化建设迈进了一大步，在实践中罪刑法定原则始终以"不定罪，不处罚"来体现。《刑法》第 3 条规定："法律明文规定为犯罪行为的，依照法律定罪处刑；法律没有明文规定为犯罪行为的，不得定罪处刑。"该条文正是罪刑法定原则的规定，即"法无明文规定不为罪，法无明文规定不处罚。"

我国刑法的目的是预防、惩罚犯罪和保障人权，而保障人权在罪刑法定原则中体现为"有利于被告人"，强调保护被告人的权利。

一、"有利于被告人"作为罪刑法定原则的基本精神的原因

（一）"有利于被告人"是体现民权刑法理念和谦抑刑法理念的必然产物

民权刑法与国权刑法相对。以我国为例，我国在计划经济时期，刑法成为国家惩罚犯罪的工具，强调以国家为本位。建立市场经济体制之后，公民权利与国家权力的关系发生了一定的变化，在公民个人领域，国家权力不得随意干涉，公民的权利与自由得到了很大体现。与计划经济不同的是，在市场经济下市民社会对政治国家的权力是起到限制作用的，一定程度上国家权

力受限于人民权利。

我国现行刑法中明确规定罪刑法定原则，一方面是为了限制国家权力，另一方面是为了保障人权，其目的是明确的，所以保护被告人的权利是保障人权的必然产物。

谦抑刑法理念，即少用甚至不用刑罚措施，而是采用其他措施，比如民事纠纷的调解、仲裁等，行政纠纷的行政处罚、行政强制措施、行政诉讼等措施，来维护当事人的合法权益和社会利益，达到预防犯罪的目的。刑罚是当采取其他措施不足以抑制某种违法行为时才选择的策略，不是优先选择的。凡是可以用较轻的处罚措施能够达到目的的，就不要用较重罪。这样看来，谦抑刑法理念实质上体现了刑法自身的限制，蕴含着人道主义、公正、公平等多重社会价值，而罪刑法定原则就是为了限制权力，保护权利，所以罪刑法定原则中的"有利于被告人"是体现其价值的产物。

（二）"有利于被告人"是保障人民自由与权利的基础，是贯彻人道主义的前提

现代社会，人民是国家的主人。而国家只有通过法律规定才能使各种制度明确，人们才能认识到什么行为是违法的，什么行为是合法的，这样人们行动的自由和权利才会明确，进而得到保障。在刑法领域，立法机关通过规定罪刑法定原则来限制法官自由裁量权的滥用，防止冤假错案的发生，尽最大努力保障公民的自由与权利。

在社会中，人们通常都会站在弱者的一边，因为同情、怜悯。同理，在法律中，立法者能为弱者做的就是规定保护弱者利益的条文，使他们的利益不受侵害，这是由人道主义所决定的。

（三）在刑事诉讼中强调有利于被告人的精神，是由被告人的弱者地位决定的

在民事诉讼中，原告和被告的地位平等。但是在刑事诉讼中，就其代表的利益主体而言，公诉方作为指控犯罪一方，其代表的是国家检察机关的力量，代表的是国家，而被告人仅仅代表的是个人，国家对个人，就普通人而言，其结果不言而喻。而从中华人民共和国成立以来，历代领导者都强调民权、民生和民主，所以为了切实保障实现人民的权利，为了使类似"官官相护"的诟病尽量减少，刑法中规定保护被告人的权利的原则也是合理的。就

其力量而言，检察机关的人员、机构设置等都是通过严格的程序条件挑选设置的，而被告人此时很明显地处于弱势地位，两者的力量相差悬殊，如果此刻不采取一些措施来平衡这样的局面，就很难实现司法公正。

（四）防止法官滥用自由裁量权，做出明显对被告人不公平合理的决定，预防冤假错案的发生

罪刑法定是相对的罪刑法定，不是绝对的严格规则，绝对的罪刑法定是理想化的状态。在现实生活中，随着社会不断发展，新型犯罪出现，法律不可能总是超前地明确规定好罪与罚，这样滞后性的缺陷要求法律必须在明确规定的同时存在一定盖然性的规定，即产生了法官的自由裁量权，但是，一定程度上罪刑法定原则就是为了使立法权限制司法权，如果法官的自由裁量权过大，那么必然会出现滥用司法权，司法专横的现象，比如法官因为心情不好、犹豫不决、收受贿赂、与当事人存在利害关系等原因滥用司法权，在决定攸关被告人的生命健康、人身自由时，不考虑被告人的利益，这样的决定怎么会是公正合理的呢？怎么会让民众信服？而法官作为整个案件的中立者，其中立性又怎么体现？司法机关的权威何在？长此以往，必将影响国家机关的公信力。1997 年的新疆周远的故意伤害案，2017 年新疆高院再审宣判，周远无罪；引起全国哗然的聂树斌案……也许在外人看来就仅仅是一个错误的决定，但是对于被告人来说，却不仅仅是一个决定那么简单，更是自己的青春，乃至自己的一生。别人的一生怎么能够被法官的一个决定轻易剥夺，更何况这个决定是错的，一旦出现这种情况，光靠金钱补偿是不足以弥补给被告人的伤害的，所以才出现了死刑复核制度，目的就是尽量防止冤假错案的发生，使每个人的生命都得到尊重。

从古至今所有人都一直秉持的一个原则就是"不冤枉一个好人，不放过一个坏人"。但仔细想想，怎么可能不放过一个坏人，要防范冤假错案，要不冤枉一个好人，要让所有无辜者都得到保护，那么必然就会放过一些坏人，所以不管是从制度上还是从思想上，整个社会都要有足够的心理承受能力来接受这样的事实，这是必须要付出的代价。

所以我们要在合理明确的范围内最大限度地保护被告人的权利。

综上，"有利于被告人"作为罪刑法定原则的基本精神的原因大致有以上四个方面。

二、罪刑法定原则中保护被告人权利的体现

（一）无罪推定的适用

西方在中世纪的黑暗时代之后，一批启蒙之士、思想学家提出天赋人权、人民主权，批判残酷刑罚，渐渐地形成了无罪推定的思想。最早提出无罪推定理论的是意大利法学家贝卡利亚。到了18世纪末19世纪初，无罪推定成为刑事诉讼的基本原则，一个国家的司法人权很大程度上也取决于此。无罪推定是指任何人在未经证实和判决有罪之前，应视其无罪，强调的是如果被告人被判处刑罚，必须有充分确实的证据，如果审判中不能证明其有罪，就应推定其无罪。现代社会中从无罪推定的内涵一般可以引申出以下证据规则：（1）在刑事诉讼中，根据"谁主张谁举证"证明被告人有罪的责任由控诉方承担；（2）被告人有权拒绝陈述，不能强迫被告人自证其罪；（3）在对被告人是否有罪或罪行轻重有怀疑时，应当从有利于被告人的方面作出解释。这就说明，无罪推定原则引申出了很多现代刑事理念，其中就涵盖了"有利于被告人"原则，可以说，无罪推定原则的产生，是"有利于被告人"原则发现的合理结果。无罪推定原则在西方国家已得到公认。

（二）疑罪从无原则的适用

疑罪从无是在刑事司法中出现既不能排除犯罪嫌疑又不证明有罪的情况下，从法律上推定为无罪的一种处理方式。如果疑案任由司法者主观意愿恣意为之，或者刑讯逼供、久押不决等严重侵犯人权，久而久之必然会为冤假错案埋下导火索。古罗马法的"有疑，为被告人之利益"，即通常所说的"有利于被告人"，说明"有利于被告人"很早之前就已经产生。疑罪是指已有证据证明被告人有犯罪嫌疑，但全案证据尚未达到确实、充分的程度，尚不能确认被告人是真正的罪犯。我们在刑事司法领域中，如果不坚持疑罪从无，就不敢保证不出现疑罪从有。因为就实践来看，任何形式的疑罪从轻、疑罪从挂都是实质上的疑罪从有、有罪推定。一个案件，如果在认定事实方面存疑，证据不足，犯罪嫌疑人不能确定为有罪，那么法官要做的就是以无罪来释放被告人。疑罪从无最大风险就是有可能放纵犯罪，但疑罪从有、有罪推定的最大后果就是可能会出现冤假错案，综合衡量其影响，该"宁纵勿枉"，

即"宁可错放，不可错判"。这是现代刑法新理念。"错放"是指被告人依照疑罪从无释放之后，根据新的事实、证据仍然可能显示是犯罪的情形，并不是"放"错了，而是在证据不足的情况下实行疑罪从无是正确的；而"错判"是将无辜者错误判为有罪。也许有人认为主张这个原则是对社会秩序价值的放弃，其实不然，惩罚犯罪是维护和修复社会秩序的必要要求，而保障无辜者不受冤枉则是一种更高层次的追求。我国虽然尚未确立无罪推定原则，但疑罪从无距离无罪推定已是一步之遥。

（三）禁止溯及既往（即禁止不利于行为人的事后法）

行为人的犯罪行为所适用的法律只能依据行为发生时的有关法律规定，只有在当时的法律没有规定且事后的法律有利于行为人时才可以参照适用事后法。（即从旧兼从轻原则）

如果罪犯的行为按当时的法律是无罪的，但按照现在的法律是有罪的，那么如果以现在的法律来认定罪犯以前的行为是违法的，这让民众难以接受，因为人也只能根据当时的法律来做出行为，进而判断是否违法，但是如果让一个人根据未知的法律做出行为，可能所有人都不会做事、不会行动，因为他们预料不到自己是否违法，而应对的唯一办法就是不动、不做、不为。于是，禁止溯及既往也成为罪刑法定原则的派生原则。

（四）禁止不利于行为人的类推解释

解释必须遵从法律条文的本意，解释本身所做的是说明意思，而类推是指一个案件事实虽然并不符合法律规定的情形，但是因为具有足够的相似性而能够以某一法律规定作为依据。解释重在确定意义，类推则重在扩张、延伸意义，慢慢地也就形成了类推解释。类推解释是指将法律没有明文规定的事项，援引刑法中类似相关事项的规定，并对可能超出含义的范围做出说明，将刑法中没有规定的事项也能纳入规定的范围。我国从绝对的罪刑法定过渡到相对的罪刑法定，是我国民主政治发展的具体体现，并进一步否定刑罚权的专横与擅断，保障公民的自由与权利。所以只要符合这一宗旨的类推解释是不被禁止的，从而在理论界产生了两种观点：有利于被告人的类推解释和不利于被告人的类推解释。所谓不利于被告人的类推解释就是指，解释者通过类推解释将刑法没有规定的事项纳入刑法规定的范围内，但做出的解释是不利于被告人的。例如做出的解释由原来的无罪变为有罪、轻罪变为重罪、轻罚变为重罚、不受处罚变为要受处罚，等等。很显然，不利于被告人的类推解释违背了罪刑法定的宗旨，根本没有保障公民的权利和自由，甚至公民对自己行为的后果完全缺乏预见可能性，一不小心就掉入了违法的深渊，这是为我国法律所禁止的。相反的，有利于行为人的类推解释则是为了保护被告人的利益，与罪刑法定的宗旨是一致的。要清楚刑法本身就有一些有利于被告人的条文规定，但不可能面面俱到，可能会因为文字阐述在最后适用法律时出现不公平的现象，所以一方面是为了弥补法律规定的缺陷，另一方面是为了保障被告人的权利，以此实现真正的公平正义。对于法律没有明文规定的行为，不能对被告人通过类推或者类推解释以犯罪论处。法官切记不能从主观上认定被告人有罪，偏离中立，而肆意扩大解释，做出不利于被告人的决定。

第四节 罪刑法定原则司法化路径

《刑法》第 3 条规定："法律明文规定为犯罪行为的，依照法律定罪处刑；法律没有规定为犯罪行为的，不得定罪处刑。"这条规定是罪刑法定原则在刑法中的体现。罪刑法定原则不仅仅是一个条文，其在司法实践中也发挥着重要的引导和推动作用。罪刑法定原则司法化对于我国来说是一个新的刑事司法理念，在司法实践中贯彻罪刑法定原则，可以从以下几方面着手：

一、贯彻罪刑法定原则的关键在于贯彻有利于被告人的精神

由于受到传统的注重打击犯罪的刑法任务的影响，在司法工作人员的观念中贯彻有利于被告人的精神仍然存在很大的障碍。一方面，多数司法工作人员先入为主，把被告人作为犯罪人来看待，使被告人在法律地位上处于一定被追究或惩罚的对象。但是，正如德国刑法学家拉德布鲁赫说，刑法不仅要面对犯罪人保护国家，也要面对国家保护犯罪人。树立有利于被告人的观念有利于从根源上解决司法不公的问题，同时，有利于被告人的精神更好地贯彻了刑法中惩罚犯罪及保障人权的机能。另一方面，树立有利于被告人的刑事司法理念需要一个过程，理念的转变比立法更为艰难。

二、贯彻罪刑法定原则应建立对这一原则的确信和尊重

（一）摒弃"浪漫主义"观念

长期以来，有人认为，只有在法律得到真正完善后才能贯彻罪刑法定原则。由于我国还有很多法律并不完善，特别是刑法条文还有不完善的地方，因此在这种情况下，不可能真正贯彻罪刑法定原则，这种贯彻良法基础上的罪刑法定主义的观点就是"浪漫主义"观点。这种观点表明，罪刑法定原则司法化有赖于刑法立法的完善。实际上，刑事立法的完善是个永恒的主题，只要有法律，就存在完善的问题，世界上任何一部法律都不可能一劳永逸而不需要任何完善。刑法也不例外，不可能存在有任何不需要完善的刑法，任何一部刑法其实都有完善的余地。因此，要建立对罪刑法定这一原则本身的确信，绝不能因为法律永远存在完善的必要，而就此认为罪刑法定原则永远不可能贯彻。

罪刑法定原则要求刑法条文具有明确性，当实践中出现了某些侵害法益比较严重的行为，但是依据刑法的规定，这种行为并不构成犯罪，因此无法用刑法对这种行为加以惩治。在这种情况下，人们就会直观地感受到刑法的不完善之处。经过一段时间的努力，通过完善刑法进而对这些行为进行了明确的规制，这就促使了刑法的不断完善。相反，如果没有严格贯彻罪刑法定原则，对这些严重侵害法益的行为，即使刑法没有规定为犯罪，也擅自将其作为犯罪处理，实践就无法对刑事立法的完善起到一种促进的作用。

（二）防止"教条主义"的观念

"教条主义"观念，在这里有特定含义，是有些人将刑法关于罪刑法定的规定生搬硬套，不允许对案件处理有任何的针对性和灵活性，按照这种把罪刑法定当做教条理解的观点，认为要坚持罪刑法定原则，就必须严格地按照刑法条文中所规定的内容加以执行，而且要逐字逐句地加以理解。把刑法当作教条，这种观点忽视了罪刑法定的基本内涵和精神，实际上是和罪刑法定原则背道而驰。不符合刑事司法实际，也无法执行刑法。贯彻罪刑法定原则，不能机械地适用刑法条文，生硬地套用刑法规范的文字术语，而是要从本质上考虑刑法条文的立法精神和目的，把握刑法的整体内容和内在联系。这样罪刑法

定原则才能真正贯彻,司法人员既贯彻了罪刑法定,又灵活运用了刑法。

三、贯彻罪刑法定原则应树立的刑法新理念

罪刑法定原则的司法化,关键在于确立刑法新理念,当然,只有摒弃旧观念,才能真正树立符合现代社会发展的刑法理念。

树立刑法新理念,分为立法和司法方面的适应罪刑法定的新理念。

(一)在刑事立法层面,应该树立以下三个刑法新理念

1. 坚持罪刑法定原则,坚决废弃不利于被告人的类推制度

罪刑法定原则要求犯罪和刑罚具有明确性。认定行为人构成犯罪并给予刑罚处罚的规定,必须在刑法中予以明确规定,没有刑法的明文规定就没有犯罪和刑罚。当然,立法机关在制定刑法时,力求法律的全面性、严谨性和完整性,应做到尽可能地将实际中发生的各种犯罪行为归入刑法调整的范围中。但是,毕竟社会中犯罪现象处在不断变化之中,法律规定无法穷尽一切犯罪事实。法律是针对之前社会生活制定出来的规范,法律一旦颁布,已经落后于现实的社会生活,对未来的社会发展更无法全面准确预测,所以,滞后性是法律无法超越的特点,正是这个特点,也形成了法律的稳定性。

对于法律没有明确规定的行为,但其足以侵害法益时,作为司法机关应当如何处理?传统观念认为,"法有限,而情无穷",刑法作为一部成文法,必然具有抽象性和相对于社会发展的滞后性,通过对法条含义的类推,能够最大限度地遏制和惩罚犯罪,更大程度地实现保护法益这一刑法价值。但是,德国著名刑法学者李斯特说,刑法实际上是双刃剑,它通过损害法益来保护法益。而类推制度的本质无疑将"损害法益"发挥到了极致,类推制度在一定程度上体现了我国对于刑法惩治犯罪这一机能的过度迷信,这一传统观念损害了刑法的可预测性和可知性,限制了刑法的另一机能即保障人权的机能,极大地阻碍了现代刑法的发展。因此,面对这样的考验,应该坚持以刑法有无规定作为判断行为人的行为是否构成犯罪的标准这一新的刑法观。1997年修订后的我国刑法在明文规定罪刑法定原则的同时,也明确废除了旧刑法规定的类推制度。

需要强调的是,类推制度与类推解释不同,我国并不当然地禁止一切类推解释,对于有利于被告人的类推解释,我国一般不予禁止。而类推解释与

扩大解释也不同，扩张解释本质上体现了罪刑法定原则。但实际上类推解释与扩张解释确实难以区分，这就要求司法机关在进行具体解释时应当掌握一定的判断标准，防止在扩张解释的名义下进行与罪刑法定原则相排斥的类推解释。因此，确立罪刑法定原则后就应该理所当然地废除类推制度，两者不应该也不可能同时存在。只有这样才符合罪刑法定原则的内容和精神，并顺应世界刑法的发展趋势。

2. 制定法律条文应当具有明确性和具体性，不得含混不清

国家在规定罪刑法定原则时，都十分注重刑法规范的明确性，有些国家甚至将不明确的刑法规范视为违宪的、无效的。因为即使刑法对犯罪和刑罚作了规定，但是内容不明确，相当于罪刑法定成了摆设，司法机关和司法人员就容易任意出入人罪，这样的刑法与罪刑法定背道而驰。例如，1979 年规定流氓罪中的不当而为罪无疑是一条口袋罪名，刑法规定了不当而为罪，却没有明确规定何为不当而为，这就损害了刑法的预测可能性，违背了罪刑法定原则。需要注意的是，刑法的明确性是相对的，例如法律条文中对于情节严重、情节特别严重的规定就体现了明确性的相对性，相对的明确性赋予司法机关一定的裁量权，使条文规定与实际更为契合，增强了刑法的适用弹性。

3. 刑法分则中所规定犯罪的罪名应该做到法定化

罪之法定，刑之法定是罪刑法定原则的基本要求。罪刑法定原则的本质为限权，而类推制度的本质为创造规则，即司法机关享有了立法权。孟德斯鸠说："当司法权与立法权合二为一，独裁就不可避免，自由就荡然无存。"英国丹宁勋爵认为："当衣服上出现了褶皱，司法机关可以用熨斗把它熨平，而衣服上出现了大洞，这个织补工作是立法者的事。"这就要求立法者在立法时首先应当做到犯罪罪名的法定化，比如说，曾经在相当长的一段时间里，最高人民法院明确确定刑法分则中的罪名有 413 个，而最高人民检察院则明确确定刑法分则中的罪名有 414 个。司法机关的职能不同于立法机关，司法机关不应该具有创制罪名的权力，这种司法权与立法权混同的情况，显然与罪刑法定原则的精神不相吻合。由此可见，在我国要实现真正的罪刑法定原则，需要将罪名立法权由最高司法者还给立法者，完全可以由全国人大或全国人大常委会在刑事立法或进行立法解释时，对刑法分则中的罪名加以规定。例如，我国刑法规定了侮辱尸体罪，但在传统意义上，逝者的骨灰并不属于尸体，那骨灰又该如何保护？《刑法修正案（九）》对侮辱尸体罪进行了修

正，增加了侮辱尸骨、骨灰罪。再比如虐待罪中只规定了共同生活的家庭成员之间，但对于频频发生的老师殴打学生事件却没有明确规定，《刑法修正案（九）》修改后，增加了虐待被监护人罪。这都体现了在我国只有立法者才能对刑法罪名进行规定，而不能由司法机关进行解释，故而要求立法者在立法时应当对犯罪罪名做到法定化，从而保障罪刑法定原则得以贯彻。

（二）在刑事司法层面，应该树立以下三个刑法新理念

1. 司法工作人员在处理案件时要严格遵守罪刑法定原则，没有刑法规定的侵害法益行为，可作出无罪判决

对于某些行为，即使该行为侵害了法益，如若刑法中没有规定为犯罪，就不应对该行为定罪量刑。在刑法已经明文规定了罪刑法定的情况下，一味固守法益侵害理论必将影响罪刑法定在司法实践中的彻底体现。事实上，在我国司法实践中，司法工作人员在处理刑事案件时总是按照过去"消化"案件的思路和做法，对凡是侵害法益的行为，就一定要定罪处罚，即使法律没有明文规定，也要处罚，只不过予以从宽处罚。这是罪刑法定原则司法化的一个障碍，只有突破这个障碍，树立新观念，才能真正做到有利于被告人，正确贯彻罪刑法定原则。

2. 最高司法机关应该避免作出超越刑法规定内容的司法解释

最高司法机关应该严格遵循法律的规定，在不违背刑法规定和立法原意的前提下，对刑法有关条文作出相关司法解释。司法实践中曾经出现过司法解释超越刑法规定内容的现象，有些司法解释的内容不但"超越"，甚至还与刑法的基本原理严重"抵触"。依据法理，司法解释的内容如果与刑法规定相违背，这个司法解释就应该无效。但是在我国，实际上不存在对司法解释内容是否合法的审查监督机制，因而，在司法实践中，这些明显与刑法规定不一致的司法解释仍然在被贯彻执行。

所以，无论坚持主观解释论还是客观解释论，司法机关都应该在不违背立法原意的基础上，严格依据刑法的规定作出司法解释，另外，应尽快建立一套对司法解释的审查监督机制，这样就可以在制度上保证出台的司法解释不与刑法规定相矛盾，避免超越刑法规定的司法解释被贯彻执行。

3. 司法机关不应该越权对刑法规定作所谓的"司法解释"

卢梭说过："人生而自由，却无往不在枷锁之中。"自由并非没有边界，

其边界在于法律。司法机关可以作出司法解释，但解释也有边界。刑法司法解释不可避免地存在有"滞后性"的特点，而这一特点必然会导致司法实践适用刑法规定困难的结果出现，因此，有些地方的司法机关出台"适用意见"等内部规定，这种所谓的"司法解释"明显超越了解释主体权限，违反了罪刑法定原则，不应该加以提倡。

四、贯彻罪刑法定原则应提高司法者的业务素质

罪刑法定原则司法化对司法者的业务素质提出了更高的要求，原则的实现与司法者的业务水平有密切的关系。法律被制定出来就是要进行适用的，而能否正确适用法律实质上还在于适用法律的人能否正确理解法律进行找法活动。在罪刑法定的情况下，找法是非常重要的，法律的隐性规定并不能从字面上确定某一行为是否为明文规定之犯罪行为，这就需要司法者运用综合能力通过相关法律进行逻辑分析。不容否认，改革开放以来，经过法学系统训练的一批又一批高等院校培养的法学专业人才进入了司法机关，我国司法人员的素质有了很大提高。但是，受到各方面非法律因素的影响，刑事司法审判还存在种种问题，有的案件的解决还不尽如人意，还存在着一些重大的冤案。所以，司法者不仅要具备专业的法律知识，还要具备办理案件的高超能力，提高司法者的素质是贯彻罪刑法定原则的关键环节，必须要创造高素质人才生存的环境，把好进口关，疏通出口，要在司法队伍中形成良性的竞争机制，优胜劣汰，从而为罪刑法定原则在我国的充分实现创造条件。

第二章
CHAPTER 02 | **犯罪论体系**

　　"一般犯罪论原理的体系，就是试图把可受刑事惩罚的举止行为的条件，在一个逻辑顺序行为中，作出适用于所有犯罪的说明。"[1] 各国的刑法文化传统和法律规定上的差异，决定了世界上不可能存在单一的犯罪论体系。当代以来，最具影响的大陆法院犯罪论体系、英美法院犯罪论体系和苏联的犯罪论体系，影响到许多国家和地区，包括中国的犯罪论体系，形成了三大具有代表性的犯罪成立理论体系，由于苏联解体，它的犯罪论体系日渐式微。

第一节　大陆法系的阶层式犯罪论体系

　　犯罪论体系是犯罪成立要件的整体。而犯罪成立条件是由主观与客观一系列要件所组成的，这种要件按照一定的逻辑结构形成关于犯罪成立要素的完整体系。犯罪论体系主要讨论犯罪构成问题[2]，这与构成要件的观念直接相关。

　　"构成要件"一词是后来逐渐总结出现的，详尽的说法出现在13世纪，当时有"犯罪的确证"的概念，是中世纪意大利纠问式诉讼程序中使用过的一个概念。后来由此又引申出"犯罪事实"的概念。现代大陆法系构成要件理论是20世纪初建立的。贝林、麦耶尔、迈兹格均有建树。

---

　　〔1〕〔德〕克劳斯·罗辛克：《德国犯罪原理的发展与现代趋势》，王世洲译，载梁根林主编：《犯罪论体系》，北京大学出版社2007年版，第3页。
　　〔2〕在德日刑法学中，只使用"构成要件"一词，而没有"犯罪构成""犯罪构成要件"的说法。我国使用"犯罪构成"概念。大陆法系的"犯罪成立条件"与我国的"犯罪构成要件"含义大致相当。

1906 年，德国刑法学家贝林（Ernst Beling，1866～1932）开始构建古典的犯罪论体系，到 20 世纪的二三十年代，正是古典犯罪论体系与新古典犯罪论体系争论正酣的时期。经过刑法学家的持续努力，大陆法系的构成要件从诉讼法引入实体刑法，从客观结构发展到主观结构，形成综合的构成要件论。古典犯罪论体系传至日本后，又经小野清一郎和团藤重光等人的继承和创新，开始长期占据优势。于是，大陆法系中原本分为德国法系和法国法系，在犯罪论体系的讨论中，德国法系异军突起，逐渐形成以德、日为代表的犯罪论体系，由构成要件符合性、违法性和有责性构成的一个基本框架。由于这三个要件之间具有层次性，因而称其为阶层的犯罪论体系，发展到今天被认为已经成熟。

构成要件符合性，或曰该当性，是行为具有与刑法分则所规定的个罪的具体特征相符合的性质。例如，一个故意劫取他人财物，并将其占为己有的行为，与抢劫罪的构成要件符合。行为是否具有构成要件符合性，必须考虑以下因素是否存在：（1）实行行为，又可以分为作为与不作为；（2）行为客体：受到犯罪直接侵害的自然人或者物；（3）因果关系：实行行为与侵害法益结果的关系；（4）构成要件故意；（5）构成要件过失；等等。

违法性，是指行为违反法律，即行为为法律所不允许。在确定行为符合构成要件之后，为准确评价行为的性质，有必要进一步考虑行为是否具有违法性。犯罪行为不仅应当是形式上符合构成要件的行为，而且应当是实质上为法律所不允许的行为，即必须是违法的行为。行为符合构成要件，也即违反了法律规范所规定的作为或不作为义务，就可以推定其具有违法性。所以，符合构成要件的行为，一般具有违法性。但是，如果存在能够推翻推定的不具有违法性的特殊事由时，就能阻却违法性。这一特殊事由，就是违法阻却事由。根据法律对违法阻却事由有无明确的规定，可以把违法阻却事由分为两种基本类型，一是法定的违法性阻却事由，主要是紧急行为，包括正当防卫、紧急避险；二是超法规的违法性阻却事由，也就是其他违法阻却事由，包括自救行为、义务冲突、被害人承诺、执行职务、正当业务等。

有责性，即责任，是指能够对实施违法行为的行为人进行谴责。在行为符合罪状，具有违法性并侵害法益的场合，可能有许多与犯罪事实有关的人面临刑事处罚的危险。于是，为了防止追究刑事责任，处罚范围过大，也为了避免不必要的处罚，从而限制刑罚的适用。这样，责任就成了符合性、违法性之后的构成要件。有责性包括以下要素：责任能力、责任故意、责任过失、期待可能性等。

在阶层犯罪论体系内部，除了"构成要件该当性——违法性——有责性"的理论构造之外，还有不少人赞成"不法——罪责"的两阶层体系，阶层犯罪论有多种，两阶层影响也很大，而且近年来越来越有力。两阶层论认为，构成要件该当性应该与违法性合二为一，成为一个"不法"的阶层，不必再单独存在。因为构成要件是基于不法角度而进行的一种评价，没有必要把其中一部分归属于具体不法类型，而将另一部分划入违法性的内容。构成不法的要件和正当化事由中排除不法的要件实际上所起的作用是一样的，即共同或相互补充而对行为的不法实质做一个最终的判断，那么不如将构成要件该当性和违法性合二为一，使犯罪在体系上成为具备构成要件的不法和有责的行为。由此，判断一行为是否构成犯罪，须经过两个阶层：首先进行不法的判断，行为为法律上不允许，在法律上是无价值的；之后进行罪责的判断，即非难可能性。应该说，两阶层论不仅在逻辑上是可行的，在语词学上也有许多优点。但是由于忽略了刑事政策和刑事立法等方面的功能，两阶层论也受到很多批判。

第二节　苏联犯罪构成论对我国的影响

长期以来我国刑法学界的主流观点使用的是"犯罪构成"概念。但使用犯罪论体系一词，更准确，更有利于分析具体犯罪的特征。"犯罪构成"理论的刑法理论肇始于苏联刑法理论。

一、苏联犯罪构成理论的形成及发展

苏联的犯罪构成理论独具特色，是苏联学者在批判大陆法系刑法理论中的构成要件论的基础上创立的。

刑法学者特拉伊宁的《犯罪构成的一般学说》（1946 年版）一书指出："犯罪构成乃是苏维埃法律认为决定具体的、危害社会主义国家的作为（或不作为）为犯罪的一切客观要件和主观要件（因素）的总和。"[1]我国传统的

---

　　〔1〕［苏］A. H. 特拉伊宁：《犯罪构成的一般学说》，薛秉忠等译，中国人民大学出版社 1958 年版，第 43 页。

主流观点认为，犯罪构成有四个共同要件，即犯罪客体、犯罪客观要件、犯罪主体与犯罪主观要件。[1]这种认识，和苏联学界的见解近乎一致。

苏联的犯罪构成理论对我国和其他社会主义国家产生了深刻影响。而苏联的犯罪构成理论形成和发展的过程中，受到了政治形势的影响，把犯罪客体确定为刑法所保护的而为犯罪所侵害的社会主义社会关系。认为犯罪构成不仅是法权评价，同时还包含着政治评价。犯罪客体是苏联刑法理论创立的概念，按照这种理论，任何一种侵害行为的客体，都是为了统治阶级的利益而建立起来的社会关系，社会主义社会关系是社会主义刑法体系中的犯罪的客体，犯罪客体作为最能够说明犯罪政治性质的依据，纳入到犯罪构成理论之中，成为犯罪构成四要件之一，同时犯罪客体还担负着揭示犯罪构成社会属性的任务。不论是某一种犯罪的具体的犯罪客体，还是作为犯罪的一般客体，都与社会关系密切联系，有机统一，既符合逻辑要求，在实践中也切实可行。由此可见，犯罪客体一问世，就承受着所谓犯罪政治性质的政治任务，犯罪客体被认为是具有政治功能的表现。

二、苏联式犯罪构成理论在新中国的引进

中国的犯罪构成理论是从国外引进的，始于清末的变法修律。民国时期的犯罪构成理论是从大陆法系引入的。这种理论 1949 年之后被介绍到台湾，目前在台湾地区仍比较流行，当时就比较成熟，这就是犯罪论的阶层理论体系。

中华人民共和国成立后，在法律体系的建设方面，立法机关将国民党统治时期的六法全书予以废除，刑法学界不再采用犯罪论的阶层体系。不过，六法全书目前在台湾地区仍然适用。20 世纪 50 年代开始，中华人民共和国刑法学主要学习的苏联的法学理论，包括刑法学理论，逐渐形成了以四要件为核心的犯罪构成理论。

长期以来中国刑法学的犯罪构成理论之所以抛弃三阶层犯罪论体系，采用和苏联犯罪构成理论毫无二致的四要件犯罪构成理论，是受到了意识形态的影响。苏联的刑法观念和苏联式的犯罪构成理论被移植到中国，成为占统

---

〔1〕 高铭暄主编：《中国刑法学》，中国人民大学出版社 1989 年版，第 75 页。

治地位的学说，对中国刑法学产生了极大的影响，也最终奠定了中国刑法典的体系和结构。

有人认为，四要件犯罪构成理论还符合我国的思维习惯和认识规律。有的学者指出："我国现有的四要件犯罪构成理论虽然在中华人民共和国成立之初源于苏联，但是经过了60年的理论修正和发展及实践检验，已成为深深扎根于我国大地、具有鲜明本土化特色并富有旺盛生命力的刑法通行理论。"〔1〕于是，中国的刑法学教科书在犯罪构成理论的支配下，没有多大区别，表述和结构均大同小异，没有其他理论，也不存在其他与之争锋的理论，人们更没有选择的理论。

实际上，四要件的犯罪构成理论的确有不合理、不科学之处，这种理论对我国刑法学研究在思想观念上带来的负面影响不可低估。犯罪构成四要件将犯罪客体作为第一要件，对违法事实首先通过"犯罪客体"进行价值评价和性质认定。由于通过犯罪客体理论对行为要件进行随意解释，就容易对评价对象进行任意评判，法律的刚性标准被弹性武断的结论所取代，法律被超越，从而形成了政治专横的现象。同时，"犯罪客体"过分强调国家本位、社会本位的思想观念。"犯罪构成四要件"理论是封闭型的模式，但犯罪客体内容则随着社会和政治生活指控的发展而变化，却是一个动态的概念，从而造成了其内在的矛盾。过分强调国家本位、社会本位的思想观念冲击了法治原则和司法公正。这种犯罪构成四要件不仅影响到我国的刑法理论，对司法实践也产生了负面影响，主要表现就在于忽视了刑法的谦抑性，一些重大的刑事冤案与观念的误导有莫大的关系。

于是，随着国内外频繁的学术交流，自2000年开始，德日刑法学理论开始进入到中国刑法学者的视野中。有的学者明确提出要在刑法领域中彻底"去苏俄化"，并把对犯罪客体所体现的社会危害性进行清理、批判作为"去苏俄化"的一个重要切入点。〔2〕有的学者开始提出引入德日的刑法学三阶层理论。有的学者对不法—有责两阶层的犯罪论体系比较赞赏，阶层性的犯罪论开始逐渐获得刑法学者特别是中青年刑法学者的广泛认同。

---

〔1〕 高铭暄："论四要件构成理论的合理性暨对中国刑法学体系的坚持"，载《中国法学》2009年第2期。

〔2〕 陈兴良：《社会危害性理论：进一步的批判性清理》，载梁根林主编：《犯罪论体系》，北京大学出版社2007年版，第23页。

第三节　新型犯罪论体系的确立

一、从要件论向体系论的转变

苏联刑法学的犯罪构成四要件理论，继承了沙俄时期关于构成要件的概念，后命名为犯罪构成，包括犯罪成立的一切客观要件和主观要件的总和。实际上，犯罪构成只是犯罪成立要件的简单相加，而犯罪成立要件之间的位阶性不复存在。

四要件的犯罪构成理论把犯罪构成分为犯罪客体、犯罪客观方面、犯罪主体、犯罪主观方面四个要件。当然，在四要件也有一定顺序，但这种顺序性与位阶性不同。四要件之间是一种互相的依存关系：后一要件的存在以前一要件的存在为前提，同时前一要件也以后一要件的存在为前提。四要件之间是依存关系，从而和三阶层的位阶性区别开来。

就三阶层之间的关系而言，从构成要件该当性到违法性，再到有责性，这样一种递进关系是客观存在的：逻辑上，不法是先于责任的，而不可能相反。因此，只有在确立了行为不法以后，才能考查责任追究的问题。责任的存在以不法为前提，而不法的存在则不以责任为前提，即所谓存在"无责的不法"，但不存在"没有不法的有责"。

对于四要件的犯罪构成理论来说，四要件是可以按照不同的逻辑关系进行排列的。正因为如此，四要件之间只有顺序性而没有位阶性。这种顺序性并非四要件之间的逻辑关系的反映，而仅仅是出于表述上的安排。就四要件之间的逻辑关系而言，它们之间是相互依存的：犯罪客体是犯罪行为所侵犯的刑法所保护的社会关系，没有犯罪行为，也就不可能存在犯罪客体。反之，一种没有侵犯犯罪客体的行为也不可能是犯罪行为。这就是犯罪客体与犯罪行为之间的依存关系。犯罪主体也是如此，没有实施犯罪行为的人不可能是犯罪主体，因为犯罪主体是具有刑事责任能力、达到刑事责任年龄并且实施了犯罪行为的人。反之，没有犯罪主体也不可能实施犯罪行为。这就是犯罪主体与犯罪行为之间的依存关系。至于犯罪行为与犯罪故意或者过失之间的依存关系更是明显：因为犯罪故意是行为人明知自己的行为会发生危害社会的结果，并且希望或者放任这种结果发生的一种主观心理态度，没有犯罪行为，怎么可能存在犯罪故意呢？反之，犯罪行为（也称危害行为）是指在人的意志支配下实施的危害社会的身体的动与静。在没有明确区分上述定义中的意志支配与故意心理的关系的情况下，很容易得出没有犯罪故意就没有犯罪行为的结论。

二、犯罪一般要件与阻却犯罪事由的对应关系

对犯罪论体系的改造，需要对犯罪主体要素进行重新定位。把行为作为评价对象的犯罪构成理论将犯罪主体列为构成要件，与理论设定的初衷并不完全吻合。除此之外，把犯罪主体作为犯罪构成要件表明没有犯罪主体就不可能成立犯罪，然而犯罪主体的概念却表明只有实施了被刑法评价为犯罪行为的人才可能是犯罪主体。这样便产生了一个矛盾，即到底是犯罪主体决定了犯罪构成要件的成立，还是行为符合犯罪构成要件决定了犯罪主体的成立呢？如果说犯罪主体是作为犯罪构成的一个要件存在于犯罪构成之中，那么犯罪主体怎么能够凭借已经被评价为犯罪的行为来加以考查呢？如果说符合犯罪构成要件的行为是犯罪主体成立的前提和基础，那么行为既然已经符合犯罪构成要件，又何必借犯罪主体这一构成要件来实现对犯罪的评价呢？可见，目前犯罪主体概念在犯罪构成理论中存在明显的逻辑错误，导致其在整个犯罪构成理论体系中缺乏合理性。正确的做法是将客观现实的主体纳入客观要件中，由客观主体在一定的时间、地点并采用一定的方法实施了客观行为，有时还产生了犯罪结果，犯罪行为和犯罪结果存在因果关系，从而形成了全面而典型的犯罪客观要件。

在犯罪论体系的构造中，保护法益要件、犯罪客观要件、犯罪主体要件和犯罪主观要件属于犯罪的一般要件，符合这四个要件的行为原则上就具有违法性，成立犯罪。但是，在具备违法排除事由和责任排除事由的场合，例外地阻却犯罪的成立。

事实上，在保护法益要件、犯罪客观要件、犯罪主观要件、犯罪阻却要件的阶层体系中，最为重要的是对违法构成要件、责任构成要件这些"原则"的探讨，它们是刑法学研究中的"真"问题。同时，必须把犯罪阻却要件放在犯罪论体系中讨论，才能完成评价犯罪的任务，同时使超法规的违法阻却事由、责任阻却事由的系统理论得到发展。虽然我国通说认为：四要件是刑

事责任产生的唯一根据，一旦犯罪客体要件、犯罪客观要件、犯罪主体要件、犯罪主观要件齐备，就绝无例外地成立犯罪，不存在符合四要件而不成立犯罪的情形。但是，我国现存的四要件理论是否能够彻底完成评价犯罪的任务，很令人生疑。有学者指出：我国的犯罪论体系并未将判断犯罪成立与否的所有因素整合到犯罪论体系中，法官仅通过对四要件的犯罪论体系的审查尚不能最终决定一个行为是否构成犯罪，这实际上只是一个简单的判断。在司法实践中，对于某一行为罪与非罪的评价，除了运用四要件犯罪构成之外，还存在着两个辅助标准：违法阻却事由和犯罪概念（《刑法》第 13 条）。[1]而将犯罪阻却要件纳入犯罪论体系中，很多问题都可以迎刃而解。

由犯罪构成四要件学说搭建的刑法学理论，将正当防卫等阻却犯罪的事由放在犯罪构成理论之后讨论。但是，在肯定了符合（积极的）犯罪构成之后，就很难排除犯罪的成立。"在所有构成要件之后论述所有的排除犯罪的事由，并不是一个妥当做法；在犯罪论的最后论述排除犯罪的事由，更不合适。"[2]

其实，犯罪论体系针对所有危害社会的现象研究成立犯罪的一般条件，那么，在犯罪论体系中，对于与犯罪具有某些相似之处而又阻却犯罪的事由这种"反面"的问题就不能回避。某种行为与犯罪行为在外观上高度相似，事实上并不构成犯罪，但极有可能被司法机关认定为犯罪时，犯罪论体系对此就必须加以讨论。只有这样才能全面、充分地说明犯罪的成立条件。在犯罪论体系内部分析犯罪阻却事由，能够及时阻却犯罪的成立，确保裁判的经济性，从而有利于限制强大的司法公权力，进而保障被告人的人权，同时，可以使犯罪论体系更加严谨而完整。

三、新型阶层理论体系的合理性

在适合我国刑法体系和司法实践话语的犯罪论体系构建中，可借鉴多种理论体系，结果更具合理性，也更切实可行。中国式犯罪论体系不同于以德日为代表的犯罪构成三阶层学说，也不同于以英美为代表的犯罪本体要件和

---

[1] 聂昭伟："论罪与非罪认定标准的统一"，载赵秉志主编：《刑法评论》，法律出版社 2005 年版，第 155 页。

[2] 张明楷："犯罪论体系的思考"，载《政法论坛》2003 年第 6 期。

抗辩事由的双层次理论体系，结合我国刑法规定，这个中国式的四阶层体系更符合国情的理论，明确排斥含糊不清，容易入罪的犯罪客体要件的概念，尽可能克服四要件体系在要素上的缺陷。新型犯罪论体系代之以保护法益要件，可以明确判断受刑法保护而为犯罪侵害的具体利益，也符合我国刑法分则的章节体系，符合分则条文对罪状的要求，对罪状的分析更加准确和合理。新型阶层理论体系将阻却犯罪成立事由纳入犯罪成立理论之中，使得犯罪成立理论在辩护机制的作用发挥上较之四要件体系更为充分，同时也保持了犯罪成立要件作为犯罪成立唯一的、终局的标准的地位，有效克服了我国四要件体系在结构和功能上的缺陷。其中，犯罪一般要件包括：客观要件即实行行为、危害后果、因果关系及行为的时间、地点、方式以及主体等；主观要件即作为违法要素的构成要件是主体故意、过失等；犯罪阻却要件包括违法排除要件即正当防卫、紧急避险、超法规的违法排除事由；责任阻却要件即责任故意、过失、期待可能性等要素。

新型犯罪论体系充分考虑到刑事裁判中犯罪事实的认定过程，有利于最大限度地防止司法实务中发生错误。对事实的判断阶层的逻辑性更加严密。"从形式到实质、从一般到具体、从客观到主观、从原则到例外的判断论方式，亦即，首先为'构成要件该当性'之形式的、一般的、原则的判断，其次为'违法性'之客观的、实质的、例外的判断，最后为'有责性'（责任、罪责）之主观的、实质的判断。依此三阶段之顺序，乃最合经济，最为合理，且错误亦少。"[1]

犯罪论体系的构建中出现了很多观点，但宗旨都在于提供一套尽可能精确的定罪工具。新型犯罪论体系就事实状态和性质、可能存在的特殊事态、行为主体的情况等要素依次进行检验。这样的判断顺序符合思维规律，与刑事裁判的实际要求相一致。新型犯罪论体系吸收了阶层论的基本体系，也吸收了四要件理论的合理成分。"任何国家的刑法理论都是为解决本国特有的现实问题而建立起来的，否认这一点就无法说明为什么可将刑法理论分为英美刑法、欧洲大陆法系刑法……因而我们就不应当说中国刑法理论非要采取大陆法系中的一切概念、范畴和体系，以保持形式上的统一。事实上，大陆法系的各种理论、概念、范畴、体系，也并非从始至终都是如此，而是经过筛

---

〔1〕 陈子平：《刑法总论》，元照出版有限公司2015年版，第102页。

选、创造的漫长历程，并且许多概念、观念也是因时代的需要而几经浮沉，时而被遗忘，时而被强调。"〔1〕

按照法益保护要件、犯罪客观要件、犯罪主观要件、犯罪阻却要件的顺序建立阶层论的体系，是三阶层理论和四要件理论的有机统一。尽管犯罪构成四要件说内部充满矛盾，但受到长期以来法学训练和传统思维模式影响，加之现行刑法典结构和体系无法撼动，司法人员在思维上对四要件理论有一定依赖性，要求司法人员和律师全盘接受构成要件符合性、违法性、有责性体系，这种思维转型存在较大困难，实践中接受四要件说的人和赞成大陆法系传统的三阶层理论的人存在交流障碍。因此，采取比三阶层体系更为简洁、更易于被人们接受、更为人们所熟悉的概念和理论构造，符合法律从业人员的思维特点的实际状况。体系的精巧化和体系的实用性如何兼顾，值得重视。〔2〕

而且新型阶层理论体系有利于解决司法实践中的疑难问题，与司法人员及其律师的实务经验不存在冲突，在中国推行阶层犯罪论体系，对于司法实务工作来说十分必要，更重要的是，这种新型阶层理论容易在中国落地生根，符合中国的司法工作的现状和司法人员以及律师的思维，切实可行。

---

〔1〕　齐文祥、周祥："社会危害性与刑事违法性的关系新论"，载《中国法学》2003 年第 1 期。
〔2〕　周光权：《刑法总论》，中国人民大学出版社 2016 年版，第 93 页。

第三章
CHAPTER 03 犯罪客观要件之行为要件

"犯罪即行为"是刑法理论的一个永恒话题。[1]犯罪行为是主客观要素相结合的统一体，是刑法对特定行为的一种法律评价，仅有客观方面的行为，而没有主观方面的故意或过失，绝不能称之为犯罪行为。以往国内有的教科书使用的是危害行为概念。危害行为是含义很广的概念。因此，构成要件行为是刑法特别规定的危害行为，是狭义的危害行为。由于危害行为概念比较笼统、含糊不清，所以，在讨论犯罪成立要件的时候，应当使用更准确的构成要件行为概念，而不是危害行为概念。构成要件行为，从犯罪论的角度讲属于客观要件的范畴，用以表示犯罪客观要件的一个因素在逻辑上比较妥当。这里所说的构成要件行为，正是从客观要件的角度来论述的。

第一节　构成要件行为概说

一、国外刑法中构成要件行为的理论

在大陆法系的刑法理论中，关于客观行为要件，有四种行为理论，即因果行为论、目的行为论、社会行为论、人格行为论。[2]

第一，因果行为论。又称为自然行为论，受 19 世纪流行的自然科学的影响，因果行为论认为行为是指行为者具有某种意思，为实现此意思而产生身体运动，因为身体运动而使外界发生变动。亦即行为是行为者由于某种有意

---

〔1〕 张浩然:《理论刑法学》，上海人民出版社 2000 年版，第 189 页。

〔2〕 李海东:《刑法原理入门》，法律出版社 1998 年版，第 50~52 页。

思的举动而引起的因果发展。[1]但是，如贯彻自然行为论，则将不作为排除于行为之外，不符合客观实际。

第二，目的行为论。德国学者威尔泽尔在 20 世纪 30 年代提出了目的行为论。与因果行为论相反，目的行为论实际上是一种主观的自然行为论。认为行为是行为人为达到某种目标而在现实的目的上，由意思所支配的自由身体活动，以目的性作为行为本质。

第三，社会行为论。社会行为论由德国学者斯密特在 20 世纪 30 年代所提出。社会行为论是一种价值的行为理论，它立足于行为的社会价值，认为行为是具有社会意义或社会重要性的人类举动。[2]但是，日本学者团藤重光认为，所谓社会这一价值要素本来是不法要素，将其作为评价的对象置于行为之中，是过多的要求。[3]

第四，人格行为论。该说认为刑法中的行为是行为者人格的主体性现实化的身体动静，是在人格与环境相互作用下形成的。

因果行为论、目的行为论、社会行为论和人格行为论各自看到了行为的一个方面，因此，具有合理性，但更多的是不足。合理的行为理论应该是对行为的全面认识。对此，考夫曼的观点更加客观。他认为，应该将行为定义为："由意志控制（可归责于行为人），因果形成（在最广义意义下）之负责的、具有意义的实际事实。这个行为概念，不仅包括合法与违法、故意与过失、既遂与未遂、正犯与共犯，并且除积极的作为之外，也包括不作为，亦即不为法律秩序为避免与法律相关的结果而有所期待的作为。"[4]

二、构成要件行为的概念

作为客观构成要件要素所讨论的行为必须具有实行行为的性质，是有引起构成要件结果发生的危险性的行为。即判断是否有实行行为，不是简单地从外形上看行为人做了什么或者没有做什么，而是看行为是否有现实地导致

---

[1] 马克昌主编：《近代西方刑法学说史略》，中国检察出版社 2004 年版，第 368 页。

[2] 韩忠谟：《刑法原理》，北京大学出版社 2009 年版，第 94 页。

[3] [日] 团藤重光：《刑法总论纲要》，创文社 1986 年版，第 493 页。

[4] [德] 阿图尔·考夫曼：《法律哲学（第 2 版）》，刘幸义等译，法律出版社 2011 年版，第 124 页。

法益侵害发生的危险，是否实质地符合构成要件。例如，基于强烈的伤害欲望实施行为，对成立故意伤害罪的实行行为还不足够，还需要考虑行为是否有引起轻伤、重伤、伤害致死结果发生的现实危险性。

刑法中所规定的实行行为带有高度抽象的性质，但现实所发生的符合上述构成要件规定的都是具体的行为，例如，抢劫罪的实行行为是劫取，而实际生活中的劫取不仅表现为暴力、胁迫的方式，更多时候是用药物麻醉、用酒灌醉等方式，后者只有符合"劫取"的抽象规定时，才可能成为抢劫罪的实行行为。实行行为必须是对法益具有具体危险的行为。

从实质意义上讲，犯罪是侵害、威胁法益的行为。从形式意义上讲，犯罪是具备符合构成要件、违法性、有责性的行为。行为概念是刑法中的重要概念。

犯罪首先是行为，无行为则无犯罪，这是刑法中一个基本的原则，说明行为概念处于犯罪论的核心。反过来同样如此。犯罪是行为这样的命题决定了刑罚权发动与对行为的确证紧密相关：如果没有行为，就没有犯罪，就不能给予刑罚处罚。

作为犯罪成立要件的行为概念具有以下功能：（1）作为基本要素的功能。刑法所规定的任何犯罪，其评价的对象都是行为这一共同的事物。行为概念应该能够包含刑法中的行为，也应该包含不作为；既可以包含故意行为，也应该包含过失行为。行为概念提供了统一的、明确的，能够适用于故意犯、过失犯以及作为犯、不作为犯的行为的判断标准。（2）作为沟通要素的功能。在犯罪成立要件中，行为作为中立概念，具有将危害性、违法、有责的判断结合起来，沟通不法与责任，并得出是否成立犯罪的结论的机能。对于犯罪是否成立的所有判断环节，都是从不同侧面，对行为本身的性质以及与行为相关的要素的考察。（3）作为界限要素的功能。行为概念能够将在刑法意义上不具有重要性质的举动，例如，痉挛、抽搐、昏迷、睡眠中的行为、梦游行为、反射性举动、动物的损害等，都排除在刑法讨论的行为范围之外，而将刑法的注意力仅仅限制在对人所实施的、具有社会意义的举止的评价上。

三、构成要件行为的方式

构成要件行为包括作为、不作为两种形式。这是构成要件行为最基本的分类。

（一）刑法中作为与不作为的概念、表现形式及区分标准

1. 作为的概念及表现形式

作为是行为人以身体活动实施的违反禁止性规范的构成要件行为，是行为人积极的行为，即"应不为而为"。刑法中规定的大多数犯罪，都可以由作为实施，有许多具体犯罪只能以作为形式实施，如破坏交通工具罪、抢夺罪、走私假币罪、强奸罪等。构成要件行为具有主体特定性、有意性、刑事违法性的基本特征。自然人在非正常心理状态下的举动，即使在客观上侵害了刑法保护的法益，也不能评价为构成要件行为。作为表现为行为人是以认定身体的某种积极的活动来实施，而身体的静止不可能实施作为形式的犯罪。

2. 不作为的概念

不作为是行为人负有实施某种行为的特定义务，行为人也能够履行该义务而不履行，以致侵害了法益，从而构成犯罪的行为，即"应为而不为"。不作为也应具备构成要件行为的主体特定性、有意性、有害性和刑事违法性的基本特征。这样的行为才可能构成不作为犯罪。

3. 区分作为与不作为的标准

由上可见，尽管作为只能是积极行为，不作为通常是消极不为，但并不能绝对以积极与消极、动与静来区分作为与不作为。区分作为与不作为的标准应当是行为是否与履行特定法律义务相联系。具体地说，就是如果行为人负有某种特定法律义务，那么无论是消极地不实施任何身体活动以不履行该特定法律义务，还是积极地实施一系列身体活动以拒绝履行该特定法律义务，均属于不作为。反之，如果行为人并不负有某种特定法律义务，那么即使其行为表现出某种缺乏身体动作的特点，也不能认定为不作为犯罪。

（二）区分作为与不作为的方法

确定了区分作为与不作为的标准，并不当然解决了作为犯罪与不作为犯罪的区分问题。而解决这一问题，对提高司法实践活动的水平，从而最终正确判断行为人实施的究竟是作为犯罪还是不作为犯罪，有着重要意义。

对如何区分作为犯罪与不作为犯罪，存在三种观点：第一种观点强调，以实际实施犯罪的行为形态为标准来区分；第二种观点主张，以通常情况下实现犯罪论阶层要件的犯罪行为形态为标准来区分；第三种观点主张，以法

规的规定形式为标准来区分。[1]我国刑法理论界赞同第一种见解,即以实际实施犯罪的行为形态作为不作为犯罪与作为犯罪区分的标准。理由是:第二种标准中"通常情况"不易确定;第三种标准则片面强调行为的规范性,笼统地说某条规定的是作为犯罪的构成要件,不符合刑事立法的实际情况。[2]根据第一种观点,实际实行行为的形式是作为的,即作为犯罪;实际实行行为的形式是不作为的,按不作为犯罪处理。

由上可见,作为犯罪与不作为犯罪都是指已然的、以作为或不作为形式实行的犯罪形态。据此,刑法分则条文中各种犯罪在已然状态下,可分为三类:一是以作为形式实行的犯罪,为作为犯罪;二是以不作为形式实行的只能由不作为形式构成的犯罪,为纯正不作为犯罪;三是以不作为形式实行由作为也可构成的犯罪,称之为不纯正不作为犯罪。对于未然之罪,不能称之为作为犯罪或不作为犯罪,而只能说此种犯罪只能以作为方式实施或只能以不作为方式实施,或既可以以作为方式也可以以不作为方式实施。

为正确理解犯罪的作为与不作为问题,还应注意以下两点:其一,正确认识作为犯罪与不作为犯罪的侵害法益程度。司法实践中有人认为,凡不作为犯罪都比作为犯罪侵害法益程度低。这种看法有失偏颇。当然,不作为犯罪的危害在某些犯罪、某些场合可能相对小些,但并非一切场合的不作为犯罪的危害程度都轻于作为犯罪。例如,在颠覆列车案中,采用不扳道岔的不作为方式与采用破坏铁轨、路基的作为方式相比,二者危害程度很难说有什么差别。其二,正确认识研究犯罪的作为与不作为形式的重要意义。作为与不作为方式的不同,并不影响犯罪的性质。但是,作为与不作为是犯罪行为的两种基本形式,而且不作为犯罪具有其独特特征。因此,理论上研究犯罪的作为与不作为,有助于认识犯罪行为的复杂情况,正确认定不作为犯罪。

---

〔1〕 〔日〕日高义博:《不作为犯的理论》,王树平译,中国人民公安大学出版社1992年版,第84~85页。

〔2〕 熊选国:《刑法中行为论》,人民法院出版社1992年版,第121~122页。

第二节 不作为

一、不作为表现形式

不作为在表现形式上通常表现为身体的静止、消极，但这并不是绝对的。在某些不作为犯罪中，行为人往往具有积极的身体活动。例如逃税罪，只能由不作为形式构成，即行为人有依法履行向国家缴纳税款的特定法律义务，能履行该义务而不履行，但是逃税罪往往表现为纳税人采取欺骗、隐瞒手段进行虚假纳税申报或者不申报，逃避缴纳税款的积极行为，而不是消极的身体静止。该罪由偷税罪演变而来，无论是偷税还是逃税，虽然是不作为犯罪，但行为表现并不是消极的。因此不作为在某些情况下可以通过积极的身体活动来实施。在这类情况下，行为人积极的身体活动目的在于逃避其应当履行的特定法律义务，其本身便是能履行义务而不履行的表现。值得注意的是，如果行为人的积极身体活动又构成了其他犯罪，则应当同时追究其他罪行的责任。例如，锅炉工 A 欲通过空烧锅炉的方式制造爆炸事件，将前来给锅炉加水的工人 B 打伤，B 的伤害构成轻伤，A 的行为不但构成不作为的爆炸罪，而且构成故意伤害罪，应当两罪并罚。

二、纯正不作为犯的客观要件

不作为犯有纯正不作为犯和不纯正不作为犯之分，虽然刑法没有规定，但司法实践和学理探讨中经常采用这种分类方法。

纯正不作为犯是只能以不作为的方式构成的犯罪，是真正的不作为犯。纯正不作为犯根据刑法分则的许多条文的内容都可以看出来。如遗弃罪，拒不执行判决、裁定罪，徇私舞弊不移交刑事案件罪等。

纯正不作为犯的客观要件包括：一是行为人负有实施一定作为的法定义务；二是行为人自身具备履行义务的可能性；三是行为人没有履行其应履行的作为的法定义务。纯正不作为犯是行为犯抑或结果犯？纯正不作为犯是否有未遂形态？对于这些问题，理论上存在不同观点：台湾学者林山田认为，纯正不作为犯存在结果犯和犯罪未遂形态。[1]另一种观点则与之相反，认为纯正不作为犯没有未遂形态。

三、不纯正不作为犯的客观要件

不纯正不作为犯，是指以不作为形式实施的犯罪，也可由作为形式实施的犯罪，但主要是不作为形式实施的犯罪。对于不纯正不作为犯的成立应具备的要件，我国刑法学界有人认为须具备四个要件："一是行为人依法具有特定的行为义务；二是具有作为可能性；三是不履行；四是不作为与作为等价。"[2]另有人认为则应具备三个条件："一是不作为犯罪的作为义务；二是能够履行而没有履行；三是作为义务之不履行与危害结果之发生具有因果关系。"[3]

---

〔1〕 林山田：《刑法通论》，台湾三民书局 1989 年版，第 286 页。

〔2〕 熊选国：《刑法中行为论》，人民法院出版社 1992 年版，第 165 页。

〔3〕 陈兴良：《刑法哲学》，中国人民大学出版社 1992 年版，第 227~241 页。

第四章

客观构成要件之主体要件

犯罪主体要件要素，在我国传统的理论研究中，一般都是放在犯罪构成的主观方面中进行研究的，因为主体不仅是实施违法行为的主体，同时也是责任的承担者。所以，主体不仅是影响责任有无的要件，同时也是客观上实施违法行为的人。但是，正是从这一意义上说，主体首先是属于客观上存在的事实。例如，刑法中有的犯罪要求具有一定身份的人才能构成，有的则要求具有特定法律属性的单位才能构成犯罪，等等，都是首先需要解决主体事实上有无特定身份或者特定法律属性这样的客观事实。因此，犯罪主体要件要素，成为构成要件的客观要件的组成部分。

第一节　主体要件的界定

一、犯罪主体的定义

犯罪主体是客观构成要件中的客观要素，它所要解决的是刑法规定的犯罪人本身必须具备的各种基本要件问题。任何犯罪行为，都是由一定的犯罪主体实施的。从与犯罪行为的关系来看，犯罪主体是犯罪行为的发动者，没有犯罪主体，就不会有犯罪行为；另外，只有实施了犯罪行为的人，才是犯罪主体，没有实施犯罪行为的人不是犯罪主体。因此，研究犯罪构成要件、认定犯罪，都离不开对犯罪主体的分析。

犯罪主体的概念在刑法中尚无明文规定，刑法理论上的认识也很不一致。作为理论概念，在下定义时，应将犯罪主体与犯罪的其他方面的内容区别开来。

首先，确定犯罪主体，不能不包含犯罪的内容。离开犯罪而仅以刑法上关于行为人的人身特征来表述犯罪主体的概念，这样的主体就很难说是犯罪主体。譬如，达到责任年龄、具备责任能力的自然人，因其实施行为、从事活动的不同，完全可以成为民事违法的主体、行政违法的主体或者是一般的行为主体。因此，犯罪主体的概念中，符合一定条件的人应当与犯罪具有必然的联系。而犯罪归根到底是人侵害法益的行为。这样，在犯罪主体的概念中，就必须将行为人与犯罪行为或构成要件行为紧密联系起来。就犯罪主体概念而言，决定行为是否构成犯罪的人身必备特征，才是其应反映和研究的根本内容。

其次，在犯罪主体概念中，应当包含实施构成要件行为，还应当包含应负刑事责任的内容。

将犯罪主体的定义表述为达到责任年龄、具备责任能力、实施了危害社会行为的自然人，这种观点也存在明显的缺陷。因为这一概念显然不能将犯罪主体与一般违法主体区别开来。一般违法主体也可由达到刑事责任年龄、具备刑事责任能力的人构成，一般违法犯罪又都是危害社会的行为，因而将犯罪主体概念中应包含的客观内容表达为危害社会行为是不确切的，应当表述为犯罪行为或构成要件行为。

犯罪是产生刑事责任的前提，应负刑事责任是实施犯罪的后果。犯罪与刑事责任的有机统一决定了犯罪主体也应当是犯罪行为人与应负刑事责任人的统一。因此，犯罪主体的定义，仅仅表述为达到刑事责任年龄、具备刑事责任能力、实施了犯罪行为的人仍然是不够的，还应当包含应负刑事责任的内容，从而指明犯罪的主体既是犯罪的行为人，又必须是对犯罪行为负刑事责任的人。

最后，在犯罪主体的定义中，需要将责任年龄与责任能力并列载明。责任年龄与责任能力不属于同一个层次的内容，责任年龄的确定取决于刑事立法上对不同年龄人责任能力的判定，年龄因素只是说明是否具备责任能力的因素之一，专门强调责任年龄，说明年龄是责任的前提，强调责任年龄在主体要素中的须臾不可或缺，是最重要的要素。于是，主体定义应包括责任年龄的内容。

除此之外，我国现行刑法已确认了单位可以成为犯罪主体并应负刑事责任，因此，在犯罪主体概念中对这一方面的内容也应当有所反映。

因此，我国刑法中的犯罪主体，是达到刑事责任年龄，具备刑事责任能力，实施犯罪行为并且依法应负刑事责任的自然人；同时依据刑法规定，单位亦可以成为某些犯罪的主体。

二、犯罪主体的共同要件

犯罪主体的定义揭示了犯罪主体的本质特征，客观构成要件中的主体要素具体地反映其本质特征。因此，犯罪主体的要件应为犯罪主体的定义所包含，犯罪主体的定义是确立犯罪主体的基本依据。但是，并非犯罪主体所包含的所有内容都是犯罪主体，而只有其中的实施犯罪和承担刑事责任者的人身特征才属于构成要件中的主体要素的范畴。分析我国刑法规范的有关规定可知，我国刑法中任何犯罪的主体都必须具备的条件包括两方面：一是必须为自然人，二是该自然人必须具备刑事责任能力。

（一）自然人要件

根据我国刑法规定，犯罪主体主要是具有生命的自然人。自然人是有生命的人类独立个体。自然人的人格始于出生，终于死亡。关于人的生命开始的时间，就世界各国的刑法理论与实践来说，主要有受孕说、阵痛说、一部露出说、全部露出说、发声说、独立的血液循环说、独立呼吸说。其中，以独立呼吸说比较流行。关于人的生命终结的时间，世界各国的刑法理论主要有呼吸停止说、脉搏止息说、生活机能损害说、大脑机能停止活动说和综合判断说。在我国，在判断人的生命终结的标准方面一直采用的是心肺功能完全停止说。但脑死亡说正逐渐成为世界各国采用的标准。脑死亡的测定辅助于医疗仪器，在我国过去有难度，但随着医学理论和医学技术的不断进步，我国已具备测定脑死亡的条件，在判断人的生命终结的标准方面应采用以脑死亡为主的综合判断说。

根据我国刑法的规定，单位也可以成为犯罪主体，能够承担刑事责任。但是单位犯罪相对于刑法中所规定的自然人犯罪而言，只是其中的一部分，因此，单位作为犯罪主体不具有普遍意义。而这里论及犯罪主体的共同要件，是针对一切犯罪的主体而言的。虽然单位也是由自然人组成，但单位犯罪主体相对于自然人主体而言，具有一定的复杂性和特殊性。

（二）刑事责任能力要件

犯罪主体并非任何有生命的个体都可以构成，如果在行为人由于尚属年幼、患精神疾病等因素而不能认识其行为的性质、意义及后果并加以控制的情况下，将其实施的为刑法所禁止的构成要件行为作为犯罪追究刑事责任的话，那么与已成年且精神正常的人的犯罪行为比较而言，是不公平、不人道的，而且由于这部分人根本不能认识到对其追究刑事责任、适用刑罚的性质、目的、意义及后果，因而也难以实现刑罚的惩罚和预防犯罪的目的。因此，只有那些达到一定年龄且精神正常即能够认识自己行为的性质、意义及后果，并对自己的行为加以控制的人才能够成为刑法中的犯罪主体。换言之，作为自然人的犯罪主体还必须具备刑事责任能力，刑事责任能力是犯罪主体的核心和关键要件。

刑事责任能力，简单地说，就是行为人辨认和控制自己行为的能力。刑事责任能力中的辨认能力和控制能力存在着有机联系：辨认能力是刑事责任能力的基础；控制能力则是刑事责任能力的关键。自然人即使具备辨认能力，但也可能因没有控制能力而无刑事责任能力，控制能力的存在必须以具备辨认能力为前提，不可能存在仅有控制能力而没有辨认能力的情况。总之，同时存在辨认能力与控制能力，才具备刑事责任能力。

生活中的自然人，达到一定年龄且精神正常，其知识和智力发展随之达到成熟的程度，从而就具有刑法所要求的辨认和控制自己行为的能力，但有的人也可能由于年龄、生理功能丧失、精神疾患等因素而影响其刑事责任能力的完备程度，因而自然人的刑事责任能力存在区别。刑事责任能力完备程度影响到刑事责任的大小，因此具有不同程度的刑事责任能力的人对其犯罪承担的刑事责任存在差异。据此，我国刑法根据自然人的年龄、精神状况等因素影响刑事责任能力的实际情况，将刑事责任能力程度分为完全刑事责任能力、完全不负刑事责任能力、相对负刑事责任能力和减轻刑事责任能力四种。

三、犯罪主体的分类

为了正确定罪量刑，可以对犯罪主体依据一定的标准进行分类研究。当然，法定的分类直接指导着司法实践。

（一）自然人主体与单位主体

根据某种具体犯罪是否可以由单位构成，可以将犯罪主体分为自然人主体和单位主体。

自然人主体包括具有刑事责任能力、实施犯罪行为并且依法应负刑事责任的自然人。它既包括具有一定身份的自然人，也包括不具有一定身份的自然人。

单位主体，是指实施了侵害法益和依法应受刑罚处罚的行为，依法成立并且具有合法经营、管理范围的公司、企业、事业单位、机关和团体。根据我国《刑法》第30条及刑法分则的有关规定，单位主体具有如下特征：

第一，单位包括公司、企业、事业单位、机关、团体。既包括具有法人资格的单位，也包括不具有法人资格的单位。其中，"公司、企业、事业单位"，是指所有的公司、企业、事业单位，既包括国有的公司、企业、事业单位，也包括集体所有的公司、企业、事业单位，以及国有、合资或独资、股份制的公司、企业、事业单位。"机关"是指以国家预算拨款作为独立活动经费，从事国家管理和行使国家权力的中央和地方各级机关。具体包括中央和地方各级立法机关、行政机关、司法机关、军事机关，执政党机关等。"团体"主要是指人民团体和社会团体。人民团体是指各级国有工会、共青团、妇联等国家核拨经费，占国家编制的国有团体。社会团体则是指工会、共青团、妇联等以外其他的成员根据兴趣爱好组成的在民政部门登记的民间团体。

第二，单位只是一部分犯罪的主体。在我国，刑法规定了作为单位犯罪的具体犯罪罪名，由单位的属性所决定，单位并不能像任何具有刑事责任能力的自然人一样，可以成为任何犯罪的主体，而只有那些由法律明文规定单位才能构成的犯罪的主体。规定单位犯罪的法律，指的是刑法分则规范，包括刑法分则及其颁布后国家立法机关又根据实际需要制定的单行刑法及有关的附属刑法规范。从我国刑法分则的规定来看，单位可以成为危害公共安全，破坏社会主义市场经济秩序，侵犯公民人身权利、民主权利，侵犯财产，妨害社会管理秩序，危害国防利益，贪污贿赂，渎职等犯罪里面某种具体犯罪的主体，其中既包括故意犯罪的主体，也包括过失犯罪的主体。同时，在法律规定单位可为其主体的犯罪中，并非任何公司、企业、事业单位、机关、团体都可以成为所规定的犯罪的主体。刑法在不同的单位犯罪中，对单位主体的种类有不同的要求，在刑法分则中，大多数单位犯罪的主体可以是公司、企业、事业单位、机关、团体这五种类型的单位，一般是指在刑法分则中对犯罪主体只标明为"单位"的犯罪。但少数单位犯罪对单位主体种类有特殊的要求。如《刑法》第387条所规定的单位受贿罪的单位主体只能是国家机关、国有公司、企业、事业单位、人民团体。

（二）一般主体与特殊主体

根据犯罪主体构成犯罪是否必须具备一定的身份的要求，可以将犯罪主体分为一般主体与特殊主体。

达到法定年龄、具备刑事责任能力，是任何一个犯罪主体必须具备的条件。只要具备了上述条件的犯罪主体，就是犯罪的一般主体；除了上述条件外，还要求具备一定特殊身份才能构成的犯罪主体，是犯罪的特殊主体。身份对于区分一般主体与特殊主体具有重要的作用，因此，身份对于定罪量刑具有非常重要的意义。

由于特殊主体的身份从主、客观存在统一上影响了行为法益侵害的有无和程度，并反映了行为人主观恶性的大小，因而现代各国刑法都在不同程度上、以不同形式设立了犯罪主体特殊身份及其影响刑事责任的规定，刑法设立犯罪主体特殊身份规定的目的，在于从犯罪主体角度调整构成要件行为与刑事责任的关系，以更加准确有效地打击犯罪，从而维护执政阶层的整体利益。

第二节　自然人犯罪主体

自然人犯罪主体亦可称为个人犯罪主体。关于自然人犯罪主体，根据其构成要求不同，在刑法理论上可以分为一般主体与特殊主体两种情形。

一、自然人犯罪主体一般要素

自然人犯罪主体一般要素，是指自然人作为所有犯罪主体都必须具备的条件。

自然人犯罪主体一般要素，主要以"刑事责任能力"为内容，而"刑事责任能力"，具体来说，是指刑法所要求的犯罪主体必须具备的对犯罪行为的辨认能力和控制能力。

作为犯罪主体一般要件的"刑事责任能力"，以行为人对犯罪行为的辨认能力和控制能力为主要内容，是从犯罪主体角度确定行为人刑事责任的根据。所以，确定犯罪主体刑事责任能力的有无及程度，是研究自然人犯罪主体一般要件的根本目的和核心内容。

（一）刑事责任能力

刑事责任能力，即行为人对于客观犯罪行为的辨认能力和控制能力，是构成要件主体必须具备的条件。

"刑事责任"是行为人因犯罪而应承担的刑事法律后果。所以，刑法中的"刑事责任能力"是行为人承担刑事责任的"责任能力"，即刑法规定的对犯罪行为应负刑事责任的主体必须具备的条件。但是，犯罪是"依照法律应当受刑罚处罚的"行为，即行为人应承担刑事责任的行为，因此，只有行为人应负刑事责任的行为，才可能成为刑法意义上的犯罪行为；不具备承担刑事责任的"责任能力"的主体实施的行为，就不可能构成犯罪。从我国刑法规定的应对犯罪行为负刑事责任的主体必须具备的条件中，可以推导出作为犯罪主体必须具备的"刑事责任能力"这一要素的具体内容。

（二）决定和影响刑事责任能力的因素

决定自然人刑事责任能力的有无及影响刑事责任能力程度的因素，是判断自然人刑事责任能力的法律依据，也是分析自然人构成要件主体符合程度的法定标准。

1. 刑事责任年龄

关于刑事责任年龄的定义，代表性的表述方式有两种：一种观点认为刑事责任年龄，是指法律所规定的行为人对自己实施的刑法所禁止的危害社会行为负刑事责任必须达到的年龄。[1]另一种观点认为，刑事责任年龄是指刑法所规定的，行为人实施刑法所禁止的犯罪行为所必须达到的年龄。[2]从实质上看，这两种表述没有实质差别。

从后一种观点来看，应对刑法所禁止的犯罪行为负刑事责任，是决定主

---

〔1〕　高铭暄、马克昌主编：《刑法学》，北京大学出版社、高等教育出版社 2011 年版，第 92 页。
〔2〕　张明楷：《刑法学》（上），法律出版社 1997 年版，第 164 页。

体的行为能够构成犯罪的必要条件。所以，刑事责任年龄既是主体承担刑事法律后果必须达到的"责任年龄"，也是决定行为人的行为能否构成犯罪的"犯罪年龄"。

根据我国《刑法》第17条的规定，刑事责任年龄可以划分为以下四个阶段：完全负刑事责任年龄阶段、相对负刑事责任年龄阶段、完全不负刑事责任年龄阶段和减轻刑事责任年龄阶段。

2. 精神障碍对刑事责任能力的影响

一般而言，达到一定年龄的人，其刑事责任能力就开始具备，并以达到16周岁作为其责任能力完备的标志，如果实施侵害法益行为时，应当负刑事责任。但是，自然人即使已达到负刑事责任之年龄，也可能由于精神障碍而致其刑事责任能力减弱甚至完全丧失，在这些精神障碍者实施侵害法益行为时，倘若也与正常人一样负刑事责任，那么从道义以及刑罚适用之目的等方面看，均不够妥当。因此，现代世界各国均在刑法中明确规定因精神障碍致其刑事责任能力完全丧失者实施侵害法益行为的，不负刑事责任；因精神障碍致其刑事责任能力减弱者实施侵害法益行为的，应当或者可以从宽处罚。在我国，现行刑法也对精神障碍者的刑事责任问题作了规定。

关于精神障碍的含义，《刑法》第18条只将其规定为"精神病"，没有进一步地详细规定。由于如何理解精神障碍的含义对精神障碍人刑事责任问题的正确解决至关重要，因而刑法学界对此进行了一定的研讨。

我国司法精神病学界认为，精神障碍即精神疾病、精神疾患，它包括两大类疾病：一是精神病，又包括以下几种严重的精神障碍：精神分裂症、偏执性精神病等明确诊断的精神病；严重的智能欠缺，或者精神发育不全达到中度（痴愚）或者更为严重程度（如白痴）；精神病系统状态，其中包括癔症性精神错乱和病理性醉酒、病理性半醒状态、病理激情、一过性精神模糊这四种罕见的例外状态。二是非精神病性精神障碍，如神经官能症、人格障碍、性变态等。[1]

刑法理论界对刑法典中所说的"精神病人"的理解，一般根据司法精神病学上关于精神障碍的见解。但又有不同的看法：一种为狭义说，一种为广义说。

---

〔1〕 贾宜诚等编著：《实用司法精神病学》，安徽人民出版社1988年版，第21、59页。

狭义说认为，精神病人仅指精神活动异常达到一定程度的重性精神病患者，严重的智能障碍者和精神病系统状态等严重的精神障碍者，不包括神经官能症、轻度精神发育迟滞、变态人格及性心理障碍等轻度精神异常者。[1] 前种精神疾病患者的精神功能障碍会导致其辨认或控制行为的能力完全丧失，而后种属于非精神病性精神障碍者，一般都不会因精神障碍而丧失辨认或控制行为的能力。因此，只有前种精神疾患者才能成为《刑法》第18条规定的精神病人。[2]

广义说认为，精神病人就是泛指以各种精神活动异常为表现特征的精神障碍者，不仅仅是某些重性精神病患者，严重智能障碍者以及精神病状态者等严重的精神障碍者，[3] 还包括精神发育迟缓、神经官能症（如癔症、强迫症、焦虑症、神经衰弱等）、人格障碍（变态人格）、性心理障碍（性变态）等。[4]

司法精神病学界目前一般认为，"对刑法中精神病词义应作为精神疾病来理解。"[5] 不过，在如何具体理解上，也存在着如同刑法学界的狭义说和广义说之争。由于现行《刑法》第18条已对无责任能力的精神病人和限制责任能力的精神病人的刑事责任均作了明确规定，学界对精神障碍含义的理解将会逐步统一到广义说上来。根据我国刑法规定，精神病人主要有：完全无刑事责任能力的精神病人、限制刑事责任能力的精神病人和精神正常的间歇性精神病人。

间歇性精神病人，是指患有精神病，但精神病症状时有时无的精神病人。在精神病发作期间，这种病人可能完全或者部分丧失辨认或控制自己行为的能力，因而不可能承担或者不可能完全承担刑法所规定的刑事责任。但是，这种病人在精神病间歇期间，精神状态与常人无异，具有正常辨认和控制自己行为的能力，因而不存在免除或减轻行为人刑事责任的理由。所以，《刑法》第18条第2款规定："间歇性的精神病人在精神正常的时候犯罪，应当

---

〔1〕 贾宜诚等编著：《实用司法精神病学》，安徽人民出版社1988年版，第59页。

〔2〕 赵秉志：《犯罪主体论》，中国人民大学出版社1989年版，第181页。

〔3〕 孙东东：《精神病人的法律能力》，现代出版社1992年版，第4页。

〔4〕 林准主编：《精神疾病患者刑事责任能力和医疗监护措施》，人民法院出版社1996年版，第4页。

〔5〕 1989年第二届全国司法精神病学术会议《会议纪要》。

负刑事责任。"

3. 醉酒对刑事责任能力的影响

醉酒是一个社会问题，本与刑法无关。但是，当醉酒所引起的酒精中毒对行为人辨认或者控制自己行为的能力产生影响时，醉酒就成为刑法领域中的一个问题。

一般来讲，醉酒可分为生理性醉酒与病理性醉酒两种情况。这两种醉酒的状态以及在法律上的责任有所不同，因此，无论在刑法理论上还是在司法实践中，都应当注意加以区别。

（1）生理性醉酒。生理性醉酒，又称普通醉酒，是指因饮酒过量而致精神过度兴奋甚至神志不清的情形。现代医学、司法精神病学认为，生理醉酒不是精神病。据此，《刑法》第18条第4款规定："醉酒的人犯罪，应当负刑事责任。"这一规定，对于防止和减少酒后犯罪，维护社会管理秩序，具有重要的意义。我国刑法之所以主张醉酒的人犯罪应当负刑事责任，主要是基于以下理由：①根据医学证明，普通醉酒人在醉酒状态下辨认和控制自己行为的能力只是有所减弱，并未完全丧失，因而具有刑事责任能力，符合犯罪主体的条件。②普通醉酒人在醉酒前对自己醉酒后可能实施构成要件行为应当预见到，甚至已有预见。因此，在醉酒后所实施的构成要件行为，行为人在主观上有罪过，符合犯罪的主观要件。③醉酒完全是人为的，也是可以戒除的。如行为人不自觉加以控制，一旦酒后实施犯罪，自然应当追究其刑事责任。

（2）病理性醉酒。病理性醉酒是少量饮酒后因身体异常反应而急性发作的一种酒精中毒状态。对于病理性醉酒的人所实施的构成要件行为应否追究刑事责任，在刑法学界有三种不同的观点：一是有责说，认为在任何醉酒包括病理性醉酒状态下实施犯罪行为，都应追究刑事责任。二是无责说，认为在病理性醉酒状态下，行为人完全丧失了辨认和控制自己行为的能力，属于精神病状态，不应当追究刑事责任。三是折中说，认为对病理性醉酒，能否追究刑事责任，不能一概而论。具体来讲，如果病理性醉酒的行为人不知道自己有病理性醉酒疾病，偶尔少量饮酒后即陷入病理性醉酒状态，在这种状态下实施了构成要件行为，则不应追究刑事责任。如果病理性醉酒的行为人知道自己有这种疾病，故意饮酒造成病理性醉酒状态，以便利用这种状态进行犯罪活动，因而对社会造成危害的，则应当追究刑事责任。[1]第三种观点比较客观，即行为人在不知道自己有病理性醉酒疾病时偶尔少量饮酒后即陷入病理性醉酒状态，以致实施构成要件行为的，因为行为人处于精神病状态，没有辨认与控制自己行为的能力，因此不负刑事责任。但是，如果行为人明知自己具有病理性醉酒的特质，而故意或过失醉酒，实施构成要件行为，构成犯罪的，则应当负刑事责任。这种情况在刑法学上称为"原因上的自由行为"。原因上的自由行为，亦称原因自由行为，是指行为人在实施犯罪的前一行为（原因行为）时是自由的，开始着手后一行为时，缺乏辨认或控制能力的情形。原因自由行为主要解决的是醉酒状态下行为人的责任问题。原因自由行为与责任能力存在一定的关系：行为人虽然在实施客观构成要件行为时，无意志自由而欠缺责任能力，但其在导致无责任能力的原因设定阶段，与正常人并无差别，即使其陷入这种无责任能力状况的原因行为是自由的（在完全责任能力状态下），此种原因行为对其后的实行行为具有决定意义，应当受到责难，不影响其行为的有责性。可见，原因自由行为理论适度修正了"责任与行为同在"的原则，解决了醉酒状态、吸毒者幻觉状态下的责任能力认定问题。正是在认同原因自由行为理论的基础上，我国《刑法》第18条第4款明确规定：醉酒的人犯罪，应当负刑事责任。

4. 生理功能缺陷对刑事责任能力的影响

我国《刑法》第19条规定："又聋又哑的人或者盲人犯罪，可以从轻、减轻或者免除处罚。"这是我国刑法中对生理功能缺陷者即聋哑人、盲人刑事责任的特殊规定。"又聋又哑的人"，是丧失全部听觉和言语功能的自然人；"盲人"，是指丧失全部视觉功能的双目失明的人。

在达到法定的刑事责任年龄后，即使又聋又哑的人和盲人也能在一定程度上具备对于犯罪行为的辨认能力和控制能力，如果实施了犯罪行为，也应承担刑事责任。但是，由于聋哑人、盲人不具有听觉、言语或视觉功能，其感知、认识和影响外部世界的功能都会受到一定限制，影响其接受正常教育、学习知识和发展智力，他们对犯罪行为的辨认能力和控制能力也无疑受到一定程度的限制或影响。正是基于这样的考虑，《刑法》第19条规定："又聋又

---

〔1〕　高铭暄主编：《新中国刑法学研究综述（1949-1985）》，河南人民出版社1986年版，第234~237页。

哑的人或者盲人犯罪，可以从轻、减轻或者免除处罚。"

《刑法》第19条这一规定说明，聋哑人、盲人实施刑法禁止的构成要件行为构成犯罪的，应当负刑事责任，应受刑罚处罚，但又可以从轻、减轻或者免除处罚。这一规定要求，在处理有关又聋又哑的人或盲人犯罪的案件时，一般应坚持适当从宽的原则。如果没有特别恶劣的情节，这类案件都应根据案件的具体情况"从轻、减轻或者免除处罚"。但是，丧失听觉、语言功能或视觉功能影响行为人辨认和控制能力的情况非常复杂，在实践中应注意根据行为人刑事责任能力受影响或限制的程度以及犯罪的性质和危害的大小，决定应该是从轻、减轻还是免除处罚。对于那些刑事责任能力受影响不大，犯罪情节恶劣，特别是利用自己的生理缺陷作为犯罪手段的犯罪分子，则不宜从宽，可以与正常人犯罪同等对待。

二、自然人犯罪主体特殊身份要素

（一）犯罪主体特殊身份的含义

以构成要件主体是否要求必须具备特定身份为标准，自然人犯罪主体分为一般主体与特殊主体。

正确理解犯罪主体特殊身份的含义，应当注意以下问题：①特殊身份一般是在行为人开始实施构成要件行为时就已经具有的特殊资格或已经形成的特殊地位或状态。行为人在实施行为后才形成的特殊地位，通常不属于特殊身份。例如，《刑法》第291条规定的聚众扰乱公共场所秩序、交通秩序罪，法律规定只处罚首要分子，但并不能说该罪的主体为特殊主体，因为首要分子在此是指在聚众犯罪中起组织、策划、指挥作用的犯罪分子，这种地位或资格是在行为人实施犯罪后方形成的，并非特殊身份。事实上，任何达到刑事责任年龄、具备刑事责任能力的自然人，均可以聚集众人扰乱公共场所秩序、交通秩序而成为首要分子，故该罪的主体当然是一般主体。如果把行为人在实施犯罪后才形成的特殊地位或状态也称为特殊身份，那么在犯罪主体中区分一般主体与特殊主体就可能失去意义。在极少数情况下，特殊身份也可以是在行为人实施危害行为过程中或者实施危害行为之后形成的。例如，《刑法》第17条之一规定，已满75周岁的人故意犯罪的，可以从轻或者减轻处罚；第49条第1款规定，审判的时候怀孕的妇女，不适用死刑。行为人完全可能在 75 周岁的当天犯罪，也可能在犯罪之后怀孕。②作为犯罪主体要件的特殊身份，仅仅是针对犯罪的实行犯而言的，至于教唆犯与帮助犯，并不受特殊身份的限制。例如强奸罪的主体必须是男性，但这只是就实行犯而言的，不具有男性身份的妇女教唆或帮助男性实施强奸妇女行为的，可以成立强奸罪的共犯。

（二）特殊自然身份主体的刑事责任能力及处罚

特殊自然身份主体包括未成年人、老年人、孕妇等因生理原因而具有某种特殊自然身份的群体。与一般主体相比，这类人中的某些人有可能因其特殊生理原因而部分降低了其刑事责任能力，相应地刑法对这类人在刑事责任方面予以从宽的处罚。

1. 未成年犯罪人的刑事责任能力和刑事责任

鉴于未成年人的生理和心理规律，既有容易被诱惑，导致犯罪，又有容易接受教育和改造的特点，因此，从未成年犯罪人的刑事责任能力和适用刑罚的根本目的出发，我国刑法对未成年人的刑事责任作了特殊规定。

（1）从宽处理的原则。《刑法》第 17 条第 3 款规定，已满 14 周岁不满 18 周岁的人犯罪，应当从轻或者减轻处罚。这一原则是基于未成年犯罪人责任能力不完备的特点而确立的，反映了刑法罪刑相适应原则和刑罚目的的要求。从宽处罚是相对成年人犯罪而言的，即在犯罪性质和其他犯罪情节相同的情况下，对未成年人犯罪要比照对成年人犯罪的规定予以从轻或减轻处罚。至于是从轻还是减轻处罚，由法院根据具体案件的具体情节来决定。

（2）不适用死刑的原则。《刑法》第 49 条规定，犯罪的时候不满 18 周岁的人不适用死刑，"不适用死刑"是量刑时不适用死刑，当然对未成年人不执行死刑，既包括不适用死刑立即执行，也包括不适用死刑缓期两年执行。

（3）不成立累犯的原则。《刑法》第 65 条第 1 款规定，被判处有期徒刑以上刑罚的犯罪分子，刑罚执行完毕或者赦免以后，在 5 年以内再犯应当判处有期徒刑以上刑罚之罪的，是累犯，应当从重处罚，但是过失犯罪和不满 18 周岁的人犯罪的除外。该条款中的"不满 18 周岁的人"既可以是犯前后两个罪时均不满 18 周岁，也可以是犯前罪时不满 18 周岁但犯后罪时已满 18 周岁。

（4）从宽适用缓刑的原则。《刑法》第 72 条规定，对于被判处拘役、3

年以下有期徒刑的犯罪分子，如果犯罪情节较轻、有悔罪表现、没有再犯罪的危险并且宣告缓刑对所居住社区没有重大不良影响的，可以宣告缓刑，对其中不满18周岁的人，应当宣告缓刑。在符合缓刑适用条件的情况下，对宣告缓刑的时候不满18周岁的未成年人，是"应当"宣告缓刑，而不是"可以"宣告缓刑，亦即对不满18周岁的人是必须适用缓刑。

（5）免除前科报告义务。《刑法》第100条规定，依法受过刑事处罚的人，在入伍、就业的时候，应当如实向有关单位报告自己曾受过刑事处罚，不得隐瞒。这是我国刑法新增设的犯罪前科报告制度。不过，《刑法》第100条第2款规定，犯罪的时候不满18周岁被判处5年有期徒刑以下刑罚的人，免除前款规定的报告义务。这样规定，免除了未成年犯罪人的前科报告义务，有利于未成年犯罪人免受歧视，更好地融入社会。

2. 老年犯罪人的刑事责任能力和刑事责任

我国《刑法》基于老年人的生理特点，从刑罚适用的目的和刑罚人道主义出发，规定了老年特殊的刑事责任能力和犯罪后的刑事责任：

（1）从宽处理的原则。《刑法》第17条之一规定，已满75周岁的人故意犯罪的，可以从轻或者减轻处罚；过失犯罪的，应当从轻或者减轻处罚。对于已满75周岁的人故意犯罪"可以从轻或者减轻处罚"，是要根据老年人犯罪的具体情况，决定是否从轻或者减轻处罚，而不是一律必须从轻或者减轻处罚。对那些具有特别恶劣、严重情节的老年人犯罪，不予以从轻或者减轻处罚。对于已满75周岁的人"过失犯罪"，"应当从轻或者减轻处罚"，是一律予以从轻或者减轻处罚，至于是从轻处罚还是减轻处罚，需要法院结合案情作出决定。根据《刑法》第17条之一的规定，对老年人犯罪予以从宽处罚的条件是老年人犯罪时已满75周岁。刑法对犯罪人年龄的上限开始调整，但步伐还较小，比如有的国家和地区，对已满70周岁的人犯罪从宽处罚。随着刑法修改的深入人心和老年人犯罪的收敛以及犯罪率的下降，我国刑法有望进一步降低老年人犯罪从宽处罚的年龄。

（2）原则上不适用死刑。《刑法》第49条第2款规定，审判的时候已满75周岁的人，不适用死刑，但以特别残忍手段致人死亡的除外。"以特别残忍手段致人死亡"，是指犯罪致人死亡的手段非常残忍，如以肢解、残酷折磨、毁人容貌等特别残忍的手段致人死亡。刑法这样规定，既考虑到已满75周岁的人的刑事责任能力由身心所决定，人身危险性显著减弱，不适宜适用死刑；也考虑到某些已满 75 周岁的人生理和心理条件较好，甚至以特别残忍手段致人死亡，如不对其适用死刑，不符合罪刑相适应原则，也难以平息社会矛盾。当然，从长远的角度看，我国应对老年人犯罪一概不适用死刑，受许多国家和地区成功经验的启示，我国大陆发展的趋势是已满 70 周岁的人犯罪不适应死刑。

（3）从宽适用缓刑的原则。根据《刑法》第 72 条的规定，对于已满 75 周岁的人，只要符合缓刑的条件，就应当对其宣告缓刑。随着刑事立法经验的成熟和刑法人道性程度的进一步提高，对 70 周岁的人适用缓刑势在必行。

3. 犯罪孕妇的刑事处遇

由于怀孕的妇女有特殊的生理、心理特点，具有特殊的刑事责任能力，故应对怀孕的妇女予以特别保护。我国刑法对犯罪孕妇的刑事责任作了特殊的规定。

（1）不适用死刑的原则。《刑法》第 49 条规定，审判的时候怀孕的妇女，不适用死刑。"不适用死刑"，既包括对审判的时候怀孕的妇女不适用死刑立即执行，也不适用死刑缓期二年执行。怀孕的妇女，应做广义的理解，还包括人工流产的妇女，在羁押期间自然流产的妇女，都不能适用死刑。

（2）从宽适用缓刑的原则。《刑法》第 72 条规定，对于符合缓刑条件的怀孕妇女，不是"可以宣告缓刑"，而是"应当宣告缓刑"，即必须宣告缓刑。刑法这样规定这有利于保护怀孕妇女的身心健康和胎儿的健康发育，体现了刑法的人道主义。

第三节　单位犯罪主体

一、单位犯罪的界定

（一）单位犯罪的含义

单位犯罪，是公司、企业、事业单位、机关、团体以单位名义实施的按照刑法规定应当承担刑事责任的侵害法益行为。在我国，单位的具体犯罪在刑法分则有明确规定。如果单位实施了刑法规定的构成要件行为，刑法分则和其他法律未规定追究单位的刑事责任的，对组织、策划、实施该构成要件行为的人依法追究刑事责任。换言之，单位实施了刑法及其他法律规定不能由单位构成犯罪的犯罪行为，司法机关应当以自然人犯罪的形式追究相关责任人员的刑事责任。

单位犯罪和自然人犯罪存在多方面区别，主要表现在以下情形。

第一，以单位名义实施犯罪，但利益归个人的，应按自然人犯罪认定。利益归属是区分单位犯罪和自然人犯罪的标准之一。犯罪所得利益归个人，是犯罪所得直接归个人所有。如果说以单位名义实施犯罪，利益归单位，然后自然人通过单位提取奖金，或者用发工资、涨工资的形式来增加收入等，不能认定为是利益归个人的情形。因为单位犯罪利益归单位，对单位中的成员个人而言，多少总有好处的。如果认为只要个人实际获得了好处，就是利益归个人的话，那么，可能就取消了单位犯罪。

第二，专为犯罪设立的单位实施的行为是自然人犯罪。有的单位就是为了实施犯罪而设立的，这种单位的设立已经违背了设立单位的宗旨，单位成为犯罪的幌子。因为成立这种单位是自然人犯罪的一种手段，所以具有非法性，应依法取缔。

第三，设立单位后，从事的主要是犯罪活动的，也应按自然人犯罪认定。这种单位一般从事犯罪行为，只是偶尔顺便从事过一些合法的经营活动，已无法认为是合法的单位从事合法的行为，其行为由自然人承担刑事责任。

第四，不具有独立法人资格的独资、合伙企业的犯罪行为，例如自然人个人独资企业，只能按照个人犯罪论处。

第五，违法所得归单位，但是行为人以个人名义实施的犯罪，不能以单位犯罪论处。

第六，刑法分则明确规定不是单位犯罪的，例如贷款诈骗罪、信用卡诈骗罪。如果单位实施上述犯罪行为，不能追究单位的刑事责任，只能按照个人犯罪追究主要责任人的刑事责任或者按照其他犯罪（如合同诈骗罪）处理。

（二）单位犯罪主体的种类

单位犯罪的主体是单位，这里的单位包括公司、企业、事业单位、机关、团体。在我国刑法中，之所以没有采用法人犯罪一词而代之以单位犯罪，主要原因在于法人犯罪这一概念范围较窄，使用单位犯罪一词可以概括更多的虽非法人但亦属一定组织体所实施的犯罪，适合我国社会转型，经济目前处于转轨阶段的现实状况。

根据我国《刑法》第 30 条的规定，有五种单位犯罪的主体。

1. 公司

公司是依法定程序设立，以营利为目的的企业法人组织，是现代企业制度的典型形式。公司是常见的单位犯罪的主体，公司主要有股份有限公司和有限责任公司，此外，还包括一人公司。一人公司符合单位犯罪的主体特征，它具有法人资格，在性质上不同于个人行为，也不同于没有法人资格的个人独资企业。因而一人公司犯罪的，应构成单位犯罪。

2. 企业

企业是指依法成立并具备一定的组织形式，以营利为目的的独立从事商品生产经营活动和商业服务的经济组织。由于我国还存在非公司的尚未改制的企业，为避免挂一漏万，法律规定了企业作为单位犯罪的主体，但应当明确的是，这里的企业是公司以外的企业，具有特定的含义。

3. 事业单位

事业单位是指依照法律或者行政命令成立，从事各种社会职能和公益事业的组织。事业单位按照所有制性质可以分为国家事业单位、集体事业单位和私营事业单位，这些事业单位属于法人的范畴，可以成为单位犯罪的主体。

4. 机关

机关作为单位犯罪的主体有广义和狭义之分。广义是指国家行政机关、立法机关、司法机关、军队、执政党党务机关等有关机关。狭义上主要指行政机关，一般是地方国家行政机关。根据我国刑法规定，机关可以成为单位犯罪的主体。

5. 团体

团体，包括人民团体和社会团体。人民团体包括工会、共青团、妇联、文化艺术团体、学术研究团体等，这类团体占国家编制，有国家财政拨款，一般具有国有性质；社会团体是成员根据兴趣爱好组成的团体，包括社会公益团体、宗教团体，甚至有信鸽协会、钓鱼协会等，这些团体不占国家编制，没有国家拨款，是民间社会团体，由参加成员出资从事共同的兴趣爱好的活动。无论是人民团体还是社会团体，均属于事业单位法人。因此，团体也可以作为单位犯罪的主体。

(三) 单位犯罪主体的认定

刑法规定的单位犯罪主体种类虽然是明确的，但在司法实践中如何正确地认定单位犯罪主体，比较复杂，有的问题需要深入研究。

1. 单位犯罪主体的成立不区分所有制性质

在单位犯罪主体中，除机关、团体以外，公司、企业、事业单位存在所有制性质的差异，即有公有制、私有制以及股份制之分。所有制形式不能成为单位犯罪的认定标准。私有制的公司、企业、事业单位的法律地位是相同的，在其合法权益应受到法律的平等保护的同时，实施犯罪也应受到刑法的同等处罚。更何况还存在着混合所有制的股份制单位，如果区分所有制性质，就无法适用刑法处罚私有或者混合所有制的单位犯罪。

2. 国家机关能否成为单位犯罪的主体

在单位犯罪的主体中，国家机关能否成为单位犯罪的主体，存在着较大的争论。单位犯罪的主体应当包括国家机关，国家机关作为单位犯罪的主体，确实是我国现阶段存在的特殊现象。在以往计划经济体制下，政企不分，国家机关直接介入经济活动。在这种情况下，将国家机关作为单位犯罪的主体加以处罚，是有必要的。随着经济体制改革的深入发展，政企逐渐分开，国家对经济活动实行宏观调控，一般不再直接参加经济活动。在这种情况下，国家机关实施的单位犯罪将逐渐减少，直至消失。在这个发展过程中，以国家机关为主体的单位犯罪依然存在，因此在刑法中将国家机关规定为单位犯罪的主体仍是必要的。立法机关对国家机关构成单位犯罪以及判处罚金的问题，作出了肯定性的规定。而且，刑法规定某些单位犯罪的主体只能是公司、企业、事业单位，而将机关排除在外，这种规定有利于单位犯罪主体的更为准确的认定，也说明并非任何单位犯罪都可以由国家机关构成。

尽管刑法确认机关可以成为单位犯罪的主体，在司法实践中也确实发生了某些行政机关作为单位犯罪主体被追究刑事责任的案例，对此并没有引发争议。但在 2006 年 7 月乌鲁木齐铁路运输中级法院（以下简称乌铁中院）被指控涉嫌单位受贿罪以后，法院作为司法机关能否成为单位犯罪的主体则引起社会广泛关注并出现了重大的意见分歧。在本案中，公诉机关指控被告人单位乌铁中院以乌铁法官协会名义收受他人财物，为相关中介机构谋取利益，非法索取、收受他人贿赂 450 余万元，其行为已构成单位受贿罪。公诉机关指出：我国现行法律明确规定，国家机关、国有公司、企业、事业单位、人民团体，索取、非法收受他人财物，为他人谋取利益的，构成单位受贿罪。人民法院作为司法机关更属于国家机关的范畴，既然存在索取、非法收受他人财物，为他人谋取利益的犯罪事实，就应该构成单位受贿罪，自然也应该受到刑事审判。而且它作为国家审判机关，是具有独立法人资格的国家机关，具备了被告人单位的资格要求。不能因为它具有审判机关这一相对较为特殊的身份，就不受法律制约，就不承担刑事责任。[1]值得注意的是，对于这一指控，辩护人的反应与社会公众的反响是有所不同的。辩护人辩称：公诉人所出示的所有证据中，没有一份涉及乌铁中院，所提到的所有款项均进出于乌铁法官协会的账户，协议也是由法官协会所签，与乌铁中院没有任何的联系，而乌铁法官协会是独立于乌铁中院外的法人社团，依照法律规定，完全可以自行承担相应的民事、刑事等法律责任。即使本案有单位受贿的嫌疑，被告人单位也应该是乌鲁木齐铁路法官协会，而不是乌鲁木齐铁路运输中级法院。而社会公众的反响主要集中在法院成为单位犯罪主体被判处刑罚以后，怎么行使审判权？曾经故意犯罪的人是一生不能做法官的，曾经故意犯罪的法院还能不能继续审理案件？因而有人提出了是法院犯罪还是法官犯罪的疑问。[2]机关，尤其是国家的立法机关和司法机关作为犯罪主体，一旦出现真实的案件，就会产生比较强烈的社会反响。正因为如此，即使在刑法中明文规定了机关可以成为单位犯罪的主体，我国有的学者对此也仍然持一种批评意见，尤其认为法院等司法机关不宜成为单位犯罪的主体。[3]当然，在刑法修改之前认定国家机关、包括司法机关为单位犯罪的主体是有法律根据的。

新疆乌鲁木齐铁路运输中级法院单位受贿案，法院成为刑事被告人可以说是世界司法史的奇闻，在社会上引起广泛争议，争论焦点有二：一是法院犯罪合理吗？二是法院犯罪是否有依据？这直接关系到如何理解我国《刑法》第30条对单位犯罪主体范围的规定。

《刑法》第30条列举的单位主体没有任何限制，学界理所当然地做了宽

---

[1] 吕立峰："乌鲁木齐铁路运输中级法院涉嫌受贿案开庭"，载《法制日报》2006年7月10日。

[2] 杨支柱："是法院犯罪，还是法院犯罪的问题?"，载《南京周末》2006年7月10日。

[3] 高铭暄、彭凤莲："论中国刑法中单位犯罪的几个问题"，载顾肖荣主编：《经济刑法（2）》，上海人民出版社2004年版，第11页。

泛理解：公司、企业、事业单位，是指所有的公司、企业、事业单位，既包括国有的公司、企业、事业单位，也包括集体所有制的公司、企业、事业单位。机关是指履行党和国家的领导，管理职能和保卫国家安全职能机构，包括国家各级权力机关、行政机关、审判机关、检察机关、军队。在我国，党的组织也被视为机关。团体主要是指人民团体和社会团体。按此，《刑法》第30条成了法院作为犯罪主体最有利的司法依据。于是，有关争议主要不是法院的合法性而是合理性。

反对《刑法》第30条的重要依据之一是各国刑法都没有承认任何国家机关可以是犯罪主体。有些国家确实在刑法中把公共权力机关完全排除于犯罪主体之外，以美国最为典型；同时也有国家在其刑法中规定了公共权力机关可以成为犯罪主体。这又分为两种情况：一种是有限地规定公共权力机关可以成为犯罪的主体，如英国，行使国家权力的机关不能成为犯罪主体，只有行使地方行政权力的部门能够成为犯罪主体。另一种是不加限制地规定公共权力机关可以成为犯罪主体，如丹麦。

我国《刑法》第30条规定机关作为单位犯罪之一，在我国当前的体制状况和经济领域中的犯罪状况下是有必要的，但范围过于宽泛和笼统。我国《刑法》第30条明确规定"机关"可以成为犯罪主体。由于机关是与公司、企业、事业单位、团体相并列规定的概念，故它不可能是指公司、企业、事业单位、团体内部的机构，而应当理解为在这些单位之外的行使公共权力的专门组织形式。在我国，这样的组织形式被笼统地称为国家机关，而且这种说法是有宪法依据的。我国《宪法》第3章"国家机构"下有7节内容，既包括了全国人民代表大会、中华人民共和国主席、国务院、中央军事委员会、人民法院、人民检察院和监察委员会，也包括地方各级人民代表大会和地方各级人民政府，民族自治地方的自治机关。[1]《刑法》第30条中的"机关"未加以任何限制词，故将其理解为上述全部机关不无道理，该条就当然地成了人民法院犯罪的依据。然而，人民法院犯罪与我国国家体制及司法体制无法调和，在我国将人民法院作为犯罪主体是不可取的。而且在实践中追究人民法院犯罪引起的尴尬和存在的困难，也印证了这种追究的不可取。应当参

---

〔1〕 2018年3月11日第十三届全国人民代表大会第一次会议通过的《中华人民共和国宪法修正案》，第52条。

照多数国家的立法例，修改《刑法》第30条，对"机关"给予明确性的具体规定，将其限制在地方行政机关。

在此案中，司法者也看到追究法院犯罪伴随产生的种种疑难问题，采取了回避措施，昌吉回族自治州人民检察院把乌铁中院列为刑事被告人送上该州中级人民法院的刑事审判庭之后，变更补充了起诉书的内容，在新的起诉书中，乌铁中院不再是被告人。如果根据形式解释，人民检察院对起诉书的变更有违法之嫌，将承受违背法律适用平等原则的压力，而《人民检察院刑事诉讼规则（试行）》第458条规定：在人民法院宣告判决前，人民检察院发现被告人的真实身份或者犯罪事实与起诉书中叙述的身份或者指控犯罪事实不符的，或者事实、证据没有变化、但罪名、适用法律与起诉书不一致的，可以变更起诉；发现遗漏的同案犯罪嫌疑人或者罪行可以一并起诉和审理的，可以追加、补充起诉。《人民检察院刑事诉讼规则（试行）》使实践中存在的起诉变更有法可依、有章可循。所以，本案人民检察院变更起诉书是合法而正确的做法。认为法院等国家机关不构成单位犯罪，并不会影响对该案件的查处。犯罪离不开自然人的行为，作为自然人的法官超出国家司法机关的意志，滥用职权，收取贿赂，构成相关犯罪，理应依法严惩。乌铁中院原院长杨志明等3人在一审中被认定为自然人犯罪并被判处有期徒刑，该判决是值得肯定的。

3. 单位的附属机构能否成为单位犯罪的主体

作为单位犯罪主体的单位，在一般情况下都是一个独立的实体。例如一个国家机关或者一个企业，因其实施了犯罪行为而构成单位犯罪。那么，单位的附属机构能否成为单位犯罪的主体？单位的附属机构包括单位的分支机构和内设机构。企业法人的分支机构是独立的单位，其成为单位犯罪的主体没有疑问。单位的内设机构在一般情况下不是独立地进行活动，而是以单位名义进行活动，因而其行为应当视为所在单位的行为。但在当前的社会生活中，单位的内设机构也有独立对外活动的，在这种情况下，如果不将其视为单位犯罪的主体，无论是将其作为所在单位的犯罪还是个人犯罪，都有不妥之处。在这种情况下，单位的内设机构可以成为单位犯罪的主体。对此，2001年1月21日《全国法院审理金融犯罪案件工作座谈会纪要》明确规定："以单位的分支机构或者内设机构、部门的名义实施犯罪，违法所得亦归分支机构或者内设机构、部门所有的，应认定为单位犯罪。"根据这一规定，虽然以单位的分支机构、部门的名义实施犯罪，但违法所得归个人所有的，则应以个人犯罪论处。

4. 犯罪单位发生变更的情况下单位犯罪主体的认定

在单位犯罪后，犯罪单位发生变更的情况下如何追究刑事责任？这也是在单位犯罪主体的认定中需要解决的问题。这里的犯罪单位发生变更，存在以下两种情况：一是犯罪单位被撤销、注销、吊销营业执照或者宣告破产。对此，最高人民检察院 2002 年 7 月 4 日颁布了《关于涉嫌犯罪单位被撤销、注销、吊销营业执照或者宣告破产的应如何进行追诉问题的批复》。根据这一批复，犯罪单位发生上述变更的，应当根据刑法关于单位犯罪的相关规定，对实施犯罪行为的该单位直接负责的主管人员和其他直接责任人员追究刑事责任，对该单位不再追诉。二是犯罪单位发生分立、合并或者其他资产重组等情况的，在司法实践中一般认为，该单位的主体发生变更，因其实质上并未消灭，其权利义务由变更后的单位承受，仍应追究该单位的刑事责任。

二、单位犯罪行为

单位犯罪行为是单位构成犯罪客观构成要件行为，单位犯罪行为对于单位犯罪的成立具有重要意义。

单位犯罪行为具有特殊性，不同于个人犯罪。我国刑法理论往往把单位犯罪视为一个犯罪主体问题，在刑法学体系上把单位犯罪纳入犯罪主体的范围进行论述，认为自然人主体是我国刑法中最基本的、具有普遍意义的犯罪主体，而单位主体在我国刑法中不具有普遍意义且具有其特殊性。因此，对单位犯罪主体在犯罪主体中专门加以阐述。[1]实际上，单位犯罪不只是一个犯罪主体问题，而且是一种特殊的犯罪形态。这主要是因为单位犯罪的行为除刑法分别规定的实行行为以外，还具有其特殊表现形式，即刑法分则规定的经单位决策机构决定或者由负责人员决定而实施的犯罪。也就是说，刑法分则规定的犯罪实行行为，除极个别纯正的不作为犯是专门为单位犯罪规定的以外，其他犯罪实行行为都是为个人犯罪而规定的。只有当这种犯罪行为是经单位决策机构决定或者由负责人员决定实施的情况下，才能作为单位犯

---

〔1〕 高铭暄、马克昌主编：《刑法学》，北京大学出版社，高等教育出版社 2000 年版，第 87 页。

罪行为。因此，单位犯罪行为包括以下两种表现方式：

1. 集体决定

单位犯罪一般由集体决定。集体决定，是指经过单位决策机构决定。在一般情况下，单位决策机构是单位有权作出决定的机关，如果单位形式是公司的，有权作出决定的机关就是董事会。董事会负责公司的经营活动，有权对公司的各项事务作出决定。在企业、事业单位、机关、团体中，决策机构一般是指有关单位的权力机构，尽管其称谓有所不同，但均是有权对本单位的各种事务作出决定的机构。如果某一行为是经过单位的决策机构作出决定而实施的，这一行为应理所当然地被视为是该单位的行为，其法律后果也应由该单位承担。如果这一行为是刑法规定的犯罪行为，那么其刑事责任也应由单位承担。在现实生活中，大多数单位犯罪是经单位集体决定而实施的，在这种情况下，单位犯罪行为不难认定，应当指出，这里的经单位研究决定，并非一定要召开正式的会议，也并不一定全体领导班子成员都与会，只要是主要的领导班子成员经过一定的形式商量决定，就视为经集体作出的决定。

2. 负责人员决定

单位犯罪另外一种方式是单位的负责人员决定。负责人员决定是根据法律或者单位章程的规定，有权代表单位行为的个人决定。例如公司的执行董事或者总经理，企业的厂长或者经理以及事业单位、机关、团体的负责人员作出决定。负责人员的决定是一种个人决定，个人决定的犯罪行为之所以成为单位犯罪行为，是由于个人是该单位的负责人员，个人的决定是一种职务行为，同时，由于负责人员决定具有个人属性，因此在司法实践中对于由负责人员决定构成的单位犯罪，在主体认定上往往存在争议。如果单位负责人具有一定的职权，基于这种职权决定，为单位利益实施的犯罪行为，应认定为单位犯罪，由单位承担刑事责任；如果认定为个人犯罪，则是由于从表面上分析问题而导致的错误。

三、单位犯罪的罪过

如果认为单位犯罪是一种犯罪形态，单位犯罪就有过错的问题，即单位犯罪的主观罪过。单位犯罪的罪过形式，由于在刑法总则中没有明文规定，于是在刑法理论上存在争议。根据刑法分则对各种具体的单位犯罪的规定，单位犯罪罪过存在故意形式。至于单位犯罪有没有过失形式，从刑法分则的具体规定分析，尽管单位犯罪大多数是故意形态，但是也存在单位犯罪的过失形态。

（一）单位犯罪的故意

和个人犯罪的故意不同，单位犯罪的故意主要表现为在单位犯罪中，犯罪意志是单位的整体意志。而单位的犯罪意志，为故意的单位犯罪承担刑事责任提供了主观根据。

主观上为故意的单位犯罪大多数是经济犯罪，所以一般具有为本单位谋取非法利益的动机。对于这些犯罪来说，是否为本单位谋取非法利益，是单位犯罪罪与非罪区分的标志。如果单位虽然实施了某一违法行为，但并未为本单位谋取非法利益，就不构成单位犯罪。同时，为本单位谋取非法利益是单位犯罪与个人犯罪的主要区别所在。如果单位内部人员假借单位名义实施犯罪，实则为个人牟取私利，那就不是单位犯罪而只能是单位内部人员的个人犯罪。在故意的单位犯罪中，不仅要看犯罪是否以单位名义实施，而且还要看违法所得是否归单位所有。另外，为犯罪而专门设立的单位或者单位设立以后主要从事犯罪活动的，也不被视为单位犯罪，而应认定为自然人犯罪。

需要注意的是，有的故意的单位犯罪，虽然不具有为单位谋取非法利益的动机，但往往也是以单位名义实施。例如《刑法》第 396 条第 1 款私分国有资产罪，刑法规定为单位犯罪，这种犯罪不仅没有为单位谋取利益，而恰恰是损害单位利益。这种犯罪之所以是单位犯罪，是因为它是以单位名义实施的，刑法才将其规定为单位犯罪。

（二）单位犯罪的过失

过失的单位犯罪一般由单位的负责人决定，具有个人属性，这时候个人行为往往是职务行为。在一般情况下，我国刑法规定的过失的单位犯罪只处罚单位中的直接责任人员，而不处罚单位。例如《刑法》第 137 条规定的工程重大安全事故罪，该罪的主体是建设单位、设计单位、施工单位、工程监理单位，刑法并未规定处罚这些单位，而只是追究单位的直接责任人员的责任。另一方面，我国刑法中规定的过失的单位犯罪，在处罚时也有实行双罚制的。例如《刑法》第 231 条规定了出具证明文件重大失实罪，该罪自然人犯罪的主体是指承担资产评估、验资、验证、会计、审计、法律服务等职责的中介组织中的人员，这些中介组织中的人员出具证明文件重大失实的，单位也构成犯罪，并判处罚金。在这种情况下，单位之所以构成犯罪是因为中介组织对其人员的职务行为具有监督职责，即存在监督过失，如果单位没有履行监督职责，则单位构成犯罪，同时追究单位的刑事责任，对单位判处罚金。

四、单位犯罪的处罚

（一）单位犯罪的处罚原则

单位犯罪处罚的一般原则，通过比较各国的刑法理论、立法体例以及司法实践，对单位犯罪的处罚方式主要有两种。

1. 单罚制

这种处罚制度，是对于单位犯罪，法律规定只处罚单位内部的自然人或者只处罚单位。根据处罚对象的不同，单罚制分为两种。一是只处罚单位的自然人而不追究单位。这种对单位犯罪的处罚称为代罚制。适用代罚制是试图通过对单位自然人适用刑罚来达到制止和预防单位犯罪的目的。二是只处罚单位而不对实施犯罪行为的单位内部的自然人进行处罚。这种情况称为转嫁制，其理论根据源于古老的侵权行为赔偿法中的"仆人有过，主人负责"的转嫁罪责说。它比较重视单位整体的作用和功能，试图通过惩罚单位本身来提高其对社会的责任感，以建立起符合社会需要的法律秩序和伦理观念。

单罚制存在消极性，因为在单位犯罪中，单位与自然人犯罪行为紧密结合，不然就不能构成单位犯罪。单罚制违背了罪责自负原则，使实施了构成要件行为的自然人或者单位逃脱了法律制裁，存在负面影响。

2. 双罚制

双罚制又称两罚制，是基于克服单罚制的缺陷而产生的新的处罚单位犯罪的制度。双罚制是对构成犯罪的单位，既处罚单位自身，又处罚单位有责任的自然人，双罚制相对比较合理，为许多国家的刑法所采纳，我国刑法对单位犯罪采取双罚制，在对单位判处罚金的同时，还处罚单位的主管人员和其他责任人员。但是，我国刑法也有对单位犯罪仅处罚自然人的规定，如"工程重大安全事故罪""虚假破产罪"和"私分国有资产罪"等。

（二）单位犯罪的具体刑罚适用

根据刑法关于单位犯罪的规定，在多数情况下，直接负责的主管人员和其他直接责任人员要被追究刑事责任。在少数情况下，只追究直接责任人员的刑事责任。那么，如何认定单位中的直接负责的主管人员和其他直接责任人员？对此 2001 年 1 月 21 日《全国法院审理金融犯罪案件工作座谈会纪要》明确规定："直接负责的主管人员，是在单位实施的犯罪中起决定、批准、授意、纵容、指挥等作用的人员，一般是单位的主管负责人，包括法定代表人。其他直接责任人员，是在单位犯罪中具体实施犯罪并起较大作用的人员，既可以是单位的经营管理人员，也可以是单位的职工，包括聘任、雇佣的人员。应当注意的是，在单位犯罪中，对于受单位领导指派或奉命而参与实施了一定犯罪行为的人员，一般不宜作为直接责任人员追究刑事责任。"这一规定，对于司法机关在审理案件中正确地认定直接负责的主管人员和其他直接责任人员具有重要指导意义。我国司法实践一般认为，对直接负责的主管人员，应从以下两个方面来加以把握：一是直接负责的主管人员是在单位中实际行使管理职权的负责人员，二是对单位具体犯罪行为负有主管责任。该两个条件缺一不可，如非单位的管理人员，就谈不上主管人员，如与单位犯罪无直接关系，就不能说对单位犯罪负有直接责任。司法实践中，主管人员主要包括单位法定代表人、单位的主要负责人、单位的部门负责人等。但以上单位的管理人员并非在任何情况下都要对单位犯罪承担刑事责任，只有当其在单位犯罪中起着组织、指挥、决策作用，所实施的行为与单位犯罪行为融为一体，成为单位犯罪行为组成部分之时，上述人员才能成为单位犯罪的处罚对象。在认定单位犯罪的直接负责的主管人员的时候，不能仅因主体具有法定代表人或者其他身份就认定为直接负责的主管人员，关键还要看行为人是否具体介入了单位犯罪行为，在单位犯罪过程中是否起到了组织、指挥、决策作用。如果行为人主持单位领导层集体研究、决定依职权个人决定实施单位犯罪，则属于直接负责的主管人员；如果单位其他领导决定、指挥、组织实施单位犯罪，不在其本人职权分工范围之内，本人并不知情的，则不应追究单位犯罪直接负责主管人员的刑事责任。

在对单位犯罪的处罚中，还存在直接负责的主管人员和其他直接责任人员是否区分主犯、从犯的问题。在一个单位犯罪案件中，如果同时存在直接负责的主管人员和其他直接责任人员的，在一般情况下前者比后者的作用大，前者可以认定为主犯，后者可以认定为从犯。但直接负责的主管人员和其他直接责任人员不是当然的主犯与从犯关系。有时不同职责的人对单位犯罪负有不同的责任，如果一定要区分主犯与从犯，则比较困难。对这种情况，2000年9月28日最高人民法院《关于审理单位犯罪案件对其直接负责的主管人员和其他直接责任人员是否区分主犯、从犯问题的批复》规定，"在审理单位故意犯罪案件时，对其直接负责的主管人员和其他直接责任人员，可不区分主犯、从犯，按照其在单位犯罪中所起的作用判处刑罚。"根据这一规定，在单位犯罪中，对直接负责的主管人员与直接责任人员是否区分主从犯不可一刀切。一般而言，在集体研究决定的情况下，直接负责的主管人员承担的是该集体决策主管人员的责任，含有直接负责的主管人员为集体的决策承受责任的成分，而其他直接责任人员承担的是落实集体决策主要执行人员的责任。在这种情况下，两者并不完全是决策者与执行者的关系，而是单位内部的分工，因而不宜区分主犯与从犯。另一方面，在数个直接负责的主管人员和数个直接责任人员之间，区分主犯与从犯也不适宜。但是在决策者与执行者之间明显存在服从与被服从的关系，在具有不同的地位和作用的情况下，区分主犯与从犯还是有必要的，而且也有可能时，司法实践往往将直接负责的主管人员作为主犯，将直接责任人员按照从犯处理。

第五章

犯罪主观要件之犯罪故意

第一节　犯罪故意的界定

我国《刑法》第 14 条规定："明知自己的行为会发生危害社会的结果，并且希望或者放任这种结果发生，因而构成犯罪的，是故意犯罪。"根据这一规定，我国刑法理论界一般认为，刑法中的犯罪故意，是行为人明知自己的行为可能或必然会造成侵害法益的结果并且希望或者放任这种结果发生的一种心理态度。从犯罪故意的法定定义来看，犯罪故意具有认识因素和意志因素两方面的内容。但是，犯罪故意的本质属性究竟是什么？其认识因素包括哪些内容？对于这些问题，我国刑法理论界未完全达成共识，而是仁者见仁，智者见智。

一、犯罪故意的属性

犯罪故意是否只是一种主观心理态度？对此，我国刑法学界存在着截然不同的观点。有人认为，犯罪故意不仅是单纯的主观心理，还是主观心理与客观事实的统一。犯罪故意不等同于犯罪意图。犯罪意图是纯粹的心理活动，并不侵害社会关系，而犯罪故意则表现在"会发生危害社会的结果"的行为上。[1]

有的人则认为，犯罪故意是一种主观心理，而不是主观心理与客观事实

---

〔1〕 姜伟：《犯罪故意与犯罪过失》，群众出版社 1982 年版，第 101 页。

的统一，不能因此把犯罪故意与犯罪行为相混淆，从而否认犯罪故意相对独立存在的价值。不然，在研究犯罪故意时不能说它是主观心理，在考察犯罪行为时不能说它是客观行为，那么从研究方法论来说，如果时刻都只能在"具有刑事责任能力的人的主客观相统一的犯罪行为"这一整体的意义上去谈论犯罪行为，研究是不可能深化的。[1]

实际上，犯罪故意与犯罪行为两者的确有着十分密切的关系，犯罪故意作为隐藏在人内心深处的心理活动，只有通过外在的犯罪行为才能表现出来；而外在的犯罪行为是在犯罪故意或者犯罪过失的支配下才得以实施的。从这个意义上来说，犯罪行为是犯罪故意或者犯罪过失的载体，而犯罪故意或者犯罪过失是犯罪行为的内在决定性因素。但这并不意味着，犯罪故意与犯罪行为两者可以等同，恰恰相反，两者是性质截然不同的两个概念，犯罪故意是且只能是一种主观心理态度，犯罪行为是在人的意志支配下的侵害法益的外在身体动静。所以，应该说犯罪故意只是一种针对犯罪的主观心理。

二、犯罪故意的认识因素

认识因素是犯罪故意得以成立的前提条件。人的任何行动都是基于对客观事实的认识，从而进一步通过意志，确定行为的方向，选择行为的方式和进程，直至最终达到行为的结果。故意犯罪行为的成立也不例外，如果行为人不知道、也不可能知道自己的行为会发生侵害法益的结果，即对犯罪的客观事实缺乏认识，便不能认为是故意犯罪行为。不具备认识因素，不能成立犯罪故意。

有学者认为，在犯罪故意的认识内容中，即对"明知"的认识因素，行为人应对除犯罪主观要件以外的一切犯罪构成事实，包括主体、法益、行为及其方式、行为、行为对象、结果、因果关系以及实施行为时特定的时空条件等均有认识[2]。但是，大多数学者认为，犯罪故意的认识内容只能是构成要件规定的事实，与构成要件无关的实际情况，无论行为人认识是否，不影响犯罪故意的成立。笔者认为，在犯罪故意的认识内容中，对构成要件行为和侵害法益结果必然发生或者可能发生的明确认识是最根本的认识内容，因

---

〔1〕　贾宇："略论犯罪故意的构造"，载《河北法学》1996年第1期。
〔2〕　何秉松：《刑法教科书》，中国法制出版社1994年版，第213~214页。

为行为没有造成侵害法益结果，这种行为是不会被认为是犯罪的。

如果行为人对自己所实施的构成要件行为所可能造成的侵害法益结果有明确的认识，那么，行为人对于自己所实施的构成要件行为的性质、行为对象及法益等事实情况也必然有明确的认识。也不能简单地认为，犯罪故意的成立，只需要行为人对侵害法益结果有认识即可，行为人对构成要件行为的性质、行为对象、法益是否有认识则无关紧要。因为，犯罪构成要件是相互联系的统一整体，任何因素如果脱离了与整体的联系，其作为犯罪构成要件的意义便不复存在。[1]侵害法益结果也同样如此，它不可能脱离一定的社会关系而独立存在。某种结果之所以具有危害性，就是因为它反映了一定的法益遭受到侵害。离开了法益或犯罪对象，便不能正确认识行为后果的性质。在对行为犯和举动犯的故意内容认识中表现得尤其明显。根据我国刑法所规定的犯罪故意的特征，犯罪故意的成立，应当以行为人对侵害法益结果的认识为核心，但同时也应包括对行为性质、行为对象、法益等构成要件客观事实情况的认识。

三、犯罪故意的意志因素

意志，即人们在认识基础上的决意，[2]是行为人选择行为方式的心理推动力和主动性，[3]是人的行为必不可少的因素。犯罪故意中的意志因素，是行为人明知自己的行为必然或者可能会发生侵害法益的结果，还决意实施构成要件行为的主观心理态度，是行为人决定犯罪行为的方向、方式，进程和控制犯罪行为的心理过程。和人的普通心理过程相同，犯罪故意是认识因素和意志因素的统一，其中，认识因素是犯罪故意成立的前提，意志因素则是犯罪故意成立的标志，是犯罪故意的核心，意志因素对行为人的行为起支配作用，在结果犯中，还决定者侵害法益结果的发生。

就犯罪故意的结果犯来说，犯罪故意的意志因素包括希望侵害法益结果发生和放任侵害法益结果发生两种情况。希望和放任虽同属犯罪故意的意志因素，但其内容差别很大。希望侵害法益结果发生，是行为人对于侵害法益

---

〔1〕 马克昌主编：《犯罪通论》，武汉大学出版社 1995 年版，第 307 页。

〔2〕 陈兴良、曲新久：《刑法案例教程》（上卷），中国政法大学出版社 1996 年版，第 125 页。

〔3〕 高铭暄主编：《刑法学原理》（第 2 卷），中国人民大学出版社 1993 年版，第 42 页。

结果抱着积极追求的心理态度，即行为人将侵害法益结果的发生作为其追求的目的。放任侵害法益结果发生，则是行为人对于侵害法益结果的发生，既不积极追求，也不消极阻止，而是听之任之，漠不关心。总之，侵害法益结果的发生并不违背行为人的意志，行为人对这个结果的发生具备一定的心理倾向。

第二节　故意的法定类型

故意原本是心理学上的概念，是行为人有意识、有目的地实施某种行为的心理态度。当行为人的故意表现在构成要件行为及其侵害法益结果上时，便成为犯罪故意。我国《刑法》第14条规定："明知自己的行为会发生危害社会的结果，并且希望或者放任这种结果发生，因而构成犯罪的，是故意犯罪。"法律是给故意犯罪下定义，但是，可以从中推导出犯罪故意的定义，即犯罪故意是行为人明知自己的行为会发生侵害法益结果，并且希望或者放任这种结果发生的心理态度。犯罪故意由两个因素构成：其一，"明知"是认识因素，即行为人已认识到自己行为的性质即将造成的侵害法益结果；其二，"希望或者放任"的意志因素，行为人有意造成侵害法益结果。犯罪故意的成立必须同时具备认识因素和意志因素，缺少其中任何一个方面，都不可能是犯罪故意。

刑法理论结合刑法的具体规定，根据犯罪故意的意志因素，将犯罪故意分为直接故意和间接故意两种。

一、直接故意

根据《刑法》第14条关于故意犯罪的规定，可以得出直接故意的定义：直接故意，是指明知自己的行为会发生侵害法益的结果，并且希望这种结果发生的心理态度。直接故意具有两个特征：①认识因素，是行为人明知自己的行为会发生侵害法益结果；②意志因素，是希望这种结果发生。对犯罪的直接故意的成立，这两个特征缺一不可。

根据对犯罪故意认识程度的理解，可以将直接故意进一步区分为两种形式：①行为人明知自己的行为必然发生侵害法益结果，并且希望这种结果发生；②行为人明知自己的行为可能发生侵害法益结果，并且希望这种结果发生。所以，无论行为人认识到必然发生还是可能发生侵害法益的结果，只要对这种结果持有希望态度的都属于直接故意，至于行为人希望的结果实际是否发生以及发生的是何种结果，都不影响其主观上直接故意的成立。可见，直接故意的明知程度，无论是明知必然性，还是认识可能性，只要持有希望心理，积极追求的态度，即可判断为直接故意。在直接故意犯罪中，行为人实施行为的目的就是希望发生侵害法益结果，侵害法益结果可能现实地发生，也可能实际不发生，但只要实际发生了侵害法益结果，该结果就一定是行为人所希望发生的。当然，确定行为人主观上的心理状态是否直接故意，并不以行为人所希望发生的侵害法益结果实际发生为条件。但侵害法益结果是否实际发生，以及发生的是何种侵害法益结果，却可以说明构成要件行为以及行为人主观恶性的程度。

在司法实践中，绝大多数犯罪是故意犯罪，而在故意犯罪中，又以直接故意犯罪为主。所以，研究直接故意有重要意义。直接故意的希望心态有如下特征：其一，目的明确。行为人将认识到的侵害法益结果的观念化为自己的主观目的，支配自己的行为直接指向确定的侵害目标。其二，态度积极。行为人实施一定的侵害法益行为，主动、积极地实现犯罪目的，追求侵害法益结果的发生。在客观上，行为人可以实行积极的作为，也可以实行消极的不作为。其三，意志坚决。行为人往往是预谋犯罪，准备各种条件，克服不利因素，努力实现犯罪目的，追求侵害法益结果的发生。直接故意犯罪中的行为人在犯罪实行过程中，具有犯罪目的。犯罪目的与犯罪动机有关，均体现了行为人的反社会和反法秩序的倾向。

二、间接故意

（一）间接故意的概念

根据《刑法》第 14 条的规定，间接故意，是行为人明知自己的行为可能发生危害社会的结果，并且放任这种结果发生的心理态度。间接故意具有两个特征：①认识因素：行为人明知自己的行为可能发生侵害法益结果，即行为人认识到自己的行为导致侵害法益结果的发生具有可能性；②意志因素：放任这种结果的发生。所谓侵害结果，应以"有形结果"为主，在立法有规定的情况下，可以是无形的结果，如"危险状态"。放任的心理态度，是行为人在明知其行为可能发生侵害法益结果的情况下，自觉容忍、听之任之、不加阻止危害结果发生的意志状态。之所以在明知可能发生侵害法益结果时，仍然要实施行为，通常是为了达成某种其他的犯罪或非犯罪目的。这两个特征同时具备时，才成立间接故意。

（二）间接故意发生的场合

1. 行为人为追求某一犯罪目的，而放任另一侵害法益结果的发生

具体还可分为两种情况：一是为实施某种犯罪而放任对所侵害的同一个对象的严重后果的发生。例如，以暴力手段强奸妇女，在实施暴力时放任被害人死亡结果发生。二是对某一对象实施构成要件行为时，放任了对另一对象侵害法益结果的发生，而且放任发生的结果可能触犯相同或者不同罪名。例如，为杀害妻子而投毒，在妻子与孩子分食时，由于杀妻心切，放任孩子死亡。但是，在对具体的案件描述中略有区别，有人描述为"明知其妻与孩子有共同进食的习惯"[1]。还有人表述为"明知可能分食"[2]。二者表述有区别，在黎宏教授看来，"明确知道"可以成立间接故意，与其书中"明知必然而放任结果发生是间接故意"的观点是一致的。该种情况下行为人主观上虽然存在着数个故意罪过，但构成要件行为只有一个，这里是设定行为人没有在犯罪现场。如果行为人在现场而没有实施阻止其妻与孩子分食——有实施不作为行为的，还能否视为同一个构成要件行为，是有争议的。虽然是在同一机会下，但是完成的是两个故意杀人罪，视为同种数罪也并非不可接受（妻子即便未死亡，也是故意杀人未遂）。当然，也可以说，即使没有在现场且没有采取任何预防措施，也可以视为不纯正不作为的故意杀人，所以在不在现场，都不影响构成同种数罪。但这只是从形式上考察的结论，从行为人监护人地位而言，如果不在现场，则只是在形式上具有监护人地位，虽然对事实因果过程的支配、控制具有排他性（投毒只在妻子饭碗中），但在事实上不能够支配和控制因果关系的发展过程（其妻子是否食用、是否与孩子分食是不确定的）。因此，行为人对事实因果过程不具有排他性支配、控制关系，故不在现场的情况下，还不宜认定为是不纯正不作为行为，因此并不构成数

---

〔1〕　黎宏：《刑法学理论》（第 2 版），法律出版社 2016 年版，第 189 页。
〔2〕　张明楷：《刑法学（上）》（第 5 版），法律出版社 2016 年版，第 264 页。

罪，认定为一罪为宜。如果行为人在实施直接故意犯罪时，为达成目的，又实施另一刑法应独立评价的构成要件行为，放任另一危害结果发生的，则并不排除数罪并罚的可能性。

2. 行为人为追求一个非犯罪目的而放任某种侵害法益结果发生

例如，某猎人上山打猎，在发现猎物小兔子的同时，又看见附近有个小伙子在采蘑菇，他知道如果用飞镖射杀兔子，可能打中兔子，也有可能射中人，因为人离兔子很近，大约有一米的距离。但由于行为人打猎心切，便不顾他人安危而向兔子投掷飞镖，结果没有击中兔子而击中了采蘑菇的小伙子的头部，将小伙子扎死。在本案中，该猎人为打到猎物而对他人的生命安危持放任态度，从其主观心理来考察，亦属于间接故意。

3. 突发性故意犯罪时，行为人不计后果，放任严重结果的发生

该种情况下主观上放任严重后果发生，不具有典型的为实现某一种犯罪或非犯罪目的的特点，多是一时的情绪冲动，也有人成立激情犯罪。例如，2003 年的山西省原公安厅工作人员郝某某杀害其妻子原山西省高级人民法院工作人员张某某案，夫妻二人原本感情和睦，同年 2 月 19 日因家庭收支发生激烈争吵，期间被害人张某某挠破了郝某某的脸，郝某某大为光火，因为晚上要出门和朋友聚会，他觉得伤害了自尊心，没脸见人，激愤之下，顺手拿起家庭影院上的小锤子，朝冲上来的张某某的头部砸去，恰巧砸到了张某某的太阳穴上，张某某当即身亡。其实，郝某某和张某某平时感情还比较和睦，二人出双入对，还一起参加与朋友的饭局。郝某某故意杀人行为的实施，客观上判断不出来是在追求一种明确的某种目的的实现（实为维护个人尊严，即使行为在客观上没有表现出这一点，也不能否认行为人在潜意识中具有这种心理要求的内容，至于实施的泄愤、报复动机有没有清楚意识到，也不影响成立故意杀人罪），但不计后果的行为，对可能发生的严重结果持放任发生的心理态度，是间接故意。再如，争吵中情绪失控拔刀伤人的，致人重伤、死亡的，或者在械斗中对对象所实施的打击不分轻重而致人死亡的（除明显具有直接杀人故意外，对死亡结果多出于间接故意的放任心态），在这类案件中，行为人对自己的行为究竟会给对方造成何种危害后果并没有明确的认识，但无论发生何种结果，都在行为人的主观认识范围内，行为人在主观上并不反对这种结果的发生，也不打算采取任何能够避免严重后果发生的措施，主观上仍然是间接故意。对这种突发性故意犯罪的情况，虽然非死即伤具有必

然性，但仍有持直接故意观点的。但即使伤害具有必然性，可对是否造成死亡，仍是不确定的，如果发生的是死亡结果，仍然是持放任态度，则属于间接故意的心理。

司法实践中在认定放任心理态度时，要看到行为人虽然不是积极希望侵害法益结果的发生，但也不消极反对、阻止和排斥侵害法益结果发生，而是对侵害法益结果的发生听之任之，漠不关心。行为人既不是有意识地利用各种条件促使侵害法益结果发生，也没有凭借条件和采取措施去防止结果发生，这是确认行为人主观上持有放任心理态度的主要客观依据，同时也能说明，间接故意犯罪中不存在犯罪目的和犯罪动机。

（三）直接故意与间接故意的异同

间接故意与直接故意的相同之处在于明知自己的行为可能会引起某种侵害法益结果的发生。在认识因素上，直接故意与间接故意都是"明知自己的行为会发生侵害法益的结果"，在意志因素上，都不排斥侵害法益结果的发生。二者的区别是：①在认识因素方面，明知的程度不同。直接故意既可明知这侵害法益结果可能发生，也可明知这种结果必然发生，而间接故意只能是明知自己的行为可能会引起侵害法益结果的发生。②在意志因素方面明显不同，即对侵害法益结果的态度不同。直接故意是希望认识到的侵害法益结果发生。因此，具有追求这种结果发生的目的，至于所希望发生的结果实际上是否发生，不影响主观上犯罪故意的成立。而间接故意只能表现为放任已认识的侵害法益结果的发生，并不想方设法、排除障碍而积极追求侵害法益结果的发生，所以对该结果来说不具有犯罪的目的。而且，如放任的结果实际并未发生的，间接故意不能成立。

在刑法理论上，把故意分为直接故意和间接故意两种形式，有利于司法机关正确地对犯罪人定罪量刑。首先，不同的故意内容影响着不同犯罪构成要件，从而就决定着不同的罪名。例如，直接故意伤害致人死亡和间接故意杀人因为都发生了被害人死亡的结果，因而很相似。在前者中，行为人认识到自己的行为会对他人身体造成危害，并且希望伤害结果发生。但是，对死亡结果的发生，却是没有认识的，并且也是不希望发生的。在后者中，行为人认识到自己的行为可能会给他人身体造成损害，但是却不能肯定损害的结果是死是伤。不过，可以肯定，不论发生哪种危害结果，行为人都不加制止，采取放任态度，最终发生了他人死亡的结果。上述两种情况，虽然造成死亡的结果相同，但是由于行为人故意的内容不同，从而影响了构成要件不同，前者构成故意伤害罪，后者成立故意杀人罪。其次，直接故意和间接故意的区分，有助于正确量刑。由于直接故意在主观上是希望侵害法益的结果发生，行为人的主观恶性较大，其侵害法益程度一般要比间接故意严重；间接故意是放任侵害法益的结果，行为人的主观恶性相对较小，其侵害法益程度一般比直接故意相对也较轻一些。因此，对同一种犯罪，在其他条件和情节大致相同的情况下，一般来说，直接故意犯罪要比间接故意犯罪的侵害法益程度更大，因而应承担更重的刑事责任，判处较重的刑罚。然而，对此也不能一概而论。如果犯罪的性质和情节相差很大，间接故意犯罪性质严重，情节恶劣，对间接故意犯罪的量刑，就不一定比直接故意犯罪人轻，有的甚至可能更重，当然，犯罪人的主观心理态度是决定量刑时必须考虑的重要因素。

第三节 刑法理论上犯罪故意的分类

结合国外刑法理论对犯罪故意的研究，理论上对犯罪故意可做多种分类。

一、确定故意与不确定故意

以认识程度及实施犯罪决意的程度为标准，犯罪故意可以分为确定故意与不确定故意。

法律上将故意分为直接故意与间接故意，但有时候这种分类对具体案件中分析行为人的主观心理态度则比较困难，还需要借助其他分类方法。对此，一种比较简明又容易适用的刑法理论关于犯罪故意所做的另一类分类——确定故意和不确定故意，受到了人们的重视。

确定故意与不确定故意是刑法理论采用的一种分类方法。但在区分确定故意与不确定故意的标准这一问题上，人们看法不一。笔者认为，区分确定故意与不确定故意，只能从确定故意与不确定故意划分的本意出发，不能将确定故意或者不确定故意简单地等同于其他的故意类型。

其实，区别确定故意与不确定故意的关键在于故意的认识因素，即行为人对侵害法益结果的认识内容与认识程度。行为人明知故意的具体内容和确定趋向的，是确定故意；行为人对故意的具体内容和发展趋向不甚明确的，是不确定故意。所以，行为人对故意内容的明确程度是区分确定故意和不确定故意的标准。

刑法理论界有一种误解，往往把确定故意等同于直接故意，把不确定故意等同于间接故意，[1]这是欠妥的。事实上，确定故意未必就是直接故意，不确定故意未必就是间接故意。当行为人明确自己的行为必然会发生侵害法益结果时，无论行为人希望还是放任这种结果发生，都是确定故意；同样，当行为人对自己的行为是否发生侵害法益结果、发生何种侵害法益结果虽不明确时，也不影响行为人追求侵害法益结果的心理态度。

确定故意，又称为绝对故意、无条件故意。不确定故意，又称为相对故意、附条件故意。根据行为人的认识内容与认识程度，不确定故意可以具体分为概括故意、择一故意和未必故意三种。概括故意是行为人明知自己的行为会发生侵害法益的结果，只是对侵害范围与侵害性质的认识尚不明确的心理态度。概括故意同样表明行为人"明知故犯"的心理实际，是行为人负担刑事责任的主观根据。[2]择一故意是行为人明知自己的行为会发生侵害法益的结果，但对侵害的具体对象尚不明确的心理态度。择一故意是有限制的不确定，与概括故意相比，具有非此即彼、必居其一的特定范围和条件。[3]未必故意，也称为结果不确定故意，即行为人对实施行为所发生的结果认识到可能发生，但又以未必就会发生的态度实施行为，以致发生该结果的故意。

二、预谋的故意与一时的故意

以故意形成时间的长短为标准，将故意分为预谋的故意与一时的故意。

预谋的故意也称为熟虑的故意，是经过深思熟虑反复考虑甚至进行过周密计划形成犯罪决意而实施犯罪的故意。例如，为实施抢劫汽车加油站，准备了6个月，收集了蒙面围巾和刀具，这种故意就是预谋的故意。预谋的故意，只能是直接故意的类型，具有坚决性、明确性的特点。

一时的故意，也称为偶然的故意、激情故意、突发故意、单纯故意，是

---

〔1〕　郑健才：《刑法总则》，台湾三民书局1985年版，第95~96页。

〔2〕　高铭暄主编：《刑法学原理》（第2卷），中国人民大学出版社1993年版，第67页。

〔3〕　高铭暄等编：《中国刑法词典》，学林出版社1990年版，第203页。

非经事前预谋，实施犯罪的故意。该种故意的形成非经预谋，引起故意的事项多是偶然的，故意形成在时间上短暂，多是在受较强烈刺激的情况下形成犯罪决意。例如，受到被对方用极度肮脏的语言辱骂的强烈刺激，一时冲动下用棍棒击打伤人。该种故意可以是直接故意，也可以是间接故意。

一般来说，预谋故意主观恶性较深，和一时故意比较，其在主观责任受谴责性相对较重，但也不是绝对的。例如，都是在遭受长期受到不给衣穿、少给饭吃，打骂甚至赶出家门的虐待情况下产生的杀人故意，很难说经过预谋后产生杀人的故意与一时冲动下产生的杀人故意哪一个主观上应受谴责更重。因为长期的受伤害的心理积累，产生的杀人故意很难界定是预谋杀人的故意还是突然爆发、失控的杀人故意。同时，即使预谋的故意主观上应受较重的谴责，也并不一定追究其较重的刑事责任。

三、事前故意与事中故意

以行为当时的意思为标准，还可以将故意分为事前故意与事中故意的类型。

事前故意，也称为事先故意，延续的故意，是行为人将其行为实施完毕后，由于判断失误，认为结果已经发生，自己已完成犯罪，转而又以其他目的实施另一犯罪行为，实际上，是因为另一犯罪行为的实施才完成了事前所认识的犯罪事实的故意。也即，事前的故意延续到事后的行为上，才达成事前认识的犯罪事实，例如，用菜刀砍杀被害人，误认为失血过多、陷于昏迷的被害人已经死亡，出于毁尸灭迹的意图将被害人推入激流中，实际上被害人是被水淹死。由此可见，行为人实施前杀人行为追求的死亡结果的故意，延续到由后行为毁尸灭迹的行为时才实现，但是，行为人实施后面的行为并不是出于杀人的故意，而是毁尸灭迹。事前故意只能是直接故意，行为人成立犯罪既遂。

事中故意，这种故意是行为人在实施一个行为时，这个行为一旦开始后就应当继续进行，行为人在最初实施行为时没有犯罪意图，但在行为实施过程中产生了犯罪意图，行为人积极追求侵害法益的结果，或者放任、不阻止侵害法益结果的发生。比如，外出为本单位清欠借款，在讨要回来一部分款项后，产生了据为己有的故意，将催收回来的钱款隐藏到家里后，向公安机关报案，谎称被罪犯抢劫。再如，骑自行车路上发现路边花池里有个被他人抛弃的几个月的婴儿，放婴儿的篮子里有奶瓶和小孩穿的衣服，旁边还有一张纸，上面写着孩子的出生日期。行为人将孩子抱回家后收养，过了几个月，发现孩子比较迟钝，怀疑是智力低下，于是，没有给孩子裹上被褥，趁着夜色将孩子扔到河边，导致孩子晚上被冻死，行为人也构成事中故意。事中故意也是一种理论上的分类，其中有的事中故意是直接故意，有的属于间接故意。

第六章
CHAPTER 06 犯罪阻却事由研究

第一节　正当防卫

一、正当防卫及其条件

（一）正当防卫的概念

为了使国家、公共利益、本人或者他人的人身、财产和其他权利免受正在进行的不法侵害，而采取的制止不法侵害的行为，对不法侵害人造成损害没有超过法定限度的，属于正当防卫。

由此可见，我国刑法中的正当防卫是同违法犯罪做斗争，保护国家利益、公共利益、本人或他人合法权益的正当行为；正当防卫不仅不构成犯罪，而且实际上是法律赋予公民同违法犯罪行为做斗争的一种正当的合法的防卫权利。所以，即使正当防卫造成了损害，不仅不应受到处罚，而且还受到提倡和鼓励。

（二）正当防卫的成立条件

1. 正当防卫的起因条件

正当防卫的起因条件，是指存在具有侵害法益和侵害紧迫性的不法侵害行为。防卫行为针对的不法侵害行为既包括犯罪行为，也包括违法行为。因为如果把不法侵害仅限于犯罪行为，实际上限制甚至剥夺了公民的正当防卫权利，不利于制止犯罪行为，与立法赋予公民正当防卫权利的宗旨不符。关于不法侵害的程度，有的人认为对任何不法侵害都可以实行正当防卫，有的人则认为只能对具有暴力性、破坏性、紧迫性的不法侵害实行正当防卫，看法不一。

由此可见，对依照法律进行的行为、执行命令的行为、正当业务行为等合法行为不能进行正当防卫。对于贪污、贿赂、侮辱、伪证等故意犯罪，则不宜用正当防卫的手段去制止，因为这些犯罪通常不会形成防卫紧迫感，并且也不可能用对侵害人造成人身、财产等损害的方法来保卫合法权益，所以对这些犯罪只能用检举、揭发、扭送等方法，请求有关部门依法采取相应措施解决。[1]

2. 正当防卫的时间条件

正当防卫的时间条件，是正当防卫只能在不法侵害正在进行之时实行，不能实行事前防卫或事后防卫。不法侵害正在进行，是不法侵害已经开始、尚未结束。不法侵害"已经开始"，是不法侵害人已经着手直接实施不法侵害行为。如果对只是流露了犯罪意图，但尚未进行的不法侵害进行所谓的"防卫"，这种情况不是正当防卫，被称为"事前防卫"，也叫"事先防卫"。

关于确定不法侵害结束的标准，有行为完毕说、结果形成说、离开现场说、排除危险说等不同主张。[2]应当以不法侵害对合法权益所形成的现实危险是否排除为标准，来判断不法侵害是否终止。在刑事司法实践中，下列情形一般均应视为不法侵害已经终止：第一，不法侵害行为实施完毕。具体分为以下几种情况：一是侵害结果已经造成，侵害者也没有实施进一步侵害的明显意图，例如A用刀将B杀伤后，虽未离去，但已停止进一步侵害；二是侵害行为已被制止，侵害者已经丧失了继续侵害的能力。第二，不法侵害人自动中止了侵害行为。例如A男劫持了B女，意欲强奸，在B的苦苦哀求之下，A放弃了犯罪意图。侵害行为结束后，就已经失去了对其进行正当防卫的时间条件。[3]在不法侵害实施完毕，行为已经终止后，对侵害人进行所谓的防卫的，属于"事后防卫"。事后防卫不是正当防卫，应当按照防卫人的主观认识和客观危害来确定其是否应当承担刑事责任。所谓"防卫不适时"是指对于尚未着手进行或已经结束的不法侵害实行所谓的"正当防卫"，包括事

---

〔1〕　李海东：《刑法原理入门》，法律出版社1998年版，第82~84页。
〔2〕　高格：《正当防卫与紧急避险》，福建人民出版社1985年版，第26~28页。
〔3〕　个别情况之下，虽然既遂，但罪犯刚刚离开现场时，仍然可以进行正当防卫。

先防卫还是事后防卫，防卫不适时不是正当防卫。如果防卫人具有防卫意图，则排除其犯罪故意的成立。对于已经造成的实际损害结果，有过失以过失论，无过失的以意外事件论。

3. 正当防卫的对象条件

正当防卫的对象条件，是指正当防卫只能针对不法侵害者本人实行，对于不法侵害以外的人，即使是不法侵害人的近亲属等第三者，都不能进行防卫。正当防卫的对象，只限于实施不法侵害的自然人，而不包括动物、财产和法人，更不能及于无辜公民，包括侵害人的父母、子女等。因为对于不法侵害人之外的任何人造成损害，对实现防卫目的没有意义。

对于不能辨认或者不能控制自己行为的精神病人实施的不法侵害行为，可以进行正当防卫。具体而言，在遇到无刑事责任能力人的侵害时，如果明知侵害者是无刑事责任能力人并有条件用逃跑等其他方法避免侵害时，则不得实施正当防卫；只有不知道侵害者是无刑事责任能力人，或者不能用逃跑等其他方法避免侵害时，才可以实行正当防卫。

正当防卫并非对不法侵害行为的制裁，而是针对不法侵害所采取的保护法益的手段，故不能像制裁犯罪与违法行为那样，要求正当防卫所针对的不法侵害也具有主观统一性，所以，对于没有达到责任年龄、不具有责任能力的人侵害行为，可以实施正当防卫。不法侵害不限于故意的不法侵害，也存在过失的不法侵害，此时也可以进行正当防卫。

自救行为，是指法益受到侵害的人，在通过法律程序、依靠国家机关不可能或者明显难以恢复权益的情况下，依靠自己的力量救济法益的行为。自救行为与正当防卫的重要区别在于"适时性"问题，如果认为具有"适时性"，则应当适用正当防卫的规定。这样适用刑法主要有两个理由：第一，正当防卫是法定的阻却犯罪性事由，自救行为属于超规范的阻却犯罪性事由，即使在两者竞合的时候，也应当优先适用正当防卫的规定。第二，如果适用正当防卫的规定，阻却犯罪性的范围更大一些。例如，盗窃犯罪的被害人在来不及请求法律救济时，将被窃取的财物从盗窃犯手中夺回，就属于一种自救行为。或者抢劫犯罪的被害人将被抢劫的财物从抢劫犯手中夺回，或者造成抢劫犯受到了一定的损害。正当防卫必须在面临现实、紧迫的不法侵害时实施，自救行为所针对的是过去已然发生但处于不法行为继续侵害的状态，不法侵害和自救行为在时空条件上有比较明显的间隔。这种在抢劫、抢夺或盗窃之后，被害人为挽回损失当场所实施的行为，虽然属于自救行为，就辩解效果而言，因为主张正当防卫对行为人更为有利，所以宜认定为正当防卫。

4. 正当防卫的主观条件

正当防卫的主观条件，是指防卫人主观上必须出于正当防卫的目的，即正当防卫是为了保护国家、公共利益、本人或者他人的人身、财产和其他权利免受不法侵害，这也是防卫正当性的根据所在。正当防卫目的具有正当性，因为正当防卫是为了保护国家、公共利益、本人或者他人的权利。保护财产权利也可以进行正当防卫，因为在市场经济社会下，即使一般公民都有自己的财产。其他权利是一种特殊权利，是人身、财产权利以外的其他权利，比如知识产权。如果不是出于上述目的，则不能成立正当防卫，亦即正当防卫须有防卫意图。

防卫意图是行为人意识到不法侵害正在进行，为了保护国家、公共利益、本人或他人人身、财产和其他权利，而决意制止正在进行的不法侵害。防卫意图包括防卫认识和防卫意志。防卫认识是指防卫人认识到国家、公共利益、本人或者他人的人身、财产等合法权利受到正在进行的不法侵害。防卫意志是指行为人进行正当防卫行为是为了保护国家、公共利益、本人或他人人身、财产和其他权利免受正在进行的不法侵害。刑法理论中认定正当防卫时有两种学说：防卫意志必要说与防卫意志不要说。我国传统观点认为要成立正当防卫应当同时具备防卫认识和防卫意志。现在也有学者（如张明楷教授）认为正当防卫可以不具有防卫意志，只要具有防卫认识即可。无论行为人是否具有"为了制止某种非法侵害而进行防卫行为"的目的，只要他认识到不法侵害正在进行，并且其行为客观上阻止了不法侵害，即可成立正当防卫。防卫认识和防卫意志是防卫意图的两个部分。无论是否需要具有防卫意志，防卫认识总是需要的。所以，成立正当防卫仍然需要防卫意图。

防卫意志抑或防卫目的的正当性是区分正当防卫与某些形似正当防卫而实为违法犯罪的行为的关键。有的行为表面上和正当防卫的行为很相似，但不是正当防卫。

（1）防卫挑拨。是指行为人出于侵害的目的，以故意挑衅、引诱等方法促使对方进行不法侵害，而后借口防卫加害对方的行为。由于行为人主观上具有侵害他人的目的，不具有防卫目的的正当性，所以，防卫挑拨不是正当防卫，应认定为故意违法犯罪行为。

（2）相互的非法侵害行为。是指双方都出于侵害对方的非法意图而发生的相互侵害行为，如相互斗殴。[1]在互相斗殴的情况下，双方都有对斗殴的对方实行不法侵害的故意，客观上也实施了侵害对方的行为，因而斗殴双方都欠缺正当防卫的主观条件，双方都不是正当防卫。

（3）为了保护非法利益而实行的行为。在刑事司法实践中，行为人为了保护其非法利益对他人的不法侵害进行还击，由于其不具有防卫目的的正当性，这种情形不是正当防卫行为。例如，盗窃的行为人为了保护盗窃来的物品而将拦路抢劫者殴打致伤，就是为了实现其保护非法利益的目的，根本不具备正当防卫的目的条件，应当"各算各的账"，按照双方各自的犯罪定罪量刑，予以处罚。

（4）偶然防卫，也叫防卫巧合，是指行为人不知他人正在实行不法侵害，而故意对其实施侵害行为，结果正好制止了其不法侵害，并且没有超过防卫的必要限度的情形。这种主观为己、客观利他的行为不属于正当防卫。如甲以杀人的故意在隐蔽处持枪瞄准乙，与甲不睦的丙以杀人的故意持枪瞄准甲，但丙并不知道甲正在瞄准乙，此时丙在甲开枪之前将其射杀。在这里，丙的行为客观上制止了不法侵害，但是主观上其是出于报复，并不符合正当防卫的防卫意志的条件，因而不是正当防卫而是故意犯罪。

偶然防卫表现为多种方式。依照保护利益对象的不同可以分为：其一，保护他人利益的偶然防卫，即偶然防卫在客观上产生了保护他人利益的效果。其二，保护本人利益的偶然防卫，也就是偶然防卫在客观上起到了保护本人利益的作用。

依照行为人的主观认识又可以划分为：

第一，误以为他人的非法行为是合法执行公务的行为而进行抗拒，结果正好起到了保护他人或本人利益的作用。例如，某甲冒充人民警察执行公务对某乙实施侵害行为，某丙将某甲打伤后逃逸。某丙的行为正好起到了制止不法侵害，保护法益的作用。但他并不知甲是冒充警察进行抢劫的犯罪分子，也不是出于防卫意图进行反击的。

第二，不知他人正在对自己实行不法侵害而出于犯罪目的对其实行侵害，但恰好制止了其不法侵害，保护了本人的利益。例如，甲与乙积怨很深，某

---

〔1〕 高格：《正当防卫与紧急避险》，福建人民出版社 1985 年版，第 42~44 页。

日发生激烈冲突后，甲回家拿了手枪打算去杀乙。两人在路上正好碰上，甲先开枪杀死乙，但开枪时不知乙的右手已抓住口袋中的手枪正准备对其射击。甲的偶然防卫行为正好保住了他本人的生命。

在我国刑法理论中，由于强调防卫目的的正当性，所以认为，偶然防卫不符合正当防卫的特征。即使符合正当防卫的其他特征，也不属于正当防卫。应当依据行为的主客观特征，依照刑法的规定定罪处罚。

5. 正当防卫的限度条件

正当防卫的限度条件，是正当防卫不能明显超过必要限度且造成重大损害。这一条件意味着只有防卫行为在一定限度内进行，且造成的损害适当，才能成立正当防卫。是否明显超过必要限度并造成重大损害，是区别防卫的合法与非法、正当与过当的标志，也是正当防卫和防卫过当的界限。

如何理解正当防卫的必要限度？我国刑法学界主要有"客观需要说""基本适应说"和"相当说"三种主张。[1]客观需要说认为，正当防卫的必要限度，就是防卫人制止不法侵害所必需的限度。基本适应说主张，正当防卫的必要限度，就是防卫行为与不法侵害行为在性质、手段、强度和后果方面大体相适应。相当说则认为，必要限度原则上应以制止不法侵害所必需，另一方面要求防卫行为与不法侵害行为在手段、强度等方面是否基本相适应，该说是前述两种对立学说的一种折中或综合，也叫"折中说"。

比较而言，"折中说"吸收了基本适应说与客观必需说的合理之处，克服了二者的不足，较为科学合理。根据"折中说"的主张及我国《刑法》第20条第2款的规定，防卫行为只要为制止不法侵害行为所必需，防卫行为的性质、手段、强度及造成的损害又不是明显超过不法侵害的性质、手段、强度及可能造成的损害，造成的损害不算重大的，均属于正当防卫的范围，而不能认定为防卫过当。

把握正当防卫限度标准的原则是：

（1）立法精神和刑事政策上应该偏向于受侵害一方；

（2）必须明显超过和造成重大损害，才能算过当；

（3）必须综合考虑如案发现场、时间、人数、使用工具、打击部位、最终结果等作出判断。

---

〔1〕　高格：《正当防卫与紧急避险》，福建人民出版社 1985 年版，第 32~33 页。

正当防卫行为，因行为的正当性，而排除了行为的非法性特征，所以不承担刑事责任。对此，另外的解释是：正当防卫不是因排除非法而免予责任，而是因正当防卫是公民的权利，行使权利本身不具有可惩罚性。两种观点殊途同归。

二、防卫过当及其刑事责任

（一）防卫过当的概念和特征

防卫过当，是防卫明显超过必要限度，对不法侵害人造成重大损害的行为。其基本特征是：首先，在客观上具有防卫过当的行为，并对不法侵害人造成了重大的损害。这一特征体现了防卫过当与正当防卫的联系和区别。联系就在于，防卫过当具备了正当防卫的前提条件、时间条件、对象条件和主观条件；区别就在于，防卫行为是否明显超过了必要限度。其次，防卫过当在主观上对其过当结果具有罪过。正是基于此，防卫过当应当承担法律责任，甚至是刑事责任。至于罪过的形式，有的人认为可以是故意（包括直接故意和间接故意），也可以是过失；有的人认为只能是间接故意和过失；还有的人认为只能是过失。

对发生限度应准确把握。因为结果毕竟是不确定的，在防卫过程中，不法侵害人的行为也是在发展的，要求极度惊恐下的防卫人对不法侵害行为的性质和程度作出理性判断显然是不现实的。

（二）防卫过当的刑事责任

防卫过当的刑事责任涉及两个方面，即防卫过当的定罪，防卫过当的处罚。

防卫过当构成犯罪的，应确定罪名。防卫过当是一种行为，不是罪名，没有防卫过当罪。防卫过当构成什么犯罪，就确定什么罪名。

对于防卫过当行为的量刑，我国《刑法》第 20 条第 2 款规定"应当减轻或者免除处罚"。因为防卫过当有四个条件和正当防卫相同，从而决定了防卫过当侵害的法益比犯罪小，所以应从宽处罚。根据司法实践经验，在确定何种情况下减轻、减轻多少、在何种情况下免除处罚时，应当综合考虑防卫目的、过当程度、罪过形式、权益性质、损害后果等因素后决定对防卫过当的处罚。为保护重大权益而防卫过当，较之为保护较小权益而防卫过当，处罚应该显著从宽。

三、无过当防卫

从古代法律中，无限防卫权已经有所显现，且主要是针对夜盗等对私权利危害巨大的犯罪，由此形成了无限防卫制度的雏形。例如，古罗马著名的十二铜表法中规定："如果夜间行窃就地被杀，则杀死他（被）认为是合法的"。我国《唐律》规定："诸夜无故入家者，笞四十，主人登时杀者，勿论，若知非侵犯而杀，伤者，减斗杀，伤二等，其已就拘，执而杀，伤者，各以斗条伤论。"该条的大意是：对于在夜里没有合理的理由侵入他人家中，判处笞刑四十。主人当场将闯入者杀死，不以犯罪论。如果主人明知他人不属于任何一种侵犯行为而将其杀死或打伤，（杀死的）以斗杀论处，（打伤的）减轻处罚；如果侵入者已被制服，在主人的控制下再将其杀或伤，各以斗杀、伤之罪论处。

所谓无过当防卫，是指公民在某些特殊情况下所实施的正当防卫行为，造成不法侵害人伤亡后果的，不负刑事责任的情形。

我国《刑法》第20条规定的无过当防卫，主要是对行凶、杀人、抢劫、强奸和绑架这五种行为才能实施。这五种行为中，包括四种犯罪，即故意杀人罪、抢劫罪、强奸罪、绑架罪，其中行凶不是具体犯罪罪名。这涉及现行《刑法》在1997年修订时，修正草案写的是"行凶杀人"，但在草案在人大会议上表决通过时，有的人大代表提出了异议，认为"行凶"不限于杀人，主张去掉行凶，但是，"行凶"更多的时候目的是伤害或者是造成伤害结果，取消"行凶"会将最常见的无过当防卫的对象排除在外，最后立法机关就采取了折中的办法，将"行凶杀人"改成了"行凶、杀人"，虽然包括了行凶中的伤害和其他方式，但用语极不规范，容易产生歧义，在条件成熟时，对此应该加以修改，将"行凶"一词去掉，代之以严格的法律术语和具体的罪名。

另外，根据刑法的规定，对"其他严重危及人身安全的暴力犯罪"也可以无过当防卫，至于哪些是"严重危及人身安全的暴力犯罪"，需要最高司法机关作出解释，防止理解与适用不统一的情况发生，但是，更多的情况是这种规定没有得到执行，即使刑法明确规定的五种行为，由于对有些行为，如抢劫是否要求数额，抢劫多大数额等构成犯罪的标准看法不一，也影响到了无过当防卫的认定。实践中无过当防卫的案例凤毛麟角，刑法关于无过当防卫的规定没有很好贯彻落实。当然，这无疑与立法规定的不明确有关。

刑法规定正当防卫所适用的条件必须是"正在进行的不法侵害"。《刑法》第20条第3款规定的无过当正当防卫，其适时性要求也是"暴力犯罪正在进行"。这就涉及如何理解犯罪"结束"。刑法学界有行为完毕说、离去现场说、事实继续说、结果形成说、排除危险说等多种观点。排除危险说基本上是妥当的，即只要本人或他人还存在着受暴力犯罪行为侵害的危险，就可以适用特殊防卫权。

在国外刑法中，对于某些特殊情形可以推定进行了正当防卫。如《法国刑法典》第122-6条规定：①夜间击退破门撬锁、暴力或诡计进入其居住场所之行为者而将侵入住宅者杀死、杀伤或击伤；②对行窃者或暴力抢劫者杀死、杀伤或击伤。如法国有一位父亲杀害了女儿的情人。因为钟情的小伙子夜间翻墙跳进姑娘家中，偷偷地将情书放在姑娘的窗台上，被姑娘的父亲误认为是窃贼而遭到杀害。法官认为本案并非正当防卫，是假想防卫，但属于意外事件，不负刑事责任。

四、假想防卫过当

假想防卫过当可以理解为行为人误认为不法侵害严重地存在，而对所谓"不法侵害"进行防卫，在防卫过程中，这种违法的"防卫行为"明显超过必要限度，造成并不存在的"不法侵害人"重大损害的行为。

假想防卫过当的主观心态研究需要关注两个方面，即假想防卫和防卫过当。当然，假想防卫过当是个完整的现象，两种心态有主次之分，笔者认为，假想防卫过当的心态主要是防卫过当方面的心态，而假想防卫方面的心态服从于过当方面，所谓假想防卫过当的心态就是假想防卫之后过当的主观心态，因为假想防卫过当仍然以过当为核心。

（一）假想防卫过当的界定

1. 假想防卫过当中的假想防卫

（1）假想防卫过当中假想防卫的本质。假想防卫，亦称误想防卫，是指客观上并不存在不法侵害，主观上却认为有防卫情状，而对该"不法侵害"

进行防卫，并给"不法侵害人"造成损害的行为。由于行为人对不存在紧迫的不法侵害事实缺乏正确认识，误认为存在并且基于防卫的目的实施了防卫行为，从而给无辜的人造成了本不应有的损失。由于假想防卫中存在着"防卫行为"，我国刑法往往是在正当防卫的构成要件部分研究假想防卫问题。在大陆法系和我国台湾地区的刑法里，假想防卫也主要在正当行为论部分探讨，只不过由于其三阶层犯罪论体系的缘故，假想防卫问题不仅要在违法性阶层的阻却违法事由（或者正当化事由）中探讨其性质和构成，而且要在责任论部分阐明其责任承担。

大陆法系的刑法理论一般把假想防卫的错误被称之为"正当化事由错误"。但是，对于这种正当化事由错误的性质，存在不同看法，包括"事实错误说""法律认识错误""独立错误说""严格错误说"等，不一而足。之所以出现诸多分歧，与人们对正当化事由错误在犯罪论体系中的地位的不同认识有关。正当化事由错误，涉及故意的概念、构成要件以及行为无价值论和结果无价值论的价值取向等诸多问题。在我国传统的犯罪论体系中，错误问题属于罪过理论中的议题。近年来，随着刑法知识的逐步转型，我国犯罪论体系呈现多元化发展格局，关于正当化事由及其错误的体系定位也因犯罪论结构的不同而有不同的归属。不过，刑法学通说认为，假想防卫的本质属于容许构成要件的事实错误。假想防卫是由于行为人对事实认识的错误而发生，因此在实践中应以事实错误的处理原则来解决。[1][2]对假想防卫，应当按照事实认识错误处理。因此，假想防卫并不是对法律认识的错误。

有些学者把防卫不适时归入了假想防卫的范畴。这种观点不适当地扩大了假想防卫的范围。防卫不适时可以分为事前的侵害和事后的侵害。事前防卫也称为事先防卫或者提前防卫。这种情况是不法侵害尚未发生，行为人为了自己或者他人的权利不受侵害而实施的侵害行为。事前防卫之所以不属于法律允许的正当行为，一是其不具备不法侵害的紧迫性，二是其保护自己或者他人权利的方法、手段尚有比较充裕的时间进行选择。因而其不仅在客观上侵害了他人的法益，而且其主观上也不能排除罪过。所以，事前防卫属于故意犯罪，司法实践中一般也以故意犯罪论处。假想防卫虽然在客观上同样

---

〔1〕　赵秉志：《刑法总论》，中国人民大学出版社 2016 年版，第 287 页。
〔2〕　黎宏：《刑法学》，法律出版社 2012 年版，第 131 页。

侵害了他人的合法权利，但至少在主观上认为不法侵害已经来临，且不采取措施，合法权益将会受到侵害。而事后的加害行为在日常生活中较为常见。事前的侵害和事后的侵害都是行为人对不法侵害产生发展的进程有了错误的判断，但是对不法侵害发生是有一定确信依据的，并非完全的不存在。防卫不适时不应当成立假想防卫。

（2）假想防卫的构成条件。一般而言，假想防卫应具有以下几个条件：

第一，实际上并不存在现实的不法侵害。这是假想防卫与正当防卫在客观方面的主要区别。正当防卫人所实施的行为针对的是客观存在的不法侵害，是受法律保护和支持的行为；假想防卫人行为的对象是无辜的他人，损害他人合法权益的行为本身是不符合法律规定的，具有违法性的特征。这也是假想防卫在本质上不同于正当防卫的原因。

第二，行为人主观上具有防卫意图。行为人误认为自己的行为是在保护法益，制止不法侵害，但实际上并非如此。其主观认识与客观实际完全不符，即行为人主观上存在认识上的错误。

行为人在对客观事实判断错误的基础上，出于保护某种合法权益目的实施了针对不法侵害的防卫行为。如果行为人明知没有不法侵害，就不会产生反击不法侵害的防卫意识，因而也不可能基于此种意图实施防卫行为。此时，如果行为人意图加害对方，给他人造成损害的，则以故意犯罪对待。

有学者认为假想防卫没有防卫意图。因为其是在事实错误认识的基础上产生的，因此是假的，也就是说不存在。[1]对于这一观点，笔者以为：如果防卫人不具有防卫意图，那么行为人的动机就不是为了保护合法权益，因而就不是防卫行为，也谈不上假想防卫，而是一种故意犯罪。假想防卫的防卫意图的内容虽然不是正确的，但是不能否定其产生的逻辑顺序，因而其防卫意图在行为人的主观认知中又是真实存在的。如果否定假想防卫人防卫意图的存在，那么当行为人对不法侵害产生错误认识是在不可避免的情形下显然是有失公平的。行为人正是在防卫意图的支配下，采取了假想防卫行为，所以，判断行为人是否具有防卫意图应根据主客观一致的原则。

第三，行为人客观上实施了制止"不法侵害"的行为，但结果侵害了他人权益，并造成了他人利益受损。假想防卫人实施了防卫行为并造成了损害

---

〔1〕 陈兴良：《正当防卫论》，中国人民大学出版社 1987 年版，第 188 页。

结果。假想防卫人的行为与损害结果之间有因果关系，并且这一结果本不应发生，所以假想防卫是侵害法益的行为，也因此受刑法的规制。

2. 假想防卫过当中的防卫过当

假想防卫过当有别于防卫过当。防卫过当的前提是正当防卫，但是，假想防卫过当的前提不是正当防卫，假想防卫不同于正当防卫，假想防卫如果有过错，是法律处罚的对象，正当防卫则不需要承担法律责任。自然理性允许人们在危险之中防卫自己，[1]正当防卫不仅具有合法性，还具有正当性，二者具有完全不同的性质。也是基于这样的理由，在德日刑法理论中，假想防卫过当也叫误想过剩防卫。[2]

有学者认为，防卫过当存在于正当防卫的前提下，而假想防卫并不是正当防卫，又何谈假想防卫过当，因此，假想防卫过当的情形应包含于假想防卫之中。但是，假想防卫过当是独立的事实错误，与防卫过当虽然有相同的部分，但是性质上是根本不同的，也就不能因为假想防卫不是正当防卫，得出假想防卫过当不值得研究的结论。在假想防卫过当中，行为人除了对是否存在不法侵害有错误认识，很可能对自己所采取的防卫行为超过必要限度有正确的认识，如果明知而又故意为之就是故意犯罪了，对于仅可能构成过失犯罪或者意外事件的假想防卫来说，明显不能包含这种情况。[3]因此，尽管假想防卫过当的概念很大程度上与假想防卫联系紧密，但"防卫"行为一旦超出必要限度就成为假想防卫过当，并发生了质的变化。因此，认为应当单独研究假想防卫过当的观点是片面的不科学的。

3. 假想防卫过当的特征

（1）假想防卫过当的含义。根据假想防卫的基本含义，假想防卫过当与假想防卫有关，但又不同于假想防卫。假想防卫只是假想防卫过当的前提条件之一。没有假想防卫，必然不存在假想防卫过当。不过，假想防卫一旦超出了制止侵害的必要限度，就不再属于假想防卫，而是已然构成刑法中的一种独立的行为。

假想防卫过当又不同于防卫过当。因为防卫过当以正当防卫为前提，但

---

〔1〕　张明楷：《刑法格言的展开》，北京大学出版社 2014 年版，第 284 页。

〔2〕　阎思："假想防卫过当新论"，载《商界》2014 年第 21 期。

〔3〕　刘明祥：《刑法中错误论》，中国检察出版社 2003 年版，第 132 页。

是，假想防卫过当的前提不是正当防卫，假想防卫根本不同于正当防卫。前者是法律处罚的对象，而正当防卫不需要承担法律责任，正当防卫不仅具有合法性，还具有正当性，因此二者具有完全不同的性质。

所以，假想防卫过当不是假想防卫和防卫过当二者的竞合，而是一种和假想防卫、防卫过当名称接近，貌合神离的不同的刑法范畴。在假想防卫的场合下，由于不是针对"正在进行的不法侵害而采取的制止不法侵害的行为"，且"明显超过必要限度，造成重大损害"，假想防卫过当不是刑法上所允许的正当化事由中的正当防卫，而是法律所不允许的不法侵害行为，这种侵害行为由于其结果的严重性已然构成了犯罪。当然，构成犯罪的条件除了危害结果之外，还包括表现为防卫过当的构成要件行为，以及主观要件之主体和罪过。假想防卫行为造成的危害结果通过刑法分则规定了各种具体明确的犯罪，假想防卫过当的主观形态在假想防卫或防卫过当中的主观表现存在交叉，因而十分复杂，呈现出多种主观形态。

（2）假想防卫过当的特征。假想防卫过当具有以下特征，以区别于假想防卫和防卫过当。

第一，行为人主观上的误认性。客观上不存在不法侵害，行为人误认为有现实不法侵害。这一特征是假想防卫过当成立的前提。正是从这一角度来讲，有人也将假想防卫过当称为误想防卫过当。

第二，行为人客观上的防卫性。行为人具有防卫意图，表现在行为上具有防卫行为。尽管行为人对侵害行为存在误认，但其采取的防卫行为，是针对所谓的"不法侵害"进行的。目的仍和正当防卫相同，是为了保护国家、社会、本人和他人的利益。

第三，行为人行为具有明显的过当性。行为人对现实中并不存在的不法侵害实施了防卫行为，而且这种防卫行为明显超过了行为人自认为的行为的必要限度，并且造成了重大损害。正因为如此，行为人必须对这种过当的行为承担法律责任。既然是重大损害，侵害法益严重，必须用刑法加以规制。

（二）假想防卫过当中假想防卫的罪过形式

1. 假想防卫过当中的假想防卫人存在防卫意图

在假想防卫中，行为人误认为自己的行为是保护法益，制止不法侵害，但其主观认识与客观实际完全不符，即行为人主观上存在认识上的错误。行为人在对客观事实错误判断的基础上，出于保护某种合法权益目的实施了针对不法侵害的防卫行为。如果行为人明知没有不法侵害，就不会产生反击不法侵害的防卫意识，因而也不可能基于此种意图实施防卫行为。此时，如果行为人意图加害对方，给他人造成损害，不属于假想防卫，则以故意犯罪处理。

由此看来，假想防卫过当与假想防卫有关，但又不同于假想防卫。假想防卫只是假想防卫过当的前提条件之一。没有假想防卫，必然不存在假想防卫过当。当假想防卫一旦超出了制止侵害的必要限度，就不再属于假想防卫，而是构成假想防卫过当的刑法规制的独立行为。

2. 假想防卫中不存在犯罪故意

我国《刑法》第 14 条第 1 款规定了故意犯罪的法定定义，据此可得出犯罪故意的含义。故意是行为人明知自己的行为必然或可能发生侵害法益的结果，并且希望或者放任结果发生的心理态度。犯罪故意的内部结构中的认识因素包括行为对象、行为性质、行为造成的结果以及行为相关的客观情状等因素。意志因素是故意的核心，只有认识而没有意志的支配，当然也不能成立故意。意志因素的表现形式有希望和放任。假想防卫中，行为人由于误认为不法侵害现实、急迫地存在，为了保护自己的权利而进行防卫，"行为人不知道自己的行为会发生侵害法益的后果，不符合我国《刑法》第 14 条'明知道自己的行为会产生危害社会的结果'的要求，缺乏刑法上要求的犯罪故意的认识内容，因而不存在故意犯罪"。[1]

需要注意的是，制止不法侵害的故意与犯罪的故意应当严格区分。假想防卫中，行为人对其行为性质即行为是否侵害法益存在错误认识，在对客观事实认识错误的基础上，对假想的不法侵害进行防卫，试图对所谓的不法侵害人造成损害。行为人自以为是在对不法侵害实行正当防卫，其主观上是故意的，但是，这里的故意属于一般意义上的心理状态，与犯罪的故意显著不同。就其性质判断，行为人不仅没有认识到自己的行为会发生侵害法益的后果，而且认为自己的行为是合法正当的。所以，就实施假想防卫的行为人来说，其主观上是为了保护自己的合法权益免遭侵害，行为在客观上造成的损

---

〔1〕 黎宏：《刑法学》，法律出版社 2012 年版，第 131 页。

害是由于认识错误所导致，行为人主观上没有刑法规定的犯罪故意。[1]这种故意充其量是心理学、日常生活中的故意，假想防卫行为人主观上不存在犯罪故意。如果将一般意义上的故意心理等同于犯罪故意，不仅会抹杀一般故意与犯罪故意的界限，而且会导致故意犯罪扩大化。既然假想防卫的行为人不具有构成要件故意，其对自己的行为会发生侵害法益的结果缺乏认识，假想防卫不可能构成故意犯罪。

3. 假想防卫与主观过失

假想防卫虽然不是合法行为，但行为人对其假想防卫行为造成损害的罪过只可能是过失，构成故意犯罪是不可能的。[2]即使应当预见到对方可能不是不法侵害，行为人在主观上仍属于过失。[3]假想防卫造成重大损害结果，达到刑法规定的各种入罪标准，应以相应犯罪的过失犯处罚。

从理论上来说，假想防卫行为人是疏忽大意的过失，还是过于自信的过失，尚存在不同的认识。有人认为，假想防卫行为人主观上是疏忽大意的过失，不构成过于自信的过失，[4]在过于自信的情况下，行为人已经认识到了不存在不法侵害，仍然进行防卫，这时行为人已经超出了假想的范围，行为人不是假想防卫。的确，假想防卫的情况下，行为人由于对事实认识错误，其主观罪过往往都是以欠缺谨慎为内容的疏忽大意的过失，但绝对地排除过于自信的过失观点也过于武断，因为在某种情况下，行为人对于自己面临的假想的不法侵害是有认识的，既然有认识，当然可以成立过于自信的过失。过于自信过失的假想防卫和疏忽大意过失的假想防卫区别不仅在于对事实的认识不同，主要是对防卫行为造成后果的认识不同。尽管行为人可能认识到不存在不法侵害，但这种认识因素仅属于可能性，行为人为了保护合法权益，仍然进行防卫，对于防卫行为可能造成不法侵害人的损害结果，行为人属于过于自信，其意图是制止可能存在的不法侵害。由于防卫人过于自信或者疏忽大意，对不存在不法侵害或所针对的对象不是不法侵害人产生认识错误，进而错误地实施"防卫"，引起了无辜者受损害的结果，因此，假想防卫人在

---

[1] 黄祥青：《最高人民法院司法观点集成（刑事卷）》（第2版），人民法院出版社2014年版，第78页。

[2] 刘明祥："论假想防卫"，载《武汉大学学报》1996年第1期。

[3] 高铭暄、马克昌：《刑法学》，北京大学出版社2007年版，第144页。

[4] 彭卫东：《正当防卫论》，武汉大学出版社2001年版，第124页。

主观上是存在过错的，假想防卫的过错包括了两种过失，实践中以疏忽大意较常见。

4. 假想防卫中的意外事件

假想防卫行为人主观上的过失包括两种，即疏忽大意的过失或者过于自信的过失。假想防卫往往成立过失犯罪，如果防卫人主观上没有过错，既没有故意，也没有过失，但结果却造成了损害，构成意外事件。受客观条件限制，假想防卫的行为人根本不可能预见到是假想侵害或者无法确定假想防卫行为所可能引起的危害后果时，可以说，其主观上不存在故意或者过失这种罪过，因而其防卫行为属于意外事件，不构成犯罪。[1]

刑法对意外事件不认定为犯罪，当然就没有刑事处罚的必要。因此，当假想防卫人因为不能预先作出判断而无法避免地做出了错误的事实认识时，法律就不能强人所难，也就不应给予行为人以法的责难。

（三）假想防卫过当中防卫过当的罪过形式

对于防卫过当的罪过形式，我国刑法学界争论比较激烈，目前存在多种观点：防卫过当既可以是过失，也可以是故意；[2]防卫过当的主观形态包括过失和间接故意，但不能是直接故意；[3]防卫过当只能是间接故意，因为防卫人清楚地认识到自己的行为超过了防卫限度，仍然实施其过当防卫行为，就是间接故意；[4]防卫过当只有过失，没有故意形态；[5]防卫过当的主观形态只能是疏忽大意的过失。[6]

防卫过当的罪过形式大多为过失。当然，防卫过当人主观心态也可认定为故意，在行为人虽有防卫意识，但同时对过当结果具有认识，在意志上是希望或者放任态度时，成立故意的防卫过当。

防卫过当不仅包括间接故意，还包括直接故意，原因是：

第一，防卫过当行为人的故意由防卫认识决定。防卫过当是否存在故意，与防卫认识密切相关。因为，正当防卫中行为人具备防卫认识，在防卫时只

〔1〕 张明楷：《刑法学》（第4版），法律出版社2007年版，第195页。

〔2〕 金凯："试论正当防卫与防卫过当的界限"，载《法学研究》1981年第1期。

〔3〕 陈兴良：《正当防卫论》，中国人民大学出版社1987年版，第231页。

〔4〕 王政勋：《正当行为论》，法律出版社2000年版，第195页。

〔5〕 曾宪信、江任天、朱继良：《犯罪构成论》，武汉大学出版社1988年版，第134页。

〔6〕 利子平："防卫过当罪过形式探讨"，载《法学评论》1984年第2期。

要求行为人认识到自己与不法侵害相对抗的事实，并不需要必须具备保护法益的积极防卫目的，防卫认识可能与直接故意并存，无论是直接犯罪故意还是间接犯罪故意均可以与防卫认识并存。这样，防卫过当中就存在犯罪故意，包括直接故意。

当现实的不法侵害正在进行时，就可以实施正当防卫。这是正当防卫主观的正当化要素。正当防卫需要具备防卫认识，防卫认识和防卫意志存在密切联系。防卫意识亦即防卫意图作为主观的合法性要素，一般认为包括防卫认识和防卫意志。防卫认识是防卫人认识到不法侵害正在进行；防卫意志是防卫人出于保护国家、公共利益、本人或者他人的人身、财产等合法权利免受正在进行的不法侵害的目的。防卫意识的重点在于防卫认识。

防卫意识是否必要，在国外刑法理论中存在着争议。在德国，目前是防卫意识必要说占支配地位；在日本，防卫意识不要说愈来愈有力。防卫意识必要说认为，行为是主观与客观的统一体，防卫行为也不例外，如果没有意识，就不成立正当防卫。防卫意识是作为违法性阻却事由的正当防卫行为的主观正当化事由。不要说则认为，违法性的有无，属于行为客观方面的问题，所以，违法性阻却的判定也应当与行为人的主观没有关系。必要说与不要说的对立，反映了行为无价值与结果无价值的对立。结果无价值论否认故意是违法要素，行为无价值论则将故意作为违法要素。不过，"不可能无视结果无价值来讨论刑法中的违法性，行为无价值以结果无价值为前提，同时，使作为结果无价值的事态的刑法上的意义更为明确，故应将二者合并起来考虑"[1]。目前德国与日本的行为无价值论实际上都是二元论，即主张结果无价值与行为无价值共同决定违法性。[2]

所以，在现代二元论中，只要行为人是在认识到自己正与不法侵害做斗争做情况下使其行为向实现法益保护的方向推进，那么即便他主观上并非是为了追求保护合法权益，仍然成立正当防卫。这也是结果无价值论渗透到实务界后导致"唯结果论"流行的表现。[3]所以，即使诸如基于兴奋、惊恐和愤怒的情绪，防卫人不具有防卫目的，只要当时认识到了自己的行为是与紧

---

〔1〕 ［日］大塚仁："人格的刑法学构想"，载《法学教室》1999 年第 113 期。

〔2〕 张明楷：《外国刑法刚要》（第 2 版），清华大学出版社 2007 年版，第 146 页。

〔3〕 劳东燕："结果无价值逻辑的实务透视：以防卫过当为视角的展开"，载《政治与法律》2015 年第 1 期。

迫的不法行为相对抗，就具有防卫认识，如果防卫人希望造成侵害人伤亡，行为明显超过了必要限度，并造成了重大损害结果，就成立防卫过当，既然防卫人产生了侵害目的，防卫过当主观心态成立犯罪故意。

至于在认定正当防卫时，是否需要具备防卫意志，防卫意志必要说显得有点多余。其实，无论行为人是否具有"为了制止某种非法侵害而进行防卫行为"的目的，只要他认识到不法侵害正在进行，其行为客观上保护了法益免受不法侵害，该行为此时就缺乏违法性的根据，不具有违法性，成立正当防卫，不构成犯罪。

正当防卫只需要具备防卫认识即可，行为人如果不具有防卫目的，即使有"为了排除……"或"为了保护……"的防卫意图、防卫动机，主观上对侵害人即可产生过当的目的，所以，防卫过当行为人存在故意，包括直接故意。

第二，防卫过当行为人实践中存在对重大损害结果的故意心态。从实践中发生的案例来看，基于防卫认识，对正当防卫行为产生的保护法益的合法结果与防卫过当产生的损害结果，行为人主观上的确存在着希望或者放任的主观心理态度。[1]

正当防卫既是实质正当行为，又是法定正当行为，[2]其所指向的对象涉及两个方面，一是防卫行为保护的对象，即国家、公共利益、本人和他人的法益；二是为保护法益防卫人采取防卫行为予以反击的对象，主要涉及不法侵害人的生命、健康等人身利益。由于防卫人的防卫行为兼具实质正当和法

<hr>

〔1〕 例如，2012年12月12日下午，邹某在某市公厕上厕所时，把自己的三轮车停放在厕所门口，看管厕所的董某在将三轮车推放到路边时，邹某误认为董某在偷车，遂上前质问并发生争吵、扭打。期间，邹某用拳头击打董某并致其倒地，造成右侧股骨骨折。经法医鉴定，董某的损伤程度构成轻伤。邹某的行为属假想防卫过当，对造成董某的伤害主观上是直接故意。（参见俞敏、朱恺："伤害案件中假想防卫及假想防卫过当的思考"，载《湖北警官学院学报》2014年第1期。）又如，2011年9月19日，被告人蔡某驾驶小客车到某加油站准备加油时，见身穿加油站工作服的唐某正追赶一名手拿挎包的被害人管某，以为发生了抢劫，遂驾驶小客车对被害人唐某实施碰撞并拖行大约13米。被害人后经送医院抢救无效死亡。实际上唐某当天精神病发作，管某是加油站经理，逃跑是为了躲避员工唐某的伤害。法院审理认为，蔡某应当明知其行为会发生致人受伤的后果；被害人被撞倒以后，被告人未采取紧急制动措施，以致被害人被车辆碾压、拖行，有放任被害人受伤的故意。考虑本案因蔡某误认为被害人是违法犯罪人员而不当使用车辆拦截的起因，广州市中级人民法院认定当事司机蔡某构成故意伤害罪，判处其有期徒刑三年，缓刑四年。（参见杨晓梅："广州'见义勇为'司机犯故意伤害罪获刑"，载《人民法院报》2013年12月20日，第3版。）

〔2〕 孙万怀：《刑法学基本原理理论展拓》，北京大学出版社2011年版，第253页。

定正当两种属性，正当防卫行为人出于保护法益的安全和免受正在进行的不法侵害的目的，将采取各种手段和措施反击不法侵害人，试图制止不法侵害。在防卫过程中，不排除有的防卫人产生损害不法侵害人的犯罪故意。这时，防卫人追求的是法益安全，避免不法行为的侵害，为了实现这一结果，行为人放纵了自己的行为，对自己行为造成的重大损害采取了放任或者希望的心态，这时，行为人的防卫过当行为是在故意的心态支配下完成的。

第三，不法行为人主观上侵害的故意心态决定了防卫人在防卫时存在故意心态。应当说，我国刑法将不法侵害的犯罪人的心态界定为应当认识而未认识的疏忽大意、已经认识而轻信能够避免的过于自信、放任危害结果发生的间接故意和希望危害结果发生的直接故意。从法律价值评判的角度分析，正当防卫作为不法行为的阻却事由，其主观心态和客观行为与不法侵害行为针锋相对。既然不法侵害人的主观要素呈现多样化的状态，包括了放任和希望心态，为了制止不法侵害，实施正当防卫，防卫人的防卫认识也应表现出与侵害人主观不法要素的相对应的多种形式，不应仅仅局限于过失。防卫人为了制止不法侵害，故意损害侵害人，一旦防卫行为明显超过必要限度造成重大损害，即构成防卫过当。所以，防卫过当从主观心态上来说，包括间接故意，而且直接故意亦存在。在防卫强度违反自卫约束性造成过当时，可以是过失与间接故意；在防卫行为违反了随时随地终止性的情况下，就是直接故意。[1]德国刑法也坚持这一观点。

第四，认为防卫过当不包括故意的观点限制了公民的防卫权。防卫人即使主观心态是放任或者希望，仍成立防卫过当，根据刑法规定应当减轻处罚或者免除处罚。

如果认为防卫过当仅仅是过失犯罪，否认防卫人的故意心态，会限制公民的防卫权，使公民心存顾虑对不法侵害不敢防卫，从而不利于防卫权的行使。[2]在我国，具体个案的处理中，一旦认定防卫超过规定的限度，防卫人便往往直接被认定构成犯罪，且成立故意犯罪；在实务中，防卫过当几乎都是按故意伤害罪来处理。[3]

---

〔1〕 周光权：《刑法总论》（第三版），中国人民大学出版社 2016 年版，第 209 页。

〔2〕 虽然是故意心态的防卫过当，仍能获得量刑从宽的机会；将故意从防卫过当中一概排除的观点，导致行为人的故意犯罪认定与防卫过当无关，无法减免处罚。

〔3〕 劳东燕："防卫过当的认定与结果无价值论的不足"，载《中外法学》2015 年第 5 期。

德国刑法理论公认防卫过当既可以成立过失犯也可以成立故意犯。如果防卫人在追求或容忍处于不法侵害威胁下的法益获得拯救的结果的同时，对行为可能给不法侵害人之利益造成过当损害的结果抱有希望或放任的态度，在实施行为时有意识地采取了超过必要限度的防卫措施，则构成故意犯罪；若行为人对防卫手段产生了错误认识从而无意识地实施了过当防卫，成立过失犯罪。认为防卫过当只能由过失造成是不妥当的。[1]

（四）假想防卫过当的罪过形式

对假想防卫过当的表现形式最常见的分类：一是行为人不仅误信有不法侵害，而且误认为其所采取的防卫行为是制止不法侵害所必需，同时没有明显超过必要限度。二是行为人虽然对不法侵害不存在的事实有错误认识，但对自己所采取的防卫行为有可能超过制止不法侵害的必要限度却有明确的认识。前一种情形是"双重错误"的假想防卫过当，后一种是"单一错误"的假想防卫过当。[2]在德日刑法理论中，"双重错误"的假想防卫过当阻却故意的成立，如果行为人有过失则依法律规定按过失犯罪处理。[3]"单一错误"的假想防卫过当中，因为行为人可能对自己行为的过当有明确认识，希望或放任危害结果的发生，就是故意犯罪，日本也有学者主张假想防卫过当成立故意犯。[4]另有部分学者认为，对存在"单一错误"的假想防卫过当，也应该与狭义的假想防卫同样对待，否定故意的成立。因为在这种场合，行为人误认为不法侵害存在，这种误认对全部行为都具有支配作用，因此，应该认为其全部行为都具有过失的特征。正是在这种意义上，可以把此种假想防卫过当视为假想防卫的一种。至于行为人的"防卫"行为超过了必要限度，那只是在量刑时才作为情节考虑。[5]我国刑法学界主流观点不赞成把"双重错误"形式的假想防卫过当作为故意犯罪处理。至于"单一错误"形式的假想防卫过当，学界也不赞成构成过失犯的主张。[6]至于中国刑法关于防卫过当以造成重大损害结果为其成立要件的规定，从理论上并不能证明防卫过当只

---

〔1〕　张明楷：《刑法的私塾》，北京大学出版社 2014 年版，第 98 页。

〔2〕　刘明祥："论假想防卫过当"，载《法学》1994 年第 10 期。

〔3〕　[日] 佐久间修：《刑法中的事实错误》，成文堂 1987 年版，第 308~309 页。

〔4〕　黎宏："论假想防卫过当"，载《中国法学》2014 年第 2 期。

〔5〕　[日] 佐久间修：《刑法中的事实错误》，成文堂 1987 年版，第 309~310 页。

〔6〕　刘明祥："论假想防卫过当"，载《法学》1994 年第 10 期。

能构成过失犯罪。[1]

尽管假想防卫过当是个完整现象，但其主观心态要兼顾假想防卫和防卫过当两方面，两种心态亦有主次之分，主次之分不在于假想防卫和防卫过当之先后顺序，而在于对法益侵害主要侧重于假想防卫或者防卫过当的哪个方面。由于对假想防卫过当重心的认识不同，得出的关于假想防卫心态的表现形式的结论就不同。认为假想防卫过当重心是假想防卫的，由于假想防卫主观上表现为过失或者意外事件，就会认为假想防卫过当的主观罪过是过失，构成过失犯。如果认为假想防卫过当的重心在于防卫过当，就会认为行为人对防卫行为超过防卫限度有一定认识，假想防卫过当的主观心态存在故意情形，构成故意犯。但是，从理论上来说，假想防卫过当的心态重心是防卫过当部分，假想防卫只是防卫过当的前提。

从假想防卫过当发展的逻辑顺序上来看，行为人在误认为不法侵害正在发生之时，进而决定进行防卫后，这种对防卫的误认已经演变为行为人实施防卫行为的内心起因即动机。作为决定假想防卫过当性质的防卫行为的性质，取决于过当行为发生时行为人是否认识到超过了防卫的必要限度，即使是假想防卫行为，也存在着防卫的必要限度。行为人进行所谓的将假想防卫视作正当防卫的行为时，在防卫限度方面也应尽到相应的注意义务，否则这种行为也不构成防卫行为。行为人在正当防卫的动机下进行假想防卫行为时，必须遵循防卫的限度，所以，假想防卫同样存在限度的问题，否则，就是以假想防卫的名义实施犯罪，涉嫌故意犯罪。除非行为人对防卫过当无法预见，不存在罪过，此时，假想防卫过当的主观心态由假想防卫的心态来决定。

可见，假想防卫过当的罪过形式与假想防卫及防卫过当均有联系，因为假想防卫行为人和防卫过当行为人有不同的心态，而假想防卫和防卫过当的主观心态的表现分别又有多种形式，所以，假想防卫过当的主观罪过不可能一概而论，认为假想防卫过当要么是"故意犯"，要么是"过失犯"的观点不可取。对假想防卫过当客观的分析是"两分法"，应分别结合假想防卫和防卫过当的主观心态，对何时构成"故意犯"，何时构成"过失犯"，需要具体

---

[1] 陈璇："论防卫过当与犯罪故意的兼容"，载《法学》2011年第1期。

分析。国外刑法已有故意犯的判例。[1]

综合实践中的各种情形，假想防卫过当行为人的主观心态并非要么是故意心态要么是过失心态，还可能两种情形均存在，有的还构成意外事件。总体说来，如果假想防卫过当中有故意情形，假想防卫过当即构成故意心态；假想防卫过当行为人没有故意成分，有过失的构成过失心态；至于是何种过失，则以防卫过当部分的心态来决定。如果没有过失心态的，则属于意外事件。

1. 假想防卫过当的过失心态

既然假想防卫过当行为的中心在于防卫过当，如果防卫过当行为人没有故意心态，假想防卫只能由过失构成，假想防卫过当同样只能是过失。至于是哪种过失，则以防卫过当的中心为转移，除非防卫过当行为人没有过错，此时假想防卫过当就以假想防卫行为人的心态来确定行为人的过失形式，对行为人可以按照过失犯处理。

第一，假想防卫过当的罪过是疏忽大意的过失。

（1）行为人具备预见能力，也存在预见义务，对实际上并没有发生紧迫的不法侵害，应当予以预见，却因为疏忽大意的过失而得出了错误的结论，并且基于错误的判断对他人采取了自认为是正当防卫的行为，但是对自己的防卫行为明显超出必要限度的错误认识，客观上行为人亦无法避免，行为人不存在罪过。由于行为人对过当结果没有主观罪过，从责任主义即有责性的角度理解，行为人不应当对过当事实承担刑事责任。

（2）行为人具备预见能力，也存在预见义务，对实际上并没有发生紧迫的不法侵害，应当予以预见，却因为疏忽大意的过失没有正确认识，并且采取了针对不法侵害的反击行为，同时行为人对自己的防卫行为明显超出必要限度也应当预见，但是因为疏忽大意没能做出正确判断。

（3）行为人基于过于自信引起的认识错误实施了假想防卫行为，即假想防卫的主观要素是过于自信的过失；而对于过当行为，则是出于疏忽大意的过失。

---

[1] 载于日本《最高法院刑事判例集》第20卷第6号第554页的1966年7月7日最高法院第二小法庭的判决，就误认侵害事实，认定为假想防卫过当，成立故意犯罪，可以适用防卫过当的日本刑法第36条第2款。

（4）行为人对关于不法侵害的客观事实产生错误认识是必然的，不能避免，其主观上没有罪过。同时行为人对自己的行为明显超出必要限度，可能导致严重后果应当预见，但是因为疏忽大意没有认识到。

以上这几种情况产生的假想防卫过当，均按疏忽大意的过失来认定。

第二，假想防卫过当的罪过形式是过于自信的过失。

（1）行为人未尽到应有的注意义务，由于疏忽大意而对客观事实判断错误，实施了制止不法侵害的行为，并且其预见到自己的行为手段可能超出必要限度，对一个合法无辜的权益造成严重的损害，但是过于自信而继续实施了防卫行为。

（2）行为人由于过于自信引起的认识错误实施了假想防卫行为，但是行为人对自己的防卫行为明显超出必要限度没有主观过错，而是出于不可预测的原因，不能避免。

（3）行为人基于过于自信引起的认识错误实施了假想防卫行为，但其预见到防卫行为可能超出必要限度，产生严重的损害后果，并且在过于相信自己判断的基础上继续实施了假想防卫行为。

（4）行为人对关于不法侵害的客观事实产生错误认识是必然的，不能避免，其主观上不存在罪过。但其预见到防卫行为可能超出必要限度，在实施防卫过当时的主观要素则是过于自信的过失。

2. 假想防卫过当的故意心态

笔者认为，假想防卫过当的重心在于防卫过当，假想防卫过当的主观心态由防卫过当决定，对于假想防卫是由意外事件造成时，防卫过当的心态顺理成章地成为假想防卫过当的心态，如果防卫过当造成重大损害是由放任或者希望导致时，假想防卫过当是主观故意的类型，行为人构成故意犯；假想防卫过当中行为人实施假想防卫如果是出于过失，对于防卫过当，行为人也存在故意的情形，实践中行为人对假想防卫的危害结果的态度和防卫过当的危害结果的态度不可能截然分开，由于假想防卫过当中的防卫过当的故意恶性大于假想防卫中的过失，防卫过当中的故意就吸收了假想防卫中的过失，这样，就对假想防卫过当的危害结果承担故意犯罪的责任，行为人也构成故意犯。这种故意又以间接故意为主。无论在假想防卫时行为人对事实的认识是疏忽大意的过失或者过于自信，乃至误认无法避免，只要行为人对过当防卫是出于故意，就应判定假想防卫过当行为人的误认是故意，包括间接故意和直接故意两种罪过形式。

第一，假想防卫过当的罪过形式是间接故意。

（1）行为人因为缺乏谨慎、疏忽大意。没有正确认识到不法侵害实际不存在的事实，同时在防卫过程中，行为人明知自己针对不法侵害采取的防卫行为，就其力度来说，可能明显超出必要限度，对国家、公共利益、本人或者他人等无辜的法益也可能造成重大损害，但行为人仍然放任其发生。

（2）行为人基于过于自信引起的认识错误实施了假想防卫行为，同时在实施防卫过程中，行为人明知其防卫行为可能明显超出必要限度，对国家、公共利益、本人或者他人等无辜的法益也可能造成重大损害，但仍然放任其发生。

（3）由于不可抗力等行为人不可控的因素，行为人对不存在不法侵害的客观事实产生错误认识，这种误认合乎必然，不能避免，同时行为人在实施防卫过程中，明知其防卫行为可能超出必要限度，引发重大损害事实，但仍放任其发生。以上几种情况，假想防卫过当的主观心态均是间接故意。

第二，假想防卫过当的罪过形式是直接故意。

（1）行为人具备预见能力，也存在预见义务，对实际上并没有发生紧迫的不法侵害的情形，应当予以预见，却因为疏忽大意的过失得出了错误的结论，并且基于错误的判断对他人采取了制止不法侵害的防卫行为，但是对行为的过当出于积极追求的心理，构成直接故意。

（2）行为人由于过于自信引起的认识错误实施了假想防卫行为，但是对行为明显超出必要限度是出于积极追求的心理，构成直接故意。

（3）行为人对关于不法侵害的客观事实产生错误认识是合乎必然的，不能避免，但是对行为的明显超出必要限度是出于积极追求的心理，构成直接故意。以上几种情况，假想防卫过当的主观心态均是直接故意。

3. 作为意外事件的假想防卫过当

由于假想防卫过当的错误，构成犯罪的，行为人应当承担刑事责任。而且，对于实施假想防卫的行为人，被侵害人有权实行正当防卫。[1]而意外事件是完全不同的情形。

作为意外事件的假想防卫过当，行为人对关于不法侵害的客观事实产生

---

〔1〕 王作富：《刑法》，中国人民大学出版社 2016 年版，第 96 页。

错误认识是合乎必然的，不能避免，也无法预见[1]，同时行为人对自己的防卫行为超出必要限度也没有过错。由于假想防卫过当仅与意外事件有关，行为人主观并无罪过。

意外事件中的假想防卫，防卫人对客观事实的认识错误和采取防卫均带有必然性。作为意外事件的客观事实是突然发生，带有随机性和偶然性，由于是突如其来，防卫人便处于高度紧张状态，其辨认能力大幅下降，这种意外事件导致正常的环境和条件发生了改变，防卫人仅凭直觉无法做出正确的判断，防卫人对客观事实的误认带有必然性。

意外事件中防卫人的防卫过当同样具有必然性。由于诸如不可抗力的无法避免的事由，行为人将客观事实误认为是不法侵害，在慌乱之中，根本没有想到还有什么更温和的方法可以使用，防卫人根本没有逾越尺度的预见或者预见可能性[2]，在防卫人看来，"不法侵害"实际存在，防卫人这种反应完全正当，主观方面不存在故意和过失。

所以，行为人的防卫仍然是假想防卫，主观上没有过错，不仅如此，对于继之而来的防卫行为，由于不可抗力的因素，行为人不可预见，也没有预见之义务，所以，即使发生了我国《刑法》第20条第2款规定的"重大损害"，行为人也没有任何过错，既然防卫过当与意外事件也有兼容性，防卫过当行为不构成犯罪，应将其性质界定为意外事件，意外事件阻却了假想防卫过当的犯罪性。

对于认定为意外事件的无过错的假想防卫过当，应做无罪化处理，不应当追究刑事责任。

（五）假想防卫过当的主观形态对假想防卫过当责任追究的影响

假想防卫过当不是专门的罪名，而是根据行为所触犯的具体罪名予以定罪，并根据行为人主观上是故意还是过失，分别按照故意犯罪和过失犯罪的量刑幅度予以处罚。需要考虑的是假想防卫过当是否可以适用刑法关于防卫过当减免处罚的规定，而假想防卫过当的主观心态直接影响到对假想防卫过当行为人的责任追究。

与假想防卫过当行为人心态相联系，对于假想防卫过当处罚是否可以减

〔1〕 杜发全、王耀忠："'正当'与'不当'辨析"，载《夏社会科学》2004年第6期。
〔2〕 黄荣坚：《基础刑法学（上）》（第3版），中国人民大学出版社2008年版，第155页。

免责任，在德日刑法理论上，有赞同说和反对说两种对立观点。赞同说认为，假想防卫过当在过当部分的行为人主观心理上与一般的防卫过当并没有区别，所以可以适用减免处罚的规定。日本的多数说认为，防卫过当，作为针对紧急不法侵害所做出的反击行为，意味着其具有维持自己或者他人利益的一面，因此，违法性的减少是不能否认的；同时，由于防卫过当多半是行为人在恐惧、惊愕、亢奋、狼狈等异常心理状态下实施的，因此，也能认可其责任减少。[1][2]这种观点综合了违法减少说和责任减少说。根据这种观点，由于紧急不法的侵害客观上并不存在，违法减少的方面难以被满足，因此，不能直接适用有关防卫过当的规定。[3]但在行为人的责任减少和通常的防卫过当之间没有实质上的差别，而且，防卫过当中，存在和违法减少类似的客观情况的时候，可以"准用"防卫过当，对行为人减免处罚。[4]反对说认为，假想防卫过当与防卫过当是两个性质不同的概念，不能享受"减轻或者免除处罚"的优遇。理由是：其一，会导致过失程度更严重、主观恶性较大的假想防卫过当反而比过失程度和主观恶性较轻的假想防卫处罚轻缓的不合理现象；其二，会导致在其他情节相同的情况下，作为故意犯罪的假想防卫过当反而比作为过失犯罪的假想防卫处罚还轻的失衡现象。[5]

对于假想防卫过当能否减免处罚，从假想防卫过当主观要件来分析，我国刑法学界的代表性观点持肯定意见，类似于国外的违法和责任减少说。不过，对假想防卫过当应该具体分析。对假想防卫过当有的情况可考虑从轻、减轻处罚，有的情况就不能从宽处罚。这样既避免了对假想防卫过当追责方式一刀切的僵化思维，又避免了存在"单一错误"的假想防卫过当适用刑法减免处罚的规定，可能导致成立故意犯罪的假想防卫过当要比过失犯罪的假想防卫处罚轻的现象。如果从假想防卫过当客观要件进行分析，也可得出同样的结论。

行为人对不法侵害和过当事实都有过失的误认，其处罚则应比假想防卫承担的责任更严格，对防卫过当亦然。对于假想防卫是误认，而防卫过当无

---

〔1〕［日］大谷实：《刑法讲义总论》（第 4 版），成文堂 2013 年版，第 291 页。

〔2〕［日］山口厚：《刑法总论》（第 2 版），有斐阁 2007 年版，第 123 页。

〔3〕黎宏："论假想防卫过当"，载《中国法学》2014 年第 2 期。

〔4〕［日］内藤谦：《刑法讲义总论（中）》，有斐阁 1986 年版，第 355 页。

〔5〕刘明祥："也谈假想防卫过当"，载《法学》1994 年第 10 期。

法避免的情况下，其处罚只能按照过失犯进行处罚，即适用于对假想防卫中的过失犯的刑事责任。如果是相反，行为人对关于不法侵害的客观事实产生错误认识是合乎必然的，不能避免，其主观上没有罪过。同时行为人对自己的行为明显超出必要限度，可能导致严重后果，存在疏忽大意或者过于自信的过失，则应适用防卫过当的刑事责任。

行为人对不法侵害总是出于过失的误认，即使对不法侵害的客观事实的错误认识是合乎必然，无法避免，只要对过当事实没有误认，就成立故意的假想防卫过当。此时又分为两种情况：第一，如果行为人对关于不法侵害的客观事实产生错误认识是合乎必然的，不能避免。行为人在实施防卫过程中，行为人明知其防卫行为可能超出必要限度，引发重大损害事实，希望或者放任其发生，在处罚上应具体分析。如果行为人对防卫过当出于间接故意，在我国可适用《刑法》第 20 条第 2 款的规定，应当负刑事责任，并应当减轻或者免除处罚。如果行为人对防卫过当出于直接故意，也应当负刑事责任，同时适用可以减轻或者免除处罚的追责方式。第二，行为人对不法侵害客观事实产生错误存在过错。对防卫过当如果出于间接故意心理，在考虑重大损害的性质和程度，同时考虑防卫过当的原因和条件、防卫过当所保护的权益和其侵害的权益、社会舆论时，可以从轻处罚；而对于防卫过当出于直接故意心理，在没有从宽情节的情形下，根据刑法分则的规定，直接按照构成的相应犯罪定罪处罚。

对于假想防卫过当无法认识的情况下，行为人对不法侵害的误认不可避免，其防卫过当也无法认识，属于意外事件，应当免除处罚，这种不能预见或者不能抗拒原因引起的意外事件，是受主观条件和客观条件的限制，不可能排除或阻止危害结果的发生，这一特殊事由成为违法阻却事由，故不承担法律责任。

第二节　紧急避险

一、紧急避险的界定

（一）背景及概述

我国紧急避险相较于国际上其他国家起步较晚，也是由于我国近现代的法律思想启蒙较晚并且发展缓慢。在古代，我国历朝推崇的是"重刑轻民"的法律思想，并且"重义轻利"的儒家思想桎梏着人们的思想，影响着人们的伦理价值观，这一思想潜移默化地影响了社会成员，社会中人们对损害合法权益的行为抱有严惩的态度，这直接滞后了紧急避险制度的发展。在国外，作为刑法理论基础的人权保障思想在 16 世纪末已经开始萌芽，并提倡人们追求自由、民主，并立足于人性的角度，宽容对待违法犯罪的人，严格限制刑法的管制范围。在现在强调"人本主义"的法律浪潮下，紧急避险作为最能体现人性需求的制度之一，逐步进入了刑法的视野中。

新中国 1979 年《刑法》首次对紧急避险作出了界定，但是随着经济社会的发展，1997 年《刑法》修改并完善了紧急避险的规定。例如，《刑法》第18 条第 1 款增加了"造成损害的"一词，并将第 2 款开头的"紧急避险"改为"避险行为"，并在利益部分增加了"国家利益、公民财产的权利"，并将责任认定标准定为"应当减轻或免除处罚"，一系列的修改都进一步地完善了紧急避险的理论体系，根据刑法典对紧急避险的修改，紧急避险的定义可以概括为："为了使国家、公共利益、本人或者他人的人身、财产和其他合法权益免于正在发生的危险，不得已而采取的避险行为。"

（二）成立条件

1. 避险起因：必须有威胁合法利益的危险发生

避险起因是指只有存在国家、公共利益、本人或他人的人身、财产和其他权利的危险，才能实行紧急避险。

造成危险的原因包括：

（1）人的不法行为。如故意伤害，毁坏重大公私财产行为等。对于人的不法行为，紧急避险与正当防卫常常发生竞合。以损害第三人权益的方式反击不法侵害人，对于不法侵害人本人来说，成立正当防卫，对于无辜第三人来说，成立紧急避险。

（2）自然界的力量。如洪水，地震，火灾等。

（3）野生动物的侵袭。如动物冲撞、恶犬撕咬等。面对野生动物的侵袭，反击野生动物本身，或者以损害第三人合法权利的方式避免野生动物侵袭的危险，均构成紧急避险。

（4）人的生理、病理过程。如饥饿疾病等。

2. 避险时间：必须是正在发生的危险

对于危险正在发生，"是正在发生且迫在眉睫"[1]，而且，这种危险已经造成了直接的威胁，"已经发生的危险将立即损害合法权益，或正在造成合法权益的损害"。[2]笔者认为，赵秉志教授的观点更具有合理性，毕竟高铭暄教授和李希慧教授的观点更强调"迫在眉睫"，而"迫在眉睫"准确地说是还没有危险存在，但成立紧急避险，必须是正在发生的危险。对于尚未到来和已经过去的危险不构成紧急避险。

3. 避险意图：避免合法利益遭受损害

面临危险时，行为人心理态度不一样，构成的法律行为也大相径庭，这就是紧急避险意图的重要性。避险意图包括避险认识和避险意志。避险认识是指意识到危险正在发生，避险意志是指明确具有为了使国家、公共利益、本人或者他人的人身、财产和其他权利免受正在发生的危险的目的。理论上存在避险意志必要说和避险意志不要说两种观点的争论，持避险意志不要说的论者认为，成立紧急避险不需要具备为了使国家、公共利益、本人或者他人的人身、财产和其他权利免受正在发生的危险的目的，只要认识到危险正在发生，且采取的行为客观上制止了正在发生的危险，就成立紧急避险，而避险意志必要说则相反，其认为以为了使国家、公共利益、本人或者他人的人身、财产和其他权利免受正在发生的危险为目的是成立紧急避险的必要要件。但是无论哪种学说，都承认避险意图的存在是成立紧急避险的要件之一。

4. 避险对象：无辜第三人的合法权益

避险行为只能是通过损害无辜者的利益来保全国家、公共利益、本人或者他人的合法权益，无辜第三人的合法权益是紧急避险的对象条件。[3]

（1）避险行为的对象主体。避险行为侵害的是无辜第三人的合法权益，所以对象主体是合法权益的承载者。如果行为人损害的权益不是无辜第三人而是当事人，比如行为人直接对危险造成者的反抗，这就不属于紧急避险，而是正当防卫的范畴。所以紧急避险的主体只能是被侵害合法利益的人。

（2）避险行为对象的范围。紧急避险牺牲的法益，必须小于所要保护的

---

〔1〕 高铭暄、马克昌：《刑法学》（第7版），北京大学出版社、高等教育出版社2016年版，第139~140页。

〔2〕 赵秉志：《刑法总论》（第3版），中国人民大学出版社2016年版，第102~104页。

〔3〕 张明楷：《刑法格言的展开》，法律出版社2008年版，第219页。

法益。对于合法权益之间的法益衡量，利益衡量标准一般是生命权大于财产权。但这里要强调的是，虽然生命权在利益衡量标准里，但是法学界目前通说认为紧急避险不可以侵犯生命权。

5. 避险限制：只能在迫不得已的情况下实施

我国对于"不得已"的解释是"别无他法、只有一种方法"[1]但也有人持有不同看法：一是牺牲较小权益来保护较大权益；二是方法唯一。笔者认为，以上学者的观点都有一定的合理性，都肯定了避险方式的唯一。限制前提中的迫不得已不应该包括必要限度和行为方式。只能限定为，在面临正在发生的危险时，行为人只能通过损害较小法益来保护较大法益，除此之外别无他法。

对于无行为能力人的损害行为，例如精神病人，虽然其是无行为能力人，但对无辜第三人的伤害是客观存在的，属不法侵害，所以这种情况下第三人可以直接反抗。但如果明知进行侵害的人是精神病人，一般不能正面对其反抗，应尽量采取其他方法躲避侵害，即紧急避险。

6. 避险限度：不能超过必要限度

刑法规定，紧急避险超过必要限度造成不应有的损害则应当负刑事责任。如果侵害的利益小于所要保护的利益，即成立紧急避险；相反，则违反了避险限度，不构成紧急避险，而是刑法提到的避险过当。

（1）攻击性的紧急避险的限度。对于攻击性紧急避险，我国刑法理论中的通说观点是"轻于说"，即避险行为所造成的损害必须小于所要避免的损害。攻击性紧急避险主要是对于与危险毫无关系的第三人，其利益也是受法律保护的，即本质上与陷入危险的合法权益是一致的，所以如果要使避险人的行为合法化，就得从利益衡量的角度来考虑，根据法律的本质是功利主义而且促进社会价值最大化，被侵害的合法权益必须要小于陷于危险中的合法权益，只有这样才能符合法律的理念，达到规定紧急避险的目的。

（2）防御性的紧急避险的限度。防御性的紧急避险针对的是引起危险者的合法权益。由于此时并不涉及无辜第三者的合法权益问题，所以根据功利主义的原则，在侵害权益小于保全权益时，符合避险限度自不待言，甚至在二者相等的情况时，由于不涉及无辜的第三者，所以不存在对无辜者个人自

---

[1]　马克昌：《刑法学》，高等教育出版社 2003 年版，第 186~187 页。

由的侵害问题，此时，保全利益与损害利益相等，不存在功利主义原则所否定的负价值的存在，因而符合紧急避险的本质要求，即未超过避险限度的要求。

二、避险过当及其刑事责任

避险过当，及紧急避险超过必要的限度，造成不应有的损害。紧急避险是否过当以及是否应当承担刑事责任，关键在于过当的判断标准。

通说认为，紧急避险所保护的法益应当大于或等于损害的法益，具体而言，对于财产法益来说，保护的财产的价值应当大于或者至少等于损害的法益的价值，而对于生命法益来说，虽然其难以用价值衡量，但是生命法益大于财产法益，而生命法益之间，不允许通过损害另一生命法益来保全避险人的生命法益。

《刑法》第21条第2款规定，紧急避险超过必要的限度造成不应有的损害的，应当负刑事责任，但是应当减轻或者免除处罚。

紧急避险超过必要的限度造成不应有的损害，根据当事人的主观情况可能构成犯罪或者意外事件，但由于在紧急避险的情况下，当事人的行为缺乏期待可能性，因此对于避险过当，即使其造成了不应有的损害，也应当对其减轻或者免除处罚，从刑罚制度上鼓励紧急避险的发生。

三、自招危险的司法认定

所谓自招危险，是指"避险行为人有责地（基于故意或过失）招来的危险"对此，国内外刑法学界颇有争议。

在对自招危险的紧急避险问题上，刑法理论和司法实践界存在以下几种争议观点：全面否定说、全面肯定说、形式的二分说与肯定的二分说。通过比较分析国内外关于自招危险紧急避险的相关立法与理论学说可以看出，全面否定的观点已经不再符合世界刑法发展的历史潮流，因而现在的问题是在多大的合理范围内肯定自招危险紧急避险。在此背景之下，刑法学者们又在避险挑拨问题上形成一致的否定观点，因此，目前理论与实践中争议的焦点存在于无犯罪目的的紧急避险，即行为人并没有利用避险行为实施特定犯罪的目的，但因故意或者过失而引起危险的情形时，是否能够成立紧急避险。

对此，全面肯定说的观点不但受到刑法理论界的批判，而且也与司法判例不相符合。

判例一：昭和 32 年（公元 1958 年）10 月 29 日名古屋高法金泽支部的判决。具体案情是，被告人让一人坐在助手席上，自己驾驶着汽车，在准备通过电车的过道时，没有在过道前一时停车，也没有确认左右的安全，就驶入过道中，正驶在过道的中间部位时，前面的遮断机落下了，看到电车从左方驶来。被告人感到身体的危险，为了避免与电车相撞，加大油门，想突破前面的遮断机逃开。但是，遮断机是竹制的，被车撞后弯曲反弹回来打在正恰站在旁边等待电车通过的年轻女性的脸上，致其受伤。对此事件，辩护人提出被告人的行为是紧急避难。法院否定了辩护人的意见，认定为业务上过失致伤罪。其否定为紧急避难的理由是，紧急避难的规定不是应当扩大适用于该危难，是由避难行为人的不注意招来的、在正义公平的观念上不应当作为正对正的利益考量的问题来对待的情形上的规定。

判例二：陕西西安碑林区苗某某交通肇事案。案情：1999 年 12 月 12 日上午 7 时许，苗某某驾驶 232 路中巴车在运营时，位于其右侧稍前，同向行驶的余某驾驶的 527 路中巴车因前方突然出现障碍而向左打方向。苗某某便也向左打方向，越过道路中心黄线驶入逆行车道，因车速过快，刹车不及，与对面正常行驶的出租车相撞，致司机李某当场死亡。后经交警部门认定，苗某某当时车速约为 67.6 公里（已违反《道路交通管理条例》对该类车辆50 公里的限速），并违规越过黄线，在事故中负主要责任，驾驶 527 路车的余某因为注意观察路况负次要责任，死者李某无责任。公诉机关以苗某某涉嫌交通肇事罪对其依法提起公诉。辩护人认为：苗为避免二客运中巴车相撞造成重大人员伤亡和财产损失，才不得已向左打方向，后虽与出租车相撞，造成了一定的损害后果，却保护了两车乘客的人身安全，因此苗某某的行为应为紧急避险，不构成犯罪。碑林区法院经审理认为，紧急避险具有排除社会危害性的性质。苗某某当时车速为 67.6 公里，已超过最高限速，且苗在超速行驶的情况下与余某的车辆并行，其行为不仅使自己的车辆处于危险之中，也给正常行驶的车辆带来危险。因此苗某某的违规行为使其本身具有社会危害性，在此情况下发生事故，紧急避险所应具备的前提条件不存在，仍构成交通肇事罪。

由此可见，与全面否定说所存在的片面性一样，我们不能将自招危险的行为一概认定为紧急避险，也不能简单地从行为人的主观故意或过失来加以认定，而是应当将自招危险的行为和避险行为进行比较，并结合法益比较、自己招致的情节、危险的程度等进行综合评价。因此，笔者认为相当说的观点是妥当的。具体而言，自招危险的紧急避险可以归纳为以下类型：

（1）避险挑拨型。所谓"避险挑拨"型，又称挑唆避险，是指行为人基于特定的犯罪目的故意引起危险，而后借口紧急避险而实施侵害行为。例如，行为人发现自己的仇人经常从自家门前经过，于是故意放火使自己处于现实的危险之中，当仇人经过门前时行为人突然冲出家门，将仇人撞伤。虽然此时从客观上，行为人面临紧迫的危险，并且是为了保护更大的利益，符合紧急避险的客观要求，但是中外刑法理论通说认为，这无非是权利的滥用，是缺乏避险意思的行为，因而不被认为是合法行为。

（2）自招他人危险型。所谓自招他人危险型紧急避险是指，由于行为人的故意或者过失，导致他人合法权益（包括国家利益和社会利益）陷入现实的危险之中，此时行为人为了保护他人的合法权益而实施的紧急避险行为。例如，行为人故意或者过失导致他人的房屋起火，致使他人的生命和财产处于现实的危险当中，为了救助他人的生命和财产，行为人抢夺第三人的汽车将着火的房门撞开。此时，行为人抢夺汽车的行为就因符合紧急避险而不承担刑事责任。因为，在紧急状态的行为人把一个无关的人带入危险，并且要以牺牲另一名无关人为代价才能救出这个人时，那么，他的过错就不是权衡的要点。从救援人的过错出发，不允许对受到危险的人形成任何伤害。

（3）自招本人危险型。所谓自招本人危险型紧急避险是指，由于行为人的故意或者过失，导致本人陷入现实的危险之中，此时行为人为了保护本人的合法权益而实施的紧急避险行为。例如，行为人故意纵火自焚，身体被点燃后幡然悔悟，为了灭火冲入路边的水塘中，结果将路人撞成重伤。对于此种紧急避险并非一概成立，应当区分行为人对自招行为是否主观上有过错，或者行为人是否在自招危险行为时就能够预料到必须实施紧急避险行为。因为，在行为人已经预见或者可能预见危险发生而依然实施导致其发生的行为时，行为人对于此时的危险就具有容忍的义务，虽然可以实施避险行为，但是不能因成立紧急避险而不构成犯罪。具体而言，包括以下两种情况：

第一，行为人故意或者过失自招危险时，其主观上已经预见或可能预见到，危险发生后可能发生以侵害他人合法利益的方式才能保护本人合法利益的情况，此时行为人实施避险行为自保的，不能成立紧急避险。如果行为人故意或者过失自招危险，其主观上已经预见或可能预见到，危险发生后必须以侵害他人合法利益的方式才能保护本人合法利益的，应当就其造成的危害结果承担过失犯的刑事责任。例如在上述的两个判例中，行为人在违反交通法规招致危险时，已经预见或者可能预见到危险发生后必须以危害公共交通安全以及他人合法权益为代价，才能保护本人合法权益，此时行为人的避险行为客观上虽有紧急避险的客观利益衡量因素，但是并不具备不得已的补充要素，因此不成立紧急避险，应当让其对自己的侵害结果承担过失责任。再如，行为人在人来人往的道路上故意纵火自焚，身体被点燃后幡然悔悟，为了灭火冲入路边的水塘中，结果将路人撞成重伤，此时行为人已经预见或可能预见到，危险发生后可能要以危害他人合法权益为代价才能自保，如果造成客观的侵害结果，就应当让其对其危害后果承担过失责任。

第二，行为人故意或者过失自招危险时，其主观上并没有预见或者不可能预见到，危险发生后需以侵害他人合法利益的方式才能保护本人合法利益的情况，此时行为人实施避险行为自保的成立紧急避险。例如，行为人在偏僻的郊外故意纵火自焚，身体被点燃后幡然悔悟，为了灭火冲入路边的水塘中，结果将路人撞成重伤。此时行为人故意实施自焚时并不可能预见到撞伤路人的危害结果，因此成立紧急避险，行为人不承担刑事责任。

四、特殊主体紧急避险的司法认定

（一）紧急避险主体条件的范围

刑法对于紧急避险的主体条件还有一个明确规定，不适用于职务上、业务上负有特定责任的人。这里不适用的人，是指担任某种特定职务、从事某类法律规定的业务的人，按照法律规定，在履行职责或完成业务的过程中，负有同与职务、业务相关的危害做斗争的义务，如警察有同犯罪做斗争的义务，消防人员有救火的义务，船长和海员有同海难做斗争的义务，汽车、列车、飞行器等的驾驶员有同事故做斗争的义务。[1]虽然刑法没有将"除职务、义务上负有特定职责之外的义务人不可以随意实施紧急避险"加以明确规定，

---

〔1〕　刘仁文：《美国模范刑法典及其批注》，法律出版社 2005 年版，第 168 页。

但是，出于协调不真正不作为犯理论与紧急避险理论之间的关系，还应包括以下几种类型：①由于法律明文规定而负有其他特定责任的人；②由于行为人的先行行为而负有一定责任的人；③出于自愿承担某种特定任务而负有特定责任的人；④基于亲密的共同关系而产生的承担危险的人。

（二）紧急避险主体的避险权限度

目前我国通说认为，法律规定的职务、业务上负有特定责任的人不可以实施紧急避险。但也不可一概而论，紧急避险对特殊主体的规定应适当，不能绝对化，应把社会中的例外情况考虑进来。笔者认为那些与自己的社会职责没有关联的紧急危险，应当允许其实施避险行为。如果在履行社会职责的过程中出现避险情形，但采取的行为与自己社会职责没有矛盾，此时也可以实施紧急避险，甚至有时在履行社会职责的过程中，某些行为可能会损害到他人或者社会的合法权益，但如果这是为了保护更大的法益，可以进行紧急避险。否则，可能会把负有特定责任义务禁锢在法律规定里，甚至在履行社会责任时不敢充分地履行职责，这样反而会与法律施行的社会效果背道而驰。

所以，尽管目前法律规定职务上、业务上负有特定责任的人不允许实施避险行为，但法律不是绝对的、一成不变的，在某些特定的场合下，符合紧急避险的前提条件，也可以允许其采取实施避险行为。

五、生命权紧急避险的司法认定

按照学术界的主流观点，紧急避险中的避险行为侵害的合法权益必须小于所要保护的合法权益。而对于利益衡量的标准，我国学者们均以生命权的利益损害来作为参考。只是对于生命权的研究，理论界一直有两种观点，肯定说认为可以以生命损害的多少来衡量生命权避险的必要，例如张明楷教授认为，如果不能以一个生命的牺牲来保护多数生命，那就是明确地放弃多数生命，这不仅不契合刑法的立法原则，也不切合社会观念。但持否定说的学者则认为生命权不能从数量的多少来衡量，生命从来不是法律或者国家赋予的，而是与生俱来的，是不需要被肯定而存在的。笔者认为，虽然生命权是不容侵犯的，但是在某些特殊情况下，例如对于共同危险环境下，危险人以随机的方式选择生命的牺牲来保护其他人的生命，虽然每个人都不愿意以这种方式来决定并且也不愿意执行，但是在这种特定的危险情境下，只能遵从。

对于生命权的牺牲，实践也有以下问题：

（一）"一对一"的生命权紧急避险

笔者以为，在"一对一"的生命权避险行为中，生命权是否可以作为客体要分情况而定，在攻击性的紧急避险情况下，避险人直接将危险转嫁给无辜第三人，应该是不可以的；而对于防御性的紧急避险，被避险人只是在不得已情况下做出的损害，并没有故意损害，所以此时对被避险人的对抗防御不是正当防卫，而是紧急避险。

1. 攻击性的生命权中的紧急避险

有这样一个案例：在某一天的夜晚，李某独自在乡村的小路中骑自行车，这时遭到张某抢车，李某是女性因此惧怕张某，就假意同意张某把车拿走但要给她留下打气筒，然后张某同意了。而李某却在张某转身推走自行车的时候用打气筒敲击张某的后脑，导致张某当场晕厥。在张某晕厥后，李某慌忙弃车而逃。李某逃到了某一村落，因天色已晚，李某借宿到一老太太家，老太太则安排其女儿与李某同睡。但巧合的是，李某借宿的家正是张某的家，张某苏醒后回到了家，当知道李某借宿他的家时，经过询问老太太李某睡的位置后，趁黑摸进房，对床上的"李某"的脖颈上割了一刀。但事实上李某并没有入睡，并在听到张某与老太太的对话后与熟睡中的张某的妹妹调换了位置。故而，被张某所杀的是张某的妹妹。

攻击性紧急避险是指，合法权益正在受到不法侵害的危险的人，将自己的危险转嫁给毫不相关的第三者。在此案例情况中，如果允许以牺牲无辜的他人的生命作为保全自己生命的方法，那么人们的生命权就完全得不到保障，在一个无法保障自身生命权的社会之中，每个人的精神都处于高度紧张状态，不利于社会安定进步。生命权是人人都有的与生俱来的权利和尊严，在任何时候只能被当作目的，而不能当作实现目的的手段。同时如果牺牲与危险毫无关系的无辜第三者的生命权来保护自己的生命而不受到法律的制裁，这也有违人权精神。本案之中，李某某和张某某的妹妹并未处于同一危险共同体中，即二人并不能成为彼此危险的来源，因此，张某某的妹妹始终是无辜的第三者。此种情况下，不能把无辜第三者的生命作为紧急避险的客体。因而此种情况下，李某的行为不能构成紧急避险。

2. 防御性的生命权中的紧急避险

甲乙二人相约去登山，两人之间用一条绳索相连，爬山过程中，甲因不小心踏空，不慎滑落，此时乙无法将甲救回，而且若不割断绳索，乙也将和甲共同落入悬崖而丧失性命。乙随后割断了绳索，而甲则坠落悬崖摔死。

防御性生命权紧急避险，是指"为了避险而侵害他人的利益，而所侵害的这个人正是危险的来源，即针对危险源进行的避险。"这种情形类似于我国刑法上所规定的正当防卫，但又有所不同，这种情况下的不法行为虽然客观上表现为具有不法性，但主观上并没有犯罪故意，因而针对不法者进行的防御行为不能称为正当防卫，而应称作防御性紧急避险。防御性紧急避险中，引发危险源的行为人有义务承担自己行为所产生的一切后果，刑法不能要求被侵害者在没有别的避险方式的情况下，无动于衷，任由对方侵害自己生命。案例中，乙的危险来源于甲，甲就是危险源，但是甲主观上并没有罪过，针对甲进行的就是防御性紧急避险。此时乙除了割断绳索，没有别的办法自救，意志自由相对被剥夺。法律不能强人所难，也不能期待乙做出不割断绳索，和甲共同掉入悬崖的举动。因而这种情况下，笔者认为乙是可以以甲的生命权作为其紧急避险的客体的。

因此，在一对一的情况下，生命权紧急避险行为要视情况采用不同的标准。在对无辜第三者进行攻击性紧急避险的情况下，不能以第三者的生命权作为紧急避险的客体。对于危险共同体中的一对一的生命权紧急避险的情况，行为人的意志自由受到剥夺，无论是从法律不强人所难还是期待可能性的理论角度，都不能要求行为人做出适法举动，因而此时可以将危险来源行为人的生命权作为紧急避险的客体。

(二)"少对多"的生命权情形下的紧急避险

1. 共同危险情境下生命权冲突中的紧急避险

案例：绳梯案。一名英国陆军下士和其他人被骗到一艘即将沉没的渡船上，渡船在不断地下沉，而唯一能够脱离危险的方法是爬上绳梯，得到救援。但在乘客们爬绳梯的过程中，由一名男子因惊慌而停在绳梯上，阻碍了后面乘客的逃生路线，使乘客都不能上也不能下，此时该下士在数次劝说无果的情况下，命令该男子附近的人将该男子拽下绳梯，该男子掉入水中后再未见浮起来，但是其他的乘客都得以爬上绳梯获得安全。

该案例中所有人都处于渡船下沉的极度危险中，而那个极度恐慌的人成为人们脱离险境的阻碍因素，威胁其他人的生命。人们的做法从主观上判断是合理的，当危险是因为被牺牲的个人而导致的，在面临死亡的局面下，其他的当事人为了自保有权侵害该人的生命权。因而此时应在满足一定条件的情况下，适当地认定杀死危险源的侵害生命权的行为为紧急避险，但应当设定严格的条件。即在危险共同体中，排除危险源的方法只有一种，行为人的行为自由被限制到只能通过消灭掉危险源的方式，才能换取其他人存活的情况，即该行为满足足够的价值合理性，并且手段正当，才可将其认定为符合紧急避险的行为。

2. 非危险共同体情境下的生命权冲突中的紧急避险

非危险共同体的紧急避险中生命权的冲突是指牺牲少数局外人的生命以保全多数处于险境中的生命。

案例一：扳道工案。在某段铁路上，有两个岔口，一个岔口有五名小孩在玩耍，而另一个岔口则只有一小女孩。此时一辆列车飞速驶向五名孩子，扳道工发现后，迅速扳动岔道，火车驶向小女孩所在岔道，并导致了女孩的死亡。

扳道工案中，笔者认为扳道工的行为将危险直接转嫁给了无辜的小女孩。这个无辜的小女孩不应该是危险的承担者，这种行为无疑是侵害了小女孩的生命权。此种行为不能被认定为是紧急避险行为。尽管行为人的确在当时的情境下能够做出的选择不多，但是仍然无法改变其行为具有违法性的事实。在多数人和少数人生命发生冲突的情境下，人们往往从直觉出发认为牺牲少数人生命来保护多数人生命是应当的。但是人们容易忽略一个重要的条件，即非危险共同体情境这个大前提。一旦忽略这个前提则很容易得出错误结论，因为让处在风险之外的人们为处在危险之内的人来承担来自不可抗力、自然灾害或者自招风险所带来的危险境地，显然是无法被认同的。此时生命数量的对比其实仅仅是问题的表象，问题的本质在于是否应该让处于安全之中的无辜第三者们来承受本不应该有的被剥夺生命权的事件。

笔者认为，在非危险共同体情境下的生命权冲突，由于侵害的是本应当处于安全境地的无辜第三者的生命权，无论是为了保全一个还是多个人的生命，该行为都不适合被认定为紧急避险，而应以刑法具体罪名论处。因为此时如果成立了紧急避险，无异于向社会宣告鼓励每一个处于危险境地的人将危险转嫁给无辜的第三人，那人们将陷入惶惶不安的丛林法则中，社会契约则不复存在，无异于对社会秩序的直接破坏。

攻击性紧急避险行为，指的是"自己的合法权益正在发生危险的人，在不得已的情况下将危险转移给予危险毫无关系的他人。"上述案例中，张某的妹妹是一名无辜受害者，既不是危险来源，也不是使李某某陷入危险境地的推动者，甚至相反的是张某妹妹为了李某夜里睡觉不害怕而陪伴其住宿。因而此时笔者认为是不能将这名无辜第三人的生命作为避险的客体的。而扳道工案中，另一轨道上的小女孩情况与此类似。虽然有的学者认为，在不得已的情形下，牺牲少数人的生命权来换取更多人的生命权是被法律所允许的。但是笔者认为，法律面前人人平等，每个人的生命权平等地受到法律保护，牺牲一个人的生命来拯救另一个人的生命，这显然与人权精神相违背。即使是牺牲了一个人的生命而保全的是多个人的生命，这种行为也应当被禁止。一部分人的生命，不可以成为保护另一部分人生命的手段，不能为了保全一部分人，而剥夺另一部分人生存的权利。因为生命的数量无法权衡法益的大小，不能断定一个人的生命更重要还是一群人的生命更重要。此种情况下，人的生命只应作为目的而不能作为手段。因而一般的攻击性紧急避险行为，不成立生命权紧急避险，应以相关罪名论处，但在量刑时可以综合考虑各种因素，予以减轻或从轻处罚。

第三节　期待可能性

一、期待可能性的提出

（一）期待可能性的含义

期待可能性存在的理论依据在于一个由来已久的法谚："法律不强人所难。"只有当一个人具有期待可能性时，才有可能对行为人加以谴责。如果不能期待行为人实施妥当的行为，也就不存在对其加以谴责的可能性。期待可能性是就一个人的意志而言的，意志是人选择自己行为的能力，这种选择只有在具有期待可能性的情况下，才能体现行为人的违法意志。对此，期待可能性理论的出发点是，如果行为人在实施行为时承受了巨大的精神压力，就不可能再期待他还能依法行事。行为人在生命存在重大危险，或者面临严重的健康损害，或者可能丧失自由时所实施的构成要件行为，都可能因为不可期待而免责。另外，如果该危险没有直接针对行为人，而是威胁到与他关系密切的第三人，也可以成为免责事由。至于精神压力是否能够成为免责事由，不仅取决于压力的大小，还要看"具体情况下"是否能够期待行为人容忍该危险。[1]

欠缺期待可能性是阻却责任的事由，它不是由法律明确规定的，所以，被称为"超法规的阻却责任事由"，其是否存在需由法官根据个案具体判断。在刑事诉讼中，提出行为人缺乏期待可能性且需加以证明的责任应在辩护方，检察官进行反驳时应提出相应的证据。由于证明期待可能性欠缺的责任在被告人，这也适度减轻了控方举证的压力。

只有当一个人具有期待可能性时，才有可能对行为人做出谴责；如果不具有这种期待可能性，那么也就不存在谴责可能性。在这个定义上说，期待可能性是一种归责要素。

（二）期待可能性的思想渊源

1. 欧洲期待可能性的思想渊源

早在16世纪欧洲就有了期待可能性思想的萌芽，具体体现在霍布斯的《利维坦》中，尽管霍布斯在著作中只是略微涉及了期待可能性思想，并未形成完整的刑法理论。霍布斯认为，如果行为人在主观上既无故意也无过失而被敌人俘虏或处在敌人的控制之中时，法律给他赋予的义务就终止了，因为如果他不服从敌人，他就有可能丧失自己的生命，在这种情况下他服从敌人而做出的任何行为就都不构成犯罪，因为当他无法通过法律来保护自身的生命安全时，我们不能期待他以丧失生命为代价拒绝服从敌人，法律也无法强迫任何人以牺牲自己的生命为代价而遵守法律，此时，他为了保全自己的生命而服从敌人实施违法犯罪行为，便应当得到法律的宽恕。在这里，就存在朴素的期待可能性思想。

2. 中国期待可能性的思想渊源

期待可能性思想在我国封建社会早期就有所体现，如规定如果是自己的

---

〔1〕［德］冈特·斯特拉腾韦特、洛塔尔·库伦:《刑法总论Ⅰ》（犯罪论），杨萌译，法律出版社2006年版，第237页。

近亲属犯罪，应当隐瞒近亲属的罪行，不向官府报案以及提供证据的，不构成犯罪；相反，则要按犯罪处理。在《论语·子路》篇中也有相关论述，如父母应当掩盖子女的犯罪行为，同样，子女也应当掩盖父母的犯罪行为，如果这样做了，他便是一个正直的人。而早在我国的秦朝时期，就制定了包含期待可能性思想的法律，如子女向官府告发父母的犯罪行为的案件或者奴隶向官府告发主人的犯罪行为的案件，属于不能向官府告发的案件，即使向官府告发，官府也会对其父母或主人的犯罪行为置之不理，不仅如此，告发之人还会被官府问罪。该条法律规定反映了法律不能期待人们不顾亲情而控告自己的父母，甚至规定如果坚持控告自己的父母，自己将构成犯罪。

从中西方古代的相关法律与资料中不难看出，期待可能性思想因其具有人道主义的精神，使得古代中西方的先贤们对此都有一定的研究，或规定于法律中，或体现于著作中，这为期待可能性这一理论的发展与完善打下了基础。

（三）期待可能性的理论渊源

期待可能性理论起源于 1897 年 3 月 23 日德意志帝国法院就"癖马案"所作的判决。该案的被告是一个马车夫，他的马车的两匹马中有一匹系有怪癖之劣马，即绕缰之马，为此他多次向主人请求换马，但主人始终不允许，被告迫于生活，仍像往常一样驾驶着马车。有一天，他在驾驭这匹劣马的过程中，该马怪癖复发，以尾缠绕缰绳，导致他无法驾驭马车，该马横冲直撞，撞伤了正在路边行走的一个人。检察官以马车夫构成过失伤害罪为由两次提起诉讼，都得到了败诉的结果。德国最高法院经审理认为，不能期待马车夫以丢失工作为代价来违背雇主让其驾驭劣马的命令，造成案件事实发生的过错在于雇主而不是马车夫，所以该案判决马车夫无罪。

癖马案的判决表明，在某些特殊的情况下，如果不能期待行为人遵守法律规范实施适法行为时，即便行为人实施了违法行为，也不受刑罚制裁。该判决在德国刑法学界引起了巨大的轰动，于是该国的刑法学者就展开了研究，随后，在弗兰克、格尔德施米特和弗洛登塔尔等人对该理论进行了发展，休米特完成了该理论，弗尔琴阐述了期待可能性与责任之间的关系，最终使得期待可能性被德国刑法学界所认可，成为规范责任论的核心要素。

二、期待可能性适用于我国刑法的必要性和可行性

（一）期待可能性在我国适用的必要性

1. 对于完善我国犯罪论体系有积极作用

根据三阶层的犯罪论体系，要想成立犯罪不仅要具备构成要件符合性和违法性，还需要具备有责性。在判断是否需要负刑事责任时不仅要考虑故意、过失等主观构成要件还需要考虑主观责任阻却事由，而期待可能性则是较为关键的责任阻却事由，因此，在考虑有责性的时候，需要结合行为人所处的环境来判断其是否符合期待可能性。期待可能性理论弥补了犯罪论体系的不足，期待可能性理论是对犯罪论体系的补充，它的广泛使用可以使得我国刑法在司法实践中更加注重保障人权。

2. 对于弥补法律漏洞有重要作用

虽然立法者已经制定出了比较具体、使用起来也较为便利的法律，但是也会出现一些问题，例如，在实际操作中，因为实定法往往会跟不上不断向前发展的社会的脚步，或者是立法者当时的能力往往难以预见将来要发生的事，无法应付瞬息万变的大千世界，从而就会导致法律出现了一些漏洞。如果在这个时候的某些特殊范围内引用期待可能性理论，则会有效地解决不断向前发展的社会现实需要与落后的实定法之间的矛盾，弥补由此出现的法律上的纰漏。

（二）期待可能性在我国适用的可行性

1. 我国存在适用期待可能性理论的环境

因为期待可能性具有朴素的人道主义关怀，体现了对人性弱点的关切，所以，期待可能性理论能够在全世界的任何一个国家适用，我国也不例外。由于我国刑法体系并不健全，在司法实践中，如何解决实质正义与形式正义二者之间的矛盾，一直是我国刑法学界所热切关注的问题，如果能够缓解二者之间的矛盾，则对我国刑法学的发展有着重大意义，而期待可能性理论就具有缓解这对矛盾的功能。

在我国司法实践中，出现了许多需要适用期待可能性理论从而阻却行为人责任的案件，如为了帮助病人减轻痛苦经其承诺的安乐死行为，下级迫于

上级的强令而执行上级的违法命令，本犯或其近亲属使用非暴力的方法妨害或指使作证的行为，受虐妇女因无法忍受无休止的家暴而杀夫，因生活所困无奈之下出卖子女以及妇女流落外地迫于生活困难而重婚等案件。在这些案件中，如若认定行为人有罪或者罪重，则无法实现公平正义，也难以被社会群众所接受，而期待可能性理论能够解决法理与情理之间的紧张关系，如能适用期待可能性理论来处理这些案件，则能对行为人作出公平判决，实现刑法的目的，因此，在我国适用期待可能性是可行的。

2. 与我国刑法目的相符合

在司法实践活动中经常会有一些依法判决后出现不公平情形的案件，例如，妇女被经常家暴后杀夫案，或者孝子为了帮母亲减轻痛苦安乐死杀母案，等等。如果法院在审理这些案件时仅按照我国刑法规定的条文来处理，不考虑行为人当时是处在什么情况下做出的此种行为，这样做出的判决，往往会引起公众的异议，也会让行为人因为不服本次判决而提起抗议，从而质疑法律的权威，还会导致行为人仇视司法机关，为了报复社会继续进行违法犯罪活动，这样不但不能有效地预防犯罪，反而使得法律权威遭到人们的怀疑，不利于保证法律实施的效果。

但是如果在这种情况下法官适用期待可能性理论而作出判决，就会有不同的社会反响。期待可能性理论的主要功能就是维护公平正义、保障人权，假如法官用该理论来审理案件，就会给社会公众以有力的说服力，让其重新认识到法律至高无上、不可侵犯的地位，也会给行为人一个好的交代，让其不再怀疑法院的判决，为自己的行为给被害人造成的损害而感到愧疚，从而改过自新，避免重新犯罪。再者，还可以让不论是行为人还是与案件无关的其他人对刑法产生一种依赖，从而自觉遵守法律，维护刑法权威。所以，要想实现我国刑法在司法活动中得到进一步发展的目标，必须要充分发挥人权保障的功能，让国民的期待可能性与法律规定没有分歧，只要群众心中有法、敬法、守法、畏法，就容易实现刑法所追求的价值目标，刑法的体系也会更加完善。

三、期待可能性的责任减免

以不具有期待可能性或者期待可能性低为由从而减免行为人的刑事责任，

必须符合以下几方面的要件：

1. 存在使一般人为了保全自己或近亲属的重大利益而难以遵守法律的异常情势。

适用期待可能性理论的目的，是为了使那些不幸陷入某些不利境地中的行为人免于承担刑事责任。所以，只有在行为人或其近亲属的重大利益面临不利困境时，行为人为了维护自己或其近亲属的重大利益，不得已而实施了损害第三者利益的违法行为，才能得到刑法的原谅，具体来说：

其一，存在使行为人的重大利益处于不利境地，行为人不得已实施违法行为的异常情势。

如果行为人实施违法行为时并不存在这样的异常情势，只是为了一己私欲而损及他人或者社会的利益，即使当时的情势能够激发行为人的人性弱点或者私欲，并且能够被社会群众所理解或者宽宥，也不能因此而认为行为人具有期待可能性，并以此为由减免行为人的刑事责任。

在此，有必要以上述视角重新审视许霆案。一些学者认为，在某些情况下，行为人的重大利益虽然没有陷入不利境地，但行为人所处的环境为其实施违法行为提供了极其便利的条件，此时，不能期待行为人不去实施违法的行为，所以，此时行为人不具有期待可能性，最高人民法院在审理许霆案时应当是考虑到了此点，才作出了大幅减轻其刑事责任的判决。

对于上述观点，难以令人苟同。由上所述，期待可能性的适用，不仅要看行为人当时是否存在人性弱点，还要看行为人的人性弱点是如何产生的。如果是因为行为时所面临的重大不利境地催发了人类普遍具有的趋利避害、求生怕死等人性弱点，那么才能考虑适用期待可能性。以许霆案来说，虽然自动取款机出现故障催生了许霆贪婪的人性弱点，并使其多次取款总计17万元，但这种人性弱点不值得刑法同情和宽宥，因为自动取款机出错并没有使许霆的重大利益陷于不利境地，即当时并不存在迫使许霆一定要反复取款的外在压力，因此，期待许霆在发现自动取款机出现故障后停止后续的恶意取款行为，并非强人所难，并不能认为其不具有期待可能性或者期待可能性低。所以，以期待可能性低为由从而主张减轻许霆罪责的观点是不正确的。

其二，行为人实施违法行为所保全的利益，应当是涉及个人生存权的重大利益。

期待可能性事由作为消极的责任阻却事由，不能被滥用，如协助他人安乐死，本犯或其近亲属使用非暴力的方法阻止他人作证或者指使他人作伪证，本来无罪的人被司法机关错误关押后单纯脱逃，受虐妇女因无法忍受无休止的家暴而杀夫以及妇女流落外地迫于生活困难而重婚等一些能够适用期待可能性事由的情形，所维护的利益都涉及个人生存权的重大利益，所以只有在为了保全涉及个人生存权的重大利益而不得已实施违法行为的情况下，才能考虑适用期待可能性。

2. 行为时行为人无实施他行为的可能性或者可能性低。

即使行为人处于不利境地，但如果在一般人看来，行为人在此种情形下依然有实施他行为的可能性且可能性高时，就不能考虑适用期待可能性事由从而免除行为人的刑事责任，最多只能考虑适当减轻行为人的责任。

在此，首先以刑法中的强令违章冒险作业罪为例进行探讨，有人认为，雇主如果以解雇相威胁，要求工人进行违章冒险作业，从而造成他人重大伤亡或者严重财产损失的，对工人实施胁迫行为的雇主当然构成犯罪，而受到胁迫的工人，则无罪。其认定工人无罪的原因是，工人虽然认识到这样的危险行为可能会造成严重的后果，但在雇主的强迫下，不能期待工人在可能丢掉工作的情况下不去服从雇主的指示。这和癖马案的判决理由是完全相同的。但却忽视了一点，那就是当今社会与癖马案发生时的社会环境已完全不同，在高速发展的当今社会，就业并不是一件特别困难的事情，法律也为就业提供了制度保障，工人失业后完全可以很快找到新的工作，因此，服从雇主的指示，违章冒险作业并不是工人的唯一选择，工人完全可以拒绝服从雇主违法的指示，即使被解雇。所以，不能以受强令的工人缺乏期待可能性为由免除其责任，而应当认为其构成重大责任事故罪。当然，毕竟工人是受雇主的强迫，因而可以认定工人的期待可能性较低，从而减轻其刑事责任。

3. 异常情势下的违法行为不得损害本不应当损害的其他利益。

行为人在自身的重大利益陷入不利境地的情形下，为了保护自身的合法利益而不得已实施的违法行为，必须是民众能够原谅的行为。如果其实施的违法行为损害了不应当损害的他人或社会的利益，不能被民众所原谅，就不能对其适用期待可能性从而减免责任。

在此，以刑法中的妨害作证罪为例进行探讨，如果是本犯以外的一般人妨害作证的，当然构成妨害作证罪，如果是本犯为了逃避罪责而妨害作证的，是否构成妨害作证罪，需要进行进一步的研究。与掩饰、隐瞒犯罪所得、犯罪所得收益罪不同，妨害作证罪并未将本犯排除在犯罪主体之外，所以本犯是否能构成妨害作证罪应当分情形讨论，如果本犯是使用非暴力的方法妨害作证的，我们不能期待犯罪人不去实施妨害作证的行为来逃避罪责，因此，本犯就不具有期待可能性，从而不构成妨害作证罪。另外，如果是为了使自己的近亲属免于刑事制裁而使用非暴力的方法妨害作证的，也应当认为其不具有期待可能性。但是如果本犯或其近亲属以使用暴力的方法妨害作证的，不仅严重违法，还损害了本不应当损害的其他利益，所以不应当对其适用期待可能性，此种情形下，本犯或其近亲属就构成妨害作证罪。

四、期待可能性理论适用的若干情形

由上所述，在我国的司法实践中有必要适用期待可能性理论，但为了防止期待可能性被滥用，应当严格限定期待可能性的适用条件和范围。在司法实践中，只有一些特殊的案件能够适用期待可能性，如安乐死、本犯单纯妨害作证、近亲属妨害司法、受虐妇女因无法忍受无休止的家暴而杀夫以及妇女流落外地迫于生活困难而重婚等。

（一）安乐死

安乐死是指患有不治之症的病人在生命垂危状态下，由于精神上和身体上的极度痛苦，为了使自己能够从病痛折磨中解脱，而请求他人协助自己，结束其生命的行为。安乐死是否属于违法行为，一直备受我国刑法学者与广大群众的关注。赞成安乐死的人认为，安乐死不仅体现了人道主义精神，也让病人能够尊严、体面地迎接死亡，而禁止安乐死既不人道也没有尊重病人的人格尊严，应当通过立法使安乐死合法化。反对安乐死的人则认为生命是人类一切权利的来源，应当最大程度地去保护，个体并没有权利自主决定其生命。在当今世界上，只有很少一部分国家承认安乐死是合法的。大部分的国家并不承认安乐死的合法化，其中也包括我国。

我国并未承认安乐死是合法的，那么安乐死在我国是否构成犯罪？如果从传统的四要件犯罪构成体系来进行分析，从客体上来看，行为人侵犯了病人的生命法益，从客观方面来看，行为人实施了杀害病人的违法行为，从主观方面来看，行为人也有杀死病人的故意，主客观相一致，行为人当然就构成故意杀人罪。但这样一来，虽然使生命法益得到了很好的保护，却忽视了生命垂危的病人所受到的身体和精神上的极端痛苦及其近亲属所遭受的精神折磨，既不符合人道主义精神，也无法得到民众的认可。对于生命垂危并遭受极端痛苦的病人来说，死亡已经无法避免，要么在痛苦中继续接受没有希望的医治并白白浪费无数的钱财，甚至会使本就贫困的家庭难以维持生活，要么选择安乐死，提前结束自己的生命，从而摆脱病痛的折磨。如果运用三阶层的犯罪论体系对安乐死进行分析，结论就会有所不同，在客观的构成要件阶层，行为人虽然实施了杀死病人的违法行为，在主观的构成要件阶层，行为人也具有杀死病人的故意，但此时并不能就确定行为人一定构成故意杀人罪，还应当进行有无期待可能性的判断。对于生命垂危并遭受极端病痛折磨的病人所提出的安乐死请求，只要有怜悯心的人都无法忽视病人所提出的请求。所以，对与处于生命垂危并遭受极端病痛折磨的病人所提出的安乐死请求，行为人同意并协助病人安乐死的，虽然其行为具有一定的违法性，但也是为了使病人从病痛的折磨中解脱出来，应当认定其不具有期待可能性，并不构成犯罪。即使认定行为人构成犯罪，也应当以期待可能性低为由减轻行为人的责任。因此，陕西汉中王某某安乐死案中所作的无罪判决有重要的指引意义，但可惜的是，法院是根据《刑法》第13条但书的规定，从而认定王明成不构成犯罪，并未适用期待可能性理论。

（二）受虐女性不堪忍受长期家庭暴力而杀夫

在现实社会中，妇女因为无法忍受丈夫长期的暴力侵害，为了自救而不得已实施违法行为并造成严重后果的情形经常发生。下面就如何处理此类案件进行分析。

要想成立正当防卫，须于不法侵害已经开始、尚未结束时采取防卫行为，如若不法侵害已经结束才采取防卫行为的，此时法益不再处于紧迫、现实的侵害之中，就不能成立正当防卫。所以，如果丈夫的暴力侵害行为使妇女的生命面临紧迫的危险，妇女为了保全自己的生命而实施防卫行为，杀死丈夫的，自然就成立特殊防卫，不构成犯罪。但在实践中，受虐妇女通常都是在丈夫的暴力侵害行为结束以后，选择适当的时机从而实施杀害丈夫的行为，此时不法侵害已经结束，并不具有紧迫性，不能成立正当防卫，因此不能以正当防卫为由减免妇女的刑事责任。但如果要求受虐妇女承担刑事责任甚至比较重的刑罚，也不太合理，在实践中，受虐妇女之所以杀害自己的丈夫，大多是因为丈夫长期实施家庭暴力，妇女寻求法律救济后仍无法解决，走投无路被逼无奈，不能将之认定为妇女没有运用法律途径来保护自己。所以，对于长期忍受丈夫的暴力侵害且寻求救济无果的妇女，为了不再遭受丈夫漫无休止的家暴而无奈之下杀害自己丈夫的，应当根据行为时具体情形，认定妇女不具有期待可能性进而免除其刑事责任，或者认定妇女的期待可能性较低进而减轻妇女的刑事责任。

（三）妇女因受客观条件所迫而重婚

刑法规定，有配偶而重婚，或者明知他人有配偶还与之结婚的，构成重婚罪。但在下列两种情形下，不能认定为妇女构成重婚罪：①已婚妇女因为自然灾害、被他人拐卖等非自愿的原因而流落外地，因为生活所迫与人结婚的；②因无法忍受长期的虐待而外逃，因为生活所迫与人结婚的。[1]在这两种情形下，妇女因受生活所迫而不得已而重婚，不具有期待可能性，从而不追究其刑事责任，认为其不构成犯罪。但是如果妇女已经基于上述两种情形而重婚，又与他人登记结婚的，则此时就无法认定妇女欠缺期待可能性，从而免除其刑事责任。

能够适用期待可能性事由阻却行为人责任的情形，除了以上几种外，还有本来无罪的人被司法机关错误关押后单纯脱逃等一些情形，要注意的是，不能任意滥用期待可能性事由，期待可能性的范围不能太大，否则可能导致司法无序。在判断有无期待可能性时，需要综合多种因素考虑，谨慎从事。

---

〔1〕 钱叶六："期待可能性理论的引入及限定性适用"，载《法学研究》2015 年第 6 期。

第七章
犯罪停止形态

第一节　故意犯罪停止形态的界定

一、故意犯罪停止形态的含义

故意犯罪的停止形态，是指故意犯罪在其发展过程中，由于主客观原因停止下来，犯罪未进行到终点，行为人没有完成犯罪的各种形态。由于犯罪停止形态只存在于故意犯罪中，所以，理论上一般将其称为故意犯罪的停止形态。在理论上和法条规定中，故意犯罪的停止形态有四种：犯罪既遂、犯罪预备、犯罪未遂和犯罪中止。在这四种形态中，犯罪预备、犯罪未遂和犯罪中止又可称为犯罪的未完成形态，而把犯罪既遂看作是犯罪的完成形态。我国刑法分则规定的所有故意犯罪都是以犯罪既遂作为标准的，刑法分则没有把犯罪的未完成形态规定进去。行为人在实施行为的过程中由于各种各样的原因而没有完成刑法分则所规定的全部构成要件，于是就出现了犯罪预备、犯罪未遂、犯罪中止等未完成的形态。对这种未完成形态也要处罚，在处罚过程中，必须引用总则中的有关规定。从现行刑法的规定来看，我国惩罚犯罪是从犯罪预备开始的，这是我国刑法的特点。而现在世界上大多数国家和地区对预备犯是不处罚的，对未遂犯也只是对部分犯罪才处罚，这多少体现了我国刑法在一定程度上仍然奉行重刑主义思想。

犯罪停止形态是犯罪的特殊形态，这种未完成罪，是停止在犯罪过程中的犯罪状态。三种犯罪停止形态中，犯罪预备只能发生在犯罪预备阶段，犯罪未遂只能发生在犯罪实行阶段，犯罪中止可以发生在犯罪的任何阶段。"着手实行犯罪"是犯罪预备和犯罪实行阶段的分水岭，"犯罪实行终了"则是犯罪实行阶段和犯罪结果发生阶段的分水岭。

二、犯罪停止形态的范围

犯罪出现某种停止状态后，就不会再产生其他形态。但从整个犯罪的过程来看，犯罪行为是呈现出阶段化的。判断犯罪形态则应该从静态加以观察。一个行为只有一种形态，应以最后的停顿点作为判断形态的标准。

犯罪停止形态有一定的范围。犯罪的停止形态存在于某些直接故意犯罪中，也就是说，并非所有的直接故意犯罪都存在犯罪的停止形态的问题，例如，举动犯不存在犯罪未遂和犯罪中止形态。过失犯罪中不存在停止形态，因为过失犯罪是以结果定罪的，没有出现结果就不可能构成过失犯罪。在间接故意中，行为人不存在追求结果发生的心理状态，而且间接故意也是按结果定罪的，因此间接故意也不存在犯罪停止形态。当然，对此理论上还存在一定的争议。

第二节　犯罪既遂

一、犯罪既遂的概念

犯罪既遂，是行为人的行为完全符合刑法分则规定的全部构成要件的犯罪事实。只要行为人的行为完全符合刑法规定的具体犯罪的全部构成要件，就属于犯罪既遂。我国刑法并未对犯罪既遂的概念加以规定，由刑法理论对犯罪既遂加以说明。

刑事司法实践中，也面临对犯罪既遂的认定问题，认定犯罪既遂的成立，就需要研究犯罪既遂的标准。

目前在我国刑事理论和司法中较为通行的观点是构成要件齐备说。根据这个学说，确定犯罪既遂的标准为犯罪构成的全部要件是否齐备。每一种犯罪既遂需要哪些构成要件，刑法分则都有明文规定。因此，确定某一行为是否构成犯罪既遂，应以该行为是否齐备了刑法分则规定的全部要件为准。构成要件的齐备是从刑法分则规定的犯罪以犯罪既遂为模式来进行分析和理解的。我国刑法分则规定的犯罪是以犯罪既遂为模式的，对于犯罪完成形态也就是犯罪既遂的犯罪构成，我国刑法分则条文一一作了明文规定，只要完全符合了刑法分则某一条文的规定，就可以直接依照该条文的规定，作为犯罪既遂追究行为人的刑事责任。

二、犯罪既遂的类型

根据刑法分则对各种直接故意犯罪构成要件的不同规定，犯罪既遂主要有以下四种不同的类型。

第一，结果犯。必须造成法律规定的侵害法益结果，才能构成犯罪既遂。

结果犯是要求不仅要具备具体构成要件，而且还必须发生法定的犯罪结果才构成犯罪既遂的犯罪。许多犯罪是结果犯，比如抢劫罪、抢夺罪、盗窃罪、故意杀人罪、故意伤害罪、诈骗罪、贪污罪，等等。这类犯罪以犯罪结果是否发生作为区别犯罪既遂与犯罪未遂的标志。在着手实行犯罪的情况下，犯罪结果发生就标志着犯罪的完成和犯罪既遂的成立。

第二，行为犯。实施具体的犯罪行为并且达到一定程度，才能构成犯罪既遂。

行为犯是以法定的犯罪行为的完成作为犯罪既遂标志的犯罪。这类犯罪的行为要有一个实行过程，要达到一定程度，才能是行为的完成。这类犯罪也有相当的数量，例如诬告陷害罪、绑架罪、强奸罪、脱逃罪、偷越国境罪、诬告陷害罪、绑架罪等。在着手实行犯罪的情况下，如果达到了法律要求的程度就是完成了犯罪行为，就应视为犯罪的完成也就是犯罪既遂。

第三，危险犯。必须造成某种严重结果发生的危险，才能构成犯罪既遂。

危险犯以一定的客观危险状态的出现为标志，是指以行为人实施的危害行为造成法律规定的发生某种危险状态作为犯罪既遂标志的犯罪。如破坏交通设施罪、破坏交通工具罪、破坏电力设备罪、破坏易燃易爆设备罪都是危险犯。危险犯与实害犯的规定一般同时出现。如第114条是尚未造成严重后果的放火罪，第115条是已经造成严重后果的放火罪，第114条称之为危险犯。危险犯存在犯罪未遂。在危险状态还没有出现，但已经着手之后行为停顿了，就是危险犯的犯罪未遂。

第四，举动犯。只要着手实施犯罪行为，就构成犯罪既遂。

举动犯与行为犯有区别。行为犯是以行为的完成作为犯罪既遂的标准，而举动犯是以着手实行犯罪行为作为犯罪既遂的标准的。举动犯如传授犯罪方法罪等。举动犯没有犯罪未遂，但有犯罪预备与犯罪中止的形态。

第三节 犯罪预备

一、犯罪预备的概念和特征

（一）犯罪预备的概念

行为人为了实施犯罪而准备工具，创造条件，因主客观原因而停止下来的犯罪形态。犯罪预备行为是侵害法益的行为。从构成要件上来说，犯罪预备是一种不完整的犯罪形态，但是由于预备犯的行为侵害了法益，因而，法律有必要对犯罪预备作出规定。需要注意的是，犯罪预备与预备犯是两个既有联系又有区别的概念，前者是故意犯罪的停顿，是构成预备犯的必要条件之一；后者则是在犯罪预备停顿之后构成犯罪的犯罪人，它不可能脱离犯罪预备行为而存在。因此，二者是两个虽然不同但又有联系的概念。

（二）犯罪预备的特征

1. 客观特征

（1）行为人已经开始实施犯罪的预备行为。即为犯罪的实行和完成创造便利条件的行为。犯罪预备不同于犯意表示。犯意表示是指以口头、文字或其他方式对犯罪意图的单纯表露。二者的区别在于：犯罪预备行为侵害了法益，已具备特定的构成要件，我国刑法规定原则上要作为犯罪处理；而犯意表示，还不是行为，无论是从行为人的主观意图还是客观表现上看，都不是在为犯罪实施创造条件，因为没有侵害法益，所以对犯意表示不能处罚。

不过需要注意的是，以下两种类似于犯意表示的行为不能认定为犯意表示，而是应以犯罪论处：一是某些具体犯罪的构成中所包含的口头或书面语言形式的实行行为。如侮辱罪、诽谤罪、煽动分裂国家罪，教唆犯罪里所包含的言语行为以及作为强奸罪、抢劫罪等犯罪的手段行为的威胁性语言。这些特定的语言在特定的犯罪构成中属于犯罪的实行行为，具备这些语言不但构成犯罪，而且不是犯罪预备，而是已经实行犯罪的其他犯罪形态。二是单个人犯罪中制定犯罪计划的书面语言，以及共同犯罪中勾结共同犯罪人、交流犯罪思想、商议犯罪计划的口头语言或者书面语言。这些语言都已经超出犯意表示的范畴，而是在为实施犯罪创造条件的犯罪预备行为，足以构成犯罪的，应当以犯罪论处。

（2）行为人尚未着手犯罪的实行行为。即犯罪活动在具体犯罪实行行为着手前停止下来。以上两个特征说明了犯罪预备形态可能发生的时空范围，即从开始实施犯罪的预备行为起直至犯罪实行行为着手之前。

（3）未能着手实行犯罪是由于犯罪分子意志以外的原因，这是区别犯罪预备和犯罪中止的主要标志，如果由于犯罪人意志内的原因导致未能着手实行犯罪，属于犯罪中止。

2. 主观特征

（1）目的是为了顺利着手实施和完成犯罪。

预备犯的主观要件既有进行犯罪预备活动的意图，又具有进而着手实行和完成犯罪的意图。但是后者尚未实际展开而只是在犯罪预备活动中间接地得到反映；而前者，即为了顺利地着手实施和完成犯罪而进行犯罪预备活动的意图与目的，才是预备犯主观方面主要的内容和特征所在。犯罪预备行为的发动、进行与完成，都是受此种目的支配的。

（2）由于行为人意志以外的原因停止下来。

这是犯罪预备与犯罪预备阶段中止的关键区别所在。所谓意志以外的原因，是指足以阻碍行为人着手实行和完成犯罪的因素，如果该因素不足以阻碍行为人继续着手实行犯罪的，行为人也认识到这一点的（排除行为人存在认识错误而构成犯罪预备的情形），应认定为犯罪预备阶段中止。

二、犯罪预备的类型

（一）为实施犯罪准备工具的行为

犯罪工具，是犯罪分子进行犯罪活动所用的一切器械物品。准备犯罪工具，包括制造犯罪工具，寻求犯罪工具，以及加工犯罪工具使之适合于犯罪的需要。例如，为杀人而磨刀，制造蒙面面具，或者配置毒药；为盗窃而制造梯子，为伪造车船票而准备印刷器材，等等。一般认为，犯罪工具的来源如何，并不影响犯罪预备的成立。需要注意的是，准备工具的行为如果是刑法规定的独立的犯罪行为，该行为就属于犯罪的实行行为，构成独立的犯罪。

如为了杀人而抢劫枪支、弹药，构成独立的抢劫枪支、弹药罪，不能仅仅看成是故意杀人罪的犯罪预备行为。

（二）为犯罪创造条件

例如，为了盗窃，事先"踩道"，探听事主行踪，选择作案的时间、地点，策划犯罪的行动方案，纠集共同作案人，排除犯罪的障碍等。司法实践和刑法理论上把这类犯罪预备行为概括为以下几种：（1）为实施犯罪事先调查犯罪的场所、时机和被害人的行踪；（2）准备实施犯罪的手段，例如为实施技术手段杀人而事先进行练习射击，为实施扒窃而事先练习扒窃技术；（3）排除实施犯罪的障碍，例如为了盗窃，用放上毒物的馒头将被害人家的看门狗毒死；（4）跟踪被害人，守候被害人的到来或者进行其他接近被害人、接近犯罪对象、物品的行为；（5）出发前往犯罪场所守候或者诱骗被害人赶赴犯罪的预定地点；（6）勾引、集结共同犯罪人，进行犯罪预谋；（7）拟定实施犯罪和犯罪后逃避侦查、追踪的计划等。

三、预备犯的刑事责任

对于预备犯，情节显著轻微，危害不大，属于《刑法》第 13 条规定的"情节显著轻微、危害不大"情况的，可不认为是犯罪，不予追究刑事责任；对于危险性较大的，则可比照既遂犯从轻、减轻处罚，或者免除处罚。但是，《刑法》第 22 条第 2 款只规定"可以"而不是"应当"，因此，个别重罪如果情节特别恶劣、主观恶性大的，也可以不从轻、不减轻处罚。

第四节 犯罪未遂

一、犯罪未遂的概念和特征

（一）犯罪未遂的概念

犯罪未遂，是指行为人已经着手实行具体构成要件的实行行为，由于其意志以外的原因而未能完成犯罪的一种犯罪停止形态。

1. 着手的概念

所谓着手实行犯罪，是指直接故意犯罪的行为人开始实施其意图实现的刑法分则规定的具体构成客观方面的行为。行为人已经着手实行犯罪，这是犯罪未遂形态必须具备的特征之一，也是犯罪未遂形态与犯罪预备形态相区别的主要标志。

2. 着手的特征

着手实行犯罪体现了具体犯罪构成要件的统一，它具备客观和主观两个基本特征。

（1）客观上，行为人已开始直接实行具体构成客观要件的行为，这种行为的性质已不再属于为犯罪的实行创造便利条件的预备犯罪，而是实行犯罪，这种行为已使刑法所保护的具体权益初步受到危害或面临实际存在的威胁。在有犯罪对象的场合，这种行为已直接指向犯罪对象，如果不出现行为人意志以外原因的阻碍或者行为人的自动中止犯罪，这种行为就会继续进行下去，直到完成犯罪即达到既遂。在犯罪既遂包含犯罪结果的犯罪中，还会发生犯罪结果。

（2）主观上，行为人实行具体犯罪的意志已经直接支配客观实行行为并通过后者开始充分表现出来，而不同于在此之前实施犯罪的意志。

着手实行犯罪是客观的犯罪实行行为与主观的实行犯罪意图相结合的产物和标志。这两个主客观基本特征的结合，从构成要件的整体上反映了着手实行犯罪侵害的法益及其程度。

（二）犯罪未遂形态的特征

1. 行为人已经着手实行犯罪，是行为人开始实施刑法分则具体构成要件客观方面的犯罪行为

行为人是否已经着手实行犯罪，是区分犯罪预备与犯罪未遂的关键。

认定着手实行犯罪与否的有效办法，是将犯罪预备行为与实行行为加以区别。前者的本质与作用是为分则构成要件行为的实行与完成创造条件，为其创造现实可能性；后者的本质与作用是直接完成犯罪，变预备阶段实现、完成犯罪的现实可能性为现实性。根据二者的区别与联系，结合具体犯罪及案件情况，就可以正确认定着手实行犯罪与否。需要指出的是，在具有双重实行行为的犯罪中，手段行为与目的行为共同构成该罪的实行行为，对这类

犯罪而言，应以行为人开始实行手段行为为着手。如抢劫罪中，行为人开始实施暴力、胁迫等手段行为即应视为实行行为的着手，而不是犯罪预备行为。

2. 犯罪未完成而停止下来，这是区分犯罪未遂与犯罪既遂的主要标志

一是结果犯。以法定的犯罪结果没有发生作为犯罪未完成的标志，如故意杀人罪以未造成被害人死亡之结果为犯罪未完成的标志。

二是行为犯。以法定的犯罪行为未能完成作为犯罪未完成的标志，如脱逃罪以在押人员（犯罪嫌疑人、被告人、罪犯）未达到逃脱监禁羁押的程度为犯罪未完成的标志。

三是危险犯。以法定的危险状态尚未具备作为犯罪未完成的标志，如破坏交通工具罪以破坏行为未能造成可导致交通工具倾覆的危险为犯罪未完成的标志。

3. 犯罪停止在未完成形态是由于犯罪人意志以外的原因所致，这是区别犯罪未遂与犯罪实行阶段中止的关键所在

所谓犯罪分子意志以外的原因，包括：

（1）应当是阻碍犯罪人完成犯罪的原因。第一，犯罪人本人以外的原因，包括被害人、第三人、自然力、物质障碍、环境时机等方面对完成犯罪具有阻碍作用的因素。第二，行为人自身对完成犯罪具有阻碍作用的因素，如其能力、力量、身体状况、常识技巧等的缺乏或不佳状况。第三，行为人主观上的认识错误，如工具不能犯、对象不能犯。

（2）应当是足以阻碍犯罪人完成犯罪的原因。这是意志以外原因量的规定性。如果不足以阻碍犯罪人完成犯罪，而行为人自动放弃的，不能认定为意志以外的原因而视为犯罪未遂，应认定为犯罪中止。当然，行为人对这些因素是否足以阻碍其完成犯罪存在错误认识的另当别论。总之，犯罪意志以外的原因应当是以上质的规定性和量的规定性的统一。

二、犯罪未遂的类型

（一）实行终了的未遂与未实行终了的未遂

以犯罪实行行为是否已经实行终了为标准，犯罪未遂可分为实行终了的未遂与未实行终了的未遂。

（1）未实行终了的未遂。是行为人已经着手实施具体犯罪客观事实方面

的实行行为，在犯罪实行行为实施终了之前，由于其意志以外的原因而未能继续实施犯罪的犯罪停止形态。

（2）实行终了未遂。是行为人已经将具体犯罪客观要件的实行行为实施完毕后，但由于其意志以外的原因未发生刑法规定作为既遂要件的犯罪结果的犯罪停止形态。

就达到犯罪既遂的时空距离来看，实行终了未遂要比未实行终了未遂距离犯罪既遂较近，在其他条件相同的情况下，具有较大的社会危害性，在量刑时应有所区别。

（二）能犯未遂和不能犯未遂

以行为的实行客观上能否构成犯罪既遂为标准，犯罪未遂可分为能犯未遂与不能犯未遂。

（1）能犯未遂。是行为人已经着手实行刑法分则规定的某一具体犯罪构成客观要件的实行行为，并且这一行为实际上有可能完成犯罪，但由于其意志以外的原因，使犯罪未能完成的犯罪未遂形态。如甲用枪向乙射击，意欲打死乙，但由于其枪法不准，未能击中乙，乙见状得以逃脱。

（2）不能犯未遂。是行为人已经着手实行刑法分则规定的某一具体犯罪构成客观要件的实行行为，但由于其行为的性质，致使其行为不可能完成犯罪，因而使犯罪未能完成的犯罪未遂形态。在不能犯未遂中，行为人对其行为的性质存在错误认识，即实际上不能完成犯罪而行为人却认为可以完成犯罪。这种认识错误就是成立犯罪未遂之"行为人意志以外的原因"。

不能犯未遂还可继续分为工具不能犯未遂和对象不能犯未遂。所谓工具不能犯未遂，是行为人由于对所使用的犯罪工具存在错误认识而未能完成犯罪导致的未遂。如将白糖当作砒霜放入他人食物中意图毒死他人。所谓对象不能犯未遂，是行为人对所指向的犯罪对象存在认识错误而未能完成犯罪导致的未遂。如将野猪当作人射杀。

三、未遂犯的刑事责任

根据《刑法》第23条第2款规定，对于未遂犯，可以比照既遂犯从轻或者减轻处罚。

在该处罚的适用中，具体应注意以下几点：第一，对未遂犯，刑法原则上规定了从宽原则。第二，对未遂犯采取得减主义。第三，对未遂犯是适用从轻处罚原则还是减轻处罚原则，应当根据具体案件情况，由审判人员决定。

第五节　犯罪中止

一、犯罪中止的概念和特征

（一）犯罪中止的概念

《刑法》第24条第1款规定："在犯罪过程中，自动放弃犯罪或者自动有效地防止犯罪结果发生的，是犯罪中止。"根据这一规定并结合有关理论，所谓犯罪中止，是指在犯罪过程中，行为人自动停止犯罪或者自动有效地防止犯罪结果的发生，而未完成犯罪的一种犯罪停止形态。

犯罪中止形态有两种类型，即自动停止犯罪的犯罪中止和自动有效地防止犯罪结果发生的犯罪中止。

（二）犯罪中止的特征

我国刑法上的犯罪中止可以分为自动放弃犯罪的犯罪中止和自动有效地防止犯罪结果发生的犯罪中止两种类型，二者的构成特征有所区别。

1. 自动放弃犯罪的犯罪中止

自动放弃犯罪的犯罪中止，是指行为人在犯罪过程中自动放弃犯罪而成立的犯罪停止形态。成立自动放弃犯罪的犯罪中止，要求同时具备以下三个特征：

（1）时空性。这是犯罪中止成立的客观前提条件。成立犯罪中止的时空条件是，在犯罪过程中放弃犯罪，所谓犯罪的过程中，是指始于开始实施犯罪准备工具、制造条件的犯罪预备行为之时，直至犯罪达到既遂之前，具体来讲，包括犯罪预备阶段和犯罪实行阶段。

（2）自动性。这是犯罪中止成立的主观前提条件。即行为人必须自动放弃犯罪。自动性是犯罪中止的本质特征。自动性是中止犯与预备犯、未遂犯区别的关键。

自动性有两层含义：

第一，行为人自认为当时可以继续实施和完成犯罪。这是成立自动性的先决条件。这是一个主观标准，应以行为人当时主观上的认识为准，即使在他人看来不可能继续进行和完成犯罪，或者犯罪虽然在客观上实际不可能继续进行和完成，但行为人并不了解这种客观情况，也不影响行为人放弃犯罪之"自动性"的成立。

第二，行为人出于本人意志而停止犯罪。这是认定自动性的关键条件。至于引起行为人自动放弃犯罪着手实行或者完成的动机和情况，则可以是多种多样的，不同的动机只反映了行为人的悔悟程度而体现其主观恶性程度的差异，对于放弃犯罪之自动性的认定没有影响，只是在量刑时可以予以考虑的情节之一。

（3）彻底性。是指行为人彻底放弃了犯罪。具体是行为人在主观上彻底取消了原来的犯罪意图，客观上彻底放弃了自认为本可继续实施的犯罪行为，而且从主客观的统一上行为人也不打算以后再继续实施该项犯罪。彻底性表明了行为人放弃犯罪的真诚性及其决心，说明行为人自动放弃犯罪是坚决的、完全的，而不是暂时的中断。

2. 自动有效地防止犯罪结果发生的犯罪中止

自动有效地防止犯罪结果发生的犯罪中止，是行为人已经着手实行犯罪的实行行为但尚未造成犯罪既遂所要求的犯罪结果时，自动有效地防止犯罪结果的发生而出现的犯罪中止形态。

自动有效防止犯罪结果发生的犯罪中止，除了具备上述时空性、自动性、彻底性三个特征外，还要求具备"有效性"这一特征。在有效性特征的认定中，应当注意以下几点，只有同时具备以下条件的，才能认定为具备"有效性"特征：

（1）行为人客观上是否采取积极措施。即行为人欲被认定为犯罪中止，负有积极地履行阻止犯罪结果发生的义务。如果行为人在停止实施犯罪行为之后，采取消极的不作为方式，对犯罪结果的出现无谓地等待观望，即使最后没有发生犯罪结果，也不能认定为犯罪中止。

（2）事实上是否发生了犯罪结果。如果已经造成了犯罪结果，即使行为人曾经做过不懈的努力，也不能认定为犯罪中止。只有行为人实际地防止犯罪结果的发生，犯罪中止才能成立。

（3）行为人所采取的防止措施和犯罪结果未发生之间是否具有因果关系。如果行为人所采取的防止犯罪结果发生的措施和犯罪结果未发生之间不具有因果关系，即使事实上犯罪结果未发生，也不能将行为人认定为犯罪中止。

二、犯罪中止的类型和特殊情形

（一）犯罪中止的类型

1. 预备中止、未实行终了终止和实行终了中止

根据发生的时空范围不同，可将犯罪中止分为预备中止、未实行终了中止和实行终了中止三类。

（1）预备中止。是发生在犯罪预备阶段的犯罪中止，其存在的时空范围是始于犯罪预备活动的实施，终止于犯罪实行行为着手之前。

（2）未实行终了中止。是发生在行为人着手犯罪实行行为以后，实行行为尚未终了之前的犯罪中止。

（3）实行终了中止。是发生在行为人的实行行为已经终了但特定的构成要件结果尚未发生之前的犯罪中止。

2. 消极中止和积极中止

根据对其成立是否要求行为人做出一定积极的举动之不同，可以将犯罪中止分为消极中止和积极中止。

（1）消极中止。是指只需行为人消极停止犯罪行为的继续实施便可以成立的犯罪中止。预备中止都是消极中止，未实行终了中止一般也属于消极中止。

（2）积极中止。是不仅需要行为人停止犯罪行为的继续实施，而且还要积极有效地实施一定行为去防止犯罪结果的发生才能成立的犯罪中止。实行终了中止都是积极中止，也有一小部分未实行终了终止属于积极中止。在其他条件相同的情况下，积极中止侵害法益的程度要比消极中止大。

（二）特殊情形：自动放弃可能重复的侵害行为

自动放弃可能重复的侵害行为，是指行为人实施了足以造成既遂侵害法益结果的第一次侵害行为，由于意志以外的原因而未发生既遂的侵害法益结果，在当时有继续重复实施侵害行为实际可能的情况下，行为人自动放弃了实施重复侵害的行为，因而使既遂的侵害法益结果没有发生的情形。具体来说，放弃可能重复的侵害行为属于未实行终了的犯罪中止。

主要理由在于：

1. 行为人对可能重复的侵害行为的放弃，是发生在犯罪实行未终了的过程中，而不是在犯罪行为已经被迫停止的未遂状态下

犯罪停止形态具有不可逆转性，犯罪行为是否终了中的"犯罪行为"，是指某种具体犯罪客观构成要件的整个实行行为，而不是实施该种实行行为过程中的某个具体的行为或者动作。行为是否终了的标准，不仅要看行为人客观上是否实施了足以造成犯罪结果的犯罪行为，还要看犯罪人是否自认为完成犯罪所必要的行为都实行完毕。从主客观相结合来看，行为人的犯罪行为和整个犯罪活动都尚未终了，因而存在犯罪中止存在的时空条件。

2. 行为人的行为是否符合犯罪中止中自动中止犯罪情形的基本条件

（1）行为人对可能重复的侵害行为的放弃是自动的而不是被迫的。行为人在整个犯罪行为尚未实施终了，在客观上可以继续犯罪而且主观上对继续犯罪有控制力有认识的情况下，出于本人的意志放弃了本来可以继续实施的犯罪行为，从而体现出了其放弃犯罪的自动性。

（2）由于行为人对可能重复的侵害行为自动而彻底地放弃，使犯罪结果没有发生，犯罪没有达到既遂状态。

三、中止犯的刑事责任

关于中止犯的刑事责任，各国刑法采取的主要是必减免制和得减免制两种原则。

我国《刑法》第24条第2款规定，对中止犯必须予以从宽处罚，即：没有造成损害的，"应当"免除处罚；造成损害的，"应当"减轻处罚。由此可见，我国刑法对中止犯的处罚不同于预备犯与未遂犯的处罚原则，对中止犯采取的是减轻处罚或者免除处罚原则，对中止犯采取必减主义。

第八章 共同犯罪

第一节 共同犯罪概述

一、共同犯罪的概念

（一）共同犯罪的定义

共同犯罪一词本身内涵庞大，是刑法理论上争论已久的问题，其中，广义的共同犯罪是指数人共同实施犯罪的犯罪实行形态。[1]

按照这一定义，二人以上共同故意犯罪，二人以上共同过失犯罪，或者有的是故意、有的是过失，都可以构成共同犯罪。这一定义范围比较宽泛。具体的共同犯罪定义是指二人以上共同故意犯罪。例如《俄罗斯联邦刑法典》第32条规定："二人或二人以上故意共同参加实施故意犯罪的，是共同犯罪。"这就排除了二人以上共同过失犯罪以及故意犯罪与过失犯罪构成共同犯罪的可能性。狭义的共同犯罪是指二人以上根据协议共同实施犯罪的情况。例如，苏联学者拉普切夫认为，"苏维埃刑法上的共同犯罪，可以确定为：几个人根据协议参加实施一个或几个犯罪的行为"[2]。这种定义将事前没有协议的共同实施犯罪的情况不视为共同犯罪。

我国刑法理论中对共同犯罪概念的探讨，限于以刑事立法对共同犯罪的规定为基础，很少产生争论。我国《刑法》第25条第1款规定："共同犯罪

---

〔1〕 〔日〕川端博：《刑法讲话》，成文堂2005年版，第288页。
〔2〕 转引自高铭暄、马克昌主编：《刑法学》（上编），北京大学出版社2014年版，第289页。

是指二人以上共同故意犯罪。二人以上共同过失犯罪，不以共同犯罪论处；应当负刑事责任的，按照他们所犯的罪分别处罚。"由此可见，在共同犯罪的定义方面我国受苏联和俄罗斯的影响较深，我国刑法中关于共同犯罪的定义具有严密的科学性和高度的概括性。在我国，共同犯罪只限于共同故意犯罪。刑法之所以作出这种规定，是认为共同犯罪较单独犯罪更为复杂，犯罪人之间能够互相联系和配合，互相提供物质与精神上的支持，从而使犯罪更易得逞，侵害法益程度更大。而二人以上共同过失犯罪不具有以上的性质，因而无需以共同犯罪论处。

但鉴于共同过失犯罪的危害，司法实践已有共同过失犯罪不构成犯罪的例外。最高人民法院《关于审理交通肇事刑事案件具体应用法律若干问题的解释》第5条规定，交通肇事后，单位主管人员、机动车辆所有人、承包人或者乘车人指使肇事人逃逸，致使被害人得不到救助而死亡的，以交通肇事罪的共犯论处。交通肇事罪属于典型的过失犯罪，最高人民法院的司法解释属于破例规定，它面临着直接抵触《刑法》第25条规定的问题。也意味着，过失犯罪已从司法实践逐步进入刑事立法，刑法理论应进行跟踪研究，更新共同犯罪理论迫在眉睫。

（二）共同犯罪与共犯

共同犯罪与共犯的含义不完全相同。德、日等大陆法系国家与地区刑法普遍使用"共犯"一词，法典中并无"共同犯罪"的概念。例如日本刑法第十一章章名为"共犯"，而我国台湾地区"刑法"第四章章名为"正犯与共犯"。我国现行《刑法》总则第二章第三节的标题则为"共同犯罪"，总则部分未曾出现"共犯"一词，不过刑法分则中多个条文有"以共犯论处"的规定。

共犯其实也有多种含义。最广义的共犯指的是二人以上共同实施犯罪的情形[1]；在我国指的是二人以上共同故意犯罪的情形。也就是说，共犯是共同犯罪的简称。这种最广义的共犯主要指的是犯罪形态。广义的共犯在大陆法系国家是教唆犯、帮助犯与共同正犯的统称[2]；在我国既可以作为组织犯、教唆犯、帮助犯与共同正犯的统称，也可以作为主犯、从犯、胁从犯的

---

〔1〕 〔日〕浅田和茂：《刑法总论》，成文堂2005年版，第401页。
〔2〕 〔日〕浅田和茂：《刑法总论》，成文堂2005年版，第401页。

统称。我国刑法分则中"以共犯论处"的含义是根据行为人的分工或作用，以某罪的共同犯罪人论处，相当于广义的共犯概念。狭义的共犯指的是与正犯概念相对应的教唆犯和帮助犯。[1]我国刑法学界赞成的是限制正犯论。

二、共同犯罪与构成要件的关系

共同犯罪是否应以符合同一犯罪的构成为前提？对此，国内外刑法理论界不同的学派有不同的见解。其中最具代表性的观点有大陆法系的犯罪共同说与行为共同说。

（一）犯罪共同说

"犯罪共同说"认为，共同正犯必须是二人以上共同实施特定的犯罪或者二人以上在完全相同的构成要件范围内成立共同正犯。共同犯罪说是一种客观主义的共犯理论，也是传统的共犯理论，以德国古典学派学者毕克迈耶为代表。按照共同犯罪说，每个人的行为都需要符合特定的一个构成要件。犯罪共同说强调只有不同行为人实施的犯罪（罪名）相同，才能成立共同犯罪，例如，甲以杀人的故意，乙以伤害的故意，共同暴力侵害丙并且导致丙死亡，按照"犯罪共同说"，甲构成故意杀人罪，乙构成故意伤害罪，由于罪名不同，不成立共同犯罪。

（二）行为共同说

"行为共同说"立足于主观主义理论，是犯罪征表主义的反映，以德国近代学者布黎为代表。该说认为，共同正犯的成立不要求不同行为人必须共同实施特定的犯罪，只要他们实施共同的犯罪行为就可以成立共同正犯，即使不同行为人以不同的犯罪意图实施共同的犯罪行为也成立共同犯罪。"行为共同说"强调只有不同行为人实施的犯罪行为相同，才能成立共同犯罪。例如，甲以杀人的故意，乙以伤害的故意，共同暴力侵害丙并且导致丙死亡，按照"行为共同说"，甲构成故意杀人罪，乙构成故意伤害罪，尽管罪名不同，但是他们都共同实施了故意伤害的行为，因此在故意伤害的范围内成立共同犯罪。

---

〔1〕 ［日］浅田和茂：《刑法总论》，成文堂 2005 年版，第 401 页。

（三）犯罪共同说与行为共同说之分析

就这两种学说来说，犯罪共同说是从法律规范意义（法定构成要件）上讨论犯罪行为的"共同性"的；而行为共同说则是从客观事实意义上讨论犯罪行为的"共同性"。犯罪共同说对于犯罪"共同性"的认识，符合实定法规范意义上"共同犯罪"，有利于解释刑法规定的共同犯罪现象。犯罪共同说批评行为共同说不恰当地扩大"共同犯罪"的范围。行为共同说认为共同犯罪是各个行为人为了实现自己的犯罪而利用他人的行为，认为犯罪共同说只有在一个构成要件内才成立共同犯罪，在不同的构成要件之间不存在共同犯罪的认识，有缩小共同犯罪范围之嫌。行为共同说与我国现行刑法的规定存在不相容之处。例如，行为共同说认可就不同罪名成立共同犯罪，诸如甲以杀人的故意，乙以伤害的故意，共同向丙开枪致使其死亡的案例，行为共同说认为甲、乙成立共同犯罪，但甲的罪名是故意杀人罪，乙的罪名是故意伤害罪。这显然与我国学界的理解存在矛盾。行为共同说坚持彻底的个人主义原则，排斥任何"集团"之概念。这与我国刑法犯罪集团的规定直接冲突。可见，虽然"行为共同说具有相当的合理性，但目前采取该说的时机尚不成熟"。[1] 不过，行为共同说在我国具有立法上的根据，至少在立法上不存在障碍，或者说不会与立法相矛盾。[2] 我国多数学者肯定犯罪共同说，少数学者转而支持行为共同说。

我国《刑法》第 25 条第 1 款规定："共同犯罪是指二人以上共同故意犯罪"，第 2 款规定："二人以上共同过失犯罪，不以共同犯罪论处；应当负刑事责任的，按照他们所犯的罪分别处罚。"其中第 1 款规定反映出我国对共同犯罪定义采纳的是"犯罪共同说"，而本条第 2 款对于共同过失犯罪按照源于行为共同说进行"分别处罚"，吸收了行为共同说。对于单位之间和单位与自然人之间的共同犯罪，法律尚无规定，理论界也缺乏深入探讨，应借助于两种学说进行研究。

---

〔1〕 张明楷：《刑法学》（第 3 版），法律出版社 2007 年版，第 319 页。
〔2〕 张明楷：《刑法学（上）》（第 5 版），法律出版社 2016 年版，第 394 页。

第二节 共同犯罪的成立条件

根据我国刑法的规定，成立共同犯罪必须具备以下几个条件。

一、二人以上

（一）基本要求

根据我国《刑法》第 25 条第 1 款的明文规定，共同犯罪的主体必须是"二人以上"。这里"人"，包括自然人，也包括单位。就自然人而言，必须是符合犯罪主体要件的人，即达到刑事责任年龄、具有刑事责任能力的人。不具有特殊身份的人不能单独构成特殊主体犯罪。

由于刑法中规定单位可以成为某些犯罪的主体，因而在法律规定的范围内两个以上的单位以及一个符合犯罪主体条件的自然人与另一个单位基于共同故意所实施的犯罪，也成立共同犯罪。作为共同犯罪主体的单位也必须是符合法律规定能够成为犯罪主体的公司、企业、事业单位、机关和团体。例如，A 公司与 B 公司共同走私，即构成单位走私罪的共同犯罪；某人教唆某公司逃税，即构成单位与个人逃税罪的共同犯罪。

非法组织之间相互勾结实施犯罪的，不能认为是单位构成的共同犯罪，而应当认为是自然人之间相互构成的共同犯罪。

关于共同犯罪的主体方面，以下几点需要特别注意：

（1）如果一个具有刑事责任能力的人和一个不具有刑事责任能力的人如精神病人、未成年人"共同实施故意犯罪"的，不能否定行为人之间共同实施数罪行为的性质，一般认为是共同犯罪。

（2）一个具有刑事刑事责任能力的人教唆一个不具有刑事责任能力的人实施故意犯罪的，一般也认为是共同犯罪。

（二）片面共犯是否构成共同犯罪的争论

所谓片面共犯，简单地说就是指只有片面合意的共犯。详而言之，是指两个以上的行为人共同针对同一犯罪对象实施犯罪行为，其中一方有共同犯罪的故意，且暗中配合、帮助他人实施犯罪，但另一方则只有单独犯罪的故意，并不知道有人在暗中配合、帮助他实施犯罪。

对于片面共犯能否成立共同犯罪，在中外刑法理论上有肯定说与否定说两种意见。其中肯定说认为，片面合意的共犯，在教唆犯与正犯之间，共同正犯之间，不可能发生，因此，片面的教唆犯、片面的正犯都是不存在的，但是片面帮助犯却是可能发生的。例如，甲因故持械追杀乙，被丙看到，恰好丙与乙有仇，便在路上设置障碍，致乙被甲追上杀死。在这里，丙暗中给甲以帮助，具有单方面的共同故意，并实施了帮助行为，应以从犯论处。对于不知暗中帮助的实行犯甲，则应以单独犯论处。否定说则认为，单方面的犯罪故意不属于共同故意，行为人所实施的帮助行为实质上是利用他人作为犯罪工具实现自己的犯罪意图，符合间接正犯的特征，而不是共同犯罪。我国尚不具备采用行为共同说的条件而主张部分的犯罪共同说，因此，我国不应当承认片面的共同正犯的概念。[1] 至于帮助犯，因为其是帮助他人犯罪，所以并不要求被帮助者意识到这种帮助的存在，可以承认片面的帮助犯的存在。

二、共同故意

依据《刑法》第 25 条第 1 款的规定，共同犯罪必须是二人以上"共同故意"犯罪。共同故意包含两方面的意思：一是各共同犯罪人均有相同的犯罪故意，二是共同犯罪人之间具有意思联络。

共同犯罪故意的认识因素有两方面：其一，共同犯罪人都认识到不是自己一个人单独实施犯罪，而是与他人共同实施犯罪；其二，共同犯罪人都不仅认识到自己的行为会导致某种侵害法益的结果，而且认识到其他共同犯罪人的行为会导致该种侵害法益结果。共同犯罪故意的一种因素也包括两方面：其一，犯罪人决意参与犯罪；其二，犯罪人不仅希望或者放任自己的行为可能会导致某种侵害法益结果，而且，对其他共同犯罪人的共同犯罪行为可能导致该种侵害法益结果持希望或者放任态度。

共同的犯罪故意可以都是直接故意，可以都是间接故意，可以是直接故意和间接故意的结合，在后两种场合下，只有发生了实际侵害法益结果时，

---

〔1〕 冯军、肖中华：《刑法总论》（第 3 版），中国人民大学出版社 2016 年版，第 329 页。

才能成立共同犯罪。同时，对于直接故意与间接故意相结合而构成的共同犯罪来说，共同犯罪人所触犯的罪名，既可能是相同的，也可能是不相同的。共同的犯罪故意主要包括实行行为的故意、教唆他人犯罪的故意、帮助他人犯罪的故意以及组织犯罪的故意。

共同故意还要求共同犯罪人有犯罪意思的联络。这种意思联络可以是通过口头语言或书面语言的形式来明确表示，也可以是默示的意思联络，甚至以某种举动来形成意思联络。共同犯罪的意思联络，在行为进行时存在即可，也就是说，共同犯罪的意思联络虽然较常见的是事前共谋的意思联络，但在共同犯罪行为实施时，临时产生的意思联络也是共同故意的形式，同样成立共同犯罪。

三、共同行为

共同犯罪的成立还要求在客观上必须有共同的行为，这是共同犯罪成立的客观要件行为。所谓共同犯罪行为，是指各共同犯罪人的行为都指向同一犯罪，彼此联系、互相配合，成为一个有机统一的整体。其中，各行为人所实施的行为都必须达到犯罪的程度，而且，共同犯罪行为与犯罪结果之间存在着因果关系。

共同行为的特征有以下四个方面：

首先，各共同犯罪人所实施的行为，都必须是符合刑法条文规定的侵害法益的构成要件行为，即都是犯罪行为。各行为人所实施的行为都必须达到犯罪的程度。如果两个人的行为均非犯罪行为或者其中一人的行为不具有犯罪性，则不属于共同犯罪行为。共同实行行为，二人以上直接实施刑法分则规定的犯罪行为，都侵害了刑法保护的法益，在程度上，不要求任何行为人都达到犯罪既遂的状态，只要实施犯罪构成中的部分犯罪即为共同行为。

其次，共同犯罪行为的表现形式有三种：一是共同的作为，即各个共同犯罪人的行为都是作为，例如 A、B 二人共同开枪射杀 C。二是共同的不作为，即各共同犯罪人具有相同的作为义务，共同实施不作为，例如，由于海上风浪大，两海滩救险员商量后共同决定不去抢救他们负有救助义务的某落水乘客，结果该游客被溺死。三是作为与不作为的结合，即部分共犯人的行为是作为，部分共犯人的行为是不作为，例如，A 女与情夫 B 共谋，B 将 A

的 2 岁幼儿 C 推入河中，A 能够救助而不救助，致使 C 死亡。

再次，共同犯罪行为的分工情况可以表现为四种方式：一是实行行为，即各共同犯罪人直接实施符合构成要件的行为。在共同实行行为内部，根据有无进一步的分工，还可以分为：分担的共同实行行为，即各共同犯罪人在实行犯罪时，具有实行行为内部的分工，如在抢劫时，一部分人实施暴力行为，一部分人实施获取财物的行为；并进的共同实行行为，即各共同犯罪人在实行犯罪时，各自的行为均具备全部构成要件，如 A、B 二人一起动手将 C 打成重伤；承继的共同实行行为，即一个实行犯在一定犯意的支配下，在完成该构成要件的一部分以后，又取得另一个实行犯的同意，两人一起继续把犯罪的实行行为进行到完成为止，如 A 先对 C 实施暴力行为，二人扭打在一起，但始终无法将 C 手中的包夺走，B 碰巧路过，A 招呼 B 帮忙，B 见 A 不能完全制服 C，便上前帮 A，将被 A 抱住的 C 手中的包夺走，然后 A、B 两人逃走。二是组织行为，即组织、领导、策划、指挥共同犯罪的行为。值得指出的是，有些组织行为本身就构成犯罪，而不是共同犯罪。例如组织、领导、参加恐怖组织（或者黑社会性质的组织）的行为，直接构成组织、领导、参加恐怖组织（或者黑社会性质的组织）罪。三是教唆行为，即故意引起他人犯罪意图的行为。四是帮助行为，即协助他人实施犯罪的行为。因此，各共同犯罪人不都直接实施刑法分则规定的具体的犯罪，而是由一部分人实施实行行为，另一部分人则实施组织行为、教唆行为或帮助行为，但是，共同犯罪行为的分工不影响共同犯罪的成立。

最后，共同犯罪行为与犯罪结果之间具有因果关系。与单个人犯罪的因果关系有所不同，共同犯罪的因果关系只要求共同犯罪行为的有机整体与犯罪结果之间存在因果关系，并不要求每一个共同犯罪人所具体实施的行为直接地导致犯罪结果的发生。只要共同犯罪人中的一个人的实行行为导致了犯罪结果的发生，全体共同犯罪人都应对该犯罪结果承担刑事责任。即共同犯罪之"部分行为，全体负责"的刑事责任承担原则。比如，A 和 B 约定打死 C，二人同时向开枪，结果 A 的子弹出现偏差没有击中 C，B 的子弹击中 C 导致 C 死亡，但是 A 也应和 B 一起对 C 的死亡承担杀人既遂的刑事责任。

四、非共同犯罪的情形

下列情况不属于共同犯罪：

（一）二人以上的共同过失行为造成一个侵害法益结果

《刑法》第 25 条第 2 款明确规定："二人以上共同过失犯罪，不以共同犯罪论处；应当负刑事责任的，按照他们所犯的罪分别处罚。"对于刑法这一条的规定，理论上有不同的看法。因为现实生活中确实存在共同过失犯罪的情况，如果不将其认定为共同犯罪，就不能适用部分实行全部责任的原则，在处理时会发生困难。"通说认为，过失共同犯罪分别定罪科刑即可，没有必要按共同犯罪处罚，但事实上并非如此。因为在不可能判明各个人的行为与结果之间的因果关系，而各个人又都有义务防止结果发生的情况下，只有认定为共同犯罪，适用部分实行全部责任的原则，才可能定罪量刑，否则就不能分别定罪量刑。"[1]此外，如前所述，司法解释也使用了过失犯罪的共犯这一用语。

刑法主观主义认为过失的共犯有存在余地，因为共同犯罪中的共同意思，只是共同为自然行为的意思，而不要求行为人有追求构成要件结果或者规范意义上的结果的意思，所以不要求行为人之间有共同故意，那么过失共同犯罪的存在就是合理的，故意犯与过失犯的共同犯罪也可能是存在的。

刑法客观主义在犯罪共同说的基础上，否认过失的共犯的存在。理由在于：共同犯罪是两人以上共同实施的特定犯罪，除了有共同的行为外，意思联络也至关重要，各行为人对构成要件结果的发生必须有共同的故意，这样，共同犯罪就只能在故意的范围内成立。过失犯罪由于其没有彼此的意思联络，所以不成立共同犯罪。应该说，站在犯罪共同说立场上的过失的共同正犯否定说更为符合我国现行刑法的规定。此外，如果承认犯罪支配说，也可能会得出否认共同过失犯罪的结论。

共同过失犯罪，没有相同的犯罪认识和意识因素，也不存在意思联络，不是共同正犯，但可能成立过失犯的同时犯。

（二）故意犯罪行为与过失犯罪行为的串联行为

二人以上共同实施犯罪行为，一方实施故意犯罪，另一方实施过失犯罪，尽管双方的行为共同导致侵害法益结果的发生，但不成立共同犯罪。例如，

---

〔1〕　张明楷："共同过失与共犯"，载马克昌、英洪宪主编：《中日共同犯罪比较研究》，武汉大学出版社 2003 年版，第 36 页。

医生故意将液体药的剂量增加数倍，试图杀死病人，护士给病人服药过程中疏忽大意，没有注意到药量的增加，最后导致病人的死亡结果，医生构成故意杀人罪，护士构成医疗事故罪，二者不成立共同犯罪，对行为人分别定罪量刑。

（三）同时犯、先后犯

同时犯，是二个以上没有犯罪意思联络，同时同地分别以自己的行为共同侵害同一对象的犯罪形态。例如，A、B 之间没有犯意联络，A 到某商场实施盗窃行为，B 同时到此商场实施盗窃行为，A、B 不成立共同犯罪，只能按同时犯以盗窃罪分别进行处理。

先后犯，是两个以上的人在同一或者极为接近的时间、场所，对同一犯罪对象先后实施同种犯罪，而主观上没有犯意联系的情况。由于行为人在主观上没有共同的故意，因而不构成共同犯罪。行为人对其行为只能是各人分别承担刑事责任。例如 A 于某日晚在一公园僻静处正准备强奸一名女青年，被 B 发现。B 冒充联防队员赶走 A，自己对该女青年实施了强奸行为。在本案中，由于 A 与 B 属于先后犯，在主观上无共同犯罪故意，所以不能以强奸罪的共犯论处，而只能分别追究各自的刑事责任。

（四）间接正犯

间接正犯（间接实行犯），就是指利用他人作为工具来实现自己犯罪意图的犯罪行为。间接正犯人不直接实施犯罪行为，不是教唆他人实施犯罪，而是利用他人实现自己的犯罪意图，根据被利用者的性质，间接正犯行为主要包括三种形式：

（1）利用无刑事责任能力人（例如未成年人、精神病人）实施犯罪；

（2）利用他人无罪过的行为（合法行为），包括利用他人无故意的行为或者无过失的行为，例如行为人利用不知情的第三者实施盗窃的行为；

（3）利用不具有特殊身份人实施犯罪的行为，例如具有国家工作人员身份的丈夫指使不具有国家工作人员身份的妻子进行受贿的行为。

（五）共同犯罪的实行过限行为

共同犯罪的实行过限行为，就是指在共同犯罪过程中，部分共同犯罪人实施了超出共同犯罪故意以外的其他犯罪行为的犯罪形态，主要包括两种情况：

（1）被教唆人实施了超出教唆人教唆内容的其他犯罪行为；

（2）部分共同犯罪人实施超出共谋犯罪以外的其他犯罪行为。

在共同犯罪中的实行过限行为，由实施者单独承担责任，其他共同犯罪人不承担责任，遵循"谁实施，谁承担"的原则。超出共同故意之外的犯罪，不是共同犯罪。例如，A 教唆 B 杀死 C，而 B 除了实施杀人行为外，还放火烧毁了 C 家并导致附近多户居民房屋着火，但 A 对 B 的放火行为毫不知情。在这种情况下，A、B 二人只成立故意杀人罪的共同犯罪，就放火罪而言，只能由 B 个人单独承担刑事责任。

（六）事前无通谋的事后帮助行为，称为事后的从犯，属于独立的犯罪行为

这种行为又称为事后的从犯，属于独立的犯罪行为。主要包括事前无通谋的窝藏、包庇行为，转移、收购、销赃行为等。如果事前有通谋的事后帮助行为，则构成共同犯罪。所以，《刑法》第 310 条第 2 款就窝藏、包庇罪明确规定："犯前款罪，事前通谋的，以共同犯罪论处。"

第三节　共同犯罪人的分类和刑事责任

一、共同犯罪人的分类

（一）分工分类法

按照共同犯罪人在共同犯罪中的分工或者行为形态的不同，将共同犯罪人分为正犯（实行犯）和共犯（教唆或者帮助犯）。德国和日本等国家采用分工分类法。

（二）作用分类法

按照共同犯罪人在共同犯罪中起的作用，把共同犯罪人分为主犯、从犯、胁从犯，并且在此基础上吸取分工分类法中的教唆犯。我国刑法采用该作用分类法。

二、主犯

（一）概念

主犯，是指组织、领导犯罪集团进行犯罪活动的或者在共同犯罪中起主

要作用的犯罪人；首要分子是在犯罪集团或者在聚众犯罪中起组织、策划、指挥作用的犯罪人。

（二）种类

《刑法》第26条第1款规定，组织、领导犯罪集团进行犯罪活动的或者在共同犯罪中起主要作用的，是主犯。

1. 犯罪集团的首要分子

犯罪集团的首要分子，是指在集团犯罪中起组织、策划、指挥作用的人。认定为这种主犯应当同时具备以下两个条件：第一，以犯罪集团的存在为条件；第二，必须是组织、领导犯罪集团进行犯罪活动的犯罪分子。

2. 聚众犯罪的首要分子

聚众犯罪的首要分子，在聚众犯罪中起组织、策划、指挥作用，刑法同时处罚聚众者和积极参加者以及其他参加者时，首要分子是聚众犯罪中的主犯。

聚众犯罪的首要分子并不都是共同犯罪的主犯。我国刑法分则中所规定的聚众犯罪有3种类型：第一类是参与者均构成犯罪的聚众犯罪。如刑法第317条规定的聚众持械劫狱罪，首要分子、积极参加者和其他参加者均可构成犯罪，其中，前两者是主犯。第二类是只有首要分子和积极参加者才构成犯罪的聚众性犯罪，在这类聚众犯罪中一般参加者不构成犯罪。如《刑法》第290条规定的聚众冲击国家机关罪，主犯一般只是首要分子。第三类是只有首要分子构成犯罪的聚众性犯罪，在这类聚众犯罪中，除首要分子外，其他积极参加者和一般参加者都不构成犯罪，如《刑法》第291条规定的聚众扰乱公共场所秩序、交通秩序罪，这一类犯罪是单个人犯罪，不属于共同犯罪，不存在主犯问题。

3. 其他主犯

除首要分子之外，在集团犯罪、聚众犯罪中起主要作用的人，以及在一般共同犯罪中起主要作用的人，都是主犯。集团犯罪和聚众犯罪中的"其他"主犯虽然不是首要分子，但却是犯罪的积极参加者，或者是主要实施者，在共同犯罪中起主要作用。

在一般共同犯罪中起主要作用的人，包括以下犯罪人：

（1）正犯。一般共同犯罪中的主犯，多数都是正犯。但是，共同犯罪中所起的作用较小，是次要实行犯的正犯，则是从犯。

（2）教唆犯。教唆犯在共同犯罪中起主要作用时，是主犯。

（3）胁从犯。在特殊情况下，胁从犯在着手实行犯罪之后，在共同犯罪中起重要作用的，可成立主犯。

（三）处罚

《刑法》第26条第3款规定：对组织、领导犯罪集团的首要分子，按照集团所犯的全部罪行处罚。"集团所犯的全部罪行"，应当是指首要分子组织、指挥的全部犯罪，对于集团个别成员所实施的超出首要分子组织、指挥范围的犯罪，不能由首要分子承担刑事责任。这是实行过限行为不构成共同犯罪之基本原则的要求。那种认为首要分子应对犯罪集团所有成员实施的所有犯罪都应当负刑事责任的观点是不符合共同犯罪基本理论的。

根据《刑法》第26条第4款的规定，对于第3款规定以外的主犯，应当按照其所参与的或者组织、指挥的全部犯罪处罚。

三、从犯

（一）概念

我国《刑法》第27条第1款规定，从犯是在共同犯罪中起次要或者辅助作用的人。

1. 在共同犯罪中起次要作用者

是指虽然直接实行具体构成要件的犯罪行为；但在整个犯罪活动中其作用居于次要地位的实行犯。这种情形的从犯既可以存在于犯罪集团中，也可以存在于其他一般的共同犯罪中。在犯罪集团中，该种从犯受首要分子或者其他主犯的指挥，罪刑较小或者情节不严重。在一般的共同犯罪中，该种从犯虽然直接实施了刑法分则规定的某种具体构成要件的行为，但一般是次要的实行行为，即不能单独、直接地引起犯罪结果的行为。

2. 在共同犯罪中起辅助作用者

是指未直接构成具体构成要件的犯罪行为，而是为共同犯罪的实施创造条件、辅助实行犯罪的人。

（二）处罚

根据《我国》刑法第27条第2款的规定，对于从犯，应当从轻、减轻处罚或者免除处罚。

在从犯刑事责任原则的具体适用中应注意以下两方面：

（1）我国刑法对从犯的处罚采取必减主义原则。即对从犯"应当"从轻、减轻或者免除处罚，而不是"可以"从轻、减轻或者免除处罚。

（2）对从犯予以从轻处罚或者减轻处罚或者免除处罚，应综合考察共同犯罪的性质、对犯罪结果作用的大小等方面的具体情形具体确定。

四、胁从犯

（一）概念

按照《刑法》第28条的规定，胁从犯，是指被胁迫参加犯罪的人。具体来说，胁从犯具有以下特征：

（1）客观上实施了犯罪行为。

（2）在主观上明知自己实施的行为是犯罪行为，在可以选择不实施犯罪的情况下，虽不愿意但仍实施了犯罪行为。

（3）因为受他人胁迫而参加犯罪。

胁迫是指以对行为人或其亲友以杀害、伤害、揭发隐私、损坏财物等相威胁，对行为人实施精神强制，强迫其参加犯罪。

不过应注意区分受胁迫实施犯罪与紧急避险的区别。区分二者的关键在于看被迫损害的利益是否小于所保护的利益。

在实践中，还应注意胁从犯向主犯的转化，即第一次被胁迫参加犯罪的人，在其后的共同犯罪中自愿参加犯罪，且在共同犯罪中起主要作用，对这种共同犯罪人应认定为主犯。

成立胁从犯应符合以下条件：

（1）在犯罪过程中一直处于被胁迫状态；

（2）被胁迫的程度是导致胁从犯不能够完成按照自己意志参加的犯罪，而不是绝对强制导致胁从犯完全失去自由选择的权利。

关于胁从犯的刑事责任，按照刑法第28条的规定，对于胁从犯，应当按照他的犯罪情节减轻或者免除处罚。

在胁从犯刑事责任原则的具体适用中应注意以下两点：

（1）我国刑法对胁从犯采取必减主义。即对胁从犯"应当"减轻或者免除处罚，而不是"可以"减轻或者免除处罚。

（2）对胁从犯予以减轻处罚，还是免除处罚，应按照其犯罪情节具体确定。犯罪包括被胁迫的程度、对危害结果的作用大小、罪后表现等因素，应具体认定。

五、教唆犯

（一）教唆犯的界定

教唆犯，是指以劝说、利诱、怂恿、收买、威胁以及其他方法将自己的犯罪意图灌输给本来没有犯意的人，使他人决意实施自己所劝说或者授意的犯罪，以达到犯罪目的的人。《刑法》第 29 条规定，教唆他人犯罪的，是教唆犯。

（二）成立教唆犯的条件

1. 对象条件

第一，教唆对象必须是特定的。第二，教唆的对象必须是具有刑事责任能力的人。教唆未达到刑事责任年龄或者不具有责任能力的精神病人实施犯罪的，不构成共同犯罪，应对教唆行为人以间接正犯论处。第三，必须是本来没有犯所教唆之罪意图的人。已经有所犯教唆之罪意图的人不能成为教唆的对象。如果行为人明知他人已有实施某种犯罪的意图，而为其出主意，撑腰打气，壮胆助威，坚定其犯罪意图，使其实施犯罪的，不能认定为教唆犯，而应认定为帮助犯。

2. 客观条件

教唆行为的认定中，主要应当注意以下方面：第一，教唆行为的内容必须是某种犯罪行为；第二，教唆行为的方式具有多种多样性；第三，间接故意教唆和直接故意教唆对客观方面的要求有所不同。

在直接故意教唆的情况下，只要行为人实施了教唆行为，不要求被教唆的人实施被教唆的犯罪。被教唆的人实施了被教唆的犯罪的，成立共同犯罪之教唆犯。如果被教唆的人没有实施所教唆的犯罪的，教唆者构成独立的教唆犯。在间接故意教唆的情况下，不仅要求行为人实施了教唆行为，还要求被教唆的人实施了被教唆的犯罪，如果被教唆者没有实施所教唆的犯罪的，不构成犯罪。

3. 主观条件

一般是直接故意，也不排除间接故意。

（三）教唆犯的刑事责任

教唆犯的刑事责任主要包括以下三种情况。

（1）教唆他人犯罪的，根据教唆犯的一般刑事责任原则，应当按照他在共同犯罪中所起的作用处罚。起主要作用的，按照主犯处罚，起次要作用的，按照从犯处罚。司法解释规定教唆犯一般起主要作用，对于教唆犯一般按照主犯处罚。

（2）教唆不满 18 周岁的人犯罪，应当从重处罚。只要教唆不满 18 周岁的人犯罪的，不管行为人是否实施教唆的犯罪，对于教唆者都应当从重处罚。

（3）如果被教唆人没有没有犯被教唆罪，即教唆未遂，对于教唆犯，可以从轻或者减轻处罚。

（四）教唆犯的特殊问题

（1）教唆对象必须是具有刑事责任人能力人，教唆无刑事责任人实施犯罪行为，属于间接正犯。

（2）教唆对象必须是特定人，如果对于不特定的多数人进行教唆的，属于煽动行为而不是教唆。

（3）不仅教唆他人犯罪，同时传授犯罪方法，按照教唆的罪和传授犯罪方法罪数罪并罚。

（4）对于教唆犯，应当按照教唆的犯罪确定罪名。例如，教唆盗窃犯罪的，教唆人构成盗窃罪。

（5）"被教唆人没有犯被教唆的罪"主要有四种情况：
①被教唆人拒绝教唆；
②被教唆人接受教唆，但是没有实施被教唆的犯罪；
③被教唆人接受被教唆的犯罪，但是实施了其他犯罪；
④被教唆人实施的犯罪，不是由教唆犯的教唆引起的。

第四节　共同犯罪与犯罪形态

犯罪形态，是指犯罪的既遂、预备、未遂和中止的特殊状态。共同犯罪的犯罪形态的特点是，一人既遂，共同犯罪全部既遂，对于所有人按照犯罪既遂处罚；只有所有人中止和未遂，共同犯罪才成立中止和未遂，对于所有人按照中止和未遂处罚。

一、简单共同犯罪的情形

（1）一人促使犯罪既遂的，共同犯罪整体既遂，也就是说在共同犯罪中，只要其中一人促使犯罪既遂的，全体共犯人均应承担既遂的刑事责任。

（2）只有整个共同犯罪未遂，全部共犯人才成立犯罪未遂。

（3）只有全体共犯人都中止犯罪，所有共犯人才成立犯罪中止。

二、复杂共同犯罪的情形

在实行犯以外，存在教唆犯或者帮助犯，通常整个共同犯罪的进程从属于实行犯的进程。

（1）如果实行犯既遂，教唆犯或者帮助犯按照犯罪既遂处理。

（2）如果实行犯未遂，教唆犯或者帮助犯按照犯罪未遂处理。

（3）在犯罪预备的场合，因为没有着手实行犯罪，实行犯实际上没有出现，如果预计实行犯罪的人因为意志以外的原因没有着手实行犯罪的，属于预备犯，帮助犯同样属于预备犯。

教唆犯从属于被教唆人，被教唆人成立犯罪预备的，教唆者同样构成犯罪预备。

三、部分共同犯罪人犯罪中止问题

在共同犯罪与犯罪形态的关系问题上，部分共犯人犯罪中止问题，应贯彻两个基本原则：

（一）犯罪中止必须具有有效性

"有效性"就是指有效地阻止犯罪结果的发生，或者有效地消除自己先前行为对犯罪所起的作用。有效性成为部分共犯人成立犯罪中止需要具备的条件。

具体情形主要包括：

（1）帮助犯试图单独成立犯罪中止，必须有效撤回自己的帮助行为，否则帮助犯的犯罪形态从属于实行犯，实行犯犯罪既遂的，帮助犯犯罪既遂。

（2）教唆犯试图单独成立犯罪中止，必须有效消除被教唆人的犯罪故意。

（3）实行犯（被帮助人、被教唆人）只要本人自动中止犯罪预备活动或者在着手实行犯罪过程中自动放弃犯罪，通常就具有有效性，单独成立犯罪中止。

（4）在简单共同犯罪的场合，部分共犯人试图成立犯罪中止的，必须有效地阻止其他共犯人实行犯罪达到既遂。如果实施了阻止其他共犯人犯罪的行为，但是没有成功，其他共犯人仍然实行犯罪达到既遂的，对于试图中止犯罪并且进行中止行动的人，同样成立犯罪既遂。

（二）部分共犯人中止行为的效力，只能及于中止者本人，不及于其他的共同犯罪人

这是部分共犯人中止应把握的另一个原则。对中止者本人属于自动放弃犯罪并有效阻止犯罪结果的发生；而对于其他共同犯罪人来说，是由于意志以外的原因而未达到犯罪既遂。对其他共同犯罪人应当按其行为停止状态分别按照犯罪预备或者数罪认定和处罚。

第五节　共犯理论上的分类

一、正犯

直接或者通过他人实施构成要件所规定的行为的，就是正犯。

（一）直接正犯

直接正犯，是指行为人亲手实施犯罪，实施了犯罪的主、客观构成要件，并应对此承担刑事责任的人。

刑法分则关于具体犯罪的规定，都是对于既遂的直接正犯的规定。例如，《刑法》第236条关于强奸罪的规定，就是以单独的行为人实施暴力、胁迫或者其他方法强行与妇女发生性行为所达到的既遂状态为立法上的预设，这就是刑法关于（单独）直接正犯的规定。对犯罪成立的主观要件、客观要件和阻却事由要件的分析，都是以直接正犯为模本进行的。关于直接正犯，在认定上通常不会有太多的问题。

（二）间接正犯

间接正犯，是指将他人作为犯罪工具，以实现自己犯罪目的的人。我国刑法理论一直使用刑法没有明文规定的间接正犯概念。

根据被利用者的性质，间接正犯行为主要包括三种形式：

（1）利用无刑事责任能力人。例如利用未成年人、精神病人实施犯罪；

（2）利用他人无罪过行为。包括利用他人无故意的行为或者无过失的行为，例如行为人利用不知情的第三者实施盗窃行为。

（3）利用不具有特殊身份人实施犯罪的行为。例如具有国家工作人员身份的丈夫指使不具有国家工作人员身份的妻子进行受贿的行为。

二、帮助犯

帮助犯，是指帮助正犯的情况，是故意对正犯提供辅助，使正犯的犯罪更容易得逞的情形。帮助犯有其成立条件，表现在主客观两方面。

（一）帮助故意

帮助故意是行为人明知自己是在帮助他人实行犯罪，希望或者放任其帮助行为为他人实行犯罪创造便利条件，以造成侵害法益结果的心态。帮助故意包括直接故意和间接故意。在帮助故意中，明知他人将要实施犯罪是认识因素的重要内容。

（二）帮助行为

帮助行为是相对实行行为而言的概念，必须是实行行为以外的，使他人的实行行为容易实施的行为。帮助犯的实质是参与和促进的行为，其行为使结果更容易发生。

1. 帮助的方法

帮助行为的表现方式各种各样。从帮助行为的方式看，可以分为物质帮助与精神帮助。物质帮助是有形的帮助，精神帮助是无形的帮助，是指心理上的帮助。从帮助的时间看，可以分为事前帮助、事中帮助。事前帮助，主要是指事前为实行犯实施犯罪创造便利条件的行为。例如，A 为帮助 B 杀害 C，而去 C 的家里观察 C 的生活规律，就属于事前帮助。事中帮助，主要是指在实施犯罪活动的过程中进行帮助。

2. 因果关系

根据共犯处罚根据的引起说，帮助行为对于实行行为须具有物理或者心理的因果性影响，帮助行为和正犯所造成的结果之间，应当存在因果关系，无此因果"贡献"的，帮助者应当无罪。例如，A、B 是关系要好的朋友，A 欲盗窃 C 的财物，要 B 事前为其在 C 家的院墙外用石头砌好 9 级台阶，但 A 到现场后，发觉 C 家院墙有一段特别低矮，便翻入 C 家窃得财物，并未使用 B 所砌的台阶，B 是否构成帮助犯？由于 B 的帮助行为对 A 后来的盗窃无任何帮助，正犯 A 在实行过程中，没有使用帮助者 B 提供的物质条件，B 的行为也谈不上对 A 提供了心理帮助，没有使得犯罪的实行更容易，所以 B 不构成帮助犯。

三、共犯与身份

身份犯是法律明文规定的对定罪量刑具有一定影响的主体资格、地位等要素。构成身份的有无影响定罪，也叫定罪身份，是真正身份犯。加减身份，是不真正身份犯，不影响定罪，只影响量刑，所以，有（不真正的）身份者和无身份者的共同犯罪的，对有身份者适用特别之刑，对无身份者适用通常之刑，没有太多有争议的问题。就共同犯罪与身份的关系而言，问题比较复杂的是真正身份犯和共同犯罪的关系。

（一）无身份者教唆、帮助有身份者实施或者与其共同实施真正身份犯的犯罪：成立共犯

《刑法》第 382 条规定："国家工作人员利用职务上的便利，侵吞、窃取、骗取或者以其他手段非法占有公共财物的，是贪污罪。受国家机关、国有公司、企业、事业单位、人民团体委托管理、经营国有财产的人员，利用职务

上的便利，侵吞、窃取、骗取或者以其他手段非法占有国有财物的，以贪污论。与前两款所列人员勾结，伙同贪污的，以共犯论处。"根据该条第 3 款的规定，无身份者有第 1 款和第 2 款的行为，也构成贪污罪。但无身份者教唆、帮助有身份者实施或者与其共同实施真正身份犯的犯罪不成立共同正犯，因为，在真正身份犯的共同犯罪中，直接实施行为的人必须是具有特定身份的人，欠缺这种身份的人不可能实施符合刑法分则罪状规定的行为，不能成为正犯，只能成立教唆犯或者帮助犯。主要理由在于：对于通常的共同犯罪类型而言，完全可以根据犯罪支配说区别正犯和共犯，但是，刑法对于真正身份犯的构成要件本身，已经在条文上事先严格限定了犯罪主体的范围，只有具备身份者才能构成法益侵害，才能构成单独正犯，刑法根据身份角色对正犯归责。例如，刑法将贪污罪的主体限定为具有特定身份的人。不具有国家工作人员的人即使实施窃取行为，也不是贪污罪的实体行为，只有符合主体资格要求的人才能成立真正身份犯的正犯，欠缺真正身份者最多只能成立教唆犯和帮助犯，而不能成立共同正犯。这就是说，共同正犯的成立，建立在犯罪成立要件的共同性之上，而真正身份犯的身份之有无，是决定构成要件共同性是否存在的重要因素。没有特殊身份，不能成立构成要件所规定的任何正犯（包括单独直接正犯、间接正犯），自然也不能成立共同正犯。如果认为欠缺身份者也可以成立真正身份犯的共同正犯，将使得刑法理论上关于真正身份犯和不真正身份犯的区分没有意义，混淆定罪身份和加减身份的法律效果，否定构成要件的规范约束力。

　　（二）无身份者与有身份者分别利用自己身份共同实行犯罪，司法解释坚持"主犯定性说"

　　对此，我国司法实践和理论上存在不同的主张，归纳起来，大概有以下几种观点：

　　1. 主犯决定说，认为应由主犯犯罪的基本特征来决定：主犯是有身份者，应按有身份者所构成之罪（身份犯）定罪；主犯是无身份者，应按无身份者所构成之罪定罪。

　　2. 分别说，认为应根据犯罪主体的不同而区别对待；对有身份者按特定犯罪论处，对无身份者按普通罪论处。

　　3. 实行犯决定说，认为应以实行犯实行何种犯罪构成要件的行为为根据来认定，而不以其他共同犯罪人在共同犯罪中所起的作用的大小为转移。

4. 特殊身份说，认为这种共同犯罪中，无身份者教唆、帮助有身份者实施或与之共同实施真正身份犯的犯罪时，均应以有身份者的实行犯的实行行为来定罪，即以有身份者所实施的犯罪构成要件行为来定罪，即使无身份者是主犯，也不影响上述定罪的原则。

5. 职务利用说，认为应把无身份者是否利用有身份者的职务之便作为标准。如果无身份者利用了有身份者的职务之便，对二者均应定有身份者的犯罪；反之，应分别定罪。

于 2000 年 6 月 30 日发布的《最高人民法院关于审理贪污、职务侵占案件如何认定共同犯罪几个问题的解释》第 3 条规定：公司、企业或者其他单位中，不具有国家工作人员身份的人与国家工作人员勾结，分别利用各自的职务便利，共同将本单位财物非法占为己有的，按照主犯的犯罪性质定罪。行为人可能构成职务犯罪，也可以以非职务犯罪定罪量刑。由此可见，我国对于无身份者与有身份者分别利用自己身份共同实行犯罪，司法解释坚持"主犯定性说"，采用的是上述第一种观点。

第九章

刑罚体系和种类的调整

第一节　管制刑的存废

一、管制的特征

管制，是对犯罪人不实行关押，交由社区矫正机关管束，依靠社会公众监督改造的限制其一定自由的刑罚方法。不予关押使得管制成为 5 种主刑中最轻的刑种，社区矫正使得管制具有刑罚的特征。管制是一种自由刑，它的特征在于对犯罪人不实行关押，犯罪人在社会上处于相对自由状态，但是限制其一定的活动范围。管制的这一特点，使得它不仅在我国的刑罚体系中属于一种轻刑，而且这种刑罚方法具有很大的灵活性和经济性。管制对犯罪人来说，无疑减轻了其本人及其家属的心理压力，使其正常的家庭生活基本不受影响，同时也减轻了国家的负担，以较少的投入取得最佳的刑罚效果。

二、管制的适用

（一）管制的内容

管制的内容表现为犯罪人自由权利受限，必须遵守管制犯的义务，如被宣告禁止令的，还应严格遵守禁止令的内容。

1. 遵守法定义务

根据《刑法》第 39 条的规定，管制犯必须遵守法律、行政法规，服从监督；未经执行机关批准，不得行使言论、出版、集会、结社、游行、示威自由的权利；按照执行机关规定报告自己的活动情况；遵守执行机关关于会客的规定；离开所居住的市、县或者迁居，应当报经执行机关批准。可见，管制犯虽然享有自由，但其自由是受限的，不能自由地会客、出行，应定期报告自己的活动情况；虽然享有政治权利，但是，未经执行机关批准，不得行使言论、出版、集会、结社、游行、示威自由的政治权利。管制犯在管制执行期间实施违反法律、行政法规和有关监督管理规定的行为，尚未构成犯罪的，应当依法予以治安处罚；依法给予治安处罚时，应当在治安拘留执行期满后继续执行管制；构成犯罪的，应当依法定罪量刑，数罪并罚，并收监执行。

管制犯仅是人身自由受到限制，其他权利均受法律保护。因此，对于被判处管制的犯罪人，在劳动中应当同工同酬，不得克扣、减少其应得收入。管制犯的人身安全、合法财产和辩护、申诉、控告、检举以及其他未被依法剥夺或者限制的权利均不受侵犯。在就学、就业和享受社会保障等方面，不受歧视。这样，有利于最大限度地教育、改造管制犯。

2. 遵守禁止令

《刑法》第 38 条第 2 款规定，判处管制，可以根据犯罪情况，同时禁止犯罪分子在执行期间从事特定活动，进入特定区域、场所，接触特定的人。这种为预防再犯而禁止犯罪分子实施特定行为的规定，称为禁止令。禁止令与从业禁止存在不同。经《刑法修正案（九）》修订后的《刑法》第 37 条之一第 1 款规定："因利用职业便利实施犯罪，或者实施违背职业要求的特定义务的犯罪被判处刑罚的，人民法院可以根据犯罪情况和预防再犯罪的需要，禁止其自刑罚执行完毕之日或者假释之日起从事相关职业，期限为三年至五年。"这被称为从业禁止。禁止令与从业禁止都是为了避免犯罪分子再次犯罪而作出的具有保安处分性质的预防性措施，两者的主要区别在于：禁止令是在刑罚执行期间禁止犯罪分子从事特定活动或者进入特定区域、场所以及接触特定的人，而从业禁止是在刑罚执行完毕或者假释后禁止犯罪分子在一定期限内从事相关职业。与管制犯必须遵守法定义务不同，只有被人民法院宣告禁止令的犯罪分子，才需要遵守禁止令。《刑法》第 38 条第 4 款规定，管制犯违反禁止令的，由公安机关依照治安管理处罚法的规定处罚。

根据 2011 年 4 月 28 日最高人民法院、最高人民检察院、公安部、司法部《关于对判处管制、宣告缓刑的犯罪分子适用禁止令有关问题的规定（试行）》，对判处管制的犯罪人，法院根据犯罪情况，认为从促进犯罪分子教育矫正、有效维护社会秩序的需要出发，确有必要禁止其在管制执行期间从事特定活动，进入特定区域、场所，接触特定人的，可以根据《刑法》第38条第2款的规定，在裁判文书主文部分单独作为一项，同时宣告禁止令。人民法院应当根据犯罪分子的犯罪原因、犯罪性质、犯罪手段、犯罪后的悔罪表现、个人一贯表现等情况，充分考虑与犯罪分子所犯罪行的关联程度，有针对性地作出禁止令。其中，禁止"从事特定活动"是指禁止从事下列活动：①个人为进行违法犯罪活动而设立公司、企业、事业单位或者在设立公司、企业、事业单位后以实施犯罪为主要活动的，禁止设立公司、企业、事业单位；②实施证券犯罪、贷款犯罪、票据犯罪、信用卡犯罪等金融犯罪的，禁止从事证券交易、申领贷款、使用票据或者申领、使用信用卡等金融活动；③利用从事特定生产经营活动实施犯罪的，禁止从事相关生产经营活动；④附带民事赔偿义务未履行完毕，违法所得未追缴、退赔到位，或者罚金尚未足额缴纳的，禁止从事高消费活动；⑤其他确有必要禁止从事的活动。禁止"进入特定区域、场所"是指禁止进入下列场所：①禁止进入夜总会、酒吧、迪厅、网吧等娱乐场所；②未经执行机关批准，禁止进入举办大型群众性活动的场所；③禁止进入中小学校区、幼儿园园区及周边地区，确因本人就学、居住等原因，经执行机关批准的除外；④其他确有必要禁止进入的区域、场所。禁止"接触特定的人"是指禁止接触下列人员：①未经对方同意，禁止接触被害人及其法定代理人、近亲属；②未经对方同意，禁止接触证人及其法定代理人、近亲属；③未经对方同意，禁止接触控告人、批评人、举报人及其法定代理人、近亲属；④禁止接触同案犯；⑤禁止接触其他可能遭受其侵害、滋扰的人或者可能诱发其再次危害社会的人。对于管制犯，禁止令的期限既可以与管制执行的期限相同，也可以短于管制执行的期限，但不得少于3个月。管制犯在判决执行以前先行羁押以致管制执行的期限少于3个月的，禁止令的期限不受前述最短期限的限制。禁止令的执行期限，从管制执行之日起计算。

（二）管制的执行

管制由司法行政机关社区矫正机构（司法所）执行，表现为管制犯在社区矫正机构（司法所）的监督下接受社区矫正。所谓社区矫正，是指对被判处管制、宣告缓刑、假释或者暂予监外执行的犯罪分子，在司法行政机关社区矫正机构（司法所）和其他社会力量的监督、协助下，在法定期限内，矫正其犯罪心理和不良行为，促进其顺利回归社会的开放性刑罚执行方式。

管制犯遵守法定义务的情况以及遵守禁止令的情况，都由社区矫正机构负责监督。管制犯应当定期向社区矫正机构（司法所）报告遵纪守法、接受监督管理、参加教育学习、社区服务和社会活动的情况。发生居所变化、工作变动、家庭重大变故以及接触对其矫正产生不利影响人员的，管制犯应当及时报告。对于人民法院禁止令确定需经批准才能进入的特定区域或者场所，管制犯确需进入的，应当经县级司法行政机关批准，并告知人民检察院。社区矫正机构（司法所）应当根据管制犯个人生活、工作及所处社区的实际情况，有针对性地采取实地检查、通信联络、信息化核查等措施及时掌握管制犯的活动情况。

除遵守法定义务和禁止令外，管制犯应当参加公共道德、法律常识、时事政策等教育学习活动，增强法治观念、道德素质和悔罪自新意识。管制犯每月参加教育学习时间不少于 8 小时。有劳动能力的管制犯应当参加社区服务，修复社会关系，培养社会责任感、集体观念和纪律意识。

（三）管制的期限

根据《刑法》第 38 条、第 40 条、第 41 条、第 69 条的规定，管制的期限为 3 个月以上 2 年以下，数罪并罚时不超过 3 年。管制的刑期从判决执行之日起计算；判决执行前先行羁押的，羁押 1 日折抵刑期 2 日。判处管制、拘役、有期徒刑的，应当在刑事裁判文书中写明刑种、刑期和主刑刑期的起止日期及折抵办法。刑期从判决执行之日起计算。判决执行以前先行羁押的，羁押 1 日折抵刑期 1 日，判处管制刑的，羁押 1 日折抵刑期 2 日。羁押期间取保候审的，刑期的终止日顺延。如果管制期满，执行机关应立即向本人和其所在单位或者居住地的群众宣布解除管制。

三、管制存废之争

（一）管制主废论

管制主废论认为，随着我国对外开放的逐步深入，市场经济的发展，跨地区、跨行业的经济流通与人员流动日益频繁，新的经济发展形式和社会管理模式导致管制刑很难执行。除此之外，主废论还有以下一些具体理由：第一，管制刑产生于 20 世纪 50 年代，这种刑罚在我国的产生与发展具有其特定的历史背景。如今，管制赖以存在的社会历史条件已不存在，管制不再具备继续存在的现实性。第二，从严厉程度来说，管制居于拘役与行政拘留之间，造成国家惩罚措施体系不协调，行政法和刑法无法衔接，管制的存在有损刑法体系的科学性、完整性和有效性。第三，管制赖以存在的理由缺乏说服力，更谈不上所谓优点。首先，管制刑是我国的独创，这毋庸置疑。但是，独创的事物未必就是合理的，即使这种独创的惩罚措施在当时是合理的，发展到现在这种事物也未必就是合理的。历史上存在的惩罚措施是否应予继承，能不能作为今天的刑罚制度，不在于它是否是我国独创的，而取决于它是否适合时代的需要和刑法的文明进步。其次，有人说管制刑不影响犯罪人的工作与家庭生活，这种说法不符合实际，作为法院判决的犯罪人和确定的刑罚，对其个人的影响和合法的公民相比较，双方的社会地位和社会评价必然存在差别。再次，管制的执行需要接受群众的监督，但是，我国将长期处于市场经济体制下，在市场经济发展的过程中，市场主体有自由性，劳动力流动频繁，要求群众对被判处管制者进行监督困难较大，亦不现实。第四，由于管制产生时的传统历史烙印，与轻刑化的趋势和现实存在冲突，容易出现轻刑重罚的情况。第五，司法实践中，法院适用管制的判决很少，从一定程度上说，管制刑实际上已经形同虚设。

（二）管制保留论

主张保留管制刑的观点认为，管制刑作为我国一种最轻的刑罚制度，有继续存在的必要，应当保留而不应废除。保留管制的理由主要是：第一，纵观管制产生和发展的历史，管制是我国依靠社会公众同犯罪行为做斗争的刑法措施，在今天的社会条件下，管制仍然是打击犯罪行之有效的措施。从改造犯罪人、教育犯罪人的角度来说，管制刑符合我国当今的国情和我国刑罚的目的。第二，保留管制刑，不会影响到刑罚体系的科学性，符合我国刑法罪刑相适应基本原则的要求。首先，拘役和行政拘留性质不同，不会发生管制将这两种惩罚方法的截然分开的情况，也不会产生这两种惩罚措施期限难以衔接问题。其次，管制与拘役二者之间存在轻重之分，这种轻重差异不能简单地通过刑期和折抵来比较。管制刑比拘役刑严厉程度轻，是从两种刑罚措施的性质上比较来说的，这种差异也正是立法者制定和修订刑法考虑的问题。第三，认为管制刑在执行过程中出现过偏差，仍然会造成轻刑重罚的不良后果，这一推断缺乏说服力，不符合实际。应该以发展的眼光来对管制刑的各种制度加以完善，我国刑法中的管制刑与作为刑事政策的管制，虽然名称相同，但存在质的差别，以此为理由主张废除管制令人难以信服。第四，认为管制刑在司法实践中适用较少，就认为管制没有必要保留，是多余的刑种，管制丧失了存在的意义，但实际上二者没有必然的逻辑关系。事实上，管制适用并不是很少，即使管制判决的数量相对较少，与审判人员受长期存在的崇尚重刑的思想，过于迷信刑罚手段有关。第五，保留管制刑，符合刑罚发展的历史方向。当今世界刑罚正朝着轻缓刑、开放化的方向发展，而我国独创的管制刑，正是一种不剥夺自由进行劳动改造的限制自由刑，与其他国家的不剥夺自由的轻刑不谋而合。保留管制符合当今世界刑罚的开放性、社会性的历史发展趋势，因此管制有其存在的价值。

四、管制刑的完善

无论管制存废争论孰是孰非，管制刑自身存在缺陷以及执行不力等问题的确不容忽视，当然，在世界范围内轻刑化、刑罚执行开放性迅速发展的历史潮流影响下，我国废除管制不合时宜，完善管制刑是切实可行的最佳选择。

（一）加强管制和拘役的衔接

我国有五种主刑，其中较轻的是管制和拘役。由于管制是限制犯罪人的人身自由，但拘役是剥夺犯罪人的人身自由，由于其执行方式有很大差异，两种刑罚在衔接上不够密切，影响了刑罚体系的严密性。目前刑法也没有明确规定管制和拘役的衔接措施。同时，管制刑的执行比较松懈，导致很多情况下犯罪人放任自流。这也与管制的强制性较差有关。为了提高管制刑的严肃性，保证管制能够得到切实执行，可以从加强管制刑的强制性和执行力入手。而增加管制和拘役刑衔接的规定，就是一种较好的管制刑的执行措施。事实上，这一做法外国刑法也有规定。比如，《俄罗斯刑法典》第53条规定："在被判处限制自由的人恶意逃避服刑的情况下，可以用剥夺自由代替，其期限为法院判决所判处的限制自由的期限。"[1]这就是关于将限制自由刑易科为剥夺自由刑的规定。我国刑法中也应作出相应的规定，对逃避监管，不履行管制要求的犯罪人设立预后措施。

（二）扩大管制刑的适用范围

管制是我国五种主刑中最轻的刑罚，是限制犯罪人的人身自由，并不剥夺犯罪人的人身自由。管制应适用于犯罪情节较轻，尚不足以判处有期徒刑等重刑，且不需要关押的犯罪人。但我国现行刑法却未能很好体现管制的性质。现行刑法管制的适用范围比较狭窄，在刑法分则规定有法定刑的 300 多个条文中，规定适用管制的只有 70 个条文，与此相反，国外对这种开放性的刑罚适用却更为广泛。笔者认为，对于一切犯罪情节较轻，而又不致再侵害法益的犯罪人，均可考虑适用管制，管制应成为我国刑法中适用最广泛的刑罚。

（三）完善管制的执行体制

管制的执行，需要群众的监督。但是在市场经济和社会转轨的条件下，这种监督缺乏制度约束和主动性，加之受制于人情往来，群众的监督很难落实，从而造成对犯罪人的管制变为"不管不制"。为适应新的社会和经济条件下的社会监管机制的要求，有必要设立专门的管制的监督管理机构，比如设立管制监督指导委员会，管制监督指导委员会应由犯罪人住所地的公安机关、检察机关、人民法院、被管制者所在基层组织的有关人员（如治保委员）以及社会志愿者等多方面人员组成。管制的监督管理机构的任务是检查、核实和督促管制工作的落实，发现和解决管制执行中的有关问题，对管制执行工作在方法上给予具体指导和帮助，保障管制预期刑罚效果的实现。事实上，管制监督指导委员会吸收被管制人所在基层组织的有关工作人员参加，便能有效解决被管制人外出报批不便，疏于监督等现实问题，利用公安机关深入基层的天网工程，也能发挥监督的技术优势。此外学术界有人还提出一些具体建议，比如缩短管制刑期、加大惩罚力度等，[2]这些措施能有效克服管制刑的一些弊端，对完善管制刑的执行很有意义。

---

[1] 黄道秀等译：《俄罗斯联邦刑法典》，中国法制出版社 1996 年版，第 24 页。
[2] 马克昌主编：《刑罚通论》，武汉大学出版社 1999 年版，第 187 页。

第二节　拘役的存废

一、拘役的特点

拘役，是指短期剥夺犯罪人的人身自由，就近强制进行劳动改造的一种刑罚方法。拘役属于短期自由刑，是介于管制与有期徒刑之间的一种轻刑。由于拘役剥夺犯罪人的自由，所以其与管制具有明显区别。又因为拘役是刑罚方法，所以它与行政拘留、刑事拘留、司法拘留在法律属性、适用对象、适用机关、适用依据、适用程序、适用期限上都有明显区别。拘役的特点在于，它虽然是剥夺犯罪人人身自由的刑罚方法，但相对于有期徒刑来说刑期又很短。拘役这种刑期较短的刑罚方法既是惩罚犯罪的需要，也是刑法罪刑相适应基本原则的具体体现。

二、拘役的适用

（一）拘役的内容

拘役短期剥夺了犯罪人的自由。拘役犯被关押在看守所，必须遵守法律、法规和看守所管理规定，服从管理，接受教育，按照规定参加劳动，接受看守所组织的法制、道德、文化、技能等教育。

拘役在严厉程度上轻于有期徒刑，不但表现为剥夺自由的时间短，而且表现为享有的权利比较多。拘役一般适用于犯罪性质较轻的犯罪，据有关统计，拘役适用比例最高的是渎职罪，其次是妨害社会管理秩序罪、经济犯罪等，而且大部分是过失犯罪。根据《刑法》第43条第2款的规定，在执行期间被判处拘役的犯罪分子每月可以回家1天至2天。不过，犯罪人回家时间不能集中使用，不得将刑期末期作为回家时间，变相提前释放犯罪人。此外，拘役犯可以与其亲属或者监护人每月在看守所会见室会见1至2次，每次不超过1小时；经看守所领导批准，犯罪分子可以用指定的固定电话与其亲友、监护人通话（通话费用由犯罪人本人承担）；犯罪人近亲属、监护人不便到看守所会见，有条件的看守所，经其申请，看守所可以安排视频会见。与有期徒刑犯必须参加劳动不同，拘役犯并非必须参加劳动。如果拘役犯参加劳动的，可以酌量发给报酬。看守所对拘役犯的劳动时间，参照国家有关劳动工时的规定执行。拘役犯有在法定节日和休息日休息的权利。这些措施都有利于对拘役犯的教育、改造。

（二）拘役的执行

拘役由公安机关在就近的看守所执行。拘役的刑期较短，将拘役犯长途押运至外地服刑耗时较多，且不便于拘役犯每月回家，故只能"就近"执行。"就近"的看守所，是指一审判决所在地的看守所或者拘役犯家庭所在地的看守所。以往被判处拘役的犯罪人就近在拘役所执行，但后来拘役所被全部撤销，现在被判处拘役的犯罪人均在看守所执行。看守所应将留在看守所执行刑罚的拘役犯等犯罪人与在看守所依法被逮捕、刑事拘留的犯罪嫌疑人、被告人分别关押、监管，设置专门监区或者监室监管留在看守所执行拘役的犯罪人。

（三）拘役的期限

根据《刑法》第42条、第44条以及第69条的规定，拘役的期限为1个月以上6个月以下，数罪并罚不得超过1年。拘役的上限期限是有期徒刑的下限期限，即均为6个月，这一规定使刑罚体系更为连贯和严密。拘役的刑期从判决执行之日起计算，判决执行以前先行羁押的，羁押1日折抵刑期1日。拘役期满，看守所应当按期释放，发给刑满释放证明书，并告知其在规定期限内，持刑满释放证明书到原户籍所在地的公安派出所办理户籍登记手续；有代管钱物的，看守所应当如数发还。

拘役的刑期，从判决执行之日起计算。拘役与管制的刑期，都存在判决执行之前先行羁押折抵刑期的问题。对于拘役，判决执行以前先行羁押的，包括因同一犯罪行为被刑事拘留、逮捕而羁押，羁押1日折抵刑期1日。另外，因同一行为而被行政拘留、收容教养等原因而被羁押。例如，如果被告人被判处刑罚的犯罪行为和被行政拘留的行为系同一行为，其被行政拘留的日期可以折抵刑期；至于折抵办法，应当行政拘留1日，折抵拘役的刑期1日。指定居所监视居住的期限也应折抵刑期：被判处管制的，监视居住1日折抵刑期2日；被判处拘役的，监视居住2日折抵刑期1日。

三、拘役刑废止论

拘役刑作为主刑之一，和世界各国的短期自由刑一样，弊端丛生，矛盾甚多，可以说其实际效果在很大程度上违背了立法本意。拘役的弊端包括：第一，拘役犯被关押在看守所，条件和环境较差，一般来说，看守所的管理没有监狱严格和规范，犯罪人之间容易交流犯罪体会，使其人身危险性增大；第二，尽管拘役期限较短，但判处拘役也会给犯罪人的前途产生消极影响，毕竟拘役也是刑罚措施，犯罪人获释后重返社会有一定难度；第三，拘役刑对有些自尊心较强的犯罪人来说，感到有损名誉，影响到其耻辱心，有的犯罪人自暴自弃，在出狱后不能回归社会，找不到工作，家庭破裂，可能重新实施犯罪。这些弊端导致拘役的存在价值受到了质疑，于是出现了拘役废止论。

拘役刑废止论的具体理由包括以下几个方面：第一，拘役的适用的案件较少。虽然刑法规定拘役的条款很多，但司法实践中拘役适用的判决数量很少。第二，羁押期限过长。由于拘役刑期短，我国的刑事诉讼期限较长，对犯罪嫌疑人和被告人的羁押期相应过长，往往导致法院作出判决就当庭释放犯罪人，而在羁押期间没有能够改造犯罪嫌疑人，刑罚教育功能同样难以实现。第三，拘役刑期很短，判决后往往就到了释放期限，对犯罪人抗拒改造的行为无法落实。由于上述问题的存在，大大影响了拘役的功能，司法实践中，拘役犯释放后再次犯罪的比例较高。因此，拘役刑废止论者认为，作为一种刑罚措施，拘役无法实现刑罚的威慑和教育功能，拘役的实施缺乏社会效果，因此拘役刑应被及时废除。

四、拘役存置论

与拘役废止论相对的是拘役存置论。该种观点认为，我国刑法以保留拘役刑为宜。理由是：

第一，拘役犯重犯率的降低不是不可克服的。虽然拘役会造成某些拘役犯人身危险性的增加，甚至自暴自弃，主要原因是犯罪人被置于剥夺自由状态，只要在立法上详尽规定拘役缓刑制的条件，使可以克服拘役犯再犯罪的比率。

第二，拘役不足以发挥刑罚威慑功能和教育改造作用，不是拘役刑本身的缺陷，主要是因为拘役执行中的改造教育措施不力，以及没有将拘役犯和其他罪犯严格实行分管分教，这些执行中的问题通过完善执行制度即可解决。

第三，刑法规定的拘役刑适用对象十分广泛，但是在实践中判处拘役的案件较少，这主要是由于审判人员忽视拘役的作用，故需要及时更新审判人员的刑法理念。

第四，如果废除拘役刑，有期徒刑的下限必然相应降低，而以短期徒刑取代拘役，并不能克服拘役存在的问题，只不过是将这些缺陷转嫁到了有期徒刑中的短期徒刑上。

第五，国外也存在各种名称的短期自由刑，但和我国的拘役刑在刑期、犯罪人在行刑期间的待遇、强制劳动等方面存在区别，不能将国外废除短期自由刑的做法在我国简单照搬，否则会损害我国刑罚体系的完整性。

五、拘役的完善

对于不适于判处有期徒刑，但又必须判刑的情节轻微与人身危险性较小的罪犯，拘役是最适宜的刑种。[1]对短期自由刑的质疑缘起于刑事人类学派的创始人——意大利犯罪学家龙勃罗梭。龙勃罗梭认为，短期自由刑相对较长的时间，足以使人染上更多恶习，而相对较短的时间，根本没有可能对犯罪人予以改造。龙勃罗梭的这一主张，影响很大，在一定程度上，影响到限制短期自由刑的适用。不过，也有不少主张保留及完善短期自由刑的学者。比如德国刑法学家毕尔克迈耶（Birkmeyer）、华哈（Adolfwach）等均认为短期自由刑仍具有其存在价值。[2]

国外关于对短期自由刑的不同看法，也影响到我国刑法学界，从而形成了关于拘役刑的废止论和存置论。我国现行刑法几乎完全沿袭了1979年刑法中关于拘役的规定，所以未能解决拘役刑的种种缺陷问题，因此，关于拘役刑存废之争在刑法学界仍然存在争论。

主张废除拘役的观点有的是针对拘役刑本身的缺陷。比如，拘役的最低刑期是1个月，而我国刑事诉讼羁押、审判的时间较长，判决后教育改造犯

---

〔1〕　陈兴良主编：《刑种通论》，人民法院出版社1993年版，第210页。
〔2〕　张甘妹：《刑事政策》，台北三民书局1979年版，第275页。

罪人的时间所剩无几。拘役犯也是受过刑罚处罚的人，其个人工作、家庭关系等都不可避免地会受到影响，蒙上阴影。个人前途无望，缺乏家庭温暖甚至家庭破裂，是导致拘役犯刑满释放后重新犯罪的普遍原因。有些拘役的质疑是针对拘役具体适用、执行中存在的问题。对拘役的质疑并非没有道理，但均可通过完善立法与司法而予以克服和避免。从世界刑罚发展的趋势来看，自由刑正朝着开放、半开放的方向发展，以便有利于受刑人"回归社会"。所以，拘役作为半开放的刑种，有发展的空间。因此，笔者认为，对于拘役刑不应彻底废除。不过，对于拘役的种种弊端，需要从立法上加以完善，并从司法方面制定具体落实拘役执行的各种制度，可以考虑从如下方面着手：

（1）在刑事诉讼中缩短对犯罪嫌疑人、被告人羁押的期限。倘若羁押期过长，便会使拘役只能成为一种刑罚形式，根本起不到应有的教育改造作用。所以司法实践中应当提高诉讼效率，缩短羁押期限。对于可能判处拘役的犯罪人，一般应考虑采取逮捕以外的强制措施，比如采取取保候审、监视居住或者留置等措施，审理期间不予羁押，等待作出拘役判决后，再予收监执行。

（2）严格拘役之宣告。为了避免拘役刑的弊端，应当严格限制拘役的宣告。法律可以规定类似于《德意志联邦共和国刑法》第 47 条的"最后手段条款"，不得已而用之。[1]

（3）将拘役犯和其他犯罪人实行分管分教。对于拘役刑，应由专门的拘役所执行，对拘役犯集中关押，根据拘役的特点进行教育，以便收到较好的改造效果。如果将拘役犯交由监狱执行的，应将拘役犯与被判处有期徒刑、无期徒刑的已决犯分别关押；如果将拘役犯交由看守所执行的，则要与未决犯分别关押，分管分教，以避免拘役犯和其他罪犯互相传播犯罪，增加人身危险性。

（4）规定拘役刑的对接措施。我国刑法中拘役刑之对接和替代措施主要是缓刑。拘役缓刑值得肯定，但还应考虑同时扩大罚金刑的适用范围，设立拘役与管制刑相互易科制度，增设一定的资格刑等。[2]

---

〔1〕 陈兴良：《刑法适用总论》（下卷），法律出版社 1999 年版，第 200 页。
〔2〕 马克昌主编：《刑罚通论》，武汉大学出版社 1999 年版，第 172 页。

第三节　死刑之存废

一、世界与我国的死刑制度

死刑是几千年来人类刑罚史上最重的主刑，是至今刑罚理论中首要的课题之一。作为一种最严厉的刑罚，死刑历来受到各国立法者及刑法学家、社会学家的关注。自贝卡利亚于1764年首次明确提出废除和限制死刑以来，这场旷日持久的死刑存废之争，已达二百多年，并且仍将持续。今天，世界上大多数国家废除了死刑，死刑被推向了被审判的命运，是人权判处了死刑的死刑。在我国，则存在着死刑的限制与扩张之争。死刑问题被网络媒体评为2005年"十大交锋观点"之一。无论如何，从尊重人的生命权利，推进刑罚的文明与进步等诸多方面看，尽量减少甚至在将来条件成熟时逐步废除死刑，应当成为我国刑事立法、司法和刑法理论在死刑问题上的主导方向。而且，站在"一国两制"的高度来看，也是如此。目前，香港已废除死刑，澳门刑法没有规定死刑，我国台湾地区刑法规定的死刑虽然不少，但实际执行的很少。作为中国主体部分的大陆，其在刑事立法规定死刑和司法中适用死刑的多寡，不能不考虑"一国两制"的需要和社会主义制度的优越性问题。所以，对死刑存废及限制的研究，有重要的理论意义和现实意义。

（一）世界各国和地区死刑存废概述

1. 废除死刑主张的提出

最早提出废除死刑的人是意大利刑法学家切萨雷·贝卡利亚。1764年，贝卡里亚在《论犯罪与刑罚》中指出："滥施极刑从来没有使人改恶从善。这促使我去研究，在一个组织优良的社会里，死刑是否真的有益和公正。"他强烈谴责死刑并呼吁废除死刑的力作《论犯罪与刑罚》具有广泛的影响力。贝卡利亚认为，死刑本身是一种恶，国家并不应当享有这种权力，它实际上是国家对公民的战争。

英国思想家、法学家边沁1811年用法文发表了《赏罚原理》（又名《惩罚原理》《刑罚的理论基础》）一书，该书主张废除死刑，那时他年仅27岁。他一生积极主张废除死刑，在临死前1年，边沁还发表了文章《边沁告他的法国同胞——论死刑》。1792 年，边沁被法国大革命政府选为法国荣誉公民，其建议在一些欧洲国家和美国受到尊重。

2. 国际公约：从限制死刑到废除死刑的发展。

（1）国际公约规定限制死刑。1966 年《公民权利和政治权利国际公约》规定严格限制死刑，死刑只能适用于最严重的罪行。

我国已经签署并有待批准《公民权利与政治权利国际公约》（以下简称为《公约》）。该《公约》鼓励缔约国废除死刑并要求严格限制死刑。《公约》第 6 条第 2 款中规定："在未废除死刑的国家，判处死刑只能是作为对最严重的罪行的惩罚"。1984 年 5 月联合国经济与社会理事会《关于保证面对死刑的人的权利的保障措施》第 1 条重申："在没有废除死刑的国家，只有最严重的罪行可判处死刑"，并进一步规定："这应理解为最严重的罪行之范围不应超出具有致命的或者其他极其严重之结果的故意犯罪。"

（2）国际公约规定废除死刑。1985 年欧洲理事会《〈欧洲人权公约〉关于废除死刑的第六（附加）议定书》第 1 条规定："死刑应当废除，任何人都不应当被判处或者被执行死刑。"；1987 年东欧国家都有死刑，1999 年东欧国家都废除了死刑。

《旨在废除死刑的〈公民权利与政治权利国际公约〉第二任择议定书》（1989 年 12 月 15 日第 44 届联大通过）、《〈美洲人权公约〉旨在除死刑的议定书》（1990 年通过）、1997 年、1998 年、1999 年联大分别通过决议：敦促成员国废除死刑。2000 年联合国建议：废除死刑，作为人类的新千年礼物。废除死刑已成为国际社会人权追求中的重中之重。

刘仁文研究员对废除死刑活动在过去短短的几十年里取得如此迅速的进展的原因进行了深入全面的剖析，指出最根本原因在于世界人权运动的蓬勃发展，表现在：第一，对人权保障的不断强调，使联合国及其有关机构在废除死刑问题上的态度日益鲜明。第二，对人权问题的重视促使一些区域性组织在推动废除死刑方面发挥了积极的作用。以欧洲最为突出。如早在 1985 年，欧洲理事会就通过了《欧洲人权公约第六议定书》，该议定书要求当事国废除和平时期的死刑，1994 年、1996 年、1999 年欧洲理事会又通过和重申了"没有死刑的欧洲"的决议，并号召"世界上其他还没有废除死刑的国家，像大多数欧洲议会成员国一样，迅速废除死刑"。明确表示，今后任何一个想加入欧洲理事会的国家，必须同意立即停止死刑的执行，并在一定的年限之内签署和批准《欧洲人权公约第六议定书》。第三，一些以促进人权事业为宗旨的非政府组织不遗余力地为废除死刑而斗争。如总部设在伦敦的大赦国际，尤其关注世界各国的死刑问题。第四，许多废除死刑的国家，都以人权作为其政策和法律依据。

3. 废止死刑的最新进展

大赦国际（Amnesty International）于 1961 年 5 月 28 日在伦敦成立。每年召开一次理事会会议。其资金来源于个人捐款、会费和当地筹款。大赦国际组织在全球 150 个国家和地区拥有 110 万名以上的会员和在 80 多个国家的 4349 个地区性组织会员及 54 个国家会员。该组织在纪念《世界人权宣言》30 周年时获联合国人权奖，1977 年获诺贝尔和平奖。大赦国际对各国死刑的立法和司法长期跟踪关注。根据 2007 年的关于世界死刑立法和司法的最新统计进行整理，现在世界上保留死刑的国家还是很多：截至 2004 年 10 月，共有 81 个国家废除了所有犯罪的死刑，12 个国家废除了普通犯罪的死刑，35 个国家事实上废止了死刑（即至少 10 年内没有执行过死刑），三者加在一起是 128 个国家。罗吉尔·胡德是国际犯罪学界的知名学者，世界死刑问题研究的领军人物之一，1987 年、1996 年、2000~2001 年及 2004 年曾先后四次担任联合国死刑问题的顾问，他是英国外交部死刑顾问小组的成员，据他的研究，世界上大多数国家已经废除和中止了死刑，而还没有废除死刑的国家也实际上很少执行死刑。自从 1863 年委内瑞拉首先彻底废除死刑以来，世界性的废除死刑运动一刻都没有停止过，废除死刑的国家越来越多，坚持适用死刑的国家在逐年减少。截至 1981 年底，世界有 27 个国家和地区从法律上完全废除了死刑，而到 2006 年 9 月 5 日，完全废除死刑的国家和地区已经跃升到 88 个。

2010 年，我国外交部提供了一个比较准确的数字，联合国秘书长 2009 年夏天向联合国经社理事会提交全球死刑五年期的报告，截止到 2008 年底，在法律上废除所有犯罪死刑的国家达到了 95 个，即 95 个国家刑法里面没有死刑这个刑种，另外有 8 个国家在法律上废除了对普通犯罪的死刑，包括故意谋杀罪的死刑，只保留极个别的两三个罪的死刑，比如说间谍罪、叛国罪。在法律上保留死刑的 93 个国家当中，有 46 个国家在过去的十年当中未执行过一个死刑，故被联合国归类为事实上废除死刑的国家。比如韩国，其死刑罪名有 160 个，规定在刑法和特别法里，但是韩国从 1997 年 12 月 27 号到现在，没有执行过一个死刑，凡是十年以上没有执行过一个死刑的国家，联合国称为事实上废除死刑的国家。把这三种情况，绝对废除死刑的 95 个，基本废除死刑的 8 个，事实上废除死刑的 46 个，加起来一共有 149 个国家，超过了联合国会员国的 3/4。

上面这些国家中也包括英、法、德、加拿大、澳大利亚、意大利、南非、俄罗斯等大国。目前，全世界仅有 47 个国家（仅占全球 196 个国家的 24%）还保留死刑。

（二）世界范围内死刑立法和司法适用趋势

1. 废除死刑的国家数量直线下降

在阿根廷，不但废除了死刑，而且废除了终身监禁。包括澳门也废除了死刑。实际上废而不用的更多。香港法律上明确废除了所有罪行的死刑。欧洲 40 多个国家，全部废除了死刑。从整个世界上来看，除了美国、中国、日本、韩国、印度这几个国家，废除死刑确实是潮流。《公民权利和政治权利国际公约》（ICCPR）第 6 条规定："在未废除死刑的国家，判处死刑只能作为对最严重罪行的惩罚。"（我国 1998 年签署该公约）联合国秘书长 2010 年向联合国（UN）经社理事会提交了全球死刑 5 年期报告：截止到 2008 年底，在法律上废除所有犯罪的死刑的国家达 95 个，另有 8 个国家在法律上对普通犯罪废除了死刑。在法律上保留死刑的 93 个国家中，其中 46 个国家在过去的 10 年中未执行过一个死刑而被 UN 归类为"事实上废除死刑的国家"。前三种情况的国家合起来有 149 个。目前，全世界仅有 47 个国家还保留死刑。

废除死刑的国家，包括非洲、拉丁美洲，都比亚洲的进展速度快。现在亚洲在废除死刑的进展上是最慢的，彻底废除只有两个，即柬埔寨、尼泊尔。印度、日本在适用死刑方面十分谨慎，很少适用死刑，在日本，死刑仅有象征意义。但新加坡、中国、马来西亚对死刑适用仍然较多。

世界性的废除和限制死刑运动正以前所未有的速度发展。正如罗吉尔·胡德院士在他最新修订的《死刑的全球考察》一书中所指出的："从 1965 年到 1988 年，大约平均每年有 1 个国家走上废除死刑的道路，但从 1985 年到 2001 年，平均每年有 3 个国家（在法律上或实践中）走上了废除死刑的道路；而且，越来越多的国家在废除死刑时一步到位，而不像过去那样先废除普通犯罪的死刑，最后再废除所有犯罪的死刑。另外，废除死刑的运动也正得到跨区域的发展：在 1965 年废除死刑的 25 个国家中，只有两个是西欧和中南美洲之外的国家，但到 2001 年，废除死刑的国家不仅扩大到了东欧，还有另外 11 个非洲和太平洋岛屿。例如，已有 11 个非洲国家彻底废除了死刑，另外 11 个非洲国家事实上废除了死刑；有 11 个太平洋岛的国家彻底废除了死刑，4 个国家事实上废除了死刑，虽然在亚洲废除死刑的运动相对缓慢，但也有两个国家彻底废除了死刑，另外 6 个国家事实上废除了死刑。最重要的是，这种全球性的废除死刑运动在新千年里看不到减缓的迹象。"

在法律上废除死刑，没有出现螺旋式的波浪式的变化趋势，一直是明确的、直线下降的。

2. 保留死刑的国家立法上大幅度减少死刑的条款

有些国家只将死刑限制在少数几种性质极其严重犯罪上，如谋杀、战时犯罪等，而不对财产犯罪、经济犯罪等普通犯罪适用死刑。韩国 1990 年制定特别法，取消了 15 个死刑条款；1995 年修订刑法，又取消了 15 个死刑条款。原韩国总统金大中 1998 年明确向大赦国际表示他本人是坚决地反对死刑。韩国近年来一例死刑也没有。

在保留死刑的国家里，越来越多的国家倾向于对死刑持严格限制的态度，表现之一是在立法上大幅度减少适用死刑的条款，将其限制在谋杀、叛逆和战时犯罪等少数几种性质极其严重的犯罪上，而不对经济犯罪等非暴力的普通犯罪适用死刑；目前国际社会除中国外只有 16 个国家还在刑法中对非暴力经济犯罪规定死刑。

3. 保留死刑的国家在司法上严格限制死刑的适用

即使在保留死刑的国家里，越来越多的国家倾向于对死刑持严格限制的态度，不仅表现在立法上大幅度减少适用死刑的条款，还表现在司法上对死刑进行严格控制。有的国家一年仅判决或执行几件或 1 件死刑，有的国家甚至数年才执行 1 件死刑。如日本，从 1979 年到 1984 年，平均每年仅执行 1 件死刑（这意味着有时一年连 1 件死刑也没有）。从 1985 年到 1988 年四年期间也仅执行 9 件死刑。2002 年，日本执行的死刑也只有 2 件。据大赦国际报告，在过去几年中，除中国外，国际社会中对经济犯罪执行死刑的国家只有 5 个，分别是朝鲜、越南、伊朗、伊拉克、苏丹。[1]

---

〔1〕　赵秉志主编：《中国废止死刑之路探索——以现阶段非暴力犯罪废止死刑为视角》，中国人民公安大学出版社 2004 年版，第 56 页。

在世界级的大国中，除中国外，只有美国、日本和印度还保留有死刑。印度的死刑适用也受到严格限制，并呈下降趋势，例如，1982 年到 1985 年的 4 年间，总共只执行了 35 人的死刑，平均每年不到 12 例；而从 1996 年到 2000 年，5 年间适用死刑才 49 例，平均每年不到 10 例。考虑到印度作为世界上第二人口大国，这个数字应当是比较低的，每 1 亿人中有 1 人被执行死刑。美国的情况稍微复杂一些，现在有 12 个州完全废除死刑，38 个州保留死刑。在保留死刑的州中，有的州一直将死刑备而不用，长期没有执行死刑，而且绝大多数州都规定只有严重谋杀罪才可以判处死刑。在美国，要判处一个罪犯的死刑，其司法程序几近烦琐。为了减少冤假错案和确保死囚的各种权利，国家不惜投入巨额的司法成本。据悉，一个检察官要最终胜诉一件死刑案，其花费将高达 50 万至 180 万美元。鉴于联合国人权委员会、欧盟、大赦国际等对美国这个所谓"人权帝国"保留死刑这一重大污点的持续而激烈的批评，美国近几年进一步加强了对死刑适用的限制。例如，2002 年美国最高法院作出裁决，禁止对智力障碍犯罪人适用死刑；马里兰州州长也在该年宣布，死刑判决中可能存在种族和地理歧视，因此在此问题没有得到很好解决之前，暂停该州所有死刑的执行。正是看到了美国死刑制度存在的一系列问题，一些有识之士要求暂停执行死刑或者对死刑犯减刑。2000 年 1 月 31 日，美国伊利诺伊州州长乔治·瑞安鉴于有证据表明死刑存在错判，宣布暂时停止该州所有的死刑执行；2003 年 1 月 11 日，他又宣布鉴于该州的死刑系统存在严重缺陷，决定将所有的死刑判决减为无期徒刑或有期徒刑。

在 2004 年期间，至少在 25 个国家有 3797 人被执行了死刑。至少在 64 个国家有 7395 人被判以死刑等待执行。和往年一样，大多数死刑的执行出现在世界上的极少数国家。2004 年有 97% 的死刑执行发生在中国、伊朗、越南和美国。其中，伊朗执行死刑至少 159 人，越南至少 64 人。在美国，则从 2003 年的 65 人下降到 2004 年的 59 人。朝鲜尚没有统计数字。

（三）我国内地的死刑立法及司法适用现状

1. 中国对死刑的态度和政策

中国对死刑的基本态度是保留死刑，而对死刑的长期政策是坚持少杀，反对多杀、错杀。

毛泽东主席说："对于民愤甚深，罪大恶极，非杀不足以平民愤者，必须处死以平民愤；对于有血债或者严重罪行，非杀不足以平民愤者，和最严重的损害国家利益者，必须解决的判处死刑并迅即执行。"（不可不杀，不可多杀）对于那些没有血债，民愤不大，或者虽然严重损害国家社会的利益，但是没有达到最严重的程度，应该判处死刑，同时缓期两年执行，强制劳动改造，以观后效。毛主席还主张严格少杀，严禁乱杀，主张多杀、乱杀的意见是错误的。凡介于可捕可不捕之间的，一定不要捕，捕了就是犯错误；凡介于可杀可不杀之间的，一定不要杀，杀了就是犯错误。

温家宝总理 2005 年 3 月 14 日在全国人大闭会时回答德国商报记者的问题时指出："中国正在着手进行司法制度的改革，包括上收死刑的核准权到最高人民法院。但是出于我们的国情，我们不能够取消死刑。世界上一半以上的国家也还都有死刑制度，但是我们将用制度来保证死刑判决的慎重和公正。"2008 年 3 月 18 日，温家宝总理又一次在全国人大闭会时回答路透社记者的问题时指出："我们在司法制度的改革已经迈出了较大的步伐，比如我们收回死刑的核准权到最高人民法院，并且严格地限制判处死刑。我们在积极推进政治体制改革，包括司法制度的改革。司法制度改革最根本的目标就是实现司法公正，这就需要保持司法的独立。你提到的《公民权利和政治权利国际公约》，我们正在协调各方，努力地解决国内法与国际法相衔接的问题，尽快批准这个条约。"由此可见，我国领导人限制死刑的思想是一贯而坚定的。

1979 年刑法典的死刑立法实践与限制死刑的政策是统一的，当时刑法有 28 个死刑罪名。在 20 世纪 80 年代之初，我国理论界也都是比较一致地宣传和阐明我国严格限制死刑的政策和立场的。而死刑限制与扩张的争端，肇始于刑法理论界一些学者对我国死刑立法不断增加的现实所提出的质疑与批评。死刑限制与扩张的之争，至 20 世纪 80 年代已非常激烈，理论界多数人都极力主张对死刑立法作严格控制。死刑扩张论者认为，广泛适用死刑符合我国政治、经济情况及同犯罪做斗争的形势和要求。全国人大常委会原副委员长王汉斌在第八届全国人大第五次会议上对 1997 年刑法修订草案作出说明时指出："有些同志认为现行法律规定的死刑多了，主张减少。这是值得重视的。但是，考虑到目前社会治安的形势严峻，经济犯罪的情况严重，还不具备减少死刑的条件。这次修订，对现行法律规定的死刑，原则上不减少也不增加。"这说明，立法者反对进一步扩张死刑。

2008 年 12 月，党中央下发了《中央政法委员会关于深化司法体制和工作机制改革若干问题的意见》，即 2008 年中央 19 号文件，该文件指出，完善死刑法律规定，适当减少死刑罪名。我国关于死刑罪名变化的情况是：1979 年我国死刑罪名有 27 个，后来通过《中华人民共和国军人违反职责罪暂行条例》又增加了 11 个死刑罪名，这样 1979 年刑事立法一共有 38 个死刑。1979 年刑法开始实施时正值我国改革开放的初期，危害社会治安的犯罪和一些经济犯罪大量地增加，社会各界强烈要求严惩这些犯罪，因此从 1981 年以后，全国人大常委会一共通过了 22 个修改完善刑法的决定和补充规定，并且又在 107 个非刑事法律，主要是人大常委会制定的经济法律和行政法律当中又设置了一些追究刑事责任的刑法规范，这样一共补充了 133 个新罪名，其中有 33 个死刑罪名，这样一来到 1997 年刑法典修改以前，我国刑事立法中罪名已经有 262 个，其中死刑的罪名 71 个，1997 年修订刑法期间，王汉斌副委员长主持修订，鉴于当时社会治安状况没有明显的好转，提出了一个原则，死刑不增不减，但是有一些罪名分解了。

过去流氓罪有死刑，如今流氓罪分解了；投机倒把也有死刑也分解了，这样的死刑实际上也减少了几个。那么 1997 年的《刑法》有条文 452 个，罪名 412 个，死刑的罪名 68 个，其中非暴力犯罪的死刑罪名有 44 个，占 65%，现在提出来适当地减少死刑罪名，原因何在？主要从我们国家近些年来刑事犯罪的变化情况考虑，另外也适当考虑了国际的因素，中央提出来要适当减少死刑罪名。2007 年 1 月 1 号死刑的核准权收归到最高法院以后，最高法院实际核准的死刑量比收回来以前下降了一半还多，有些省份下降了 2/3。以北京为例，北京现在每年核准的死刑量只相当于判处死刑量最高年份的 1/10，全国普遍呈下降趋势，死刑核准量大幅度地下降。按照一般的推论，判处死刑少了，死刑的威慑力降低了，犯罪应该大量增加才对。实际上，2011 年 5 月 18 号中央综合治理委员会发布了一个 2010 年全国治安刑事的分析报告，这些主要的数字来源于公安部门和法院。报告显示，2010 年全国有八类严重暴力犯罪，并且是最有可能判处或者说判处死刑最多的八类犯罪，出现了大幅度下降的趋势，比如杀人案件下降了 8.6%，放火案件下降了 11.9%，爆炸案件下降了 8.6%，绑架案件下降了 19.55%，抢劫案件下降了 16.2%，抢夺案件下降了 18.4%，恰恰是一些最有可能被判处死刑的犯罪出现了大幅度下降的趋势。

从 2006 年开始，我国命案以每年 3% 以上的比例在下降，这使我国立法机关注意到，我国判处的死刑案件大幅度减少了；另一方面严重的暴力犯罪案件也在大幅度减少，这是几年都存在的趋势，不光是 2010 年，2009 年治安形势报告也呈这个趋势。从而促使立法者可以冷静地考虑，死刑对于犯罪的威慑力到底有多大。当然不是说判处死刑少了这些犯罪就减少了，二者之间没有必然的逻辑关系，但是有一点可以肯定，这些年我国的死刑、八类严重暴力犯罪案件下降，主要是我国社会治安综合治理的成果。我国死刑的政策，大体上是保留死刑，但严格限制和适用死刑。

虽然现行刑法有 68 个死刑，但是最高法院从 1997 年以来，全国的法院，不仅是最高法院，实际判处过死刑罪名的还不到一半，换句话讲 68 个死刑罪名里有一半以上的罪名从来没有判处过死刑，没有适用过死刑。另外就在适用死刑的案件当中，我国有 3 个罪占了总案件 90%，其中，故意杀人罪 50%，抢劫罪 30%，毒品犯罪 10%，如果再加两个罪，即故意杀人罪和绑架罪，这 5 个罪名占了所有判处和执行死刑案件总数的 97%。换句话说，我国 68 个死刑罪名里其他 63 个死刑罪名合起来，判处和执行的总量还不到 3%。

但是我们国家为此背了一个非常沉重的包袱。1998 年我国签署了《公民权利和政治权利公约》，第 6 条规定尚未退出死刑的国家，判处死刑只能作为最严重罪行的惩罚，什么叫作"最严重罪行的惩罚"？联合国做出官方解释，是指情节极其恶劣的谋杀罪，以及类似的犯罪。可是我们国家，刑法分则有十章，九章都有死刑，我们不但暴力犯罪有死刑，财产犯罪、经济犯罪、社会管理秩序犯罪、职务犯罪都有死刑。

我国不但保留死刑，还实际判处和执行死刑。所以考虑到我们国家这些年犯罪变化的基本情况和国际上要加入联合国人权公约，中央提出来减少死刑罪名是完全正确的。

党的十一届三中全会决定提出要"逐步减少适用死刑罪名"，在党中央的重要文件中明确提出要减少死刑罪名，这在我们党的历史上是第一次。1997 年之前，我国曾通过了 25 个单行刑法，大力增加了死刑犯罪的数量，非暴力型犯罪、经济型犯罪、军事犯罪等死刑罪名达到 71 个；1997 年新刑法修订后，对于死刑原罪名数量原则上不增不减，《刑法》中共有 68 个死刑罪名，但是提高了死刑的适用标准，虽然改革力度很小，但是这是历史的拐点，刑法中死刑的数量从此没有再增加；1997～2001 年，死刑罪名数量没有增加也没有减少；2006 年，最高人民法院收回死刑核准权；2011 年《刑法修正案

（八）》，废除 13 个死刑，分别是：走私文物罪，走私贵重金属罪，走私珍贵动物及其制品罪，走私普通货物、物品罪，票据诈骗罪，金融凭证诈骗罪，信用证诈骗罪，虚开增值税专用发票、用于骗取出口退税、抵扣税款发票罪，伪造、出售伪造的增值税专用发票罪，盗窃罪，传授犯罪方法罪，盗掘古文化遗址、古墓葬罪和盗掘古人类化石、古脊椎动物化石罪。

为进一步落实中央关于司法体制改革，减少死刑的改革的要求，2015 年颁布实施的《刑法修正案（九）》取消了 9 个罪名的死刑配置，分别为：走私武器、弹药罪，走私核材料罪，走私假币罪，伪造货币罪，集资诈骗罪，组织卖淫罪，强迫卖淫罪，阻碍执行军事职务罪和战时造谣惑众罪。9 个罪名约占原有 55 个死刑罪名总数的 16.3%。

在《刑法修正案（九）》起草过程中，对于是否应当取消走私武器、弹药罪，走私核材料罪，集资诈骗罪，强迫卖淫罪等罪名的死刑，曾有过激烈争论。有的部门和群体强烈要求保留有关罪名的死刑，他们或者认为取消死刑的时机尚不成熟，担心一旦取消死刑，这类犯罪会增多，对某些群体保护的力度会下降；或者认为取消这些犯罪的死刑会严重影响刑罚公正，导致量刑失衡。尽管存在激烈争论，立法机关在广泛听取意见、认真调查研究、科学审慎论证后，最终还是取消了包括上述罪名在内的 9 个罪名的死刑。在死刑案件下降的条件下，社会治安没有出现大的波动，《刑法修正案（九）》一举取消了 9 个死刑罪名。我认为，如果立法机关没有贯彻三中全会要求的坚决态度和担当精神，就很难想象在《刑法修正案（八）》取消 13 个罪名死刑之后，时隔不久又能一次性取消这么多的死刑罪名。为此，应当充分肯定立法机关对于《刑法修正案（九）》减少死刑的重大举措。我国立法机关将成规模减少死刑罪名当作死刑的改革方向，符合死刑改革的实际现状，未来还有 46 个死刑罪名需逐步考虑限制适用。

2. 我国保留死刑的原因

（1）现实生活中还存在着极其严重的犯罪。像张君犯罪集团、张子强犯罪集团那样，人身危险性实在太大了。我国一方面要保障人权，另一方面，还需要保持刑法打击犯罪的观念。有的牢头狱霸，经常怂恿他人抗拒改造，不服从监管，需要用死刑对严重犯罪保持打击态势。

（2）保留死刑有利于我国刑罚目的的实现。俗话说"好死不如赖活着"，所以死刑仍然有很大威慑力。

（3）保留死刑符合我国现阶段的社会价值观念。废除死刑要考虑到公众的心理承受能力，也要考虑到我们的法律文化传统。我们国家的国民的政治心态没有调整好。90%以上的民意支持死刑，认为死刑是不能废除的。民众的报应心理比较强烈，这种报应的心理往往是死刑存在的一种精神资源。但要树立减少死刑，限制死刑的理念，需要让群众兼听则明：通过信息公开，通过比较，通过冤假错案等，民众认识到死刑的残酷性和不人道性，有利于贯彻限制死刑的刑事政策。另一方面，有研究表明，民意受到多种因素的影响。如果不只是简单而笼统地宣传死刑的正面作用，而能公开死刑数字，让人们了解到中国在死刑问题上与世界上其他国家存在的巨大差距，以及死刑错判多而带来的危险，还有专家学者依据公开的死刑资料所作出的严肃认真的实证分析，相信群众对死刑的态度是会发生某种变化的。即使那些已经废除死刑的国家，也并不是都建立在民意的基础之上的。自古以来，中国的统治阶级对死刑都情有独钟，青睐无比。死刑的作用与功能总是被夸大到无以复加的地步。一般民众因此对其迷信至极。死刑就这样一直以来作为"天经地义"的刑罚方法占据着中国刑罚体系的核心，发展到今天，限制死刑才符合社会主义性质，才应成为社会的主导价值观念。

3. 中国限制死刑的原因

（1）大量适用死刑不符合我国社会主义性质。中国应当最讲人权，中国有5000年的文明史，中国是联合国安理会的常任理事国，都决定了中国不应大量适用死刑。犯罪也有社会原因，不能仅将犯罪原因归结为个人，否则就会步入大量适用死刑的误区。消除犯罪发生的限制死刑，会起到更好的社会效果。历史的教训是如果杀人太多，反而不利于国家的长治久安。

（2）死刑的威慑力来源于死刑适用的必要性和谨慎性。一些废除死刑国家的经验表明，废除死刑并不会导致犯罪率的上升。比如加拿大，在1975年，也就是废除死刑的第一年，谋杀罪的比率为每10万人中3.09人，但到1980年即下降到2.41人；1999年，也就是废除死刑后的第23年，下降到1.76人，比1975年低了43%。相反，我国的情况表明，增加死刑的适用并不能导致犯罪率的下降，例如，我国的故意伤害罪，1982年全国发生20 298件，1983年增设死刑后，1993年伤害案件增加到64 595件，总数反而增长了3.18倍。我们不能过分夸大死刑的效果，应清醒地认识到死刑如同一把双刃剑，看到其存在负面的影响。死刑的威慑力是有限的，死刑的作用一旦被夸大、神化，死刑的威慑力度就必然会减弱，刑罚的公正性也会受到损害甚至丧失殆尽。死刑的大量适用也就会应一句俗语——"物极必反"。从实际情况来看，对于有些罪，如不适用死刑，的确很难起到威慑的作用，但是有些时候对于某些罪，对于某些案件，如不适用死刑，也并非不可以，有时候不适用死刑，可能起到更好的效果。

（3）生命的丧失具有不可恢复性。

（4）限制死刑是当今世界发展的趋势，坚持少杀为适应这一趋势所必需。坚持少杀符合世界发展趋势，也是贯彻"宽严相济"的审判政策之必须。对待判不判死刑的问题，要以法律的规定为依据；其次考虑社会治安总体状况以达到法律效果和社会效果的统一。

4. 中国对死刑适用的限制

（1）在适用范围上，只对罪行极其严重的犯罪分子适用。

1997 年刑法对盗窃罪可以判处死刑的条件作了极严格的限制，只有在特定的两种条件下才能适用死刑，即盗窃金融机构数额特别巨大的，和盗窃珍贵文物情节严重的。普通盗窃取消死刑，盗窃案件并没有急剧增加，由此看来，对普通盗窃取消死刑的担忧是多余的。原来死刑适用较多的投机倒把罪、流氓罪，现行刑法将其分解以后，基本上没有死刑的适用。我国的刑事政策是坚持少杀："可杀可不杀的，不杀"；现在有些地方明确指出"可杀可不杀的，也要杀"，是对刑事政策的错误理解和执行，应予以纠正。

（2）在适用对象上，三种人不能判处死刑。

不得对犯罪的时候不满 18 周岁的人和审判的时候怀孕的妇女适用死刑。审判的时候已满 75 周岁的人，也不适用死刑，但以特别残忍手段致人死亡的除外。我国《刑法》第 49 条的规定和国际人权公约吻合。

我国有独生子女政策，而实践中青少年犯罪很多，如果大量适用死刑，可能会带来一个新的社会问题。那就是如果轻易将犯罪的青年判处死刑，可能给孩子的父母生活带来一些问题。所以刑法对犯罪主体适用死刑的年龄下限作出了明确规定，这是非常必要的。刑法典对其适用主体的年龄上限并没有进行规定，《刑法修正案八》作出了规定。《公民权利与政治权利国际公约》等国际性文件均有规定死刑不能适用于 70 岁以上老年人的规定，这些规定已被许多国家采纳，形成了一个死刑适用主体的年龄上限。我国刑法修正案考虑到了遵从国际公约文件与我国人均寿命值，把死刑主体上限设定为了 75

周岁。

我国《老年人权益保障法》规定，年满 60 周岁以上的人为老年人，是出于尊老爱幼的考虑，至于追究刑事责任，在此基础上再提高 10 岁即 70 岁，主要是基于何种考虑呢？年满 70 岁的老年人辨认、控制自己行为的能力也差了，从犯罪的性质上看，一般犯罪的性质也没有青壮年那么恶劣，侵害法益程度一般也比青壮年犯同样的罪要小。在年满 70 岁以后，从再犯的可能性上明显降低，有些犯罪力不从心了，因此对这些人犯罪从宽处理。从《周礼》《礼记》，到后来的《汉律》《唐律》《宋刑统》《大明律》《大清新刑律》，再到《中华民国刑法》，民主革命时期苏维埃革命赣东北特区制定的《赣东北特区苏维埃暂行刑律》、《陕甘边区抗战时期惩治汉奸条例（草案）》等，都有体现对老年人犯罪从宽处理的有关规定。在《刑法修正案（八）》修订过程中，争论的一个问题是 70 岁到底合适不合适，有的人说，人生七十古来稀都是老黄历了，现在全国平均寿命都超过了 70 岁，有的人虽然说 80 岁，但是身子板还挺硬朗，怎么就说他控制自己行为能力差了？老年人见多识广，社会经验丰富，怎么现在就说他辨认能力又差了呢？还有建议提到 80 岁，但 80 岁实在涉及面太小了，没有实际的意义。

有人对此表示反对，认为 70 岁以上的老人，犯罪的性质未必不严重，也不一定侵害法益程度就轻，有的七八十岁的男性专门猥亵幼女，侵害法益性还很严重。老年人再犯暴力犯罪当然力不从心，但对有些犯罪出谋划策，也有严重的危害性。建议提高年龄，当然 80 岁太高了，所以最后折中的结果是 75 周岁。有的意见认为，老年人犯罪不管故意犯罪还是过失犯罪，一律从轻减轻处罚不合适，最后第 17 条之一规定，已满 75 周岁的人故意犯罪的，可以从轻或者减轻处罚，过失犯罪的应当从轻或者减轻处罚。

《刑法》第 49 条原来有犯罪的时候不满 18 周岁的人和审判时候怀孕的妇女不适用死刑的规定，这次又增加了第 2 款，即审判的时候已满 75 周岁的人，不适用死刑，但以特别残忍手段致人死亡的除外。特别残忍手段主要是指一些很不人道，反人类伦理的，比如说以肢解他人的方式，以摘除器官的方式致人死亡的，手段都特别残忍，因此要判处死刑。

（3）程序限制。

2007 年 1 月 1 日起，最高人民法院统一行使死刑案件核准权，此举被视为中国司法体制的一项重大改革，但部分法学专家认为，死刑复核程序尚需进一步完善，相关制度仍须进行修改或调整。

（4）死缓制度。

死缓制度是我国的重大创举，有效减少了死刑立即执行的数量，但是死缓也是死刑，导致死刑的绝对数量居高不下。死缓制度是我国刑事立法上的独创，其意义就在于严格控制立即执行死刑的数量。但现行死缓制度还存在一些问题：第一，对适用死缓的法定条件"罪行极其严重，但不是必须立即执行的"不好理解和操作。第二，死缓与死刑立即执行虽同属死刑，但实际上与死刑立即执行轻重差别太大，与无期徒刑轻重差别又太小，有违刑罚体系在结构上的轻重有序性。第三，死缓也是死刑，在司法统计中其数据会计入死刑数量，以致死刑数量大幅增多。为此，应将死缓单独列为一种刑罚，与死刑立即执行分开；完善死缓的适用条件，既与死刑立即执行相对分开，又具有可操作性；可考虑延长死缓考验期至5年，5年内无故意犯罪的，可减为无期徒刑。

二、死刑存废的依据

（一）废除死刑的主张

在世界范围内，主张废除死刑的理由主要有以下几个方面。

1. 死刑的威吓作用是多余的

在历史上，英国伦敦有绞架之城之称，甚至盗劫一根胡萝卜也要处死刑。但当时，英国的社会秩序非常混乱，甚至警察也经常被杀害。美国曾大量适用死刑，但却是西方世界这类谋杀暴力犯罪最多的国家。所以，死刑的威吓作用是有限的。

2. 死刑的影响是暂时的

俗语说，杀鸡给猴看，中国民众自古以来看惯了当众斩首，看到锋利的大刀把活生生的头颅切下来，就像杀鸡一样简单，见惯不怪，导致公众对死刑犯的麻木、冷漠，对生命的藐视。数千年来的传统思想和民族文化，导致了当今中国不可能在短时间内废除死刑，虽然这很不人道。

3. 死刑容易引起旁观者的怜悯

死刑是一种肉刑，执行时的残酷，失去生命的损失，引起生者对死刑犯的怜悯之心。

4. 死刑可能造成不良的社会环境

英国前首相丘吉尔说，一个社会对待罪犯的态度是这个社会文明的一个重要标志。一个社会的成员对于发生在他身边的成员的命运漠不关心，只能令人哀叹。甚至有人觉得执行死刑很刺激，以至于执行死刑时犹如过节一样热闹。实际上，公开执行死刑，不仅不能达到预想的威慑效果，反而助长了人们的残忍心理和轻视生命的风气，以及对于法律的怀疑和不尊重。

我国历史上两千多年的封建社会，本身就以等级特权为社会结构的基本特征，虽然也承认生命的价值，但这种生命价值被分为三六九等，上等人的生命是宝贵的，下等人的生命则次之，如果是连下等人也算不上的罪犯，就更不会有多少人认为他的生命还有多大价值。所谓的上等人是这种意识，普通老百姓也是这种意识。普通民众在贬低罪犯生命价值的同时，也贬低了自己的生命价值，承认自己的生命不如达官显贵的生命尊贵。到了半殖民地半封建社会，中国人固有的等级观念里又多了一类比我们自己尊贵的人，那就是洋人。推翻三座大山的压迫以后，中国人民在政治上、经济上翻了身，但在人权认识方面还没有彻底翻过身。普通民众甚至知识阶层的人对于人人生而平等的思想并没有深刻的理解和领会，仍然在贬低自己人格价值的同时，颇带优越感地贬低着罪犯的人格与生命。

尽管刑罚取代民间死刑已有数千年的历史，但同害报复的民间观念始终影响着国人的刑罚价值观。"杀人偿命，天经地义""罪大恶极，死有余辜"，说明亘古至今的同害报复观念何其顽固。要求报复或报应是人类与生俱来的本能。既是本能，就很难将它彻底磨灭。但人类满足这种本能的方法，则是在不断进化的。随着人类的进步，满足报复心的方法也会变得越来越文明。不再以适用死刑来满足人们的报复心，是文明时代人类理性的呼唤。受害者的生命很重要，所以损害他的犯罪人要受到严厉的惩罚；人的生命都很重要，所以国家、社会不能为了惩罚犯罪人而像犯罪人曾经做的那样再损害一个生命。这才是符合现代人类文明要求的价值观。

5. 死刑的错误是不可挽回的

死刑判决是法官作出的，法官不是圣人，即使圣人也会犯错误，死刑的错判无法避免。刘少奇同志就在两个场合说过，我们一定是要废除死刑。毛泽东主席代表中央谈了对死刑的政策："一定要少杀、慎杀，共产党人绝不靠杀人来统治，人头不是韭菜，割了长不起来。"

6. 死刑残酷

恩格斯 1850 年在《德国农民战争》一书中揭露到："加洛林纳法典中的各章论到'割耳''割鼻''挖眼''断指断手''斩首''车裂''火焚''夹火钳''四马分尸'等，其中没有一项没有被这些尊贵的老爷和保护人随一时高兴就用在农民身上。"这些肉刑基本上已经废除，但死刑至今没有在全球废除。严重犯罪各有不同，都判处和执行死刑难以区别。古罗马最后 100 年间，法律上虽有，但实际上并未执行死刑。中国的唐玄宗时期，大量削减了死刑，虽然没有最终废除，但最少的一年只有 25 起。日本在相当于唐玄宗时期的公元 724 年，开始实际废除死刑，在日本历史上留下了 347 年没有死刑的奇迹。死刑的残酷性古人就已经有所认识，并尽量避免适用，避免适用死刑的时期，往往是历史上政通人和的时期。

(二) 保留死刑的主张

1. 理论依据

(1) 报应论：死刑是实现报应正义的必要手段，因而是正当的。

西方的经典作家以报应论为死刑寻找理论根据。洛克认为，生命可以丧失。生命权是一种自然权利，不能剥夺，不能转让，不能放弃，但可以丧失，因为你的生命不被剥夺是以你不剥夺他人生命为前提。若你剥夺了他人的生命，则丧失了自己的生命权。康德是德国古典哲学的杰出代表，他也主张等害报应主义。罪刑相适应是一种等害的对应，即你让他人失掉什么，你自己便失掉什么。如果偷了别人，就应该失去相应财产；杀了别人，就是杀了自己。这实际上是讲刑罚所造成的损害应该与犯罪所造成的损害有一种对应关系。基于此，康德认为死刑对于谋杀是绝对必要的，即使一个市民社会要解散，例如，生活在荒岛上的一个民族决定解散，分散到世界各地去，在此之前，也应把监狱中最后一名罪犯处以死刑，如若不然，人们便会成为这名杀人犯的共犯。因为你放纵了他，社会正义没有得到实现。杰弗逊在他的《使刑罚与犯罪相适应》中指出，对杀人者处死刑，对残害他人肢体的应残害他的肢体，对强奸的罪犯处以宫刑。

黑格尔是报应主义另一重要代表人物。对于杀人，死刑是正当的，黑格尔的观点属于等价报应主义。黑格尔认为，生命的价值是至高无上的，没有任何东西可与之兑换，生命与生命才是等价的，所以，死刑是必要的。

（2）刑罚功利论。

从刑罚功利论来讲，基本上分为两大派系。一个是一般预防论，一个是个别预防论。一般预防论是指预防不特定的一般人犯罪，以此作为刑罚的目的或者目的之一。[1]个别预防论是指预防特定的人主要是犯罪人犯罪，也包括虽然没有犯罪，但有人身危险性的人的犯罪，所以也叫特殊预防，其预防的对象是特定的。

一般预防的途径多种多样，但主要是刑罚的威吓作用。那么，从威吓的角度来看，死刑是否必要呢？这主要看死刑作为比无期徒刑抑或终身监禁更为严厉的一种刑罚方法，有没有边际效益。所谓死刑的边际效益，是指既然死刑比无期徒刑更严厉，它便应该带来更大的效果。不是讲死刑有没有效，而是讲是否比无期徒刑更有效。强调的是"更"，而不是"有没有"。关于死刑的这种边际效益，作为古典功利主义代表人物的贝卡利亚与边沁都持否定态度。而且，他们两位正是主要以死刑不具有大于终身监禁的边际效益吹响了废除死刑的号角。

从个别预防论的角度来看，死刑又是否必要呢？提出反对的有很多，个别预防论者也好，古典功利论者也好，相互之间都有争论。贝卡利亚、边沁与菲利便主张，有了终身监禁，死刑就没有必要。但加罗伐洛以及美国的哈格等认为终身监禁不足以达到防止犯罪人再犯罪的目的。因为，被关押的罪犯还有机会对同监犯实施暴力，如杀、伤其他罪犯，被监禁的罪犯还可能逃跑等，死刑可以起到一劳永逸的目的。

2. 以舆论作为保留死刑的理由

美国盖洛甫组织从 1936 年开始对美国公众进行民意调查，结果表明从 20 世纪 70 年代以来，美国公众对死刑的支持率与日俱增：1966 年：42%支持死刑；1988 年，79%的人支持死刑，16%反对，5%未定。日本刑法学者西原春夫在其《对死刑制度的思考》一书中指出："几次民意测验都表示出倾向保留死刑。在这样的情况下，立即下决心废除死刑，的确是不民主的。"

但是，德国基本法第 16 条明确规定废除死刑。德国基本法的制定者为什么敢在民众还支持死刑的情况下强行废除死刑呢？这是因为惨痛的历史教训给他们敲了警钟。正是他们对所谓第二次世界大战之前公众正义情感与集体

---

[1] 陈兴良主编：《法治的使命》，法律出版社 2003 年版，第 207 页。

意识的非理性、情绪性乃至歇斯底里、痛定思痛、深刻反省的结果。德国基本法的制定者认为，集体意识尽管直观上有正确的成分，但是又是危险的，必须跟它保持一定的距离。

必须明确的是，国家不光要听群众的，还负有引导群众朝着理性方向思考的职责。2018 年 7 月中国发生的长春长生生物科技有限公司冻干人用狂犬病疫苗生产造假案件，引起极大民愤，有人借此批评废除死刑的主张，犯罪人的行为应受到法律相应处罚，但试图以舆论绑架立法，这种不冷静不客观的表现，对立法和刑法理论百害而无一益。

3. 保留死刑的具体理由

（1）杀人偿命是从古至今一般人的信念。

杀人偿命成为一种由来已久的法律观念。荀况说："杀人者死，伤人者刑，此乃为王之所同也，不知其所由来者也。"刘邦到达灞上之后，便召集当地的名士，和他们约法三章：杀人者死，伤人及盗抵罪。但是，古人表达的非常清楚，只有杀人才适用死刑。民意支持的不杀不足以平民愤是杀人偿命的概念，民意绝对没有说关于财产犯罪、经济犯罪严重到不杀不足以平民愤的程度。

传统思想中有"杀人偿命"的观点，但不能对它狭隘地理解为以牙还牙。正如一句俗"狗咬了人，但人不能反过来去咬狗"一样，惩罚不等于报复。如果因为你杀了我，国家就要杀了你，其实是让国家代表受害人去报复犯罪，用国家权力来以暴制暴，那无疑是国家在实施最大的犯罪。如此类推，其他罪名岂不是都要改为：因为你偷了我，所以国家要创造条件来偷你；因为你强奸了我，国家也会让我来强奸你；因为你骗了我，国家也要把你骗一骗。这其实是社会倒退的表现，更不符合一个法治国家的要求。

（2）为了维持法律秩序，必须期待死刑对重大犯罪的威慑力。

有人担心，废除死刑无法对犯罪分子起到威慑作用。其实真正作奸犯科，无恶不作的江洋大盗又有几个会惧怕死亡呢？对不怕死、不在乎死的人来说，死刑更像是一种玩笑，一个游戏。"民不畏死，奈何以死惧之"，这是一个古老的话题。如果从刑法学的角度来看，这句话包含了死刑究竟有没有威慑力，以及有多大威慑力的问题。

（3）如果废除死刑，不仅公民，而且警察、司法工作人员都将遭到剥夺生命的威胁。

（4）在我们的社会中，的确存在着极其恶劣不可改造的人。

（5）死刑成本最小，效益最大。但是，在中国，一辆流动的死刑执行车大约需要 40 万至 70 万元，注射药的价格每剂 300 元，远超越一颗子弹的价格。由此可见，死刑的成本并不低。太原市和昆明市是率先在本地区全面注释执行死刑的中级人民法院。太原中级人民法院在殡仪馆附近，建起了目前全国法院占地面积最大、功能最齐全的固定刑场，比较枪决的经济成本可想而知。

三、我国内地限制死刑的可行性论证

（一）我国签署的限制死刑的国际文件

我国于 1998 年 10 月签署的《公民权利和政治权利国际公约》对限制死刑作出了比较详尽的规定，包括以下几个方面：

（1）第 6 条第 1 款规定："人人有固有的生命权。这个权利应受法律保护。不得任意剥夺任何人的生命。"

（2）第 6 条第 2 款规定："在未废除死刑的国家，判处死刑只能是作为对最严重的罪行的惩罚。"

（3）第 6 条第 2 款规定，死刑"应按照犯罪时有效……的法律"。

（4）第 6 条第 4 款："任何被判处死刑的人应有权要求赦免或减刑……"

（5）第 6 条第 5 款："对 18 周岁以下的人所犯的罪，不得判处死刑；对孕妇不得执行死刑。"

我国刑法在一定程度上贯彻了上述国际公约的规定，体现了限制死刑的精神。我国可尽快批准该公约，彰显我国对待死刑不断进步的态度，同时也将得到国际社会的赞同。

（二）在我国内地减少死刑的可行性

中国也可以经过如下三个阶段逐步废止死刑：一是及至 2020 年，先行逐步废止非暴力犯罪的死刑；二是再经过 10 年 20 年的发展，在条件成熟时进一步废止非致命性暴力犯罪（非侵犯生命的暴力犯罪）的死刑；三是至迟到 2050 年，全面废止死刑。

中国现阶段废止非暴力犯罪的死刑之立法步骤，应区分以下四种情形逐步进行：

（1）对于侵犯个人法益的侵犯财产型非暴力犯罪，以及无具体被害人的侵犯社会法益型非暴力犯罪，诸如破坏市场经济秩序型非暴力犯罪、妨害社会管理秩序型非暴力犯罪等，应当从立法上及时全面地废止其死刑规定。

（2）对于贪污罪、受贿罪等贪污贿赂型非暴力犯罪的死刑规定，从特别预防的角度分析，其必要性也值得探讨。

（3）对于侵犯社会法益的危害公共安全型非暴力犯罪，由于其对人身安全具有潜在的危险，从刑罚一般预防角度考虑，废止其中的死刑条款还需要更为慎重一些。

（4）对于侵犯国家法益的危害国家安全型非暴力犯罪、危害国防利益型非暴力犯罪以及军人违反职责型非暴力犯罪，在没有全面废止死刑的前提下，保留其死刑规定也是现实的选择。

第四节　社区矫正

一、我国社区矫正的探索和尝试

《刑法修正案（八）》在管制刑、缓刑和假释执行方面规定了社区矫正制度，对社区矫正进行理论梳理，有利于促进社区矫正的制度构建和立法完善。

（一）社区矫正制度概述

1. 社区的概念

"社区"一词源于拉丁语，意思是共同的东西和亲密伙伴的关系。社区概念最早是由德国社会学家滕尼斯在1887年所著 *Gemeinschaft und Gedellschaft* 一书中提出的。美国学者在翻译此书时曾为选择哪个英语单词来表达 gemeinschaft 而犯难，最后决定译作 community，英译书名于是定为 *Community and Society*。该书在20世纪30年代传入中国，在翻译过程中也遇到如何翻译 community 的困惑。当时中国社会学界受到美国芝加哥学派的影响很深，而芝加哥学派的代表人物帕克和伯杰斯等学者特别强调 community 的地域特征，因此中国学者，即我国著名社会学家费孝通先生和他当时燕京大学社会学毕业班的同学在翻译派克教授的文章过程中就创造了"社区"这一词。按照他们当时的理解，社区是具体的，在一个地区形成的群体，而社会是指这个群体中人与人相互配合的行为关系，所以挖空心思把社字和区字结合起来成了"社区"。这一术语一直沿用至今。由于社会学者研究角度的差异，社会学界对于社区这个概念尚无统一的定义。1955 年美国学者 G. A. 希莱里对已有的94 个关于社区定义的表述作了比较研究。他发现，其中 69 个有关定义的表述都包括地域、共同的纽带以及社会交往三方面的含义，并认为这三者是构成社区必不可少的共同要素。因此，人们至少可以从地理要素（区域）、经济要素（经济生活）、社会要素（社会交往）以及社会心理要素（共同纽带中的认同意识和相同价值观念）的结合上来把握社区这一概念，即把社区视为生活在同一地理区域内、具有共同意识和共同利益的社会群体。

所以社区这个术语一般包括以下四层含义：第一，社区总要占据一定的区域，存在于一定的地理空间中；第二，社区的存在离不开一定的人群；第三，社区中共同生活的人们由于某些共同的利益，面临共同的问题，具有共同的需要而结合起来进行生产和其他活动；第四，社区的核心内容是社区中人们的各种活动及其互动关系。根据社会学上对社区的界定，目前正在推行的社区建设中的"社区"还不能称之为真正意义上的社区。民政部《关于在全国推进城市社区建设的意见》中把社区界定为"聚居在一定地域范围内的人们所组成的社会生活共同体"。同时，该文件还明确指出了城市社区的范围，即"目前城市社区的范围，一般是指经过社区改革后做了规模调整的居民委员会的辖区"。可见，我国目前的"社区"还主要是政府实施行政管理的区域，其政治色彩尚未完全褪去，社区居民的归属感和文化认同感还比较低。而且民政部的社区概念范围过窄，农村以行政村为单位的辖区也应纳入社区的范围内。

2. 社区矫正的概念

矫正的英文表述主要有 reform、correction、rehabilitation 等，比较通用的是 correction 一词。社区矫正，顾名思义，是指在社区中进行的矫正工作。由于各国矫正对象、实施矫正的主体，以及学者理解的不同，对其进行的概括就难免存在不同程度的差异。一般来说，社区矫正是罪犯改造工作的重要组成部分，是有条件地将部分罪行较轻或已经经过一定期限的监禁教育、改造表现较好、解除监禁不致再侵害法益的罪犯，在社区中由专门的国家机关在相关社会团体和民间组织以及社会志愿者的协助下，在判决、裁定或决定确定的期限内，矫正其犯罪心理和行为恶习，并促进其顺利回归社会的非监禁刑罚执行活动的总称。[1]社区矫正自20世纪三四十年代在欧美地区出现以来，现已成为当代西方社会最主要的刑罚形式。社区矫正标志着人类刑罚观念的进步，既体现了人道主义关怀，又有利于降低社会管理成本。美国《国家咨询委员会刑事司法准则与目标》将社区矫正定义为社区中的所有犯罪矫正措施，美国学者萨胡就持这种观点。但有些学者将缓刑和假释排除于社区矫正之外。还有些学者将监狱增强罪犯同社会接触机会的开放式措施涵括于社区矫正。根据美国的矫正实践，其于社区内进行的矫正措施包括了对刑满释放者的矫正。

大陆法系的社会内处遇，也叫社区处遇，是与机构处遇或设施内处遇相对的概念。很多学者把它和社区矫正混用，但实际上社区处遇的外延要比社区矫正广，除了社区矫正外，它还囊括了监狱的开放式处遇制度以及刑满释放人员的更生保护制度。根据大陆法系刑法的观点，社区处遇是指以假释、保护观察和更生保护为中心，使犯罪者在现实社会内，在过着自律性生活的同时，接受以改善更生为目的之措施。在法、德、挪威、瑞典等国，缓刑考验期被直接称为保护观察期，故缓刑被包含在保护观察之中。社会内处遇还包含了尽量使设施内处遇的生活条件更接近于一般社会生活状态的含义，因此，对于刑满释放者更生保护也属于社会内处遇。

我国目前的社区矫正，根据权威部门和研究机构的解释，是一种与监禁矫正相对的行刑方式，是指将符合社区矫正条件的罪犯置于社区内，由专门的国家机关在相关社会团体和民间组织以及社会志愿者的协助下，在判决、裁定或决定确定的期限内，矫正其犯罪心理和行为恶性，并促进其顺利回归社会的非监禁刑罚执行活动。简单地说，就是让符合法定条件的罪犯在社区中执行刑罚。

从以上几种社区矫正的界定来看，各种概念的广义或狭义主要决定于社区矫正所指涉的对象范围和矫正的主要场所。如果将社区矫正的对象限定于罪犯，那么，将刑满释放者作为矫正对象就属于对该概念的不当扩张，上述的前几种概念基本都将刑满释放者包括进去，比我国的社区矫正范围都要广；

---

[1] 朱奕："社区矫正：国内史无前例的刑罚改革"，载《开放潮》2003年第10期。

如果从矫正的主要场所来考察，在监狱设施内或以监狱为主实施的行刑社会化就不属于社区矫正，那么，前述的包括监狱的开放性措施或者使设施内的措施接近一般社会生活状态的做法就不是社区矫正。由此观之，将我国当前在监狱外开展的矫正工作称为社区矫正比较恰当，但如何正确地界定社区矫正还有赖于对这一活动的准确概括。

因此，我国前述的社区矫正定义不够全面。因为，在社区对犯罪人的矫正除了刑罚的执行外，还包括对有关并不属于刑罚执行的刑罚制度，如缓刑、假释。因此，用社区矫正的以下定义来概括当前的社区矫正工作就比较合适。社区矫正，是通过适用各种非监禁性刑罚或刑罚替代制度，使罪犯得以留在社区中接受教育改造，以避免监禁刑可能带来的副作用，并充分利用社区资源参与罪犯矫正事业的一种罪犯处遇制度。然而，从"矫正"本身来看，它的性质既不受矫正场所的限制，也不受矫正对象是否是罪犯的限制。从预防犯罪和再社会化的各国立法和实践来看，社区矫正并不仅仅限于在监外执行刑罚或实施有关的刑罚制度，它还包括了对刑满释放人员的矫正，以及对青少年的帮教。因此，如果从社区矫正对象应包括刑满释放人员的角度来看，我国的以上两种定义反映的只是狭义的社区矫正概念，即对罪犯的社区矫正，而不包括现行的安置帮教工作。事实上，对刑满释放人员的安置帮教，以及对失足青少年的帮助工作应该也可以成为社区矫正的重要内容。当然，当前将社区矫正划定于一定的范围，决定机关也有自己的考虑。所以，对于目前的社区矫正，我们还必须以发展的眼光来看待。

3. 社区矫正的历史发展脉络

对受刑人进行矫正的思想最早可追溯到 16 世纪。文艺复兴运动以及由此带来的对人的尊严和价值的认识和尊重，促使 16 世纪的欧洲产生了现代意义上的监禁制度，英国伦敦感化院和荷兰阿姆斯特丹监狱是欧洲早期监狱的典范。最初的监狱，关押有劳动能力但却好吃懒做和扰乱社会治安的人，对他们进行训练，使他们自食其力，安分守己地生活。由于这些机构是用来进行"矫正"——即训练教育——的场所，于是就按这种基本概念命名，叫做"矫正院"。在矫正院里，刑罚的执行被看成是通过劳动和有秩序的生活进行训练教育。当时声名显赫的阿姆斯特丹斯平豪斯监狱大门上的横幅标语是这种矫正思想的最好见证："不要害怕！我不是以牙还牙，而是强迫你为善。我手腕似铁，但我心中充满慈爱。"欧洲的许多国家都建立了这种矫正院。然而这些矫正机构只是对封建刑罚滥用的局部纠正，因为没有充分的理论论证和健全的制度保障，这些机构在 18 世纪逐渐退化了，大多变成了骇人听闻的恐怖之地。

产生于 18 世纪的刑事古典学派的刑罚思想，继续高举反封建刑罚的大旗，只是其理论旨趣已不再是对受刑人进行矫正，而是立足于绝对的意志自由，探求应当追加于受刑人的刑罚额度，以实现正义。"在刑事古典学派的刑罚理论中，只有惩罚的概念而没有矫正的概念。"19 世纪末期，犯罪现象日益增多，累犯、惯犯现象日益严重，迫使人们对刑事古典学派的刑罚思想进行反思，于是，以有效抑制犯罪、防卫社会为目的的刑事实证学派应运而生。基于对意志自由的否定，刑事实证学派否定了刑罚的惩罚性：立足于对犯罪的病理性的理解，龙勃罗梭认为刑罚是对犯罪人进行积极救治的手段，通过刑罚改变行为人性格的危险性，防卫社会；立足于对犯罪的人身危险性的认识，菲利提出了刑罚的矫正性，并以此作为刑罚进步的标志。菲利认为：在人类处于最野蛮的状态下，其刑法典只有惩罚的规定，而没有关于矫正罪犯的规定，随着人类文明的进步，则出现了只有矫正而没有惩罚的观念。[1] 在 20 世纪前期，两次世界大战和战争所造成的经济萧条以及反对行刑人道化和现代化的法西斯政府，给本来就发展缓慢的改善行刑条件的进程设置了更加严重的障碍。直到第二次世界大战之后，在公众和学术界的舆论中，对受刑人进行矫正的观念才重新受到重视。

刑事实证学派的矫正观念，主要局限于监狱内的矫正。但是，累犯、惯犯等现象的日益严重，使人们对狱内矫正的效果越来越感到怀疑，犯罪人数的增加、当前刑事机构的过分拥挤和政府拨款的减少都对进一步开展矫正改革产生了极为不利的影响。人们开始将矫正的目光由监狱转向社会，缓刑、假释等社区矫正制度逐渐成为重要的行刑方式。

如今，社区矫正已成为世界各国广为采用的一项刑罚制度。2000 年的数据统计显示，加拿大适用社区矫正刑的比例在全世界最高，达到 79.76%，澳大利亚达到 77.48%，新西兰为 76.15%，法国为 72.63%，美国为 70.25%，韩国和俄罗斯较低，但也分别达到 45.9% 和 44.48%。联合国的许多文件和公约，例如：《联合国非拘禁措施最低限度标准规则》《非拘禁制裁研究的原则

---

〔1〕〔意〕菲利：《实证派犯罪学》，郭建安译，中国政法大学出版社 1997 年版，第 56 页。

和指南》和《减少监禁人数、监外教养办法和罪犯的社会改造》等，也大力倡导非监禁刑措施或监禁替代措施，发展和增加使用社区矫正刑已成为一种历史潮流和国际趋势。

在我国，社区矫正不是刑种概念，而是一种刑罚执行方式的概念。现在提出社区矫正是为了更加科学、有效地执行相关法律规定。社区矫正有利于探索中国的刑罚执行制度，并以强大的生命力在我国迅速发展。

（二）我国建立社区矫正制度的必要性

社区矫正，是指积极利用各种社会资源、整合社会各方力量，对罪行轻微、主观恶性较小、侵害法益程度不严重的罪犯或者经过监管改造、确有悔改表现、不致再侵害法益的罪犯置于社区内，进行有针对性的管理、教育、改造的工作，反映了目前国际社会刑罚制度的发展趋势。在我国推行和发展社区矫正。社区矫正是适应我国政治、经济、社会及文化发展要求的体现，是十分必要的，在很多方面都具有重要意义。

1. 我国建设和谐社会的需要

中共中央在《关于构建社会主义和谐社会若干重大问题的决定》中指出要"完善司法体制机制，加强社会和谐的司法保障"，并强调了"教育矫治"的制度。虽然此处并没有直接用社区矫正的字眼，但是社区矫正无疑是一种很好的教育矫治方法。社区矫正体现的刑罚的轻缓化、恢复性司法等理念已成为全球刑事立法与司法的趋势，而这与我国构建和谐社会的目标无疑具有异曲同工之效。

虽然"严刑峻法"在我国有一定的历史传统，但在现如今构建和谐社会的理念和目标下，毫无疑问，"轻刑化"才是我国刑法乃至世界刑法发展的潮流之所在。追求社会和谐，不仅要在道德伦理层面倡导宽容精神，更需要用制度来体现和保障宽容。宽容只有进入法律，它才会成为被宽容对象的权利，而不是宽容者施加的恩惠。19世纪末20世纪初兴起的刑事实证学派的刑罚轻缓化思想就主要体现在他们的矫正刑理论。实证学派认为，为了有效地预防犯罪，应当注重对犯罪人的矫正改造而不是刑罚惩罚。虽然现在不同的流派的刑事政策各有所侧重，但轻刑化趋势、教育刑的实施等是其共有的特征。犯罪人被适用轻缓化的刑罚，给予社区矫正的对待，可以减轻或解除犯罪人对刑罚执行的抗拒和逆反心理，自觉接受矫正改造。而且因犯罪人有机会履行抚养子女、赡养老人和维系家庭生活的责任，也避免了家庭的破裂，维护了一个家庭的和谐稳定。另外，将犯罪人放在社区进行矫正改造，使犯罪人周边的群众可以直观地了解犯罪人的犯罪原因、其家庭情况和悔改自新的具体表现，在了解犯罪人自觉接受矫正改造的基础上容易接纳犯罪人，可以最大限度地化消极因素为积极因素，修复社会裂痕，成为构建社会和谐稳定的一块基石。

恢复性司法强调的是犯罪损害后果的赔偿与恢复，这在社区矫正制度下具有了实现的可能性。监狱行刑的情况下，犯罪人没有创造财富的机会，因此对犯罪行为的被害人造成的危害往往无钱赔偿。这造成了很多受害人由于损失无法得到赔偿而怨恨犯罪人，导致犯罪人与被害人及其家庭成员、亲友之间的不和睦，从而使社区成员间的联系和信任受到破坏。而社区矫正可以在一定程度上改变这种情况。因为适用社区矫正的犯罪人要参加劳动，获得的报酬除支付一定的矫正费用外，应给予被害人一定比例作为补偿。被害人在接受了犯罪人的物质赔偿和精神上真诚的道歉后，会消除心理的积怨，有利于和谐社会关系的恢复。从这个意义上讲，社区矫正既能够最大限度地降低刑罚对社会关系形成的再次冲击与破坏的风险，减少犯罪人与被害人的冲突与紧张关系，又能够使得人与人之间做到真诚地谅解与包容，降低社会人际冲突的发生可能性。

犯罪与社会有着不可分割的联系，要构建和谐社会就要在社会层面上解决犯罪问题；要在社会层面上解决犯罪问题，就要通过法律确定社区矫正制度，从而为犯罪人回归社会创造条件。因此，社区矫正是对犯罪较为轻微的对犯罪人采取的一种非监禁的行刑方式，通过社会化、法制化和人性化的矫正方式，预防犯罪、减少犯罪、化消极因素为积极因素，从源头上控制和减少不和谐因素，确保群众安居乐业，为全面建设小康社会，营造一个和谐、稳定的政治环境和社会环境。

2. 保障人权的需要

在保障人权成为国际潮流的背景下，每个国家都致力于本国公民权利的保护，犯罪人的权利保障更是重中之重。在西方发达国家，越来越多的人认识到，保障犯罪人的人权是整个社会对罪犯所负的责任，是国家应承担的强制性义务。对罪犯的人权保障不应仅局限于避免对其的打骂虐待、刑讯逼供等上，而且应当通过刑罚手段使犯罪人得到发展和改善，使其重新融入社会，改过自新。从这层意义上说，社区矫正是迄今为止人类历史上出现的最能保障犯罪人人权的刑罚执行方式。

尽管罪犯侵害了法益，被判罪服刑，但他也有与正常人一样的需求和情感，有一些基本权利需要得到保障。社区矫正在很大程度上满足了罪犯的权利需求和情感需求。一是社区矫正满足了罪犯渴望自由的需求。自由是公民所享有的最基本的权利之一，也是其他方面的权利存在的基础。在市场经济社会，个人的独立与自由是市场交换的基础，个人自由具有空前的价值。这一点对罪犯也适用。社区矫正是在社区环境中对罪犯进行监管和矫治，罪犯并不脱离正常的社会生活，与监禁矫正相比，具有较大的自由度。二是社区矫正还赋予了罪犯的一些基本人权，如性权利、亲情权和人格权等。罪犯如果被判刑入狱，就无法过正常的家庭生活，容易导致家庭生活残缺，婚姻关系名存实亡。而社区矫正使罪犯保持健全的家庭生活和稳定的婚姻关系，从而使其性权利和亲情权都得到了满足，促使罪犯更加珍惜家庭的温馨，承担起自己对家庭应负的责任。这反过来有利于维护罪犯的婚姻和家庭稳定，减少家庭矛盾，并能在生活上兼顾到家庭，提高他们对家庭的亲和力，促使犯罪人安心服刑，从而加速罪犯的自我改造。同时，社区矫正改变了罪犯的处遇环境，使罪犯脱离了判刑入狱的"标签化"过程，又把行刑主体由行刑机关换成了矫正工作者和志愿者，使之与矫正对象之间的关系更加平等和平和，使罪犯的人格得到了尊重和满足，体现了以人为本的理念。

3. 提高行刑经济性的需要

行刑的经济性主要体现在两个方面：一是有利于为国家节约大量的财政资源。开展社区矫正，既有利于监狱集中人力、财力和物力矫正那些只有在监禁条件下才能改造好的犯罪分子，又可以有针对性地对那些不需要监禁的罪犯在社区中实施社会化教育，还可以防止严重犯罪分子与其他罪犯之间的交叉感染，提高对所有罪犯的教育改造质量，有利于合理地配置行刑资源，减少行刑的成本。我国是一个发展中国家，财政资源并不宽裕，用钱地方甚多，不应忽视行刑的经济性，即在行刑中以最小的投入来获得有效地预防和控制犯罪的最大社会效益，使刑罚执行成本最小化，而效益最大化。监禁刑的行刑成本要比非监禁刑的行刑成本高得多。有关资料表明，我国监禁一名罪犯每年需要开支平均为 1 万元左右，城市地区高达 2 万元左右，仅 2002 年全国监狱执法经费支出 144 亿元，平均关押一名罪犯的年费用为 9300 多元

（不包括监狱设施建设维护费），而对每名社区矫正对象每年投入矫正经费约2000～3000元（参照南京市鼓楼区和江宁区两地区试点情况），行刑成本可节约70%～90%。而且目前，监狱拥挤问题非常严重，给监狱的管理、犯人的教育等都带来巨大的困难，致使有限的监狱经费入不敷出，包袱越背越重，远远不能满足监狱建设和发展的正常需要，迫使监狱偏离自身的性质而过度地追求创收。这种现状既造成国家财政资源的不合理使用，也降低了服刑人员的教育改造质量。无疑，社区矫正将是有效缓解监狱压力的重要途径，是解决监狱人满为患问题的最有效办法。二是有利于解决服刑人员的经济困难。一般来说，监狱往往只注意安全和秩序，服刑人员在狱中学到的在社会上生存所需的劳动技能非常有限，而且在刑罚强制的条件下，服刑人员被迫接受教育的效果通常是十分消极的。他们长期在高墙内生活，与外部世界相隔离，对社会上发生的事情知之甚少，独立动手能力乃至谋生能力较差，这对其本人日后的生活和整个家庭都可能产生长期的负面影响。很多罪犯往往是家里的主要劳动力，他们一旦被关押，其家属的生活就会出现很大的危机。而实行社区矫正可以最大限度地减少对犯罪人人身自由的限制，使其尽可能多地接触社会、了解社会，有利于他们早日融入社会。如果改造好了，则可以达到人性的复归，学到有用的知识，培养劳动技能，打好生活基础。通过社区矫正，可以使其在社会上从事正当的职业并获得报酬，成为自食其力的守法公民，并且能为家庭提供经济上的支持，解决家庭生活上的困难，增强家庭责任感和社会责任感。

4. 防止监狱行刑的悖论和促进罪犯再社会化的需要

在执行自由刑为主的监狱体制的建立过程中出现了多种行刑理论和制度，如报应刑论、教育刑和综合刑论等。但是人们发现各种刑制的执行并没能达到预期目的，监狱在某种程度上走入困境，形成了监狱行刑的悖论：一是复归理想与复归效果的矛盾。无论是报应刑论者还是教育刑论者都有一个基本的认识：那就是通过监狱的行刑活动能够有效地矫正、改造、重塑受刑人的人格，使之顺利健康地重返社会。然而在囚禁的状况下，很难设想在一个不正常和封闭的监狱里，能够培养出具有良好市民所需的一切品性的囚犯。监禁刑的使用，不可避免地会造成罪犯之间的交叉感染，使监禁刑的一部分正面作用遭到抵消。再加上那种特殊环境下的人格降低的挫折感和与世隔绝远离生活的消沉，自主性安全感的缺失，往往使有的监狱在某种程度上，不仅未能改造，反而倒成了培育犯罪阴暗心理的场所。把一个人从正常的社会中抓走，放入一个不正常的社会中去，而在他获释后，又希望他适应正常社会的生活，这往往是不可能的，是不符合逻辑的。而且刑满释放人员因长期监禁，回到社会后社会相容性和适应能力差，就业困难，社会歧视明显，容易沉淀为新的社会消极因素，走上重新犯罪道路。重新犯罪率的居高不下，或多或少地说明了问题。二是一般威慑与犯罪现实的矛盾。威慑理论认为人们实行犯罪行为与否决定于他对犯罪获利和刑事后果的权衡，监狱的痛苦能威慑潜在的罪犯，但越来越高的犯罪率说明，监狱的威慑力是有限的，这种现实与理想之间的矛盾使人对自由刑的合理性产生怀疑。中国现行的刑罚制度是以监禁式教育改造为主，这种方式已显露诸多弊端。而社区矫正制度的采用，将一些罪行较轻危害性较小的罪犯放置于社会中，一定程度上弥补监狱的不足和无力感，缓解了压力，防止了监狱行刑的悖论发生。

社区矫正以罪犯的复归社会为终极目标。这种对社会的复归可以称之为再社会化。发展的方向是，再社会化形式从强制性再社会化向参与性再社会化转变，与此相适应，监禁刑逐步向非监禁刑转变，社区矫正是一条促进罪犯再社会化的有效途径。

5. 建立社区矫正制度是完善我国刑罚执行体系，是我国非监禁刑执行落到实处的需要

20 世纪前后，世界行刑思想逐步从报应刑的思想向教育刑的思想转变，国际上大量采用非刑罚化、非监禁化的开放式处遇的行刑方法来处置犯罪人，增加罪犯与社会的接触，缩短罪犯与正常生活的距离，成为一种新的行刑理念。社区矫正不是主观意愿的产物，而是一种客观发展的产物，是监狱制度发展到一定时期的必然、积极的选择。而我国在这方面比较保守，行刑政策落后于国际行刑发展趋势，所以我们要积极开展社区矫正等形式的开放式处遇措施。因此，开展社区矫正是我国刑罚执行的需要。

我国的刑罚种类比较齐全，配置较合理，但是在执行方面存在不足之处。为了顺应国际刑罚趋势，我国应加强非监禁刑的适用。但许多刑种或执行方法，由于缺乏可操作性，几乎流于形式或形同虚设。社区矫正就可以对这方面的问题进行弥补和救助。

我国的非监禁刑种主要有管制和剥夺政治权利，非监禁刑执行方法主要有缓刑、假释和监外执行。根据有关统计，管制适用率 1999 年为 1.23%，

2000 年为 1.21%，2001 年为 1.26%，2002 年为 1.45%，2003 年为 1.58%；缓刑适用率 1999 年为 14.86%，2000 年为 15.85%，2001 年为 14.71%，2002 年为 16.98%，2003 年为 18.47%，并且有些法院几乎不使用缓刑这种刑罚方法；假释适用率 1996 年为 2.58%，1997 年为 2.90%，1998 年为 2.06%，1999 年为 2.11%，2000 年为 1.63%；监外执行适用率为 2001 年 1.13%；剥夺政治权利（在社会上执行的）据江苏省高级人民法院统计，1997 年该省共对 29 919 人判处刑罚，但没有独立适用剥夺政治权利的，1998 年共判处犯罪分子 33 114 人，独立适用剥夺政治权利的仅为 1 人，1999 年判处犯罪分子 38 503 人，也没有独立适用剥夺政治权利的。从以上数据可以看出，中国在非监禁刑适用方面是微乎其微的，与国际上非监禁刑普遍适用截然相反。据我国司法部预防犯罪研究所统计的数字，2000 年就缓刑和假释两项，适用社区矫正的比率，加拿大为 79.76%，澳大利亚为 77.48%，美国为 70.25%，韩国为 45.90%，俄罗斯为 44.48%。在瑞典，1998 年刑罚执行系统有罪犯 19 400 余人，其中近 16 000 人在社会执行，非监禁刑适用率达到 82.47%。这与我国形成了鲜明的对比，所以在中国社区矫正势在必行，并且有迅猛扩大和发展的势头。

非监禁刑执行数量微乎其微的原因主要在于我国刑罚执行制度的不合理，执行机关不协调。比如管制刑、缓刑等，由公安机关作为主要执行机关，但是公安机关的职责不断扩大与警力不足，公、检、法、司等部门沟通不畅，使社区矫正未试行之前的社会刑罚的理念革新、管理大打折扣，使它们存在漏洞，出现"真空"现象。如果社区矫正是由公、检、法、司、社区工作人员和社会志愿者等共同执行，就能使非监禁刑落到实处。

（三）我国的社区矫正实践

我国大陆最早的社区矫正实践是由石家庄市长安区人民检察院于 2001 年 5 月发出的"社区服务令"。同年 8 月，该院出台了《关于实施"社区服务令"的暂行规定》。根据这一规定，对符合不起诉条件的未成年犯罪嫌疑人，由检察机关下达"社会服务令"，推荐到社会公益性机构，由检察机关聘用的辅导员对其进行思想感化教育，并在规定的时间从事有益的无薪工作，对社会作出一定补偿。检察机关根据未成年犯罪嫌疑人社会服务期间的工作表现，决定是否对其作出不起诉处理来代替对其指控。然而，这并不是真正意义上的社区矫正。严格来说，它不过是检察院对符合不起诉条件的未成年犯罪嫌疑人的一种附条件的不起诉。

国内比较规范且较为成型的社区矫正试点工作最先在上海展开。2002 年7 月开始，上海市的普陀区曹杨街道、徐汇区斜土街道、闸北区宝山街道开展了社区矫正工作试点。为顺利开展矫正工作，上海市在 2002 年 8 月作出部署，试点街道要建立社区矫治工作小组，按适当比例配备社区矫治工作者，人员主要来源于上海市监狱局派出的干警和社区担当这项工作的人员。社区矫正工作小组是实施社区矫正工作的执行主体，其任务是：对社区内被判处缓刑、管制、剥夺政治权利以及假释、监外执行的各类对象进行管理和教育；负责掌握矫治对象的现实表现，定期进行访谈，组织各类公益活动，建立社区志愿者队伍，制作考核材料及相关的法律文书，协助有关单位解决社区矫治对象的实际困难。

继上海之后，2003 年 3 月，南京市玄武区人民法院少年法庭开始尝试对一些未成年被告人暂缓判决或是在判处有期徒刑、拘役、宣告缓刑后发出"社区服务令"。2003 年 6 月，北京市开始在东城、房山、密云 3 个区县的 47 个街道、乡镇对罪犯进行社区矫正工作。然而，由于社区矫正没有法律依据，各地的试点工作在具体执行上存在着很多问题。为此，2003 年 7 月 10 日，最高人民法院、最高人民检察院、公安部和司法部联合发布了《关于开展社区矫正试点工作的通知》（以下简称《通知》），明确了社区矫正的定义、适用对象、适用范围等重要问题。《通知》将社区矫正的适用范围主要限于下列 5种罪犯：第一，被判处管制的；第二，被宣告缓刑的；第三，被暂予监外执行的，具体包括：（1）有严重疾病需要保外就医的；（2）怀孕或者正在哺乳自己婴儿的妇女；（3）生活不能自理，适用暂予监外执行不致危害社会的；第四，被裁定假释的；第五，被剥夺政治权利，并在社会上服刑的。在符合上述条件的情况下，对于罪行轻微、主观恶性不大的未成年犯、老病残犯，以及罪行较轻的初犯、过失犯等，应当作为重点对象，适用上述非监禁措施，实施社区矫正。《通知》发布以后，各地在总结经验的基础上，依据通知，进一步扩大了试点的范围。2003 年 8 月，北京市房山区法院制定了《关于社区矫正制度的实施意见》；东城区人民法院向被宣告缓刑的罪犯发放《北京市东城区人民法院社区矫正工作告知书》。北京市规定每个具有劳动能力的社区矫正对象每月参加公益劳动的时间不少于 10 个小时。江苏省规定每月 12 个小时[1]。上海市除专门成立社区矫治办公室外，还制定了矫正义工制度，规定凡是符合劳动条件的矫治对象每周必须参加不少于 4 个小时的义工劳动。为保证矫正工作的实施，上海市组织了一批由干警、中小学教师和街道工作人员组成的矫正工作人员，负责具体的矫正工作。他们与社区干部一起，对矫治对象开展了普遍的情况摸排，组织对象开展公益性劳动，进行教育疏导工作。这些矫正工作人员在上岗前都要接受华东理工大学社会工作专业一个半月的培训。与此同时，各个街道还无偿招募了一批社会志愿者协助帮教社区里的服刑人员。这些志愿者中，有企业主、厂长、经理，有原先就从事司法行政工作的退休干部及社区服务人员，也有在校的大学生等。上海市和北京市制定了一些相关法规，成立了社区矫正领导机构，配备了部分社区矫正专业人才。在总结各试点省市经验的基础上，司法部于 2004 年 5 月出台了《司法行政机关社区矫正工作暂行办法》，进一步统一和规范了社区矫正试点各环节的工作。

山西也属于试点省份之一。根据中央政法工作会议精神，山西省委、省政府极为重视社区矫正工作，专门成立了由省委常委、政法委书记、公安厅长任组长，省政府副省长任副组长的领导组。全省政法工作会议对此进行了周密部署，该省司法厅做了大量的前期准备工作：建立了专门机构，到浙江省、湖北省进行了考察，起草了《山西省社区矫正试点工作实施意见》，制定了《山西省社区矫正工作流程》《山西省社区矫正工作领导组办公室职责》《山西省社区矫正各部门衔接办法》《山西省社区服刑人员管理工作规定》《山西省社区服刑人员教育工作规定》《山西省社区服刑人员考核奖惩办法》等相关文件，为该省开展试点工作提供了思想上、组织上和制度上的保障。该省社区矫正工作领导组决定在太原市 6 个城区、晋中市榆次区、灵石县先行开展试点工作，在试点取得经验的基础上在全省逐步推开。比如，2007 年 9 月 30 日，由太原市人民法院、检察院、公安局、司法局 4 部门拟定的《太原市社区矫正试点工作方案》正式施行，太原市 6 城区被纳入试点工作范围内。之后，太原市 2200 余名符合条件的服刑人员，陆续离开监所，回到社区，从事一定的工作、劳动或社会服务。社区矫正工作由社区矫正专业工作者和志

---

[1] 周国强：《社区矫正制度研究》，中国检察出版社 2006 年版，第 266 页。

愿者组成。专业工作者主要由司法所与派出所的专职人员组成，其中司法所的专职工作人员不少于 3 人。志愿者则包括社区干部、高校学生及矫正对象的近亲属和原工作单位人员等。

山西省的社区矫正试点工作分为三个阶段：一是准备阶段，于 2006 年 9 月至 2007 年 3 月，主要任务是向省委、省政府请示，开展社区矫正试点工作，确定省社区矫正工作领导组成员，制定《实施意见》《工作流程》和有关工作制度。二是实施阶段，从 2007 年 4 月至 12 月，主要任务是召开全省社区矫正试点工作会议，各试点单位建立社区矫正工作机构，确定工作人员，明确职责任务，制定工作计划，落实保障措施，为矫正对象制定矫正方案，建立矫正对象个人档案，实施社区矫正。三是总结阶段。即 2008 年 1 月至 2 月，主要任务是总结经验，查找不足，提出建议，为 2008 年扩大试点做准备。各级从事社区矫正试点的工作人员积极、主动地开展工作，大胆探索，努力提高社区矫正效果，为社区矫正试点工作在该省逐步扩大试点范围，直至在该省全面铺开，试出成效，提供经验。据统计，试点单位已对 1 034 名社区服刑人员进行了交接和矫正，已有 101 人期满解除矫正。社区矫正能促使服刑人员改过自新、降低重新犯罪率，已经成为我国刑罚制度发展的新趋势。在前期试点的基础上，该省决定在全省推进这一工作。具体进程为，2009 年正式启动社区矫正工作；2010 年，119 个县（市、区）全部开展；2011 年，所有乡（镇）、街道全面展开。

截至 2009 年 10 月，全国共有 27 个省（区、市）的 208 个地（市、州）、1 309 个县（市、区）、14 202 个乡镇（街道）开展了社区矫正试点工作，累计接收社区服刑人员 35.8 万人，解除矫正 17.1 万人，现有社区服刑人员 18.7 万人。我国的社区矫正工作试点取得了很多成绩，在全国铺开时机已经成熟。于是，最高人民法院、最高人民检察院、公安部、司法部在 2009 年 10 月联合下发了《关于在全国试行社区矫正工作的意见》（以下简称《意见》）。《意见》明确从 2009 年起在全国试行社区矫正工作。《意见》提出，试点省（区、市）要积极探索社区矫正工作规律，总结完善社区矫正试点经验，研究解决试点工作中的困难和问题，尚未在全辖区试行社区矫正工作的，要在全辖区试行社区矫正工作。非试点省（区、市）要借鉴试点地区的有益经验，视情况可以先行试点再全面试行，条件具备的也可以直接在全辖区试行。2003 年以来，全国 18 个省（区、市）先后分两批开展了社区矫正试点工作，此后又有 9 个省（区）在党委、政府领导下先后进行了试点。几年来，社区矫正试点工作进展顺利，成效显著，在维护社会和谐稳定、降低刑罚执行成本等方面发挥了重要作用，在完善我国非监禁刑罚执行制度方面做出了有益探索，积累了丰富经验。《意见》强调，要按照"首要标准"的要求，进一步加强对社区服刑人员的教育矫正、监督管理和帮困扶助，努力减少重新违法犯罪；进一步加强社区矫正工作机构和队伍建设，不断完善社区矫正管理体制和工作机制；进一步加强社区矫正工作的制度化、规范化建设，积极推进社区矫正立法进程，探索建立中国特色非监禁刑罚执行制度。《意见》指出，社区矫正的适用范围主要包括：被判处管制、被宣告缓刑、被暂予监外执行、被裁定假释以及被剥夺政治权利并在社会上服刑的 5 种罪犯。在全面试行社区矫正工作中，要准确把握社区矫正的刑罚执行性质，不得随意扩大或缩小社区矫正的适用范围。在符合法定条件的情况下，对于罪行轻微、主观恶性不大的未成年犯、老病残犯，以及罪行较轻的初犯、过失犯等，应当作为重点对象，适用非监禁措施，实施社区矫正。《意见》要求，各地要紧紧依靠党委、政府的领导，努力把社区矫正工作纳入当地经济社会发展总体规划，建立社区矫正工作领导小组或联席会议制度；要研究制定社区矫正工作实施方案，加强对社区矫正工作的调查研究；要大力加强社区矫正工作宣传，为全面试行社区矫正工作营造良好的社会氛围。

二、我国社区矫正制度的初创

社区矫正集中体现了各国在矫正领域中的创新精神，也是刑罚从以监禁刑为主向以非监禁刑为主的世界性发展趋势的主要标志之一。在我国，自2003 年社区矫正试点以来，社区矫正工作在我国大部分省份如火如荼地开展，各地的运行机制显示了明显的地方特色。北京、上海这两个中国最发达的直辖市在试点社区矫正工作的过程中，形成了各自不同的模式。先试地区为其他地区的社区矫正工作提供了借鉴，在此基础上，各地应结合本省社会和经济发展的具体状况，积极探索社区矫正工作规律，总结完善社区矫正试点经验，研究解决试点工作中的困难和问题，在全辖区试行社区矫正工作，积极探索出本地的符合实际的社区矫正的工作模式和操作规程。

（一）社区矫正模式的摸索

社区矫正，也称为社区矫治、社区处遇，是不将符合一定条件的犯罪人投入监狱，而是将其放在社区对其进行刑罚执行、矫正及帮扶的一项司法活动。现代意义上的社区矫正起源于 20 世纪 30 年代至 50 年代的欧美国家，特别是第二次世界大战以后，欧美国家的犯罪问题日益严重，犯罪人大量增加，监狱人满为患，行刑社会化的趋势成为不可阻挡的时代潮流。基于预防犯罪、使犯罪人尽早地回归社会的需要，也为了降低刑罚执行的成本，社区矫正这一崭新的行刑方式也就应运而生。

从国际社会的发展趋势来看，刑罚制度已经从以监禁刑为主的阶段进入了以非监禁刑为主的阶段。社区矫正在国外受到特别的重视，是当今世界各国矫正领域中发展最快的一个，也是集中体现各国在矫正领域中的创新精神的领域之一。在许多国家中，适用社区矫正的人数大大超过监禁人数，取得了良好的社会效益。我国长期以来过分期待监狱发挥净化社会功能的文化传统和刑事政策，使我国进入 21 世纪以后仍然实行着以监禁刑为主的刑罚制度，这和西方国家 20 世纪中叶后逐步扩大的非犯罪化、非刑罚化及轻刑化的发展趋势，尤其是以非监禁刑为主的行刑理念与制度之间形成较大的反差。从我国现行刑罚制度来看，我国的社区矫正有自己的体系和特色，但与国外的情况相比，在适用的对象、范围、矫正的方法及其效果方面还有待加强。因此，我们需要对社区矫正制度进行完善。

社区矫正工作是贯彻落实宽严相济刑事政策的要求，改革完善我国刑罚执行制度的重要举措，是中央提出的司法体制机制改革的重要内容。经中央批准，社区矫正试点工作从 2003 年开始，2005 年扩大试点，2009 年在全国全面试行，社区矫正工作发展迅速，覆盖面稳步扩大，社区矫正人员数量不断增长。截至 2011 年 12 月底，全国 31 个省（区、市）和新疆生产建设兵团已开展社区矫正工作；各地累计接收社区矫正人员 88 万余人，累计解除矫正48.2 万人，现有社区矫正人员 40 万人，社区矫正人员的重新犯罪率一直控制在 0.2% 左右。在试点试行工作中，人民法院、人民检察院、公安机关和司法行政等有关部门认真履行职责，相互支持配合。各地普遍建立完善了党委政府统一领导，司法行政部门牵头组织，相关部门协调配合，社会力量广泛参与的社区矫正领导体制和工作机制，全面落实对社区矫正人员的监督管理、教育矫正、帮困扶助三项工作任务，积累了宝贵的实践经验，确保了试点试行工作的扎实推进。试点试行成功经验表明，中央关于开展社区矫正工作的决策是正确的，社区矫正工作适应了现阶段我国经济社会发展和民主法制建设的形势和需要，契合了构建和谐社会的时代要求，是进一步完善我国刑罚执行制度的有益探索。

社区矫正工作是推进社会管理创新的重要内容，是加强特殊人群管理的重要手段。建立和完善适应宽严相济刑事政策要求的社区矫正工作体系，加强对社区矫正人员的管理、教育和帮扶工作，帮助他们顺利融入社会，减少重新违法犯罪，是政法机关，特别是司法行政机关的一项重要任务。目前，全国已有97%的地（市、州）、94%的县（市、区）和89%的乡镇（街道）开展社区矫正工作，社区矫正工作规模和覆盖面进一步扩大，社区矫正人员大幅增长，同时，我国社区矫正工作面临着新的挑战，同时也对进一步统一规范社区矫正实施工作提出了新的要求。

近年来，为了有力指导和规范社区矫正试点试行工作，"两院两部"先后印发了《关于开展社区矫正试点工作的通知》《关于扩大社区矫正试点范围的通知》《关于在全国试行社区矫正工作的意见》等指导文件，陆续出台了一批规章制度，有力保障了试点试行工作的顺利进行。《刑法修正案（八）》、2012年修订后的《刑事诉讼法》对社区矫正给予了法律上的肯定。同时，按照中央的要求，"两院两部"积极推进实施办法起草工作，广泛调研论证，采取不同方式听取各方面的意见和建议，研究制定了实施办法。实施办法将各地在实践中形成的行之有效的工作体制机制、矫正方法和模式等固定下来，上升为统一的制度，使之成为社区矫正工作的操作规范和基本依据，全面规范了社区矫正从适用前调查评估、交付与接收、矫正实施到解除矫正整个工作流程，针对性、操作性更强，为社区矫正工作提供了制度保障，并为研究制定《社区矫正法》，全面确立社区矫正制度，进一步完善刑罚执行制度，以及为推进刑罚执行一体化、专门化奠定了坚实的基础。制定出台实施办法，是推进社区矫正制度化、规范化、法制化建设的重要举措，也是全面贯彻中央关于加强和创新特殊人群管理要求和深化司法体制机制改革的重要制度成果，对于进一步加强和规范社区矫正工作，严格对社区矫正人员监督管理，提高教育矫正质量，促使其顺利融入社会，预防和减少重新违法犯罪，维护社会和谐稳定具有重要意义。最高人民法院、最高人民检察院、公安部、司法部按照司法体制机制改革的部署，贯彻中央关于加强和创新社会管理的要求，联合制定了《社区矫正实施办法》（以下简称《实施办法》），自2012年3月1日起施行。该规定为依法规范实施社区矫正，将社区矫正人员改造成为守法公民提供了重要依据。

（二）社区矫正的适用对象

根据中央批准的社区矫正试点意见，社区矫正的对象为：被判处管制、宣告缓刑、裁定假释、暂予监外执行以及被剥夺政治权利在社会服刑的5种罪犯。在社区矫正试行工作中，司法行政机关针对5种不同的社区矫正对象，采取分类管理、区别对待的矫正措施，取得了良好的法律效果和社会效果。目前，《刑法修正案（八）》明确了对被判处管制、宣告缓刑和裁定假释的罪犯依法实行社区矫正，2012年修订后的刑事诉讼法将暂予监外执行罪犯纳入社区矫正适用范围。为体现司法体制机制改革的要求，保持社区矫正试行工作的连续性，我国还按照《刑法》《刑事诉讼法》的规定，对于剥夺政治权利在社会服刑罪犯的刑罚执行方式作出了特别规定，明确由司法行政机关配合公安机关，监督其遵守《刑法》第54条，并及时掌握有关信息。同时，这类罪犯可以自愿参加司法行政机关组织的心理辅导、职业培训和就业指导活动。这样规定，目的在于整合各种社会管理资源，形成监管合力，帮助这类人员尽快地改造成为守法公民，也是立足当前，谋划长远，继续深化社区矫正试行工作的客观需要。

此外，为体现对未成年人的特殊保护，《实施办法》进一步完善了未成年人刑事司法制度，对未成年社区矫正人员的矫正作出了特殊规定，明确要求对未成年人实施社区矫正应当遵循教育、感化、挽救的方针，确立了单独实施、身份保护的矫正原则。针对未成年人的监督管理和教育矫正措施，要充分考虑他们的年龄、心理特点和身心健康发育需要，并积极协调有关部门为其就学、就业等提供帮助。

（三）对社区矫正服刑人员的具体监管措施

社区矫正的对象是在社区执行刑罚的罪犯，社区矫正本质上属于刑罚执行活动。对社区矫正服刑人员依法实施严格监督管理，既是刑罚执行的必然要求，也是维护社区安全，预防社区矫正服刑人员重新违法犯罪的前提和保障。

刑法明确规定，管制、缓刑、假释罪犯应当报告自己的活动情况，遵守会客规定，外出、居住地变更应当报经监督机关批准。《刑法修正案（八）》明确了对管制犯、缓刑犯可以适用禁止令。《实施办法》对法律的原则规定进一步作出了细化，明确规定了对社区矫正服刑人员的基本监管要求：一是报告义务。要定期向司法所报告其遵纪守法、接受监督管理、参加教育学习、社区服务和社会活动的情况；发生居所变化、工作变动、家庭重大变故以及接触对其矫正产生不利影响人员的，应当及时报告；保外就医的社区矫正人员还应当定期报告身体情况和病情复查情况。二是外出需审批。社区矫正服刑人员一般不得离开所居住的市、县（旗）。因就医、家庭重大变故等正当原因，确需离开的，应当经过批准，且外出时间不得超过一个月。三是进入特定场所需审批。社区矫正服刑人员进入人民法院禁止令确定需经批准才能进入的特定区域或者场所的，应当经县级司法行政机关批准。四是变更居住地需审批。社区矫正服刑人员一般不得变更居住地。因居所变化确需变更居住地的，应当提前一个月提出书面申请，由县级司法行政机关审批。居住地变更涉及具体执行机关的变更，县级司法行政机关应当在征求新居住地县级司法行政机关的意见后作出决定，并做好衔接工作。同时，《实施办法》还明确规定了司法行政机关对社区矫正服刑人员实施监督管理的具体措施：在日常管理中，要采取有针对性的实地检查、通讯联络、信息化核查等措施，及时掌握社区矫正服刑人员的活动情况；重点时段、重大活动期间或者遇有特殊情况，可以要求社区矫正服刑人员前来报告、说明情况；发现脱离监管的，要及时组织追查；要定期到社区矫正服刑人员的家庭、所在单位、就读学校和居住的社区走访，了解、核实社区矫正服刑人员的思想动态和现实表现情况。通过全面加强监督管理措施，促使社区矫正服刑人员认罪悔罪、遵纪守法，防止重新违法犯罪的发生。

（四）对违反监督管理规定的社区矫正服刑人员的处罚措施

对违反监督管理规定的社区矫正服刑人员依法给予必要的处罚，对重新违法犯罪的社区矫正服刑人员及时依法处理直至收监执行，是刑罚执行强制性、严肃性的体现。《实施办法》明确规定了监管处罚、治安管理处罚、刑事处罚的适用条件和程序，包括对社区矫正人员给予警告、治安处罚、撤销缓刑、撤销假释、对暂予监外执行的罪犯收监执行等，并明确列举了6种应当予以警告的情形、5 种应当撤销缓刑和假释的情形及 8 种暂予监外执行罪犯收监执行的情形。《实施办法》针对暂予监外执行罪犯的特殊性，明确这类罪犯受两次警告仍不改正的，就可以收监执行，较之其他社区矫正服刑人员，惩罚则更为严厉。同时，为了严格规范执法，《实施办法》规定，发现社区矫正服刑人员有违反监督管理规定或者禁止令情形的，司法行政机关应当及时调查核实有关情况，收集有关证据材料并作出相应处理。这些规定，明确了执法责任主体，规范了相关国家机关的执法行为，建立了社区矫正与监禁刑罚执行的制度对接，可以有效发挥处罚措施对社区矫正服刑人员的警示和威慑作用。

三、社区矫正与我国刑罚制度改革研究

2003 年《关于开展社区矫正试点工作的通知》的下达，标志着我国社区矫正制度的正式建立。社区矫正作为一种人道、民主、经济的罪犯处遇模式，代表着犯罪矫正的最佳走向。为什么将我国《刑法》中早已规定的管制、缓刑、假释制度列入此次社区矫正的范围之内呢？我认为原因主要在于我国既存的具有社区矫正性质的刑罚方法总体发展水平太低，例如缓刑、假释和管制的适用率极低，执行机制不健全、行刑效果不尽如人意等。此外一个重要原因就在于我国这些具有社区矫正性质的刑罚方法只具有类似于社区矫正的外在名称，而没有真正贯彻、领会社区矫正所蕴含的先进理念和价值追求。但是，我们发展社区矫正具有一定的现实迫切性，对社区矫正的引进并不是主动的"制度创新"，而是一种被动的、被现实所需要"制度移植"。

根据我国刑事法律，社区矫正的形式主要有缓刑、假释、管制和监外执行等。《刑法修正案（八）》规定了社区矫正制度。修改后的《刑法》第 38 条规定："对判处管制的犯罪分子，依法实行社区矫正。"第 76 条规定："对宣告缓刑的犯罪分子，在缓刑考验期限内，依法实行社区矫正。"第 85 条规定："对假释的犯罪分子，在假释考验期限内，依法实行社区矫正。"法律明确规定了社区矫正制度，并且需要进一步在司法实践中贯彻执行。这些刑罚方法是否完全适合我国国情？管制是否仍有存在的必要？是否应该像西方发达国家那样，增加一定形式的经济制裁的方法？根据罪犯个人情况的不同，在监督管理的严格程度方面应有所区别，是否应较好体现出从监禁刑到非监

禁刑刑罚方法之间的一个递进关系？这些都是社区矫正急需解决的基础理论问题，需要进一步探讨。

（一）制定社区矫正法的必要性

1. 实然状态：非监禁刑刑罚执行活动

《关于开展社区矫正试点工作的通知》中规定，社区矫正是指将符合社区矫正条件的罪犯置于社区内，由专门的国家机关在相关社会团体和民间组织以及社会志愿者的协助下，在判决、裁定或者决定确定的期限内，矫正其犯罪心理和行为恶习，并促使其顺利回归社会的非监禁刑刑罚执行活动。其基本定位是非监禁刑的刑罚执行活动。随着《关于开展社区矫正试点工作的通知》的公布，以及有关省、直辖市试点工作的开展，经过几年来的实践，一些具有代表性的问题逐渐暴露出来。

这些问题大致可以分为三类：第一类是立法层次的，如对被剥夺政治权利的犯罪分子以及其他各种形式的、在社会中服刑的犯罪分子，没有办法进行社区矫正；第二类是具有制度设计的，如从司法角度看，对于不遵守社区矫正的犯罪分子没有很好的惩罚机制，司法部门之间配合存在问题等；第三类是行刑过程中的问题，例如被矫正对象（罪犯）没有被惩罚的感觉，尤其是那些被判处缓刑的罪犯，再如被判处管制的犯罪分子很少。司法实务中的这些问题实际上暴露了把社区矫正定位于非监禁刑刑罚执行方法的不足之处。

（1）立法定性存在问题。

世界范围内，社区矫正的立法模式主要有以下几种：第一种模式为英国模式。该模式注重社区矫正的法律地位，将社区矫正作为一种主刑刑种，与其他刑种并列。英国的社区矫正制度在立法的框架下，是一种针对较轻犯罪的单独主刑刑种。

第二种模式为美国模式。该模式不是很注重社区矫正在立法上的地位，而更注重实践中的适用。具体表现为虽然从美国的有关规定看社区矫正是一种刑罚，但在实践中则更多地体现为一种非监禁执行方式。

第三种模式为日本模式。该模式将社区矫正纳入刑罚执行体系中，社区矫正和监狱矫正并列为矫正的两种方式，采取社区矫正被定位为刑罚执行的其中一种方法。

和美国一样，中国认为社区矫正是刑罚执行方法，但是在很多国家，尤其是欧洲大陆国家将之作为整个刑罚体系中刑罚种类的一种，或为主刑或为附加刑。之所以会出现这样的差别，主要原因在于，美国刑法理论的报应色彩日益浓厚，而欧洲大陆则比较注重保障人权和维护社会安全，人道主义色彩浓厚，"教育刑"占据上风。

（2）与现行刑罚体系无法衔接。

刑种作为我国刑罚制度的主要内容之一，从根本上讲，其形式和内容应该是一致的，而现在用社区矫正这种刑罚执行方式的名义实施诸如管制等刑罚，在事实上改变了内容，徒留形式而已。具体分析如下：

①管制。属于限制自由的刑罚，适用于罪行较轻的刑事犯罪分子。管制的期限为3个月以上2年以下，数罪并罚不得超过3年。管制期间被管制的罪犯必须遵守法律、法规，参加生产劳动的实行同工同酬。

管制刑在立法和法律适用上，一直存在较大争议。在审判实践中，管制刑适用率较低。根据最高人民法院统计，1999年全国各级法院判处刑罚的罪犯总数为608 259人，其中被判处管制的有7 515人，占总数的1.23%；2000年为646 431人，其中被判处管制的有7 822人，占1.21%；2001年为751 146人，其中被判处管制的为9 481人，占1.26%；2002年为706 707人，其中被判处管制的为9 994人，占1.41%。究其原因，主要存在以下一些因素：

从刑罚执行的实际效果看，管制刑与徒刑的缓刑具有相似的监督管理办法。但由于法律对于管制对象违反行为规则如何处理没有作相应的规定，容易导致管制刑罪犯的监督与管束流于形式。缓刑犯所受到的徒刑执行的威慑，远大于被管制对象。因此，从刑罚执行的实际效果看，审判机关更多地会选择缓刑而不是管制。

从刑罚功能的实现看，管制对于犯罪分子造成的身体和心理上的痛苦微乎其微，未能真正起到对犯罪分子本人的教育、惩戒作用，从而不能达到改造犯罪分子的特殊预防目的。而且，对于一般社会成员的警示和教育作用也较小，有时甚至给人以犯罪者没有被追究的印象，刑罚一般预防的功能也难以实现。由此，管制的判处，易受到社会的普遍质疑。

从刑罚择用的难度看，我国的刑罚结构中，管制刑排在拘役之前，但管制的刑期却长于拘役。对于判处拘役缓刑与判处管制，孰轻孰重，很难区分。尤其是在两者之间如何择用，法律与法理并无明确规定，但是从刑期看，拘役与有期徒刑是一脉相承的，审判人员对拘役的择用远较管制的择用更易把握。这是管制刑适用率低的一个重要因素。

②缓刑。我国缓刑适用得较少。比如，1999~2001年我国缓刑适用率分别为14.86%、15.85%、14.71%。制约缓刑适用的问题主要集中在：

第一，立法上的缺陷。我国刑法对缓刑适用条件的规定过于抽象。根据《刑法》第72条规定："对于被判处拘役、三年以下有期徒刑的犯罪分子，同时符合下列条件的，可以宣告缓刑，对其中不满十八周岁的人、怀孕的妇女和已满七十五周岁的人，应当宣告缓刑：（一）犯罪情节较轻；（二）有悔罪表现；（三）没有再犯罪的危险；（四）宣告缓刑对所居住社区没有重大不良影响。"这些缓刑的实质条件过于模糊，缺乏操作性，以致法院、法律监督部门以及社会舆论普遍持谨慎态度。从法院方面看，主要原因是部分审判人员担心罪犯适用缓刑后，在考验期内重新犯罪，会给法院造成不良影响和负面效应。因此，在量刑时过于谨慎，严格控制缓刑的适用。

第二，传统重刑思想的影响。缓刑制度不仅有助于避免短期自由刑的弊端，而且，能够促进罪犯改恶从善和再社会化，并减轻国家经济支出。从理论上讲，对缓刑上述价值具有普遍的共识。但是，在我国，由于传统重刑思想的影响，如果犯罪人被判刑以后仍然放归社会中，就认为是没有受到刑罚的惩罚的观念在社会大多数成员中根深蒂固。包括一些法律监督部门在内，对于法院在部分类型案件中扩大缓刑适用经常持怀疑态度。如对职务犯罪与经济犯罪的量刑，明显存在两种截然不同的观点。这类案件在某个时间段内，一旦适用缓刑率较高，势必会引发一定的争议。又如因民间纠纷引起的故意伤害案件，一旦适用缓刑，往往会引起受害人一方上诉纠缠。类似情况的存在，势必影响法院对缓刑的适用。

第三，当前缓刑监督体系不健全的影响。现行的监督考察体制已很难适应新形势下对缓刑犯考察适用的需要。随着市场体制的建立和发展，人口流动性已较计划经济时代产生了根本性的变化，跨县、市、省的人员大流动的出现，使居民人户分离的现象尤为普遍。加之城乡基层组织的涣散，对于缓刑犯监督考察的难度大大增加。一些地方缓刑考察工作不力，存在较多的脱离现象，部分缓刑犯处于无人监管、放任自流的状态，以至于有的缓刑犯违法乱纪，有的甚至重新走上犯罪的道路，严重影响了缓刑的质量。与此相应，审判机关对缓刑的适用势必保持更加持谨慎的态度。

③假释。近年来我国假释适用率一直徘徊在较低水平，主要原因有以下

几个方面：

第一，立法方面的制约。立法对适用假释的制约主要表现在两个方面。其一，假释适用对象的限制。《刑法》第81条第2款规定："对累犯以及因故意杀人、强奸、抢劫、绑架、放火、爆炸、投放危险物质或者有组织的暴力性犯罪被判处十年以上有期徒刑、无期徒刑的犯罪分子，不得假释。"假释面较1997年《刑法》修订以前变窄。其二，假释的法定依据难以把握。《刑法》第81条规定，假释的罪犯，不仅要有悔改表现，而且要"没有再犯罪的危险"。如何认定"没有再犯罪的危险"？现行对罪犯假释后可能再犯的预测是建立在罪犯在狱内的表现的基础上。即使罪犯在狱内达到上述表现，出狱后真的能否"没有再犯罪的危险"，实际很难确定。因此，为了达到这个标准，无论是法院还是监督部门都相应制定各项措施，以确保案件的质量。如限制易再犯的犯罪类型和罪犯群体假释，严格审批制度，等等。这些措施的实施，有利于确保假释案件的质量，有效地降低假释撤销率。但是，与此相应的是，由于假释面变窄，假释的工作量加大，也明显地影响了假释适用率。

第二，减刑的冲抵。从法院角度理解，依照法律规定，只要符合法定条件，就应予及时减刑与假释，确实不应规定减刑、假释的绝对比例和人数。但是也应当看到，减刑、假释比例过高，对于刑罚的执行是不严肃的。因为法院对罪犯的量刑是根据其犯罪的情节、后果、侵害法益程度及主观恶性程度决定的，其中也包括对罪犯改造所必需的矫正时间。对罪犯不经过一定时间的教育改造，不可能完成其转变的任务，刑罚的目的就难得到实现。而且，如果减刑、假释面过于宽泛，罪犯对减刑、假释的期望值过高，容易致其不安心改造，是违背减刑、假释制度本意的。对罪犯的刑事惩罚性得不到体现，同样也会削弱改造罪犯的积极效果。从近年来的监督工作的实际情况出发，并考虑到改造罪犯、稳定监督秩序的需要，一般将罪犯减刑、假释的比例控制在监狱年在押犯的30%，看守所服刑罪犯年在押数的20%，可以适当上下浮动。

在减刑、假释比例总量控制的前提下，假释与减刑是互相制衡的，减刑比例较高，假释比例就相对较低，反之亦然。监管部门从自身管理角度出发，认为减刑比假释更具有反复激励罪犯的功效。减刑可以多次适用，能够始终成为在押犯选择的现实目标，有逐步引导罪犯行为趋好的作用；而假释只能适用一次，对长刑犯来说他在刑期过半时才存在假释之希望。如果没有减刑这个激励手段，其漫长的等待是极其痛苦的，这显然不利于其在关押期间的改造，也不利于行刑的管理。因此，监管部门会更多地选择减刑的申报。

第三，对某些类型罪犯的假释政策难以体现。近年来，对罪犯的假释工作比较薄弱。凡符合法定假释条件的罪犯应及时予以假释，尤其是对过失犯、未成年犯和老病残犯给予了倾斜性政策。但在实践中，却难以奏效。以未成年人为例，未成年犯的假释率仍很低。原因主要有：其一，刑期结构因素。未成年犯管教所服刑的罪犯刑期呈两头多、中间少的特点，即 10 年以上有期徒刑和 5 年以下有期徒刑的占绝大多数，中间刑期的很少。刑期在 10 年以上的一般集中于故意杀人、伤害、抢劫等暴力性严重犯罪，这几类罪恰恰是属于不得假释之列。而一般性的犯罪，未成年犯的量刑远较成年犯轻，因此，有期徒刑 5 年以下的占大多数。对于短刑犯而言减刑本身相对于假释更有利，而且，未成年犯在减刑时掌握标准、减刑幅度按有关规定可以适当放宽，一般可比同等条件的其他罪犯多减 6 个月以下有期徒刑。刑期为 5 年以下有期徒刑的未成年犯假释与减刑幅度相差甚微，作为罪犯本人当然更愿意选择减刑而非假释。因此，从刑期结构看，现行体制下适宜假释的未成年犯数量本身较少。其二，易再犯的因素。未成年犯由于世界观尚不成熟，问题少年本身恶习较深，服刑期间又易交叉感染。相对成年犯而言，未成年犯的再犯率一直较高。因此，在无法保证"没有再犯罪的危险"的情况下，无论是法院还是监督部门，对待未成年犯的假释均持谨慎态度，从而更多地使用减刑这个激励手段。

由上可见，社区矫正首先在定性上存在问题，其次与我国现行刑法体系无法衔接：我国现行刑罚体系是一个轻重有序、排列合理的体现。[1]将社区矫正定位于刑罚执行方法，然而其内容却囊括了刑种与行刑制度，打乱了我国刑法体系的排列模式。

2. 应然状态

解决社区矫正问题的最佳方案是将现有的社区矫正制度一分为三：①设立社区服务刑，取代管制刑；②增加社区矫正中关于剥夺政治权利的内容；③将社区矫正作为一种行刑方式。我认为这个方案的好处在于：第一，尽管仍然将社区矫正定位成行刑方式，但是与现有的社区矫正存在差别，因为涉

---

[1] 陈兴良主编：《刑种通论》，人民法院出版社 1993 年版，第 218 页。

及对剥夺政治权利的执行。第二，由于社区服务刑取代管制刑而设立，并且保留了行刑方式的内容，避免了将社区矫正定位于刑种所带来的理论上的缺陷。按照社区矫正的内涵和基本要求，结合我国刑法对刑罚的改革，社区矫正的法律化可从以下方面着手：

具体做法是：

（1）在指导思想上改变对适用社区矫正的保守观念。非监禁刑和假释等社区矫正刑罚，充分强调了罪犯在刑罚执行中自我改造的重要意义，体现了我国刑罚的目的。这种注重用刑罚手段与其他社会性教育措施相结合的方法，有利于达到预防减少犯罪的目的；同时，有利于罪犯改恶从善，促进其再社会化，并有效地减少国家经济支出，防止其他社会矛盾的衍生。扩大社区矫正刑罚适用率，关键是切实改变司法机关乃至整个社会对非监禁刑和假释适用的保守观念。首先，在立法指导思想上要有所改变，《刑法》和《刑事诉讼法》的修改要立足于从以监禁刑为主体的刑罚制度向大量适用非监禁刑过渡。其次，是要加大社区矫正刑罚的宣传力度，使全社会对非监禁刑、假释案件个案的失败有一个宽容的态度。再次，作为监管部门执法人员、法院的审判人员和有关负责人应积极转变观念，学习和领会法律的立法原意、精神实质，充分认识适用非监禁刑和假释工作的意义，在实践中提高非监禁刑和假释的适用率。

（2）改革和制定相关的法律制度，完善社区矫正制度的立法。尽管 2012 年 1 月 10 日由最高人民法院、最高人民检察院、公安部、司法部联合印发了《社区矫正实施办法》，但是从长远看，要克服我国现行社区矫正制度中存在的缺陷，完善社区矫正制度，应当着眼于立法变革，通过立法手段加以解决。

社区矫正作为一种与监狱矫正相对应的刑罚执行制度，随着社区矫正制度的不断推广、发展，同样需要有一部与《监狱法》相对应的刑事执行法，对社区矫正进行立法规范。

国务院法制办 2016 年 12 月发布了《社区矫正法（征求意见稿）》，该文件的出台虽然是立法进程中一个重要步骤，但立法者也为之付出了大量的工作和心血。可是从总体而言仍是一个起点较低的法律草案，是一个对顶层设计不力、方向存在偏差的法律草案，对社区矫正的基本定位、目的和任务这一主线并不明确，以至于影响整个立法的内容，不利于充分发挥社区刑罚执行在社会治理中的重要作用，不利于贯彻在全面推进依法治国的公平公正原则。

《社区矫正法（征求意见稿）》只是体现了执法主体的变更，增加了一点矫正的内容，但并未在刑事实体方面取得重大突破。如果要制定高质量的《社区矫正法》，首先要解决目前我国《刑法》在健全社区刑罚制度方面存在的以下严重缺陷：

①惩罚重视行为而忽视对犯罪人的发展。惩罚犯罪还是惩罚犯罪人，这是刑事古典学派与刑事实证学派的分水岭。惩罚犯罪就是根据犯罪构成的要件来定罪量刑，而惩罚犯罪人除了考虑以上因素外，还要考虑犯罪的原因和有利于罪犯今后在社区的生活来决定对罪犯的处罚和治疗。具体表现为以下两点：

第一，关于量刑后有关教育矫正的具体规定。

刑法中对于社区刑罚方法与措施的规定仅涉及定罪量刑，没有作出量刑后有关教育矫正的具体规定。根据《刑法修正案（八）》之前的规定，社区服刑人员由公安机关监管，没有改造和教育矫正的要求。《刑法修正案（八）》增加了"依法实行社区矫正"的规定，但缺乏具体的内容。而英美刑事法律中不仅有对犯罪人的定罪量刑，而且有对于犯罪人教育矫正的规定。用必要的强制性措施帮助罪犯适应和融入社会，预防再犯。如英国的刑事法律中有社区更生令、社区服务令（后改名为社区惩罚令）、结合令（社区服务和更生令）、参与中心令、行动计划令、修复令等。美国的刑事法律也要求法院在裁决时同时作出对于罪犯教育矫正和治疗的必要强制措施。在美国有其率先创立、积极推广并得到世界上不少国家仿效的社区法院，包括毒品法院和解决问题（problem-solving）法院。美国社区法院在20世纪80年代后期建立，到2013年，仅毒品社区法院就发展到2831个，另外还有一些其他以解决问题为导向的社区法院，如精神健康法院、重返社会（指罪犯在监禁后重新进入社区）法院、老兵（指退伍兵）法院、家庭暴力法院、性罪犯法院和醉酒驾驶法院等。[1]社区法院裁决的罪犯95%以上在社区服刑，在接受惩罚的同时，罪犯需按照法官的要求在社区参加教育矫正和治疗项目。美国的社区法院在社区刑罚执行帮助犯罪人适应和融入社会的过程中扮演了非常重要

---

〔1〕 Edward J. Latessa, Paula Smith, *Corrections in the Community* (6th Edition), NY: Routledge, 2015, p. 352, 358.

的角色。发达国家的法官在轻罪判决前非常注重让缓刑官作出认真的审前调查报告，全面了解犯罪嫌疑人的成长经历、犯罪原因以及该嫌疑人是否适合在社区服刑的建议。而我国目前在开展社区矫正工作中所作的审前调查报告质量偏低，不少地方流于形式，不能很好地为法院适用缓刑提供帮助。我国现行《刑法》尚没有规定罪犯在社区服刑时的教育矫正和治疗项目，所以法官没有适用教育矫正的依据。

第二，对刑事责任内涵理解不同。

刑法中的刑事责任，是指犯罪人接受国家刑罚处罚的义务。而英美等国的刑事责任，不仅包括犯罪人接受国家刑罚处罚的义务，而且包括犯罪人接受国家强制性教育矫正措施的义务。例如，我们可对未成年人的刑事责任年龄及处罚内容进行比较。我国刑法规定了已满14周岁不满18周岁的人犯罪，应当从轻或者减轻处罚，仅仅是处罚，没有教育矫正内容。而英格兰和威尔士地区的刑事责任起点年龄为10周岁，其内容除惩罚外，更多的是强制性的教育矫正措施。法律针对不同年龄段的未成年人有细化区分的教育矫正措施，有利于加强对未成年人的保护。例如：18~20周岁的未成年犯在未成年监禁机构执行，12~17周岁的未成年犯在未成年人训练学校执行，对于年龄在16周岁以上的可判处缓刑、毒品处遇和测试令、社区服务令、结合令，对10周岁以上的可判处宵禁令，10~20周岁的可判处参与中心令，10~17周岁的可判处监督令、修复令和行动计划令。对成年人追究刑事责任也充分注意将惩罚与教育矫正有机结合。例如英国从2015年开始，将所有的被判处1年以下监禁刑的成人罪犯一律放在社区服刑，要求参加教育更生项目。

②惩罚的形式重监禁而轻社区。虽然我国的自由刑是从国外引进，但在百余年的时间内，由于缺乏在刑罚领域的改革，在国人的心目中，"犯罪就要坐牢"的观念似乎已根深蒂固，这种观念也影响到立法者，因此，在我国刑法结构中长期存在重监禁轻社区的倾向。

（二）发展我国现有的刑罚制度，增设社区服务刑

社区矫正制度要求在管制、缓刑、假释等刑罚外，补充更适宜于该项制度的刑罚方式，这就是社区服务刑种。社区服务刑是指法院判令被告人在一定时间内无偿地从事社区内的公益活动，作为对社会赔偿的一种方式。社区服务刑主要是指法院以刑事判决的方式，判处罪行较轻的犯罪分子在管制机

关的监督下，在一定的时间内，为社区提供一定的义务劳动，如到医院看护病人、为老年人装修房屋、照顾残疾人、打扫公共场地等方式，弥补因其罪行给社会和被害人造成的损害，达到服务社会、矫正罪犯、促进其改过自新的目的，完成罪犯改造之任务。从这个定义可以看出社区服务针对的对象主要是一些罪行较轻的犯罪人，与管制刑并无太大不同，而在执行方式、管理模式等方面又比管制刑更为丰富、有效，所以以社区服务刑取代管制刑并无不妥。

社区服务在西方一些国家经过几十年的实践，已日臻完善。社区服务，在国外也被称为社会服务令、社区劳役等，是指一种法院判处被告人在社区从事一定时间的公益劳动的刑罚方法。社区服务刑自 1972 年在英国立法中首创以来，发展十分迅速，至 20 世纪 80 年代，大部分欧洲国家，美国 1/3 以上的州以及加拿大、澳大利亚等国家，都确定了这一刑种。借鉴国外的成果，在我国刑罚体系中引入社区服务刑，不仅能够使我国刑罚结构更加合理、科学，而且有利于社区矫正制度的完善。

社区服务的形式多种多样，大致可以划分为两大类七种模式：第一类为程序替代措施或者代替检控或者代替审讯的方式；第二大类则为实体的处罚方法，包括以下几种：（1）以社区服务作为不判处重刑之条件；（2）代替赔偿；（3）代替短期监禁；（4）独立的刑罚（方法或者种类）；（5）作为假释的前提条件。我认为应该将社区服务定位在独立的刑罚种类，即以社区服务刑取代管制刑较为合理。

我国可考虑设立社区服务刑，逐步取代管制刑。作为一种主刑，包括 5 年以下有期徒刑的刑法分则条款，都应该在这一档法定刑以内规定可以选择适用社区服务刑。对于一些不需要关押、不需要判处监禁刑的罪犯，可以直接判处社区服务刑。这能使我国的刑罚种类不仅可以满足惩罚、教育改造罪行较重、侵害法益较严重的罪犯的需要，同时也可以满足惩罚和教育犯罪较轻、侵害法益程度较轻的罪犯的需要。

社区服务刑作为一种不对犯罪人进行监禁，判令犯罪人在社区中进行一定时间无偿的社会公益劳动的刑罚种类，主要适用对象应该是罪行较轻、法益侵害较小、主观恶性不大的犯罪人。法官在判处适用社区服务刑时必须考虑两点：一是把犯罪人放在社会中不至于再侵害法益；二是犯罪人有能力完成法律规定的公益劳动。累犯、孕妇、老弱病残者不应适用社区服务刑，对未成年犯、轻罪犯、过失犯等应优先适用社区服务刑。参照多数国家的立法，无偿劳动的期限应控制在 40 小时至 240 小时之间，由法官视罪行轻重和其他因素决定，一般应该在 1 年内完成，每天劳动时间不得超过 4 小时。

四、社区矫正贯彻执行中的职责和要求

社区矫正是缓刑、假释、监外执行的行刑方式。此外，社区矫正的工作范围应当扩展至以社区为基点，开展具有社区刑罚性质的量刑或者行刑方式的执行、社区对监狱行刑社会化的参与、出狱人的社会保护等工作。这项工作的核心在于以社区为基础，教育改造犯罪人或者通过对出狱人的社会保护巩固监狱行刑的改造成果。因此，将他们统一起来，既具有逻辑上的合理性，又可充分解决接受矫正的犯罪人的实际需要，获得更好的社会效益。公安机关、人民检察院、人民法院和司法行政机关既要依法履行职责，又要紧密合作，加强协调配合，动员社会各方力量，共同把社区矫正这项新的行刑方式做好，确保社区矫正工作顺利推进。

（一）司法行政机关要切实做好牵头组织工作，协调有关单位和基层组织开展社区矫正工作

近年来，在党中央、国务院的高度重视下，基层政法机关"两所一庭"建设得到全面加强，为有效承担起全面试行社区矫正工作任务打下了可靠的组织基础。同时，社会各界和广大群众对社区矫正工作越来越理解、越来越支持，为全面实行社区矫正工作提供了广泛的群众基础。

教育矫正、监督管理、帮困扶助集中体现了社区矫正工作的特点和优势，是社区矫正的基础性工作。司法行政机关在组织社区矫正工作时对此要充分重视。

制度化、规范化、法制化是确保社区矫正工作依法规范运行的关键。司法行政机关在对社区矫正工作的指导过程中，要紧紧围绕加强对社区服刑人员的监管、提高教育改造质量的核心，抓好衔接接收、监督管理等工作流程的制度建设，建立健全社区服刑人员接收、管理、考核、奖惩、解除矫正等各个环节的工作制度，统一文书格式，加强档案管理，确保国家刑罚依法规范执行。

虽然一些地区将社区矫正经费纳入了财政预算，但大部分省份的社区矫

正经费仍主要靠政府临时性拨款或挤占其他业务经费，无法满足工作需要，制约了社区矫正工作的进一步发展。加大社区矫正经费保障力度，是确保社区矫正工作深入发展的基础性条件。社区矫正是国家刑罚执行工作，故社区矫正经费应当由国家全额保障。2006 年，《财政部司法部关于制定基层司法行政机关公用经费保障标准的意见》将社区矫正经费纳入公用经费保障范围。2009 年 7 月，中央办公厅、国务院办公厅印发了《关于加强政法经费保障工作的意见的通知》，对加强政法经费保障工作提出了新的要求，强调要制定、完善和调整公用经费标准。各地要加强工作力度，为社区矫正工作深入发展提供有力保障，对此，司法行政机关应起到督促作用。

我国应在各级司法行政机关建立专门的社区矫正工作机构，加强对社区矫正工作的指导管理；建立专群结合的社区矫正工作队伍，充实司法所工作力量，确保有专职人员从事社区矫正工作。我国要不断加强社区矫正工作机构和队伍建设，在司法行政机关内部设置专门的社区矫正工作机构。近年来，我国司法行政基层基础建设不断加强，司法所机构队伍建设明显改善，但总的看来，基层司法行政队伍力量与承担的工作任务相比，还有不小的差距。因此，要进一步增强司法所工作力量，确保社区矫正工作顺利进行。要建立专群结合的社区矫正工作队伍，充实司法所工作力量，确保有专职人员从事社区矫正工作；广泛动员社会力量参与社区矫正工作，建立健全社区矫正工作者和社会志愿者的聘用、管理、考核、激励机制；加强社区矫正工作队伍的培训，增强队伍综合素质，提高做好社区矫正工作的能力和水平。

社区矫正是一项综合性很强的工作，需要科学完善的领导体制和工作机制。要坚持党委、政府统一领导，司法行政部门牵头组织，相关部门协调配合，司法所具体实施，社会力量广泛参与的社区矫正工作领导体制和工作机制。

（二）人民法院要依法充分适用非监禁刑罚和非监禁刑罚执行措施

近年来，全国法院每年适用非监禁刑的人数及与当年被判处刑罚人数的比率均逐年递增；适用假释的人数总体上也呈平稳上升趋势，充分体现了宽严相济的刑事政策。各地法院应当进一步转变观念，根据本地区社区矫正工作的实际条件和发展水平，依法、适当、稳妥、有序地扩大非监禁刑及假释的适用。

开展社区矫正工作，应当注意做好轻微刑事犯罪案件的调解工作，为适用非监禁刑创造条件。对于犯罪较轻又必须判处刑罚的案件，当事人之间达成和解的，尽量不适用监禁刑。对于在服刑过程中符合假释条件的，要会同相关部门依法给予假释，使那些经过监禁确实改造良好的罪犯能早日回归社会并逐步融入社会。人民法院应会同有关部门扎实开展社区矫正工作，对依法可能适用非监禁刑的案件，在作出判决前，可依职权委托相关社区矫正机构对被告人进行审前社会调查，供人民法院在量刑时参考；在适用非监禁刑及假释的裁判作出后，应在依法送达文书的同时，及时将有关裁判文书抄送当地同级司法行政机关交付社区矫正机构，保证矫正对象及时、顺利进入社区矫正，防止脱管。对在矫正过程中表现突出，矫正效果良好的，人民法院可以根据公安机关及社区矫正机构的建议，经查明属实，依法减刑；对于在矫正过程中不接受改造，有违法行为的，依法撤销缓刑或者假释，收监改造；对于重新犯罪的，依法实行数罪并罚。

（三）人民检察院要加强对社区矫正的法律监督

各级检察机关要找准职责定位，严格执行刑法、刑事诉讼法等有关法律规定，并结合社区矫正工作的特点和实际，认真履行好法律监督职责。

检察机关要把握重点，增强监督的针对性和实效性。一是依法开展对判决、裁定、决定监外执行的检察监督，支持和保障有关机关依法、正确适用非监禁刑，保证适用非监禁刑的对象符合法定条件和程序。二是依法开展对监外执行交付执行活动的检察监督，防止和纠正因不依法、不及时交付执行等原因造成监外执行罪犯"漏管"的情况。三是依法开展对公安机关、司法行政机关监管活动和矫正活动的检察监督，防止和纠正监管和矫正活动中存在的"脱管"问题。四是依法开展对刑罚变更执行和解除矫正、终止执行环节的检察监督，促进有关机关依法公正办理减刑、收监执行以及在刑期或者考验期满后及时办理释放、解除管制等手续并履行相关程序。五是注重维护社区服刑人员合法权益，依法受理社区服刑人员的控告和申诉，防止和纠正侵犯社区服刑人员合法权益的行为。要积极探索适应社区矫正特点的检察监督方式，坚持定期专项检察与日常随时检察监督相结合，综合运用口头纠正违法、纠正违法通知书、检察建议和情况通报等形式，督促有关部门及时纠正或改进。

各级检察机关在社区矫正试行工作中要正确处理好监督与配合的关系，积极参加社区矫正工作联席会议，参与制定和完善有关社区矫正方面的规章制度和有关部门组织的社区矫正活动，共同研究解决社区矫正工作中遇到的困难和问题。

（四）公安机关要加强对社区服刑人员的监督

各级公安机关要把社区矫正工作作为推进司法体制改革和公安机关执法规范化建设的一项重要任务来抓，明确职责任务，落实工作责任，制定工作方案，形成主要领导亲自抓、分管领导具体抓、主管部门倾力抓，一级抓一级、层层抓落实的良好局面。

各地公安机关要把社区矫正对象作为人口管理的一项重要内容，真正纳入到派出所社区民警的工作职责中，定期进行入户走访，全面了解掌握其动态表现，做到"知体貌特征、知主要问题、知活动轨迹、知交往人员、知经济状况"；要将辖区内社区矫正对象的动态信息录入警务综合管理系统，公安派出所要与司法所建立经常性的工作联系制度，加强信息共享；对"人户分离"的社区矫正对象，居住地和户籍地公安机关也要搞好衔接配合，加强警务协作。

各地公安机关要将社区矫正工作同社区警务工作和建立"大走访"长效机制有机结合起来，积极主动地配合司法行政部门，充分发挥自身的工作优势，广泛发动社区基层组织、有关单位及社区群众，共同开展对社区矫正对象的教育帮扶工作；要关心社区矫正对象的生活，及时排查、化解涉及矫正对象的矛盾纠纷，严厉打击侵害社区矫正对象权益的违法犯罪活动，保护其合法权益不受侵害。

各地公安机关要充分依靠司法行政部门和社区矫正力量，进一步健全完善社区矫正对象监督考察的方式、方法，增强监督考察的效果。对违反监督管理规定的社区矫正对象，公安机关要依法予以处罚、收监执行或变更强制措施，防止其继续滞留社会造成更大的危害；对重新犯罪的社区矫正对象，要坚决予以打击。

第五节 终身监禁

一、终身监禁制度的建立

根据《刑法修正案（九）》的规定，修正后的《刑法》第 383 条规定，对犯贪污罪被判处死刑缓期执行的，法院根据犯罪情节等情况可以同时决定在其死刑缓期执行二年期满依法减为无期徒刑后，终身监禁，不得减刑、假释。

从《刑法修正案（九）》的规定来看，中国的终身监禁不同于其他国家的终身监禁。在国外，终身监禁是一种刑罚，而我国刑法规定的终身监禁则是一种死缓减为无期徒刑后执行的终身监禁，是刑罚执行的一种措施，不是增加新的刑种。[1] 我国的终身监禁吸收了国外的终身监禁制度的合理部分。终身监禁制度在世界范围内适用广泛，其严厉程度仅次于死刑，作为死刑的替代措施，有的国家还称之为无期禁锢、终身拘禁、终身苦役。

有终身监禁刑的国家，又存在不同的类型：一种类型是绝对的终身监禁，即不得减刑、假释的终身监禁，以英美国家为代表。在英国，由于废除了死刑，对于最严重的犯罪，诸如谋杀罪，规定适用不得假释的终身监禁。在美国，有的州废除了死刑，有的州还保留有死刑，美国联邦还保留着死刑，但美国绝大多数州和美国联邦规定的是不得假释的终身监禁。另一种是相对的终身监禁，即可以减刑、假释的终身监禁。适用此类终身监禁刑的国家主要是瑞士、丹麦等欧洲国家。尽管在执行中可以对罪犯减刑和假释，但条件十分苛刻。如《瑞士联邦刑法典》第 38 条规定：被科处终身重惩役的被判刑人已执行 15 年刑罚的，主管机关可以将其附条件释放。《丹麦刑事法典》第 41 条规定：当终身监禁犯已执行满 12 年，司法部长有权决定是否假释。[2]

尽管和国外将终身监禁作为一种刑罚的普遍做法不同，终身监禁被写入中国刑法是破天荒的。终身监禁有利于人们克服历史上形成的至今仍然盛行

---

〔1〕 郑赫南："增设'终身监禁'，封堵贪官'越狱'之路"，载《检察日报》2015 年 8 月 31 日。

〔2〕 吴荣鹏、付佩："终身监禁刑的前世今生"，载《人民法院报》2015 年 11 月 6 日。

的传统的重刑主义的观念。两千年的封建王朝迷信死刑和肉刑，特别是死刑在中国刑罚体系中处于中心地位，历朝历代倍加推崇。从以死刑和肉刑作为主要刑罚发展到以自由刑为主要刑罚，尽管世界上有许多国家在刑罚中设立了服苦役、社区矫正等开放性的刑罚，但是也属于自由刑的范畴。目前世界上只有新加坡和苏丹有鞭刑，当然，肉刑和自由刑不可同日而语，毕竟存在肉刑的国家是极个别的。相对而言，终身监禁成为目前世界上除了死刑之外最严重的刑罚。由于中国尚未废除死刑，而且还存在45个死刑罪名，设立终身监禁并不等于设立了一种更不人道的刑罚，从长远来说，这为废除死刑创造了条件，符合轻刑化的世界刑罚发展趋势，具有重要现实意义。

（一）《刑法修正案（九）》规定终身监禁的意义

1. 贯彻"严格和控制适用死刑"刑事政策的立法举措

第一，终身监禁设立的原因之一，是作为死刑的替代刑出现的。刑法中明确规定终身监禁，自中华人民共和国成立以来还是第一次。规定"不得减刑、假释"是终身监禁落到实处的有效保障，一方面可以加大对腐败分子的威慑作用，另一方面可以减少我国死刑适用的负面压力。

目前，世界上大多数国家废除了死刑，只有47个国家在法律上存在死刑。作为中国主体的大陆目前尚未废除死刑，香港废除了死刑，澳门没有死刑，台湾地区虽然立法上有死刑，但是很少适用。目前世界上的潮流是废除死刑，而我国大陆不仅没有废除死刑，而且刑法上还有46种罪名死刑，实践中也有许多判处死刑的案例。日本没有废除死刑，但对死刑却大加限制，美国也是如此，在美国，要胜诉一起死刑案件，需要支付大量的金钱。近年来，死刑的适用是直线下降，每年都有大量国家加入废除死刑国家的行列。21世纪以来，平均以每年3个国家废除死刑的数目在增长。我国《刑法修正案（八）》废除了13个罪名死刑，《刑法修正案（九）》废除了9个罪名死刑，但这样的速度仍然落后于世界范围内废除死刑的速度和趋势。为了避免在废除死刑的重大社会问题上不落后于世界，《刑法修正案（八）》规定了终身监禁，为我国今后限制死刑直至废除死刑创造条件，为显示社会主义制度的优越性，更好地尊重人权和保障人权创造条件，以及为一国两制创造条件，因此现阶段在刑法中规定终身监禁，具有重要意义。

废除死刑表现为在法律上废除死刑和在事实上废除死刑，对于恶性犯罪废除死刑后，有些国家就寻找与死刑威慑力相当的刑罚。于是，在设立终身监禁的国家，终身监禁是作为一种死刑替代措施出现的。

时至今日，限制和废除死刑已为众多国际公约、人权公约等国际法律文件所认可，已经成为符合人类文明发展的不可逆转的世界潮流。我国也在积极寻求限制和减少死刑适用的方法。《刑法修正案（九）》的出台，以法律实践的形式证明了我国已经开始接纳终身监禁这一刑罚方法。

第二，将终身监禁刑纳入我国刑法，也体现了我国"慎用死刑"的刑事政策理念。

近些年来，我国对死刑的适用进行了有效的限制，如将死刑的复核权收归最高人民法院，《刑法修正案（八）》和《刑法修正案（九）》中的死刑罪名都有所减少，但我国现行刑法中也仍然存在一定数量的死刑罪名。我国之所以没有废除死刑，有多方面的原因。在不能废除死刑的前提下，"慎用死刑"则是必然的选择，终身监禁刑正是顺应这一理念而进入我国的法律现实。规定终身监禁，完善了现行刑罚体系，更大的价值还在于，对于目前司法改革中提出的"严格控制和慎重适用死刑"理念提供法律支持。

2. 高压反腐，严守社会公正底线

《刑法修正案（九）》首次规定对贪污受贿犯罪适用终身监禁，不仅反映了我国严惩腐败的决心和魄力，以终身监禁弥补慎用死刑后的刑法震慑力，用制度封堵了贪腐分子提前出狱的可能，更有利于贯彻执行宽严相济的刑事政策。

反腐在刑法领域也有体现。政治上的腐败行为在刑法中主要构成贪污罪和受贿罪。随着经济社会的发展和人们生活水平的提高，贪污受贿的数额也在迅速上升，涉嫌犯罪的金额动辄达到数百万元、数千万元，上亿的贪污受贿刑事大案也时有发生。但是，在公安司法机关费尽千辛万苦将犯罪人追究严厉的刑事责任后，在刑罚执行环节，犯罪分子通过减刑、假释，大大缩短了服刑期限，在一定程度上逃脱了法律的惩罚，不仅引起了社会的广泛不满，公检法机关也颇有微词。《刑法修正案（九）》规定特大贪污贿赂案件在判处死缓减为无期徒刑后，终身监禁，规定"不得减刑、假释"，是终身监禁落到实处的有效保障，有利于在一定程度上用制度封堵贪污受贿犯罪分子提前出狱的情形，既反映出我国严厉打击腐败犯罪的决心和勇气，也是贯彻"罪罚相适应"的我国刑法基本原则与维护司法公正的具体表现。

在司法实践中，对贪腐官员判处死刑立即执行的个案逐渐减少。据媒体统计，改革开放后至党的十八大前，被判处死刑立即执行的官员只有全国人大原副委员长成克杰、江西省原副省长胡长清、国家食品药品监督管理局原局长郑筱萸等少数人。另一方面，鉴于有些贪腐官员往往拥有能量强大的"朋友圈"，只要被判处死缓，那就有减为无期徒刑、进而再减为有期徒刑的可能，甚至不久就能"以权赎身""提前（钱）出狱"、重见天日了。刑罚执行中的种种腐败行为，一方面令法律尊严和司法权威尽失，另一方面也纵容了腐败，加剧了官民关系的紧张。为防止"在司法实践中出现这类罪犯通过减刑等途径、服刑期过短的情形"，对贪污受贿特别巨大、情节特别严重的犯罪分子增加"终身监禁"条款，在刑事司法的最后一个环节坚守司法公正的底线。[1]

3. 将终身监禁纳入我国刑法，有利于更好地开展国际司法合作

近年来，腐败犯罪分子的疯狂外逃损害了中国法律的尊严，同时也使中国蒙受了一定的经济损失。据统计，外逃贪官人数外逃、失踪人员数目高达16 000~18 000 人，携带款项达 8 000 亿元人民币。1988~2002 年的 15 年间，资金外逃额共 1 913.57 亿美元，年均 127.57 亿美元。如果按照当时美元对人民币的汇率，外逃资金超过了 1.5 万亿元人民币。自 2000 年底最高人民检察院会同公安部组织开展追逃专项行动以来，至 2011 年检察机关共抓获在逃职务犯罪嫌疑人 18 487 名。其中 2005、2007、2009~2011 年 5 年共缴获赃款赃物金额达到 541.9 亿元。2010 年 1 月 8 日，中纪委副书记李玉赋在中央纪委监察部召开的新闻通气会上通报消息：近 30 年 4 000 名官员外逃，人均卷走 1 亿元人民币。在追逃行动中遇到了重重困难，包括中国法律的缺陷使追逃追赃工作走了许多弯路，遇到更多的波折。所以，修改完善中国相关法律，包括刑事法律迫在眉睫。

目前世界上掀起了废除死刑的潮流。据联合国秘书长 2010 年向联合国经社理事会提交的全球死刑 5 年期报告，截止到 2008 年底，全球废除死刑的国家有 149 个，超过了联合国会员国的 3/4。中国作为还不到联合国 1/4 国家的其余 47 国家中的一个，不但保留死刑，还实际判处和执行死刑。所以考虑到我国这些年犯罪变化的基本情况和国际上我们要加入联合国人权公约，结合

---

〔1〕 新京报社论："'终身监禁'弥补贪腐刑罚体系缺陷"，2015 年 8 月 25 日。

目前跨国追逃腐败分子的需要，减少死刑罪名和限制死刑、减少死刑适用十分必要。

由于贪污受贿有可能被判处死刑，外逃犯罪分子所在国在和中国谈判引渡逃犯时，都会要求不能判处其死刑。我国和外国谈判跨国追逃追赃，国外一般都会要求最高人民法院承诺不判死刑。死刑犯不引渡，在大多数国家间的双边条约都有规定，逐渐发展成为国际习惯法规则。在我国主动引渡问题上，对于量刑承诺，由最高人民法院决定，由外交部代表中央政府对外做出承诺。如果承诺，就会和国内法产生矛盾和冲突；如果不承诺，就会让逃犯逍遥法外。因此，《刑法修正案（九）》规定对重大贪污受贿犯罪人适用终身监禁，让引渡贪污贿赂逃犯时承诺不适用死刑在法律上有一个落脚点，从而有利于国际司法合作，对引渡外逃贪官予以刑事处罚。还可以在引渡法中做出相应修改，规定为：引渡回来的罪犯不适用死刑，适用终身监禁，从而为顺利引渡外逃贪官从法律上创造条件。

（二）终身监禁是刑罚适用方式

1. 终身监禁在我国不是一种刑罚

根据《刑法》的规定，终身监禁在我国不是一种刑罚类型，既不是主刑也不是附加刑。终身监禁是来自国外刑法的规定，我国《刑法修正案（九）》加以借鉴，又有自己的特定内容。在规定终身监禁的国家，都将终身监禁作为一种主刑。英美法系国家，终身监禁是刑法中监禁刑的一种，即把犯罪人监禁终身，限制其人身自由直至死亡的刑罚，适用于严重犯罪。理论上罪犯需在监狱被关押终身，但实践中通常被假释、减刑或赦免。终身监禁是仅次于死刑的严厉刑罚。

在美国已废除死刑的州，终身监禁成为最高等级的刑罚，适用于谋杀罪等严重的犯罪。美国有的州的刑法规定终身监禁适用于 A 级重罪。同样，已经废除死刑的国家，终身监禁就是最严厉的刑罚。[1]这时，终身监禁是作为一种死刑替代措施，正因为如此，终身监禁制度在全球各国适用广泛。

2. 在中国终身监禁不是刑罚的执行方式

按照立法机关有关人员的解释，终身监禁是刑罚执行措施，不是增加新

---

〔1〕　郑赫南："刑（九）收紧反腐法网：终身监禁封堵贪官‘越狱’之路"，载《检察日报》2015 年 9 月 8 日。

的刑种。刑罚执行方式是有行刑权的司法机关将法院生效判决所确定的刑罚付诸实施的刑事司法活动。[1]终身监禁是法院判决时对死缓 2 年期满后就确定的，而刑罚执行方式涉及执行机关，并且经过了一定期间的执行，根据被执行人在服刑期间的表现，对被执行人予以减刑、假释等。尚未执行就不是执行过程中的措施，况且刑法明确规定终身监禁不得减刑、假释，认为终身监禁是刑法执行措施和刑法的规定相矛盾，根据刑法的规定，无法得出终身监禁是刑罚执行措施的结论。

3. 终身监禁是刑罚裁量方式

按照我国刑法典的规定，确定终身监禁的机关是法院，不是由刑罚执行机关的监狱做出的。终身监禁这种由法院做出的活动属于刑罚裁量。刑罚裁量就是审判机关对构成犯罪的人衡量和决定刑罚的活动。[2]终身监禁是法院在审理结束，对涉嫌重大贪污或受贿被告人宣判确定死缓并在未来减刑时决定终身监禁。即使实施终身监禁也是 2 年死缓期满以后才执行，法院决定终身监禁是根据被告人触犯的严重贪污犯罪或受贿犯罪，其严重程度不允许予以释放。当然由死缓减为终身监禁应考虑死缓考验期限内犯罪人没有犯罪等法律规定的情形，属于执行过程中刑罚变更的情况，但当时刑罚并没有执行，只是刑罚执行预估和评判，不属于刑罚的执行，仍然是法院的裁判活动。是法院对被告人适用了死缓和与刑罚有关的终身监禁。

根据刑法中关于量刑情节的规定，终身监禁就是由于被告人所犯罪行特别重大，法院才不允许通过减刑假释出狱。2012 年实施的《最高法院关于办理减刑、假释案件具体应用法律若干问题的规定》强调了死缓减为无期徒刑后，罪犯确有悔改表现，服刑 2 年以后可以减为 25 年有期徒刑；有重大立功表现的，服刑 2 年以后可以减为 23 年有期徒刑。经过一次或几次减刑后，实际执行的刑期不能少于 15 年。这些规定都是死缓考验期满后作出的决定，和裁判时法院作出终身监禁并不同。所以终身监禁是法院适用刑罚时犹如考虑累犯、自首、立功一样，是刑罚的适用方式。

---

〔1〕 刘宪权：《刑法学》（第 4 版），上海人民出版社 2016 年版，第 357 页。
〔2〕 刘宪权：《刑法学》（第 4 版），上海人民出版社 2016 年版，第 312 页。

（三）终身监禁和无期徒刑的关系

1. 无期徒刑在中国刑法的确立

无期徒刑的产生在中国是一个舶来品，是由日本传入的。中国具有真正意义上的终身自由刑源于《大清新刑律》，1911 年清朝颁布《大清新刑律》，终身自由刑作为一个正式的刑种，登上历史舞台，被称为"无期徒刑"。《大清新刑律》规定的刑罚种类从重到轻包括：死刑、无期徒刑、有期徒刑、拘役、罚金、褫夺公权、没收。在《大清新刑律》中，死刑只适用于 20 多个罪名，无期徒刑是其中一种主刑。《大清新刑律》同时规定，受徒刑之执行而有悛悔实据者，无期徒刑逾 10 年后，由监督官申达法部，得许假释出狱。

新中国 1979 年刑法规定了无期徒刑，1997 年，修订后的刑法保留了无期徒刑。《刑法修正案（九）》对无期徒刑做了修改，进一步予以完善。

2. 无期徒刑是我国现行刑法的主刑种类

我国刑法对于无期徒刑的规定以可以减刑、假释为基本原则，以限制减刑和不可假释为例外。其中，《刑法》第 50 条规定了限制减刑的无期徒刑，第 81 条规定了不可假释的无期徒刑。为避免语义的重复和刑法适用的混乱，《刑法修正案（九）》所规定的终身监禁仅限于不可减刑、假释的终身监禁。随着《刑法修正案（九）》的施行，根据执行方法的不同，可将我国的无期徒刑分为三种：可减刑、假释的无期徒刑，限制减刑的无期徒刑和不可假释的无期徒刑。

3. 终身监禁不属于无期徒刑的适用方式

在语义理解上，终身监禁可以等同于无期徒刑，但二者实际意义大相径庭。我国刑法规定的不可减刑、假释的终身监禁的前提是死缓减为无期徒刑时适用，但终身监禁是相对独立的一种刑罚，我国刑法虽然没有明确规定其性质，但不能说这种对终身监禁的规定，就意味着终身监禁隶属于无期徒刑。我国法律虽没有明确规定，但根据国外的立法例，终身监禁是一种独立刑罚，其严厉程度超过了中国的无期徒刑，所以，不能认为终身监禁是无期徒刑的一种类型。

需要强调的是，在我国刑法中，不可减刑、假释的终身监禁并非适用于所有无期徒刑，而仅限于因为犯贪污、受贿罪被判处死刑缓期执行的犯罪分子在死刑缓期执行 2 年期满依法减为无期徒刑的情形，且不可减刑、假释的无期徒刑并非必须适用，审判法官具有适用的选择权，应根据具体犯罪情节裁定。

这些立法修改从根本上解决了司法实践中长期存在的罪刑失衡和部分刑罚执行不力的问题。刑法关于终身监禁的规定并非增加了新的刑种，而是在原有的无期徒刑以可以减刑、假释为原则、以限制减刑和不可假释为例外的基础上，增加了不可减刑、假释的执行方法。因此，可以说我国刑法确定了终身监禁，而非确定了不可减刑、假释的无期徒刑。

终身监禁的前提是死缓，其与死缓密切相关，谈不上是无期徒刑。无期徒刑在英美法系国家多称为"life imprisonment"，常被译为终身监禁。（无期徒刑和终身监禁有一定的渊源）按财产刑、自由刑、生命刑等刑罚种类划分，又常常被称为终身自由刑。在中国，无期徒刑虽然为名义上的终身自由刑，但由于减刑假释等制度的设计，往往并不存在自然生命意义上的终身自由刑。根据刑法规定，在执行期间，如果认真遵守监规，接受教育改造，确有悔改表现的，或者有立功表现的，可以减刑；有重大立功表现的，应当减刑。可以说，由于对假释制度的吸纳，中国的无期徒刑从产生之初就包含有浓重的教育性功能，并非是真正意上的"终身监禁"。

在当下的司法实践中，由于存在"权力寻租"现象，减刑、假释等原本调动罪犯改造的积极性、调控原判刑罚、帮助罪犯回归社会制度设计，日益演变成拥有特权之人逍遥法外的通道。[1] "终身监禁"的增设，虽然在客观上能够起到控制和限制死刑适用的作用，但其基本出发点是为了有效解决死刑和自由刑的衔接问题，改变长期以来无期徒刑名不副实、执行不严的现象，有利于形成对严重腐败分子的法律震慑作用和保持依法严惩腐败犯罪的高压态势。[2]

二、终身监禁的适用对象

（一）现行法律之规定

终身监禁是对若干种犯罪的处罚，与刑罚密切相关。尽管无疑是刑法一

---

〔1〕 邵克："揭秘终身监禁：不等同与无期 终身不得减刑假释"，载中国青年网，www. taihainet. com，最后访问时间：2015 年 8 月 30 日。

〔2〕 邢丙银："沈德咏：增设'终身监禁'，将改变无期徒刑长期名不副实现象"，载澎湃新闻 https://m. thepaper. cn/newsDetail-forward_ 1393359，最后访问时间：2015 年 11 月 5 日。

种创新性规定，在分则部分加以规定，但也带有立法的探索性质。司法实践将为终身监禁未来的立法地位提供佐证，从理论上来说，终身监禁进入我国刑法是或然性的选项，其立法动态值得关注。

终身监禁的残酷性显而易见，其对人的意志的毁灭性摧残导致人成为行尸走肉的空壳，许多国家并不采取这种严厉刑罚，据此，我国刑法虽然首次规定了终身监禁，但立法机关也持十分审慎的态度。

（二）法律适用之困惑

毫无疑问，将一种主刑规定在分则中，本身就充满了矛盾。尤其将这样一种常见的主刑仅用于规制贪污受贿死缓犯罪分子，适用一种或两种犯罪，不具有刑罚适用普遍性的特征。必须权衡适用终身监禁的利弊情况，对终身监禁的法律地位加以明确，要么进一步扩大适用范围，要么将之取消，保持刑罚本身的协调完整。

（三）扩展终身监禁的利弊

终身监禁进入刑法，可以说是立法的探索尝试，如果司法实践中终身监禁发挥了较大的作用，达到了立法者预想的目的，终身监禁就具有在刑法中进一步扩张的可能性。

终身监禁针对贪污犯罪和受贿犯罪，对这两种犯罪人能够形成极大的心理震慑，在一定程度上遏制其犯罪。但是，由于贪腐犯罪的根源是政治腐败，刑法对相应犯罪的处罚有一定作用，但如果没有建立遏制腐败的制度，从源头上堵塞腐败产生的漏洞，加之不克服金钱崇拜的观念，最终无法有效遏制腐败犯罪，贪污受贿犯罪仍然存在蔓延的可能性。一方面是贪腐犯罪的愈演愈烈，另一方面刑法无法承受终身监禁带来的污名化之重，这种法律的实施效果与立法初衷背道而驰。

（四）限制终身监禁的利弊

如果将终身监禁限制在现有范围内，甚至将终身监禁废除，则避免了重刑主义倾向，坚持了刑法的谦抑性，同时为遏制腐败犯罪的政策作出了正确引导，这也是刑法功能的体现。但是，贪污贿赂犯罪是否会卷土重来，侵蚀国家的机体，限制终身监禁会带来哪些消极影响，值得深思。

三、终身监禁配套制度的完善

(一) 适用程序

1. 终身监禁的适用主体

终身监禁与无期徒刑有密切联系，是人民法院在对被告人判处死缓的同时，于裁判文书上载明死缓依法减为无期徒刑后，终身监禁，不得减刑、假释。这里适用终身监禁的人民法院，应该是有权力适用死刑的人民法院。按照刑事诉讼法的规定，中级以上的人民法院可以适用死刑，所以，在进行量刑并决定对被告人终身监禁的人民法院应当是中级以上的人民法院。

2. 终身监禁的适用条件

适用终身监禁的犯罪对象，按照《刑法》的规定，限于贪污罪和受贿罪。我国刑法规定了贪污罪和受贿罪量刑采取情节加数额的模式，鉴于法律要求量刑时以情节为主，从各地在《刑法修正案（九）》出台后判决的一些案例来看，出现了受贿罪轻刑化的倾向，如受贿 10 万元，之前是适用死刑的标准，现在有的地方仅仅判有期徒刑 3 年。这种情况不符合依法严惩腐败的国家政策，应引起司法机关的警惕。

适用终身监禁，必须确定贪污或者受贿犯罪的数额。司法实践中，目前掌握的贪污受贿数额标准一般为 1 亿元以上，适用终身监禁。应当说这种规定会导致适用终身监禁的门槛过高，实践中比较贪污受贿犯罪在亿元以上的十分罕见，如果按照这样的数额标准，将使严重的贪污受贿犯罪分子逃脱终身监禁的处罚，从而出现终身监禁被虚置的状况，实际上，《刑法修正案（九）》颁布后，判决终身监禁的案件屈指可数。如果终身监禁被架空，失去了其存在的价值，也与法律的规定和精神有明显冲突。毕竟，终身监禁针对的是普通的刑事犯罪，如果仅仅判决个别几起案件，就造成了法律普遍性的缺失。

3. 终身监禁的适用程序

终身监禁是法院在对死缓犯判决时，即确定的在 2 年考验期满予以适用，所以，适用终身监禁的程序应当和适用死刑缓期 2 年执行的程序相同，按照《刑事诉讼法》的规定，对有可能判处死缓依法减为无期徒刑并终身监禁的案件应适用普通的刑事诉讼程序，并适用死刑复核程序。采用这样的程序将有利于保证有关终身监禁案件的审判质量，终身监禁制度才能在中国真正落地生根，另一方面也防止了终身监禁制度被滥用的可能性。

（二）监外执行

终身监禁不是永远不能出狱，暂予监外执行就排斥终身监禁。我国《刑事诉讼法》规定了对被判处有期徒刑或者拘役的罪犯暂予监外执行有三种情形。与终身监禁有关的有一种情形，即"怀孕或者正在哺乳自己婴儿的妇女"，对这种情况的罪犯实行暂予监外执行的前提是被判处无期徒刑。而终身监禁适用于对重大犯罪死刑缓期2年执行减为无期徒刑，这样，暂予监外执行就与终身监禁发生了联系。所以，终身监禁不是绝对的，在具备法定情形时，可以暂予监外执行，从而说明终身监禁是相对而言，对于被判处无期徒刑的"怀孕或者正在哺乳自己婴儿的妇女"罪犯存在着例外。

需要注意的是，《刑事诉讼法》规定的第254条暂予监外执行的另外两种情形是执行中的难点，即"有严重疾病需要保外就医的""生活不能自理，适用暂予监外执行不致危害社会的"，这两种罪犯暂予监外执行的前提是被判处有期徒刑或者拘役的罪犯，所以对这两种罪犯不得终身监禁。如果对这两种罪犯终身监禁，会导致终身监禁形同虚设。所以，2012年《刑事诉讼法》的规定具有前瞻性。这样，暂予监外执行决定的人民法院和执行过程中的监狱行政机关要严格把关，防止出现导致无法执行终身监禁的暂予监外执行，将终身监禁真正从源头上避免落空。

第十章
CHAPTER 10 | 刑法裁量的若干问题

第一节　自　首

一、一般自首的条件

（一）自动投案

1. 自动投案

（1）自动投案的时间：归案之前的任何时间。

自动投案，是犯罪事实或者犯罪嫌疑人未被司法机关发觉，或者虽被发觉，但犯罪嫌疑人尚未受到讯问、未被采取强制措施时，主动、直接向公安机关、人民检察院或者人民法院投案。罪行尚未被司法机关发觉，仅因形迹可疑，被有关组织或者司法机关盘问、教育后，主动交代自己的罪行的；犯罪后逃跑，在被通缉、追捕过程中，主动投案的；经查实确已准备去投案，或者正在投案途中，被公安机关捕获的，均应当视为自动投案。犯罪嫌疑人自动投案后又逃跑的，不能认定为自首。至于形迹可疑与犯罪嫌疑的区别，从司法实践看，区分二者的关键在于司法机关是否已掌握了一定的具体证据。根据已掌握的证据能够把行为人同发生的犯罪案件联系起来，也即根据现有证据能否认定行为人具有犯罪嫌疑。如果司法人员只是根据经验、直觉认为行为人可能是作案人，而没有切实、具体的证据作为判断基础，则不能认为行为人具有犯罪嫌疑，仅属于形迹可疑；如果司法人员掌握了指向行为人犯罪的具体证据，如在其身上或住处发现赃物、作案工具、被害人血迹等，则可以认为行为人具有犯罪嫌疑，而不仅仅再是形迹可疑的行为。

　　受到传唤后，能否成立自首，可根据实际情况来确定。一般有以下几种情形：第一，对已有犯罪嫌疑人进行传唤，并采取了拘传措施，对犯罪嫌疑人加以控制的，不是自首。第二，犯罪嫌疑人因公安司法机关捎带口信或接到电话通知后，自动到公安司法机关接受询问或调查，并能如实供述自己罪行的，应当认定为自首。因司法机关的口头通知等不属于刑事诉讼法规定的强制措施，故上述行为符合自动投案、如实供述罪行的要求。第三，对重大嫌疑犯传唤的，即使到案后尚未采取强制措施加以控制的，不能认定为自首。第四，已持有违禁品或有关作案凶器、赃物的犯罪嫌疑人盘问，进而加以控制的，被迫向司法机关等部门交代的，不属于自动投案，不能认定为自首。

　　纪检机关"双指""双规"期间或者监察机关"留置"期间交代是否属于自首？"指定时间、指定地点"或"规定时间或规定地点"，类似于刑事诉讼法规定的限制了一定的人身自由的监视居住，虽然已控制人身自由，尚不属于司法上的强制措施。根据最高人民法院、最高人民检察院 2009 年 3 月 12 日发布的《关于办理职务犯罪案件认定自首、立功等量刑情节若干问题的意见》的规定，没有自动投案，在办案机关调查谈话、讯问、采取调查措施或者强制措施期间，犯罪分子如实交代办案机关掌握的线索所针对的事实的，不能认定为自首。同样，对于被监察机关留置的被调查人[1]如实交代监察机关掌握的线索所针对的事实的，也不能认定为自首。

　　犯罪嫌疑人自动投案后又逃跑，[2]逃跑后又来投案的，是否属于自首？不少学者认为，这种情况属于犯罪人自动投案后一直逃避审查和裁判的情形，所以不成立自首。但是，这种观点有待商榷，如果犯罪嫌疑人逃跑后再次自动投案，又自愿受司法机关控制的，理应视为自动投案，只要其如实供述自己的罪行，应认定为自首。作这样的处理，符合自首制度的宗旨，也有利于最大限度地促使犯罪嫌疑人悔过自新。有关司法解释也规定，在被通缉、追捕过程中自动投案的，也应当视为自动投案。

---

　　〔1〕　参见 2018 年 3 月 20 日公布实施的《中华人民共和国监察法》，第 22 条。
　　〔2〕　需要注意的一种倾向是：公安机关在犯罪人被取保候审期间没有对其实行传讯也未对保证人进行任何处罚，但庭审时出具证明，声称犯罪人在取保候审期间不能随传随到、下落不明，却没有其他证据可以证明的，不能认定犯罪人在取保候审期间"逃跑"，而应当肯定自首的存在。

（2）自动投案的对象：向公安司法机关、基层组织、所在单位、有关单位负责人投案。

因认识错误以被害人身份向司法机关报案，实际属于被告人身份的，是否属于投案？行为人对自己的身份错误，不影响对其自首的认定。向被害人承认犯罪是否属于自首？关键在于是否同意被害人向公安司法机关报案和告诉，同意的是自首。

（3）自动投案的方式可以是犯罪嫌疑人亲自到场投案，也可以委托他人投案，即代首，还可以以写信、打电话、发短信、发微信等信电方式通知有关机关，之后亲自投案，均可以认定为自动投案。

（4）自动投案人的意志。

根据刑法和最高人民法院1998年公布的《关于处理自首和立功具体应用法律若干问题的解释》（以下简称《解释》）规定的基本精神，下列三种情况均可视为自动投案：一是并非出于犯罪嫌疑人的主动，而是经亲友规劝、陪同投案的，即陪首；二是司法机关通知犯罪嫌疑人的亲友，或者亲友主动报案后，将犯罪嫌疑人送去公安司法机关投案，或将犯罪嫌疑人送至约定地点，等候公安人员抓捕犯罪嫌疑人的，即送首；三是近亲属了解到犯罪嫌疑人的藏匿地点后，积极协助公安人员前往抓获，犯罪嫌疑人并不拒捕而予配合的。如果上述三种犯罪嫌疑人到案后能够如实供述罪行的，应当认定自首。

最高人民法院2010年印发的《关于处理自首和立功若干具体问题的意见》（以下简称《意见》）中，又列举了五种应当"视为自动投案"的情形，并说明，犯罪嫌疑人被亲友采用捆绑等手段送到司法机关，或者在亲友带领侦查人员前来抓捕时无拒捕行为，并如实供认犯罪事实的，不能认定为自动投案。由此可见，《解释》和《意见》虽然对"自动投案"采取了相对较宽的认定标准，但始终要求"自动投案"应具有主动性和自愿性，即行为人是在意志自由的前提下主动地、自愿地将自己置于公安司法机关的管束、控制下，准备接受公安司法机关的处理。投案不论出于何种动机，只要行为人犯罪后主动将自己交由公安司法机关进行处置，都不影响投案的自动性，不影响自动投案的成立。但是，"自动投案"对于投案目的有特定要求，即行为人必须明确告知其到公安司法机关的目的是投案，接受司法机关的处理。如果行为人主动到司法机关的目的是为自己开脱罪责或者表明自己是"清白"的，则不符合自动投案的本质要求，不能认定为自动投案。如果亲友并不明知犯罪嫌疑人实施了犯罪行为，主动与司法机关联系的目的并不是让犯罪嫌疑人接受司法机关的处理，而是为了撇清犯罪嫌疑，则不应认定为自动投案。

（二）如实供述自己的主要罪行

1. 如实供述自己的主要罪行是供述自己犯罪的主要事实：包括在什么时候、什么地点、实施了什么犯罪行为

行为人供述的"主要犯罪事实"不限于定罪事实、情节，也包括对行为人量刑的重要事实、情节。对主要事实的供述不要求细节，对行为性质辩解不影响自首认定，一审期间能如实供述的（即以一审前为准），可认定为自首。即使行为人在侦查、起诉阶段翻供，只要其在一审判决前仍能如实供述的，属于自首。

2. 犯有数罪时，交代一罪，只能就该罪认定为自首

犯有数罪的犯罪嫌疑人仅如实供述所犯数罪中部分犯罪的，只对如实供述部分犯罪的行为，认定为自首。

刑法关于自首定义的法定化，已明确为二要件，有人承认现行刑法对自首的构成要件所做的修改，但又对这一修改表示不理解，认为现行刑法对于自首概念的这一修改，很难说比原来的概念更科学。

上述观点的分歧在于，1979 年《刑法》规定的自首的第 3 个条件"接受国家审查与裁判"是否还作为自首的要件。其实，无论从理论的共识上，还是在司法实践中，都应严格依据现行《刑法》规定，以二要件说为宜，理由如下：

首先，自动投案，其实质在于要求犯罪人主动到案，接受公安司法机关依法处理，即为追诉犯罪创造必要的前提条件，在此前提下又要求投案人接受审查与裁判，则混淆了国家对犯罪人的追诉是强制执行的这一基本性质。对于犯罪人来说，"接受国家审查裁判"是必要的，没有选择余地。

其次，"接受国家审查与裁判"的要求，均能为自动投案、如实供述所犯罪行这两个要件所包容，故没有必要再将此要件单独列出。

一般认为，不接受国家审查、裁判，在司法实践中表现为：（1）自动投案并交代罪行后又脱逃。比如有的犯罪人投案之前，认为自首后便可以免除处罚，或只受到很轻的处罚，因此投案并交代之后，一旦发现可能要受到严厉惩罚，便恐惧害怕，因而脱逃；有的是出于"好汉做事好汉当"的心理投

案并交代的，审判前思想出现了反复而脱逃；有的是在打击犯罪形势紧迫的情况下投案的，审判前自认为国家打击犯罪形势已经宽松，公安司法机关追责力度减轻，因而脱逃等。（2）自动投案并交代罪行后又翻供，在这种情况下，犯罪人虽然并未逃脱司法机关的控制，但由于其推翻了司法机关对其定罪量刑的根据，使司法机关难以对其准确定罪量刑，因而与自动投案并交代罪行后又脱逃的情况实质上没有实质上的差别，也是犯罪人拒不接受国家司法机关审查、裁判的表现。（3）只交代自己的犯罪事实或部分犯罪事实，根本不想接受国家审查、裁判，如出于蔑视、嘲弄公安司法机关的恶劣动机，只用信电或书面告知司法机关自己的罪行，但并不告知自己所在的处所，或者已经逃往外地、甚至国外后，才用电讯或书面告知司法机关自己的罪行等〔1〕。

　　实际上，以上三点均可为构成自首的其他两个要件所包含，可以从以下方面分析：其一，自动投案本身，即要求犯罪人自愿将自己的人身置于公安司法机关的控制下，并将此受控状态一直持续到一审宣判时止，只有这样，才能满足自动投案的条件，如在此期间逃跑，则视为自动投案的中断，使前一自首行为归于无效。对此，理论界与实务界均无异议，并得到司法解释的支持。逃跑后又来投案的，恢复到原有状态，可属于自首。其二，如实供述自己罪行则包括了不得翻供的内涵。因为，犯罪人翻供后的虚伪口供，又如何能作为如实供述呢？当然，根据司法解释，虽然在刑事诉讼过程中曾翻供，"但在一审判决前又能如实供述的，应当认定为自首"。其三，对于前述第三种情况，虽然犯罪人交代了自己的犯罪事实或部分犯罪事实，但并未将自身置于司法机关的控制之下，故而根本没有满足自动投案的基本要求。

　　再次，所谓"接受国家审查、裁判"，实际上是要求自首人接受审查与裁判的过程、程序，并不要求他们接受、认可审查与裁判的结果，但这种区别在实践中往往难以明确。并且，"接受"一词的字义本身过于强调人的主观意愿方面，容易导致认定自首的随意性，即将被告人的辩护或不服判决而上诉等行为视作不"接受"审查与裁判，这不利于保护自首人的合法权益。在现行刑法颁布之前的我国刑法教科书中，大多列举了数种不能视为犯罪分子不接受国家审查与裁判的行为，如犯罪分子自动投案如实交代罪行后，为自己

---

〔1〕 高铭暄主编：《刑法学原理》（第三卷），中国人民大学出版社1994年版，第334页。

进行辩护，或者提出上诉，或者更正或补充某些事实等，[1]这从相反角度说明，将接受国家审查与裁判作为自首的成立要件，容易导致对自首的错误认定，这是对自首人的辩护权予以否定的后果。

所以，现行《刑法》未将 1979 年刑法规定的"接受国家审查、裁判"规定为自首的要件，既不是立法的不当，也非疏漏，而是科学合理且切实可行。这样的规定，有助于消除对自首认定的分歧，并切实保护自首人的合法权益。

二、余罪自首

所谓特别自首，又称准自首，根据我国《刑法》第 67 条第 2 款的规定，是指被采取强制措施的犯罪嫌疑人、被告人和正在服刑的罪犯，如实供述公安司法机关还未掌握的本人其他罪行的情形。

（一）关于余罪自首的主体

余罪自首是相对于一般自首而言的，又称为特别自首、特殊自首或准自首，其观念古来有之，早在《唐律》中就有"诸犯罪未发而自首者，原其罪。……即因向所劾之事，而别言余罪者亦如之"的记载。在 1979 年《刑法》中，未对余罪自首作出专门规定，因而对于交代余罪是否成立自首，在刑法理论上与司法实践中都存在着较大的分歧。修订之后的现行《刑法》明确规定了余罪自首"以自首论"，这有利于贯彻对犯罪分子惩办与宽大相结合的刑事政策，也有利于公安机关及时侦破案件，将犯罪侵害法益的程度降到最低。

根据现行《刑法》第 67 条第 2 款的规定，余罪自首是指被采取强制措施的犯罪嫌疑人、被告人和正在服刑的罪犯，如实供述司法机关还未掌握的本人其他罪行的情形。由此可见，与一般自首相比，余罪自首的成立是有其自身的特殊性的，它不要求具备自动投案要件，但对于成立自首的主体则有较严格的界定，对其所供述的罪行也限制在公安司法机关还未掌握的本人其他罪行的范围内。

根据《刑法》规定，成立余罪自首的主体，包括以下三类：被采取强制措施的犯罪嫌疑人、被告人和正在服刑的罪犯。

关于如何具体界定这三种主体的范围，刑法学界存在诸多争议，笔者将

---

〔1〕　高铭暄主编：《中国刑法学》，中国人民大学出版社 1989 年版，第 285 页。

之归纳为狭义说与广义说。狭义说认为，"特殊自首与一般自首的根本区别在于，在特殊自首的情况下由于犯罪分子的人身自由被剥夺，无法实施自动投案行为，因而法律规定以自首论处"。[1]以此为出发点，被采取取保候审、监视居住的犯罪嫌疑人、被告人，被判处管制刑的罪犯，以及处于缓期、假释考验期间的罪犯，因为未被剥夺人身自由，尚有自动投案的余地，所以，对于他们如实供述司法机关还未掌握的本人其他罪行的行为，应属于一般自首，而不以余罪自首论。由此可见，狭义说区别一般自首与余罪自首的出发点，不在于自首人交代的是否是"余罪"，而在于自首人在供述余罪时是否丧失了人身自由。广义说认为，对于成立余罪自首的主体，应严格依据法律规定，"不应将被采取强制措施和正在服刑理解为在押状态，"因此，强制措施应包括拘传、取保候审、监视居住、拘留、逮捕这五种情况；正在服刑的罪犯，不仅包括处于在押状态的死刑缓期2年执行、无期徒刑、有期徒刑、拘役，也包括管制犯、缓刑犯、假释犯，以及正在被执行附加刑的罪犯。只要嫌疑人、被告人或者正在服刑的罪犯如实供述司法机关还未掌握的本人其他罪行，就应"以自首论"，成立余罪自首。可见，广义说没有将自首人是否丧失了人身自由作为余罪自首标准，而是将是否交代了"余罪"作为区分一般自首与余罪自首的关键。

狭义说与广义说各有道理，狭义说立足于设立余罪自首的立法初衷，广义说则严格遵从法条，着眼于方便司法实践的具体适用。

长期以来，对于犯罪人归案以后在丧失了人身自由的情况下主动供述出司法机关还未掌握的其他罪行能否视为自首，理论上存在着很大的分歧。一种观点认为，此种行为虽具主动性（主动供述），但缺乏自动性（自动投案），故不属于自首。另一种观点认为，应按自首处理。其理由是，根据最高人民法院、最高人民检察院、公安部《关于严格依法处理反盗窃斗争中自首案件的通知》第1条规定："对于犯罪分子因其犯罪行为以外的问题被收容或者采取强制措施后，主动供述了自己未被公安、司法机关掌握的犯罪事实，经查证属实的，虽然不属于'自动投案'，但也可以酌情从轻、减轻或免除处罚"。既然犯罪人主动供述罪行，而且又是公安司法机关尚未掌握的罪行，正是行为人的主动供述行为才使司法机关得以破案，法律尊严得以维护，因此

---

〔1〕 陈兴良：《刑法适用总论》（下卷），法律出版社1999年版，第481页。

应视为自首。[1]1997 年修订刑法时，将供述余罪"以自首论"的规定，正是吸收了两高一部《关于严格依法处理反盗窃斗争中自首案件的通知》的内容精神，所以在第 67 条第 2 款，未规定自动投案的要求，并最大限度地放宽了自首的对象范围和时间条件。从某种意义上说，现行刑法对自首制度的修改，也是建立在对自首本质的认识进一步深化的基础上，即不再强调"自动投案"的形式，而着眼于"主动认罪，将自己交付于公安司法机关追诉"这个实质。余罪自首之所以"以自首论"就在于它本身具有与一般自首相同的属性。

　　狭义说正是从设立余罪自首的立法初衷的角度，将"被采取强制措施的犯罪嫌疑人、被告人和正在服刑的罪犯"限定在丧失了人身自由的犯罪嫌疑人、被告人和服刑的罪犯。但是，如果以狭义说的观点来指导司法实践，则会产生诸多的弊端。以监视居住为例，狭义说认为"被采取监视居住的犯罪分子，在监视居住期间，向司法机关自动投案，如实供述司法机关还未掌握的本人其他罪行的，视为一般自首较适宜"。[2]那么，被采取监视居住强制措施的犯罪嫌疑人，在被司法机关传讯时主动交代了司法机关尚未掌握的罪行，应如何认定呢？如认定为一般自首，则不符合自动投案的前提；如认定为余罪自首，则无形中将如实供述余罪的被监视居住人划分为两类，即一般自首的被监视居住人和余罪自首的被监视居住人，这显然过于繁琐。除一般自首的被监视居住人以外，还存在一般自首的被取保候审人、一般自首的缓刑犯、假释犯，等等，徒增了司法机关的负担却没有实际意义。另外，将被监视居住人等的自动投案并如实交代余罪的行为归类于一般自首，也不利于对司法解释的应用。因为，最高人民法院《关于处理自首和立功具体应用法律若干问题的解释》第 2 条在界定何为"司法机关尚未掌握的罪行"时，明确规定是"根据刑法第六十七条第二款的规定"。如果将被监视居住人等主动交代余罪行为认定为一般自首，即适用《刑法》第 67 条第 1 款的规定，那么，又如何能应用针对第 67 条第 2 款的司法解释呢？如果认为只要被监视居住人是自动投案并如实供述司法机关尚未掌握的罪行，就一律认定为一般自首，而不适用司法解释对余罪的限定，那么，就会产生矛盾的情形，即如实交代同样罪行的两个被监视居住人，由于一个是自动投案后交代余罪，所以认定为自

---

〔1〕　马克昌主编：《刑罚通论》，武汉大学出版社 1999 年版，第 382 页。
〔2〕　陈兴良：《刑法适用总论》（下卷），法律出版社 1999 年版，第 481 页。

首；另一个是在询问过程中交代余罪，所以不认定是自首，在所交代余罪与司法机关所掌握罪行属同种罪行的情况下，只能认定为坦白。而是否具有自动投案的形式来界定自首成立的观点早已被刑法学界所抛弃。所以，狭义的自首说虽然立足于设立余罪自首的初衷，但由于缺乏现行刑法和司法解释的支持，最后得出了一个与其初衷相悖的结论。所以，狭义说自身存在的矛盾导致其无法成立。

我认为，一般自首与余罪自首的区别是形式的区别，二者共同构成自首的整体，都符合自首的本质，对二者的区分在于方便司法实践适用。所以，认定余罪自首的重点不在于犯罪人是否被剥夺了人身自由，而在于交代的是否是"余罪"。在这个意义上，广义说更符合自首的宗旨。具体来讲，能够成余罪自首的犯罪人有以下几种：

1. 被采取强制措施的犯罪嫌疑人、被告人

所谓强制措施，按照《刑事诉讼法》的规定，是指逮捕、刑事拘留、监视居住、取保候审和拘传。另外，对于在侦查中受到依法传唤的犯罪嫌疑人、被告人如实供述司法机关还未掌握的本人其他罪行的，也符合"以自首论"的主体范围[1]。这里的传唤，是指公安司法机关命令犯罪嫌疑人、被告人于指定时间自行到案接受讯问的一种法律措施。它虽然没有直接的强制效力，但它指示犯罪嫌疑人、被告人应负到案的义务，如不履行该项义务将会受到人身限制，因而具有间接的强制效力。在法学理论上，一般将传唤称为"间接强制措施"。[2]被监察机关留置的被调查人是否能作为余罪自首的主体，这需要对监察法和刑事诉讼法加以协调，修改刑事诉讼法之后，再做定论。

2. 正在服刑的罪犯

所谓正在服刑，应当理解为人民法院的判决已发生法律效力，对犯罪人正在执行死缓、无期徒刑、有期徒刑、拘役或者管制的刑罚。对于被判处徒刑宣告缓刑和假释的犯罪人，在缓刑、假释考验期间如实供述司法机关还未掌握的本人其他罪行的，也符合"以自首论"的主体条件。对于正在被执行附加刑的犯罪人，原则上也属于正在服刑的犯罪人。

另外，在司法实践中，也经常遇到被公安机关行政拘留、收容教育和收

---

〔1〕 刘家琛主编：《新刑法新问题新罪名通释》，人民法院出版社1998年版，第304页。

〔2〕 徐静村主编：《刑事诉讼法学》（上），法律出版社1998年版，第205页。

容教养的人，在拘留、收容教育和收容教养期间，主动交代公安司法机关还未掌握的本人其他罪行的情况，对于这种情况，应如何认定？如认定为一般自首，但这些人缺少自动投案的要件；如认定为余罪自首，则这些人又不是犯罪嫌疑人、被告人和正在服刑的罪犯；如根本不认定自首，则无疑打消了被拘留、收容教育和收容教养的犯罪人主动交代罪行的积极性，不利于公安机关及时侦破案件，也无益于实现一般预防和特殊预防的刑罚目的。因此，当公安机关遇到这种情形时，往往难以认定，难于处理。

我认为，对于被公安机关行政拘留、收容教育和收容教养的人来说，司法机关所掌握的只是他们的一般性违法行为事实，而并非全部犯罪事实，故不构成余罪自首，即本罪尚未掌握又何谈余罪呢？在通常情况下，这种情况可以认定为一般自首。虽然这种情况似乎缺乏自动投案的形式，但它无疑也是符合自首的本质特征的，不按自首处理有违自首的立法原意。鉴于这种情况的特殊性，建议最高司法机关对此作出明确的司法解释，并将刑法和其他行政法律衔接起来，以堵塞法律漏洞。

（二）关于余罪自首的"其他罪行"

根据 1998 年 4 月 6 日最高人民法院《关于处理自首和立功具体应用法律若干问题解释》的规定，所谓其他罪行，是指与公安司法机关已掌握的或者判决确定的罪行不同种的罪行。对此规定，学者们多有争议，一种观点支持司法解释的界定，认为所供述的其他罪行必须与已掌握的罪行是不同罪名，才成立余罪自首；另一种观点认为，交代的其他罪行不论与司法机关已掌握的罪行是同罪名，还是不同罪名，只要是未掌握的罪行，都应以自首论的。[1]后一种观点更合理，因为：

第一，《刑法》第 67 条第 2 款并未将"其他罪行"限定为不同种罪行，"其他罪行"的定语是"还未掌握"，从句义上看，"其他罪行"是相对于已掌握的罪行而言的。与法条类似的句式在日常生活中也经常出现，如旅行的导游看到人没来齐，对身旁的男子说："帅哥，去叫一下没来的其他人。"对于这个"其他"，如何理解呢？难道会理解为"没来的人中的其他人"吗？当然不会，这里的"其他人"，实际上是针对已来的人说的，也就是还未到的

---

[1]　彭敫瑞："如何理解'未掌握的其他罪行'"，载《人民检察》1998 年第 3 期。

人。同理，也不能将"未掌握的其他罪行"理解为"未掌握的其他罪行中的其他罪行"。这不符合汉语的语言习惯。因此，司法解释将"其他罪行"界定为"不同种罪行"，显然是一种限制解释，违背了法律规定的原意。

第二，司法解释将"其他罪行"限定为"不同种罪行"，其目的在于与刑法中的数罪并罚规定相协调，但这只能是对未决犯而言。对于正在服刑的罪犯来说，情况则恰恰相反。《刑法》第 70 条规定，"判决宣告以后，刑罚执行完毕以前，发现被判刑的犯罪分子在判决宣告以前还有其他罪没有判决的，应当对新发现的罪作出判决，把前后两个判决所判的刑罚，依照本法第六十九条的规定，决定执行的刑罚"。第 71 条规定，"判决宣告以后，刑罚执行完毕以前，被判刑的犯罪分子又犯罪的，应当对新犯的罪作出判决，把前罪没有执行的刑罚和后罪所判处的刑罚，依照本法第六十九条的规定，决定执行的刑罚"。无论是"先并后减"还是"先减后并"，法律都是规定将新发现的罪（漏罪）或新犯的罪（新罪）与原判决确定的罪行，依刑法第 69 条数罪并罚的原则实行并罚，对于漏罪和新罪来说，法律并未将其规定为与原判决确定之罪属不同种罪行。所以，司法解释将"其他罪行"限定为"不同种罪行"，对于正在服刑的罪犯来说，将可能出现对数罪并罚中的某罪虽主动供述，但不算自首的情况，这显然不是司法解释的初衷，也不利于自首设立的宗旨。

第三，同种罪还是异种罪并不意味着侵害法益的差别，所供述的是同种罪还是异种罪也不意味着人身危险性和悔罪态度的差别。仅仅根据犯罪人主动交代的罪行与公安司法机关已掌握的罪行的罪名的异同来确定坦白与自首的界限，并进而作出量刑的区别，这是不公平的。例如，A 与 B 各受贿 10 万元，因此被拘留审查，在讯问中，A 如实供述了还曾挪用公款 5 万元的犯罪事实，B 供述了曾受贿 5 万元的犯罪事实。根据司法解释，对 A 如实供述挪用公款罪的行为以自首论。但 B 则只能认定为作为酌定情节的坦白。对侵害法益程度与自首情节都相同的 A、B 来说，这种认定上的区别对待缺乏理论依据，不利于鼓励犯罪人坦白交代、悔过自新，也不符合司法公正的要求，不利于实现社会公平正义。

有人认为，行为人交代的其他罪行与已掌握的罪行是否同罪名，其心态是不同的，行为人对被采取强制措施的涉嫌罪名清楚，但对公安司法机关到底掌握多少罪行心里没底，因此交代与被掌握的罪行相同罪名的其他罪行是被迫的，不能以自首论。这种观点表面上看似乎比较合理，但在很多情况下，行为人对其罪行是否已被司法机关掌握，难以判断。如涉嫌盗窃的犯罪军人交代了未被掌握的盗窃机动车罪行，其中有的车辆是军队在编车，有的是民用车，盗窃编制车构成盗窃军用物资罪，盗窃民用车构成盗窃罪，但犯罪人并不了解这些罪名。如按上述说法，交代的盗窃军用物资罪行与已掌握的盗窃罪行不同罪名，按自首论；交代的盗用民用车罪行因与已掌握罪行同罪名，以坦白论，这就在同等情况下产生两种不同的认定结果。[1]

第四，虽然该司法解释第 4 条对主动交代同种罪行的行为也作出了规定，从结果看，这样的规定可以拉近"余罪坦白"与"余罪自首"的差距，但其固有缺陷无法排除。《刑法》第 67 条第 3 款规定："犯罪嫌疑人虽不具有前两款规定的自首情节，但是如实供述自己罪行的，可以从轻处罚；因其如实供述自己罪行，避免特别严重后果发生的，可以减轻处罚。"由此可见，对坦白的犯罪嫌疑人不能免除处罚。这就意味着，无论犯罪人所如实供述的同种余罪是多么重要，悔罪态度是多么好，也不能得到免除处罚。这显然不利于对公民自首权的保护，不利于教育和引导犯罪分子主动交代罪行。

另外，该司法解释第 4 条还有越权的规定，即"如实供述的同种罪行较重的，一般应当从轻处罚"。现行刑法中将"自首"规定为"可以"从轻、减轻处罚的相对从宽情节，而司法解释却将"坦白"规定为"一般应当"从轻处罚的近似绝对从宽情节，这与刑法立意相悖，超越了司法解释权。

对于被告人如实供述司法机关尚未掌握的选择性罪名中的某一罪行虽然不以自首论，但并不意味着不可以对被告人从宽处罚，否则便违背鼓励被告人认罪悔罪的立法精神。虽然此种情况与自首有所区别，但在刑事法律和司法实践中仍应给予鼓励，依法适当从宽处罚。《最高人民法院关于处理自首和立功具体应用法律若干问题的解释》第 4 条就明确规定，"如实供述司法机关尚未掌握的罪行，与司法机关已掌握的或者判决确定的罪行属同种罪行的，可以酌情从轻处罚"。

（三）关于"尚未掌握"的理解

《最高人民法院关于处理自首和立功具体应用法律若干问题的解释》规

---

〔1〕 彭敖瑞："如何理解'未掌握的其他罪行'"，载《人民检察》1998 年第 3 期。

定：被采取强制措施的犯罪嫌疑人、被告人和已宣判的罪犯，如实供述司法机关尚未掌握的罪行，与司法机关已掌握的或者判决确定的罪行属不同种罪行的，以自首论。根据以上立法和司法解释的规定，成立"余罪自首"要求主体所如实交代的罪行，必须是司法机关尚未掌握的，如已经为司法机关所掌握则不能构成"余罪自首"。如何理解"尚未掌握"，司法实践中不无争议，需要具体分析。"尚未掌握"，应是指司法机关还没有一定的客观线索和证据，还不能合理怀疑被采取强制措施的犯罪嫌疑人、被告人和正在服刑的罪犯涉嫌犯有其他罪行。同时，这里的尚未掌握的"司法机关"也不能简单理解，即不仅仅是指正在侦查、起诉、审判的司法机关，也包括其他的司法机关。具体而言，如果犯罪嫌疑人、被告人的所犯余罪尚未被查明、通缉，或者虽已被通缉，但通缉资料不全面，内容不明确，现行犯罪的侦查、起诉和审判的司法机关并不掌握或者很难、几乎不可能通过比对查证等方式在当时掌握该犯罪嫌疑人的所犯余罪的，则此时的"司法机关"仅指直接办案机关；如果在犯罪嫌疑人、被告人所犯前罪已被通缉，对现行犯罪的侦查、起诉和审判的司法机关可以通过通缉资料掌握该犯罪嫌疑人、被告人所犯前罪，此时的"司法机关"应当包括通缉令覆盖范围内的所有司法机关。比如，一个犯罪人杀人以后逃跑，公安机关发布通缉令，通缉期间该犯罪人因盗窃被抓获，抓获后交代了杀人的行为，这种情况就不能认定是余罪自首。因为这种情况下的犯罪事实一般在侦查、起诉、审判阶段都能够得到查实，所以这里指的"尚未掌握"的司法机关不能理解为其交代事实的那个司法机关没有掌握，而应包括其他司法机关尚未掌握。但是，如果犯罪嫌疑人或被告人先行实施的犯罪行为虽已被其他司法机关掌握，但因地处偏僻、路途遥远或通讯不便等原因，客观上使先行羁押犯罪嫌疑人、被告人的司法机关在对先行犯罪的侦查、起诉和审判过程中，难以了解到或发现该先行发生的犯罪事实的，可以将该先行实施的犯罪视为司法机关尚未掌握的罪行，这时的司法机关其实是指直接办案的司法机关。因此，这里"司法机关"的外延应当根据具体案情具体分析，不能简单化作一致界定。

由于"余罪自首"缺乏构成一般自首要求的主动投案条件，故对于余罪自首中的"司法机关尚未掌握"这一要件须从严把握，防止有些负案在逃的犯罪人因先行犯罪被抓获时故意隐瞒身份，在讯问过程中再交代真实身份，从而获取"自首"从宽处罚、规避法律。当然，对于那些符合"余罪自首"

法定条件的犯罪人，应当及时兑现政策，在量刑时作为从宽情节予以考虑。

所以，对于犯罪人如实供述司法机关还未掌握的本人其他罪行的行为，无论该罪行与司法机关已掌握的或者判决确定的罪行属同种还是异种，只要其可以单独构成犯罪，就应认定为自首，并以余罪自首的认定原则来确定从宽幅度。当然，在司法解释未作出修改之前，实务部门应严格按照目前司法解释的规定来处理余罪自首的情形，以利于法治的统一。

三、自首的刑事责任

对自首犯，从宽处罚。对自首犯从宽处罚既是法律，也是刑事政策，但具有深刻的理论根据。

第一，自首有利于减轻犯罪人的人身危险性，实现刑罚目的。

我国刑法惩治犯罪，不是为了惩罚而惩罚，而是通过惩罚达到教育和改造罪犯，预防犯罪的目的。因此，在对犯罪分子量刑时，不仅要以其所犯罪行的事实为根据，而且还要参考其犯罪后的态度，即是否有悔罪的心态。投案自首是犯罪人犯罪之后有悔罪或悔改之心的开始，表明犯罪人人身危险性的减轻且已具备了接受改造、悔过自新的主观基础，改造起来必然容易些。对投案自首的犯罪人予以从宽处罚，实际上是为了实现刑罚目的做的一项准备工作，在这一基础上，刑罚的一般预防与特殊预防目的将转化为积极的刑罚效果。

第二，自首具有司法成本的经济性。

自首从宽的功利性表现在，以最小的刑罚成本最大限度地遏制犯罪。刑罚作为对犯罪的惩治手段，需要一定的物质支撑，尤其是侦查、起诉、审判的运行需要投入大量的人力、物力、财力，而犯罪人的自首使办案成本的支出大大降低，不仅节省了国家的司法资源，减轻了司法机关的证明负担，而且有效地提高了诉讼效益与效率。通过对自首者予以法律上的褒奖，形成对其他违法犯罪人的感召力。正是在这个意义上，功利效果的考虑也是对自首犯罪犯罪人从轻处罚的重要理论根据。

自首者获得的司法机关的量刑从宽，是以自告并自证其罪为代价的。自首者"放弃与司法机关的周旋，而表现出愿意与司法机关合作，这是有利于司法机关的，作为一种奖励，司法机关运用对犯罪人进行审判的权力，适当

从宽处罚，这是合情合理的。"〔1〕

事实上，世界各国和地区刑法设立自首制度，也主要是考虑到实现刑法的目的和实现功利的目的。"设立自首制度之目的有二，其一为鼓励犯人改过自新，其二为节省犯罪之刑事侦查时间，避免搜证困难。"〔2〕对自首犯从宽处理，是"出于为使犯罪侦察和处罚容易进行的策略上考虑，以及考虑到减轻已悔改的行为人的事后责任"。〔3〕

自首从宽是目的刑思想的体现，其从宽幅度受到报应的制约。对罪犯能否从宽处罚，在多大程度上从宽处罚，犯罪行为及其后果以及犯罪人主观恶性具有决定性作用，对待犯罪行为的态度和功利效果则具有从属性和辅助性。我国刑法正是从这个角度，将自首列为相对从宽的量刑情节。

第二节　坦　白

坦白最初是我国的刑事政策，国外也有类似的规定。1984 年 4 月 16 日发布的最高人民法院、最高人民检察院、公安部《关于当前处理自首和有关问题应用法律的解答》，首次规定了"坦白从宽"的政策，规定："坦白通常是指犯罪行为已被有关组织或者司法机关发觉、怀疑，而对犯罪分子进行询问、传讯，或者采取强制措施后，犯罪分子如实供认这些罪行的行为。对于罪犯确能坦白其罪行的，依照刑法第五十七条的规定，视坦白程序，可以酌情从宽处理。"世界各国和地区对坦白的处理有两个原则：（1）相对从宽原则，如日本刑法；（2）绝对从宽原则，如我国台湾地区的刑法、英国和美国刑法。而在我国，1956 年 1 月 31 日董必武在全国政协第二届第二次会议上所作的《关于肃清一切反革命分子问题的报告》中指出："镇压与宽大相结合的政策，这就是坦白从宽、抗拒从严、立功折罪、立大功受奖的政策"。同年 9 月 19日，罗瑞卿在中央"八大"第一次会议上以《我国肃反斗争的主要情况和若干经验》为题的发言中强调："惩办与宽大相结合的政策，它的具体内容就是坦白从宽、抗拒从严、立功折罪、立大功受奖。"鉴于这个刑事政策在执行中

---

〔1〕 赵秉志主编：《刑法争议问题研究》（上卷），河南人民出版社 1996 年版，第 722 页。

〔2〕 黄村力：《刑法总则比较研究》，台湾三民书局 1995 年版，第 388 页。

〔3〕 ［日］福田平、大塚仁：《日本刑法总论讲义》，李乔等译，辽宁人民出版社 1986 年版，第 259 页。

的偏差，坦白的犯罪人有时候没有能够得到从宽处罚，因此刑法修正案将之法律化，保证坦白从宽的切实执行。

《刑法修正案（八）》第8条规定，在《刑法》第67条中增加一款作为第3款："犯罪嫌疑人虽不具有前两款规定的自首情节，但是如实供述自己罪行的，可以从轻处罚；因其如实供述自己罪行，避免特别严重后果发生的，可以减轻处罚。"这一修正将刑法理论和司法实践中的坦白酌定从宽情节上升为法定从宽情节，因而是我国刑事立法上首次确认坦白从宽制度。

一、坦白的定义

根据《刑法》第67条第3款的规定，并结合《刑法》第67条第1款和第2款的规定，坦白是指犯罪嫌疑人被动归案后如实交代已被司法机关掌握的本人罪行，或者如实交代尚未被司法机关掌握但与司法机关已掌握的罪行属同种罪行的情形。坦白从宽成为法定情节，其意义在于为司法机关特别是法院量刑适用坦白情节提供了法律依据；同时，也为犯罪嫌疑人将来回归社会打下了基础。

坦白与自首作为从宽处罚的量刑制度，具有相同之处：都以犯罪嫌疑人实施了犯罪行为为前提；在归案后都是以如实交代犯罪嫌疑人本人的犯罪事实为内容；都是犯罪嫌疑人认罪悔罪、人身危险性有所减弱的表现，属于从宽处罚的情节。坦白与自首也有不同之处：（1）二者成立条件不同。自首是犯罪嫌疑人自动投案后，主动如实的供述自己的犯罪事实，这些事实，既可以是已被发觉的、正在指控的事实，也可以是尚未被公安司法机关发觉、尚未被指控的事实；而坦白是罪嫌疑人被动归案后，如实交代自己被指控的犯罪事实。（2）悔罪程度和人身危险性减弱程度不同。由于自首是主动投案，而且是在司法机关尚未掌握其罪行，或者虽然罪行已被司法机关发觉，但尚未对其指控或无法指控的情况下如实交代自己的罪行；而坦白是被动归案，而且是在司法机关已经发觉其罪行，并正在对其罪行进行指控的情况下交代其罪行。因此，自首者比坦白者悔罪的程度深，人身危险性减弱程度更明显。（3）法律后果不同。自首获得司法机关从宽处罚的可能性与从宽处罚的幅度比坦白大得多，自首往往得到了从宽处罚，坦白只是有时候得到从宽处罚。

二、坦白的主体

《刑法》规定坦白的主体是"犯罪嫌疑人。"其实，在《刑法修正案（八）草案》征求意见的时候，就有意见认为，坦白从轻或者减轻处罚的适用对象不应仅限于犯罪嫌疑人，而应扩大到"被告人"。但考虑到根据《刑事诉讼法》的规定，犯罪嫌疑人到审判阶段才被称为"被告人"，如果犯罪嫌疑人在侦查、审查起诉阶段都不坦白自己的罪行，进入审判阶段在法庭上才坦白，从节省司法资源的功利角度来看，实际意义已经不大，显然不利于案件的侦破，因此没有采纳这个意见。

除此之外，犯罪嫌疑单位能否构成坦白并依法得到从宽处罚呢？刑法对此并没有明确规定，但是，对于犯罪嫌疑单位被动归案后，如实供述自己的已被司法机关掌握的犯罪事实，或者虽未掌握，但如实供述的罪行与已掌握的属同种罪行的，可以视为单位坦白。虽不能直接适用《刑法》予以从宽处罚，但仍可参照《刑法》的规定，酌情从宽处罚。毕竟，单位坦白也是一个客观存在事实，坦白与不坦白在处理上应当有所区别。单位坦白的主体可以是单位的法定代表人、主管人员或其他直接责任人员。且单位坦白对其中的个人坦白亦有影响，单位坦白的，对于单位的主管人员和直接责任人员也应酌情从宽处罚。

三、坦白成立的条件

（一）被动归案

在现行刑法出台之前，自首和坦白的界限比较明了，是否主动归案就是二者的区分标准。但现行刑法增加准自首的规定之后，情况变得复杂一些，因为准自首亦是犯罪嫌疑人被动归案后的表现。这样一来，"被动归案"既是坦白成立的前提，又是准自首的成立前提。相对于自动投案，被动投案的本质是犯罪人自由意志外的归案行为。归案的被动性是坦白区别于主动到案的一般自首的关键。被动归案主要存在于"被司法机关传唤到案，被群众扭送到案，被司法机关采取强制措施归案"等情形之中。

值得注意的是，有关司法解释对"自动投案"进行了扩大解释："并非出于犯罪嫌疑人主动，而是经亲友规劝、陪同投案的；公安机关通知犯罪嫌人的亲友，或者亲友主动报案后，将犯罪嫌疑人送去投案的，也应当视为自动投案。"但是，根据有关司法解释的规定，犯罪嫌疑人被亲友采用捆绑等手段送到公安司法机关，或者在亲友带领侦查人员前来抓捕时无拒捕行为，仍应认定为"被动归案"。因而对"被动归案"进行认定时，需要与自动投案的情形加以区别。

（二）如实供述自己的已被司法机关掌握的罪行或者如实供述司法机关虽未掌握，但与已掌握的罪行属同种的罪行

根据有关司法解释的规定，构成坦白所需要的如实供述自己的罪行，并非指所有的罪行，而是指如实供述自己的已被司法机关掌握的罪行或者如实供述司法机关虽未掌握，但与已掌握的罪行属同种的罪行。如果如实供述的是司法机关尚未掌握的罪行，则可以构成自首，而不是构成坦白。这一坦白的成立条件也是其区别于准自首的重要标志。如实供述是指坦白者的供述与主要犯罪事实一致或者基本一致，并不要求等同或完全一致。如实供述表明坦白者人身危险性的减小，同时节约了司法成本，有利于侦查机关开展讯问工作，提高了诉讼效率，并尽最大可能减少刑讯逼供的发生，因而坦白应当成为一个法定的从宽处罚情节予以明确规定。

对于坦白的认定还需要注意以下两种情形：

第一，一人犯数罪的情形。一人犯数罪时，如果行为人在被动归案后，如实供述自己的已被司法机关掌握的全部罪行或者如实供述司法机关虽未掌握，但与已掌握的罪行属同种的全部罪行，那么，认定其构成坦白不会有分歧。但存在的问题，是行为人只如实供述了自己的已被司法机关掌握的部分罪行或者如实供述司法机关虽未掌握，但与已掌握的罪行属同种的部分罪行时，能否认定为坦白？笔者认为，可以参照有关司法解释"部分供述部分自首"的规定，适用"部分供述部分坦白"的规定，即对其中符合坦白的部分，认定为坦白。

第二，共同犯罪的情形。对于共同犯罪，由于行为人实施的犯罪行为是共同犯罪这一整体中不可分割的一部分，所以，对共同犯罪中行为人坦白的认定，除了要求如实供述自己实施的犯罪外，还要求如实供述所知的同案犯，而主犯则应当供述所知其他同案犯的共同犯罪事实，符合这些条件的，才能被认定为坦白。

另外，应当注意把犯罪嫌疑人如实供述与其合理辩解加以区分。辩解是犯罪嫌疑人的本能，这种辩解可能是狡辩，试图推卸责任的，但也可能是合理的、正确的，而且辩解是犯罪嫌疑人的一项权利，所以不能因为犯罪嫌疑人进行了自我辩解而否定其供述的如实性。

三、坦白犯的刑事责任

犯罪嫌疑人虽不具有自首情节，但是，如实供述自己罪行的，可以从轻处罚；因其如实供述自己罪行，避免特别严重后果发生的，可以减轻处罚。对于这里的"避免特别严重后果发生"，需要给予正确的理解与适用。一般认为，"可以减轻处罚"只限于重大案件，并且只有在因坦白而避免了特别重大侵害法益后果发生的，才可以适用。特别严重后果通常是指发生重大伤亡后果或者造成公私财产特别重大损失或者严重危害国家利益的后果。而避免了特别严重后果发生，意味着如果不加以阻止或者不采取果断措施，就会发生特别严重的后果，而且事实上这种后果没有发生。总之，只要能够认定犯罪嫌疑人如实供述自己的罪行后，通过侦查机关、司法机关采取果断措施，避免了即将发生的特别严重后果的，就可以对坦白后的犯罪人减轻处罚。

第三节 立 功

一、立功的概念和条件

（一）立功的概念

立功，是指犯罪人到案后至判决前的期间具有揭发他人的犯罪行为，查证属实的，或者提供重要线索，从而得以侦破其他案件的行为。

（二）立功的条件

根据《刑法》第 68 条和最高人民法院 1998 年 4 月 6 日公布并与 1998 年 5 月 9 日起施行的《关于处理自首和立功具体应用法律若干问题的解释》的规定，立功的条件包括：（1）立功者是犯罪人，即被采取强制措施的犯罪嫌疑人、被告人和正在服刑的罪犯。（2）立功行为必须是在犯罪人到案后至判决前的期间内进行。（3）揭发、检举的犯罪行为内容真实，对破案有效，其内容经查证属实或者据以侦破了其他犯罪案件，该行为是有利于国家和社会的突出表现。

二、立功的认定

（一）提供线索立功的表现

《最高人民法院关于处理自首和立功具体应用法律若干问题的解释》第 5 条规定："根据刑法第六十八条第一款的规定，犯罪分子到案后有检举、揭发他人犯罪行为，包括共同犯罪案件中的犯罪分子揭发同案犯共同犯罪以外的其他犯罪，经查证属实；提供侦破其他案件的重要线索，经查证属实；阻止他人犯罪活动；协助司法机关抓捕其他犯罪嫌疑人（包括同案犯）；具有其他有利于国家和社会的突出表现的，应当认定为有立功表现。"第 6 条规定："共同犯罪案件的犯罪分子到案后，揭发同案犯共同犯罪事实的，可以酌情予以从轻处罚。"由此可见，立功的重要表现之一是提供线索。《刑法》第 78 条规定："被判处管制、拘役、有期徒刑、无期徒刑的犯罪分子，在执行期间，如果认真遵守监规，接受教育改造，确有悔改表现的，或者有立功表现的，可以减刑；有下列重大立功表现之一的，应当减刑：（一）阻止他人重大犯罪活动的；（二）检举监狱内外重大犯罪活动，经查证属实的；（三）有发明创造或者重大技术革新的；（四）在日常生产、生活中舍己救人的；（五）在抗御自然灾害或者排除重大事故中，有突出表现的；（六）对国家和社会有其他重大贡献的。"

因此，存在以下两种提供线索的立功：一是"破案"中的提供线索的立功，二是"协助抓捕"中的提供线索的立功。至于检举羁押场所或者监狱内的重大犯罪活动，经查证属实的，由于检举的犯罪人已被羁押，这种检举应属于"破案"中的提供线索。关于认定犯罪人协助公安机关抓获同案犯构成立功的问题，犯罪人是否构成该项立功，应当根据犯罪人在公安机关抓获同案犯是否确实起到了协助作用。如按照侦查机关的安排，犯罪人当场指认、辨认其他犯罪嫌疑人，包括抓获了同案犯；按照侦查机关的安排，以打电话、发信息的方式将其他犯罪嫌疑人约至指定地点的；犯罪人提供了不为有关机关掌握或者有关机关按照正常工作程序无法掌握的同案犯的联络方式、藏匿线索的，抓获了同案犯等情况，均属于协助司法机关抓获同案犯，应认定为立功。

（二）立功必须具有正当性

据以立功的线索、材料来源有下列情形之一的，不能认定为立功：（1）本人通过非法手段或者非法途径获取线索、材料的，如本人通过向公安司法人员行贿，购买他人犯罪线索的，不能认定为立功；（2）本人因原担任的查禁犯罪等职务获取线索、材料的；（3）监管人员或者其他人违反监管规定，向犯罪人提供线索、材料的；（4）负有查禁犯罪活动职责的国家机关工作人员或者其他国家工作人员利用职务便利提供线索、材料的。这些线索、材料来源不合法，故不能成立立功。

（三）立功必须具有实效性

据以立功的揭发他人罪行材料应当指明具体犯罪事实，并且据以立功的线索或者协助行为对于侦破案件或者抓捕犯罪嫌疑人要有实际作用，才能被认定为立功。

犯罪人揭发他人犯罪行为时没有指明具体犯罪事实的；揭发的犯罪事实与查实的犯罪事实不具有关联性的；提供的其他案件的犯罪线索或者协助抓捕的行为对于其他案件的侦破或者其他犯罪嫌疑人的抓捕不具有实际作用的，均不能认定为立功表现。

如公安司法机关已掌握他人罪行，犯罪人在不知晓的情况下，误以为公安司法机关未掌握而揭发的，是否属于立功？立功具有实效性，主观上想立功，客观上没有实效的，不是立功。揭发他人已经超过追诉时效的犯罪、一般违法行为或无刑事责任能力人实施的侵害行为都不是立功。

我国刑法所确立的立功制度和对立功犯从宽处罚的原则，具有重要意义：一方面，这一制度可以激励犯罪人改过自新，克服主观恶性，使其能以较为积极的态度协助公安司法机关查处犯罪，提高公安司法机关的办案效率，节约司法资源；另一方面，这一制度可以有效地瓦解其他犯罪人，促使其他犯罪人主动归案，减少因其犯罪对社会造成的破坏。

三、立功的表现形式

《刑法》第 68 条第 1 款规定了立功的两种形式：

一是"揭发型"立功，即犯罪人揭发他人的犯罪行为，并经查证属实的。犯罪人被羁押或者归案后，不仅如实地交代自己的犯罪行为，还主动揭发其他人的犯罪行为，揭发同案犯共同犯罪事实以外的其他犯罪行为。这种揭发必须经公安司法机关查证属实，如果经过查证，发现犯罪人揭发的情况不是事实，或者无法证实，或者揭发的不属于犯罪行为，则这种揭发不是立功。

认定"揭发型"立功，应注意以下问题：（1）揭发"他人"的犯罪，应在"如实供述自己的罪行"的范围之外。在参与双方都会受到处罚的对向犯中，比如行贿罪和受贿罪，揭发他人的犯罪事实，属于如实供述自己犯罪事实的组成部分，揭发者本人成立自首或者坦白，根据禁止重复评价的要求，这种"揭发"不能成立立功。例如，A 因为犯故意杀人罪被抓获，在侦查机关讯问过程中，A 交代了自己向 B 行贿 30 万元的犯罪事实。对行贿罪而言，A 成立自首，其不能因为"揭发"B 对应的受贿行为再成立立功。但在仅处罚某一方的对向犯中，揭发者成立立功，比如，因盗窃被采取强制措施的犯罪嫌疑人检举他人敲诈勒索的，可以成立立功。在共犯人之间的共同故意不相同的犯罪场合，超出共同故意的犯罪与共同故意的犯罪在性质上没有相似性，在犯罪发展过程上没有因果关联性的，揭发者可能成立立功。比如，共谋盗窃者之一在现场实施寻衅滋事的，他人对寻衅滋事犯的揭发可以构成立功；反之，则难以认定为立功，比如，共谋"收拾"他人，有伤害故意者对强奸犯的揭发不能认定为立功；共谋诈骗，其中一人在现场使用暴力抗拒抓捕的，抢劫罪犯对诈骗犯的揭发也难以认定为立功。（2）他人的"犯罪"，是指客观的法益侵害事实。揭发他人的犯罪行为，事后查明"他人"当时犯罪时尚未成年或精神状态不正常，不具有刑事责任能力，但对揭发者仍应认定为立功。

二是"提供线索型"立功，即犯罪人提供他人重要犯罪线索，使侦查机关得以比较顺利地侦破其他案件。重要线索应是指侦查机关尚未掌握的重要犯罪线索，即能够证明犯罪的重要事实、犯罪人或者有关证人等。提供的重要线索必须具有真实性和实用性，侦查机关能够据此查明犯罪，侦破案件。如果侦查机关经过侦查，发现犯罪人提供的线索不实，或者无法证明发生过犯罪，或者据此查明的行为不属于犯罪的，就不应当认定为立功。

四、立功的法律效果

根据《刑法》第 68 条的规定，犯罪人有立功表现的，可以从轻或者减轻处罚。犯罪人有重大立功表现的，可以减轻或者免除处罚。具体是否从轻、减轻或者免除处罚，以及从轻、减轻处罚的量刑幅度，人民法院应当根据犯罪人的犯罪事实、犯罪性质、犯罪情节和犯罪对法益的侵害程度，结合犯罪人立功表现所起作用的大小，犯罪人立功后有利于侦查机关所破获案件的犯罪人的罪行轻重、立功后有利于侦查机关所抓获犯罪嫌疑人可能判处的法定刑的轻重等具体情节等进行综合考虑，对立功的犯罪人在量刑上加以从宽。

《最高人民法院关于处理自首和立功具体应用法律若干问题的解释》第 7 条规定："根据刑法第六十八条第一款的规定，犯罪分子有检举、揭发他人重大犯罪行为，经查证属实；提供侦破其他重大案件的重要线索，经查证属实；阻止他人重大犯罪活动；协助司法机关抓捕其他重大犯罪嫌疑人（包括同案犯）；对国家和社会有其他重大贡献等表现的，应当认定为有重大立功表现。前款所称"重大犯罪""重大案件""重大犯罪嫌疑人"的标准，一般是指犯罪嫌疑人、被告人可能被判处无期徒刑以上刑罚或者案件在本省、自治区、直辖市或者全国范围内有较大影响等情形。"

第十一章

危害公共安全若干犯罪研究

第一节　放火罪

一、放火罪的界定

放火罪，是指故意利用火力引起对象物燃烧进而造成公共危险的行为，即对目的物放火，威胁不特定或者多数人的生命、身体、财产安全的行为。

放火概念包括两方面的内容：一是有放火行为，即对公私财物进行引燃。二是危害公共安全，包括已经严重危害公共安全和尚未造成严重后果两种情况。在放火尚未造成严重后果的场合，属于具体危险犯，即燃烧的事态发生，同时因为火力而使公共危险具体地存在，或者是火力有向其他财物转移、附带引起燃烧的危险性。有学者认为，从科学法则上看，附带引起燃烧的可能性即使完全没有，但从一般人的感觉看，只要能够现实地感到有危险的场合也认为是有具体危险。[1]这一观点值得商榷。因为具体危险是司法认定的危险，而非一般人的危险感觉。所以，事实上没有发生危险状态的可能，而一般人认为有危险的，并不具有具体危险，不能成立本罪。

（一）本罪侵害的法益是公共安全，即不特定或者多数人的生命、健康和重大公私财产的安全

放火罪侵害法益中的公私财产的具体对象包括生产设施、公共建筑物以

---

〔1〕［日］大塚仁：《刑法概说·各论》（第3版），有斐阁1996年版，第379页。

及其他公私财产。这些财产必须具备密集、量大，与其他建筑设施连成一片等特点。我国《刑法》第 114 条原来规定，放火、决水、爆炸、投毒或者以其他危险方法破坏的对象是"工厂、矿场、油田、港口、河流、水源、仓库、住宅、森林、农场、谷场、牧场、重要管道、公共建筑物或者其他公私财产"。根据刑法的多年实践经验和打击此类犯罪的实际需要，《刑法修正案（三）》对本条的罪状作了修改，删去了所列举的对象。这是因为，用危险方法危害的对象可能是多种多样的，列举几种对象不仅没有必要，而且有一定局限性，删去所列具体对象，使条文更简洁，更有利于打击用危险方法危害公共安全的犯罪活动。对自己的财产放火，同时危害公共安全的，也应以本罪论处。

（二）犯罪客观方面表现为放火焚烧，即用引起行为对象燃烧的方法，危害公共安全的行为

放火一般是利用各种引火物直接点燃行为对象，一般表现为作为方式，但是，也可以以不作为方式实施。例如，电器设备维修工人发现其负责维修的电器设备出现电线短路，有起火的危险，不加修理可能酿成火灾，但为了发泄不满，故意不予维修，结果造成火灾，构成不作为形式的放火罪。

对放火的具体方法，法律未作限制，直接点燃目的物、通过媒介物，例如火把、报纸等点燃目的物的，都是放火；在发生自然灾害，如地震或者火山爆发时，在已经燃烧和未燃烧的物体之间搭放木板等引火物的，也是放火行为。没有点火行为，但散布引火性极高的物质，例如泼洒汽油、打开煤气或天然气阀门等的场合，即使未开始点火，也认为是放火行为的着手。

在故意杀人或实施其他犯罪之后，为湮灭罪迹而故意放火的，应数罪并罚。以放火为手段杀害他人，并试图骗取保险金的，应以本罪和保险诈骗罪并罚。以放火的意思进入他人住宅并放火的，构成本罪和非法侵入住宅罪的想象竞合犯。

放火行为致人重伤、死亡或者使公私财物遭受重大损失的，属于本罪的实害犯。这里的致人重伤、死亡，包括故意重伤和故意杀人在内。在行为人放火后，被害人完全有条件逃离或者在已经离开火灾现场的情况下，为抢救财物或者救人又闯入火灾现场导致重伤、死亡的，属于第 115 条规定的放火致人重伤、死亡，应以本罪实害犯处理。

本罪的主体是一般主体，由于放火属于用危险方法严重危害公共安全的犯罪，其危险性易被一般人所认识，因而，任何已满 14 周岁不满 16 周岁，

具有刑事责任能力的人，都可以成为本罪的主体。

根据我国《刑法》第 17 条第 2 款的规定："已满 14 周岁不满 16 周岁的人，犯故意杀人、故意伤害致人重伤或者死亡、强奸、抢劫、贩卖毒品、放火、爆炸、投毒罪的，应当负刑事责任。"从这 8 种犯罪可以看到，其中的放火罪、爆炸罪和投放危险物质罪都属于以危险的方法危害公共安全的犯罪。但应当注意，这 8 种犯罪并不包括决水罪。这是因为，放火罪、爆炸罪和投放危险物质罪在现实生活中的发案率比较高，决水罪则很少发生，而已满 14 周岁不满 16 周岁的行为人实施决水行为的概率则更低。当然，这种解释是否合理，是否符合立法原意，可以进一步讨论。

（三）本罪主观要件

本罪主观方面是故意。既可以是直接故意，也可以是间接故意。故意的内容是明知自己的行为会引起火灾，并且希望或者放任火灾发生。犯罪动机可以是多种多样的，如报复泄愤、嫁祸于人、销毁罪证，等等，但犯罪动机不影响本罪的成立。

二、放火罪的认定

（一）放火罪既遂与未遂的界限

对放火罪既遂的认定，与理解《刑法》第 114 条和第 115 条有关。两个法条同时规定一个罪名，表明放火罪在立法上比其他罪名特殊。但《刑法》第 114 条和第 115 条两个条文之间并非对立关系，而是存在密切联系。其一，可以认为《刑法》第 114 条的成立不要求发生侵害法益后果，该条为危险犯以及未遂犯的规定，因为第 114 条保护的是重大法益，由于各种因素的影响，放火行为未造成结果的情形较多，因而在立法上将其未遂情形在分则中专门加以规定；第 115 条要求致人重伤、死亡或者使公私财产遭受重大损失，该条是关于实害犯，也是既遂犯的规定。[1]其二，可以认为《刑法》第 115 条既包括故意放火，且对火灾后果持希望或者放任心态的情形，也包括故意放火但对结果仅有过失的情形，因此，该条同时是关于实害犯和结果加重犯的规定。

放火可能给不特定多数人的人身或财产造成重大损失，但是，并非必须

---

〔1〕　劳东燕："以危险方法危害公共安全罪的解释学研究"，载《政治与法律》2013 年第 3 期。

已经造成上述损失才构成放火罪，而是应当根据行为时的具体时间、地点、环境等条件分析，只要存在足以造成上述损失的危险，即可构成本罪既遂。如果行为人放火行为尚未实施完毕，例如，正要对目的物点火即被人抓获，或者虽然点了火但由于客观原因而未能引起目的物燃烧，则应以放火未遂论处。

（二）放火罪与故意杀人罪的界限

放火罪一般是以财物为直接引燃的对象，虽然在火灾中可能致人死亡，成为放火罪的结果加重犯，但与故意杀人罪不同。后者以特定的个人作为侵害对象，并不危害公共安全。即使故意以他人的身体作为直接引燃的对象，例如，往某人身上泼汽油，加以点燃，意图将其烧死，因行为并不危害公共安全，只能以故意杀人罪论处，而不构成放火罪。但是，如果对他人的住房放火，意图将他人烧死在里面，同时危害公共安全并且致人死亡的，则不仅构成放火罪，同时也构成故意杀人罪，属于想象竞合犯，应按一重罪论处，至于究竟是认定为放火罪还是认定为故意杀人罪，存在不同观点，但学界和司法实务一般认为是放火罪。因为《刑法》第115条规定，放火致人死亡的，最高刑也是死刑，并不排除故意致人死亡的情形，认定为放火罪，一方面符合客观实际，另一方面更有利于保护重大法益。

放火罪侵害的行为对象一般是属于他人所有、占有的财产。放火烧毁自己所有的财产，原则上不构成犯罪，但危及公共安全的，仍应以放火罪论处。自焚行为如果具有公共危险，也可以成立放火罪。

如果实施放火罪的行为人选择特定的侵害对象和特定的环境，有意识地把危害控制在特定对象范围内，确实不足以危害公共安全的，不可能危害不特定多数人的生命、健康和重大公私财产的安全的，不构成放火罪，可根据案件事实分别定为故意毁坏财物罪、故意杀人罪或故意伤害罪。

第二节　道路交通风险犯罪

一、风险社会与交通事故风险

（一）风险社会的出现

"风险社会"的风险就是现代科技带来的生态灾难。风险社会描绘了现代社会的一个发展阶段，在此阶段，社会的、政治的、经济的和个人的风险日益游离于工业社会建立的风险预防和监督机制之外。"风险社会"的构想是对现代社会的一种新表述，意味着"风险"是现代社会的核心问题，并将取代诸如财富、科学、理性等因素而主导社会和个体的生活。

从不同的角度对风险有不同的分类。按照风险的分布领域将风险分为政治风险、经济风险、文化风险和信任风险。按照不同历史时期风险的不同性质将风险分为"前现代风险""工业时代的风险"和"晚期工业时代体现在大规模灾难中的不可计算的风险"。除技术风险外，政治社会风险与经济风险等制度风险也是风险结构的组成部分。

在风险社会中，风险具有以下几个特点：

（1）从根源上讲，风险具有人为化趋势。人类决策与行为成为风险的主要来源，人为风险超过自然风险成为风险结构中的主导内容。

（2）在后果上，风险是延展性的。现代风险在空间上超越地理与文化边界的限制，呈现全球化态势，在时间上其影响具有持续性，不仅及于当代，也可能影响后代。

（3）在特征上，大部分风险后果严重，但发生的可能性低。因此可以说，尽管风险增加了，但并不意味着人类生活的世界更安全。

（4）在影响途径上，风险影响途径不确定。现代风险形成有害影响的途径不稳定且不可预测，往往在人类认识能力之外运作。

风险不同于危险，二者应严格区分。风险是危害发生的可能性，危险是危害发生的现实性；从是否可以控制的角度来把握危险和风险而言，危险是可操控的，而风险是不可以把控的。从两者防范角度来区分，对风险采取预防手段，对危险采取的是防卫手段。危险防卫手段，是以完全排除危险为目的，风险预防手段，其目的旨在降低与管理风险，而非确保绝对安全和防卫风险，但是，风险预防手段与风险防卫手段，从形式上来看，并不容易进行辨别和区分。

近几年来，随着"风险社会"理论的兴起，我国刑法学界就"风险社会"的刑法规制问题展开了激烈讨论。从理论上说我国已进入"风险社会"，因此，我国刑法学界相应地提出了风险类型的犯罪，并主张以严厉刑法应对。支持"风险社会"刑法规制的学者都主张增设抽象危险犯。

我国刑法学者论述的"风险"犯罪源于德国著名刑事法学者乌尔里希·

齐白。德国刑法教授所论述的"风险",又是以乌尔里希·贝克教授提出的"风险社会"为背景的。我国刑法学界在很大程度上只是使用了"风险社会"的表述,其有关研究一方面依据贝克的生态"风险"展开话题,其讨论也在某些方面涉及这样的"风险"罪名;另一方面,却从不同方向明显超越了贝克的"风险"概念,出现了经济风险、社会风险和环境风险等多种风险。

交通风险是一种经常发生、频率很高的风险。这里的交通风险相关犯罪与以交通工具作为犯罪手段构成的故意杀人罪、故意伤害罪不同。

《刑法修正案(八)》增设了危险驾驶罪,使其成为刑法分则中肯定一个以拘役为法定最高刑的犯罪,即第133条之一,"在道路上驾驶机动车追逐竞驶,情节恶劣的,或者在道路上醉酒驾驶机动车的,处拘役,并处罚金"。在危险驾驶罪之前就存在的交通肇事罪,惩罚的危害结果限于发生了重大事故,严重损害人身、财产的行为。但就现在的情况而言,交通风险日益变化、多发,仅靠交通肇事罪已经不能做到合理控制和管理相应的风险。许多酒驾、飙车、超载、运输危险品等行为完全可以看作实害犯的前置阶段,若不及时加以控制,任其自由发展,很有可能转化为实害犯,届时造成的人身和财产损害将是巨大的。为回应我国风险社会背景下交通领域风险严重威胁公共秩序的现状,《刑法修正案(九)》对危险驾驶罪进行了修改,将"从事校车业务或者旅客运输,严重超过额定乘员载客,或者严重超过规定时速行驶的;违反危险化学品安全管理规定运输危险化学品,危及公共安全的",规定为犯罪。《刑法修正案(九)》将上述这些行为置于危险驾驶罪中,扩大了危险驾驶罪的刑事规制范围,符合风险刑法的理念,体现了对法益保护的前置化和刑法介入的早期化,是刑法顺应社会潮流发展的体现。

在交通领域犯罪方面增设危险驾驶罪,意味着"从法益保护到风险防范"的理念转变。酒驾入刑以来有人主张将所有醉驾行为一律入刑,笔者持反对观点,如前所述,引入风险刑法不能违背刑法的谦抑性,应注意把握入刑的尺度,若一律入刑则是对公民自由的限制。未来立法应正确区分醉驾行为构成的不同犯罪的界限,正确看待醉驾入刑的法律效果,同时应兼顾地方差异,完善危险驾驶罪的立法规范。近年来,校车事故频频发生,青少年处于风险之中,《刑法修正案(九)》积极应对,规定从事校车业务或者旅客运输,严重超过额定乘员载客,或者严重超过规定时速行驶的,构成危险驾驶罪。法律制定的初衷是好的,但实施起来却有很多困难。许多村镇车少人多,若是不超载根本无法满足人流量的需求，适用危险驾驶罪对校车、客车超载进行处罚的同时，更应该使政府在提供公共交通上积极地发挥责任，甚至可以将政府是否尽责作为处罚的前置条件，这体现了风险刑法在适用中应坚守的合理原则。

（二）道路交通风险的特点

"风险社会"理论为当代德国社会学家乌尔里希·贝克教授创立。在贝克那里，"风险社会"的特定"风险"之来源是工业生产带来的污染，但它具有单纯"工业社会"的工业污染所不具有的特征。"它们是现代化的风险。它们是工业化的一种大规模产品，而且系统地随着它的全球化而加剧。"这种风险就是现代科技带来的生态灾难。"风险社会"中的"风险"，只是社会发展到一定阶段才出现的"风险"。人们关注"风险社会"中的"风险"犯罪，目的是要给予其不同的刑事政策考量，为犯罪化和处罚提供不同的根据。

风险社会中社会风险的表现之一是道路交通风险，城市道路交通风险尤甚。机动车的过快增长，导致交通风险上升并引发犯罪。道路交通风险体现出中国已经进入风险社会。

风险交通具有如下特点：

第一，城市交通车辆拥堵，环境污染严重，事故频发。

城市车辆成倍增长，道路里程和宽度以及立体交通发展滞后，造成交通拥堵。机动车辆一般以燃油为主，我国车辆排气系统落后，大量尾气未经严格处理即排入大气，造成空气污染，成为中国几乎所有城市雾霾的元凶。同时，停放车辆的空间没有相应增加，许多车辆停放在街道和小巷路边，加剧了交通拥堵，交通事故频频发生。

第二，道路负荷过大，车辆数量远远超过了道路的承载能力。

道路上行驶的车辆过多，造成机动车道、自行车道和人行道无法严格依照规定使用，车辆和行人互相抢道，加剧了交通混乱，增加了交通管理的难度。

第三，与风险交通有关的犯罪种类多样且日益复杂，给人民群众的生命健康和财产造成巨大威胁和严重损失。

近年来，重大交通事故造成的群死群伤触目惊心，交通事故已经成为我国社会的第一杀手，道路交通风险犯罪多发，势头急需遏制，在这方面，风险刑法和抽象危险犯的调控将发挥不可替代的作用。

（三）道路交通风险中的犯罪归类

基于"风险社会"理论，可以明确，道路交通风险是一种严重的风险，相应地存在交通风险类型的犯罪，防范道路交通风险犯罪，必须以严厉刑法加以应对。

风险社会中应对风险犯罪的刑法是风险刑法。风险刑法有别于传统刑法。风险刑法的特征是：第一，风险刑法的预防性。不同于传统刑法以保护法益为体系建构核心，风险刑法是以风险预防为核心建构的。第二，风险刑法的目的性。风险刑法的目的或主旨并不在于法益保护，而是旨在通过强化刑法预防机能达到减低风险、增强主体安全感的目的。第三，风险刑法的象征性。风险刑法主要通过抽象危险犯等象征性立法的方式实现防范风险。

风险社会可以说是工业社会中科技工具主义泛滥的结果，科学技术成为一把双刃剑，在带来巨大物质利益的同时也带来了破坏。现代科技的发展所带来的，不是世界的稳定性和可控制性，而是世界的不可预测性，科技知识的积累带来的是难以控制的知识与技术，以及基于高度不确定性与偶发性的复杂风险。这种风险也开始延伸到其他领域，形成政治风险、经济风险、文化风险和信任风险。

目前我国刑法主要规制的是技术风险，随着《刑法修正案（九）》的颁布实施，对于政治风险的犯罪也开始以刑法加以规制。汽车工业的发展和人们拥有车辆的增长，交通发展成风险社会的一部分，道路交通中的风险属于技术风险，按照我国目前的刑法体系，道路交通犯罪主要包括危险驾驶罪、交通肇事罪和以危险方法危害公共安全罪。涉及风险犯罪的是危险驾驶罪。对于危险驾驶罪，有人主张是抽象危险犯，有人主张作为具体危险犯，还有人主张增加过失危险犯，尚未有统一认识。目前深入研究道路交通风险犯罪十分迫切和必要，以应对严重的交通犯罪，适应我国已经进入风险社会的实际状况。

二、交通风险的现状和特点

交通风险的现状和特点，全国有某些共性因素。现以山西省为例，探讨该省交通风险特点，窥一斑而知全貌，可以预知全国交通风险的现状和特点，为交通立法和治理提供条件。

（一）交通事故频发，重特大交通事故仍然较多

根据 2014 年 1~10 月份山西省道路交通事故情况，全省公安交通管理部门共接报涉及人员伤亡的道路交通事故 4 000 起，共造成 1 425 人死亡，4 430人受伤，直接经济损失 2 067.03 万元，其中，发生一次死亡 3 人以上的道路交通事故共 20 起。另外，按照简易程序处理的事故共 73 938 起。一次死亡 3人以上较大事故具体分布如下：太原尖草坪区"5.01"、杏花岭区"8.01"、晋源区"6.19"；大同阳高县"2.28"；阳泉盂县"8.03"；长治平顺县"3.26"、郊区"4.30""6.27"、潞城市"6.04"、长治县"7.15"；晋城沁水县"10.10"；忻州保德县"2.12"、五台县"3.10"；吕梁柳林县"5.18"、交城"7.24"；晋中介休市"1.15"；临汾蒲县"2.11"、尧都区"7.23"、浮山市"6.29"；运城芮城县"2.11"。

由以上数字可以看出，山西省交通事故频发，重特大事故也比较多，需要加大执法力度，做好防范工作。

（二）逆行是较大事故第一主因

据统计，2014 年，40% 的较大事故是由于逆行引发的，是导致较大事故的第一主因；2014 年上半年山西省 6~10 年驾龄驾驶人是事故高发群体，肇事死亡人数占总数的近 30%，同比上升 4.23%。在 2014 年 8 月 7 日召开的全省道路交通和消防安全工作电视电话会议上，发布的上半年全省较大以上交通事故整体呈下降趋势，全省累计发生涉及人员伤亡的道路交通事故 2 273起，共造成 838 人死亡、2 521 人受伤，直接经济损失 1 200 余万元。其中，一次死亡 3 人以上的较大事故 14 起，同比减少 5 起；一次死亡 5 人以上的较大事故 3 起，与上一年同期持平。交管部门对较大以上交通事故分析认为，重型货车、小型普通客车、三轮车是发生较大事故的主要车型，三者共占事故总数的 65%。逆行、无证驾驶、未按规定车道让行、酒后驾驶是交通肇事的主要原因。其中，40% 的较大事故是由于逆行引发的，是导致较大事故的第一主因；其次是无证驾驶，肇事起数占总数的 20%。

交管部门分析发现，2014 年上半年，全省危险品运输车辆和非机动车事故上升幅度较大。全省危险品运输车辆事故起数、死亡人数同比上升 70% 和300%，其中 41.18% 的事故导致液体泄漏。全省非机动车肇事死亡人数同比

上升 35.29%，电动自行车交通肇事死亡人数占 63.04%，同比上升 61.11%。另一个值得注意的情况是，上半年山西省 6～10 年驾龄驾驶人是事故高发群体，肇事死亡人数占总数的近 30%，同比上升 4.23%，超速、逆行、未按规定让行是此类群体肇事的主要原因。

（三）城市交通高风险行为的特点

根据太原交警网发布的消息，2015 年 1～7 月份，太原市公安交通管理部门共接报各类道路交通事故 22 260 起，同比减少 4 002 起，下降 15.24%。其中，涉及人员伤亡的道路交通事故 537 起，同比减少 69 起，下降 11.39%；死亡 115 人，同比减少 11 人，下降 8.73%；受伤 640 人，同比减少 89 人，下降 12.21%；直接财产损失 1 205 876 元，同比减少 449 605 元，下降 27.16%。

太原市交通风险造成的事故的特点是：

1. 事故稳中有降

虽然太原市机动车和驾驶人迅猛增长，但该市的交通事故呈现出稳中有降的整体趋势，这个特点与道路条件大为改善、交通参与者安全意识不断提高有直接关系。

2. 环线事故高发

东中环、西中环、南中环和北中环四条环线的建成通车，方便了市民出行，与此同时，中环线上的事故呈现出高发态势。

部分驾驶人驾驶经验不足，存在随意变道，强行超车、不按规定让行的等驾驶陋习，是造成环线事故多发的重要原因。

3. 易发事故人群

行人、骑车人是易发事故人群。

4. 七种危险行为

危险行为主要是驾驶员不依法文明驾驶、争道抢行、盲目开快车，以及普遍存在不按规定标志、标线行驶，不遵守让车规定，行驶中突然拐弯、突然掉头等陋习。

5. 事故高发时段

一周 7 天中，事故高发时段是星期一。

6. 肇事逃逸比较常见

随着监控设备的不断完善和民警侦破水平的提高，逃逸案件的侦破率越来越高，发生事故后选择逃逸是最愚蠢的做法。

三、交通事故风险犯罪中的危险犯

（一）道路交通中的抽象危险犯

"风险社会"刑法规制的学者都主张增设抽象危险犯。"风险社会"的土壤滋生了另一种新型的危险犯，即抽象危险犯。风险社会的立法模式是犯罪立法模式正从实害犯到具体危险犯再向抽象危险犯的时代跃进。在风险刑法体系中，抽象危险犯成为这个舞台的主角，担纲着风险刑法剧目的"领衔主演"……抽象危险犯的立法模式具有独特的防控功能，能够积极有效回应风险社会对刑法的价值需求。

在刑法的违法性根据问题上，刑法学界一直存在行为无价值论和结果无价值论的争论。持前一种理论的学者认为，行为对规范的违反是刑法的违法性根据；持后一种理论的学者则认为，行为对法益的侵害或者威胁是刑法的违法性根据。许多论述"风险社会"刑法规制的学者都有否定法益概念的倾向。还有人认为，《刑法修正案（八）》增设危险驾驶罪，意味着"从法益保护到风险防范"的理念转变。

危险驾驶罪属于抽象危险犯。但是，抽象危险是否需要判断以及如何判断，必然影响危险驾驶罪的认定。另一方面，并非任何危险驾驶行为都只成立危险驾驶罪。如果危险驾驶行为与《刑法》第114条规定的行为相当，并且产生了具体危险，就不能认定为危险驾驶罪，而是以以危险方法危害公共安全罪追究刑事责任。因此，必须区分和判断具体危险与抽象危险。因危险驾驶过失致人伤亡而成立交通肇事罪的，是结果加重犯。基本犯是抽象危险犯，实害犯为结果加重犯的现象，已得到刑事立法与刑法理论的认同。

危险驾驶同时构成其他犯罪的，需要具体分析。第一，醉酒驾驶机动车运输毒品的，是典型的想象竞合犯，应认定为运输毒品罪。第二，醉酒驾驶机动车运输枪支、弹药、爆炸物的，也应认定为想象竞合犯。第三，醉酒驾驶机动车，行为人同时具有与放火、爆炸等相当的具体危险，应认定为以危险方法危害公共安全罪。但是由于危险驾驶行为具有连续性，应当评价为行为与结果时，应实行数罪并罚。

在世界范围内，酒后驾车和醉驾是世界性难题，是社会现代化发展进程中的通病。与中国相对宽松的处罚措施相比，国外多数国家都是立法上从严，标准也更具针对性。美国有的州将醉酒驾车作为"蓄意谋杀"定罪。日本刑法有"危险驾驶致死伤罪"，具体包括：酩酊驾驶致死伤罪、无技能驾驶致死伤罪、妨害驾驶致死伤罪、无视信号致死伤罪等罪名。英国立法规定了体内有过量酒精时驾驶或意欲驾驶罪和在不适宜的状态下驾驶或意欲驾驶罪。国外及港澳台地区秩序井然的交通秩序反映出以刑法手段有力约束酒驾问题效果明显。

我国《刑法修正案（八）》规定了危险驾驶罪，由于危险驾驶表现多样，形态各异，对道路交通构成了严重威胁。学界近年来在对构成该罪的醉驾行为深入研究的同时，提出了完善危险驾驶罪行为种类的建设。也有人提出改造该罪，将其与其他风险交通犯罪予以整合，特别是和以危险方法危害公共安全罪合一，但应者寥寥。因为急于取得明显的社会效果，立法部门选择更加关注危险驾驶客观要件的充实和完善。

风险社会背景下，设立和增加抽象危险犯是必要的，主要是因为：首先，风险社会下需要以规制抽象危险犯为手段预防社会风险。风险社会下，公众总是面对诸多未知的、不确定的风险，法益随时处于"被侵害"的状态，抽象危险犯以法益保护的前期化为中心，在具有侵害法益高度盖然性的风险转化为显示具体的风险之前，对其进行规制，以更好地保护法益。其次，设置抽象危险犯是风险社会下刑法的应有价值。从立法方面来看，抽象危险犯是经过价值选择后的结果。较之普通刑事立法注重对个人法益的保护，抽象危险犯则将对社会及公众法益的前置化保护置于不容争议的绝对优先的地位。这种价值选择也就意味着对个人法益保护的失衡。因此，抽象危险犯的设立一般较为慎重，要在法律所保护的社会利益处于高度风险状况时才予以介入。因此，对于抽象危险犯而言，往往一旦实施那些具有抽象危险的行为就构成犯罪既遂。从司法层面来看，在没有反证的情形下，法官只需查明法律依据日常法则经验或一般人的判断所推定的危险行为，并不是想象或者臆断的，而是客观存在的就可以了。对法益的保护提前化、早期化是现今刑法修改的主要趋向，所以立法者在网络安全、道路交通、反恐怖犯罪等诸多方面均设置了抽象危险犯。

"抽象危险"原本不是刑法评价的内容，因为该危险并不都具有侵害法益的现实可能性，而行为不具有法益侵害性，行为成立犯罪也就无从谈起。但是，在日常的生活中，有些行为的危险性，虽未达到需要刑法评价的程度，但因这些行为让民众感到不安全，为了回应民众的这种不安情绪，立法者把原本不应属于刑法所评价的危险推定成由刑法评价的抽象的危险，而《刑法修正案（九）》更明显地反映了这一趋势，其中最引起人们关注的当是危险驾驶罪。

（二）风险交通视野下抽象危险犯的正当性考量

抽象危险犯的危险驾驶罪入刑以来，理论界以及实务界对危险驾驶行为的入刑正当性及其刑事可罚性一直有争议。有人根据乌尔里希·贝克的理论认为"现代的风险表现出高度不确定性、不可预测性、发作的突发性和超常规性，这便与刑法内在的确定性、稳定性产生了天然的冲突"。而且刑法不是出于立法者的主观臆断、猜测，而是对现实生活的概括化、抽象化。立法者以局限的视野、有限的判断辨识所进行的立法，对将来的具有高度盖然性的、不可预测的、目前尚未发生的社会风险进行法律应对，显然是不现实的，认为危险驾驶行为的入刑缺乏正当性依据，是风险社会下抽象危险犯立法的不合理扩张，更有甚者认为危险驾驶行为的入刑是立法者对公众的"公共危险"不安心理的回应。但也有学者认为，危险驾驶行为的犯罪化符合抽象危险犯的立法价值选择，刑法的内在价值选择影响着抽象危险犯的立法实践，从保护法益的角度出发，抽象危险犯是一种对法益的早期化、前置化保护手段，从而达到防控风险的目的。尤其是风险社会下的具有典型风险特征的危险驾驶行为，如果等到行为造成法益的实际损害或者达到具体危险的程度才运用刑法予以规制，就无法实现刑法事先预防的价值选择，不能回应风险社会下法益易损的情况。

危险驾驶行为犯罪化的观点显然应得到支持。首先，刑法应当立足于现实。立足于当今充满危险的风险社会，法益总是会面临某些猝不及防的威胁（危险驾驶行为就是其中一种），从法益保护的刑法价值而言，在这种情况下，对法益进行前置化的保护显然是目前最有效的一种方式，而危险驾驶行为的犯罪化就是法益保护前置的范例。其次，危险驾驶行为的犯罪化并非是"立法者对风险社会下公众不安心理的回应"，更不是立法者情绪化的"冲动"立法，也不是"过分迷信风险防控的刑法功能而导致的犯罪化的大肆扩张"。根据公安部统计的数据显示，2011 年到 2016 年 4 月份，"酒驾"案件共有 247.4

万余起，而轰动全国的"追逐竞驶"案件就有数十起，由此可见危险驾驶行为的危害程度。而从数据统计中可以看出，危险驾驶罪的设立并非是立法者无科学论证的情绪化立法，因此把危险驾驶行为拟制成一种"危险"是具有一定科学性和合理性的。第三，危险驾驶行为的犯罪化并没有突破刑法的谦抑性，危险驾驶罪作为基于风险控制的理念而设置的犯罪，在司法实践中确实出现一些问题，不过刑法的机能具有二元性，在保护社会的同时还要注重对人权的保护，《刑法》第13条的"但书"可以弥补这一点。

（三）危险犯与抽象危险犯的预设

《刑法修正案（九）》中明确把"双超"类型和违规运输危化品两类危险驾驶行为犯罪化。危险驾驶罪修改之后，该罪的犯罪客观要件构成要件发展到4种情形，《刑法修正案（九）》增加了两种犯罪构成的行为方式。

1. 严重超员超速行为

营运人在道路上驾驶机动车从事校车运输业务、旅客运输时，载客数量一旦严重超过额定乘员，或者严重"超速"，以危险驾驶罪论处，机动车所有人、管理人对上述严重超载超速负有直接责任的，同时构成该罪。校车业务或者旅客运输行业近年来交通安全事故频发，人民群众生命财产安全受到严重损害，公共生活安全受到挑战和威胁。2011年11月16日，甘肃省庆阳市正宁县的一辆"校车"，与一辆重型自卸货车相撞，酿成事故，事故造成21人死亡，包括19名幼儿。事后调查得知，事故原因是"校车"严重超载，在天气状况不佳的情况下严重超速行驶，最终导致事故发生。一辆核载9人的面包车，经过改装之后实载人数竟然达到了64人，足足超出了7倍！"逆向""超速""严重超载"，这些字眼似乎已经预示了这场交通安全事故发生的必然性。政府监管缺位难辞其咎，但根本原因是因为相关法律的缺失。超载超速已成校车安全第一杀手，正所谓"十次事故九次快"。根据不完全数据显示，近5年来，全国至少有校车安全事故50余起，大约9成有死伤，伤亡人数达200余人。由此可见，在风险社会下"双超"类型的危险驾驶行为已然成为危害公民法益的一大危险。从传统的刑法教义来看，"双超"类型的危险驾驶行为没有侵害法益的具体危险，也未违反罪刑法定原则以及刑法的谦抑性，但是从风险社会视阈审视，"双超"型危险驾驶入刑是抽象危险犯的合理扩张。刑法固然要保护个人权利和自由（法益侵害理论），主张只有法益受到现实且紧迫的侵害时才可以"不得不"动用刑罚，但刑法也保障社会公共法益，"双超"型危险驾驶行为在司法实践中已经成为一种典型的危害公共法益行为，所以立法者从经验中将该种行为总结为"拟制"的、"观念"上的危险，从而将其犯罪化。虽然"刑法并不是调整社会关系的唯一手段"，但是这些行为的危险的程度已经严重超出了民事和行政的调整范围，急需刑法介入和调整，需要运用刑罚的严厉制裁才能实现刑法保护法益的使命，因此危险驾驶入刑并不与刑法的保障法地位相悖，符合抽象危险犯的立法价值。危险驾驶罪的入刑和扩张，体现了刑法保护公共法益、保障人权的价值追求，同时也是立法部门结合当前科技社会下的风险社会现实，实现刑法保护机能的二元化，即保护社会和保障人权的必然选择。

2. "运输危险化学品"交通风险的刑法干预

违反危险化学品安全管理规定运输危险化学品，危及公共安全构成犯罪，机动车所有人、管理人对运输危化品负有直接责任的，以危险驾驶罪定罪处罚。目前在我国危化品主要是通过高速公路运输，每年的运输量数以亿计。虽然从数据上看，危化品安全事故占交通事故比例不大，但是危化品的特殊性导致这类事故具有特殊"危险"性，单一事故致死率很高，一旦发生事故，对公共安全所造成"危险"比起其他事故更为严重。2012 年，陕西省安塞县境内发生一起严重危化品交通事故，运输甲醇的重型罐车与客车相撞，事故致使甲醇泄漏，致使 36 人死亡。危化品运输与一般的道路运输相比，具有更大的社会危险性，危化品运输已经是一种"类型化"的威胁公共法益的行为。按照林亚刚教授的"危险分配理论"，由于该种行为的特殊性，一旦发生事故，造成的危害十分严重，而根据传统刑法教义，待法益受到具体现实的侵害时刑法进行介入，很难救济受损法益，也有违刑法保护价值。此时，根据抽象危险犯的立法价值和目的，要真正有效地达到保护法益的目的，对该种行为带来的法益受损"风险"进行"预防"是更为合适的选择，亦即法益保护的前置化。我国现有的法律法规，难以对"违规运输危化品"的行为进行有力制裁，《治安管理处罚法》对相关行为仅处以 15 日以下拘留，现有的法律法规不能对"违规运输危化品"这类型危险驾驶行为进行正确合理的评价。所以，为了达到保护公共法益的目的，将该种行为拟制为一种"抽象"的危险。在司法实践中，为了保证刑罚的科学性与严谨性，应该在具体的案件中允许司法反证，即根据《刑法》第 13 条的"但书"，将具体案件中不构成犯罪标准的该种行为予以出罪，以达到刑法保护个人权利和保护社会的均衡。

（四）违反行政法律法规的处罚

除了醉酒驾驶、追逐竞驶的犯罪行为之外，吸毒后驾驶、无证驾驶、驾驶不具备安全性能的车辆、高速公路或单行道逆向行驶、单行道超速等行为的危害性并不亚于醉酒驾驶和驾驶机动车追逐竞驶，目前通过《交通安全法》进行行政处罚，应严格执法，对相关人员拘留或者罚款，加大执法力度，遏止交通风险。

四、司法实践对交通风险犯罪的正确认定

在处理醉酒驾驶机动车案件过程中，应当严格依照刑法规定，把握宽严相济刑事政策的要求，妥善处理相关案件。根据交通现状实际，具体而言，公安司法机关处理酒驾案件可从以下方面入手。

（一）道路交通风险犯罪中的"道路"的认定

2000 年 11 月 21 日施行的《最高人民法院审理交通事故刑事案件具体应用法律若干问题的解释》第 8 条规定："在实行公共交通管理的范围内发生重大交通事故的，依照刑法第一百三十三条和本解释的有关规定办理。在公共交通管理的范围外，驾驶机动车辆或者使用其他交通工具致人伤亡或者致使公共财产或者他人财产遭受重大损失，构成犯罪的，分别依照刑法第一百三十四条、第一百三十五条、第二百三十三条等规定定罪处罚。"据此，该司法解释将"道路"理解为实行公共交通管理的范围，不包括机关、企事业单位、校园、厂矿等单位内部管辖的路段。但实践中，不少企事业单位、校园、厂矿的厂区、园区不断发生人车相撞的事故越来越多，当事人常报警要求交通管理部门出警认定事故责任，以便于事故的后续处理。2004 年 5 月 1 日起施行的《道路交通安全法》修改了《道路交通管理条例》的"道路是指公路、城市街道和胡同（里巷），以及公共广场、公共停车场等供车辆、行人通行的地方"的规定，扩大了公共交通管理的范围，规定："道路，是指公路、城市道路和虽在单位管辖范围但允许社会机动车通行的地方，包括广场、公共停车场等用于公众通行的场所。"拿危险驾驶罪来说，该罪属于行政犯，如果没有特别需要扩张或者限制解释的理由，对概念性法律术语的规定应与其所依

附的行政法规保持一致。因此，2013 年 12 月 18 日最高人民法院 、最高人民检察院、公安部联合发布的《关于办理醉酒驾驶机动车刑事案件适用法律若干问题的意见》中的"道路"适用《道路交通安全法》的有关规定。

实践中，对"道路"的理解存在的问题，主要在于如何理解《道路交通安全法》规定的"虽在单位管辖范围但允许社会机动车通行的地方"。这是实践中最突出的问题。认定的关键在于对道路"公共性"的理解。无论单位对其管辖范围内的路段、停车场采取的管理方式是收费还是免费、车辆进出是否需要登记，只要允许不特定的社会车辆自由通行，就属于道路；如果仅允许与管辖单位、人员有业务往来、亲友关系等特定事由的来访者车辆通行，则不属于允许社会车辆通行的地方，不能认定为道路。

（二）危险驾驶罪的"驾驶"的司法认定

对于危险驾驶罪中"驾驶"的含义，《刑法》及最高人民法院、最高人民检察院、公安部联合发布的《关于办理醉酒驾驶机动车刑事案件适用法律若干问题的意见》均未作出界定，相关行政法规也无明确规定。实践中，对于"驾驶"行为的认定难度主要集中在醉驾型危险驾驶案件中。

一是危险驾驶罪系故意犯罪，要求行为人对该罪的构成要素，如"道路""醉酒""驾驶""机动车"的社会意义有一定认识。那么，行为人对"驾驶"的认知要到什么程度？是只要认识到发动机动车、车轮动了即为驾驶，还是要求行为人有上路行驶的目的？例如，行为人醉酒后请代驾人员送其回家，并将汽车停放在住宅旁的公共停车场。后行为人认为代驾人员停放的车位不好，可能影响其他车辆停放、通行，自己上车发动汽车在原地挪动车位，因其驾驶能力受酒精影响，疏于观察而将旁边玩耍的一名儿童撞伤。此时，汽车尚未"出库"驶离停车位。该情形下，能否认定行为人有在道路上"驾驶"机动车的目的？因为未将汽车作为交通工具或者运输工具使用，不宜将这种物理上的移动状态认定为"驾驶"。

上述观点值得商榷。危险驾驶理论上属于抽象危险犯，不以发生具体危害后果为构成要件，即立法上根据一般人的社会生活经验，将在道路上醉酒驾驶机动车的行为类型化为具有发生危害结果的紧迫（高度）危险。该危险不需要司法上的具体判断，只要行为人实施了在道路上醉酒驾驶机动车的行为，就推定其具有该类型化的紧迫危险，符合危险驾驶罪的客体要件。除非根据一般人的社会生活经验，认为具体案件中的特别情况导致该醉驾行为根本不存在任何危险时，司法上才需要进行判断，但这种例外情形在生活中极其罕见。即便只是简单的倒车行为，实践中因控制不好车速、车距，与其他车辆发生碰撞，甚至将油门当作刹车猛踩，致他人重伤、死亡的也并非个案，更不用说行为人处于醉酒状态的情况。从控制风险的角度，对"驾驶"的认定应从严把握，不需要行为人有明确的上路行驶的目的，在公共停车场挪动车位也属于法律意义上的驾驶。

二是如何认定"驾驶"行为的完成。有人将驾驶行为形象地概括为三步："上车""打火"和"轮子动"，认为驾驶者只要完成了这三个步骤，就可以认定其行为构成危险驾驶罪（既遂）。例如，行为人醉酒后骑上停放在道路上的摩托车，刚启动发动机，轮子随之转动还未驶离停车点，其就因重心不稳跌倒在地，被交警抓获。此时，摩托车尚未发生明显位移。该情形下，能否认定行为人的驾驶行为已经完成？有人认为，为有效防范风险，只要机动车的动力装置处于启动状态，就可认定"驾驶"行为已完成。笔者认为，从《道路交通安全法》对机动车的界定看，机动车即"以动力装置驱动或牵引，上道路行驶的供人员乘用或者用于运送物品以及进行工程专项作业的轮式车辆。"因此，机动车"上道路行驶"，应要求在物理上发生位移。"打火"启动动力装置只是驾驶行为的"着手"点，只有机动车离开停车位置在道路上行驶，才能认为行为人完成了驾驶行为。上述情形下，尽管摩托车的动力装置已经启动，轮子也在转动，但尚未发生明显位移，故行为人的醉驾行为属于危险驾驶未遂。

（三）醉酒驾驶机动车犯罪情节的认定

对情节恶劣、侵害法益严重的醉酒驾驶机动车案件应从严惩处，以有效遏制醉驾犯罪的高发态势。最高人民法院、最高人民检察院、公安部2013年12月18日联合发布的《关于办理醉酒驾驶机动车刑事案件适用法律若干问题的意见》规定："醉酒驾驶机动车，具有下列情形之一的，依照刑法第一百三十三条之一第一款的规定，从重处罚：（1）造成交通事故且负事故全部或者主要责任，或者造成交通事故后逃逸，尚未构成其他犯罪的；（2）血液酒精含量在200毫克/100毫升以上的；（3）在高速公路、城市快速路上驾驶的；（4）驾驶载有乘客的营运机动车的；（5）有严重超员、超载或者超速驾驶，无驾驶资格驾驶机动车，使用伪造或者变造的机动车牌证、严重违反道路交通安全法的行为的；（6）逃避公安机关依法检查，或者拒绝、阻碍公安机关依法检查尚未构成其他犯罪的；（7）曾因酒后驾驶机动车受过行政处罚或者刑事追究的；（8）其他可以从重处罚的情形。"

《关于办理醉酒驾驶机动车刑事案件适用法律若干问题的意见》第2条从醉酒驾驶机动车的后果、醉酒驾驶行为的危险性、行为人的主观恶性等方面，规定了7种从重处罚的情形，并设置了一项兜底规定。

1. 关于醉酒驾驶机动车造成交通事故的情形

《意见》第2条第（1）项规定，醉酒驾驶机动车造成交通事故且负事故全部或者主要责任，或者造成交通事故后逃逸，尚未构成其他犯罪的，从重处罚。司法实践中适用时要注意：第一，该项规定的发生交通事故从重处罚，是以尚未构成其他犯罪为前提。第二，实践中，醉驾者并不一定对交通事故的发生负主要责任，可能对方的过错更为严重，故该项规定对醉驾造成交通事故且负事故全部或者主要责任的从重处罚，但被告人造成交通事故后逃逸的，因其性质恶劣，即使只负次要责任，也应从重处罚。第三，该项并未明确规定发生交通事故致人损伤的程度和人数，以及造成财产损失的具体数额。因为，危险驾驶罪属于抽象危险犯，对于醉驾发生实际危害后果的，一般情况下均应从重处罚。如以人员受伤程度或者财产损失数额作为是否从重处罚的标准，难以保证标准的科学性，且规定过细会导致缺乏灵活性，难以应对实践中的复杂情况。例如，发生交通事故致多人轻微伤的并不一定小于致一人轻伤的严重程度；又如，发生相同程度的车辆碰撞，因对方车辆价值不同，产生的维修费用可能相差悬殊。故该项规定未以交通事故的具体后果作为划分是否从重处罚的标准。但实践中，可以根据交通事故的具体危害程度，确定从重处罚的幅度。第四，对于发生交通事故仅致本人受伤或者财产损失的，系被告人为自己的犯罪行为付出的代价，不应因此对其从重处罚。只有造成他人受伤或者公私财产损失的，才对量刑产生影响。

2. 关于危险性较高的醉酒驾驶机动车行为

《意见》第2条第（2）至（5）项规定了4种危险性较高的醉酒驾驶机动车行为。

司法解释规定了"血液酒精含量达到200毫克/100毫升以上"，因为，被告人醉酒程度越高，对其驾驶能力的影响越大，发生交通事故的风险越高，故对醉酒程度较高的被告人应从重处罚。关于从重处罚的血液酒精含量值的确定，经抽样调查，行为人血液酒精含量在 160 毫克/100 毫升以上的约占查处者的 40%，若以该含量值作为从重处罚的标准，加上其他从重处罚的情形，约有一半以上的被告人可能会被从重处罚，整体量刑偏重。而被告人血液酒精含量在 200 毫克/100 毫升以上的约占查处者的 20%，以此作为从重处罚的标准较为适中，不会导致从重处罚的范围太过宽泛。

"在高速公路、城市快速路上驾驶"也是从重处罚情形。这种类型的道路车流量一般较大、车速较快，一旦发生交通事故，多为连环撞车，后果较普通道路严重，故对在此类道路上醉酒驾驶机动车的被告人应从重处罚。如在人流量、车流量明显大的路段醉酒驾驶的，也可作为其他从重处罚的情形予以处理。

"驾驶载有乘客的营运机动车"也是从重处罚情形。作为驾驶营运机动车的从业者，应有更高的行业自律要求，其醉酒驾驶机动车的行为会对不特定乘客的生命财产安全造成严重威胁，故应从重处罚。不过，为避免从重处罚范围过宽，宜限于载有乘客的情形，对驾驶空载营运机动车的，因其醉酒驾驶行为不会对乘客安全构成实际危险，故不能据此从重处罚。

"有严重超员、超载或者超速驾驶，无驾驶资格驾驶机动车，使用伪造或者变造的机动车牌证等严重违反道路交通安全法的行为"，从重处罚。适用这一规定，主要注意两点：第一，道路交通安全法规定了多种违法驾驶行为，该项只列举了 3 种严重的情形，因为这些情形在实践中较为常见，或是对道路安全带来高度危险，或是反映出被告人恶意违法。明确列举有利于提示公安机关在查处醉酒驾驶机动车时注意收集相关证据。对于其他违反道路交通安全法的行为，如违反交通信号灯、逆向行驶等涉及道路通行安全规定的驾驶行为，也可酌情从重处罚。第二，应结合道路交通安全法的有关规定，认定该项规定的 3 种情形。该项规定的"严重超员、超载或者超速驾驶"是指超过额定乘员 20%、超过核定载质量 30% 或者超过规定时速 50% 的；"无驾驶资格驾驶机动车"是指未取得机动车驾驶证，或者虽取得机动车驾驶证，但准驾车型不符的；"使用伪造、变造的机动车牌证"是指行为人明知是伪造、变造的机动车号牌、行驶证、驾驶证等牌证而使用的。

3. 关于醉酒驾驶机动车的行为人主观恶性较大的情形

《意见》第 2 条第（6）、（7）项规定了 2 种反映醉酒驾驶机动车的行为人主观恶性较大的情形。

"逃避公安机关依法检查，或者拒绝、阻碍公安机关依法检查尚未构成其他犯罪的"，以危险驾驶罪从重处罚。醉驾入刑后，为逃避法律追究，行为人采取各种方式逃避、拒绝甚至阻碍公安机关查处酒后驾驶的现象增多。如，有的驾车逃逸，有的待在驾驶室拒绝打开车门车窗，有的在遭遇检查时大量饮水或者大量饮酒。对于这些采取非暴力、威胁手段逃避、拒绝或者阻碍检查的，应当从重处罚。对于采取驾车冲卡、推搡、恐吓执法人员等暴力、威胁手段拒绝、阻碍检查的，如果该手段尚未达到构成犯罪的严重程度，属于从重处罚情节；如果构成其他犯罪的，应当依照处罚较重的规定或者数罪并罚的规定处罚。

"曾因酒后驾驶机动车受过行政处罚或者刑事追究的"也是从重处罚情节。行为人曾因酒后驾驶机动车被处罚后再次醉酒驾车的，反映其不思悔改和对公共安全、他人生命财产安全的漠视态度，应从严惩处。对于前次因酒后驾车受处罚的时间久远的（如10年前），与时间短暂的（如1年前），行为人在主观恶性上有所不同，量刑上可适当体现区别对待。

4. 关于"其他可以从重处罚的情形"

实践中醉酒驾驶机动车的情形比较复杂，《意见》第2条设置了一项兜底规定，以应对实践中可能出现的其他情节恶劣、应予从重处罚的情形。为避免不当扩大从重处罚的范围，执法工作中应当严格适用该项规定。只有符合其他7项的规定精神，体现出驾驶行为危险性程度较高、行为人主观恶性较大的其他情形，才可以酌情从重处罚。

需要注意的是，《意见》第2条对具有从重处罚情节的行为人并未明确规定"应当"从重处罚。因为，实践中醉酒驾驶机动车的情形比较复杂，一般情况下行为人具有上述情节的应当从重处罚，但也存在例外情形。如，对于仅造成他人轻微擦伤或者致车辆轻微刮蹭，且行为人积极赔偿被害人损失取得谅解的，可以考虑不从重处罚；又如，在一些地区无证驾驶摩托车的现象比较普遍，如果一律从重处罚会造成打击过严，效果未必好，故对于无证驾驶摩托车但未发生交通事故的行为人也可不予从重处罚。

（四）从事校车业务或者旅客运输超载超速构成犯罪的认定

根据修正后的《刑法》第133条之一的规定，从事校车业务或者旅客运

输,严重超过额定乘员载客,或者严重超过规定时速行驶的,构成危险驾驶罪。司法实践中应当注意把握以下问题:

1. 从事校车或者客运业务

对于校车业务,实务中把握应无问题。而客运系"旅客运输"的简称,是指以旅客为运输对象,以汽车、轮船、飞机为主要运输工具实施的有目的的旅客空间位移的运输活动。由于修正后刑法第 133 条之一限于在公路上从事客运业务,故仅适用于以机动车为运输工具的道路客运业务。

2. 严重超过额定乘员载客

《道路运输条例》第 35 条规定:"道路运输车辆运输旅客的,不得超过核定的人数,不得违反规定载货……""违反前款规定的,由公安机关交通管理部门依照《中华人民共和国道路交通安全法》的有关规定进行处罚。"《道路交通安全法》第 92 条规定:"公路客运车辆载客超过额定乘员的,处二百元以上五百元以下罚款;超过额定乘员百分之二十或者违反规定载货的,处五百元以上二千元以下罚款。"考虑到行政处罚与刑事处罚之间的衔接,基于刑法的谦抑性,宜将"严重超过额定乘客载客"限制为超过额定乘员 20% 以上的适当标准(具体标准可以再作斟酌,但应高于 20%)。

3. 严重超过规定时速行驶

《道路交通安全法》第 99 条规定:"有下列行为之一的,由公安机关交通管理部门处二百元以上二千元以下罚款……(四)机动车行驶超过规定时速百分之五十的……""行为人有前款第二项、第四项情形之一的,可以并处吊销机动车驾驶证……",考虑到行政处罚与刑事处罚之间的衔接,基于刑法的谦抑性,宜将"严重超过规定时速行驶"设定为超过规定时速 50% 以上的适当标准(具体标准可以再作斟酌,但应适当高于 50%)。

(五)违反危险化学品安全管理规定运输危险化学品构成犯罪的认定

根据修正后的《刑法》第 133 条之一的规定,违反危险化学品安全管理规定运输危险化学品,危及公共安全的,构成危险驾驶罪。司法实践中应当注意把握以下问题:

1. 危险化学品的范围

依照《危险化学品安全管理条例》第 3 条的规定,危险化学品,是指具有毒害、腐蚀、爆炸、燃烧、助燃等性质,对人体、设施、环境具有危害的剧毒化学品和其他化学品。危险化学品目录，由国务院安全生产监督管理部门会同国务院工业和信息化、公安、环境保护、卫生、质量监督检验检疫、交通运输、铁路、民用航空、农业主管部门，根据化学品危险特性的鉴别和分类标准确定、公布，并适时调整。现行的《危险化学品目录》涵盖了3000余种化学品。

2. 在道路上运输危险化学品

危险化学品的运输可以采取道路运输、航空运输、水路运输、铁路运输、联合运输等多种方式。修正后的《刑法》第133条之一规定将危险驾驶罪限制为"在道路上驾驶机动车，有下列情形之一"，而该条第1款第（4）项规定的运输危险化学品的行为无疑应该是在道路上运输危险化学品的情形，而不包括水路运输、航空运输、铁路运输、其他运输方式。

3. 违反危险化学品安全管理规定

为加强危险化学品的安全管理，预防和减少危险化学品事故的发生，保障人民群众生命财产安全，国家对危险化学品的生产、使用、储存、经营和运输制定了严格的安全管理规定。需要注意的是，刑法第133条之一第一款第4项规定的"违反危险化学品安全管理规定"是指违反与运输危险化学品有关的安全管理规定，而非违反生产、经营、使用、储存、其他方面的安全管理规定。

4. 危及公共安全

考虑到"违反危险化学品安全管理规定运输化学品的"情况较为复杂，有的违反上述规定的情节非常轻微（如轻微超载、未悬挂警示标志、申报数量有误），通过行政处罚即可达到惩戒、教育的目的，故刑法仅将严重危害公共安全的行为纳入调整的范围。因此，违反危险化学品安全管理规定运输危险化学品构成的犯罪并非抽象危险犯，而是具体危险犯，因此，需要在个案中判断危险存在与否。如果通过对特定情况的判断，认为不具备该种具体危险，即违反危险化学品安全管理规定，运输危险化学品的行为不会具备危害不特定多数人的生命健康和公共财产安全的危险，则不能认定为危险驾驶罪。而对于危险的判断，需要对违反道路运输危险化学品安全管理规定的程度进行分析。根据有关规定，道路运输危险化学品安全管理规定涉及面较广，不宜将违反相关规定的行为、特别是违反程度较轻的行为一律作入罪处理。例如，依法取得危险货物道路运输许可的企业运输危险化学品，驾驶人员具有从业资格，仅仅是押运人员未依法取得从业资格的，一般不宜认定为具有危险，不宜以危险驾驶罪论处。

一般而言，下列违反道路运输危险化学品安全管理规定的情形，如果情节严重的，可以认为"危及公共安全"：（1）未取得道路危险货物运输许可，擅自从事道路危险货物运输的。根据有关规定，从事危险化学品道路运输的，应当分别依照有关道路运输的法律、行政法规的规定，取得危险货物道路运输许可。（2）使用失效、伪造、变造、被注销、无效道路危险货物运输许可证件从事道路危险货物运输的。（3）超越许可事项，从事道路危险货物运输的。（4）非经营性道路危险货物运输单位从事道路危险货物运输经营的。

五、道路交通风险犯罪案件处理的司法程序问题

（一）醉酒驾驶机动车刑事案件的公安司法机关的调查取证问题

1. 办理醉酒驾驶机动车刑事案件，在调查取证方面应当注意的问题

2011 年 8 月 11 日公安部发布的《关于公安机关办理醉酒驾驶机动车犯罪案件的指导意见》对公安机关办理此类案件的调查取证要求作了详细规定，是规范此类案件调查取证工作的具体程序性规定。最高人民法院、最高人民检察院、公安部联合发布的《关于办理醉酒驾驶机动车刑事案件适用法律若干问题的意见》第 5 条，对此类案件的查获经过、呼气酒精含量检验和抽取血样、证人证言等重要证据的收集调取作了概括规定，具有一定的指导意义。办理醉酒驾驶机动车刑事案件，在调查取证方面主要有以下几个需要注意的问题：

第一，及时进行呼气酒精含量检验或者血样抽取。醉驾案件取证工作的时效性非常突出。公安人员发现机动车驾驶人员有酒后驾驶机动车嫌疑的，应当立即进行呼气酒精测试。对涉嫌醉酒驾驶机动车、当事人对呼气酒精测试结果有异议、拒绝配合呼气酒精测试以及涉嫌饮酒后、醉酒驾驶机动车发生交通事故的，应当立即提取血样检验血液酒精含量。在进行呼气酒精含量检验或者抽取血样时应当严格遵循有关程序性规定，确保取证过程的合法性。

第二，重视提取证实犯罪嫌疑人与醉酒驾车行为间关联性的证据。公安人员应当及时检查、核实涉嫌醉酒驾驶车辆的号牌、型号、所有人等信息，以及涉嫌醉酒驾车人员的身份信息、驾驶资格、违法犯罪记录等情况，依法

扣留机动车驾驶证，对当事人驾驶的机动车，需要作为证据的，可以依法扣押。

第三，客观、完整记录取证过程。应当及时制作现场调查记录，客观、完整地记录查获醉酒驾驶机动车嫌疑人的经过，人员、车辆基本特征，呼气酒精测试和提取血样过程，采取强制措施及固定其他证据的情况等。

第四，规范血样提取送检程序。公安人员应当全程监控当事人血样提取过程，保证收集证据合法、有效。提取的血样要当场登记封装，并立即送县级以上公安机关检验鉴定机构或者经公安机关认可的其他具备资格的检验鉴定机构进行血液酒精含量检验。因特殊原因不能立即送检的，应当按照规范低温保存，经上级公安机关交通管理部门负责人批准，可以在3日内送检。

2. 对于犯罪嫌疑人逃避、阻碍调查取证行为的处理

针对实践中各种逃避、阻碍醉酒驾驶机动车刑事案件调查取证的行为，可以采取不同方式处理。一是对于被拦阻车辆拒绝停车接受检查的，应当加强现场拦截布控并予以拦截。机动车驾驶人欲逃离检查点或者冲卡的，公安人员可以采取适当方式加以制止或者运用拦车破胎器等装备进行拦截，但应当确保自身安全。驾驶人已经逃离检查点的，公安人员应当及时将相关情况及车辆信息向上级机关汇报，由上级机关布置其他拦截点做好堵截查缉工作。二是对于驾驶人停车后拒不打开车窗接受检查的，可以采取开锁等方式迫使其离车接受调查。驾驶人具有醉酒驾驶的重大嫌疑，但停车后拒不打开车窗或车门接受检查的，公安人员应当采取适当方式对车辆和车内驾驶人进行控制，并对其开展劝说告诫，确有必要的情况下，可以运用技术手段打开车锁，强制驾驶人下车接受酒精含量检测。三是对于驾驶人下车后拒绝配合酒精检测或者威胁、殴打执法人员的，依法追究相关法律责任。驾驶人拒绝配合酒精检测，情节严重的，根据《治安管理处罚法》第50条的规定，处5日以上10日以下拘留，可以并处500元以下罚款。驾驶人以暴力、威胁方法阻碍公安交警调查取证的，依照《刑法》第277条第1款的规定，以妨害公务罪追究刑事责任。醉酒驾驶机动车，又构成妨害公务罪等其他犯罪的，依照数罪并罚的规定处罚。

（二）办理危险驾驶刑事案件强制措施的适用

办理危险驾驶刑事案件，人民法院、人民检察院、公安机关根据案件的

具体情况，可以对犯罪嫌疑人、被告人依法适用拘传、取保候审、监视居住、拘留、逮捕强制措施。

1. 如何适用取保候审

根据《刑事诉讼法》第 65 条的规定，对于危险驾驶的犯罪嫌疑人、被告人，可以取保候审。取保候审的严厉程度与危险驾驶罪侵害的保护法益与犯罪嫌疑人、被告人的人身危险性相适应。对于危险驾驶案件，一般情况下应考虑适用取保候审强制措施。但是，取保候审措施的强制力较弱，一旦犯罪嫌疑人、被告人在传讯的时候不及时到案甚至脱保逃跑，就会影响诉讼活动的顺利进行和有效打击犯罪。对此，公安司法机关应当注意以下问题：第一，加强对犯罪嫌疑人、被告人的教育和警戒，使其充分认识到违反取保候审规定的严重后果。第二，对于采取保证人保证的，严格审核保证人是否符合法定条件及履行保证义务的能力，告知保证人应当履行的法定义务及违反义务的后果，必要时可以确定 2 名保证人。第三，对于采取保证金的，应当综合考虑保证诉讼活动正常进行的需要，犯罪的情节、后果，犯罪嫌疑人、被告人的人身危险性及经济状况等因素，合理确定保证金数额。第四，对于犯罪嫌疑人、被告人违反取保候审规定，已交纳保证金的，没收部分或者全部保证金；保证人未履行保证义务的，处以罚款，构成犯罪的，依法追究刑事责任；并可视情节责令犯罪嫌疑人、被告人具结悔过、重新缴纳保证金、提出保证人，或者予以监视居住、逮捕。

2. 如何适用刑事拘留

对于危险驾驶的犯罪嫌疑人，当其存在有碍诉讼活动顺利进行的紧急情况时，可以适用刑事拘留强制措施。除了刑事诉讼法的规定外，以下 3 种情况，公安司法机关对于危险驾驶的犯罪嫌疑人也可以适用刑事拘留：第一，犯罪嫌疑人在查获现场拒绝或者阻碍公安人员依法执行公务，影响案件调查取证的。第二，犯罪嫌疑人在当地没有固定住处，不便采取取保候审、监视居住措施的，不采取临时性羁押措施很可能影响案件办理的。第三，犯罪嫌疑人违反取保候审、监视居住规定，情节严重，需要予以逮捕的，可以先行拘留。

3. 如何适用监视居住

2012 年修正后的《刑事诉讼法》修改了监视居住的适用条件。修正后的《刑事诉讼法》施行之日起（2013 年 1 月 1 日）发生的危险驾驶案件，对犯罪嫌疑人、被告人不能直接适用监视居住措施，而只有对违反取保候审规定，有必要适用监视居住，或者符合取保候审条件，但不能提出保证人，也不交纳保证金的犯罪嫌疑人、被告人，才可以监视居住。由于监视居住通常要占用一定人力、物力，实践中，司法机关并不愿意采取此种强制措施，常常违反法律规定直接对犯罪嫌疑人、被告人适用刑事拘留或者逮捕，对此应当重视。

4. 如何适用逮捕

危险驾驶罪的法定刑为拘役，不符合"可能判处徒刑以上刑罚"的逮捕适用条件。因此，对危险驾驶的犯罪嫌疑人、被告人不能直接适用逮捕。但是，如果犯罪嫌疑人、被告人在被取保候审、监视居住过程中，违反有关规定情节严重的，根据《刑事诉讼法》的有关规定，可以适用逮捕。对于违反取保候审、监视居住规定，情节严重的情形，《最高人民法院关于适用〈中华人民共和国刑事诉讼法〉的解释》第129条、第130条，《人民检察院刑事诉讼规则》第100条、第123条，《公安机关办理刑事案件程序规定》第131条、第132条均作出了规定。

（三）危险驾驶刑事案件的办案期限与审判程序问题

1. 办理危险驾驶案件应当如何掌握办案期限

办理危险驾驶类轻微刑事案件，原则上应当尽快完成调查、审查起诉、审判活动，以合理配置司法资源，减少被追诉人的讼累。公安部《关于公安机关办理醉酒驾驶机动车犯罪案件的指导意见》规定，公安机关应当严格办理醉酒案件时限要求，建立快侦快办工作制度，能够当场取证的应当立即固定提取证据，提取的血样一般应当立即送检，鉴定机构应当在3日内出具检验报告，案件事实清楚、证据确实充分的，应当在查获犯罪嫌疑人之日起7日内侦查终结，移送审查起诉。检察机关办理危险驾驶案件时，也应当简化办案程序，提高诉讼效率，积极尝试实践中探索的轻罪案件直诉程序。法院审判危险驾驶案件时，对符合条件的案件适用简易程序审理，在案件受理后二十日内审结，适用轻微刑事案件快速审理机制的，可以进一步缩短审理期限。由于危险驾驶案件适用刑事拘留的羁押期限较短，为防止超期羁押和违法逮捕，实践中一些地方的公检法机关在刑事拘留的7日内完成对此类案件的侦查、起诉和审判活动，即使适用简易程序审理案件，也容易违反《刑事诉讼法》有关开庭 3 日前予以公告的规定，需要引起注意。

2. 办理危险驾驶案件的审判程序

为提高审判效率，实现繁简分流，对于符合简易程序的危险驾驶案件，一般都应适用简易程序进行审理。然而，简易程序用于可能判处无期徒刑以下刑罚的案件，程序设计相对单一，对于不同类型刑事案件的繁简分流、区别对待体现得不够充分。实践中大量的轻微刑事案件，存在进一步简化审批程序、缩短办案期限的空间。危险驾驶行为入罪后，案件数量快速增长，在基层法院审理的刑事案件中占有相当比例。而此类案件通常案情简单，事实认定和法律适用一般也不存在明显争议。目前，一些法院已在开展试点，在简易程序的框架内，适用轻微刑事案件快速审理机制审理事实清楚、被告人认罪，适用法律无争议的危险驾驶案件。

（四）道路交通风险违法与犯罪的处罚

除了交通肇事罪和以危险方法危害公共安全罪，道路交通风险犯罪案件主要是危险驾驶罪。就危险驾驶罪来说，属于行政犯，是违反《道路交通安全法》，且被《刑法》规定为犯罪的行为。实践中，需要处理危险驾驶罪刑罚与行政处罚之间的关系。

就危险驾驶中的追逐竞驶和醉酒驾驶两种情形中，行为人追逐竞驶行为本身不构成犯罪，还需判断该行为是否情节恶劣。超速驾驶、无证驾驶是"情节恶劣"的体现，属于追逐竞驶行为同一性质的部分行为，故对超速驾驶、无证驾驶的行政处罚应当折抵。但行为人醉酒驾驶行为本身已构成犯罪。行为人在道路上醉酒驾驶机动车的行为与超速驾驶、无证驾驶等其他违反《道路交通安全法》的行政违法行为均基于同一个驾驶行为的，在客观上属于"同一行为"，是醉酒驾驶事实的一部分。行政违法行为在物理状态上与醉驾犯罪行为是"一个行为"，不宜区分为两种性质的行为分别作出法律评价。在法律评价上，其他违反《道路交通安全法》的行为加大了醉驾行为的危险性，不宜单独评价为行政违法行为，而应当作为危险驾驶罪的从重处罚情节，一并进行刑事责任上的评价。行为人因这些行为被先行拘留、罚款的，根据"一事不再罚"的原则，应对其已受的行政处罚作相应折抵。相关国家标准将驾驶人员血液酒精含量大于或等于 20 毫克/100 毫升、小于 80 毫克/100 毫升的行为规定为"饮酒后驾车"，但行为人血液酒精含量达到"醉酒后驾车"

的标准，对醉酒驾驶者可以依照饮酒后驾驶的规定进行处罚。对醉驾者不起诉或者不作为犯罪处理的，行为人既未承担刑事责任，也未留下犯罪记录，若对其不能处以罚款、拘留的行政处罚，将会导致其与饮酒后驾驶者处罚失衡。

六、道路交通风险防范

（一）完善危险驾驶罪立法，进一步降低交通风险

频繁发生的交通事故乃至犯罪，与法律不完善有关，需借鉴其他国家和地区的法律，包括刑法，以应对交通风险。2013 年上半年我国台湾地区发生多起酒后驾车交通事故致人死亡的案件，但是由于此前法律规定过于宽松，引发民众的强烈不满。我国台湾地区民意机构迅速修订法规，当年 6 月 13 日开始执行，新规定称血液中酒精浓度值不得超过 0.15 毫克，超过便视为违规，将处以 1 万 5 千元到 9 万元新台币的罚款，而超过 0.25 毫克将以公共危险罪移送法办。如因醉驾肇事致人重伤，最高可处以 7 年徒刑，致人死亡则可被处以 3 年以上、10 年以下的有期徒刑。

新规将酒驾犯罪的标准从 0.55 毫克降为 0.25 毫克，而违规要求更为严格，台湾媒体举例称喝完两瓶 700 毫升的瓶装啤酒即超标。台湾媒体将之形容为"全球最严格"的酒驾法律，时任台湾地区交通部门路政负责人林国显也称台湾酒驾已进入零容忍时代，新修正的道路安全规则，已和日本一样，成为世界最高取缔标准。

虽然违法标准与日本相同，但是惩处措施却难以称之为"全球最严格"，对此我国台湾地区民众并不是十分满意，有网友甚至称"台湾是酒驾天堂"。2015 年，台湾地区"不要闹工作室"推出视频介绍各国和地区的酒驾规则，有台湾地区网友感叹地说："看过这影片才知台湾有多落后，非常落后！"

以我国台湾地区效仿的日本标准为例，违法标准也是 0.25 毫克，日本酒后开车将会被处 3 年以下有期徒刑，并吊销驾照 2 年，醉驾将被处以 5 年以下有期徒刑，并吊销驾照 3 年。而台湾地区则是吊扣驾照 1 年，2 年有期徒刑并20 万新台币的罚款。致人受伤的，日本处以 15 年以下有期徒刑，台湾地区则是轻伤吊扣驾照 2 年，重伤 1 到 7 年有期徒刑，吊销驾照不得再考。致人死亡的，日本最高刑是 20 年，台湾则是 10 年。而且日本还有连坐制度，驾驶

者酒驾，乘坐、提供车辆或酒水的人皆有罪。另外，日本酒驾吊销驾照几乎等于终身禁驾，很难再取得驾照。

而实际上早在 2011 年，我国大陆地区就通过了《刑法修正案（八）》，首次将醉酒驾车这种严重危害公众利益的行为规定为犯罪。其违法标准比日本还低，超过 0.2 毫克即为酒后驾驶，扣 12 分，暂扣驾照 3 个月。不过与台湾地区不同的是，大陆地区醉驾涉嫌"危险驾驶罪"，而在台湾地区最严重可被控故意杀人罪。

1. 追逐竞驶的立法完善

在危险驾驶罪中，追逐竞驶，达到情节严重才构成犯罪。情节严重在法律里没有界定，司法实践中，追逐竞驶，情节严重应该包括以下情形：在高速公路或者交通流量稠密的道路上追逐竞驶；驾驶正在营运的车辆追逐竞驶；追逐竞驶造成严重交通堵塞，或者引起交通事故的；超速行驶 50% 以上的；曾因追逐竞驶被追究行政或刑事责任的；同时具有遮挡号牌、无证驾驶、酒后驾驶等违法情形之一；其他对道路交通安全构成严重危险或者造成严重后果的情形。上述行为如果通过司法解释入罪，公安司法机关在执法上更具操作性，从而有利于治理交通风险。

2. 以立法手段通过抽象危险犯规制"新风险"

危险驾驶罪的扩展在于行为类型，立法方面可考虑增加与醉驾危险性类似的危险驾驶行为。刑法立法既要考虑当前社会发展的现实状况，也要保持适度的超前。除了醉酒驾驶、追逐竞驶、从事校车业务或者旅客运输、严重超载超速、违反规定运输危险化学品的行为之外，吸毒后驾驶、无证驾驶、驾驶不具备安全性能的车辆、高速公路或单行道逆向行驶、单行道超速等行为的危害性同样十分严重。造成道路交通更大风险的吸毒后驾驶、疲劳驾驶等严重的危险驾驶行为入罪可优先考虑。

（1）毒驾问题。"毒驾"类型的危险驾驶行为威胁到人民群众的生命财产安全，日益成为公共安全的隐患，严重侵害了法益。意大利刑法学家贝卡利亚说过："衡量犯罪的真正尺标是犯罪对社会的危害，而且这是一条显而易见的真理。"显然，如果仅从风险控制的角度，"毒驾"这种危险驾驶行为，所造成的侵害法益的严重程度，也可以被拟制为一种"抽象的危险"。"毒驾"行为入刑无论是基于保护法益本身的风险考量，还是基于国民对风险的恐惧，从而要求国家采取措施积极应对以平息内心不安，都符合风险刑法理念的要求。

2015 年 12 月 23 日，徐州一对夫妇毒驾闯校园，车上还有自己的 3 个孩子。此事再度引发社会各界对毒驾入刑的呼吁。全国人大代表、盐城市政协副主席蒋婉求建议，毒驾肇事不能只以交通肇事罪进行量刑，而应该列入刑法，对毒驾实行"零容忍"制度。

自 2011 年醉驾正式入刑以来，全国发生涉及酒驾道路交通事故的起数和死亡人数，较之入刑前同比分别下降 25% 和 39.3%。然而另一种更加严重危害道路交通安全的行为——毒驾，却没有得到相应的重视。

酒后驾车会导致人的反应时间慢 12%，而毒驾则慢 21%，可见相对于酒驾，毒驾危害有过之而无不及。特别是新型毒品，会让毒驾人员或是反应时间变慢，或是极度疲劳，甚至觉得驾车如在玩游戏。毒驾引发的交通事故，往往会产生连环撞车、群死群伤的严重后果。对此，目前我国《刑法》尚未对毒驾的刑事责任作出明确规定，尽管有部分法律法规对毒驾行为进行了规范，也设定了相应的法律责任，但与酒驾相比，执法部门对毒驾肇事的后果只能根据人员伤亡程度，以交通肇事罪量刑。也就是说，如果毒驾不肇事，不致人死亡或重伤，公安机关在查处时，只能按照《禁毒法》的规定，以治安管理的手段进行处罚，从而在一定程度上导致了毒驾行为长期存在。

尽管毒驾入刑已是法学界和交警、禁毒部门的普遍共识，公安部门也在积极推进毒驾入刑，但毒驾迟迟没有入刑。主要原因在于：一是毒品的成分复杂，服用过一些消炎药物、感冒药物后，检测也会产生阳性反应。因此毒驾的概念难以界定，是阳性反应就代表了毒驾，还是查获了物证如毒品、针管等才算毒驾？二是毒品对人的影响会随着时间递减，一些人吸毒数天后仍能检测为阳性，无法界定吸毒多长时间才算是毒驾。三是当前新毒品不断衍生，有关部门对冰毒、麻黄素、氯胺酮等几种主要毒品的检测方法较为成熟，但对其他类型的新毒品，则涉及检测成本和技术等问题。

（2）疲劳驾驶问题。由于驾驶人员的体能所限，如果疲劳驾驶，将使交通风险骤然增加。鉴于我国高速公路里程的迅速延长和网络化，为了节约时间或者经济利益驱动，私家车司机疲劳驾驶和货运疲劳驾驶比较常见。《中华人民共和国道路交通安全法实施条例》第 62 条规定："驾驶机动车不得有下列行为：……（七）连续驾驶机动车超过 4 小时未停车休息或者停车休息时间少于 20 分钟。"连续驾车超过 4 个小时或 24 小时内实际驾驶时间累计超过

8 小时的驾驶人，一律强制休息。不执行这项规定，就构成疲劳驾驶。疲劳驾驶将驾驶人员本人和道路交通运输的其他人员置于危险境地。随着高速公路使用率的迅速提高和高速公路上行驶车辆的大幅攀升，为防范重特大交通事故，克服疲劳驾驶后会免于发生事故的侥幸心理以及疲劳驾驶即使查获也处罚轻微的社会心理，疲劳驾驶入刑应当尽快研究落实。

（二）适应刑法规定，树立交通风险的防范意识

风险刑法要求人们树立风险意识，行为人即使没有造成损害后果，但足以造成损害后果，就构成犯罪。对于日常司空见惯的行为，因为存在造成损害后果的风险，刑法的严厉介入可以提醒人们对违章行为演变为犯罪行为予以高度重视。刑法中首次出现危险驾驶罪时，人们逐渐适应并提出了"开车不喝酒，喝酒不开车"，这种意识逐渐演变成人们习惯。《刑法修正案（九）》实施后，需要树立"开车不超载超速，双超不开车"的理念。树立先进的刑法理念，有利于引导人们的行为。这种抽象危险犯的功能之一就是倡导形成新的社会理念和社会风气，刑法不仅有惩罚的功能，其预防功能也不可忽视，尤其是抽象危险犯的预防和引导功能具有独特优势。随着危险驾驶罪对交通风险防范功能的发挥和人们逐渐树立起现代的刑法理念，交通事故发生率有望明显降低，尤其是有利于避免发生群死群伤等恶性交通事故。

理念革新需要借助宣传引导，行为人对事故发生于瞬间的严重性认识不足，抑或对危险驾驶罪作为抽象危险犯存在盲点，需要通过媒体普及相关法律规定，帮助人们知法守法，吸取交通事故教训，从根本上减少交通风险犯罪行为的发生。

以太原市为例，太原市迎泽大街全线设管理点 9 个，开展"非机动车、行人交通违法"教育管理专项行动。为创建文明城市，根据市委、市政府"五城联创"工作要求，太原交警支队在原整治非机动车、行人交通乱象设置交通安全教育学习点的管理基础上，决定从 2016 年 8 月 12 日起在迎泽大街开展"非机动车、行人交通违法"教育管理专项行动。此次行动以"高峰路口疏导、平峰整治教育"为原则，重点整治非机动车闯红灯、逆行、不在非机动车道内行驶、越线停车、违反规定载人等违法行为；行人闯红灯、不走人行便道、不走人行横道或过街设施、跨越隔离设施等违法行为。交警支队在迎泽大街（和平南路至建设路火车站段）全线共设管理点 9 个（广场东岗、

广场西岗、青年路岗、大南门岗、天龙岗、桃园岗、迎泽桥西岗、迎泽西大街千峰路岗、公交一场岗），其中教育点 3 个（广场东岗、天龙岗、迎泽桥西岗）。在专项整治行动中，管理点查纠的违法车辆将原地滞留，由违法人自行前往教育学习点接受学习教育，流程如下：查纠→教育点信息核实登记（5分钟）→观看警示宣传片（20 分钟）→学习法律法规（20 分钟）→测试（15 分钟）→路口执勤体验（30 分钟）→放行。学习结束凭"流程卡"领车；违法行为人有急事的，可以进行处罚放行或先滞留车辆，随后接受学习教育，凭"流程卡"领车放行。太原交警通过教育管理专项行动，治理非机动车、行人交通秩序乱象，打造主要街道即迎泽大街良好交通秩序，使之成为非机动车、行人规范通行的示范道路，并在全市起到示范和辐射作用，成为省城交通管理工作的亮丽名片。

（三）正确界定交通风险中的违法犯罪，为严格执法创造条件

道路交通风险与违法犯罪有密切关系，违反交通法规，构成交通犯罪，必然造成交通风险。因此，减少交通违法，降低道路交通犯罪率，将大幅度降低道路交通风险。道路交通违法行为与犯罪有密切关系，治理违法有利于减少相关犯罪，这就需要管理部门加大对交通违法行为的查处力度，对违章超车、闯红灯、乱停车、不按机动车道行驶等行为查处，促使公民逐渐养成良好的遵纪守法习惯，减少道路交通风险，形成井然有序的交通秩序，为人们安全出行创造条件。

对于构成风险犯罪的案件，公安司法机关应根据刑法规定和风险刑法的特点，做出准确认定，明确风险交通多种犯罪存在转化关系：醉驾者对"可能发生的实害"主观上存在过失，仅有醉驾行为而无实害结果，或虽有实害结果但未达到构成交通肇事罪条件的，构成危险驾驶罪；有实害结果且达到交通肇事罪条件的，构成交通肇事罪；如果主观上对"可能发生的实害"出于故意，客观上对公共安全不论是造成实害还是仅有危险，都应以以危险方法危害公共安全罪论。理清风险交通犯罪的关系，有利于准确认定犯罪，严格执法，化解交通风险，维护有规则的交通秩序。

第十二章
若干经济犯罪研究

第一节　非法经营罪

非法经营罪是法定犯罪，刑法诞生之初，各国刑法中并没有对非法经营罪进行单独的规定。我国现行刑法，法条中所规定的非法经营罪是从 1979 年刑法中的投机倒把罪分解出来的。在司法实践中，非法经营罪的适用呈现出扩张和泛化的趋势。为解决当前困境，最重要的途径应是规范非法经营罪的解释体系。

一、非法经营罪认定的基本依据

（一）非法经营罪的客观要件标准

非法经营罪的客观要件标准，是违反刑法的规定，违反法律规定扰乱市场秩序的客观行为。情节严重的，处不超过五年的有期徒刑或者拘役，并处违法所得不超过五倍，不低于两倍的罚款；情节特别严重，应该被判处五年以上有期徒刑，并处罚金五倍以上。非法经营罪的客观行为主要表现为：（1）未经许可经营法律、行政法规规定的专营、专卖物品或其他限制头卖的物品的；（2）买卖进出口许可证、进出口原产地证明以及其他法律、行政法规规定的经营许可证或者批准文件；（3）未经国家有关主管部门批准，非法经营证券、期货或者保险业务的，或者非法从事资金结算业务的；（4）从事其他非法经营活动，扰乱市场秩序，情节严重的行为。所以，非法经营罪的客观要件行为是多种多样的：如没有经过许可，私自经营被法律或者行政法规限制的专营、专卖货物或者其他物品的行为；非法经营罪保护的是合法经营行为的合法利益，所以除法律许可外，进出口许可证或进口或出口原产地证书，其他法律法规已经有明文规定的和行政法规规定的营业执照和批准文件等也是违反非法经营罪客观要件的具体行为；在获得国家有关行政部门批准之前，该行为人就私自对证券型业务或者保险业务进行操纵，或者使用非法手段进行资金支付结算业务也属于非法经营所涵盖的违法行为；其他扰乱市场秩序而实施的行为。情节严重的非法经营活动往往很容易在司法实践中被认定为非法经营罪，保护正常经营的法定权益始终是市场经济的正常运行。市场经济运行的最主要的方式就是商品和生产中各种要素的原始交换和自由交换。市场秩序包括占据市场主导地位的行为者，有了主体，随之产生的就是交易的各种行为，而行为人通过交换生产要素来做出完整的交换行为，此时，就要维护市场交易秩序和市场服务秩序。在市场经济环境下，商业行为是盈利市场的主要途径。市场经济体制下的经营行为是成就社会和个人的有利条件，所以良好的经济秩序，必须经过社会认同，社会的认同度就是自然人和法律的认同度。由此可知国家运用立法和司法解释对非法经营行为进行认定，并且进行一定的干预，以此平衡尚不完善的经济体制和公平交易的经济秩序。国家立法的目的是保护公共利益，因此非法经营罪是法益保护的产物。列入非法经营罪的前三项行为为三种具体的违法行为。所以非法经营罪司法适用的难点，是该罪第四项规定的兜底条款。

非法经营罪的客观标准，是行为人通过一系列非法行为破坏市场经济的正常运行秩序，对市场中进行交易的个人的法益进行损害，或者危害国家的利益或者危害社会公共的利益的行为。正常市场中进行交易，其具体表现已通过法律规定，所以，非法经营罪侵害的法益是即非法经营行为的前三项：包括专营、专卖物品经营，国家特许经营许可和特许经营权。至于"其他严重扰乱市场秩序的违法行为"，在条款含义上具有一定的模糊性，并没有规定非法经营的形式，"其他严重扰乱市场秩序的非法经营"这类高度概括的词语放入最后一条，其初衷是为了给予法官一定的裁量自由。由于法官对这一弹性条款掌握起来存在困难，因而相继颁布了一系列的司法解释。

1. 非法经营行为

根据非法经营罪有关司法解释，结合司法实践，非法经营罪的行为主要有：（1）非法经营食用盐，2017 年盐业体制改革正式启动，各地加大了对不遵守国家法律法规从事私自卖出买入食盐的生产活动，运用批发零售的手段来扰乱市场经济秩序的惩处力度。（2）未经烟草专卖行政主管部门许可，不遵守烟草销售规定，进行烟草经营。在没有经过行政部门授予生产许可证等证件之前，没有经过法律的允许进行生产或批发。（3）私自建设互联网的网站或者与其类似的其他营业场所，私自进行互联网连接的活动，并且进行一系列违法的互联网服务活动的也构成非法经营罪。（4）违反法律的规定投注彩票站在没有经过授权就私自发行或者私自买入和卖出的、不遵守国家法律法规的规定，使用销售点计算机终端设备进行虚构的交易等一系列方法，使用虚假的价格，价格定价和一定百分比的返馈和偿还，通过线下交易的方法向信用卡持卡人支付等额或者不等额的现金。（5）不遵守国家法律法规的规定，最终目的是达到盈利的目标，在计算机信息网络中提供进行交易的等价交换的删除信息的服务，网络社会最容易滋生的就是虚假信息，而不真实的网络信息容易破坏市场经济秩序。（6）赌博机违法经营犯罪案件，包括向他人提供赌博的场所或者不遵守国家的规定，在法律允许的范围以外进行电子游戏设备的销售，或者具有退款退钢球及其专用软件的赌博功能，情节严重的，构成犯罪。（7）非法生产、销售、使用禁止在饲料和动物饮用水中使用的药品。（8）以提供给他人生产、销售食品为目的，违反国家规定，生产、销售国家禁止用于食品生产、销售的非食品原料，情节严重的；违反国家规定，生产、销售国家禁止生产、销售、使用的农药、兽药，饲料、饲料添加剂，或者饲料原料、饲料添加剂原料，情节严重的。非法生产和销售"瘦肉精"，是继三聚氰胺后又一重大食品安全问题。（9）违反国家规定，私设生猪屠宰厂（场），从事生猪屠宰、销售等经营活动，情节严重的。（10）非法买卖外汇。（11）非法经营出版物。

2. 信用卡套现的表现形式

一种新的非法经营可以认定为犯罪的行为是信用卡现金犯罪。信用卡兑现方式是利用 POS 机套现。信用卡套现的特征是套现商户呈现"四低"特征：套现行为人基本情况呈现出的"四低"特征：一是刷卡扣率属于较低档次，个别甚至为零扣率；二是注册资本低，注册资本一般不足 10 万元；三是经营成本低；四是商户知名度低。养卡套现的行为实际就是一种非法经营罪名所涵盖的行为："处理信用卡管理的具体应用和刑事法律解释"使用两个高级销售点（POS）终端，信用卡持有人直接支付 CAS。严重扰乱市场经理秩序的清理工作，依照非法经营罪标准定罪处罚。这种行为基本上有助于持卡人维持信用额度并延长透支期，使信用卡发卡机构难以监控信用卡持有人的真实还款能力。从而加重银行坏账风险的虚假手段。以现金支付，破坏财务管理秩序，是一种对社会有害的行为。最高人民法院、最高人民检察院日前公布《关于办理妨害信用卡管理刑事案件具体应用法律若干问题的解释》（以下简称《解释》）第7条中对现金的规定应该进行扩大解释，应该涵盖通过银行账户，转账获得的"电子现金"，把信用卡所有人账户上的现金划款拨款到自己的账户上，符合司法解释的规定，是具有刑事违法性的；应将帮他人还款后再刷卡将该款项及手续信用卡收费认定为一个整体。虽然不直接向持卡人支付现金，但持卡人支付的本质是直接向持卡人支付现金，所以应当以非法经营罪定罪处罚。

3. 非法经营罪的涵盖范围

从以上归纳可以看出，非法经营罪的覆盖范围实际上非常广。在法律允许的范围内进行生产经营的活动数量种类繁多，犯罪率居高不下。深入理解犯罪行为的种类是非法经营罪认定中最为关键的一个环节，这样的状况是由违法犯罪行为的复杂性和多样性而引起的。其他违法经营活动应当有下列事项：一个非法经营行为的产生，一定是在非法经营罪保护的市场经济秩序范围内，重点产生在商品的资源配置和商品的流通领域；二是冲破了正常的生产交易壁垒；三是必然导致一定程度的社会危害和实际效果，严重破坏了我国的社会秩序。违法经营行为是市场秩序的正常秩序，但市场经济秩序的违反可以有多种形式。刑法作为干预市场经济最严厉的手段，应当对非法经营的形式进行治理和惩罚，同时应该更加明确和具体。保护非法经营罪的合法利益是社会主义市场经济的运行、管理的正常秩序，在市场经济发展阶段，各种新兴经济实体层出不穷，经济运行模式，很难界定当时市场经济主体在何处，以及在何种程度上已经违反了正常的经营秩序。在这方面，司法实践中的通常做法是通过司法解释来查明严重破坏市场经济秩序的非法商业活动。

非法经营罪是典型的法定犯罪。因此，构成违法经营罪的行为必须首先违反行政、经济管理法律、法规，否则不能视为非法经营罪。但行政和经济管理方面的法律、法规内容相当广泛，并非违反所有行政和经济管理方面法律、法规的行为都构成非法经营罪，它有一定的界限、范围。从法律、法规的制定主体来看，非法经营罪所违反的法律、法规，必须是全国人大及其常委会制定的规范性文件，非法经营罪排除了地方人大及其常委会制定的地方性法规，排除了国务院各部委发布的部门规章和地方政府规章。从法律法规的相关内容来看，违反非法经营罪，所违反的国家规定也必须是全国人大及其常委会和国务院制定的有关市场准入制度方面的法律法规。如果它已被明确定为具体犯罪罪名，则不能视为非法经营罪。如国家禁止交易的枪支、弹药、爆炸物品、核材料、毒品生产工厂的非法经营，就不属于非法经营罪的涵盖范围。

（二）非法经营罪的主观要件标准

对于非法经营罪的主观罪过形式，刑法理论界的看法基本一致，即认为非法经营罪的主观罪过表现为故意，且只能是直接故意形式，即行为人明知自己的行为违反国家的法律规定，从事非法经营活动扰乱市场秩序，却希望并积极追求这种侵害法益结果的发生。

刑法条文一般不可能将犯罪成立的全部要件作出明确的规定，因此，解释犯罪的成立要件时可以在刑法规定之外添加一些要素，但这种添加又不能是随意的，而必须考虑犯罪的本质特征。某种目的、内心倾向等是否可成为主观要件的要素，应当取决于它是否能够说明行为对法益的侵害及其程度。如果某种目的、内心倾向对决定法益的侵害程度具有重要作用，即使在刑法没有明文规定的情况下，也可能将其解释为主观要件的内容；如果某种目的、内心倾向对决定法益的侵害及其程度不具有重要作用，甚至没有任何作用，则不应当随意将其解释为主观要件的内容，从这个角度看，非法经营罪的确立似乎并不一定要求主体在主观上追求利润。因为，非法经营罪的本质是对市场准入制度的侵犯，无论行为人出于何种特定的目的，只要行为人明知自己不具备主体资格而进入特定的领域经营，就已经侵犯了这一市场的准入制度，都会对市场的管理秩序造成破坏，是否具有牟利的目的，对违反市场准入的程度不会产生影响。

非法经营罪的确立要求犯罪人谋取主观利益，因为判定非法经营行为是否严重的主要标准是非法经营的数量和获得的相应金额。如果行为人不具有这一目的，一般情况下其经营的数额也不可能很大，与此相对应获得的金额也就很少。由于非法经营行为人主观上的牟利目的与其具体的经营规模密切相关，一般情况下，其经营的数量规模达到一定的标准，就可推定其主观上具有牟利的目的，因此，对于行为人主观上的牟利目的并不需要特别的证据证明。

（三）非法经营罪的入罪要素

非法的经营行为必须违反市场准入制度。刑法关于本罪的规定和有关司法解释均反映了本罪的规范目的是保障市场的准入秩序。因此，判断某种行为是否属于非法经营行为或者是否属于一般商业行为，首先需要判断该行为是否违反了部门规章或地方性法规。然后进而判断该行为是否违反国家规定的特定市场准入条例。在这个前提下，才可以判断该行为侵害的市场秩序是否已经达到了严重程度。情节严重的，构成犯罪。例如，某县内个体商户王某持有本县工商行政管理部门颁发的工商营业执照和烟草专卖管理部门颁发的烟草专卖零售许可证，王某利用其所在县与另一个省的邻近省份之间的某些品牌香烟之间的价格差异，向邻近省无证经营者漳先生购买各种品牌的卷烟到该县销售，王某又将香烟卖给另一位企业主赵先生两次。检察机关指控王某违反"烟草专卖法实施条例"，认为其行为构成非法经营罪。实际上，王某从县外烟草批发公司购买商品，也只是一般违法行为，因为王某获得了烟草专卖的零售许可证，这意味着他获得了烟草零售市场准入许可。王某购买邻县烟草的行为引起当地烟草产品涌入，但并没有削弱零售市场的市场秩序。因此，从当地烟草公司以外购买商品并非无证经营，当然不构成非法经营罪。但是，获得烟草专卖零售许可证只需获得烟草零售市场准入许可证，并不意味着它已获准进入烟草批发市场。《中华人民共和国烟草专卖法实施条例》第1条规定的烟草零售和批发数量有所不同。没有烟草专卖和批发企业许可证的单位和个人，出售香烟和雪茄等，被认为没有烟草专卖批发企业许可从事烟草制品批发业务。在这种情况下，王某只获得烟草专卖零售许可证，无权从事烟草制品批发业务。因此，可以认为王某的行为是无执照而从事烟草批发的非法经营行为。符合《刑法》规定的"情节严重"情形的，应该依法追究刑事责任。根据刑法规定，经济犯罪应坚持谦抑性，王某的行为可以不受刑法的处罚，给予其相应的行政处罚就已足够。实际上，除了侵犯国家禁止的市场管理秩序，限制商品和营业执照的买卖，还有很多市场与人们的日常生活密切相关。例如水果批发市场，服装交易市场，蔬菜交易市场等。虽然这些行业与人民的生活密切相关，并与数百万家庭有关，但这些产品并未受到法律的禁止或限制，或者需要获得许可经营。因此，管理此类商品的单位和个人仅需申请营业执照或向市场管理部门支付一定的市场管理费用即可运作，无需经过国家有关部门的特别许可。因此，这些商业活动即使破坏市场管理秩序，情节严重，也不能作为非法经营罪处理。此外，中国正处于深化改革阶段，在一定时期内，特许经营，垄断物品和限制买卖商品的行为，将随着社会经济形势的发展而发生变化。在将来某一时期内，这些商品也有可能成为民间可以自由买卖的物品。因此，了解和掌握国家现行经济政策和有关新经济法规的规定是必要的。使用过时的政策和法律来处理新形势下的问题，会混淆犯罪与非犯罪之间的界限。所以要与时俱进，具体问题具体分析，只有这样才能更好地理解和把握新形势下的非法经营罪所涵盖的入罪内容。

二、非法经营罪的阻却要素

（一）非法经营罪中关于空白罪状的思考

非法经营罪是现行刑法修订后的一项罪名。改革开放以来，我国的市场经济体制步入了快速发展的阶段，所以随之而来的就是犯罪形式的增多。为了保持长期稳定的经济运行，所以在实践中逐步增加非法经营罪的使用。犯罪行为的多样性，使得法律和司法解释的出台愈加滞后，但是即使有滞后性的特点，也要打击违法犯罪行为。司法机关以违法经营行为为突破点，使得越来越多的违法犯罪行为涵盖在非法经营罪里面。随着市场经济的发展，非法经营罪适用范围逐渐扩大，"口袋"的半径在被称为"袋"之后变得越来越大。非法经营的定义却比较笼统，没有明确界限，导致应用范围越来越宽，成为非法经营罪的一大缺陷。

非法经营罪的兜底条款，其形成有其特定的历史背景。在我国市场经济改革以来，政府同时也有宏观调控职能，消极影响是，在短期内取得市场主体身份的难度增加。在社会转型时期，各种新的市场失范现象也出现在经济领域。为了避免法律条文的覆盖面不足，通过采用高度通俗的"一劳永逸"的犯罪条款，使刑法能够应对各种多变的市场失范，使国家能够为其提供法律依据。在经济领域违法行为规制中的处置权问题，非法经营罪的立法规定有一些实际的考量。它是为了有效规制市场的平稳运行。经济活动的复杂性和可变性成为非法经营罪处理问题的关键，如何面对经济的复杂性和可变性，这就需要市场的灵活性和法律规定的确定性。但是刑法是权威性的法律文件，不可以将其成为任意性的工具。虽然非法经营罪的第四项的规定似乎是必然选择，表面上似乎有利于严格的刑法和刑法的稳定性，但是还是需要将其加入适当的限制性语句。非法经营罪所涵盖的非法活动范围大大扩大，刑法的威慑作用也大大增强。不仅建立了严格的刑法体系，而且提高了司法实践的便利性。禁止类推的目的是为了限定刑法的覆盖范围。但是，由于类推制度是对犯罪法理的严重违反，立法者只能选择本案中的唯一条款，在一定意义上赋予立法机关规定的正当性和意义。与多罪相对应的犯罪设计在司法实践中具有其目的，不管刑法的条文如何设置，它最初的目的都是建构严格的法律网络和打击多个种类的犯罪，犯罪的序列化的确可以使多种类的犯罪明确化具体化。

刑法的规定往往滞后于实践。刑法的规定不能过于严苛，人权和自由的保护是同样重要的。面对刑法的规定的缺失，必须采取正确的态度。通过严谨的规定，进行越来越完善的法律设置，使国民增强对法律的了解，维护刑法的权威。

（二）罪刑法定原则的严格要求

罪刑法定原则是刑法内容中的最基本原则，也是世界不同社会经济体制下已经被大多数国家接受的一个原则。罪刑法定原则可分为"形式性"和"实质性"。法律原则和禁止事后法律也禁止类比解释，并且不允许惩罚未指定的事项。罪刑法定原则在实质上包含两个方面的内容，如对特定罪行的法定刑原则的明确原则。刑法中的内容要适配于所依附的法律。可见，法律所述的实质性要件包括明确性的原则，还有一个就是它的合理性原则。罪刑法定原则在实质的法治的观念之中，对于罪刑法定原则的所有解释实际上需要司法权力的制衡，由此也还制约国家的立法权的行使。明确性的原则要求明确犯罪体系和刑事处罚的规范性，让人们可以深入了解刑法的构成体系。"非法经营罪"的构成必须符合罪刑法定基本要求的严格要求，这样一来非法经营罪的兜底条款必须进行进一步的明确性和限制性解释。只有这样，才能清楚地告诉人们什么是被禁止的，允许公民以怎样的方式行事，并描述犯罪构成要件的要素，这样就意味着公民了解它们的意义可以通过解释的方式来获取。

三、非法经营罪认定中的谦抑性要求

(一) 坚持非法经营罪保护法益是市场秩序的立场

英国学者 Antonio Gus 将政府的管制划分为"经济管制和社会管制"。一般说来，经济调控主要是基于市场主体的经济作用。在该学者看来，市场准入法律制度属于经济监管的范畴，是一个具体的政策壁垒。依据相关的立法以及司法解释来制定，其目的是规定特定的市场经济活动的边界。市场主体只有通过申请，经过一定的审核，批准程序方可得到相应的准入资格，是一种消极性、限制性制度。同时，对于相关的申请主体，国家一般会事前设置相关的准入门槛即资质来筛选一部分的行业从业主体。可以看出，相较于其他制度规范，在市场准入法律制度中，政府对市场存在较高的管控力度，甚至有的行业已经达到国家垄断的程度，带有强烈的排他性。

这样的市场准入秩序的形成，政府的干预可以称作是动力源泉，国家规定的市场准入秩序的范围直接决定了非法经营罪的适用范围。可以说是政府作为设计者，在自发形成的市场经济环境下，另行创造出的秩序范围，在政府介入之前，并不存在这样的秩序范围。国家规定的市场准入秩序的范围直接决定了非法经营罪的适用范围。总的来说，非法经营罪兜底条款的扩张适用也是国家对市场经济活动加大干预力度与范围的结果。因此，从市场准入秩序的角度来说，只有国家秉持谦抑的理念，尽量减少对经济活动的干预，才能从根本上限制非法经营罪兜底条款的扩张适用。只有坚持非法经营罪保护的法益是市场秩序的立场，才能更好地保证非法经营罪所囊括的犯罪范围。只有这样，才可以有效地防止非法经营罪的泛化和无限的扩张。

(二) 非法经营罪列举式规定不可超越

非法经营罪的列举式规定，可以有效防止非法经营罪的范围扩大。法律是公民权利的保障书。明确的限制性语句，可以使法条阐述的内容更加严谨。司法解释的数量逐渐增多，扰乱市场秩序的非法活动所涵盖的内容正在逐步扩大。市场经济飞速发展，"管理"一词被拓宽了。企业法人未取得其经营商品的资格的，将被宣告有罪。违法经营，如哄抬物价，牟取暴利，也逐渐向犯罪行为靠拢。随着相关法律解释的增加，"违反国家规定"不仅是宪法的规

定，也包括了法律的规定。遵守罪刑法定原则是促进中国法治的要求。国家在刑事立法层面和司法的层面应该严格遵守法律的基本原则，所以非法经营罪的列举式规则是不应该被超越和否定的。应该将列举式原则作为本罪最重要的一大问题进行法律释义，在现行社会经济秩序状况下予以比较全面的列举。只有明确的立法，才能真正使法律发挥最大的积极作用。市场资源的有效配置是行为人通过在市场的大背景下进行自由的组合和交易。与计划经济时期不同，政府在市场经济体制下对市场的干预应该尽量减少。个人具有主观能动性，自觉地参与市场上自由的商品流通交换和竞争。由于商品交换的最初目的就是让利益最大化，让在市场交易的个人都能够有利可图，所以市场在中间的作用应该是让自由人可以获得利益的，要考虑行为人之间利益的取得。自中华人民共和国成立以来，集中管理的弊端一直留在中国长期计划经济体制之中，人身自由和权利并未得到充分尊重。而目前国家对经济的法律调控的程度也在探索之中。目前非法经营罪这种列举式规定能避免刑法的过度干预，所以，非法经营罪的列举式规定不可被超越。经过长期的发展，时机成熟时法律要为非法经营罪提供更细致和完善的模式，让人们很好地理解法律的内涵，有利于人们掌握法律，规范个体行为，不触碰法律底线，非法经营罪将为社会生活的发展发挥更大的作用。

第二节　互联网金融犯罪研究

近年来，随着我国经济的快速发展和互联网信息通信技术的不断突破，互联网金融随之兴起。然而，在享受网络金融便利的同时，也不能忽视网络金融所带来的风险。在这其中互联网金融犯罪无疑最受关注，由于缺少法律上的支持，这类新型犯罪的迅猛发展给司法实践带来很大困惑和挑战。需要结合当前国内互联网金融的发展状况用刑法手段对互联网金融犯罪进行规制。

一、互联网金融犯罪的提出

互联网金融的迅速推广，在促进社会金融业的发展、便捷人们生活的同时，也因其自身的独特性、法律监管的不到位，其爆发的各类风险也进而增多，众多犯罪人的参与和各类新型的犯罪手段层出不穷，为这种新型经济形式造成了威胁。

（一）互联网金融的界定

要规范互联网金融犯罪，有必要准确界定出什么是互联网金融，现状与未来的发展趋势以及存在哪些基本模式，对这些问题的研究为进一步规范互联网金融犯罪提供了依据。

1. 互联网金融的内涵和特点

近年来互联网金融的快速发展不容忽视。基于更加清晰地界定互联网金融，更好地研究互联网金融犯罪，厘清互联网金融的内涵和特点十分必要。

（1）互联网金融的内涵。互联网金融是近年来我国出现的一种新提法，是基于互联网技术和信息通信技术而产生的新型金融业务模式，不同于商业银行的间接融资，也不同于资本市场的直接融资。网络金融是信息技术与金融的创新统一体，是依靠网络数据和大型计算在虚拟的线上平台形成的网络金融业态服务体系，具有普惠性、便捷性，因而不同于传统金融的金融模式。

事实上，要准确界定网络金融比较困难，因为互联网金融本身即涉及理财、融资、大数据搜索等领域。中国人民银行及财政部将互联网金融概括为"金融机构基于线上平台从事财务、财富管理和第三方支付相关业务的新型产业。"

（2）互联网金融的特点。

第一，开展互联网金融业务只需通过线上平台，大大节省了设立实体金融机构的费用；再者，线上平台搜集了各式各样的互联网信息，便于公众更清晰地了解和辨明各类信息。

第二，借助互联网，网络融资的办理流程逐步科学化和体系化，而且更加便捷，大大减少了人工服务的繁琐流程。

第三，网络金融的联通性和便捷性为群众直接通过网络平台办理各项业务提供可能，尤其是减少了网络融资的限制条件，为小微企业的发展创造了机遇。

第四，缺少风险预测机制，对网络金融带来的诸多风险无法进行科学准确的估测，导致很多企业承担较高的营业风险。其次是缺少法律支持，网络金融尚未形成系统的完整的法律体系。

第五，针对借贷业务，网络平台涉及双方交易的各种财产类信息和身份信息，如果被他人破解交易密码，双方的个人信息和银行账户将面临被盗用的风险。

2. 互联网金融的分类

对国内互联网金融的基本模式一直以来都众说纷纭，实践中比较公认以下三种主要模式：第三方支付、网络借贷及众筹。解读和研究互联网金融模式，有利于为互联网金融犯罪的预防和控制打下坚实的实践基础。

第一，第三方支付。是指具有相当实力与信誉的金融机构依靠互联网，通过与其他金融机构签订合同完成网上支付或其他资金转账服务，也就是在双方交易过程中发挥支付中介的作用的一种模式。实践中典型的有支付宝、余额宝等支付平台。

第二，网络借贷（以 P2P 平台为代表）。是指以网络平台为连接点，可以足不出户实现个体与个体间的直接借贷，跨越了地区与地区之间的障碍。在此种模式下，网络平台的优势得以发挥，并且通过借贷双方的交易，平台也可从中赚取一定的中介服务费用。

第三，众筹。是指一种向公众募资，发起人通过互联网平台向公众展示发起项目的内容、规划等，从而获得公众支持的一种融资模式。为更多有创造能力但缺乏资金的发起人或组织提供了无限的可能性。到目前为止有多种模式，如股权众筹和捐赠众筹。

3. 互联网金融在我国的发展

我国的互联网金融于 2012 年启动，并在次年开始迅速发展。伴随着网络借贷、第三方支付的广泛应用，虚拟货币的流通等各式各样的金融信息技术的发展，借贷流程逐步趋于系统化和科学化，降低了融资借贷的限制条件，安全问题逐渐减少以及加大对公众公开信息的范围，网络金融逐步成为促进国内投资发展的支柱产业。目前互联网金融仍处于探索阶段，一些市场主体一味追求利益最大化，忽视了内在风险，其中引起社会广泛关注的是互联网金融所面临的刑事风险。

（二）互联网金融犯罪的特点

从互联网金融的启动到今天不断发展创新的过程中，带来了许多新的问题和挑战，其中有些涉嫌刑事犯罪，需要刑法对其进行规制。这就要求对互联网金融比较准确地把握，并对互联网金融犯罪的特点进行深入研究。

1. 参与人员多，涉案资金大，波及范围广

由于网络的虚拟性和金融的便捷性，一旦开展一项互联网金融业务，总是涉及各式各样的参与人员，在这其中自然也避免不了规模巨大的资产流向全国各地。比如在 e 租宝案、中晋系案中，高达百万的参与人员涉及全国各地，犯罪资金高达百亿元。

2. 犯罪手段多元化

实践中犯罪人员多采用先注册营业执照，随后利用企业名称的方式开展互联网金融业务，同时对其进行扩大宣传以吸引众多投资者的目光。并且为扩大经营范围和提升经营能力，招揽各式各样的专业人员参与进来，不断创新其经营模式和犯罪手段，从而增加了侦查机关破获犯罪案件的难度。

3. 犯罪对象不明确，知识人群居多

由于网络金融对信息通信技术要求比传统金融要求严格，经营模式比传统金融更具创新性，使得二者在侵权模式和犯罪对象上有很大差异。传统金融犯罪主张单对单侵权模式，具有明显的指向性，并且众多受害者往往是在不知情下遭受到财产损失。而在网络金融犯罪中，更多的是单对多的侵权模式，具有不特定性，多数受害者往往具有一定的基本知识和基本技能。

4. 证据单一，以电子数据为主

互联网金融业务的开展以网络平台为基点，以非现实货币的形式进行各种交易，就连签订合同也是在线上进行，实现千里之外的个人之间的无障碍联通，但在赋予其极大便捷性的同时，其局限性也随之显现，完全的网络线上通信限制了证据的多样性，使得实践中侦查机关主要以电子数据作为侦破案件的关键。

二、涉及互联网金融的典型犯罪

所谓的互联网金融的犯罪，可以延伸为利用移动通信等电子工具实施的相关网络金融的犯罪和在网络金融领域中实施违反刑法，破坏金融秩序的行为。[1] 在网络金融领域中实施的犯罪更符合目前我们研究的实际情况，从这个层面出发，探讨司法实践中常见的犯罪类型。

---

[1] 陈林：“互联网金融发展与监管研究”，载《南方金融》2013 年第 11 期。

（一）涉嫌诈骗类犯罪

1. 涉嫌集资诈骗罪

依据《刑法》第192条，在互联网领域实施的有关金融诈骗的行为，首先应分析行为人的主观意图，是否通过实施融资诈骗行为从而将他人财产据为己有，再者携带巨款出逃用于个人挥霍来认定是否构成集资诈骗罪。

例如在2016年的"中晋案"中，该公司以各种虚假方式开展虚假业务、假意承诺高利润收益，以获取投资金。[1] 纵观此案，行为人为了将他人财物据为己有，通过对受害者进行各种利诱哄骗，使受害者完全相信项目的"高收益"陷阱，从而将自身的财产全部用于"投资"，进而将受害者的财物收入囊中。根据该《解释》第4条第2款，"采用欺诈方法非法筹资，可以认定为'非法占有'。肆意挥霍集资，致使无法返还；……"，本案中，该公司采用虚构事实，隐瞒真相的方式向不特定公众集资，明知无法履行高利润收益却依旧宣传项目，并且就已经筹集到的款项用于个人消费。至此，判定触犯集资诈骗罪符合法律规定。

2. 涉嫌信用卡诈骗罪

《刑法》第196条对信用卡诈骗罪的表现形式作出了明确规定。实践中大多数信用卡诈骗罪都触及个人信息类犯罪，行为人通过各种非法方式获取受害者的各类信息，以及对受害者的电脑进行黑客攻击来获取个人信息，利用其在网上进行交易活动，非法获取受害者的个人金融信息或直接复制使用他人的信用卡信息，而这些行为通常在受害者无法察觉的情况下实施，利用网络平台操作进行消费和转账，从而将他人财物据为己有。还有通过线上网络平台冒用他人信用卡的，而且进行无卡诈骗的行为也屡见不鲜。其中网络平台通过充值信用卡致使借贷人无法按时返还本息，导致存在恶意透支的法律风险而涉嫌信用卡诈骗罪。

（二）涉嫌非法吸收公众存款罪

非法吸收公众存款罪条款置于我国《刑法》第176条，其认定一般考虑四个条件：首先是未经批准以法律形式吸收资金，其次是通过各种途径使公众知晓，再次是承诺公众一定期限内会有回报，最后是吸收公众资金。

---

〔1〕　陈鹏鹏、王周："集资诈骗罪的认定问题"，载《西南政法大学学报》2012年第14期。

例如，从 2014 年 7 月至 2015 年 12 月初，在"e 租宝"的案例中，它以高利息为诱饵，开展了大量虚假项目，非法吸纳了大量公共资金，交易资金达 100 亿元。事发后查明，"e 租宝"实际吸收了 500 多亿元资金，涉及的 80 多万投资人员全部落入法网。到此，辉煌一时的网络借贷公司轰然倒闭，其控股人丁某，也因涉嫌集资诈骗、非法吸收公众存款等犯罪被追究刑事责任。

非法吸收公众存款罪是指行为人仅仅做出非法吸收资金的行为，造成了扰乱金融秩序的结果，即可成立犯罪既遂上述的四个要件，给互联网金融活动设置了四条底线。首先是不法性，即网络平台吸纳资金不符合法律规定。我国近几年来互联网事业飞速发展，但相应的法律规范没有跟上该行业的发展速度，对其进行规范的法律很少，所以该行业的发展并不规范，只有极少数公司获得相应授权如支付宝等，其他平台一旦实施相关行为就被认为具有不法性。其次是公开性，即互联网作为新兴的信息传播方式，传播速度极快，传播范围极广，因此可在全国范围内传播。之后是利益性，互联网传播方式往往许诺了公众极高的利润回报。最后是广泛性，由于互联网的高速广泛传播，使得在全国范围内进行吸收公众资金成为可能。

互联网金融涉及非法吸收公众存款突出体现在个体网络借贷即 P2P 网络借贷中。个体网络借贷，是个体和个体之间通过互联网平台实现的直接借贷。合法的个体网络借贷应符合两个条件：第一，中介性质。P2P 平台仅仅为投资方和融资方提供信息交互、撮合、资信评估等中介服务，不得非法集资。第二，坚持客户资金第三方存管制度。现实经济生活中正在运作的 P2P 平台分为两种：一种是该平台严格依法运营，仅提供民间借贷的信息中介服务，并不形成"资金池"，不直接操纵客户资金，而是采用资金托管的方式，将客户资金交给第三方托管。这种运作模式因为不介入资金吸纳和投资的交易过程，行为性质是居间服务，不可能构成非法吸收客户资金。另外一种是设立投资平台，向社会公众推广其 P2P 信贷模式，通过互联网、电话和投资人团伙诱惑投资人进行投资，吸收资金后形成"资金池"，再以投资名义向借款人出借贷款，将吸收的客户资金投向房产、信用贷款、企业经营贷款等。在这种情形下，行为人未采取客户资金第三方托管的形式，违反国家融资管理的法律、法规的规定，未取得金融机构许可证即吸收、截留客户资金，并直接运用通过一对一的借款吸收来的客户资金，打包或拆包后进行投资、信贷活动，其行为扰乱了金融市场，具有违法性，构成非法吸收公众存款罪。

在实践中，以发行私募基金的形式融资的是否构成本罪，有时难以判断。根据法律秩序统一性原理的需求，金融犯罪一定要以违反金融管理法规为前提。就融资行为而言，只要资金管理人没有违反《证券投资基金法》《私募投资基金监督管理暂行办法》的相关规定，其募集资金的行为就是合法的，成立犯罪的前提就不存在。将符合金融法规的行为认定为犯罪，势必阻碍金融创新，且容易导致错案发生。如果融资行为不是针对特定的合格投资者，而是向社会公众即社会不特定对象吸收资金的，该私募基金销售行为构成非法吸收公众存款罪。

（三）涉嫌洗钱罪

国家监管机构因网络金融模式固有的隐蔽、便捷、不可捉摸等特点以及法律法规滞后，技术手段落后等原因无法对网络金融进行适时有效的监督，致使各类洗钱违法犯罪行为在网络平台上肆意猖獗。比如支付宝、余额宝等应用就是通过实名身份证注册，银行卡与平台对接实现资金流通等规定从资金流转的前置措施来遏制洗钱行为。但是，更多的互联网平台为了提高平台普及率，利用存在网络平台准入规定不严谨，行业自律准则不严格等漏洞，对投资者的身份审查流于形式，致使平台内运转的资金性质混乱，核查难度大，再加上网络平台只要求资金提现额度而不限制网络消费，赃款先通过线上消费等方式转入正常流通渠道，再经过网上转账，自助提现等方法流出，这种操作模式不仅使得资金运转流程更加难以捉摸，在一定程度上也为现实打击洗钱犯罪增加了侦查成本。

互联网金融平台洗钱就是将涉案资金利用网络金融的隐蔽、便捷通过转为网络通行货币、网络消费、购买保险基金等方式，使资金在各个账户各个金融平台之间流转以达到洗白的目的。由于网络金融平台较传统金融更加快捷、简便，不仅很大程度上提升了司法侦查难度，使得涉案资金更为"安全"，同时也使得更多的违法犯罪分子选择网络平台实施犯罪，促使更多的违法资金流在网络上肆意流窜。

三、互联网金融犯罪的规制建议

对于网络金融犯罪，现阶段没有明确具体的刑法条文规定，实践中涉及相关犯罪只能按照传统金融犯罪认定，相关法律规定主要分布在《刑法》第三章第四节破坏财务管理秩序罪和第五节金融诈骗罪。如今随着互联网金融犯罪的高频发生以及法律法规的不完善，对互联网金融犯罪的规制需要采取新的措施。

（一）遵循刑法的谦抑性原则

谦抑指的是减少或压缩。刑法的谦抑性是指立法者应使用最低限度的开支，少用或不用惩罚，

以最大限度地达到有效防止和抵制犯罪的目的。[1]刑法谦抑的内容体现在刑法的局限性、必要性和宽容性。局限性是指限制刑法的范围和处罚的使用范围；必要性是指刑法对某一行为不得作出规定，在关键时刻可以适用从重处罚。宽容性的内涵在于刑法应体现人道主义精神，并尽可能地使用宽大宽松的惩罚手段。对于网络金融犯罪而言，尽可能地让刑法的介入处于程序和救济的最后一个环节，优先利用民事、行政法律法规进行调整并且在政策层面及时加以引导。如果直接运用刑事手段对互联网金融进行干预，不仅会造成刑罚的滥用，无法降低犯罪风险，还会打击互联网金融的发展创新。因此，在刑法规制互联网金融犯罪中遵循谦抑性原则是非常重要的。

（二）及时出台相关犯罪的刑法修正案和刑法解释

互联网金融业态借助互联网平台不断发展和创新形成了各式各样的产品和服务，由于其自身的发展特点，一旦发生风险，传播速度极快。作为我国法律体系中重要的部门法，刑法需要保持一定的稳定性，不能随意地对刑法条款进行修改和删减，面对实践中犯罪分子在网络金融领域实施的各类违法犯罪行为，加快出台相关犯罪的司法解释和指导案例十分必要。这样可以更加细化地解读和分析互联网金融犯罪，并且也符合在尽可能小的限度内破坏刑法稳定性的初衷，还进一步加强了对网络金融犯罪的防范。

（三）适当增加涉及互联网金融犯罪的入罪条件

如果说出台相关刑法修正案和司法解释是从立法有无的角度对网络金融犯罪进行规制，那么提高其入罪门槛则是从犯罪程度上对其进行规制。实践中网络金融存在的犯罪风险主要是非法吸收公众存款罪和集资诈骗罪。先就前者而言，其入罪标准分别情形分别对待：一种是欺诈，另一种是以高于公

---

〔1〕 张明楷："论刑法的谦抑"，载《法商研究》1995 年第 4 期。

司利润率的回报率吸收资金。因此，对本罪应完善相关的司法解释，在构成要件中合理限制公众的范围和资金的使用，提高入罪门槛，调整和限制犯罪的适用范围。再就后者而言，"非法占有目的"是集资诈骗罪的主观构成要件，在利用网络金融平台非法筹集资金时，对确定是否存在"非法占有目的"必须慎重，同时对"非法占有的目的"应进一步加以限制，以限定集资诈骗罪的适用范围。此外，还要对筹集到的资金"不退还"的原因和筹集资金的用途所占的比例进行限定。必要地提高刑法中某些犯罪的入罪标准和保持适当的宽容性，有利于互联网金融业的不断发展和创新。

（四）加大打击网络金融犯罪的力度

要进一步打击网络金融犯罪不仅离不开科学的刑事政策，还要树立依靠国家机关明确指挥方向、政府部门协调行动步伐、群众坚决抵制犯罪的全方位打击战略，以此来规避犯罪行为。再者运用舆论和社会媒体的力量，适时地向公众公开涉及案件的受理情况和处理结果，提醒公众认清事实真相，减轻危害。再次，还应建立健全网络金融风险预测机制，深入分析网络金融犯罪风险，努力寻找对策，加大对网络金融犯罪的打击力度，维护社会秩序。最后，通过典型案例发布鼓励不法人员改过自新。

四、互联网金融犯罪风险的防控

对于互联网金融犯罪风险的防控，从国内外进行比较和研究。

国外的互联网金融发展与创新相对于国内较为先进和成熟，衍生出多种多样的网络金融业态模式，例如网络数据下的金融通信机构、众筹以及网络借贷。针对众多的业务形态国家监管部门进行系统化的监督和管理，建立了一套完备有效的监管体系。不仅如此，有些国家和地区甚至还出台了一系列的司法判例，比如美国和英国，为进一步打击网络金融犯罪提供基础，为网络金融的发展和创新提供了广阔的发展空间。

现阶段国内主要通过行政监管和刑法规制两种方式增强对网络金融业务的监管，具体来说，前者通过政府部门颁布的相关行政法律法规对金融行业进行管理和监控，后者通过刑法的严厉性对网络金融犯罪行为进行打击。虽然政府部门的行政监管和国家强制力下的刑法规制在打击互联网金融犯罪领域发挥的作用不可小觑，但是也不能忽视行业自律的作用，在实践中要依据市场经济的规律和特点，重视行业内部的自我规范、自我管理和自我监督。综合审视当前我国互联网金融的监管模式和发展现状，应清晰认识到建立以行业自律为基本要求、行政监管为关键基点、刑法规制为最后屏障的交叉监管体系的必要性。通过"三步走"路径交叉监管、协同监管规制网络金融行业中的违法犯罪行为，从而更好地发展互联网金融。

互联网金融目前仍处于发展初级阶段，随着社会经济的发展和科技的进步，未来的一段时间内势必会涌现出各式各样的犯罪风险，继而出现新型的犯罪手段。因此，对互联网金融犯罪进行刑法规制，与时俱进，才能在司法实践中准确打击互联网金融犯罪，维护金融秩序和规范发展创新。

第三节　网络著作权犯罪

由于网络的普及，在网络上信息的发表、传播变得频繁，网络著作权侵权的现象频频发生，著作权侵权的方式在不断发生变化，侵犯网络著作权带来的法益侵害也在逐渐加重。但是现行相关法律对网络著作权侵权的保护力度有限，许多侵权案件的处理缺乏法律根据，使得很多侵权行为得不到法律的及时追究，构成犯罪的，也及时逃脱了法网，损害了权利人的利益。在这种情形下，要求网络著作权的刑法保护的呼声也越来越大，要求相关的刑事立法与时俱进，不断加强对著作权的保护。

一、我国网络著作权侵权评估

（一）网络著作权侵权行为及其表现形式

网络著作权侵权行为是行为人在网络上没有经过著作权人的同意，又没有其他合理的理由，而私自使用著作权人的作品的行为[1]。鉴于这种侵权行为的特殊性，将其划分为网络著作权直接侵权行为和网络著作权间接侵权行为有重要意义。网络著作权容易被侵害，是因为网络著作权的侵害形式呈现出多样化。目前我国立法中尚无如此之分类，但是著作权理论和司法实践却比较关注。

---

〔1〕　刘春霖："论网络著作权侵权行为的构成要件"，载《河北法学》2009 年第 2 期。

网络著作权的直接侵权行为是没有经过网络著作权人的同意而直接实行了由专有权利控制还没有法律规定的合理的可以免除责任的事由的行为，这样的事由包括合乎情理的使用、法律规定的许可等，各国法律都未把侵权行为人的主观过错纳入侵权的构成要件，认为它影响的只是直接侵权人承担损害赔偿的数额。而间接侵权行为是在知道这种行为会侵犯著作权人的法益，还引导、促使、实质性地对他人的侵权行为进行帮助，这种行为包括引诱他人侵权和帮助他人侵权。间接侵权行为的构成要件包括了直接侵权所没有的行为人主观上存在过错，网络连接服务提供商所用的侵权方式就是间接侵权。

网络著作权的侵权形态，随着网络的普及和互联网技术的不断进步，形态也在不断发生变化。现阶段的网络著作权的侵权形态可以概括为：（1）下载网络的原创作品。在著作权人不知情的情况下，私自下载他人的网络作品，这种行为很容易构成侵权；（2）网站间的转载和链接。链接连接了无数个网页，网站制作完成之后，成为一个产品，通过链接连接起来。网站之间的深度链接行为极有可能构成侵权。（3）在网络上传播传统作品。传统作品的作者通过网络向社会推广自己的传统作品同时也能获取一定的报酬，这是传统作品的作者所享有的传播权。没有经过著作权人的许可，私自在网络上传播他人的作品而且拒不支付著作权人报酬的行为也极有可能构成侵权。（4）与数据库侵权纠纷案相关。从1998年网威公司侵权事件就可以得知在那个时期就已经有通过这种方式侵犯著作权人的网络著作权行为。

（二）网络著作权侵权行为的特点

随着技术的不断发展，著作权的内涵和范围一直在不断扩充和增加。正是因为产生了印刷术，现代化的版权才能实现。随着数字网络技术的不断发展和进步，著作权存在的方式和传播的途径发生了巨大变化。再加上网络自身的特点，使得网络著作权侵权与一般的侵权相比具有其自身的特点。

一是网络著作权侵权行为具有无形性。智力成果是无形的，需要借助有形的物质才能表现出来，并且这些著作权的侵害行为都是用有形的行为表现出来的，例如盗版著作权人出版的书籍、光碟等。然而在网络中，所有的资源都是通过转换成的二进制编码进行表现的。网络著作权具有的无形性和网络作品信息的本质都体现了他人没有经过著作权人的同意私自使用著作权人的作品并不影响著作权人正常使用自己的作品。这种无形性使得在网络中发生侵害著作权行为的认定极为困难，不能有效地对著作权人的利益进行保护，导致著作权人遭受巨大损失。

二是网络著作权侵权行为没有地域之分。网络没有地域限制的这个特点，使得网络用户能迅速和有效地获取信息资源，为网络用户提供了极大的便利。不仅能在本国范围内查询信息，就连全世界范围内的信息也能迅速地获取。但与此同时，一旦在网络里发生侵害著作权的行为，这个行为也会迅速扩散到各地，而被侵害的著作权人的作品也会传播到世界各地，给著作权人造成不可挽回的损失。这个特点使得在网络侵害著作权的行为很难在地域上进行认定，不能准确及时地被把握住。

三是网络著作权侵权行为具有虚拟性。数字网络的虚拟性，使得网络用户在网上使用着与现实生活不一致的身份进行信息交流、传播，导致许多著作权人在网络上发表自己的作品时不使用真名进行署名，甚至不署名。如果一旦发生侵权事件，著作权人难以证明被侵权的是自己的作品，从而得不到法律的保护，使自己蒙受很大损失。而对侵权行为人来说，由于身份的虚假，导致追究真正的侵权人的身份变得极为困难，使侵权行为人难以及时受到法律的惩处。

四是网络著作权侵权的可接受度高。在现实生活中，侵害著作权人的事件，如传播盗版书籍、光碟、录音录像带，这种行为会受到人们的鄙视，遭受舆论的谴责，遭到法律的处罚，人们对此敬而远之。但是在网络中发生侵害著作权的行为，人们却不以为然。有时网络用户在网络上找不到自己想要的作品信息，会产生希望发生侵害著作权的行为，以此能享受到侵权带来的额外的益处，甚至在不自觉的情况下走上侵权的道路。

(三) 网络著作权侵权产生的原因

随着网络信息技术的出现，著作权的形式也发生了更新，自然而然出现了网络著作权。在网络环境中侵犯著作权的行为时有发生，造成的法益侵害愈来愈严重。探究网络著作权产生的原因，不外乎受到这几个方面的影响：一是网络信息技术的传播，使得人人都能上网，为发表自己看法、观点和作品提供了一个平台，也导致在网络上侵害著作权的行为频繁发生。二是巨大的利润诱惑，使得侵权行为人不顾违法的后果，肆意侵害著作权人的利益。三是人们权利意识淡薄，不会用法律来维护自己的合法权益。四是没有健全的网络监督系统。许多侵权行为人利用各种方式逃避网络监管者的监督管理，进行侵犯著作权的行为，获取巨大的非法利润，这正是因为网络监督系统不健全，许多侵权行为监察不到，给了侵权行为人可乘之机。五是相关的立法不完善，现阶段保护网络著作权的法律主要是《著作权法》和《最高人民法院关于审理涉及计算机网络著作权纠纷案件运用法律若干问题的解释》，但是，它们仍有不足的地方，比如没有形成相应的法律体系，相应的概念比较模糊，没有进行明确解释，等等。这些不完善的地方会使侵权行为人找到漏洞，继续进行侵权行为，给著作权人身心造成巨大伤害，侵害了著作权人的权益。

（四）侵害网络著作权法益的表现

网络中侵害著作权的行为，不仅会直接侵害到权利人的利益，还会对第三人造成一定的侵害，更严重的还会侵害到社会秩序，下面就这几个方面进行分析。

1. 对权利人法益的侵害

著作权分为著作人身权和著作财产权，网络中侵害著作权的行为不仅会对权利人的著作财产权造成侵害，还会侵害权利人的著作人身权。在网络中侵害人通过对网络信息的传播、歪曲，严重打击了著作权人的创作积极性，致使权利人对网络平台的信赖不断降低，对相关的法律条文的不信赖感加深，为了挽回损失，满足自己的报复心，权利人也可能走上侵害其他权利人利益的道路。网络中侵害著作权的行为还对权利人的尊严、名声造成了极大地损坏，侵害了权利人的其他合法权利。

2. 对第三人法益的侵害

由于网络具有虚拟性，网络信息的可复制性、易传播性、易修改性，使得许多信息在传播的过程中被歪曲、修改。许多用户在不知道的情况下得到了错误的信息，破坏了信息资源的真实性，使得大量的用户因得到了错误的信息而对网络信息产生了不信赖，造成了用户的恐慌，不利于信息在网络的传播。而当大量的虚假信息资源充斥网络时，人们就会因对网络资源怀疑而不知所措，这些都损害了网络用户的利益，造成对他们法益的侵害。

3. 对社会秩序造成的法益侵害

网络中侵害著作权的行为，侵害了权利人和网络用户的利益，导致他们对网络的不信赖加深，引起网络秩序的混乱。在网络中，各种虚假的信息满天飞，一个真实的信息周围围绕了许多虚假的信息，使得人们对于真实和虚假的判断变得极为困难，而那些错误的信息的传播会导致人们的认识发生错误，引起错误的舆论，对社会秩序的安定造成了很大威胁。

二、网络著作权刑法保护中存在的问题

（一）现有的关于网络著作权保护的法律规定存在欠缺

许多法官在审理案件的时候仍沿用原来的侵犯著作权罪来审理案件，这种做法已不合时宜。虽然我国现阶段对网络著作权保护方面的规定比较少，主要就是《信息网络传播权条例》和《最高人民法院关于审理侵害信息网络传播权民事纠纷案件适用法律若干问题的规定》。网络著作权的刑法保护还没有针对性的规定。现在在保护网络著作权的过程中出现了许多仍沿用原来的侵犯著作权的罪名来定罪的问题。随着时代的变化，侵犯著作权的方式也在发生变化，尤其网络技术的发展，在网络上侵犯著作权的行为不断在增加，根据刑法中的罪刑相适应原则，犯了什么罪，就应适用什么样的罪名，这样所受的刑罚也较为合理。因此应该在新情况下不断增设新罪名，使得罪名和所受刑罚相一致。

（二）在网络环境下没有明确的知识产权案件移送标准

对于侵犯著作权罪以及如何确定违法所得的金额，最高人民法院、最高人民检察院在《关于办理侵犯知识产权刑事案件具体应用法律若干问题的解释》（"两院解释"）中提出了三种计算方法予以计算。但是在现实生活中，运用这些计算方法计算出的侵权数额却非常不一样，况且在网络环境里侵害网络著作权获得收益的方式很多，计算起来更加困难，认定的时候会有很大分歧。关于通过信息网络传播侵权作品的行为的定罪处罚，2011 年 1 月 10 日最高人民法院、最高人民检察院、公安部印发的《关于办理侵犯知识产权刑事案件适用法律若干问题的意见》里把非法经营所得的数额、所侵权作品的数量、侵权作品的实际点击数及注册会员数量列入了其他严重情况的情形中。这四种定罪标准起点一致，没有谁先谁后之分，它们经常互为补充，同时使用的情况比较多。其中的侵权作品实际的点击数和会员的注册数量是针对在网络中侵犯著作权的新的定罪标准，是立法机关对网络著作权侵权行为的积

极应对，体现了立法机关及时适应变幻的网络环境。但是在司法实践中，司法机关在处理案件时仍选择使用非法经营所得额和侵权作品的数量进行定罪，而不适用司法解释的定罪标准。这说明司法机关对新出现的定罪标准没有很接受。司法机关尚且如此，更何况行政执法机关。对于新的司法解释，执法机关还没有能够适应要求。加之国务院颁布的案件移送标准，前提是需要行政执法机关准确判断在网络环境下是否构成知识产权犯罪，限于执法水平，对行政执法人员来说，实施起来倍感困难。

（三）以营利为目的要件不合时宜

根据我国现行刑法条文可知，构成相关犯罪的构成要件里包括以营利为目的。但是随着信息网络技术的发展，以营利为目的已比较少见。许多网络用户发生侵权的原因只是单单想在网络中分享、炫耀，这种行为虽没有以营利为目的，却实实在在在损害了著作权人的法益。所以应该取消"以营利为目的"这一构成要件。

三、网络著作权刑法保护现状分析

（一）我国制定了相关法律、法规来规定刑法对著作权的保护

我国在 2000 年 12 月 28 日全国人大常委会通过了《关于维护互联网安全的决定》，其中明确规定了通过网络侵犯他人知识产权，属于犯罪行为。这是我国首次明确对网络著作权进行刑法意义上的保护。然后又在 2001 年对著作权法进行了修订，为了适应社会的不断发展，增加了信息网络传播权，进一步对网络著作权进行刑法保护。在修改后的著作权法里对信息网络传播权进行了明确规定，认为构成该罪的侵权行为包括：没有经过著作权人的同意，直接通过信息网络对网络用户传播著作权人的作品等；通过各种方式对著作权人为自己作品设置的技术措施进行侵害；故意删除或者改变作品、录音录像制品等的权利管理电子信息的。另有两个涉及网络著作权刑事保护的行政法规，即 2002 年 1 月 1 日起生效的《计算机软件保护条例》和 2006 年 7 月 1日实施的《信息网络传播权保护条例》。前一个条例明确了计算机软件著作权人的合法权益，在对计算机软件刑事保护方面采取了和《著作权法》第 47 条同样的表述。后一个条例对软件以外的著作权及其邻接权作品、制品实施保

护，详细规定了对著作权人、表演者和录音录像制作者的信息网络传播权的保护，列举了可能构成犯罪的侵权行为，明确了利用互联网侵犯著作权行为的刑事责任。

（二）制定专门的司法解释对著作权加以保护

2004 年 12 月 8 日，最高人民法院和最高人民检察院通过了《关于办理侵犯知识产权刑事案件具体应用法律若干问题的解释》（简称《知识产权案件刑事解释（一）》），在 2007 年 4 月 5 日，最高人民法院、最高人民检察院又公布了《关于办理侵犯知识产权刑事案件具体应用法律若干问题的解释（二）》（简称《知识产权案件刑事解释（二）》），对前一司法解释进行了补充和完善。这两个司法解释涉及网络著作权刑法保护的内容。《知识产权案件刑事解释（一）》规定：通过信息网络向公众传播他人文字作品、音乐、电影、电视、录像作品、计算机软件及其他作品的行为，应当视为刑法第 217 条规定的"复制发行"；并以侵权品的制售数量作为可选择的定罪量刑标准。这些规定对于刑法保护网络著作权，指导司法实践意义重大。2005 年 10 月 13 日，最高人民法院和最高人民检察院下发了《关于办理侵犯著作权刑事案件中涉及录音、录像制品有关问题的批复》，该批复认定：未经录音录像制作者许可，通过信息网络传播其制作的录音录像制品的，应当视为刑法第 217 条第（3）项规定的"复制发行"，还明确了录音录像制品的数量标准的法律适用问题。

（三）在执法方面制定了相应的措施

首先确立了网络著作权的犯罪案件移送机制，目前有关著作权执法衔接的规范性文件不断出台，使得执法过程有法可依，能更好地进行执法。其次不断完善网络著作权证据搜集机制，注重执法过程中证据的保全。最后对刑法和著作权法衔接机制进行监督，以形成网络著作权行政保护和刑法保护的合力。

四、网络著作权刑法保护的范围和措施

对于在网络中侵犯著作权的行为，用民法和行政法救济达不到有效救济，这两部法律保护力度不够，只能靠刑法作为最后一道屏障，但刑法中又存在

种种不足，需要不断进行完善。

（一）增设新罪名

加强有关著作权刑法保护力度，使法律法规更加明确，实施更具操作性，以便执法过程中有法可依。第一，加强对著作人身权进行保护。在现实生活中侵害著作权的行为所造成的人身权损害要比财产权损害严重，但是人们往往对著作人身权的损害视而不见。这是因为具体的法律条文并没有对著作人身权进行保护，才会造成人们的普遍忽视。著作权可以分成著作财产权和著作人身权，在刑法上对著作财产权的保护包括了复制权、发行权和出版权，而对著作人身权的保护只限于美术作品的署名权。所以加强著作人身权的保护很有必要，也有利于对权利人的法益进行保护，有利于社会的发展。第二，在刑法中加强对网络著作权的保护。当今时代在网络上发表自己的作品、言论已成为一种趋势，随着这种趋势的大众化，我国家应该加大对这方面的保护，在刑法上加大对侵犯网络著作权的惩处力度。网络技术在不断发展，相关的法律也应该不断完善，增设"侵犯网络著作权罪"这样的新罪名，不能在新的侵权方式不断发生的情况下还沿用原来的侵犯著作权的处罚方式，而不适用有关的保护网络著作权的条例。按照我国的罪刑相适应原则，这样使用原来的侵犯著作权的方式来处罚网络著作权侵权行为显得不合时宜。所以应该适用准确的罪名对网络著作权侵权行为进行处罚。虽然现阶段我国针对网络著作权保护的法律条文不多，且规定的内容也不全面，但是这已经是立法上的一大进步，也可以给侵犯网络著作权的行为提供法律依据，让这种行为有合适的罪名来定罪。我国针对网络著作权的保护主要体现在对信息网络传播权的保护，而对其他用技术性手段侵犯网络著作权软件的行为规定不足，故需要增设一些这方面的罪名，除此之外国家应该针对网络著作权的侵权行为制定一些更明确，更完善的法律条文，使得网络著作权受到全方位的保护。

（二）取消"营利目的"要件

随着网络著作的广为出现，不以营利为目的的网络著作权侵权行为出现得越来越频繁。由于网络的公开性和便捷性，使得侵害著作权的行为后果更加严重。随着网络的不断发展，侵权行为只需要轻轻一点鼠标就能够完成，不需要再通过一系列繁琐的步骤来完成。有时候侵权行为不具有营利的目的，只是想在网络分享一下。这样的行为虽没有进行营利，却在无形中损害了著作权人的利益，对著作权人的法益造成了侵害。在网络环境下，这种不以营利为目的的侵权行为比以营利为目的的侵权行为更多，但是刑法中规定著作权犯罪的时候，规定了主观要件需要有以营利为目的，这样就使得这种不以营利为目的的网络侵权行为逃脱了法律的制裁。所以，随着时代的发展，应该取消以营利为目的这个主观要件，把不以营利为目的的侵权行为纳入著作权犯罪范畴，以便更全面地打击侵害网络著作权的违法犯罪。

（三）扩大实行行为

随着网络的快速发展，网络著作权的侵权方式也在快速地变化，相应的刑法却跟不上时代的潮流，具有一定的滞后性。但是，刑法也不能一直朝令夕改，这样就不具有稳定性。所以针对网络著作权的侵害行为应该做扩大解释，以适应不断发展变化的网络环境。其实就如复制、发行行为现实中已经出现了扩张，刑法应该对这些行为做具体解释，将其纳入刑法规范的范畴。但是有关发行这个词来说，著作权法与刑法的解释不同，刑法在第 217 条规定得比较狭窄，规定了发行行为是只指第一次销售，而在著作权法中发行行为还包括除第一次之外的销售，它们之所以不同，是因为刑法条文需要衔接，为了衔接刑法第 218 条的销售侵权复制品罪，所以导致了发行概念的狭隘。这需要刑法对相关的法律概念进行扩大解释，以不断适应新型的侵权行为，使这些侵权行为不会逃脱刑法的制裁。

（四）对帮助行为进行更完善的立法规定

《刑法修正案（九）》中规定了一系列惩罚帮助犯的罪名，如第 286 条之一的拒不履行信息网络安全管理义务罪，还有 287 条之一的帮助信息网络犯罪活动罪。虽然这些条文体现了刑法对打击帮助犯的重视，但是规定的内容仍有些狭隘，使得一些行为未能被法律调整。这些法条里犯罪主观构成要件需要为明知，而在现实生活中许多网络服务提供者并不知道上传的作品是复制他人的，只是对他人作用的名称修改后即上传的侵权作品。这时网络服务提供者并没有意识到这些作品是侵权的，只是感觉这些作品有些问题，但是为了网站更好地运行，他们视而不见，这样的行为使得侵权行为增加。所以应该把条文中的明知改为明知或应知，以弥补立法上的不足。其实，这样可以避免行为人在案件查处过程中进行狡辩，导致案件查处无所适从。

第十三章
CHAPTER 13 侵犯公民人身权利若干犯罪研究

第一节　故意杀人罪

我国刑法中的故意杀人罪，是指故意非法剥夺他人生命的行为。在多数国家的刑法中对这种犯罪规定得相当繁琐，有谋杀、故杀、杀婴、毒杀、杀害尊亲属等罪名。美国刑法还有一级谋杀、二级谋杀等细化的罪名。中国刑法采取将复杂问题简单化的态度，只规定了故意杀人罪，罪名的简化是以增大法定刑幅度为代价的，立法上难以因罪配刑，罪状和法定刑之间不协调。所以，惩治杀人行为的罪名过少带来的风险是难以避免司法实务中量刑的畸轻畸重现象，应当注意并加以防范。

一、保护法益

本罪侵害的法益是他人的生命权。刑法对生命法益采取绝对保护原则，任何自然人的生命都应当受到法律的保护，因此，故意杀人罪是刑法中最严重的一种犯罪。正常人或生理与心理有缺陷者、年长者或年幼者、病患者或生命力较强者均受刑法的平等保护，这在世界各国宪法中都有相应规定。

本罪的行为对象是自然人。人死亡后的尸体、尚未出生的胎儿不是故意杀人罪的对象。同时，我国刑法并不承认自杀是犯罪，所以这里的人应当是行为者以外的人。

杀害行为必须针对生命处于存续期间的人，才能成立本罪既遂。人的生命进程存在一个始期和终期，人的生命始于出生，终于死亡。至于出生和死亡的标准，刑法和民事法律的界定不完全相同，包括我国在内的世界各国的刑法都没有作出明文规定。

（一）自然人的出生

关于自然人出生的标准，刑法理论上有阵痛说、部分露出说、全部露出说、断带说、发生说、独立呼吸说等各种各样的学说。独立呼吸说强调胎儿从胎盘呼吸转为利用自己的肺呼吸就是生命的开始。[1]由于阵痛说、部分露出说难以把握，我国多数刑法学者主张"独立呼吸说"作为一个个体生命开始的标准，也被刑事司法实务所采纳。但目前这一学说也受到了质疑，[2]认为这种说法不够合理，认为有必要在现在占通说地位的独立呼吸说的基础上将人出生的时间适度提前。但是，婴儿在被排出母体，露出一部分时即使认定为人，如果没有独立生存可能性，也难以成为故意杀人罪的对象，因此这个问题值得深入探讨。

（二）自然人的死亡

关于自然人的死亡标准，有"呼吸停止说""心脏停止说"和"脑死亡说"等学说。

在 20 世纪 60 年代之前，世界各国医学和法律上都是把呼吸、心跳停止作为宣告人已死亡的标准（心脏死亡）。但是，最近几十年来，在医学上发现，"脉搏停止"后人还可以经抢救存活，而"心脏停止"经抢救也可以恢复生命，甚至借助于心脏移植或者人工心脏等手术，生命还可以延续。而脑死亡则有不可逆性，目前尚未发现脑死亡后生命继续得以延续的病例。随着医学的发展，脑死亡也具有明确的认定标准，比如脑电图呈平直线、脑干反射消失等。医学的这种发展在立法上，有些国家，如法国、西班牙、瑞士、日本等国在立法上已经开始承认脑死亡。我国刑事司法实务中也是采取脑死亡作为判断死亡的标准。[3]但是，脑死亡作为死亡标准还没有进入法律。另外要注意的是，植物人不是脑死亡，植物人是大脑的某一部位出现了问题，但大脑并没有死亡。

---

〔1〕 ［日］大塚仁、福田平编：《刑法各论》，青林书院 1996 年版，第 11 页。

〔2〕 高铭暄主编：《新编中国刑法学》（下册），中国人民大学出版社 1998 年版，第 682 页。

〔3〕 最高人民法院中国应用法学研究所编：《人民法院案例选（刑事卷）》（1992~1996 年合订本），人民法院出版社 1997 年版，第 314~318 页。

二、客观要件

本罪在客观方面表现为杀害他人，非法剥夺他人生命权的行为。

故意杀人罪客观要件行为表现为两个方面。

首先，行为人有剥夺他人生命的行为。这种行为包括作为和不作为两种方式。当然，本罪一般是作为形式。如用拳头击打受害人，刺杀，毒杀，射杀等。这种作为可能是是有形的、物理上的方法，也可能是无形的、心理的方法，例如，对被害人施加精神折磨，给予被害人极大的精神刺激，使其休克死亡的。不作为方式杀人只限于那些负有防止死亡结果发生的特定义务的人才能构成，这种特定义务有三个来源：有的义务源于法律所作的规定；有些义务来源于人的职责；有些义务还来源于行为人的先前行为。

其次，剥夺他人生命的行为是非法行为。比如法警依法对死刑犯执行死刑，就是合法行为，正当防卫致不法侵害人死亡，也是合法行为。合法非法与否，其标准是法律的规定。

本罪的主体是一般主体，即年满 14 周岁、有刑事责任能力的自然人。

三、主观要件

故意杀人罪在主观方面是故意，既可以是直接故意，也可以是间接故意。行为人首先要对被害对象是人有所认识，对自己的行为会导致他人死亡的结果发生有所认识，还追求或者放任这种结果发生。犯罪动机可能是多种多样的，如报复杀人、图财害命、奸情杀人、基于义愤杀人。行为人的动机不影响定罪，但可能影响到量刑。至于实行行为和死亡结果之间具体的因果关系，不要求行为人认识；杀人过程中使用的凶器种类、凶器使用方法、打击被害人的部位、打击程度等，也不要求行为人认识。

四、故意杀人罪的认定

（一）直接故意杀人与间接故意杀人的界限

二者的区别在于主观方面心态不同。直接故意杀人是指行为人明知自己的行为会发生被害人死亡的结果，并希望这种结果的发生；而间接故意杀人是指行为人明知自己的行为可能会造成他人死亡的结果，而放任这种结果的发生。从认识因素上分析，直接故意杀人和间接故意杀人的行为人对自己的行为会造成他人死亡的结果都是明知的，但是行为人明知的程度有所不同，直接故意杀人的行为人对自己的行为会造成他人死亡结果的预见存在必然性和可能性两种，而间接故意杀人的行为人对自己的行为会造成他人死亡结果的预见则只能存在可能性一种。从意志因素上看，直接故意杀人和间接故意杀人的行为人对于发生被害人死亡的结果所持有的态度有很大的区别。直接故意杀人的行为人对被害人死亡结果的发生持希望的心理态度，而间接故意杀人的行为人对自己的行为会造成他人死亡结果的发生则持放任的态度。同时也反映出二者主观恶性有很大差别。

（二）关于自杀案件的定性处罚问题

自杀是自己结束自己生命的行为，如果行为人确实是出于自愿，其本身不构成犯罪。但由于引起、促成自杀的原因比较复杂，其中有的对他人的自杀应当承担刑事责任。因此处理自杀案件，应根据案件的不同情况，区别对待，分别处理。

1. 相约自杀案件的处理

相约自杀是指二人以上约定共同结束生命的行为。一般来说，我国刑法并没有规定自杀的刑事责任，所以对于自杀行为不存在犯罪问题。但是，在相约自杀未遂的情况下，是否对自杀未遂者以故意杀人罪论，颇值得研究。从实践中的案例来看，大致可以分为四种情况：

其一，相约自杀，各自实施自杀行为的，对自杀未遂者不能追究刑事责任。

其二，行为人教唆、帮助他人自杀，自己也同他人约定自杀，结果该人自杀未遂的，可以按照教唆、帮助他人自杀的情形处理，将这种教唆、帮助行为理解为借被害人之手杀死被害人的故意杀人行为。对教唆、帮助自杀的，应直接定故意杀人罪。

其三，行为人与他人相约共同自杀，但他人无勇气或无能力实施自杀，要求行为人先将其杀死再自杀；行为人将他人杀死之后，自杀未遂的，符合受嘱托杀人的特征，仍应以故意杀人罪论处。

其四，行为人以虚假的意思表示，假意与他人相约自杀，他人自杀而行为人未自杀的，符合诱骗他人自杀特征，应以故意杀人罪论处。

2. 致人自杀行为

即行为人所实施的某种行为引起他人自杀身亡。

其一，行为人的正当合法行为引起他人自杀的，不追究行为人的刑事责任。

其二，错误行为或者轻微违法行为引起他人自杀的，也不存在刑事责任问题。因为自杀主要是基于本人心胸狭隘或重大误解所致，故不能追究行为人的刑事责任。

其三，严重违法行为引起他人自杀身亡，将严重违法行为与引起他人自杀身亡的后果进行综合评价，达到了犯罪的法益侵害程度时，应当追究刑事责任。但因为行为人的行为并不直接指向他人的生命，所以不能认定为故意杀人罪。如诽谤他人，行为本身的情节并不严重，但引起他人自杀身亡，便可综合起来将该行为以诽谤罪论处。

其四，犯罪行为引起他人自杀身亡，但对自杀身亡结果不具有故意时，应按先前的行为定罪，从重处罚。例如，强奸妇女引起被害妇女自杀的，仍以强奸罪从重处罚。

（三）"见死不救"行为的定性

我国现行《刑法》中没有关于"见死不救"的规定，因此，"见死不救"不能作为一个独立的罪名，主要从行为人是否构成故意杀人罪的角度来考虑。"见死不救"主要是一种不作为的行为，不作为构成故意杀人罪只限于那些负有防止死亡结果发生的特定义务的人才能构成。那么，如何认定见死不救的行为？可以分为以下几种情况：

1. 医生"见死不救"

医生面对病人生命垂危而见死不救，是否构成故意杀人罪？因为医生负有救死扶伤的特定义务，如果故意拒绝抢救病人导致病人死亡，应该认定构成故意杀人罪，承担刑事责任。需要注意的是，因为医生负有救助义务，不作为源于他的职责，因此只有在工作期间，他才负有这种义务，如果在其他时间，医生的"见死不救"行为则另当别论。比如说，一名医生在旅游期间，遇到飞机上有一名乘客需要急救，如果这位医生拒绝对这名乘客抢救导致乘客死亡，尽管他具有医生的身份，但是，由于在工作时间以外，他不负有对病人救助的义务。因此，只能对这名医生进行道德上的谴责，而不能将他的行为认定为故意杀人罪。

2. 警察"见死不救"

警察的"见死不救"和被害人的死亡结果之间，并不存在直接联系，导致受害人死亡的直接原因是罪犯的行凶而不是警察的"见死不救"行为。所以，警察"见死不救"的行为并不直接指向被害人的生命，不能以故意杀人罪对警察定罪量刑。尽管警察"见死不救"中不救的行为没有直接产生被害人死亡的结果，但是却产生了犯罪没有被制止的后果。因为警察的职责是制止犯罪，但是犯罪却没有被制止，所以警察的行为是渎职行为。但具体是构成渎职罪中的玩忽职守罪还是滥用职权罪？从行为特征角度分析，警察是一种玩忽职守的行为，但是能否构成玩忽职守罪，还需要判断行为人的主观方面是否是过失。警察看到罪犯行凶而见死不救的主观方面，存在一定的故意成分。如果存在这种故意，警察的行为难以构成玩忽职守罪。由此看来，"见死不救"的行为并不必然构成故意杀人罪，根据行为指向的对象不同，构成何种罪名还难以认定。

（四）"安乐死"行为的定性

安乐死一般是对于身患绝症、濒临死亡、痛不欲生中的患者，根据其请求，使用医学手段，实施无痛苦并促使其迅速死亡的行为。对患者实施安乐死的医生或家人是否构成犯罪？国内外存在着激烈的争论。肯定者认为，一些病入膏肓并且身患绝症的病人，病人自身极度痛苦，对家庭在物质上和精神上的负担都很沉重，采用打针等方式加速这类患者的死亡，更符合人道主义的本质。人的生命长度重要，但生命的质量也同样重要。而且，由于是患者的请求，也不应对实施安乐死的医护人员或者患者家人追究刑事责任，否则就违反了刑罚的目的要求。反对实施安乐死的人的理由是，安乐死在伦理上难以被接受，安乐死的实施，可能被滥用，违背了患者继续治疗的意愿。

西方一些国家有将安乐死合法化的立法倾向。如荷兰、比利时、卢森堡、瑞士和美国的俄勒冈州、华盛顿州和蒙大拿州等地的立法已经将安乐死合法化。而奥地利、丹麦、法国、德国、匈牙利、挪威、斯洛伐克、西班牙、瑞典和瑞士等国家，则允许"被动"安乐死，即只准终止为延续个人生命而不采取任何治疗措施的消极做法。

尽管安乐死对于个人和社会具有一定的积极意义，但是由于安乐死合法化涉及医学、伦理学和法学的理论，还需要一系列制度的保证，所以我国立法尚未将安乐死合法化，目前也没有提到立法的议事日程，属于一个学术问题，但安乐死的积极意义不可忽视。司法实践中，对积极安乐死的行为实施者，对其以故意杀人罪定性，只是量刑时应与一般故意杀人行为有所区别，可以从宽处理，免除或者减轻处罚。[1]

五、故意杀人罪的法定刑

《刑法》第 232 条规定："故意杀人的，处死刑、无期徒刑或者 10 年以上有期徒刑；情节较轻的，处 3 年以上 10 年以下有期徒刑。"故意杀人罪的法定刑有两个特点：第一，按照刑法的规定，故意杀人罪可以判处有期徒刑 3 年以上，包括判处 3 年有期徒刑，所以对于故意杀人罪也有可能判处缓刑。第二，故意杀人罪的法定刑的规定跟其他犯罪的法定刑有区别，这个区别就是，一般的犯罪规定法定刑的顺序是由轻到重，而故意杀人罪规定法定刑的顺序是由重到轻。但是要注意对死刑加以限制适用。

对故意杀人罪的死刑适用，必须坚持宽严相济的刑事政策，应当慎重，特别要注意以下几点：

（1）情节严重的故意杀人，主要包括动机卑鄙的故意杀人、手段残忍的故意杀人、后果严重的故意杀人，等等，可适用死刑立即执行。

（2）对故意杀人犯罪是否判处死刑，不仅要看是否造成了被害人死亡的结果，还要综合考虑案件的全部情况。对于因婚姻家庭、邻里纠纷等民间矛盾激化引发的故意杀人、基于义愤的杀人、受被害人嘱托的杀人、大义灭亲杀人等，适用死刑一定要十分慎重，只要存在不判处死刑的可能，就不应判处死刑立即执行。

（3）对于被害人一方有明显过错或对矛盾激化负有直接责任，比如受被害人长期迫害或虐待，行为人走投无路而激愤杀人，另外被告人有法定从轻处罚情节的，一般不应判处死刑立即执行。

（4）对于故意杀人后自首的，包括亲属送犯罪人归案或协助抓获犯罪人

---

［1］ 高铭暄主编：《新编中国刑法学》（下册），中国人民大学出版社 1998 年版，第 687 页。

的自首；故意伤害致人死亡的犯罪人，除犯罪情节特别恶劣，犯罪后果特别严重的，一般考虑不判处死刑立即执行。对具有立功表现的故意杀人、故意伤害致死的犯罪人，一般也应当从宽处罚，可考虑不判处死刑立即执行。但如果犯罪情节特别恶劣，犯罪后果特别严重的，即使有自首、立功情节，也可以不予从轻处罚，而适用死刑立即执行。

（5）在共同犯罪中，多名行为人共同致一名被害人死亡的，原则上只判处一人死刑。处理时，根据案件的事实和证据能分清主从犯的，应当分别认定为主犯和从犯；有多名主犯的，应当在主犯中进一步区分出致被害人死亡的直接行为人、罪行最为严重者和较为严重者，不能以分不清主次为由，简单地一律适用死刑。

（6）犯罪人案发后积极赔偿，真诚悔罪，取得被害人或其家属谅解的，人身危险性大为降低，可应依法从宽处罚，根据案情原则上不适用死刑。

第二节　故意伤害罪

故意伤害罪，是指故意非法损害他人身体健康的行为。

一、保护法益

本罪侵害的法益是"他人"的身体健康。他人必须是有生命的自然人。伤害胎儿的，因为胎儿的生命尚未开始，行为人不构成故意伤害罪。行为人故意伤害自己的身体，不构成故意伤害罪，但这种自伤行为损害了社会利益，可能构成其他罪名，如我国《刑法》第434条的战时自伤罪。损害他人身体健康，包括两种情形，一是对身体完整性的破坏。但是强行剪掉头发、剪断指甲、剃掉眉毛、抠抓他人皮肤等不是故意伤害，因为这些行为没有伤害身体组织的完整性。但是，单纯破坏他人身体完整性的行为，可能构成民事侵权；也可能成立其他罪名，例如，在公共场所故意剪下妇女的长发，破坏其身体的完整性，可以构成寻衅滋事罪或者强制猥亵、侮辱罪。二是对身体器官正常机能的损坏。如打聋耳朵，打瞎眼睛，导致精神失常等，虽然身体器官比较完整，但失去了组织机能，形同虚设。只有在出血、疼痛、器官缺陷等具体的伤害事实出现，生理机能一部或者全部丧失的情况下，才可能成立故意伤害罪。

故意伤害罪的行为对象是他人身体。人造的假牙不是肉体的一部分，因此不是本罪的侵害对象，打掉假牙、毁坏他人隐形眼镜等，不构成伤害罪而构成故意毁坏财物罪。但如果因此划破或者打破他人身体导致流血和疼痛的，则构成故意伤害罪与故意毁坏财物罪的想象竞合犯。

二、客观要件

本罪在客观方面表现为非法伤害他人身体健康的行为，即非法伤害行为。

伤害行为，必须是非法的，因正当防卫、紧急避险而伤害他人；因职务行为而致他人伤残，如正当医疗过程中经病人及其家属同意对病人的截肢行为，在体育比赛、竞技场合符合规则的竞技行为而伤害他人的，这些行为因不具有非法性，不构成犯罪。

伤害行为就其行为方式来说，多表现为作为，但有时也表现为不作为。积极的作为是故意伤害罪的常见方式。消极的不作为则以负有防止他人身体健康遭受损害的义务为前提。如豢养的宠物狗咬人，养狗的人不加以阻拦，导致他人被狗咬伤，行为人就构成故意伤害罪。

就伤害手段来说，多具有暴力性。如行为人可以直接使用刀、枪、棍、棒或者拳打脚踢等暴力手段对他人进行伤害；但也不排除非暴力的伤害，如采取装神弄鬼，吓唬他人，致人精神失常等方式进行伤害；也可以是间接利用未成年人、精神病患者、动物伤害他人；还可以是用汽车撞击和适应放射线、激光光束灯等科学手段进行伤害等。

故意伤害罪是结果犯，只有给他人身体造成伤害结果的，才构成本罪既遂。伤害结果的表现多种多样，比如有的伤害是外伤，有的是内伤，有的是肉体伤害，有的是精神伤害等。根据伤害的程度，包括轻伤、重伤、伤害致死，但不含轻微伤。需要注意的是，根据《刑法修正案（八）》第37条第2款的规定，未经本人同意摘取其器官，或者摘取不满18周岁的人的器官，或者强迫、欺骗他人捐献器官的，符合故意伤害罪构成特征的，依照《刑法》第234条的规定定罪处罚。

根据伤害造成的后果为标准，伤害分为轻伤、重伤、伤害致死3种情形。轻伤、重伤的区分应当以最高人民法院、最高人民检察院、公安部、国家安全部、司法部联合发布的《人体损伤程度鉴定标准》（2013 年 8 月 30 日）为统一标准，该规定明确了人体损伤程度鉴定的原则、方法、内容和等级划分。根据《刑法》第 95 条的规定，重伤是指使人肢体残废、毁人容貌、丧失听觉、丧失视觉、丧失其他器官机能或者其他对于人身健康有重大伤害的损伤。根据《人体损伤程度鉴定标准》的规定，损伤分为重伤和轻伤。轻伤，是指使人肢体或者容貌损害，听觉、视觉或者其他器官功能部分障碍或者其他对于人身健康有中度伤害的损伤，包括轻伤 1 级和轻伤 2 级。轻伤 1 级，包括各种致伤因素所致的原发性损伤或者由原发性损伤引起的并发症，未危及生命；遗留组织器官结构、功能中度损害或者明显影响容貌。轻伤 2 级，包括各种致伤因素所导致的原发性损伤或者由原发性损伤引起的并发症，未危及生命；遗留组织器官结构、功能轻度损害或者影响容貌。前述鉴定标准的主体内容是对颅脑、脊髓损伤，面部、耳廓损伤，听器听力损伤，视器视力损伤，颈部损伤，胸部损伤，腹部损伤，骨盆及会阴损伤，脊柱四肢损伤，手损伤，体表损伤，其他损伤的轻、重伤区分标准进行了明确。为进一步规范人体损伤致残程度鉴定，最高人民法院、最高人民检察院、公安部、国家安全部和司法部于 2016 年 4 月 18 日，发布了《人体损伤致残程度分级》的公告，规定人体损伤致残程度分级自 2017 年 1 月 1 日起施行，司法鉴定机构和司法鉴定人进行人体损伤致残程度鉴定统一适用《人体损伤致残程度分级》（以下简称《分级》）。《分级》的编制基于与现行的《人体损伤程度鉴定标准》《道路交通事故受伤人员伤残评定》《劳动能力鉴定职工工伤与职业病致残等级》等标准的关联一致性，明确规范性，倡导科学性，确保实用性，保持先进性的原则，明确规定了伤残构成、伤病关系处理基本原则和移植组织器官损伤、人工假体损伤的处理原则。《人体损伤致残程度分级》的发布和施行对于规范人体损伤致残程度司法鉴定活动，保障司法公正，维护公民合法权益具有重要意义。《人体损伤致残程度分级》有两个重要改变：第一个是取消《道路交通事故受伤人员伤残评定》标准，自 2017 年 1 月 1 日后所有交通事故案件、故意伤害案件、雇员损害等所有人身损害致伤的鉴定标准统一适用《人体损伤致残程度分级》，工伤除外。第二个是新发布的《人体损伤致残程度分级》标准比过去的《道路交通事故受伤人员伤残评定》标准提高了伤残等级鉴定标准，目前可以构成十级伤残的，可能在新标准实施后构不成伤残等级了。《人体损伤致残程度分级》将人体伤残分为十级，该十级都是重伤程度。对伤害程度的评定，主要应以伤害当时的伤情为主，损伤为主要作用的，既往伤、病为次要或者轻微作用的，应依据前述标准的相应条款进行鉴定；损伤与既往伤、病共同作用的，即二者作用相当的，应依据前述标准的相应条款适度降低损伤程度等级。

本罪的主体是一般主体。对于故意伤害致人重伤或者死亡者，本罪主体是已满 14 周岁、具有刑事责任能力的自然人；对于故意伤害致人轻伤的，构成本罪的主体是已满 16 周岁、具有刑事责任能力的自然人。根据最高人民法院《关于审理未成年人刑事案件具体应用法律若干问题的解释》（2006 年 1 月 11 日）的规定，已满 14 周岁不满 16 周岁的人盗窃、诈骗、抢夺他人财物，为窝藏赃物、抗拒抓捕或者毁灭罪证，当场使用暴力，故意伤害致人重伤或者死亡的，应当以故意伤害罪定罪处罚。

三、主观要件

本罪的主观要件是故意。行为人对通过暴力行为造成他人生理机能丧失的结果持积极追求或者明显的放任态度，就具有本罪的故意。这是要求行为人对暴力行为和伤害结果都同时有所认识。

在故意伤害案件中，行为人对自己的行为造成被害人轻伤或重伤的结果，事先并不一定有明确的认识和追求，所以，对故意伤害按照结果来认定行为人的主观心态。将重伤的情形确定为行为人有重伤的故意，将轻伤的情形确定为行为有轻伤的故意，一般不会认定行为人是基于轻伤故意导致了重伤结果。这并不违反主客观相一致的刑事责任原则，不属于客观归罪，因为无论是重伤结果还是轻伤结果，都在行为人主观犯意之内，都不违反行为人的放任故意。同时，如果要证明行为人是轻伤的罪过还是重伤的罪过十分困难，行为人案发后一般对重伤结果做过失辩解，而轻伤和重伤只是伤害程度的问题。因此，故意伤害致人重伤或者死亡中的行为人的罪过形式并不完全一致。行为人对故意伤害致人重伤的结果，主观上可以是故意，也可能存在过失，这样认定也有利于公安司法机关及时处理案件。但是，在故意伤害致人死亡的结果中，行为人主观上只能是出自过失。

四、故意伤害罪的认定

(一) 故意伤害罪与故意杀人罪的界限

这里主要涉及故意伤害致死与故意杀人、故意伤害与故意杀人未遂的区分。故意伤害致死和故意杀人既遂客观上造成了他人死亡的结果，而故意伤害罪与故意杀人罪未遂客观上都没有造成他人死亡的结果。故意伤害罪和故意杀人罪区分主要在于犯罪故意的内容不同。在故意伤害罪与故意杀人罪界限的划分上，一般采取的是故意说的立场。行为人只具有伤害故意的，即使造成被害人死亡的结果，但死亡是在其意料之外，而且是违反其本意的，对此应认定为故意伤害罪；故意杀人的行为人在主观上具有杀人的故意，死亡是在其意料之中的，无论其行为是否造成被害人的死亡结果，都应认定为故意杀人罪；行为人具有间接的杀人故意的心态，根据造成的结果，确定相应的罪名。而在确定行为人是有杀人故意，还是伤害故意，认定行为人主观心理态度时，必须结合客观的证据、运用主观见诸客观、客观反映主观的原理，综合考虑多种因素作出判断。这些应当考虑的因素包括：（1）事件的起因，行为的动机，是否有预谋；（2）被告人的性格，与被害人平素关系，被告人的供述和被害人陈述的情况；（3）犯罪工具和手段；（4）打击部位与强度、伤痕多寡；（5）侵害有无节制；（6）结果发生后行为人的态度等各种事实情节。

区分故意伤害罪和故意杀人罪还可以采取目的说。目的说认为这两种犯罪的区别关键在于犯罪目的不同。该说有合理之处，对有些案件能得出正确的结论，但存在明显缺陷：该观点不具有普遍适用性，用之无法区分间接故意杀人与故意伤害的界限，因为间接故意杀人没有犯罪目的。客观事实说是另一种不同观点，主张以犯罪工具、打击部位等客观事实为标准区分故意伤害罪和故意杀人罪。客观事实说蕴涵着主观见诸客观的原理，有合理的一面，但该观点未能认识到事物的复杂性，否认了有时候并不存在绝对的致命的犯罪工具和打击部位这样一个事实，违背了犯罪论体系，因此没有得到广泛认同。

(二) 转化型故意伤害罪的问题

根据《刑法》的有关规定，有些犯罪，在一定条件下可以转化为故意伤害罪。如刑讯逼供，暴力取证，虐待被监管人致人伤残，聚众斗殴致人重伤的，非法组织卖血、强迫卖血对他人造成伤害的，以故意伤害罪定罪处罚。刑法作出这种规定，扩大了故意伤害罪的适用范围，虽然合理性存疑，但有利于更好地保护自然人的人身健康权。

第三节　强奸罪

强奸罪，是指违背妇女意志，使用暴力、胁迫或者其他方法，强行对妇女进行奸淫，或者与不满14周岁的幼女发生性关系的行为。

一、强奸罪的构成要件

（一）保护法益

本罪侵害的法益因对象不同而有差异。在被害人是妇女的场合，本罪侵犯的法益是妇女的性的不可侵犯的自由和权利，即妇女按照自己的意志决定正当性行为的权利，妇女有拒绝与合法配偶以外的其他男子发生性行为的权利。在被害人是幼女的场合，奸淫行为侵犯了幼女的身心健康。由于不满14周岁的幼女对性行为缺乏辨认和认识能力，所以，不论行为人采用什么方法（暴力、胁迫、诱骗或其他方法），也不论幼女是否同意，只要行为人有与其发生性关系的行为就构成犯罪。强奸罪的行为对象是妇女，包括不满14周岁的幼女。

对于强奸罪的保护法益，有几个问题需要明确。

1. 强奸罪的法益不包括男性的性权利

在我国，强奸罪只保护的是妇女的性权利，虽然刑法也保护男性儿童的性权利，比如，《刑法》第237条规定了猥亵儿童罪，但是对成年男子的性权利，我国刑法并没有特别加以保护。随着时间的推移，犯罪出现了新的状况，实践中出现了男性受到性侵害的现象，有些侵害的程度还十分严重。除了女性对男性的性侵害以外，现在还出现了男性同性之间性侵害的案件。男性同性之间性侵害的案件多发生于有人身依附关系的企业老板和用人者之间。女性侵犯男性的性权利，以及同性之间的性侵害案件理论上存在争议，目前尚未纳入强奸罪。

2. 强奸罪侵犯的对象是妇女

对于"妇女"的理解有以下几点需要注意。

首先，考虑到夫妻之间具有同居的权利义务关系，这里的妇女必须是妻子以外的妇女。其次，不论被害妇女的社会地位、作风品行、婚姻状况、精神是否正常，都可成为本罪的对象；需要特别强调的是，对强奸罪对象的妇女不得做出年龄限制，既包括已满14周岁的妇女也包括未满14周岁的幼女。我国刑法司法解释曾把奸淫幼女作为一个独立罪名规定在强奸罪之外。现行《刑法》第236条第2款是将奸淫幼女作为构成强奸罪的从重处罚情节，很明显，奸淫幼女并不应该作为一个独立的罪名，当时刑法司法解释的规定明显违背了立法原意。为此，2002年3月15日最高人民法院、最高人民检察院在《关于执行〈中华人民共和国刑法〉确定罪名的补充规定》中明确指出，《刑法》第236条的罪名为强奸罪，取消奸淫幼女罪。再次，强奸卖淫的妇女也可以定强奸罪，因为卖淫女在没有卖淫的时候也享有与其他妇女一样的性权利，刑法对此应该予以平等保护。最后，由于妇女的性的权利只有具有生命的妇女才能享有和行使，所以，行为人奸污妇女尸体的，构成侮辱尸体罪。如果是杀死妇女而后奸尸的，应以故意杀人罪和侮辱尸体罪数罪并罚，而不以强奸罪论处。

男性的性权利近年来越来越受到重视，反映在刑法上，《刑法修正案（九）》将原来的第237条第1款中"猥亵妇女"的表述修改为"猥亵他人"，这意味着成年男性也被列入猥亵犯罪的对象之中，包括强行与男性发生性行为。强行与男性发生性行为，在许多国家构成强奸罪。现行刑法将之作为强制猥亵罪，在保护男性性权利方面是一个进步，可以作为男性成为强奸罪对象的过渡罪名，男性作为强奸罪的受害者将逐渐为社会所接受。

（二）客观要件

本罪在客观方面表现为违背妇女意志，使用暴力、胁迫或者其他手段，强行与妇女性交，或者奸淫幼女的行为。

1. 强奸妇女

行为人必须违反被害人意愿而与其性交，才能构成本罪，所以，违背妇女意志是本罪的本质特征。违背妇女意志，是指在妇女不同意发生性交的情况下，强行与妇女发生性行为。如果妇女同意发生性行为，行为人的行为就不构成强奸罪。首先，违背妇女意志是违背具有正常心理的妇女的意志。需要指出的是，这里的违背妇女意志是相对于具有正常心理的妇女而言的一个概念。对于精神病妇女和幼女而言，由于她们本身并不具有正常心理，无法与其他妇女一样正常决定自己的意志，因此，也就不存在所谓是否违背意志的问题。如果与间歇性精神病患者在未发病期间发生性行为，只要当时妇女本人是同意的，行为人不构成强奸罪。也正是因为这一点，司法实践中对于奸淫精神病妇女和奸淫幼女构成强奸罪的，都强调不以违背意志为前提。对于作为行为对象的精神病妇女和幼女，行为人的手段上也不强调一定要有暴力、胁迫和其他强制方法。不论行为人采用何种手段，也不问精神病妇女和幼女是否表示同意或反抗，只要行为人明知是精神病妇女和幼女仍实施奸淫行为，即构成强奸罪。由此可以看出，法律对于弱者的利益一般都会强调特殊保护。因为在对自己性权利的保护方面，精神病妇女和幼女属于弱者，所以刑法对于她们性的权利的保护力度比对一般妇女的保护要大。其次，在认定是否违背妇女意志时，不能以被害妇女作风好坏来划分。强行与作风不好的妇女发生性行为的，也构成强奸罪。司法实践中，不能因为被害妇女性格比较开放，甚至是"卖淫女"而将其排除在强奸罪对象之外，因为，无论该妇女多么开放，她仍然有决定自己性行为的权利。最后，这里的妇女意志是妇女对是否与他人发生性关系的一种心理意愿，属于主观的范畴。对违背妇女意志的判断一般要以妇女反抗为根据（反抗必要说）。妇女可能反抗，且反抗能够起到一定作用，但不反抗，甚至为行为人实施性行为提供各种方便的，则不违背妇女意志，不构成强奸罪。当然，对反抗的内容和程度都不能作过多的限制：反抗的内容包括呼救、语言拒绝、求情、指责等，不能将身体搏斗作为认定反抗的唯一标准。当然，在特殊情况下，妇女不可能反抗（如行为人携带凶器实施暴力、胁迫行为）、来不及反抗（如行为人突然袭击）、不知反抗（如被害人处于昏睡或者被麻醉状态）、明知反抗无用而未反抗（如强奸行为发生在人迹罕至的场所）的，虽然失去被害人反抗这一前提，但仍然属于违背妇女意志。所以，要根据案件发生现场的实际情况，比如行为人的手段、主观方面等因素具体加以分析，仔细加以判定。

强奸行为以暴力、胁迫或者其他手段实施。暴力是通过外力对妇女身体实行有形的打击或强制的一种方法。暴力，通常是对妇女直接采取殴打身体、捆绑手足、卡脖子、捂嘴巴或强力按倒，使妇女处于不能抗拒的情况下，强行与其发生性交的行为。它的本质特征在于使妇女"不能"反抗或不敢反抗。胁迫是对妇女采用威胁、恐吓等手段，实行精神上的强制，使妇女处于不敢反抗的状态下，强行与其发生性交的行为。所谓其他手段，是用暴力和胁迫以外的手段，使妇女处于不知或不能反抗的状态，强行与其发生性交行为。比如，行为人用酒把妇女灌醉或用药物麻醉使之昏迷而对妇女实施奸淫行为。又例如，行为人利用被害妇女身处中风的状态对妇女实施奸淫行为；利用妇女熟睡之机进行奸淫；利用或假冒治病进行奸淫；冒充妇女的丈夫、男友或情人进行奸淫，等等。

行为人与被害人一度或数度两厢情愿进行性交，但后来违反妇女的意愿，采用暴力或者胁迫方法强行与女方发生性关系的，应当认定为强奸罪。根据最高人民法院、最高人民检察院、公安部《关于当前办理强奸案件中具体应用法律的若干问题的解答》（1984.4.26〔1984〕法研字第7号）的规定，第一次性行为是违背妇女意志的，符合强奸罪的特征，但妇女未告发，以后又多次自愿与男方发生性关系，可不再追究强奸罪的刑事责任。[1]但是，如果第一次强奸之后，男方利用女方不敢声张的弱点，采用威胁方法继续纠缠女方，使其忍辱从奸的，应当认定为强奸罪。

2. 奸淫幼女

奸淫幼女的行为，属于准强奸行为。奸淫幼女在客观要件方面表现为行为人与不满14周岁的幼女发生性关系的行为。奸淫幼女行为是否以暴力、威胁方式实施，不是硬性要求，不是构成犯罪的必备要件。

强行奸淫妇女的行为和奸淫幼女在本质上没有区别：强行奸淫妇女是违背妇女意志，使用暴力或者胁迫手段使妇女不敢反抗而强行奸淫。而在奸淫幼女的情况下，由于刑法认为幼女对性行为的同意在法律上无效，所以，行为人的行为实质上仍然属于强行奸淫，只不过是法律意义上的强行奸淫而已。将强奸妇女的行为和奸淫幼女的行为性质等同起来，可以克服司法认定中的一些难题。例如，《刑法》第17条第2款规定，已满14周岁不满16周岁的人犯强奸罪的，应当承担刑事责任。如果其奸淫幼女的，自然也构成犯罪。

由于幼女生理发育尚未成熟，行为人只要主观上具有奸淫幼女的故意，客观上和幼女在发生性行为时，双方性器官有接触，就应当认定为强奸罪的

---

〔1〕 这一司法解释是否合理，值得研究。

既遂。

3. 结果加重犯

强奸致人重伤、死亡的，属于强奸罪的结果加重犯。强奸罪的结果加重犯中，强奸行为和加重结果之间具有因果关系，而强奸罪行为本身处于既遂还是未遂状态均不影响加重犯的成立。至于加重结果是由于暴力、胁迫等强制行为所造成，还是因性交行为所造成，都不影响结果加重犯的成立。例如，行为人在对被害妇女着手实施暴力、胁迫，被害人为逃避而跌入山涧中溺死或者跌倒摔伤的，这种结果都属于由强奸行为所引起，成立强奸致人重伤、死亡，构成结果加重犯。有两种特殊情况：（1）强奸过程中使被害人身体裸露，因天气寒冷且被害者体质特殊，陷入假死状态，行为人强奸行为实施完毕后逃离现场，被害人被冻死的，应以强奸致人死亡处理。（2）出于奸淫目的着手实施暴力，导致被害人死亡的，才能适用"强奸致人死"的结果加重犯规定。行为人主观上基于杀人的意思而对被害人实施强奸并导致被害人死亡的，应当构成故意杀人罪。强奸得逞以后，为防止被害人呼救或追赶，在逃离现场之前对被害人使用暴力导致其死伤的，应以强奸罪和故意杀人罪或故意伤害罪数罪并罚。

4. 强奸罪的主体

一般是达到刑事责任年龄，具有刑事责任能力，实施强奸行为的男子。妇女在通常情况下不能构成强奸罪的主体，但在这两种情况下可以成为该罪的主体：第一，妇女构成强奸罪的共犯，一般构成教唆犯或帮助犯；第二，妇女单独构成强奸罪，妇女利用无刑事责任能力的男子强奸其他妇女的，也可以构成强奸罪的间接正犯。比如妇女利用不到14周岁或者是精神病男子对其他妇女进行强奸，这些人只是妇女实施犯罪的工具，因此不属于强奸罪的共犯，同时，行为人也不符合主体要件。另外，根据《刑法》第17条规定，已满14周岁的人应对本罪负刑事责任。

由于本罪的被害人限定为女性，所以，在直接正犯中，只有已满14周岁的男子，才能成立本罪主体，这是由强奸罪的性质决定的。根据最高人民法院《关于审理未成年人刑事案件具体应用法律若干问题的解释》（2006年1月11日）的规定，已满14周岁不满16周岁的人偶尔与幼女发生性行为，情节轻微、未造成严重后果的不认定是犯罪。

妇女不能成为本罪的直接、单独的正犯，但可能与男子共同实施强奸行为，从而成立强奸罪的共犯（教唆犯、帮助犯）或者构成强奸罪的共同正犯。例如，A 女对 B 女有仇，试图依靠 C 男强奸 B，深夜 A、C 共同等候在 B 回家的路上，待 B 走近时，A 用木棒先将 B 打倒在地，致其昏迷，后 C 对 B 实施强奸的，由于无行为身份的女性与有身份的男性共同实施行为能够对妇女的性自由造成侵害，其分担了强奸罪客观方面（暴力或者胁迫）的一部分，所以有成立共同正犯的可能。此外，妇女利用男性精神病患者强奸他人的，属于以他人为工具实施强奸的行为，该妇女可以构成强奸罪的间接正犯。[1]

（三）主观要件

本罪在主观方面是故意。在强奸妇女的场合，行为人对其暴力、胁迫行为使妇女反抗显著困难有所认识，对行为违背妇女的意志有所认识，进而违背被害妇女意愿而与其发生性关系，希望侵害妇女性的不可侵犯权结果的发生。在奸淫幼女的场合，通说认为行为人应对被害人是幼女有认识。在强奸罪的主观要件方面，以下两个方面尚未达成共识。

1. 奸淫目的是否需要

一般认为，强奸罪主观上只能由直接故意构成。我国刑法学理论还在故意之上添加了"具有奸淫目的"这样的内容。构成本罪的主观方面，不仅要求是故意，并且具有奸淫的目的，即意图与被害女性性交的目的。

司法实践中，对于行为人对被害人实施试探行为（如接吻、抚摸敏感部位、解衣扣），被害人并无显著违反意愿的表示，但在其准备实施进一步的行为时被害人明显反抗，行为人即从现场离去的，有的判决认为行为人有奸淫目的，从而肯定强奸罪的成立。但是，这样的案件中，行为人是否具有强奸的故意，是否只存在通奸或者借机"占点便宜"的意思，以及其行为是否与强奸罪的实行行为相当等问题存在疑问，不应认定为强奸罪。

要求行为人必须具有奸淫的目的，才能构成强奸罪，限定强奸罪的成立范围，而且更符合客观实际状态，因此将间接故意排除在强奸罪故意之外。另外，寻求刺激或者满足性欲的目的或者倾向，不是强奸罪的主观要件。

2. 是否必须明知对方是幼女

通说认为，在奸淫幼女的场合，行为人明知对方是不满 14 周岁的幼女而

---

〔1〕［日］中山研一：《刑法概说Ⅱ》，成文堂 2000 年版，第 81 页。

加以奸淫的，才具有奸淫故意。这里的明知包括应当知道、明确知道或者可能知道对方是幼女的情形。

笔者认为，奸淫幼女的行为人主观心态仅包括应当知道行为对象是幼女，如果要求明确知道或者可能知道行为对象是幼女，一是无法查明行为人的心理认识因素，而是不利于保护幼女，这违反了立法原意，也不利于保护幼女的身心健康和成长。

关于行为人对于幼女年龄是否需要明知，最高人民法院发布了《关于行为人不明知是不满十四周岁幼女的，双方自愿发生性关系是否构成强奸罪问题的批复》（2003 年 1 月 17 日），其中规定：行为人明知是不满 14 周岁的幼女而与其发生性关系，不论幼女是否自愿，均应依照刑法第 236 条第 3 款的规定，以强奸罪定罪处罚；行为人确实不知对方是不满 14 周岁的幼女，双方自愿发生性关系，未造成严重后果，情节显著轻微的，不认为是犯罪。最高人民法院研究室有关人士指出制定这一规定，主要是因为长期以来，只要行为人和不满 14 周岁的幼女发生性关系，就一律以强奸罪从重处罚。这种客观归罪的做法，不符合责任主义的原则。

但是，这一司法解释遭到了法学界的强烈批评。反对者的理由集中起来主要是两点：（1）世界上绝大多数国家都规定了只要是同法定意思表示年龄以下的非其配偶的女性（或男性）发生性关系，即构成法定强奸。（2）这一司法解释一旦付诸实践可能造成严重后果。它事实上选择性地将这个社会最为唾弃且最无法容忍的同幼女发生性关系的严重侵害法益的行为豁免了。（3）最高人民法院的司法解释"认识"对方是幼女的情形解释的过窄，即把行为人"确实不知"对方是不满 14 周岁的幼女，双方自愿发生性关系的情形认定为没有认识、没有故意，从而不认为该行为是犯罪。

由此可见，2003 年 1 月 17 日最高人民法院发布的《关于行为人不明知是不满十四周岁的幼女，双方自愿发生性行为是否构成强奸罪问题的批复》存在明显缺陷。2003 年 8 月 6 日最高人民法院发出《关于暂缓执行〈关于行为人不明知是不满十四周岁的幼女，双方自愿发生性行为是否构成强奸罪问题的批复〉有关问题的通知》，指出，"我院于 2003 年 1 月 17 日发布了《关于行为人不明知是不满十四周岁的幼女，双方自愿发生性行为是否构成强奸罪问题的批复》（以下简称《批复》）。近期以来，一些高级人民法院就如何正确理解和使用《批复》问题向我院请示。为正确适用法律，依法惩治侵犯幼女人身健康权利的犯罪活动，坚决保护幼女人身权利，针对司法实践中的法律适用疑难问题，我院正在调查研究的基础上制定新的司法解释。在此期间，《批复》暂缓适用。"2013 年 10 月 23 日，最高人民法院、最高人民检察院、公安部、司法部印发了《关于依法惩治性侵害未成年人犯罪的意见》，第 19 条第 1 款规定，知道或者应当知道对方是不满十四周岁的幼女，而实施奸淫等性侵害行为的，应当认定行为人"明知"对方是幼女；第二款规定，对于不满十二周岁的被害人实施奸淫等性侵害行为的，应当认定行为人"明知"对方是幼女；第三款规定，对于已满十二周岁不满十四周岁的被害人，从其身体发育状况、言谈举止、衣着特征、生活作息规律等观察可能是幼女，而实施奸淫等性侵害行为的，应当认定行为人"明知"对方是幼女。该《意见》比较严格地遵守了刑法的规定，取代了 2003 年 1 月 17 日的最高人民法院的《批复》，克服了该扩大司法解释的缺陷，有利于严肃打击奸淫幼女犯罪，保护幼女的身心健康权。

二、婚内强奸问题

由于婚内强奸发生的时候一般都是不公开的，这样就容易导致司法实践中的困难，理论界大致有以下三种观点：一种是否定论，这也是现阶段主要的理论观点，理论来源是丈夫的豁免理论，该理论认为，丈夫强行与妻子发生性关系并不触犯法律，这是婚内权利的行使。另一种是肯定论，因为强奸罪的主体是一般主体，自然而然地也就把丈夫包括在内，所以当妇女的性自主权受到侵犯时应该予以保护，此时丈夫的行为就是婚内强奸的体现。还有一种是折中论，坚持中庸思想，强调既不能不顾夫妻之间的关系也不能过分强调夫妻关系即把夫妻关系等同于性关系[1]，在我国的社会生活和家庭生活中，婚内强奸的发生概率很大，但是基于文化、历史、社会和法制等各方面的原因，婚内强奸在我国并没有明确的规定。这样就导致了司法实践中"同国不同法"的现象存在。所以，为确保司法机关行使司法权有法可依，也为了切实保护女性的性自由权和稳固婚姻家庭生活，把婚内强奸犯罪化是十分有必要的。

─────────────

〔1〕 冀祥德："域外婚内强奸法之发展及其启示"，载《环球法律评论》2005 年第 4 期。

（一）婚内强奸入罪的现状

1. 域外婚内强奸立法

国外对于婚内强奸的态度是从否定向肯定过渡，古代罗马法中，已婚妇女都处于夫权之下，没有独立的财产，所有的财产都归于丈夫所有。这一现象存在周期极长，即使是在资产阶级革命之后，西方国家也没有结束这种不平等的附庸关系，西方的"丈夫豁免理论"持续了相当长的一段时间。之后随之而来的女权运动和性革命为男女性权利平等的地位提供了有力的支持，让西方国家在"婚内强奸"这一观点上发生了变化，"丈夫豁免理论"也就逐渐退出了历史舞台。

英国是世界上最早提出"丈夫豁免论"的国家。英格兰著名法学家马修·黑尔爵士（Sir Matthew Hale）在 1763 年《婚内强奸豁免权》一文中说："丈夫不会因强奸妻子而被定罪，因为根据他们的婚约，妻子已经奉献其身给丈夫，该项同意是不可撤销的。"这个理论在英国存在了两个多世纪，一直到 1991 年 10 月 23 日英国上议院审理皇室诉 R 一案，改变了这种局面，认为妻子一旦表示拒绝与丈夫共同生活，此时丈夫强行与妻子发生关系，妻子就可以指控丈夫强奸。之后在英国《性犯罪法案（修正案）》中把"非法性交"一词删去，就宣告了豁免理论的终结。至此，只要妇女没有明确表示愿意进行性交，那么与妇女性交的行为就是违反法律的。

最早放弃豁免原则的国家是美国，从 1981 年新泽西州刑法首开"婚内强奸"的先河，随后其他的州相继出台了类似的规定，直到北卡罗纳州肯定婚内强奸，美国至此全面放弃了豁免原则。

2. 国内司法实践现状

对于我国来说，刑法规定的强奸罪是指以暴力、胁迫或者其他手段，违背妇女意志，强行与妇女性交的行为。不难看出，刑法上规定的强奸罪的主体是特殊主体，但是对于特殊主体的男性的界定却没有明确的标准，也就是说，丈夫这一身份并没有被我国刑法排除。从传统的理论出发，婚姻是在平等自愿的基础上建立的契约关系，其中契约的内容自然包括性生活。中国自古以来的"三纲五常"的伦理道德就从思想层面上禁锢妇女，并且由来已久的男尊女卑的思想影响深远，即使是到了现代，婚姻法的几次修改也是在形式上确定了男女平等的法律地位，实际上女性的社会地位还是和男性有着很大的差距，女性在家庭生活中的价值被发挥到极致，这种利用就体现在婚姻生活中，具体表现就是男人通过强迫女人延长家务劳动时间来赚取无形资产，并且是极其隐秘的。

婚内强奸不是特有的现象，英国学者蔼理士就曾提出："婚内的强奸远远比婚外强奸的数量多。"近年来，发生在我国的婚内强奸的案例不胜枚举，司法实践中出现的判决迥异的案例也让理论界陷入对婚内强奸的热议之中。

"丈夫豁免"理论的婚内无奸的传统思想至今在我国根深蒂固，也就是说，只要夫妻之间还没有进入离婚诉讼，那么无论处于什么状态下，丈夫都可以依据自己的喜好与妻子发生性关系，其中也包括不正当的性要求。白某某的案子就体现了这一点，姚某与被告人白某某是夫妻，1995 年 2 月被害人向被告人提出离婚，村委会介入进行调解，但是不见成效。1995 年 5 月的一天被告人到被害人家索要彩礼未果，临时起意，就把被害人按倒，拳打脚踢用尽各种方法与被害人发生性行为，陈某在来到被害人家里时目睹了整个案件过程。辽宁省义县人民法院经审理认为，白某某在与姚某婚姻关系存续期间，以强制手段与姚某发生性关系，不构成强奸罪。[1]作出白某某无罪的判决。

但是，王某某的案子却作出了不一样的判决。处于婚姻关系中的被告人王某某与被害人钱某因为双方因性格不合，导致感情破裂，在 1997 年 10 月 8 日，法院判决准许离婚。在离婚判决尚未生效期间，被告人王某某去找钱某并与钱某强行发生性关系，导致钱某身体多处伤痕。上海青浦县人民法院审理后认为，王、钱二人对法院的离婚判决没有异议，虽然判决尚未生效，但二人在法律上已不具备正常的夫妻关系，被告违背钱某意志，采用暴力手段强行发生性关系的行为构成强奸罪。因此判处有期徒刑 3 年，缓刑 3 年。

虽然法院对王某某的强奸有罪的判决，但是从判决中不难看出，其背后坚持的也是"丈夫豁免"理论的思想，因为法院肯定王某某的强奸罪的理由是夫妻之间感情确已破裂，一审判决尚未生效的非常态化的情形下发生强奸行为，这一点还是在为丈夫进行有力的开脱，把"不正常"阶段作为丈夫豁免的例外来处理是有失偏颇的，但是却是司法人员定罪量刑的基本理念。

---

〔1〕 最高人民法院刑事审判第一庭编："'白俊峰强奸案——丈夫强奸妻子的行为应如何定罪'"，载《刑事审判参考》，法律出版社 1999 年版第 23 页。

（二）婚内强奸入罪的必要性和可行性

20 世纪后的婚内强奸的刑事立法的态度经历了由否定到逐渐肯定的过程，逐渐觉醒的女权主义和性解放对传统的丈夫豁免理论产生了巨大冲击，女性开始逐渐追求人格上的平等化，当然其中也包括性权利的平等。改革开放为中国带来了西方的思想，对中国产生了深远的影响，受此影响的当然也包括婚内强奸问题。国外立法的演变为我国提供了借鉴意义，怎样推进婚内强奸犯罪化，司法体例上如何改革，结合中国具体国情提出行之有效的解决方法值得思考。

1. 遏制屡屡发生的婚内强奸行为

婚内强奸大部分发生的环境都是不公开的，并且行为发生时会对人的羞耻心产生很大的影响，所以大部分女性对于婚内强奸都保持沉默，这就助长了这种不正常的社会风气，致使婚内强奸愈演愈烈。许多女性在婚姻家庭生活中感受不到被尊重和爱护，有时甚至会感受到屈辱，在难以忍受的情况下，很可能会采用以暴制暴的极端方式进行报复。这种报复对个人，对家庭和社会的影响巨大。如果将婚内强奸入罪，在一定程度上就会避免这种悲剧的发生，通过法律的方式保护权益，无疑是合情合理并且行之有效的。对于大量复杂的婚内强奸的案件，公安司法机关也无从入手，为了避免法制不统一的乱象，有必要把婚内强奸犯罪化，但是不能把婚内强奸等同于强奸，需要做到具体问题具体分析。随着经济全球化，政治多极化的发展，世界变成了一个地球村，我国也深受西方国家的男女平等观念的影响，女性对婚内强奸已经不是视若无睹的态度。婚内强奸犯罪化已经是必然趋势，据新浪网 2000 年 11 月 6 日载新华社网站资料称，最新调查显示，七成的中国女性认为生活中的确存在着"婚内强奸"这一现象，并愿意以法律手段解决这一问题。根据我国的实际情况，从保障人权出发，与国际社会接轨，应将婚内强奸入罪，这样一来，不仅有利于完善我国社会主义法制建设，也有利于我国融入世界法制的潮流中。

2. 有利于保护和尊重人权

人的基本权利是从出生就有的，人权的普遍性决定了无论种族，无论性别，无论身份，都应该受到公平对待。现代国际法把尊重和保障人权作为一项基本准则，无论什么人都不能对人权进行肆意的践踏，尊重和保障人权也是国际上衡量各国政府的一项标准。女性性权利的保护也是女性人权保护的具体体现。强迫女性发生性行为的行为方式是对女性持续的不间断的性羞耻心的侮辱，这是损害女性人权的体现，也使女性和男性的社会地位受到不平等对待，不利于女性在社会中的全面发展。刑法是保障公民合法权益的最后一道强有力的法律防线，对妇女的权利保护不能懈怠，应该将婚内强奸作为一种强奸类型规定在强奸罪的条文中。

随着社会主义市场经济的发展，愈来愈多的女性已经逐渐摆脱了"家庭主妇"的社会地位，经济上很少依赖或者不依赖男性，成为职业女性，在家庭中地位平等，女性越来越具备对另一半的不合理要求说"不"的能力。

3. 有利于稳固婚姻家庭生活

在婚姻中，举案齐眉、相敬如宾是最好的相处方式，婚内强迫性行为，不但没有为夫妻之间的感情生活加温，反而会产生不好的影响。尊重是相处的前提，也是爱情婚姻的必备要件。性作为夫妻之间情感沟通的最有效的方式之一，不应该成为丈夫单方面的享受，更不能成为妻子孤独的噩梦。抵制婚内强奸，不要让"性"变成婚姻的绊脚石。把婚内强奸犯罪化，从法律的层面敲响警钟，稳固婚姻家庭的幸福生活。

4. 入罪的可行性

人们的思想受传统观念的影响很大，中国是有着悠久历史的国家，有着两千多年的传统文化，文化中的糟粕的消极影响不容小觑，即使是在改革开放的当代，许多人仍存在大男子主义的思想，这一思想观念是影响受害人对"婚内强奸"一再容忍的思想根源。而自古以来，就有着清官难断家务事的说法，很多时候，夫妻之间的事情都被定为家务事而被不予受理。性生活本来就是夫妻之间私密的事情，那么婚内强奸会被大事化小，小事化了也就不足为奇。久而久之，缺少社会压力的实施暴力性行为的人就不会不安、内疚，对婚内强奸也就习以为常了。对于女性自身来说，女性在社会财富的创造方面一定程度上比男性弱，经济不独立，依附于男性，会导致男性在家庭生活中的地位更高，从而在家庭生活中任性随意。由于男性相对来说体格健壮，没有琐事牵绊，有更多的时间考虑满足性欲，反观妻子，比较柔弱，内外操劳再加上女性特有的矜持，在性欲方面就会比较被动。从生理上看，男性的生理机能要比女性更为敏感，进入兴奋期更为迅速，而女性进入兴奋期则需要较长的适应时间。"食色，性也"，但中国自古以来谈性色变，对性启蒙和性教育方面颇有欠缺，性是闺房秘事，是不可以随便谈论的，自古"万恶淫为首"的观念影响至今。性对于男性来说往往代表着风流，而对于女性来说，则往往代表着放荡。

另外婚内强奸也是受很多因素影响的，比如夫妻之间的收入差异、教育水平、思想文化等都会导致婚内强奸的现象发生。

（3）婚内强奸入罪的建议

1. 立法措施

就婚内强奸而言，比较可行的立法措施可以考虑：首先，在刑法中规定婚内强奸罪。婚内强奸不同于强奸罪，因为婚内强奸有夫妻关系影响的因素，所以对于婚内强奸入罪不能简单地作为强奸罪的法律条款。应该单独入罪并处罚。法律作为保护公民权利的最后的手段，将婚内强奸纳入刑法体系中无疑是最好的解决办法，并刑罚体系中列入婚内强奸的定罪量刑的标准。其次，婚内强奸的主体是特殊的，发生婚内强奸的环境也是不同寻常的，基于此把婚内强奸设置成自诉案件，即不告不理。因为司法机关贸然介入会造成当事人隐私的泄露，有时追究丈夫的刑事责任并不是出于妻子的目的，所以这个时候司法机关的介入不会对夫妻之间的感情和家庭生活的稳定起到积极作用。对于自诉案件，由自诉人举证，这样可以避免丈夫被妻子诬陷。最后，还应该设立报案期限，婚内强奸是复杂的，夫妻生活是私密的，大量的婚内强奸的案件内情只有当事人才明了，其他人无法知晓具体情形，这样就给证据搜集带来很大的困难，对双方都会产生影响，而司法机关办案是围绕着证据链条开展的，这就要求必须重视婚内强奸的证据搜集和鉴别，避免妻子受到侵害时的权益无法得到保障，受到不公平的对待，也可以有效避免妻子出于某种特殊目的对丈夫进行胁迫，报复丈夫。基于此，婚内强奸应该设立报案期限。

婚内强奸不同于普通的强奸，婚内强奸发生的时间是在合法的婚姻关系存续期间内。合法的婚姻关系会成为司法机关认定构成强奸与否的关键因素，比如夫妻之间调情的行为，妻子害羞表示出言语的拒绝，但是身体却很诚实，就表示心里是愿意的，在半推半就的情况下发生关系，且过后又没有责怪丈夫的意思等。在这些情况下发生的性关系就不应该认为构成婚内强奸。夫妻之间的调情和婚内强奸的情况是有必要进行区分的。所以，笔者认为，婚内强奸应该是在婚姻关系存续期间内，丈夫以暴力、胁迫等手段或者不顾妻子生理和心理的状况强行与妻子发生性关系的行为，强调妻子的身心状况，是婚内强奸入罪保护妻子性权利的宗旨和前提。

2. 具体建议

（1）夫妻感情确已破裂且长期分居情况下的婚内强奸。夫妻没有感情而分居，丈夫强行与妻子发生性关系的情况是最常见的一种婚内强奸的行为。这个时候二人的婚姻关系处于尚未结束的情况但是已经不同以往，虽然二人并没有办理离婚手续，但是已经没有了感情，并且法院认定准许离婚的条件就是夫妻感情确已破裂。所以表面上法律没有认定二人夫妻关系终结，但是事实上夫妻关系名存实亡，如果这个时候，丈夫强行与妻子发生性关系，就可以认定该行为构成婚内强奸罪。

（2）一审离婚判决生效前的婚姻特殊时期的婚内强奸。在我国司法审判采用的是两审终审制，在第一审法院作出裁判并不是立即生效，而是有一定时间的上诉期，上诉期期满，双方当事人都没有上诉，判决才会产生法律效力。在一审判决尚在上诉期间内，离婚判决书还没有生效，法律上的夫妻关系仍然存在，这个时候发生的性关系该如何定性呢？国外把这一时期叫别居时期，指的是终止了双方的同居义务，但是婚姻关系给予保留。别居期间强行性交的行为就构成婚内强奸罪。对这个婚姻关系的特殊时期，我国也可以借鉴这种方式。

（3）妻子经期、孕期等身体状况不佳的婚内强奸。婚内强奸在日常生活中最常见的表现方式，主要包括以下几种：第一，妻子处于经期。经期的女人身体抵抗力较弱，并且身体生理机能处于异常状态，此时进行性生活会导致女性引发妇科疾病，对身体健康产生很大影响甚至影响生育，在这种情形下，妻子往往不同意与丈夫进行性交，但是丈夫不会在乎这些情况，为宣泄生理需求强行与妻子发生性关系；第二，妻子处于孕期。孕期的妻子为保护胎儿不受伤害，都会选择禁欲，但是对于有的丈夫来说，妻子怀胎十月的禁欲很难忍受，此时丈夫抱着侥幸心理与妻子发生性关系；第三，妻子生病，丈夫不但不体贴妻子，还强行与妻子发生性关系；第四，妻子因为工作、家庭等事情导致身体或者精神状况不佳，丈夫强行与妻子发生性关系；第五，丈夫为追求心理或者生理的刺激，会对妻子实施性虐待，以追求身体和心理的快感，强行与妻子发生性交。

（四）被害人的社会救济

为婚内强奸入罪提供相应的保障措施是十分有必要的。因为在婚内强奸中，受害人受到的伤害不只是生理上的，更严重的是心理上的。在长期的痛苦折磨之下，被害人向社会或者司法机关求助，如果不能从社会得到帮助，也会使受害人深陷强奸的阴影中无法自拔。所以不仅要在法律层面把婚内强奸犯罪化，而且从社会层面也应该对婚内强奸的受害人给予关爱，让他们体会到被关爱的温暖，具体措施如下：

1. 建立被害人服务和物质帮助机构

世界上第一个被害人服务机构是 1975 年在美国成立的"全球被害人救助组织"。[1]该机构旨在解决某些被害者因为没有得到社会的同情、理解、支持、帮助和服务而陷入严重的困境问题。有些女性在受到侵害后，还处于可能再次受到侵害的环境中，此时如果没有外界的力量对受害的妇女进行保护，他们的人身就还处于危险之中，这会对其心理造成巨大的压力。因此，为受害人提供人身安全的救助是有必要的。被害人没有了后顾之忧，才能有勇气拿起法律的武器维护自己受到的身心伤害，而不是害怕被报复而忍气吞声。更多的时候，婚内强奸的发生在于妻子的软弱，而究其根本是经济的不独立，妻子在经济上还需要依附丈夫，即使是寻求帮助还要得到丈夫的资助，所以，为了从根本上保护受害人的人身安全，国家应该利用自己的经济和社会条件建立物质帮助机构，为受害人提供最有价值的帮助。

2. 建立专门的心理咨询医疗机构

被害人遭到侵害之后，尤其需要理解和关爱，要让她们感受到社会还有人关爱着她们，温暖着她们。被害人在向其他人倾诉的时候希望得到的应该是理解和支持，从而减少其心理压力，对生活重拾信心。如果不能让她们体会到社会的温暖，会使其对生活失去信心，对社会失望，从而激发她们对社会的仇恨。在身体受到侵犯的时候，被害人受到的心理伤害远远比身体伤害要多，身体可以短期恢复，但是心理治疗是一个漫长的过程，所以，有必要为受到侵害的人提供心理咨询服务，减轻乃至消除被害人的心理负担。

---

〔1〕 莫洪宪："论女性刑事被害人之权益救济"，载《法学评论》2000 年第 6 期。

3. 建立婚姻家庭普法宣传机构

教育水平低下是造成世界观、价值观和人生观扭曲的原因之一，有些丈夫解决家庭矛盾过于简单粗暴，多数采用的都是以暴制暴，并且，由于缺乏法律知识，受到侵害很少有人能够认识到自己的权益受到了侵害，维权也就无从谈起。因此，地方各级有关部门就要积极行动起来，并号召新闻媒体配合，开展反对"婚内强奸"的宣传工作。

4. 树立新的婚姻观

加强夫妻平等、友爱意识，杜绝以夫权为中心的封建伦理和男尊女卑的腐朽思想。夫妻之间应该保持良好的沟通，尤其是在夫妻性生活上，应该使夫妻二人都有愉悦的感觉，才是促进感情升温的催化剂，不要让性生活变成夫妻生活的绊脚石，性生活是夫妻感情的交流方式，丈夫应该明白妻子并不是附属品，更不是性宣泄的工具，而是与自己有平等权利，共同生活，共度人生的伴侣。

三、强奸罪的认定

（一）"半推半就"行为的认定

在强奸罪的认定中，有时候比较困难。因为男女发生性关系的场合，比较隐秘，缺乏证据时，只能根据双方的陈述来判断。对于女方报案称被强奸，男方认为是通奸，由于双方互相认识，甚至知道对方的名字、住址和工作单位等，比较熟悉，双方的主张相反，又都没有相应的有力证据佐证，这种事件的性质就很难认定，其中便包括对"半推半就"行为的认定。

"半推半就"究竟是强奸还是通奸，不可一概而论。当两个人发生的性行为里既有"推"又有"就"的性质。"推"就是指女方对男方的拒绝，"就"是指女方对男方行为的认可和同意。这种拒绝或者同意的程度都比较模糊。这种案件不能仅采纳发生性关系的当事人各自的一面之词。同时，女方的感情有发生变化的可能性，所以特别是要注意对男女各自的性格，双方平时的关系如何，性行为是在什么环境和情况下发生的，双方的体格和力气，事情发生后女方的态度怎样，又在什么情况下告发等事实和情节进行综合考虑，然后作出判断。要分析女方在性行为发生的过程中，到底是以"推"为主还是以"就"为主。如果女方因为害羞，表面上有"推"的行为，实际上以

"就"为主，即"假推真就"，或者发生性行为之后女方后悔了，尽管在行为中有"推"，这种情况不属于违背妇女意志，可认定为通奸。如果女方以"推"为主，推不动对方，也担心自己的生命健康权受到侵害，无奈屈从，以"就"为辅，即"真推假就"这种情况属于违背妇女意志，男方构成强奸罪。

（二）强奸和通奸

通奸是指一方或双方有配偶的男女，自愿发生性行为。在我国，通奸是道德问题，由道德规范调整，不构成犯罪。强奸行为则是一种严重的犯罪行为，并且法定刑也十分严厉。从理论上看，强奸与通奸不难区分，只需要看是否违背妇女意志，但是，出于种种原因，导致行为人与被害人情感上的变化，有的女性与人通奸后，会将通奸说成"强奸"，甚至向公安司法机关"告发"。对此，必须深入调查，根据事实作出正确判定。

总的来说，对既有强奸又有通奸情节的男女性行为，应以最后一次性行为的性质作为认定的依据。比如，男女之间关系长期密切，双方先是通奸，后来女方不愿意继续通奸，而与男方纠缠不休，并以暴力或败坏女方名誉等进行胁迫，强行与女方发生性行为的，而且案发时的一次性行为是强奸，以强奸罪论处。因为双方平时的通奸并不能否认最后一次违背妇女意志，所以男方构成强奸的行为。

又如，行为人第一次强奸妇女后，发现妇女比较懦弱，顾及面子，继而又以暴力、胁迫等手段，对被害妇女实施精神上的威胁，长期霸占妇女，迫使其继续忍辱屈从的，应以强奸罪论处

如果第一次的性行为违背妇女的意志，强奸妇女，但事后妇女并未告发，后来女方又多次自愿与该男子发生性行为的，一般不宜以强奸罪论处，而是认定为通奸。

有的妇女与男方通奸，一旦由于各种原因关系恶化，或者是双方的事情暴露后，担心丢面子，为推卸责任，甚至嫁祸于人，妇女把双方的性关系说成强奸的，这种情况应认定为通奸，男方不构成强奸罪。

（三）强奸与恋爱中的不正当性行为

恋爱中的男女产生激情后，克制不了发生性行为，属于道德范畴的问题，这种双方自愿发生性行为是恋爱中的不道德问题，不涉及法律问题，不能以强奸罪处理。对于那些在恋爱过程中男方采取不激烈的强制手段与女方发生

性行为，但后来双方感情破裂，女方告发男方强奸的案件，不应认定为强奸性质，男方不构成犯罪。

如果男方和女方在恋爱中，男方担心女方要分手，采取强制手段在女方不同意的情况下强行与女方发生性关系，试图"生米做成熟饭"，想通过发生的性行为促使女方和自己结婚，是否构成犯罪，取决于女方的态度。严格来说，男方构成强奸罪，只要女方认为男方不尊重自己，侮辱自己，损害了其自尊心，并愤而到公安司法机关进行告发，应认定为强奸罪。如果女方原谅了男方，也愿意和男方结婚，不告发男方，就不需要将男方的行为做犯罪评价，对男方追究刑事责任。当然，即使对男方追究强奸罪的刑事责任，也应与普通的强奸罪有所区别，毕竟行为人的犯罪动机不恶劣，可酌情从宽处罚。

第十四章
CHAPTER 14 | 若干财产犯罪研究

第一节　抢劫罪

抢劫罪是指以非法占有为目的，以对财产的所有人、占有人或其他有关人员当场实施暴力或者以当场实施暴力相威胁，或者以使被害人不能抗拒的方法，迫使其当场交出财物或者当场夺走其财物的行为。

一、抢劫罪的构成要件

（一）保护法益

抢劫罪保护法益具有复杂性，即包括公私财产权利和他人人身权利，对此学界已无异议。但是，对于这两种权利的主次关系，却有不同观点。一种观点认为，财产权利是主要的，因为行为人的目的是非法占有公私财物，侵犯他人人身权利只是实现此目的的手段。另一种观点认为，人身权利是主要的，因为人身权利比财产权利更为重要。从对抢劫罪的规定看，立法者惩治抢劫罪的价值取向在于保护财产权利，其侵害的主要法益不是人身权利，而是财产权利。抢劫罪对财产权利的侵害决定了其与其他侵犯财产罪具有共同危害本质，只是因其手段行为侵犯人身权利，决定了其危害程度比后者更严重，这是抢劫罪与其他财产犯罪区别的重要标志。从手段行为与目的行为的关系看，行为人的主要目的是非法占有公私财物，侵犯人身权利的手段只是为上述目的服务的。因此，就抢劫罪的基本构成（即既遂形态）而言，只有实际占有了公私财物，才可视为构成抢劫罪。

我国《刑法》规定，抢劫罪的物质对象是公私财物。所谓财物，从形态上可以分为有体物和无体物，有体物可以成为抢劫的对象，学界对此没有疑义，至于无体物能否成为抢劫的对象，我国刑法尚无明文规定。最高人民法院在司法解释中曾指出，电力、煤气、天然气等可以成为盗窃的对象，但未说明是否可以成为抢劫的对象。我认为，无论是有体物还是无体物，只要其具有经济价值，能够为人所控制，一旦被他人占有能够给所有人造成财产损失，就应当纳入财产保护范围，这对于保护公私财产权利是有利的。例如，伪造公司文件，强迫法定代表人签字并强制其到工商机关进行变更登记的，就构成抢劫罪。

财产还可分为动产和不动产，动产可成为抢劫罪对象，但是不动产能否成为抢劫对象？就刑法的条款来说，只规定抢劫对象是财物，对其性质不加限定，泰国、瑞士、俄罗斯等国刑法典也是如此规定。因此，有人认为不动产可以成为抢劫的对象，但多数人持否定观点。[1] 主要理由是，抢劫罪必须以暴力、胁迫等强制方法，当场占有公私财物，而不动产不可能当场占为己有。

抢劫罪的特点，是用暴力、胁迫或其他方法，当场占有公私财物。债务人对债权人实施暴力、胁迫，逼使债权人取消其债务，例如，行为人令被害人当场交出其手中的欠条，行为人加以销毁，或者行为人当场写出收条，说明债务已经还清，行为人并未当场占有财物，如何处理？有人认为，应当认定为抢劫罪。[2] 其理由是，抢劫罪的对象不限于财物，而且也可以是财产性利益，上述行为人非法取得的就是财产性利益。我国《刑法》虽然没有明确对利益抢劫作出规定，但是可以将《刑法》第263条中的财物扩大解释为财产性利益，从而肯定抢劫罪的成立。另外，使用暴力、胁迫取得财产上的非法利益，如为免除赌债对债权人实施暴力的，是在不法原因给付的场合非法占有他人利益的行为，也应认定为抢劫罪。

（二）抢劫罪的客观要件

抢劫罪的客观要件表现为，采用暴力、胁迫或者其他方法强取财物的行为。抢劫的方法是本罪区别于抢夺、盗窃、诈骗等其他犯罪的标志。我国

---

〔1〕 赵秉志主编：《侵犯财产罪》，中国人民公安大学出版社1999年版，第51页。
〔2〕 张明楷：《刑法学》（下），法律出版社1997年版，第760页。

《刑法》对抢劫罪的规定，不仅不局限于暴力、胁迫方法，而且没有程度的限制，这就不可避免地在抢劫罪的具体认定上产生争议。

1. 暴力方法的认定

暴力，是行为人对被害人的身体实施的具有公然性、攻击性、强制性的行为。抢劫罪的暴力，一般是指对被害人身体实施的强烈打击或强制。实施暴力的目的，是为了使被害人完全丧失反抗能力，迫使被害人当场交出财物，或者当场夺走其财物。但抢劫罪的暴力有时候并不直接针对人，而是指向物。只要能抑制被害人的意志、行动自由，就是抢劫罪中的暴力。[1]比如行为人采用暴力手段破门而入，闯进被害人家，当着被害人的面对室内的财物进行肆意毁坏，然后夺取部分财物逃走，但始终没有对被害人实施殴打，仍然构成抢劫罪。

抢劫罪的暴力在多数场合下十分凶残、危险。但有时间却较轻，无损健康。我国刑法对抢劫罪的暴力不要求达到危及人身健康、生命或使被害人不能抗拒的程度，只要达到使被害人恐惧，反抗能力受到一定程度抑制即可。[2]或者说"暴力行为只要足以抑制对方的反抗即可，不要求事实上抑制了对方的反抗，更不要求具有危害人身安全的性质。"[3]只要事实证明行为人对他人实施暴力（包括使用拳脚）的目的是使被害人不能或者不敢反抗，以便夺取其财物，不论事实上是否能够抑制或者排除被害人的反抗，一般都构成抢劫罪。

不过，如果由此得出结论说，认定抢劫罪根本无须考虑暴力的程度，也是不妥当的。虽然刑法没有规定暴力的下限，但是对暴力只作形式的理解，根本不考虑其对人身权利侵犯的程度和其他情节，是不妥当的。有人认为，抢劫罪中的暴力必须达到足以压制被害人不能抗拒的程度。[4]抢劫罪的暴力，足以压制被害人的反抗，并不等于事实上完全压制被害人的反抗，更不要求行为具有危害生命、健康的性质。至于被害人的反抗是否足以被压制，要结合犯罪人的人数、年龄、性别，犯罪行为的时间、场所以及附随状况，凶器

---

〔1〕　［日］大塚仁：《刑法概说·各论》（第 3 版），有斐阁 1996 年版，第 213 页。

〔2〕　赵秉志主编：《新刑法教程》，中国人民大学出版社 1997 年版，第 626 页。

〔3〕　张明楷著：《刑法学》（下），法律出版社 1997 年版，第 763 页。

〔4〕　刘明祥：《财产犯罪比较研究》，中国政法大学出版社 2001 年版，第 120 页；张明楷：《刑法学》，法律出版社 2011 年版，第 850 页。

的有无、使用方法等具体的事项对暴力的性质进行客观判断。实施暴力，从一般人认同的社会观念看，达到足以压制被害人反抗的程度即可，即被害人的反抗已现实地困难，这是从客观的基准判断，而不是从行为人、被害人的主观感受的角度来考虑反抗是否被压制的问题。[1]

2. 胁迫方法的认定

胁迫方法，是告知被害人将要对其实施加害，对其进行精神强制，即以对被害人实施某种侵害行为相威胁，使其产生恐惧而被迫服从行为人的意志。胁迫的方式包括语言胁迫、用动作、手势、凶狠的眼神等胁迫，法律对胁迫的方式没有限制。

胁迫的对象是财物的所有人、使用人或其他人员。刑法对抢劫罪的胁迫未作出详细规定，因而在理论上存在不同观点。有人认为，"我国刑法对胁迫自然应理解为以暴力相威胁。"[2]有的著作则批评说："这样理解胁迫不是十分精确"。[3]有的学者提出："恐吓或胁迫，其能否成为抢劫罪中的胁迫，并不在于内容如何，而在于能否造成使他人明显难以抗拒这一结果。任何形式的恐吓或逼迫，不管其内容是暴力的，还是非暴力的，只要其能够令人明显难以抗拒，就足以成立抢劫犯罪中的胁迫"。[4]例如，A 深夜守在路旁，B 由此经过，A 装鬼跳出来将 B 吓跑，丢下财物被 A 占有，A 构成抢劫，这是非暴力的胁迫。

我国刑法对胁迫方法的内容，没有像外国刑法那样作出限定。在刑事司法实践中，抢劫的胁迫主要是以暴力相胁迫。因为，抢劫的胁迫方法必须是当场能够实现的。装鬼吓人，无非是利用人们怕鬼，迷信鬼会吃人、杀人的心理，是特殊的暴力胁迫方法。

3. 抢劫罪的"其他方法"的认定

许多国家刑法对抢劫罪的方法限定较严，除暴力、胁迫外，没有其他方法。我国刑法规定还有"其他方法"，应该说更为全面。实践中存在着各种各样的暴力、胁迫以外的其他抢劫的方法，如用酒灌醉、用药物麻醉被害人后予以抢劫。"其他方法"是暴力、胁迫以外的抢劫方法的总称，当然，这种规

---

〔1〕 周光权：《刑法各论》，中国人民大学出版社 2016 年版，第 103 页。
〔2〕 高铭暄主编：《刑法学》，法律出版社 1982 年版，第 484 页。
〔3〕 甘雨沛等编：《犯罪与刑法新论》，北京大学出版社 1994 年版，第 640 页。
〔4〕 甘雨沛等编：《犯罪与刑法新论》，北京大学出版社 1994 年版，第 640 页。

定缺陷是不确切，可采取列举的方式将其他方法加以规定，避免司法实践中执法的困惑，甚至将其他方法不予认定的消极现象。

4. 抢劫罪的行为主体是一般主体

任何已满14周岁并具有责任能力的自然人均可成为抢劫罪的主体。已满14周岁不满16周岁的未成年人，用轻微暴力抢劫少量生活用品，被害人财产损害很小，也没有受到惊吓，可不认定为抢劫罪，根据《治安管理处罚法》予以治安处罚。如果已满14周岁不满16周岁的未成年人使用严重暴力或者持刀（枪）威胁实施抢劫的，不论抢劫财物多少，应当以抢劫罪论处，不过行为人是未成年人的，仍应从轻或者减轻处罚。

（三）抢劫罪主观要件

抢劫罪的犯罪主观方面是故意犯罪，即以非法占有为目的，明知是不归其所有的公私财物，而故意以暴力、胁迫或者其他方法实施抢劫。没有强取他人财物的意图，行为人不构成抢劫罪。

为实现其他犯罪目的而对被害人实施暴力、胁迫行为，在此过程中产生夺取财物的意思并取得财物的，也应当认为有抢劫的意图。例如，绑架他人，在使用暴力手段捆绑被害人的过程中，发现被害人佩戴有价值很高的手表，行为人强行摘下被害人的手表，构成抢劫罪。

存在的问题是，行为人实施暴力、胁迫之后，才产生强取财物的意图，例如，为非法拘禁、故意伤害、强制侮辱、强制猥亵他人而实施暴力、胁迫，压制被害人的反抗后，产生了不法取得的意思，并顺便取得财物的，是否可以认为有抢劫的意图，亦即是否具备非法占有的目的？对此，有两种截然相反的观点。

抢劫说认为，抢劫罪是基于强取的意图而着手实施暴力、胁迫，在强制猥亵又强取财物的情况下，取得财物的经过与典型的抢劫罪有区别，但是，这并不影响抢劫罪的成立。盗窃说则主张，抢劫罪是基于强取的意图，采用暴力、胁迫手段压制被害人反抗，然后夺取财物的行为。如果不存在作为强取财物手段的暴力、胁迫，而只是利用被害人不能反抗或丧失反抗能力的状态夺取财物，只能认定为盗窃罪。[1]如果将为犯其他罪而实施的暴力、胁迫

---

〔1〕〔日〕西田典之：《日本刑法各论》（第6版），刘明祥、王昭武译，法律出版社2013年版，第177页。

再作为抢劫罪的手段行为，则属于对一个手段行为作了两次评价，扩大了抢劫罪的成立范围，不符合罪刑法定原则的内涵。

最高人民法院《关于审理抢劫刑事案件适用法律若干问题的指导意见》规定，行为人实施伤害、强奸等犯罪行为，在被害人未失去知觉，利用被害人不能反抗、不敢反抗的处境，临时起意劫取他人财物的，应以此前所实施的具体犯罪与抢劫罪实行数罪并罚；在被害人失去知觉或者没有发觉的情形下，以及实施故意杀人犯罪行为之后，临时起意拿走他人财物的，应以此前所实施的具体犯罪与盗窃罪实行数罪并罚。这在一定程度上折中了抢劫说和盗窃说，故为一种合理观点。

二、抢劫罪的认定

（一）抢劫罪与敲诈勒索罪的界限

敲诈勒索罪是指以非法占有为目的，对财物所有人、占有人使用威胁或要挟的方法，索取数额较大的公私财物，或者多次敲诈勒索的行为。如果行为人当场使用暴力，但是迫使被害人事后交付财物的，构成敲诈勒索罪，而不构成抢劫罪。不过，敲诈勒索罪主要是采用威胁或者要挟方法。威胁方法，是以将要对被害人实施暴力、破坏其名誉或毁坏其财产等相威胁。要挟方法，是抓住被害人的某些短处或者制造某种迫使其交付财物的借口，就是以要挟方法敲诈勒索。威胁和要挟属于广义的胁迫。抢劫罪和敲诈勒索罪均属侵犯财产罪，从保护法益来看，不仅都侵犯了他人财物的所有权，有时还同时侵犯到公民的人身权利。从犯罪主观方面来看，两者具有相同的犯罪目的，即非法占有公私财物。但抢劫罪和敲诈勒索罪有明显区别：（1）威胁实施的对象和方式不同。抢劫罪的威胁，是犯罪人当场当面直接向被害人口头实施，具有直接的公开性；而敲诈勒索罪的威胁可以是面对被害人公开实行；可以是不面对被害人实行；可以是利用书信、通信设备或者通过第三人转告被害人的明示的方法实施，也可以是以手势、其他身体动作的默示方法实施。（2）威胁的内容不同。抢劫罪的威胁，其内容只限于暴力，是直接侵犯人的生命健康的暴力威胁，如以杀害相威胁；敲诈勒索罪威胁的内容较广泛，可以是采用对人身实施暴力、伤害的方式相威胁，也可以是以揭发隐私、毁坏财物、阻止正当权利的行使，设置困境、不让被害人实现某种正当要求等相威胁。（3）威胁内容可能付诸实施的时间不同。抢劫罪的暴力威胁一般在当场予以实施；而敲诈勒索罪的威胁一般是在将来某个时间付诸实施。（4）威胁索取利益的性质不同。抢劫罪针对的是财物，且只能是动产；而敲诈勒索罪索取的主要是财物，可以是动产也可以是不动产，还包括一些财产性利益，如提供劳务等。（5）非法取得利益的时间不同。抢劫罪非法取得利益的时间只能是当场当时取得；敲诈勒索罪非法取得利益的时间可以是当场，更多的是在若干时日以后（一般是罪犯指定或同意的时间）。（6）威胁的效果有所不同。敲诈勒索罪中的威胁手段，是为了使被害人产生恐惧感和压迫感，并没有达到抑制他人反抗的程度，被害人在决定是否交付财物上尚有考虑、选择的余地；而抢劫罪中的威胁，是为了使被害人当场受到精神强制，使其完全丧失反抗的意志，除将财产当场交出外，没有其他考虑、选择的余地。

（二）抢劫罪与抢夺罪的界限

抢劫罪与抢夺罪只有一字之差，但二者危害性相差很大，必须严格区分。抢夺罪是指以非法占有为目的，对物实施有形力，夺取被害人占有的数额较大的财物，尚未达到抑制占有人自由意志程度的行为。其与抢劫罪的共同点是：（1）主观上都是以非法占有公私财物为目的。（2）犯罪行为都带有公然性，即无所顾忌地当着被害人的面或者采取能使被害人立即发觉的方法当场占有公私财物。（3）犯罪主体都是一般主体。其区别是：（1）主体要件不同，即已满14周岁的人即可成为抢劫罪的主体，而抢夺罪的主体只能是已满16周岁的人。（2）抢劫罪保护的法益比较复杂，抢劫罪既侵犯了人身权，又侵害了财产权。抢夺罪保护法益则是单一的，即只侵犯财产权利。（3）抢劫罪采取暴力、胁迫或者其他人身强制方法，非法占有公私财物。抢夺罪是公然夺取在他人控制下的财物，但是不采用上述强制方法，一般有两种抢夺方法，即乘人不备的抢夺，或者是创造他人不注意的机会然后夺取财物。

《刑法》第267条第2款规定，携带凶器抢夺的，以抢劫罪定罪处罚。在理解携带凶器抢夺的问题上，有不同观点。

1."凶器"的含义和认定

凶器，是指外观上足以使人产生危险感、不安全感，客观上足以对他人的生命、身体、安全构成威胁，具有杀伤危险性的器物，其种类并无限制。[1]凶器必须是用于杀伤他人的器具，如枪炮、刀剑等具有直接杀伤力的器具；而仅具有毁坏财物的特性而不具有杀伤性的器具，不属于凶器。外观上与真实凶器相同，如塑料制成的仿真手枪、自动步枪、匕首等仿制品由于其杀伤力较低，也不属于凶器。无论任何器具或工具，只有用于行凶时，才能叫凶器。换句话说，虽然器具或工具本身不是为了满足杀伤他人的目的而制造或存在的，但是只要被人用于杀伤目的时，就成为作案的凶器。

最高人民法院审判委员会 2000 年 11 月 7 日通过，自 2000 年 11 月 28 日起施行的《关于审理抢劫案件应用法律若干问题的解释》（以下简称《解释》）第 6 条指出，"携带凶器抢夺"，是指行为人随身携带枪支、爆炸物、管制刀具等国家禁止个人携带的器具进行抢夺或者为了实施犯罪而携带其他器械进行抢夺的行为。这一对携带"凶器"的解释，既考虑了性质上的凶器，也考虑了使用上的凶器，范围没有无限扩大，比较合理。

2. "携带"的认定

对于《刑法》第 267 条第 2 款的规定，有不同的认识：其一，认为只要发现行为人在抢夺时随身携带凶器，不问其是否使用或者出示，都构成对他人的人身的威胁，因此，应以抢劫罪论处。如果其实际使用或者出示了凶器，则应直接定抢劫罪，而不必转化。[2]其二，认为行为人虽然携带凶器，但在抢夺时没有使用、显露、暗示自己携带凶器，也没有对被害人产生精神强制，不能转化为抢劫。[3]

最高人民法院的关于抢劫罪的《解释》第 6 条具体说明了携带什么器具进行抢夺即可以以抢劫罪论处，而没有说明必须是行为人使用或者显示凶器，才可以以抢劫罪论处。由此看来，上述第一种观点是与《解释》一致的，并且把上述规定作为一种特殊形式的抢劫罪，即转化型的抢劫罪，其论证理由也是可以成立的。根据司法解释的规定，"携带"不包括"显示凶器"，缺乏操作性，而且行为的外延较大。于是有人提出，携带凶器应具有随时可能使用或者当场能使用的特点，即具有随时使用的可能性。[4]这样对"携带"做了比较细致的界定，虽然不要求显示凶器，或者暗示凶器，更不要求使用凶

---

〔1〕 [日] 平野龙一：《刑法概说》，东京大学出版会 1977 年版，第 171 页。

〔2〕 何秉松主编：《刑法教科书》（下卷），中国法制出版社 2000 年版，第 916 页。

〔3〕 王辉："张某的行为是否构成抢劫罪"，载《人民法院报》2000 年 1 月 27 日。

〔4〕 张明楷：《刑法分则的解释原理》（第 2 版），中国人民大学出版社 2011 年版，第 657 页。

器，但是，只要行为人一旦遇到反抗，就可以迅速使用凶器，在客观上就符合了携带凶器的条件。

三、抢劫罪情节加重犯和结果加重犯的认定

《刑法》第263条将抢劫罪的情节加重犯和结果加重犯具体化为8项。这8种情形有些是从对象角度，有些是从手段角度，有些是从结果角度，还有些是从身份角度等加以规定的，可以统称其为情节加重。但是，如何理解这些规定，仍然引起了一些争议，因此值得进一步研究。

（一）"入户抢劫"的认定

"入户抢劫"，关键问题是对"户"的理解。"户"一般指居民住宅（包括住址和宅院），不包括其他场所。[1]（1）入户仅指侵入私人住宅，"户"指"人家"，即私人住宅。对于住宅不能仅指固定于土地上的供人居住的建筑，而且应包括以船为家的渔民作捕鱼和居住用的船只，牧民居住用的帐篷等。并且，入户不仅指进入住室，有私人院落的进入其院落，即为入户。（2）侵入居民住宅抢劫，具有更大的危害性。因为，居民住宅的安全关系到每个公民，包括在职的和大量无职公民的生活安全。特别是许多家庭都有常年居家的老弱妇幼及病残人员，一旦遭遇入户抢劫，不但因处在封闭条件下孤立无援，而且会使左邻右舍惊恐不安。"户"是人们最后最重要的安全处所，人身和财产需要得到刑法的特殊保护。最高人民法院《关于审理抢劫案件具体应用法律若干问题的解释》中明确指出："'入户抢劫'，是指为实施抢劫行为而进入他人生活的与外界相对隔离的住所，包括封闭的院落、牧民的帐篷、渔民作为家庭生活场所的渔船、为生活租用的房屋等进行抢劫的行为。"[2]由此可见，"户"在这里是指私人住所（包括渔民的渔船、牧民的帐篷等），其特征表现为供他人家庭生活和与外界相对隔离两个方面，前者为功能特征，后者为场所特征。

2016年1月19日最高人民法院颁布的《关于审理抢劫刑事案件适用法律若干问题的指导意见》第2条关于认定"入户抢劫"的条文中指出，对于部

---

〔1〕　周道鸾、张军主编：《刑法罪名精释》，人民出版社1998年版，第547页。
〔2〕　2000年11月17日最高人民法院"关于审理抢劫案件具体应用法律若干问题的解释"，载《中华人民共和国最高人民法院公报》2001年第1期。

分时间从事经营、部分时间用于生活起居的场所，行为人在非营业时间强行入内抢劫或者以购物等为名骗开房门入内抢劫的，应认定为"入户抢劫"。对于部分用于经营、部分用于生活且之间有明确隔离的场所，行为人进入生活场所实施抢劫的，应认定为"入户抢劫"；如场所之间没有明确隔离，行为人在营业时间入内实施抢劫的，不认定为"入户抢劫"，但在非营业时间入内实施抢劫的，应认定为"入户抢劫"。入户抢劫的量刑起点是 10 年以上。进入他人家里，如果本身进入就具有违法的目的，这时在户内抢劫的就都定入户抢劫。如果是正常的入户抢劫，应认定为"在户抢劫"，在户抢劫和入户抢劫主观恶性程度有区别。2016 年 1 月 19 日最高人民法院颁布的《关于审理抢劫刑事案件适用法律若干问题的指导意见》第 2 条第 1 款指出，认定"入户抢劫"，要注重审查行为人"入户"的目的，将"入户抢劫"与"在户内抢劫"区别开来。以侵害户内人员的人身、财产为目的，入户后实施抢劫，包括入户实施盗窃、诈骗等犯罪而转化为抢劫的，应当认定为"入户抢劫"。同时，暴力或者暴力威胁发生在户内，才符合"入户抢劫"的特征。

（二）"在公共交通工具上抢劫"的认定

在"公共交通工具上抢劫的"中的"公共交通工具"，是指用于从事社会公众营运的交通工具，按照 2016 年 1 月 19 日最高人民法院颁布的《关于审理抢劫刑事案件适用法律若干问题的指导意见》第 2 条中的规定，"公共交通工具"，包括从事旅客运输的各种公共汽车，大、中型出租车，火车，地铁，轻轨，轮船，飞机等，不含小型出租车。小型出租车也是交通工具，但就营运而言，所载乘客较少甚至是单个人，公共性有限，是一种广义的交通工具。

"在公共交通工具上抢劫"，有的人认为应指行为人本身就在交通工具上，或者拦截交通工具后上车抢劫，如果只是拦截交通工具以胁迫方式抢劫，并未进入交通工具的，仍按一般抢劫认定。[1]有的人则认为，不论抢劫是在交通工具"上"还是"下"，其社会危害性是完全相同的，应一样认定。[2]根据《关于审理抢劫刑事案件适用法律若干问题的指导意见》，"在公共交通工具上抢劫"，既包括在处于运营状态的公共交通工具上对旅客及司售、乘务人

---

〔1〕 周振想、林维："抢劫罪特别类型研究"，载《人民检察》1999 年第 1 期。
〔2〕 熊洪文："再谈对抢劫罪之加重情形的认定"，载《人民检察》1999 年第 7 期。

员实施抢劫，也包括拦截运营途中的公共交通工具对旅客及司售、乘务人员实施抢劫，但不包括在未运营的公共交通工具上针对司售、乘务人员实施抢劫。

2000 年《最高人民法院关于审理抢劫案件具体应用法律若干问题的解释》指出，刑法的上述规定不仅指在公共交通工具上抢劫，而且包括对运行途中的机动公共交通工具加以拦截后，对公共交通工具上的人员实施的抢劫。至于行为人是在车上动手，或者是拦截车辆，以暴力威胁使乘客将财产扔到车下，或者是威逼乘客下车，在车下实施抢劫，只是抢劫方式、方法不同，均认定为"在公共交通工具上抢劫"。

（三）"抢劫银行或者其他金融机构"的认定

银行，包括国有银行和一切非国有银行。其他金融机构，是指银行以外的依法从事金融活动，开展金融业务的非银行金融机构，包括信用合作社、证券公司、期货经纪公司、保险公司、信托投资公司、融资租赁公司、财务公司等。根据 2000 年《最高人民法院关于审理抢劫案件具体应用法律若干问题的解释》，抢劫正在使用中的银行或者其他金融机构的运钞车的，视为"抢劫银行或者其他金融机构"。最高人民法院的《关于审理抢劫案件具体应用法律若干问题的解释》指出，"抢劫银行或者其他金融机构"，是指抢劫银行或者其他金融机构的经营资金、有价证券和客户的资金等，不包括金融机构的办公用品、交通工具等财物。

（四）"多次抢劫和抢劫数额巨大"的认定

所谓"多次抢劫"一般指在不同时间、不同地点实施抢劫 3 次或 3 次以上。在同一地点，不间断地对两个人以上依次实施抢劫，应视为一次。多次抢劫包括针对同一被害人的多次抢劫与非针对同一被害人的抢劫。"抢劫数额巨大"，包括一次抢劫数额或几次抢劫累积达到巨大，抢劫他人财物，价值5000 元至 2 万元以上的，为抢劫数额巨大。2016 年最高人民法院《关于审理抢劫刑事案件适用法律若干问题的指导意见》规定，对以数额巨大的财物为明确目标，由于意志以外的原因，未能抢到财物或实际抢得的财物数额不大的，应同时认定"抢劫数额巨大"和犯罪未遂的情节，根据刑法有关规定，结合未遂犯的处理原则量刑。

（五）"抢劫致人重伤、死亡"的认定

抢劫致人重伤包括过失致人重伤，也包括故意致人重伤。致人死亡是指直接造成被害人死亡，包括当场死亡或者经抢救无效死亡。

（六）"冒充军警人员抢劫"的认定

所谓冒充军警人员，是指假冒现役军人、军装警察、公安机关和国家安全机关的警察、司法警察等身份，例如，无业人员冒充人民警察，或者是有此种军警人员身份的冒充另一种军警人员的身份，如，士兵冒充警察。至于冒充与自己职业相同的更高级职务人员，例如，士兵冒充军官等，不应适用上述规定。

在实践中有争议的问题是，真正的军警人员抢劫要不要按刑法这一条款"冒充军警人员抢劫"论处？关于这个问题的争议很大，有人提出这种情况没有冒充，也有人提出冒充军警抢劫都要判10年，没冒充就更要多判。笔者认为，在犯罪情节上，特别是在量刑情节上要考虑举轻以明重。在定罪的时候，法律需要规定，既然没有规定，就不能对其定罪量刑。2016年1月19日最高人民法院颁布的《关于审理抢劫刑事案件适用法律若干问题的指导意见》第2条规定：军警人员利用自身的真实身份实施抢劫的，不认定为"冒充军警人员抢劫"，应依法从重处罚。此外，上述司法解释还规定认定"冒充军警人员抢劫"，要注重对行为人是否穿着军警制服、携带枪支、是否出示军警证件等情节进行综合审查，判断是否足以使他人误以为是军警人员。对于行为人仅穿着类似军警的服装或仅以言语宣称系军警人员但未携带枪支、也未出示军警证件而实施抢劫的，要结合抢劫地点、时间、暴力或威胁的具体情形，依照普通人的判断标准，确定是否认定为"冒充军警人员抢劫"。

（七）"持枪抢劫"的认定

持枪抢劫是指携带枪支进行抢劫。司法解释将其解释为使用枪支或者向被害人显示持有、佩带的枪支进行抢劫的行为。所谓枪支，是指我国《枪支管理法》规定的各种枪支。因此，随身携带枪支，但未向被害人显示，也未使用，不应适用此规定。手持假枪进行威胁的，虽然可能和真枪一样对被害人起到精神强制作用，但是毕竟其事实上不可能损害他人健康或生命，在量刑上不能"举重以明轻"，而只能"举轻以明重"，所以持假枪抢劫是不能包括在持枪抢劫内的。对于持有机件损坏已无法使用的废枪，能否适用上述规定？笔者认为，从立法精神看，规定上述情节，显然不是只着眼于所持工具能对被害人起威胁作用，否则，就应规定为"持械抢劫"，而是着眼于枪支具有较大杀伤力的功能，属于危险性较大的工具，因此，手持无上述功能的报废"枪支"不宜适用上述规定。持炮抢劫、持手榴弹抢劫、持炸药包抢劫，能不能定持枪抢劫？对于这些问题，直到现在还有很大的争议，因为这些爆炸物与枪支一样具有较大杀伤力，笔者认为应适用上述规定，这样处理，完全符合立法精神，亦不违反罪刑法定原则。

（八）"抢劫军用物资或者抢险、救灾、救济物资"的认定

这里的军用物资，是指供武装部队使用的物资，如军用汽车、军用通信设备、军用医疗用品、军服、军被等，不包括警用物资，也不包括枪支、弹药。抢劫部队枪支、弹药的，应依照《刑法》第127条第2款以抢劫枪支、弹药罪论处。抢险、救灾、救济物资，是指该项物资，已经确定上述用途，或者正在用于上述用途。为正确理解抢劫抢险、救灾、救济物资，必须证实行为人明知是上述物资而抢，行为人对这些特定对象无认识，只能以一般抢劫罪认定。

第二节　盗窃罪

盗窃罪，是指以非法占有为目的，窃取公私财物数额较大，或者多次窃取、入户窃取、携带凶器窃取、扒窃公私财物的行为。

一、盗窃罪的构成要件

（一）保护法益与行为对象

1. 保护的法益是财产所有权

刑法对于财产的保护自近代以来经历了深刻的变化。财产利用形态的变化与财产存在形态的变化是促成这种演变的重要原因。[1]在前工业社会，财产的利用形态以自己使用为中心，财产的存在形态则以所有权为主。财产犯罪主要是侵害财物支配权的盗窃罪、抢劫罪。随着市场经济的发展，财物成为交易的对象，财产存在形态也发生了变化，除所有权之外，还出现担保权、

---

〔1〕［日］西田典之：《日本刑法各论》，刘明祥、王昭武译，武汉大学出版社2005年版，第93页。

质押权、抵押权、留置权等他物权与债权的形态。现代社会财产关系在刑法领域的影响主要表现为：一是财产罪成立范围的扩张，侵占罪、合同诈骗罪、职务侵占罪和非法提供信用卡信息罪等犯罪陆续出现；二是犯罪的对象范围也大为拓宽，无形物、财产性利益如期货、保险、知识产权、合同等也成为财产犯罪的对象，同时也成为盗窃罪的对象。

2. 行为对象

盗窃罪的对象是他人占有的财物。即使是自己的财产，在由他人占有或者根据国家机关的命令由他人看守、管理时，也视为他人的财物。我国《刑法》第91条第2款规定，在国家机关、国有公司、企业、集体企业和人民团体管理、使用或运输中的私人财产，以公共财产论。

一般而言，只要是具有一定经济价值并能够为人们控制的物都可以成为盗窃罪的行为对象。因为盗窃罪基本上是以被盗财物的经济价值大小来衡量罪与非罪、罪轻与罪重。在判断某种物品是否具有经济价值时，需要坚持客观的标准，要考虑市场的波动，必要时对被盗窃的财物需要结合市场价格进行评估。原则上，不具有客观经济价值的物品不能成为盗窃罪的对象。但在某些情况下，如果所有人、占有人认为某种不一定具有客观经济价值的物品，社会观念认为这种物品值得刑法保护，该种物品也被视为财物。此外，对于所有人、占有人而言没有积极价值（比如银行回收准备销毁的有破损货币），但落入他人之手后可能被用来进行不当活动，进而使所有人、占有人遭受财产损害的物，也应认为是财物。缺少客观经济价值，所有人、使用人放弃控制，不能成为本罪的对象。

毫无疑问，有形财产是本罪的对象；无形财产可否成为本罪的对象，不可一概而论，应作具体分析。我国《刑法》第265条规定，以牟利为目的，盗接他人通信线路、复制他人电信号码或者明知是盗接、复制的电信设备、设施而使用的，按盗窃罪定罪处罚。由此可见，电信号码可成为本罪对象。电力、煤气、天然气也可以成为盗窃罪的对象，但技术秘密或技术成果却不能成为本罪的对象。[1]

---

〔1〕 最高人民法院在1997年11月4日通过、1998年3月17日施行的《关于审理盗窃案件具体应用法律若干问题的解释》第12条第6项明确规定："盗窃技术成果等商业秘密的，按照刑法第二百一十九条的规定定罪处罚。"

不动产一般不能成为以移动为必要的盗窃罪的对象。从各国刑法规定来看，盗窃罪的对象都仅限于动产或可移动的物品，而不包括不动产，这是由盗窃罪的行为性质决定的。如果行为人采用秘密方法将能从不动产上分离出来的物品拿走，成立盗窃罪。

盗窃罪的对象一般不包括财产性利益。财产性利益，是一般财物以外的其他涉及具有财产价值的利益，包括积极性利益，如取得债权或担保权、使人提供劳务、服务等，还包括消极性利益如免除债务等。由于财产性利益的性质使得在没有占有人同意的情况下很难转移占有，所以没有必要将财产性利益纳入盗窃罪的保护范围之内。但从当前的刑事立法与司法实践来看，似乎同样认可财产性利益成为盗窃罪的对象。比如，我国《刑法》第 210 条第 1 款规定，盗窃增值税专用发票或可以用于骗取出口退税、抵扣税款的其他发票的，依照盗窃罪定罪处罚。

（二）客观要件

1. 窃取方法

窃取，是指违反占有者的意思，排除其占有，由自己或者第三者对财物进行占有。窃取不能以暴力、胁迫的方法实施。窃取的具体手段没有任何限制。行为人可以利用不辨是非的幼儿，以间接正犯的形式窃取；也可以用欺诈的方式，只要不是通过对方基于欺诈行为所产生的错误使其交付财物。

在我国，大多数人认为窃取行为应当以秘密方式实施，从而将盗窃罪中的窃取概念限缩为"秘密窃取"。不可否认，秘密窃取是盗窃的主要方法。秘密窃取是行为人采用自认为不为财物所有人或在占有人知晓的方法窃取其财物，而行为人窃取财物的方法是否为其他人知晓，对构成盗窃罪没有影响，这里主要考虑的是行为人的判断。但是，有些盗窃案件，行为并非秘密窃取。如明知大型超市、商场、银行、饭店、宾馆等场所装有摄像监控设备且有人巡逻，但认为自己抓起财物逃走，被害人或看管财物者也追不上。所以，只要是以平和而非暴力的手段，违反所有人或占有人的意思而取得财物，就是盗窃罪中的窃取，而不以采用隐秘方法实施为必要条件。例如，A 半夜醒来，发现盗贼 B 进入自己的卧室盗窃，但 A 胆小害怕，担心呼喊求救会遭到 B 的伤害，而且想到自己家中并没有太多有价值的财物，就用被子蒙住脑袋装睡，任由 B 盗窃。在 B 离开后，A 才大声呼叫"有小偷"；又如，入室行窃的盗贼

B 清楚听见房主人 A 在床上辗转反侧，估计 A 没有睡着，但 B 不予理会，慢条斯理地挑选财物，随后开门逃走。B 均非趁人不知不觉而秘密行窃，但仍然可以认定其有窃取行为。"要求盗窃罪一定是秘密窃取，是法律门外汉的看法"。[1] 还有，行为人利用自己驯养的训练有素的宠物狗实施窃取，或者行为人假房主之名，声称是自己的房屋，雇请不知情的开锁匠打开被害人的防盗门，然后窃取财物，在这些情况下，狗的行为和开锁匠的行为，均视为行为人的行为，此时行为人构成本罪的直接正犯，而不是盗窃罪的间接正犯。

盗窃罪的行为手段，不仅包括通常意义上的窃取他人财物数额较大的，也包括刑法规定的几种特殊情形：

（1）盗窃公私财物，数额较大。盗窃行为如果没有多次盗窃、入户盗窃、携带凶器盗窃、扒窃等其他情形的，达到数额较大的，才构成犯罪。2013 年 3 月 8 日公布，同年 4 月 4 日起施行的最高人民法院、最高人民检察院《关于办理盗窃刑事案件适用法律若干问题的解释》第 1 条规定，盗窃公私财物价值 1000 元至 3000 元以上的，应当认定为数额较大；盗窃公私财物价值 3 万元至 10 万元以上的，认定为数额巨大；盗窃公私财物价值 30 万元至 50 万元以上的，认定为数额特别巨大。不过，根据该司法解释第 2 条的规定，具有下列情形之一的，数额较大的标准可以按照前条规定标准的 50% 确定：第一，曾因盗窃受过刑事处罚的。第二，1 年内曾因盗窃受过行政处罚的。第三，组织、控制未成年人盗窃的。第四，自然灾害、事故灾害、社会安全事件等突发事件期间，在事件发生地盗窃的。第五，盗窃残疾人、孤寡老人、丧失劳动能力人的财物的。残疾人、孤寡老人或者丧失劳动能力人，属于社会的弱者，盗窃其财物的，行为的侵害法益程度大于盗窃其他人财物的程度。因此，根据司法解释的规定，盗窃残疾人、孤寡老人或者丧失劳动能力人的财物，虽然盗窃数额未达较大的起点，仍可追究刑事责任。第六，在医院盗窃病人或者其亲友财物的。第七，盗窃救灾、抢险、防汛、优抚、扶贫、移民、救济款物的。第八，因盗窃造成严重后果的。根据这些标准，公安机关可以立案侦查。

（2）多次盗窃。根据上述两高关于盗窃罪的司法解释第 3 条的规定，多次盗窃是行为人在 2 年之内盗窃 3 次以上的情况。这不同于以往的规定，对

---

〔1〕 林东茂：《刑法综览》，中国人民大学出版社 2009 年版，第 292 页。

多次盗窃作出了限制性解释，必须是 2 年以内（包括 1 年内）连续盗窃 3 次以上，盗窃总和数额即使未达到"数额较大"，或者存在盗窃未遂的，均构成盗窃罪。行为人基于一个概括的盗窃故意，在同一场所对不同的被害人相继实施盗窃，或者同一时间段内连续实施盗窃行为，认定为一次盗窃行为，不能认定为多个盗窃行为。

（3）入户盗窃。非法进入供他人家庭生活，与外界相对隔离住所盗窃的，应当认定为"入户盗窃"。

（4）携带凶器盗窃。携带枪支、爆炸物、管制刀具等国家禁止个人携带的器械盗窃，或者为了实施违法犯罪携带其他足以危害他人人身安全的器械盗窃的，应当认定为"携带凶器盗窃"。

携带凶器盗窃与携带凶器抢夺的行为相比，危险的紧迫性较小。刑事司法实践中，被告人对被害人直接使用凶器的可能性也相对较低。对携带凶器盗窃的认定时要注意以下因素：凶器要有一定的杀伤力；凶器有使用可能性的；行为人不一定有使用意图，即使不想使用，但其行为也是携带凶器。

（5）扒窃。根据司法解释第 3 条的规定，在公共场所或者公共交通工具上盗窃他人随身携带的财物的，应当认定为扒窃。

在车站、码头、机场、商场、集贸市场、广场等公共场所或公共汽车等公共交通工具上，窃取被害人随身携带财物的，属于扒窃。乘被害人不备，将被害人密切占有的财物拿走的，也是扒窃。比如，行为人在被害人骑自行车时，向被害人车子轮胎扔杂物，制造声响，吸引被害人注意，被害人下车查看车子，行为人趁机将被害人车前筐中的财物拿走的，也属于扒窃。实施扒窃行为，不论窃得财物多少，都构成盗窃罪。

2. 窃取行为的构造

盗窃罪客观行为的基本构造是，采用窃取手段，破坏原有的占有关系，是窃取行为的第一步。窃取行为的第二步，将他人的财物据为己有，确立新的支配关系。完全没有重新设定占有关系，不构成盗窃罪。新的支配关系一旦确立，即意味着行为人的不法占有的目的业已实现。[1]

盗窃罪属于状态犯，达到既遂以后违法状态处于持续当中。盗窃既遂之后，行为者使用、处分目的物的行为应在盗窃罪中概括地加以评价，不再成

---

[1] 林山田：《刑法特论（上）》（第三版），三民书局 2000 年版，第 209 页。

立其他犯罪，如隐瞒犯罪所得罪等。

3. 盗窃罪的主体是一般主体

盗窃罪的主体是一般主体，即任何已满 16 周岁并具有刑事责任能力的自然人均可以成为本罪的主体。但是，单位不能成为盗窃罪的主体。

根据最高人民法院《关于审理未成年人刑事案件具体应用法律若干问题的解释》（2006 年 1 月 11 日）的规定，已满 16 周岁不满 18 周岁的人实施盗窃行为未超过 3 次，盗窃数额虽已达到数额较大标准，但案发后能如实供述全部盗窃事实并积极退赃，且具有下列情形之一的，可以认定为"情节显著轻微危害不大"，不认为是犯罪：①又聋又哑的人或者盲人；②在共同盗窃中起次要或者辅助作用，或者被胁迫进行盗窃的；③具有其他轻微情节的。已满 16 周岁不满 18 周岁的人盗窃未遂或者中止的，可不认为是犯罪。已满 16 周岁不满 18 周岁的人盗窃自己家庭或者近亲属财物，或者盗窃其他亲属财物但其他亲属要求不予追究的，可不按犯罪处理。

由于我国刑法分则并未规定单位可以成为盗窃罪的主体，因此，单位不能成为盗窃罪的主体。但是，对于实践中发生的单位盗窃他人财物的行为，不能认为《刑法》未规定单位可以成为盗窃罪的主体，而不追究单位中参与盗窃的自然人盗窃罪的刑事责任。2002 年 8 月 9 日公布的最高人民检察院《关于单位有关人员组织实施盗窃行为如何适用法律问题的批复》指出："单位有关人员为谋取单位利益组织实施盗窃行为，情节严重的，应当依照刑法第二百六十四条的规定以盗窃罪追究直接责任人员的刑事责任。"最高人民法院、最高人民检察院《关于办理盗窃刑事案件适用法律若干问题的解释》第 13 条规定："单位组织、指使盗窃，符合刑法第二百六十四条及本解释有关规定的，以盗窃罪追究组织者、指使者、直接实施者的刑事责任。"

（三）主观要件

1. 直接故意

盗窃罪的主观方面只能由直接故意构成。首先，行为人对窃取之物为他人所占用有所认识。如果行为人因疏忽大意错误地认为所盗窃之物不是财物，或者行为人错误地将他人享有所有权、占有权的物当作无主物、抛弃物或者自己的财物而将其拿走，因基于对构成要件事实存在认识错误而阻却故意的成立，不能构成盗窃罪。其次，行为人必须对把他人占有之物转移为自己占有具有认识，并积极追求。行为人出于一般的盗窃意图，由于不知情而错误地将枪支、弹药、爆炸物当作普通财物而盗走，并无盗窃特殊物品的故意，应以普通盗窃罪论处，不应构成盗窃枪支、弹药、爆炸物罪。

一般而言，行为人对于财物的价值不需要有清晰的认知，行为人只要大致认识到所盗窃的财物可能数额较大即可。当行为人盗窃的财物对象具有特殊性而其又不知情，比如盗窃"天价葡萄""天价豆角"等"天价"科研试验品，是否构成盗窃罪？从责任主义的角度出发，如果行为人对这些特殊财物的价值缺乏认识，就会影响其对自己行为侵害法益的认识，最终阻却盗窃罪的犯罪故意。对财物价值有无认识，直接决定了行为人有无取得财物的意思，这是定罪的前提。[1]所以，如果行为人对财物的特殊价值欠缺认识，则不应构成盗窃罪。

2. 非法占有的目的

盗窃罪的成立，必须具有非法占有的目的。在大陆法系国家的刑法理论中，对非法占有的目的存在3种不同的见解：一是排除权利者的意思说，认为非法占有目的是排除权利者行使所有权的内容，自己作为财物的所有者而行动。二是利用处分的意思说，该说主张非法占有目的是按财物经济的用法利用、处分。三是折中说，认为非法占有目的是指排除权利者对财物的占有，把他人之物当作自己的所有物，按其经济的用法利用或处分的意思。[2]比较而言，折中说的观点比较符合实际。盗窃罪的成立要求行为人所具有的非法占有目的，既包括将财物占为己有，也包括为第三人非法占有，为集体非法占有等；行为人非法占有的目的是永久性的非法占有。非法占有时间长短不影响盗窃罪的成立，但可作为量刑的一个因素。

二、盗窃罪的认定

（一）盗窃既遂

关于盗窃罪的既遂标准，国外刑法理论上有不同认识，存在针锋相对的四种学说：①接触说。该说认为，行为人接触属于行为对象的他人财物即为

---

〔1〕 周光权："偷窃'天价'科研试验品行为的定性"，载《法学》2004年第9期。

〔2〕 ［日］曾根威彦：《刑法中的重要问题（各论）》（补订版），成文堂1996年版，第130页，转引自刘明祥："刑法中的非法占有目的"，载《法学研究》2000年第2期。

盗窃罪既遂。②取得说。该说认为，只有在排除他人占有，把财物转移为行为人或第三人的占有时，成立盗窃罪既遂。③转移说。该说认为，行为人对财物进行场所的转移时，成立盗窃罪既遂。④隐匿说。该说认为，把财物隐匿到不容易发现的场所时，成立盗窃罪既遂。其中，取得说相对占优势。

在我国刑法理论中，也存在上述四种学说，并且取得说被称为控制说。除此以外，我还有失控说、失控加控制说、损失说。失控说认为，被害人失去对财物的控制，成立盗窃罪既遂；失控加控制说认为，被害人失去对财物的控制且财物已处于行为人的控制之下，成立盗窃罪既遂。当前，影响最大的是失控说与控制说。失控说将被害人失去对财物的控制界定为盗窃罪的法定危害结果，而控制说则把行为人对财物的非法占有当作盗窃罪的法定危害结果。[1]犯罪的本质在于法益受侵害，同时，盗窃罪为结果犯，只有产生法定的结果才能认为构成了盗窃罪的既遂。所以，失控加控制说相对更具合理性。

（二）数额计算

盗窃数额，是犯罪人通过盗窃行为实际占有的货币及财物折算而成的货币数量。一般是行为人非法取得的财产数额，但在某些案件中，还存在损失数额。非法取得的数额，又称为所得数额，是行为人通过实施盗窃犯罪行为而实际获得的财产的货币金额。根据最高人民法院、最高人民检察院《关于办理盗窃刑事案件适用法律若干问题的解释》（2013 年 4 月 2 日公布）的规定，盗窃行为给失主造成的损失大于盗窃数额的，损失数额可以作为量刑情节考虑。根据最高人民法院《关于审理盗窃案件具体应用法律若干问题的解释》（1998 年 3 月 10 日公布）的规定，盗窃数额接近"数额较大"的起点的，在特殊情形下，也可能追究刑事责任。

根据最高人民法院、最高人民检察院《关于办理盗窃刑事案件适用法律若干问题的解释》的规定，对盗窃数额的计算按照如下标准执行：

（1）被盗财物有有效价格证明的，根据有效价格证明认定；无有效价格证明，或者根据价格证明认定盗窃数额明显不合理的，应当按照有关规定委托估价机构估价。

---

[1] 蔡则毅："盗窃罪既遂未遂标准新探"，载《人民检察》2000 年第 1 期。

（2）盗窃外币的，按照盗窃时中国外汇交易中心或者中国人民银行授权机构公布的人民币对该货币的中间价折合成人民币计算；中国外汇交易中心或者中国人民银行授权机构未公布汇率中间价的外币，按照盗窃时境内银行人民币对该货币的中间价折算成人民币，或者按照该货币在境内银行、国际外汇市场对美元汇率，与人民币对美元汇率中间价进行折算。

（3）盗窃电力、燃气、自来水等财物，盗窃数量能够查实的，按照查实的数量计算盗窃数额；盗窃数量无法查实的，以盗窃前 6 个月月均正常用量减去盗窃后计量仪表显示的月均用量推算盗窃数额；盗窃前正常使用不足 6 个月的，按照正常使用期间的月均用量减去盗窃后计量仪表显示的月均用量推算盗窃数额。

（4）明知是盗接他人通信线路、复制他人电信码号的电信设备、设施而使用的，按照合法用户为其支付的费用认定盗窃数额；无法直接确认的，以合法用户的电信设备、设施被盗接、复制后的月缴费额减去被盗接、复制前 6 个月的月均电话费推算盗窃数额；合法用户使用电信设备、设施不足 6 个月的，按照实际使用的月均电话费推算盗窃数额。

（5）盗接他人通信线路、复制他人电信码号出售的，按照销赃数额认定盗窃数额。

（6）盗窃毒品等违禁品，应当按照盗窃罪处理的，根据情节轻重量刑。

（7）盗窃文物。盗窃国有馆藏一般文物、三级文物、二级以上文物的，应当分别认定为《刑法》第 264 条规定的"数额较大""数额巨大""数额特别巨大"。盗窃多件不同等级国有馆藏文物的，三件同级文物可以视为一件高一级文物。盗窃民间收藏的文物的，根据前述司法解释第 4 条第 1 款第 1 项的规定认定盗窃数额。

（三）偷开机动车

偷开他人机动车的，按照下列原则处理：

（1）偷开机动车，导致车辆丢失的，以盗窃罪定罪处罚；

（2）为盗窃其他财物，偷开机动车作为犯罪工具使用后非法占有车辆，或者将车辆遗弃导致丢失的，被盗车辆的价值计入盗窃数额；

（3）为实施其他犯罪，偷开机动车作为犯罪工具使用后非法占有车辆，或者将车辆遗弃导致丢失的，以盗窃罪和其他犯罪数罪并罚；将车辆送回未造成丢失的，按照其所实施的其他犯罪从重处罚。

（四）亲属相盗

亲属相盗，是偷拿家庭成员或者近亲属的财物。从世界各国刑法规定来看，亲属相盗有以下处理方式：采取自诉原则；不予定罪或免除处罚；自诉与免除处罚相结合。[1]至于对近亲盗窃采取特殊处理方式的理由，又有以下几种学说：可罚的违法性阻却事由说；责任阻却事由说；人的处罚阻却事由说。[2]对于同居亲属相盗应当采取特殊的处理原则。根据最高人民法院、最高人民检察院《关于办理盗窃刑事案件适用法律若干问题的解释》第8条的规定，偷拿家庭成员或者近亲属的财物，获得谅解的，一般可不认为是犯罪；追究刑事责任的，应当酌情从宽。

第三节　拒不支付劳动报酬罪

一、拒不支付劳动报酬及其治理的基本评估

（一）拒不支付劳动报酬现状

欠薪与拒不支付劳动报酬不同，欠薪范围更大。恶意欠薪，构成拒不支付劳动报酬，甚至成立犯罪。欠薪常常引发一系列悲剧：攀楼、爬塔、跳桥、绝食、堵路……劳动者以种种极端方式讨要工钱，一到年底更是如此，一旦事发，会迅速引起社会各界的关注；政府有关部门发出文件，各地劳动监察机构倾巢而出，开设的举报电话"热得烫手"；新闻记者组成讨工钱小分队四处出击，担当起协调员、侦察员、运动员的角色……在劳动纠纷领域，欠薪是一件常事，但是，拒不支付劳动报酬问题年年在特定群体中大面积的爆发，年年清欠、年年欠，反映出社会现存的法律的、制度的救济方式与社会劳动者需要的脱节。

治理欠薪问题至今步履维艰，最重要的还是对欠薪者的处理较轻，连"伤筋伤骨"的程度都没有达到。2011年2月25日第十一届全国人民代表大

---

[1] 郑伟：《刑法个罪比较研究》，河南人民出版社1990年版，第149页。
[2] 刘明祥：《财产罪比较研究》，中国政法大学出版社2001年版，第201页。

会常务委员会第十九次会议通过，自 2011 年 5 月 1 日起施行的《中华人民共和国刑法修正案（八）》第 41 条规定："在刑法第二百七十六条后增加一条，作为第二百七十六条之一：'以转移财产、逃匿等方法逃避支付劳动者的劳动报酬或者有能力支付而不支付劳动者的劳动报酬，数额较大，经政府有关部门责令支付仍不支付的，处三年以下有期徒刑或者拘役，并处或者单处罚金；造成严重后果的，处三年以上七年以下有期徒刑，并处罚金。单位犯前款罪的，对单位判处罚金，并对其直接负责的主管人员和其他直接责任人员，依照前款的规定处罚。有前两款行为，尚未造成严重后果，在提起公诉前支付劳动者的劳动报酬，并依法承担相应赔偿责任的，可以减轻或者免除处罚。'"《最高人民法院、最高人民检察院关于执行〈中华人民共和国刑法〉确定罪名的补充规定（五）》将本条规定为"拒不支付劳动报酬罪"。本罪的出台已经在一定程度上体现出法律的威慑力。在刑法中增设"拒不支付劳动报酬罪"，对规范劳资关系、稳定社会公共秩序和增强社会公众的安全感无疑将起到举足轻重的作用。最高人民法院 2013 年 1 月 22 日对外发布了《关于审理拒不支付劳动报酬刑事案件适用法律若干问题的解释》，针对拒不支付劳动报酬罪所涉及的术语界定、定罪量刑标准、单位犯罪等问题，进一步明确了相关刑事案件的法律适用标准。2015 年 1 月 7 日最高人民法院、最高人民检察院、人力资源社会保障部、公安部下发了《关于加强涉嫌拒不支付劳动报酬犯罪案件查处衔接工作的通知》，以进一步完善劳动保障监察行政执法与刑事司法衔接工作机制。

《关于加强涉嫌拒不支付劳动报酬犯罪案件查处衔接工作的通知》（以下简称《通知》）的出台，正是针对执法实践中遇到的突出问题作出明确具体的规定。譬如针对"老板"逃匿后找不到证据的难题，《通知》规定，由于行为人逃匿导致工资账册等证据材料无法调取或用人单位在规定的时间内未提供有关工资支付等相关证据材料的，人社部门应及时对劳动者进行调查询问并制作询问笔录，同时应积极收集可证明劳动用工、欠薪数额等事实的相关证据，依据劳动者提供的工资数额及其他有关证据认定事实。又如，针对"老赖"问题，此次《通知》规定，人社部门通过书面、电话、短信等能够确认其收悉的方式，通知其在指定的时间内到指定的地点配合解决问题，但其在指定的时间内未到指定的地点配合解决问题或明确表示拒不支付劳动报酬的，视为《刑法》第 276 条之一第 1 款规定的"以逃匿方法逃避支付劳动者的劳动报酬"。工程分转包，各单位之间互相推诿，农民工讨薪不知道找谁的状况也有望得到缓解。《通知》规定，人社部门应向具备用工主体资格的企业下达限期整改指令书或行政处罚决定书，责令该企业限期支付劳动者劳动报酬。对于该企业有充足证据证明其已向不具备用工主体资格的单位或个人支付了劳动者全部的劳动报酬，该单位或个人仍未向劳动者支付的，应向不具备用工主体资格的单位或个人下达限期整改指令书或行政处理决定书，并要求企业监督该单位或个人向劳动者发放到位。另外，《通知》还对人社部门劳动保障监察机构向公安机关移送涉嫌拒不支付劳动报酬案件的案卷标准、文书送达及行政部门与司法机关之间的衔接配合等方面提出了具体的要求。这意味着拒不支付劳动报酬犯罪将受到更严厉的打击。

《刑法修正案（八）》颁布后，截至 2014 年 11 月底，全国各级劳动保障监察机构共查处工资类违法案件 22.8 万件，占所有案件的 67.6%，比上一年同期增长 7.2%；为 352.7 万名劳动者追发工资等待遇 279.4 亿元，工资数额增长 25.3%。由于劳动执法与刑事司法衔接尚存问题，近几年，受多种因素影响，一些用人单位拖欠劳动者劳动报酬的问题时有发生。人社部数据显示，仅 2014 年前三季度，各地劳动保障监察机构就向公安机关移送了 1 718 件涉嫌拒不支付劳动报酬犯罪案件，公安机关立案 945 件，一审法院审结 553 件。让欠薪者受到法律制裁并不容易。以 2013 年为例，各地移送司法的 890 件恶意欠薪案件中，截至 2014 年 1 月 15 日，各地法院审结仅 53 件。

目前为止，拒不支付劳动报酬的实际情况却仍然不容乐观，"拖工资"和"跑路老板"的现象仍时常发生，显然刑法的适用与实际的现状是不相符的。应继续对拒不支付劳动报酬现象加以整治。

山西省也积极治理恶意欠薪，将拒不支付劳动报酬罪贯彻实施。目前，该省的企业劳动合同签订率有了较大幅度的提高，企业用工行为逐步规范。但仍有一些企业存在着用工不规范行为，个别企业甚至存在"恶意欠薪""欠薪逃匿"等违法现象。2012 年以来，该省继续采取提高最低工资标准和艰苦岗位津贴、发布企业工资指导线和劳动力市场工资指导价位等有效措施，增加劳动者收入。截至 2013 年 9 月底，山西省共检查用人单位 7.39 万户，为7.9 万名劳动者追讨工资等待遇 2.5 亿元。

2013 年，山西省为 11.7 万名农民工讨薪 5.78 亿元，比上年同期略有下降。拖欠农民工工资案件 90% 出现在建设工程领域。2012 年，山西省先后组织了两次重点工程工资支付专项检查。一年来，共检查用人单位 13.3 万户，涉及 634.2 万人，预存工资保证金 15.1 亿元，为 11.7 万名工人追发工资。向公安机关移送涉嫌不支付劳动报酬的案件 12 起，其中 1 起由法院作出判决。

2014 年 11 月 25 日，按照人社部等八部门通知，即日起至 2015 年 2 月 10 日，山西省人社厅、工会、公安等多部门组织开展农民工工资支付情况专项检查，严肃处理拖欠农民工工资问题。山西省有 780 万职工，其中 200 多万是农民工。此次专项检查的重点是招用农民工的各类用人单位，特别是招用农民工较多的建筑施工、加工制造、餐饮服务及其他中小型劳动密集型企业、个体工商户等。检查的内容涉及用人单位是否按照工资支付有关规定支付农民工工资、遵守最低工资规定及依法支付加班工资；企业经营者是否存在拖欠农民工工资逃匿行为；用人单位是否与农民工签订劳动合同情况等。若发现存在以上问题，山西省人社部门将按照有关规定对该用人单位作出行政处理或处罚；对涉嫌拒不支付劳动报酬犯罪案件，依法及时向公安机关移送；对无故拖欠农民工工资数额大、时间长、性质恶劣的用人单位，按照有关规定向社会公布。据省人社厅相关负责人介绍，今年将加大对拖欠农民工工资用人单位的处罚力度，尤其对拒不支付劳动报酬、情节严重的，可依法责令停业整顿、降低或取消建筑施工企业资质，直至吊销营业执照。此外，该省还将加大案件查办力度，对辖区内的企业开展常规性巡查和拉网式排查。在欠薪问题突出的建筑、煤炭、交通等领域以及发生过欠薪的企业全面落实工资保证金制度；推行企业拖欠农民工工资问题诚信制度，对典型案例进行曝光；在重点场所公示举报投诉电话和地址，严格落实举报投诉电话专人值班制度，对拖欠工资问题的举报投诉案件实行首问责任制。

2015 年 1 月 21 日，山西省农民工工资支付专项检查领导小组办公室公布，自 2014 年大检查开始到目前，山西省立案查处拖欠工资案件 1 765 件，已结案 1 649 件，结案率达 93.4%，检查期间共为 3.8 万人追索劳动报酬 5.3 亿元，向公安机关移送涉嫌拒不支付劳动报酬案件 20 件，已全部办结。同时，通过新闻媒体向社会公布重大欠薪典型案件 21 起，专项检查各成员单位结合部门职责，将欠薪单位违法信息记入诚信档案，实施联合惩戒。该省农民工工资支付专项检查领导小组办公室有关负责人提醒，农民工工资被拖欠，一定要依法理性维权，可及时拨打举报热线电话，该省人社、公安、住建等部门将快速依法查处。

2015 年上半年，山西省多次在全省范围内开展劳动用工工资支付专项检查。尤其是建设工程领域非法发包、转包、违法分包引发的拖欠工资案件，实行挂牌督办。对已预存工资保证金的建设项目发生拖欠工资情况，该省各地动用保证金先行垫付。对没有预存工资保证金的建设项目，及其他无力支付或企业主欠薪逃匿的用人单位，各地动用政府应急周转金，以及协调工会应急救助金等，解决劳动工人生活困难问题。截至 2015 年 7 月份，该省各级累计预存工资保证金达到 6.83 亿元。在查处案件方面，2015 年上半年该省出台了《查处重大劳动保障违法案件省级联席会议制度》，将部门联动规范化、制度化。集中处理了春节前投诉举报遗留的部分案件和春节后新增案件共 512 件，为 2.08 万人补发工资 1.16 亿元，并向社会公布重大违法行为 40 件。

在解决拖欠工资问题上，近年来，山西省采取多种措施落实，取得了明显效果，但仍存在问题，四大原因导致拖欠工资。第一，资金紧张成为拖欠工资案件发生的主要原因。第二，建筑市场转包、违法分包、挂靠等问题比较突出。第三，以工资名义讨要工程款现象逐渐增多。第四，煤炭行业出现行业性拖欠和减发工资的问题。另外，山西省将探索建立欠薪保障基金和应急周转金制度。欠薪保障基金由企业缴纳欠薪保障费，当企业拖欠职工工资时，经职工申请，由政府部门动用欠薪保障基金向职工垫付一定数额的工资。欠薪应急周转金由各级财政预算安排，当企业拖欠职工工资时，由政府部门动用应急周转金，向职工临时垫付生活费或路途费。截至 2014 年 4 月 22 日，山西省已利用财政资金和各级工会经费，建立起市县农民工讨薪应急救助金。其中，太原市救助金的额度为 200 万元。山西省财政厅规定，农民工讨薪应急救助金设立专户，实行专账管理。资金专户出现缺口时，可由同级的财政部门和工会临时筹措。法院、劳动监察、工会等组织追回欠薪单位拖欠农民工工资后，应及时归还至农民工讨薪应急救助金专户。另外，应急救助金接受同级财政部门的监督检查，市县总工会不得挤占、挪用和外借应急救助金，不得从中列支工作经费。农民工如遇因工资拖欠无法领到工资，且拖欠农民工工资的单位与农民工签有正式合同，符合各市县相关规定要求的，市县总工会可先从农民工讨薪应急救助金中，按合同金额的 70% 垫付工资。

企业拒不支付劳动报酬现状的特点可分为以下几个方面：

（1）欠薪的数额越来越大，涉及的劳动者也越来越多。

最近几年，虽然随着经济的增长，法治进程的加快，法规出台速度的提速，欠薪问题不但没有得到有效的遏制，反而是愈演愈烈，无论是欠薪的数量总额，还是涉及的劳动者数量都是越来越多。

（2）拒不支付劳动报酬比较普遍。

（3）讨薪职工经常遭遇暴力。

有的业主置法律于不顾，漠视劳动者的合法权益，不仅拒不支付劳动报酬，还殴打劳动者，这种案件时有发生，试图抵赖劳动者的劳动报酬，造成了恶劣社会影响。

（4）欠薪地区分布、行业分布不平衡。

（二）企业拒不支付劳动报酬的原因分析

1. 《刑法修正案（八）》执行不力

我国现有的法律存在着诸多漏洞，《劳动法》有关工资支付的规定过于原则，不具有可操作性，而且对用人单位拖欠劳动者工资没有设置刑事责任，其法律责任大部分是民事责任。而其他法律所规定的用人单位欠薪应承担的法律责任同样过轻，用人单位违法成本太低，导致用人单位欠薪时毫无顾忌。同时，我国现有的有关工资支付的法律庞杂，很多法律规定效力层级过低，缺少一部统一的工资立法。既有全国人大常委会制定的法律，也有行政规章，还有大量的部门规章、地方法规和地方规章，甚至一些劳动政策以及最高法院的司法解释，法律适用不统一，而且目前在经济生活当中起着更重要作用的是地方法规、部门规章和劳动政策，这些文件的效力层次较低，缺乏法律所应有的权威性。

2. 劳动监察不力，很多地方还存在着地方保护

劳动监察缺位，不利于保护劳动者的权益。有些劳动监察人员玩忽职守，不认真履行有关规定对用人单位进行劳动监察，甚至漠视劳动者的请求，和一些不法商人沆瀣一气，对劳动者所举报的企业欠薪不管不问，致使劳动者投诉无门。甚至有些地方出于招商引资的需要，对用人单位进行特殊保护，规定了劳动部门在对用人单位进行监察时必须取得当地主要领导的同意。有些地方劳动监察人员严重不足，缺乏相应的工作保障，有时候对劳动者的举报无能为力，更谈不上主动监察，纠正用人单位的违法做法。

3. 用人单位和劳动者的法律意识比较淡薄，没有形成良好的守法意识

近些年来，尽管用人单位和劳动者法律意识有所提高，但是迄今为止还没有形成自觉遵守法律的意识，人们守法意识还有待进一步提高，甚至有些用人单位对自己的行为是否违法，违反了什么法律，应该承担什么样的法律责任都没有清晰的认识。劳动者也不知道自己的权利是否受到侵犯，对应该如何维护自己的权利也没有一个基本的认识，因此导致有些用人单位经常拖欠劳动者工资，劳动者逆来顺受，既不去劳动监察大队进行举报，也不去申请劳动仲裁，对用人单位的欠薪行为听之任之。

4. 工会维护劳动者权利的职能没有得到实现，形同虚设

工会作为一个专门维护职工权益的组织，法律赋予了它种种的权利和职能，但是，现在工会的维权职能却没有得到更好的发挥。企业工会工作人员由于和用人单位存在着千丝万缕的关系，工会的经费也来自于用人单位的拨款，甚至工会人员的劳动合同也掌握在用人单位手里，它本身也是一个弱势群体，工会人员连自己的权利都无法维护，更不可能去维护劳动者权利。所以，即使出现欠薪现象，工会也很少督促用人单位改正错误，导致用人单位轻易违法。根据《对〈工资支付现行暂行规定〉有关问题的补充规定》，用人单位在生产经营发生困难，资金周转受到影响时，只要"征得本单位工会同意后"，即可暂时延期支付劳动者工资。在工会不能独立行使职权的情况下，这样易造成合理延迟支付工资的结果。就此而言，工会组织的维护劳动者合法权益，确保劳动者工资收入的权能也就难以真正有效发挥。

5. 劳动力供给失衡，劳资双方地位不对等

目前我国劳动力供给失衡的状态短期内不可能改变，甚至还会愈演愈烈。强资本弱劳动是一种普遍现象，很多劳动者为了能够找到一个养家糊口的工作，被迫接受用人单位提出的苛刻条件，有些劳动者为了能保住工作岗位，对用人单位的欠薪现象不敢据理力争，不敢去维护自己的合法权利，客观上也助长了用人单位的欠薪行为。

农民工是泛指具有农村户口，有承包土地，但不从事农业生产，而主要从事工业、矿业等非农产业劳动，靠工资收入维持生活的劳动者。农民工的大量出现是我国社会由传统农业社会向现代工业社会转型和城镇化过程中的产物，具有历史的必然性。农民工虽然也是一种新的特殊的产业工人群体，但和一般产业工人相比，其实是一种社会弱势群体。农民工社会地位低下，经济收入差，生活状况不佳。由于受到自身的知识结构、技能、学历等就业门槛的限制，他们大多数人从事繁重体力活，既脏又累，如建筑工、搬运工

等，有的还有较高风险，如矿工，而劳动所得除了维持生计以外，所剩无几；不仅如此，农民工在岗位上生病，有的用人单位不积极送医治疗，农民工出现了工伤事故时，用人单位往往将民工辞退了事，民工很少能够得到医疗或赔偿，这种现象比较多见。

（三）拒不支付劳动报酬罪执法状况、效果和执法重点

1. 执法现状

2011 年 5 月《刑法修正案（八）》规定了"拒不支付劳动报酬罪"和"危险驾驶罪"。事隔数年，越来越多的人感受到酒驾入罪带来的深刻影响，与之相比"恶意欠薪罪"却显得有些悄无声息。不仅公布的案例不多，甚至很多企业和务工人员都不知道有这样的法律。

按照《刑法修正案（八）》第 46 条的规定，用工方一旦被认定为恶意拖欠农民工工资，将会承担严厉的刑事责任，最高可判 7 年有期徒刑。有能力支付拒不支付，或者嘴上表示支付但不断找借口不支付，或者无正当理由转移财产造成无支付能力假象的，都可认定为"拒不支付劳动报酬"，但司法实践中追究刑事责任的典型案件较少，社会效果不十分明显。

欠薪获罪的案件少，主要原因有四：一是法律法规规定追究拒不支付劳动报酬程序过于苛刻和繁杂；二是这几年政府重视，加大了对欠薪的追讨力度；三是农民工对"恶意欠薪入罪"的法律不了解；四是大部分欠薪者得知恶意欠薪入罪后，恶意欠薪事件已大为减少。

由于欠薪案件的特殊性，法律规定劳动者不能直接到公安机关申请立案。一般程序是：劳动者遭遇欠薪后，先到当地劳动监察部门举报。劳动监察部门下达支付令，接到支付令后，用人单位仍不履行，再进入司法程序。"老板跑了，怎么办？"讨薪找不到人，劳动保障监察部门也很难将支付令送达欠薪者。这样是否意味着，欠薪者能以没见到支付令为由，逃避法律责任？2012年人社部下发的《关于加强对拒不支付劳动报酬案件查处工作的通知》（以下简称"通知"）明确：对于已经逃匿的欠薪者，人社部门可以在其住所、办公地点、生产经营场所或者建筑施工项目所在地张贴责令支付的文书，司法解释也进行了细化。

可以考虑在案件具体操作中做一些有益尝试。比如，为防止行政部门不作为，山西省明确规定人民检察院对人社部门应当移送而不移送，或者公安

机关应当受理而不受理、应当立案而不立案的，可以进行调查处理，涉嫌犯罪的，还将依法追究相关工作人员的刑事责任。

2. 执法效果

《刑法修正案（八）》第41条规定：以转移财产、逃匿等方法逃避支付劳动者的劳动报酬或者有能力支付而不支付劳动者的劳动报酬，数额较大，经政府有关部门责令支付仍不支付的，处三年以下有期徒刑或者拘役，并处或者单处罚金；造成严重后果的，处三年以上七年以下有期徒刑，并处罚金。单位犯前款罪的，对单位判处罚金，并对其直接负责的主管人员和其他直接责任人员，依照前款的规定处罚。有前两款行为，尚未造成严重后果，在提起公诉前支付劳动者的劳动报酬，并依法承担相应赔偿责任的，可以减轻或者免除处罚。从法律上规定拒不支付劳动报酬罪，对恶意欠薪现象给予法律制裁，说明我国已经重视对此类现象的查处。但拖欠农民工工资这种现象真的因为立法就有所改变吗？稍微关注新闻的人士都知道，目前各类媒体、电视台对拖欠农民工工资的报道经常映入眼帘，刺痛着我们的心。农民工辛辛苦苦一年，赚那么一点钱，到年末却遭遇恶意拖欠，叫人家怎么回去过年，让农民工情何以堪？有些农民工是打算拿着这些钱回家给父母治病，而现在却拖欠不给，这叫这些农民工怎么生活？"法制是被信仰的，否则就形同虚设"。我国制定了严格的法律来处理拒不支付劳动报酬现象，但是效果并不乐观。

既然我国规定了拒不支付劳动报酬罪，那么在处理此类现象时，就必须运用它。一般用工者还是敬畏法律的，惧怕违法成本和法律制裁。倘若执法机关严格执行《刑法修正案（八）》的相关规定，不敢说恶意欠薪的现象会完全杜绝，但是减少是必定的。刑法如果真正发挥作用，将为辛苦一年的农民工回家过年铺平道路。

从全国来说，加大了对拒不支付劳动报酬的查处力度。截至2013年1月31日，农民工工资支付情况专项检查共为167.81万农民工补发被拖欠工资及赔偿金87.51亿元。为确保农民工按时足额拿到工资，人社部、住房城乡建设部、公安部等部门在全国组织开展农民工工资支付情况专项检查，这次专项检查共检查用人单位49.14万户，覆盖农民工2 577万人。人社部有关负责人说，从专项检查情况看，拖欠农民工工资问题主要集中在建筑施工企业。由于建设领域诸多复杂原因，拖欠工程款问题屡禁不止，由此导致的拖欠农民工工资问题还非常严重。在专项检查中，解决建筑企业拖欠农民工工资

74.77 亿元，占解决拖欠农民工工资总额的 85.44%，其中北京、河北、内蒙古、辽宁、新疆、青海等 17 个地区解决建筑企业拖欠农民工工资占当地拖欠农民工工资总额比例达到 90%以上。

3. 执法重点

目前一些企业仍不同程度存在着用工不规范行为，不按规定签订劳动合同，不按时发放工资，甚至在个别企业还存在"恶意欠薪""欠薪逃匿"等严重违法现象。尤其在建筑行业，普遍存在由"包工头"向农民工支付工资的现象。建筑市场面临生存压力，如果资金链断裂，对农民工工资支付有很大影响，成为人社部门重点"看护对象"。应加大对企业工资保证金的征收力度，以及专项用于农民工工资支付的政府周转金的预备金的筹备力度，同时将采取总承包商直接发放工资等办法，确保一线的农民工能够及时足额拿到工资。山西省对重点企业和监控区域的工资支付状况进行"地毯式"排查，并称，会做到不留死角，一旦发现有拖欠工资行为的，责令其限期支付，并跟踪到底，确保落实到位。对拒不整改的、拖欠工资行为较严重的企业，在受到严厉处罚的同时，将被政府列入"黑名单"，并向社会公布。可以说，这是一种对企业诚信度备案，有不良记录的，对其声誉会造成很大影响。要重视作为弱势群体的农民工，确保不发生农民工工资拖欠问题，维护农民工的合法权益。随着企业劳动合同签订率的较大幅度的提高，企业用工行为逐步规范。但是，由于企业法律意识不强，加之相关部门监管不到位等原因，仍有一些企业存在用工不规范的行为。应专项治理拒不支付劳动者工资问题，重点是建筑、公路、铁路、水利等建设领域和加工制造、餐饮服务等行业以及发生过拖欠现象的企业。为了尽早实现无拖欠，应建立规范的企业工资支付监控制度，完善总承包企业负责解决分包企业欠薪责任制度，鼓励有条件的地方建立欠薪应急周转金。

二、拒不支付劳动报酬对经济和社会的影响

拒不支付劳动报酬行为严重侵害劳动者利益，给社会带来诸多不稳定因素，增加社会治理成本。拒不支付劳动报酬行为的发生有诸多的原因，例如，规制欠薪逃匿行为立法不足，欠薪保障配套规定不健全，行政执法力度有限，欠薪逃匿行为的法律责任规定较少。还有诸多的现实因素导致用人单位欠薪

逃匿行为的发生，如欠薪后续追讨的高成本，这使很多欠薪逃匿企业有恃无恐，大量追逐廉价劳动力的涌入。正确认识欠薪逃匿行为的发生原因有助于该问题的解决。

拒不支付劳动报酬现象，容易引发社会矛盾。欠薪是民生问题，关系到百姓的安居乐业，也影响到企业进一步发展，需要用法律进行规范。对于欠薪这种突破道德底线的行为，应通过法律进行规范。设置拒不支付劳动报酬罪，符合广大劳动者的心愿，符合中国实际，对构筑社会主义市场经济体制和规范劳动雇佣关系具有重要作用。

拒不支付劳动报酬犯罪严重侵害了刑法保护的法益。

（一）严重侵害了劳动者的合法权益

拒不支付劳动报酬侵害了劳动者的劳动成果，侵犯了他们的财产权，这是拒不支付劳动报酬最大的危害。

（二）严重破坏了诚实信用的市场原则

拒不支付劳动报酬行为严重破坏诚实信用原则，使劳资双方产生信用危机，造成双方的对立，导致市场经济秩序的正常运行受到严重阻滞。

（三）严重影响了社会的和谐稳定

拒不支付劳动报酬还会侵害群体性的劳动者的权益，造成群体性事件。对反映恶意欠薪逃匿可能影响社会稳定的警情公安机关要做到第一时间介入，维护现场的秩序，在积极配合劳动保障等相关部门做好对工人安抚、调解和说服教育工作的同时，还从维护社会稳定和保护劳动者合法权益的高度出发，对企业和经营者涉及的其他违法犯罪行为依法进行查处，以期达到为工人讨回合法工资起到法律的威慑和警示作用。拒不支付劳动报酬对我国市场秩序和社会公平、社会稳定造成了很大的负面影响和危害。拒不支付劳动报酬不但严重侵犯了劳动者的合法权益，往往引发工人上访、堵路事件，造成社会不稳定因素大大增加；而且还严重破坏了社会的诚信体系建设，败坏了社会道德。拒不支付劳动报酬罪有利于从源头上治理恶意欠薪，提高公民的社会诚信度，促进社会和谐稳定。公安司法机关应及时对采取转移资产、关厂逃匿等违法手段恶意欠薪、情节严重的欠薪企业经营者追究刑事责任。设立拒不支付劳动报酬罪的价值并不在于将多少恶意欠薪的不良企业主关入监狱，其根本在于发挥刑法的价值引导功能，强化全社会特别是企业主的诚信意识。

劳动者的劳动报酬依照法律规定是应当支付的。不支付劳动者的劳动报酬，直接侵害了劳动者的合法权利，还会造成社会不稳定，有时还引发一些讨薪人被打等恶性事件。拒不支付劳动报酬罪的设立，是保护职工特别是弱势群体合法权益、维护社会和谐稳定的迫切需要。

从现实生活看，拒不支付劳动报酬问题，已不仅仅是劳资间的民事经济纠纷，已经侵害了刑法保护的法益。被拖欠薪酬者，往往是弱势群体，一些人被迫采取过激手段讨薪，而农民工为讨薪遭殴打、羞辱的事件时有发生。其实，纵观一些讨薪案件，很多情况下并非企业发不出钱，而是处于强势地位的企业主对弱势劳动者的歧视，是唯利是图的冷漠行径，拒不支付劳动报酬行为，尤其是随意殴打、羞辱讨薪农民工的行径，仅靠道德谴责显然是无济于事的，必须以法律手段加以制裁。

从现有法律看，我国法律针对拖欠、克扣劳动者工资的行为有明文规定的处罚措施，《劳动合同法》和《劳动监察保障条例》都有相关规定，但对于用人单位和雇主拖欠、克扣员工工资行为的处罚，仅仅停留在"财产罚"的层面上，这些规定虽然能够有效地遏制部分用人单位和雇主的违法行为，但是对于农民工队伍这种流动性大、工资发放周期较长的特殊群体没有起到更有力的保护作用。另一方面，根据当前的法律设置，劳动者在处理被拖欠薪金的劳动工资争议中的权力救济途径有诉讼、仲裁、调解等。但由于周期长、成本高，劳动者往往在时间、精力、财力上都耗费不起，当违法成本小于违法获利时，拒不支付劳动报酬就有了足够的利益驱动力，使劳动者维权越发困难，对经济发展和社会的和谐稳定产生负面影响。

拒不支付劳动报酬入罪是建立和谐社会的需要。和谐社会崇尚德治和法治。依靠道德、良知理性、公序良俗来感化人们。但是，当某一问题非常严重，危及社会和谐时，国家就可能启动刑罚权，以求恢复、平衡社会秩序。因此，刑法是社会和谐的最低保障。在现实社会中，农民工作为一种优势人数群体，却有着一种不对称的权利弱势地位。恶意拖欠民工薪金现象侵害了刑法保护的法益。拒不支付劳动报酬犯罪严重影响了国家的安定格局，值得高度重视。

（四）拒不支付劳动报酬违反宪法和法律规定的尊重和保障人权的规定

人权就是人作为人应当享有的权利。人权理论源于 17~18 世纪启蒙学者所提出的"天赋人权""自然权利"和"社会契约"理论，认为人拥有与生俱来的源于人性的固有权利。人权的核心价值是优先权利和人性权利，是在自然状态下的伦理化的人性体现，主张人人生而平等。国际人权标准中有一些硬性指标，其中就包括对弱者权利的保护。拒不支付劳动报酬罪有利于保障劳动者包括劳动权和休息权等基本人权。

三、拒不支付劳动报酬罪构成标准

（一）拒不支付劳动报酬罪构成要件

本罪犯罪构成要件可从四方面进行分析。

1. 保护法益

首先，拒不支付劳动报酬是"以转移财产、逃匿等方法逃避支付劳动者的劳动报酬或者有能力支付而不支付劳动者的劳动报酬"，拒不支付劳动报酬行为违反《劳动法》《劳动合同法》等相关法律规定，侵犯了劳动者合法权益，而且经有关政府部门责令支付仍不支付，扰乱了国家对市场上劳动关系的正常监管秩序；同时因为拒不支付劳动报酬行为涉及数额较大，受害人数多，会引起社会群体事件，造成的很大社会影响，破坏了国家对社会公共秩序的管理。其次，考查本罪在刑法分则体系中的分类，《刑法修正案（八）》把拒不支付劳动报酬罪规定在侵犯财产罪专章里，而劳动报酬权体现为一定的财产权。因此，拒不支付劳动报酬罪保护法益包括两种以上的具体社会关系，具体是国家对市场上劳动关系的正常监管秩序和国家对社会公共秩序的管理制度。

2. 客观要件

本罪犯罪的客观方面是用人单位实施了拒不支付劳动报酬的行为。根据《刑法》规定，本罪的客观方面表现为：

（1）拒不支付劳动报酬的行为方式。

①以转移财产、逃匿等方法逃避支付劳动者的劳动报酬。所谓转移财产逃避支付劳动者的劳动报酬是行为人采取赠与、抛弃、恶意低价转让等方式藏匿财产，以达到其逃避支付劳动者的劳动报酬的目的。一些自然人或者单位为了逃避支付劳动报酬，采取一些合法的方式来转移财产以达到逃避支付劳动者劳动报酬的目的。所谓以逃匿的方法逃避支付劳动者的劳动报酬是一

些自然人或者单位有能力支付劳动报酬，但为了达到不支付劳动报酬的目的，携款逃跑，逃避支付义务。

最高人民法院 2013 年 1 月 22 日发布了《关于审理拒不支付劳动报酬刑事案件适用法律若干问题的解释》第 2 条规定："以逃避支付劳动者的劳动报酬为目的，具有下列情形之一的，应当认定为刑法第二百七十六条之一第一款规定的'以转移财产、逃匿等方法逃避支付劳动者的劳动报酬'：（一）隐匿财产、恶意清偿、虚构债务、虚假破产、虚假倒闭或者以其他方法转移、处分财产的；（二）逃跑、藏匿的；（三）隐匿、销毁或者篡改账目、职工名册、工资支付记录、考勤记录等与劳动报酬相关的材料的；（四）以其他方法逃避支付劳动报酬的。"这条规定对拒不支付劳动报酬的行为发生进行了细化，便于实践当中职能部门和司法部门加以认定。

②有能力支付而不支付。有能力支付是指行为人有可供履行的财产或者是具有履行特定行为义务的能力，具体包括两种情形：一是财产，包括实物、货币、票证，等等；二是行为能力，即通过自身的能力为特定作为或不作为的资格。这种行为是指单位或者自然人有能力支付劳动报酬，但是为了非法占有或者使用劳动者报酬或者其他目的，拒不支付劳动报酬。

（2）拒不支付劳动报酬的数额较大。

在对拒不支付劳动报酬犯罪行为进行认定时，首先需要明确的就是"劳动报酬"的范围。如未签订劳动合同的双倍工资差额、奖金、津贴、补贴、加班费、解除劳动合同的经济补偿金、未缴纳保险的经济赔偿金等，是否都属于劳动报酬的范畴？2009 年修订的劳动法共五条提到了"劳动报酬"，其中两条将保险和福利待遇规定在劳动报酬范围之外，其他三条则笼统规定劳动者的劳动报酬权利，并没有明确的范围界定。而劳动合同法中关于劳动报酬的界定也不是很明晰。

最高人民法院《关于审理拒不支付劳动报酬刑事案件适用法律若干问题的解释》第 1 条规定："劳动者依照《中华人民共和国劳动法》和《中华人民共和国劳动合同法》等法律的规定应得的劳动报酬，包括工资、奖金、津贴、补贴、延长工作时间的工资报酬及特殊情况下支付的工资等，应当认定为刑法第二百七十六条之一第一款规定的'劳动者的劳动报酬'"。该条规定尚存在缺陷，就是对于"特殊情况下支付的工资等"也尚未明确。

从经济学上来讲，劳动报酬是劳动者付出体力或脑力劳动所得的对价，体现的是劳动者创造的社会价值。因此劳动报酬的范围不仅仅包括工资报酬，而且包含劳动者从事社会劳动，用人者为劳动者付出的全部劳动所应当支付的加班费、奖金、津贴、补贴等对价，对于数额的确定，应当以相关的合同约定、法律规定为准。

解除劳动合同的经济补偿金是劳动者因从事劳动而带来的体现为后期补偿性质的一部分对价。尽管劳动合同法相关规定将该部分划分在"劳动报酬"的范围之外，但刑法中的"劳动报酬"与劳动法律法规中的"劳动报酬"有联系也有区别，解除劳动合同的经济补偿金属于劳动者创造的社会价值的一部分，因而该部分也应当属于刑法中"劳动报酬"的一部分。如拖欠、克扣劳动者解除劳动合同的经济补偿金达到了法定的数额，符合本罪构成要件的，也应当依法追究其刑事责任。

对于劳动者的社会保险等福利待遇，虽然该待遇与劳动者从事社会劳动有关，在一定程度上属于劳动者付出劳动所应当取得的对价的一部分。但是一方面，劳动者的保险福利待遇与相关社会政策的关联性更为密切，与劳动对价相比，更倾向于是保障性社会政策的产物，在不同的时间、不同的地区规定的内容差异较大，与劳动报酬并没有必然的等价性，将社会保险等福利计算为劳动报酬并以此作为定罪标准，容易导致不同的地区、不同的时间段本罪的入罪范围过于频繁地变化，影响刑罚的稳定性和均衡性；另一方面，保险福利待遇是要求用人者为了劳动者的利益向国家相关部门缴纳的费用，与个人的利益虽然相关，但并不是直接的个人财产，《刑法》规定的拒不支付劳动报酬犯罪归属于财产犯罪，因此将保险待遇计算在劳动报酬中有不恰当之处。

对于劳动合同法中规定的用人单位未签订劳动合同而应向劳动者支付的双倍工资差额，尽管该款项与劳动关系存在的事实有关，但是其并非劳动者付出劳动的对价的体现，而是国家劳动法律为了建立良好的劳动管理秩序，而给予用人者附加的一项惩罚性措施。即使在司法实践中，该款项属于民事劳动争议案件给付的赔偿范围之内，但由于本质上并不属于劳动者付出劳动所得的对价的范畴，因此，我认为不应计算到劳动报酬的范围之内。

拒不支付劳动报酬行为实质上侵害的还是财产权，衡量财产犯罪侵害法益的一个重要标准就是财产数额，因此有必要规定一个数额。最高人民法院《关于审理拒不支付劳动报酬刑事案件适用法律若干问题的解释》第 2 条规定："具有下列情形之一的，应当认定为刑法第二百七十六条之一第一款规定的'数额较大'：（一）拒不支付一名劳动者三个月以上的劳动报酬且数额在五千元至二万元以上的；（二）拒不支付十名以上劳动者的劳动报酬且数额累计在三万元至十万元以上的。各省、自治区、直辖市高级人民法院可以根据本地区经济社会发展状况，在前款规定的数额幅度内，研究确定本地区执行的具体数额标准，报最高人民法院备案。"

至于不同行业，不同地区的实际情况，由各省级人民法院根据最高人民法院的司法解释酌情予以调整，并报最高人民法院审核批准。

（3）政府责令支付而拒不支付。

这是构成拒不支付劳动报酬罪的必备条件和必经程序。《劳动法》第91条、《劳动合同法》第85条及《劳动保障监察条例》第26条均对不支付劳动报酬的行为，规定了由政府有关部门责令其支付的措施。将"经政府责令支付而拒不支付"作为构成拒不支付劳动报酬罪的必备条件，可以作为政府有关部门采取措施，责令欠薪者支付劳动报酬的后盾，将为劳动监察部门提供更加有力的工作方面的保证。同时也将行政监管措施与刑事处罚相衔接，更好地维护广大劳动者的合法权益，可以有效地预防和惩处侵害劳动者合法权益的违法犯罪行为。

有人认为，劳动行政或者劳动监察部门在劳动仲裁部门或者人民法院作出生效裁决之前，往往因为无法认定是否存在拖欠劳动报酬或者无法确定劳动报酬的数额而告知劳动者到法院起诉，在这种情况下，"经政府有关部门责令支付仍不支付"的构成要件便无法实现。而如果认为政府有关部门的责令支付应当是在劳动仲裁部门或者人民法院作出生效裁决，劳动者以生效裁决向政府有关部门反映后，政府有关部门依据生效的裁决向用人者责令支付，那么拒不支付劳动报酬犯罪与拒不执行判决、裁定罪又有立法冲突的嫌疑。

规定"经政府有关部门责令支付仍不支付"的构成要件，应该是为了避免过多地运用刑事诉讼程序来解决欠薪纠纷。事实上，在追究刑事责任的利剑高悬的背景下，资方一般难以抗拒政府有关部门责令支付的压力，多数会在责令的限期内支付劳动报酬。对劳动者来说，一般也是以拿回劳动报酬为目的，而不见得希望让老板被判刑。况且，老板被判刑，通常会给企业的经营造成消极影响，并可能损害继续在企业就业的劳动者的未来的经济利益。另外，这样规定，也可以避免劳动者滥用刑事控告权，而鼓励劳动者依法寻求行政救济等。

根据《中华人民共和国劳动法》第91条规定，用人单位克扣或者无故拖欠劳动者工资的，由劳动行政部门责令支付。根据《中华人民共和国劳动合同法》第85条规定，用人单位未按照劳动合同的约定或者国家规定及时足额支付劳动者劳动报酬的，由劳动行政部门责令限期支付。根据《劳动保障监察条例》第26条规定，用人单位克扣或者无故拖欠劳动者工资报酬的，由劳动保障行政部门责令限期支付。因此，劳动者遇到用人单位不支付劳动报酬，涉嫌"以转移财产、逃匿等方法逃避支付劳动者的劳动报酬或者有能力支付而不支付劳动者的劳动报酬，数额较大的行为"时，应当向县级以上地方人民政府的人力资源和社会保障部门投诉，要求该部门责令用人单位限期支付。这就是依法寻求行政救济。

经政府有关部门责令支付仍不支付则是该犯罪行为构成要件的附加条件。规定"经政府有关部门责令支付仍不支付"的构成条件，是为了避免过多地运用刑事诉讼程序来解决社会问题。下面几个方面可以认为是政府有关部门责令支付的行为：①劳动行政部门即各级劳动监察大队已向用人单位送达行政处罚决定书，责令用人单位限期支付劳动者劳动报酬；②各级劳动争议仲裁委员会已向用人单位送达劳动争议仲裁决定书，责令用人单位限期支付劳动者劳动报酬，不论是否提起劳动争议诉讼程序；③各级法院已向用人单位送达民事判决书，责令用人单位限期支付劳动者劳动报酬，判决书已生效或虽因劳动者提起上诉而没生效但用人单位没有提起上诉等情形。

责令用人单位限期支付后，超过限期，用人单位仍不支付时，用人单位及其直接负责的主管人员和其他直接责任人员才涉嫌本罪。这时，劳动者可以行使刑事控告权，司法机关才可以启动公诉案件的程序。

最高人民法院《关于审理拒不支付劳动报酬刑事案件适用法律若干问题的解释》第4条规定："经人力资源社会保障部门或者政府其他有关部门依法以限期整改指令书、行政处理决定书等文书责令支付劳动者的劳动报酬后，在指定的期限内仍不支付的，应当认定为刑法第二百七十六条之一第一款规定的'经政府有关部门责令支付仍不支付'，但有证据证明行为人有正当理由未知悉责令支付或者未及时支付劳动报酬的除外。行为人逃匿，无法将责令支付文书送交其本人、同住成年家属或者所在单位负责收件的人的，如果有关部门已通过在行为人的住所地、生产经营场所等地张贴责令支付文书等方式责令支付，并采用拍照、录像等方式记录的，应当视为'经政府有关部门责令支付'。"

司法解释对法律规定有所明确，但还不是十分具体。比如，"不支付报酬时间"如何认定？欠薪一季度是欠薪，欠薪半年是欠薪，欠薪一年是欠薪……如果没有一个期限，不利于保护劳动者的权益。我们认为，应根据薪水结算的方式来定。如果是日结的，不得超过 3 日；月结的不得超过 20 日；工程完成后结的，不得超过 30 日。因为对于劳动者，特别是外来务工人员来说，工资如果不及时结算，对他们的家庭生活将会造成很大的影响。通过明确支付劳动报酬的时间，可以促使用人单位及时发放工资，也使被欠薪的劳动者知道在什么时候向政府有关部门申请维权。

何谓"政府其他有关部门"？人力资源社会保障部门以外的"政府其他有关部门"，只要是"政府部门"就可以？从工作职能的角度出发，最常见的有权责令主体无疑就是人力资源社会保障部门，因为它是主管劳动关系的行政机关。其他部门如工会、工商联、妇联、共青团、信访部门、建设部门、劳动仲裁部门、法院、检察院、各级人大及其常委会是否包括在"其他有关部门"之内？在当前劳动关系错综复杂，拒不支付劳动报酬情况时有发生的大背景下，必然会加大人力资源社会保障部门的工作强度，以其现有的人员配置肯定不能做到件件都能有效处理，如此便会让法律执行的效果大打折扣，不能对拒不支付劳动报酬行为形成有力的震慑，影响法律的权威。所以，这里的"有关部门"不应仅局限为行政机关，应该作扩大解释。

何谓"严重后果"？最高人民法院《关于审理拒不支付劳动报酬刑事案件适用法律若干问题的解释》第 5 条规定："拒不支付劳动者的劳动报酬，符合本解释第三条的规定，并具有下列情形之一的，应当认定为刑法第二百七十六条之一第一款规定的'造成严重后果'：（一）造成劳动者或者其被赡养人、被扶养人、被抚养人的基本生活受到严重影响、重大疾病无法及时医治或者失学的；（二）对要求支付劳动报酬的劳动者使用暴力或者进行暴力威胁的；（三）造成其他严重后果的"。毋庸讳言，该司法解释对何谓"严重后果"规定还是过于笼统，可能是立法机关考虑尽量不适用刑法处理恶意欠薪，需要更多地予以出罪。我认为，第三种情况的"造成其他严重后果"，包括以下几种情况：第一，从劳动者的角度上看。最常见的莫过于一些过激的行为，自杀、跳楼等恶性后果，劳动者及其家庭遭受无可挽回的损失或伤害。许多被欠薪的劳动者是收入微薄的劳动者，整个家庭完全依靠劳动者的工资收入维持。如果劳动者的工资不能按时支付，将会导致这个家庭陷入困境，学生不能缴纳学费被迫辍学，病人不能治病导致病情恶化，甚至温饱都成为问题。一旦这些情况发生，欠薪者即使加倍赔偿也不能挽回既成的事实。第二，从对社会造成影响的角度看，如果劳动者的追债行为导致社会秩序混乱，有些劳动者在通过正常渠道追要不到工资时，采用自焚、跳桥、爬塔吊等极端手段吸引社会关注，造成交通秩序或生产生活秩序混乱，也给公安机关和消防机关的工作造成很大压力。劳动者采取如此惨烈的方式是对欠薪的激烈抗议，也是对讨薪无奈的表达。现实中不乏欠薪行为的对象是数十个甚至数百个劳动者的情形，共同的利益诉求使他们团结在一起，愤怒情绪的相互感染使他们失去理智，围堵公共道路、围攻政府、聚众打砸抢等事件屡有发生。这样的群体性事件往往成为媒体和人民群众关注的焦点，造成恶劣的社会影响，而且易诱发群众的不满情绪，成为社会的不稳定因素。

（4）犯罪主体。

拒不支付劳动报酬罪的犯罪主体是特殊主体，其犯罪主体为用人者。在我国用人者是指招收劳动者，使用劳动者的劳动能力，并且按照劳动者提供的劳动量支付工资和其他待遇的一方主体，包括自然人和单位。犯罪主体是根据刑法规定的，实施侵害法益行为，依法应当承担刑事责任的人。所谓特殊的犯罪主体，就是根据刑法分则条文的规定，行为人必须具备某些特定身份才能构成的犯罪主体。如果行为人不具备一定的特殊身份，实施的行为就不能成立犯罪。特殊身份必须是行为人开始实施行为时就已经具有的特殊资格或已经形成的特殊地位或者状态。把握犯罪的特殊主体应该从犯罪主体在法律上规定的"特定性"以及非此类特定的人实施类似行为是否具有"可能性"这两个方面综合考虑。具体到拒不支付劳动报酬罪，因为用人者在法律上有支付劳动报酬的义务，只有与劳动者形成特定关系的用人者才有支付劳动报酬的义务，所以只有用人者才能构成该罪，不具有用人者的特定身份的自然人和单位实施该行为，可能会构成其他犯罪，但不会构成该罪。

拒不支付劳动报酬罪的犯罪主体包括自然人和单位。有学者认为其他部门法是刑法的基础法、来源法，而刑法则是其他部门法后盾法、保障法。因此，刑法条文规定的刑法规范内容，要根据其他有关法律法规去确定，如果把其他部门法比作"第一道防线"，刑法则是"第二道防线"，没有刑法作后盾、作保证，其他部门法往往难以得到彻底贯彻实施。更有人认为，对于法定犯来说，刑法就是在其他部门法的基础上产生的，有的罪状就是对其他部门法内容的直接确认，只不过是加上了刑罚而已。刑法一般不会对其他部门法的相应条款作实质性的改变，只有这样，才能为其他部门法的实施提供充分有力的保障。笔者认为，刑法具有独立性，对有关概念含义的界定不必拘泥于部门法。同时，从有效保护劳动者合法权益的角度考虑，宜将"用人者"作宽泛的解释，拒不支付劳动报酬罪的主体不仅仅包括《劳动法》中具有劳动关系的用人单位，也包括民事法律中具有劳务关系或者雇佣关系的用人者。司法解释也规定得比较宽泛，并做了初步规定。最高人民法院《关于审理拒不支付劳动报酬刑事案件适用法律若干问题的解释》第 8 条规定："用人单位的实际控制人实施拒不支付劳动报酬行为，构成犯罪的，应当依照刑法第二百七十六条之一的规定追究刑事责任。"刑法意义不仅仅是劳动法的保障法，也是民事法律的保障法，所以刑法意义上的用人者不仅包括劳动法中的用人单位，也包括民事法律上的雇佣关系和劳务关系中的用人者。

除了与劳动者直接建立劳动关系的用人者，其他形式的劳务关系和雇佣关系中的用人者都可以成为该罪主体。司法解释也是这种精神。最高人民法院《关于审理拒不支付劳动报酬刑事案件适用法律若干问题的解释》第 7 条规定："不具备用工主体资格的单位或者个人，违法用工且拒不支付劳动者的劳动报酬，数额较大，经政府有关部门责令支付仍不支付的，应当依照刑法第二百七十六条之一的规定，以拒不支付劳动报酬罪追究刑事责任。"与劳动者直接建立劳动关系的用工方，一般由劳动法进行调整。依照《劳动法》的规定，包括企业、个体经济组织、民办非企业单位、国家机关、事业单位、社会团体以及会计师事务所、律师事务所等合伙组织和基金会等其他用人单位。①企业，按照企业的性质，可以分为：国有企业、城镇、乡镇（村）集体企业、私营企业、外商投资企业。按照企业的组织形式，可以分为：公司制企业、合伙企业、个人独资企业、股份合作制企业、联营企业。②个体经济组织，指雇工在 7 人以下的个体工商户。③民办非企业单位，依据《民办非企业单位登记管理暂行条例》第 2 条规定："本条例所称民办非企业单位，是指企业事业单位、社会团体和其他社会力量以及公民个人利用非国有资产举办的，从事非营利性社会服务活动的社会组织。"诸如民办学校、民办医院、民办图书馆、民办博物馆等。④国家机关、事业单位、社会团体，在这些用人单位中，国家机关和社会团体只有通过劳动合同或应实行劳动合同与其工作人员之间建立劳动关系时，才适用《劳动法》。事业组织等为实行企业化管理的事业组织或者为通过劳动合同（聘用合同）或应通过劳动合同与其工作人员建立劳动关系的事业组织，也可以构成该罪主体。但是依照我国刑法通说，一般认为国家机关不构成犯罪，因此在这里排除了国家机关的单位犯罪。⑤其他用人单位，包括依法成立的会计事务所、律师事务所等合伙组织和基金会等组织。另外，最高人民法院《关于审理拒不支付劳动报酬刑事案件适用法律若干问题的解释》第8条规定："用人单位的实际控制人实施拒不支付劳动报酬行为，构成犯罪的，应当依照刑法第二百七十六条之一的规定追究刑事责任。"

对于本罪的单位犯罪，必须同时满足以下几个条件：

第一，法定性。并不是任何犯罪都能够构成单位犯罪，必须由法律规定为单位犯罪的方可构成。一般在侵犯财产罪一章中，很少有单位构成犯罪。但是，考虑到拒不支付劳动报酬罪中侵犯权益的特殊性和保护主体的弱势性，可以明确规定为单位犯罪。在这方面，已经有了明确的司法解释。最高人民法院《关于审理拒不支付劳动报酬刑事案件适用法律若干问题的解释》第9条规定："单位拒不支付劳动报酬，构成犯罪的，依照本解释规定的相应个人犯罪的定罪量刑标准，对直接负责的主管人员和其他直接责任人员定罪处罚，并对单位判处罚金。"第二，为了单位的利益。如果不是为了单位的利益，而是为了少数人和极少数人的利益，不构成单位犯罪。第三，以单位的名义。第四，由单位领导人集体研究决定。对于欠薪逃避犯罪，构成单位犯罪后，是采用单罚制还是双罚制呢？笔者认为，应采用双罚制为宜，因为双罚制的处罚力度更强，除了处罚直接责任人员和主管人员外，而且对单位判处罚金。至于对多个责任人员判处刑罚时算不算共同犯罪？区不区分主从犯问题？一般认为构成共同犯罪，但不用区分主从犯。但由于欠薪逃避罪的特殊性，我认为，规定主、从犯可以起到打击骨干，同时起到分化、瓦解犯罪团伙的作用。

劳务派遣、劳务外包等特殊情况下的定罪问题。在劳务派遣中存在派遣单位、用工单位和劳动者三个主体。劳动者的报酬形式上由派遣单位支付，实质上来自于用工单位。发生欠薪行为后，在用工单位已支付派遣单位费用，而派遣单位却未支付劳动者报酬的情况下处理派遣单位肯定没有问题。但是在用工单位未支付派遣单位费用，派遣单位以此为由拒付劳动者报酬的时候，应该追究谁的责任，值得研究。

　　劳务关系，是指两个或两个以上的平等主体之间根据口头或书面约定，由劳动者向用工者提供一般性的或特定的劳动服务，用工者依约支付报酬的一种有偿服务的法律关系，这种劳务关系一般由民法进行调整。具体包括：①用人单位将某项工程发包给相关人员，或者将某项临时性或一次性工作交给某个人或者某几个人。②劳务输出公司向用人单位派遣劳务人员。③用人单位中的待岗、下岗、内退、停薪留职人员，在外从事一些临时性的有酬工作而与另外的用人单位建立的劳务关系。④已经办理手续的离退休人员，又被单位继续聘用。

　　当劳务关系一方是用人单位，另一方是自然人时，其外在表现形式与劳动关系非常相似。劳务关系的双方不存在隶属关系，没有管理与被管理、支配与被支配的权利和义务，提供劳务的一方在工作过程中虽然也要接受用人单位指挥、监督，但并不受用人单位内部各项规章制度的约束，双方的地位处在同一个平台上，而劳动关系中的双方具有隶属关系，劳动者须接受用人单位的管理，遵守用人单位的规章制度，用人单位对于违反劳动纪律和规章制度的劳动者可以采取如降级、撤职和解除劳动关系等处分，这是劳务关系与劳动关系的最重要区别。双方之间不具备劳动关系的法律特征，双方形成劳务关系，而非事实劳动关系。第一，双方关系的性质上，劳务关系的双方不存在隶属关系，而劳动关系中的双方具有隶属关系；第二，工作内容上，劳务关系中提供劳务的内容一般非用人单位业务的组成部分，劳动过程主要依靠提供劳务一方独立完成，而劳动关系中劳动者提供的劳动是用人单位业务的组成部分，且往往需要其他人协调配合完成；第三，形成条件上，劳务关系一般只需双方达成合意即可成立，体现的是一种即时清结的关系，具有临时性的特征，而劳动关系的确立还需要经过较为正式的招聘程序，并常以工作证、入职证明等形式表现出来，具有长期性、持续性和稳定性的特征。

　　雇佣关系一般是指雇佣人与雇工约定，雇工利用雇佣人提供的条件，在雇佣人的指示、监督下，以自身的技能为雇佣人提供劳务，并由雇佣人支付报酬的劳务法律关系。判断雇佣关系存在与否、判断某一法律关系是否属于雇佣法律关系，应从实质要件和形式要件两方面来考察。所谓形式要件，是看双方有无订立书面或口头的雇佣合同，看劳动力与报酬是否成为交易对价。

如双方这样约定：受雇工人提供劳务，雇佣人支付报酬，则一般可视为双方存在雇佣关系。由于实践中，当事人之间订立书面雇佣合同的极少，因此要判断某一法律关系是否为雇佣法律关系，还需结合实质要件来判断。首先，要看双方的权利义务是否为一方提供劳务，另一方支付报酬。其次，要看雇工是否受雇佣人控制，即看是否存在一定的隶属关系。雇工受雇佣人控制是雇佣法律关系存在的基础。雇工受雇佣人控制，是指雇佣人对雇工享有发号施令加以指导的权利，而且这种命令指导是关于雇工如何完成其职务活动的方法方面的命令或指导。在雇佣法律关系中，雇工是雇佣人用来完成某种工作的人，因此，雇工在完成这种工作时应听命于雇佣人，服从雇佣人的监督指导。雇佣法律关系的第三个实质要件就是：雇工应由雇佣人所选任。

劳动关系和雇佣关系的区别是：

第一，二者主体的范围不同。劳动关系的主体具有特定性，即一方只能是劳动者个人，另一方必须是用人单位，包括中国境内的企业、个体经济组织、民办非企业单位、国家机关、事业单位、社会团体等组织。

第二，关系主体间的地位不同。劳动关系中用人单位与劳动者之间不仅具有平等性，而且具有隶属关系，即管理与被管理的关系。劳动者系用人单位的成员，必须遵守用人单位的规章制度，在用人单位的领导、管理下从事工作。在雇佣关系中，尽管劳动者在一定程度上也要接受用人单位的监督、管理和支配，但用人单位的各项规章制度对劳动者通常不具有约束力，劳动者不需要遵从用人单位的考勤管理、奖惩管理、晋升管理、工资晋级管理等，劳动者在实际工作中是相对独立的，两者之间仅存在一定的隶属关系和人身依附关系。

第三，两种关系适用的法律性质不同。劳动关系主要由劳动法调整，主要是《中华人民共和国劳动合同法》及其实施条例。而雇佣关系主要受民法调整，包括《民法通则》及《最高人民法院关于人身损害赔偿的司法解释》。

第四，劳动争议处理程序不同。劳动关系主体间发生劳动争议后，当事人不愿协商、协商不成或者达成和解协议后不履行的，可以向调解组织申请调解；不愿调解、调解不成或者达成调解协议后不履行的，应当先向劳动争议仲裁委员会申请仲裁；对仲裁裁决不服的，除法律另有规定的外，可以再向人民法院提起诉讼，劳动仲裁是提起诉讼的前置程序。而雇佣关系主体之间产生劳动纠纷，则适用民事争议处理程序，当事人可以采用仲裁或者诉讼的解决方式。当事人可根据仲裁协议或仲裁条款向仲裁机构申请仲裁，也可直接向人民法院起诉。仲裁并非诉讼的前置程序。

第五，劳动者在工作过程中遭受到人身损害后，相对方承担的赔偿责任不同。根据《关于审理人身损害赔偿案件适用法律若干问题的解释》第11条的规定："雇员在从事雇佣活动中遭受人身损害，雇主应当承担赔偿责任。属于《工伤保险条例》调整的劳动关系和工伤保险范围的，不适用本条规定"。第12条的规定："依法应当参加工伤保险统筹的用人单位的劳动者，因工伤事故遭受人身损害，劳动者或者其近亲属向人民法院起诉请求用人单位承担民事赔偿责任的，告知其按《工伤保险条例》的规定处理。因用人单位以外的第三者侵权造成劳动者身体损害，赔偿权利人请求第三人承担民事责任的，人民法院应予支持"。由此可知在雇佣关系中，劳动者因工伤事故遭受人身损害，雇主应承担民事侵权赔偿责任，而在劳动关系中劳动者发生工伤事故遭受人身损害的，用人单位则适用工伤保险进行赔付。

第六，两种关系的稳定性不同。一般来说，劳动关系中劳动者有长期、持续、稳定地在用工单位工作的主观意图，同时用人单位在招聘时也是以劳动者长期为单位提供劳动为目的。而在雇佣关系中一般是以完成一项或几项工作为目的，不具有长期、持续、稳定的特征，劳动者没有成为用人单位一员的主观意图，用人单位也没有接纳劳动者成为单位内部职工的意图，劳动过程中劳动者虽然也要接受用人单位指挥、监督，但并不受用人单位内部各项规章制度的约束，双方的地位处在同一个平台上，劳动过程主要依靠劳动者独立完成，劳动内容也并非用人单位业务的组成部分。

劳务关系和雇佣关系的区分主要有：

第一，二者主体是否特定。在劳务关系中，劳务关系的双方主体既可以是自然人，也可以法人或其他经济组织，其双方主体比较多元化。在雇佣关系中，雇员只可能是自然人，不存在法人或其他经济组织作为雇佣关系中的雇员。

第二，主体地位是否平等。劳务关系主体之间只存在经济关系，劳动者自主提供劳务服务，用工者支付报酬，彼此之间不存在人身隶属关系或依附关系。在雇佣关系中，雇员必须根据雇主指示范围内进行劳务活动，雇员要服从雇主的指挥和管理，双方之间存在着一定的隶属关系与人身依附关系。

第三，工作条件由谁提供。劳务关系中的劳动方一般只提供简单的劳动力，在需要生产工具时，也是自备，工作场所根据提供劳务的需要随时变动。雇佣关系中，雇员一般在雇主指定的工作场所，利用雇主提供的生产资料进行社会劳动。

第四，关系存续期间长短。劳务关系中，劳务需求方所要求的劳动服务往往是一次性或在某一特定期间就可以完成，在完成约定的劳务后，双方关系就自然解除。而雇佣关系因为雇主所需要的劳务量一般相对比较大，技术含量也要高于劳务关系，因此，雇佣关系的存续期间一般要比劳务关系久。

第五，适用何种归责原则。《侵权责任法》第35条规定，提供劳务一方因劳务自己受到伤害的，根据双方各自的过错承担相应的责任。根据司法解释的规定，雇员在从事雇佣活动中遭受人身损害，雇主应当承担赔偿责任。由此可见，在劳务关系中，接受劳务的一方对于提供劳务的一方因劳务自己受到损害的，承担的是过错责任。但在雇佣关系中，雇主对雇员因雇佣活动遭受人身损害，要承担无过错责任。

这种劳动关系之外的与雇工具有雇佣关系的雇主，如雇佣保姆的雇主等，用人者只要有向劳动者支付报酬的义务，而拒不支付劳动报酬，数额较大的，就可以依法构成犯罪。

要明确不同情况下不同主体的刑事责任，就要考察劳动法律关系中的特殊情形。一般来讲，除了劳动者与用工方之间直接建立劳动关系，其他形式的劳务关系主要是劳动者与劳务派遣单位建立劳动关系，并通过劳务派遣单位向实际用工单位或者个人提供劳动。在这种情况下，只要按照劳务派遣协议，劳务派遣单位应当支付劳动报酬的，其就成为此罪的犯罪主体，而不论欠薪是否为实际用工方未能支付相应劳动报酬。如果在劳务派遣协议之外，接受劳务派遣形式的用工单位或个人对其所应承担的劳动报酬拒不支付的，则由劳务接收单位或个人对此负责。

同理，在民事案件中，由于涉及工程承包、分包、转包等复杂的民事关系，经常存在多个主体承担连带民事责任的情况。但在涉及拒不支付劳动报酬犯罪的问题时，笔者认为，不能将民事连带责任的关系适用到刑事犯罪中。拒不支付劳动报酬罪是用工方侵犯劳动者财产权益的犯罪，具有相对直接的用工和支付劳动报酬的关系，只有直接与劳动者发生用工关系的主体才能成为拒不支付劳动报酬罪的犯罪主体。其他只是作为"经手方"的主体，虽然无法以拒不支付劳动报酬罪论处，但是如果故意不履行合同，导致无法支付劳动报酬的，可以通过相关民事诉讼解决争议，在法院依法作出生效裁决后，相关主体仍拒不履行生效的判决、裁定的，可以依照相关犯罪定罪处罚。

3. 主观要件

犯罪的主观方面是故意，包括直接故意和间接故意。行为人明知自己负有支付劳动报酬的义务，有能力支付，但是通过转移财产、逃匿等方法逃避支付劳动者的劳动报酬或者有能力支付而不支付劳动者的劳动报酬，逃避自己的支付义务。雇佣关系之外，劳资双方一般是签订劳动合同的，并且在合同中规定劳动者应当获得劳动报酬，而用人单位不支付劳动者工资是对劳动法的违反，是不履行自己的义务，是一种不作为的犯罪。因此单位或者自然人（包括雇主）对于自己的这种拒不支付劳动报酬行为具有故意心态。如果单位的负责人对于单位的一些行为明知将会导致不支付劳动报酬这种后果，而放纵该行为的发生，则构成了间接故意。至于犯罪目的，非法占有的目的并不是其中的唯一形式，也可以是非法暂时使用等其他目的，例如，行为人并不是无力支付，而是把劳动者的工资用于其他目的（如购买股票进行投资等），致使在提起公诉前无法支付的，也可以构成犯罪。如果行为造成严重后果，符合本条加重处罚规定的条件，过错形式则比较复杂：在犯罪人希望严重结果到来或者不希望但是放任严重结果到来的情况下，罪过形式是故意；在严重结果的发生不是犯罪人所希望的，但确因其疏忽大意或者过于自信能够避免而发生的情况下，结果加重犯可以是故意和过失两种罪过形式。

至于本罪的犯罪动机，刑法修正案中没有作相关规定，但是犯罪动机确是影响量刑的一个重要因素。行为人的动机可能是企图获得财产利益或者逃避必需的应付款项的支付，或者把应支付款项投入不动产、有价证券等来获得利益，也可以包括追求职业升迁、开除不合自己心愿的工作者，等等。这些犯罪动机并不是犯罪构成要件，但却是司法机关在量刑时需要考虑的一个重要因素。

从法律规定可以看出，构成拒不支付劳动报酬罪主观上应是故意，行为人以转移财产、逃匿等方法逃避支付或者有能力支付而不支付劳动者的劳动报酬。如果仅仅是因为用人单位或者雇主的资金暂时周转不灵而导致发生拖欠工资的行为，或者由于用人单位或雇主的经营策略失误而导致大量的亏损，客观上无力支付劳动者劳动报酬的行为因为主观上不具备"恶意"，故而不能认定为犯罪。

（二）本罪司法认定中的几个问题

1. 本罪为不作为犯罪

不论逃避支付劳动者的劳动报酬还是有能力支付而不支付劳动者的劳动报酬，客观行为表现为不作为，主观方面则是故意。从行为人角度而言，逃避支付或者有能力支付而不支付劳动者的劳动报酬不要求具有非法占有的目的，只要行为人实施以转移财产、逃匿等方法逃避支付劳动者的劳动报酬，且数额较大，经政府有关部门责令支付仍不支付的，就构成犯罪。从客观方面而言，危害行为是犯罪客观方面的必备要件，而形形色色的危害行为在刑法理论中的其中一个分类就是区分为作为犯罪与不作为犯罪这两种基本形式。作为行为是其中一种形式，不作为是相对于作为而言的，指行为人负有实施某种积极行为的特定的法律义务，并且能够实行而不实行的行为。简单概括不作为犯罪，就是应为，能为，而不为。当然，如果仅仅是因为用人单位或者雇主的资金暂时周转不灵而导致拖欠工资，或者由于用人单位或雇主的经营策略失误导致大量的亏损，客观上无力支付劳动者劳动报酬，即使数额较大，经政府有关部门责令支付仍不能支付的，因其不符合拒不支付劳动者的劳动报酬犯罪的构成要件，不构成该罪。

2. 一罪和数罪问题

为实施其他犯罪而实行欠薪逃避行为的，是按牵连犯择一重罪处断还是实行数罪并罚？牵连犯的处断原则比较特殊，有择一重罪处罚、加重处罚和实行数罪并罚。一般实行数罪并罚的都是在法律分则中明确规定的。主要考虑的是保护权益的重要性和处罚力度的厚重性。农民工权益是一种重要权益。因此，刑法应明确规定，为实施其他犯罪而拒不支付劳动报酬的，按数罪并罚处理。

3. 量刑模式问题

是设立一个口袋罪还是分解为几个具体罪名？量刑上是统一模式还是具体档次区分模式？将拒不支付劳动报酬罪分解为几个小罪名，明确具体，便于操作，但是却极不现实。因为立法上的事例基础和经验积累都较为薄弱，规定起来与现实脱节，改动起来难度较大。因此，成熟国家在新法刚立时基本上是采纳概括模式和弹性模式。比如说流氓罪，经过18年的经验积累后才于1997年被分解为寻衅滋事罪、聚众斗殴罪、强制猥亵、侮辱妇女罪。在量刑档次上，可以区分为：犯拒不支付劳动报酬罪，处 2 年以下有期徒刑、管制、拘役或单处罚金；情节严重或数额巨大的，处 2 年以上 10 年以下有期徒刑；数额特别巨大或者造成严重的后果时，处 10 年以上有期徒刑、无期徒刑。为实施其他犯罪而拒不支付劳动报酬的，按数罪并罚原则处理。

4. 对共同犯罪中停止形态的认定问题

犯罪的预备、未遂、中止、既遂等停止形态，只能存在于直接故意之中，在共同犯罪停止形态的认定上，尤显复杂。对于简单共同犯罪，比较好区分，实行一人完成停止形态，及于其他共同犯罪人的原则。而对于复杂的共同犯罪，则要区分组织犯、实行犯和从犯、胁从犯。对于组织犯，由于在犯罪中起主要作用和决策作用，则组织犯的中止，要阻断和阻隔自己的原因力，要对实行犯和从犯、胁从犯进行阻止和防止危害结果的发生，方成立中止。而未对别人的行为产生原因力和控制力的犯罪人，一旦停止形态成立，则及于自身。

（三）完善法律的建议

拒不支付劳动报酬虽然入罪，但实际生活中如何操作和认定仍然存在一定难度，需要做进一步的研究。

1. 将本罪列为“告诉才处理”范围

目前，在很多用人单位存在“不签订劳动合同、不按月发工资、不购买社会保险，你要能接受就留下干活，不愿接受就走人”的现象，特别是在建筑工程领域，这种现象比较普遍。但很多人还是接受了这样的条件，虽然很有可能会拿不到劳动报酬，但因为有活干还有拿到钱的可能性，不干活则连这种可能性都没有了。所以这是一种选择，尽管是一种无奈的选择。在这样的选择中，双方主体是用人者与劳动者，劳动者的工资被拖欠或被拒绝支付，说到底侵害的法益主要是个人财产所有权。对于该权利，只有被害人个人才有权利决定是否通过法律途径予以解决。因此我们建议可将本罪规定为亲告罪，即告诉的才处理。另外，本罪规定的行为实际上属于劳动纠纷，又属于民间纠纷，如果行为人能够积极赔偿，得到被害人及其家属的谅解，应该是可以自行和解的，而免于启动刑事诉讼程序，这样可以避免司法资源的浪费。

2. “定性+定量”的具体化和规范化

《刑法》第 276 条之一增加的拒不支付劳动报酬罪的规定，此罪的犯罪构成要件立法模式是“定性+定量”，即行为是否构成犯罪不仅仅取决于行为的性质，还取决于行为的危害程度。此种立法模式将定量因素明确引入犯罪的一般概念之中，反映了人类认识发展的时代水平，是世界刑事立法史上的创新。此种立法模式对应于司法实践中犯罪的认定模式是"定性+定量"分析。所谓"定性+定量"分析，是指在界定犯罪概念时，既对行为性质进行考察，又对行为中所含的数量进行评价，是否达到一定的数量对决定某些行为是否构成犯罪具有重要意义。这说明，在认定犯罪的时候，定性是应有之意，但是对量的要求也是构成犯罪所必需的。我国刑法分则中的具体犯罪，有近2/3的犯罪都规定有定量因素。定量因素包括数额和情节方面。在财产性犯罪中，一般都有数额的规定，比如盗窃罪、诈骗罪等。本罪中"数额较大"的规定反映了行为的法益侵害程度，将其作为犯罪构成要件的量刑要素，有利于区分罪与非罪。

最高人民法院通过司法解释确定了"数额较大"的标准，但在实践中远大于该数额的拒不支付劳动报酬却没有立案，使法律规定和司法解释流于形式。如果劳动行政部门不依法移送或者公安机关不予立案，应启动追责程序，也可考虑将数额适当提高，使劳动部门和公安机关能结合其他犯罪，对本罪进行考量，认为拒不支付劳动报酬行为的确具有严重的社会危险性，依法予以追究刑事责任，推动有关案件进入刑事诉讼程序。

如前所述，至于"人力资源社会保障部门或者政府其他有关部门"规定不太明确，政府"其他有关部门"指的是哪个或哪些部门，需要进一步做出说明。而实际生活中，很多农民工不懂得有关程序，大都是直接向雇主索要，而不会想到事先还要去找政府"有关部门"去"责令"用人者支付劳动报酬。且即使知道"有关部门"是哪个部门，但"其他部门"是否会及时"责令"用人者支付劳动报酬不得而知。"经政府有关部门责令支付仍不支付的"这一归罪条件，反而间接保护了无良雇主。况且，假如拒不支付劳动报酬的是政府，会有哪个部门来对其进行监督与责令呢？因此，应直接规定"有能力支付而不支付劳动者的劳动报酬，数额较大的行为"即符合定罪条件，即可提起刑事诉讼。

四、有效解决和防范拒不支付劳动报酬违法犯罪，促进经济和社会发展

近年来，企业劳动合同签订率有了较大幅度的提高，企业用工行为逐步

规范。但是，由于企业法律意识不强，加之相关部门监管不到位等，仍有一些企业存在用工不规范的现象。比如，不按规定与职工签订劳动合同，不按时发工资，有的企业仍然存在"拒不支付劳动报酬""欠薪逃匿"等违法犯罪行为。

在刑法中增设的"拒不支付劳动报酬罪"，对不特定职工有欠薪故意、在欠薪后转移、变卖财产并逃匿以躲避责任、情节严重的企业主要负责人和实际经营者，依法予以刑事处罚，以形成强大威慑力，从而减少欠薪逃匿事件的发生。出现欠薪行为的用人单位，如成为被告人，还需承担民事责任。但是相关法律法规，其法律适用的可操作性并不强。如《劳动法》和《劳动合同法》对用人单位的欠薪违法行为都有明确规定。《劳动法》规定："工资应当以货币形式按月支付给劳动者本人，不得克扣或无故拖欠劳动者的工资。"《劳动合同法》规定："用人单位拖欠或未足额支付劳动报酬的，劳动者可以依法向当地人民法院申请支付令，人民法院应当依法发出支付令。"但是，《劳动法》只作了原则性规定，并没有具体的处罚细则；虽然《劳动合同法》规定只要劳动关系明确，欠薪关系明确，职工就可以申请支付令，但是在实际中，很少有职工的工资拖欠问题是通过"支付令"这种手段来解决的。目前对于欠薪，通常的做法只是要求企业整改，稍重的处罚也只是罚一点拖欠工资的补偿金。这点罚款对企业而言，根本就是无关痛痒。于是，当违法成本小于违法获利时，拒不支付劳动报酬就成了足够的利益驱动力。由于拖欠者难以受到法律和经济的制裁，拖欠者得利在客观上又给不良经营者提供了逆向的示范效应，使得相互拖欠行为越演越烈。而遏制这种行为的最好办法就是严格依法追究刑事责任。

其实，世界上许多国家和地区为了保护劳动者的合法权益，对于惩治欠薪行为都有明确的法律规定。如在新加坡、美国等国家，拖欠员工工资的老板不能到高档场所消费，不能有自己的私家车，情节严重的还会入狱；在香港特别行政区政府去年公布的《2017 年雇佣（修订）（第 2 号）条例草案》（以下简称《雇佣条例》）中，规定雇主蓄意欠薪最高可罚 35 万港元及监禁 3 年。

当然，"拒不支付劳动报酬"已经入罪，必须将防止和遏止拒不支付劳动报酬作为立法的根本目的和基本宗旨。这就要求我们在考虑问题的时候，既不能忽视法理上的可行性，更不能无视现实中的可行性。具体来说，就是要认真研究"拒不支付劳动报酬入罪"能否有效解决拒不支付劳动报酬问题，劳动者不能及时领取工资主要因为刑法规定不够明确，还是因为监督和执法不力，必须有清醒的认识。在此问题上要坚决防止"刑法打击了事"的思想，如果因为拒不支付劳动报酬入刑而使监管和执法部门放弃监管和执法，劳动者仍然不能及时足额拿到应得的薪酬，效果会适得其反。

面对我国现阶段拒不支付劳动报酬和恶意讨薪的严峻形势，尽管法学界有个别人反对，但设立"拒不支付劳动报酬罪"是十分必要的。况且，设立"拒不支付劳动报酬罪"有成功的立法先例可循。很多国家和地区规定，欠薪恶意不还的就构成犯罪，香港地区的《雇佣条例》也将拒不支付劳动报酬作为刑事案件予以追究。因此，设立"拒不支付劳动报酬罪"不但符合我国的法治精神，而且符合构建和谐社会的理念。

我国的《劳动法》《劳动合同法》《劳动保障监察条例》等相关法律均明确规定了用人单位应向劳动者及时足额支付劳动报酬的义务和应当承担的法律责任。拒不支付劳动报酬行为已不是一般的民事纠纷，而是严重违反了我国行政法、经济法等关于劳动者有劳动的权利和获得报酬的权利的规定，具有刑事违法性，必须及时追究行为人的刑事责任。

解决拒不支付劳动报酬问题的具体措施有：

（一）加强劳动立法工作，切实做到有法可依

首先是尽快制定《工资法》。经过多年的发展，工资立法的时机已经成熟，把《劳动法》所规定的抽象原则具体化。迄今为止，《劳动法》中有关劳动者最基本的几项内容，如劳动合同、劳动就业、劳动仲裁等都出台了专门的法律，而作为劳资关系中最基本的一个因素——劳动报酬，却没有一部专门的法律对此加以规范。通过《工资法》，既可以把分散到行政法规、部门规章中有关工资支付规定统一到《工资法》中来，而且可以提高工资立法的权威性，提高效力层级，同时也可以避免各种不同的法律法规冲突现象的发生。其次，在法律层面确立欠薪基金制度。基金费用来源主要是向企业按工资总额的一定比例征收欠薪保障费，以及由欠薪保障费所生之利息和对欠薪企业依法做出的罚款三部分构成，实现全社会调剂，使欠薪在全社会进行分摊。由于欠薪保障基金只具有一定程度的预付性，除了部分难以追讨，大部分欠薪能够追讨回来。因此，其所需资金并不多，尤其是通过工资总额的一

定比例征集的费用更不多。为此，要建立欠薪保障基金这一社会保障制度并无多大困难，而这一机制的建立，对于解决我国当前存在的部分欠薪企业确有困难、以致资不抵债，甚至资产尚不足以支付所欠工人工资，或是老板欠薪潜逃等问题具有重要作用。再次，确立欠薪预警制度和工资支付保证金制度。欠薪预警，是指针对用人单位的欠薪行为，政府通过法律、经济、行政等手段，发出警示，并督促其发放所拖欠工资的制度。用人单位每月必须把由工会和劳动者签名的工资发放单报到当地的劳动监察部门，对不能及时上报工资发放单的用人单位，可以列入欠薪预警名单，进行重点稽查。劳动部门对列入欠薪预警名单的用人单位进行预警通报，通过媒体向社会公布，同时将有关情况告知经贸、财政、工商、公安、税务、人民银行等有关部门。用人单位在接到预警通知书后，应制定工资补发计划，通知本单位工会及职工，并书面报告当地劳动部门。用人单位在支付欠薪的同时，还必须向劳动部门提交与欠薪等额的由金融机构出具的保函，或者预交工资支付保证金，以切实杜绝欠薪事件的发生。最后，完善刑法和司法解释，对拒不支付劳动报酬罪的规定进一步细化，加大对拒不支付劳动报酬的打击力度。目前，世界上很多国家和地区早已用刑罚的手段打击拒不支付劳动报酬的行为，如《德国刑法典》第 266 条的规定。在我国目前欠薪行为愈演愈烈，并且经常酿成一些社会事件的情况下，为了保护劳动者的报酬取得权，有必要借鉴国外有关拒不支付劳动报酬罪的有关规定，认真贯彻我国刑法中关于拒不支付劳动报酬罪的规定和相关司法解释，以加大对拒不支付劳动报酬行为的打击力度。

（二）执法上要加大劳动监察力度，切实做到执政为民

首先是各级劳动监察部门要落实科学实践发展观，在工作当中，要坚决贯彻以人为本，执政为民的思想，切实把劳动者合法权益的维护作为自己工作主要目标，而不是在接到劳动者的投诉之后互相推诿、扯皮，漠视劳动者权利，甚至和一些用人单位沆瀣一气，互相勾结，共同"应对"劳动者的投诉。其次要加强各级劳动监察部门的队伍建设，在人员编制、办公经费和办公用具方面提供充足的保证，不至于因为劳动监察人员不足，在劳动者投诉的时候出现无能为力、疲于应付的情况。在一些成熟的地区还可以设立"劳动警察"，在出现劳动者欠薪投诉的时候，及时赶赴现场，调查取证，确认劳

动关系，保全证据。对一些情节轻微、争议不大、事实清楚的拒不支付劳动报酬案件可以当场做出处理，这样可以及时解决一些纠纷，而不至于酿成一些恶性社会事件。最后劳动监察部门要切实转变观念，不能为了招商引资而以损害劳动者利益为代价。上级机关在对下级机关进行年终考核的时候，可以把欠薪案件数和解决数作为考核的指标之一，对劳动监察部门的领导考核实行"一票否决"，作为晋级、晋升的指标之一，以督促各级劳动监察部门切实履行自己的职责。针对元旦和春节"两节"期间因拖欠工资问题引发劳动争议多发的突出矛盾，可考虑开辟劳动争议处理"绿色通道"，引导农民工通过调解仲裁等法律渠道维护劳动报酬权益。

（三）司法上应改革劳动案件的审判制度和程序，快速解决劳动者欠薪案件

在欠薪较为严重的一些地区的基层法院可以设立劳动法庭，简化欠薪诉讼程序，降低先予执行的门槛，对确有困难的劳动者可以提供免费的法律援助，以减轻劳动者维权的成本。另外，改革支付令的使用方式。目前，我国《劳动合同法》尽管规定了对欠薪案件可以采用支付令的形式，但是支付令在司法实践中基本上是形同虚设。因此，要规范支付令的异议内容，赋予法官审查用人单位对支付令的提出异议的理由是否充分，只有理由充分才能生效，以限制用人单位支付令异议提出的随意性。

（四）大力开展劳动法制普法宣传，提高守法意识

各级司法机关和劳动监察部门要加强劳动法制宣传和教育，以提高劳动者和用人单位的守法意识。各级机关应该充分利用现有的途径和条件，深入社区和厂矿企业大力宣传劳动法制，如司法局可以利用"送法下乡""送法进社区"活动，联合律师事务所大力开展劳动法制宣传，法院也可以把一些影响比较大的劳动案件在一些大型社区或厂矿企业公开审理，劳动部门还可以利用一些劳动法律法规颁布之际召开学术研讨会，并利用平面媒体、网络媒体和其他媒体进行宣传。

（五）加强工会建设，切实发挥工会的职能

改革现有的工会干部的产生办法，提高用人单位工会会费的缴纳数额，工会干部由劳动监察部门聘任，工资由用人单位缴纳的工会会费支付，基层工会组织作为劳动部门的一个派出机构，直接受劳动部门的领导，对劳动部门负责。这样就可以避免工会干部为了自己的"饭碗"而不敢行使工会职权

的局面，才能有效地发挥工会的各项职能，一旦出现欠薪现象，工会人员可以督促用人单位及时足额发放劳动者工资，避免欠薪事件的发生，工会工作人员还可以对那些拒不改正的用人单位及时上报当地的劳动监察部门，由劳动监察部门及时介入，以避免大量的、长期的欠薪事件的发生，维护社会的和谐和稳定。

（六）有效解决拒不支付劳动报酬的方法

1. 将拖欠职工工资恶性企业一律逐出市场

对于拖欠农民工工资性质恶劣的企业，不论是何属性，一律逐出当地市场。

2. 拖欠职工工资可吊销企业营业执照

为了有效解决关于农民工的欠薪问题，各级政府应不断集中开展保障农民工工资支付专项行动。若拖欠农民工的辛苦钱，企业将被列入诚信黑名单，情节严重者有可能被吊销营业执照，政府对其市场准入进行限制。按照安排，因建设单位或工程总承包企业未按合同约定与建设工程承包企业结清工程款，致使建设工程承包企业拖欠农民工工资的，由建设单位或工程总承包企业先行垫付被拖欠的农民工工资；因工程总承包企业违反规定发包、分包给不具备用工主体资格的组织或个人，由工程总承包企业承担清偿被拖欠的农民工工资责任；对于政府投资的工程项目拖欠工程进度款导致拖欠农民工工资的，由政府先行垫付被拖欠工资。对存在拖欠农民工工资问题的，责令其整改、限期支付；对恶意拖欠、克扣农民工工资等违法行为，依法查处。对于在每年年底前未能妥善解决拖欠农民工工资问题的建筑领域用工企业，将依法对其市场准入、招投标资格和新开工项目施工许可等进行限制；对恶意拖欠、克扣农民工工资情节严重的，暂停其参加新项目投标资格，并给予其吊销资质等处罚，并通报企业所在地政府采取严厉措施责令其支付，企业还将被列入诚信黑名单。对非建设领域用工单位，将依法暂停其经营行为，直至吊销营业执照。

3. 定期清查拖欠职工工资

应开展建筑施工企业拖欠农民工工资排查清理工作，各级劳动保障监察机构应主动深入企业进行排查，力争有效缓解年底农民工集中讨薪的压力。排查清理期间，人社部门将对排查中暴露出的问题，发现一起，处理一起，对拖欠农民工工资的重大案件采用包案负责制，实现落实到人、跟踪督办，还将畅通举报投诉渠道。解决企业拖欠农民工工资情况、建立和完善预防和解决拖欠农民工工资工作的长效机制情况等。地方各级人民政府要在普遍检查的基础上，集中力量重点解决建设领域企业拖欠农民工工资问题，争取将有关劳动争议早日解决。若地方政府未能解决政府投资工程项目拖欠工程款问题，除极特殊的项目外，一律不再批准其新建政府投资工程项目。对有拖欠工程款问题的房地产开发企业，一律不得批准其新开发建设项目和为其办理用地手续。对存在拖欠农民工工资问题的建筑业企业，则依法对其市场准入、招投标资格和新开工项目施工许可等进行限制，并予以相应处罚。

4. 拖欠农民工工资从保证金里扣除

第一，对于水利水电工程项目、交通运输行业施工工程项目须建立农民工工资保证金制度。

在水利水电工程项目上，隐瞒"拖欠史"的，规定禁止竞标的期限。施工企业在参加工程项目投标时，必须提交书面说明以前所承建工程项目劳动者工资支付情况；书面承诺中标后按规定足额存入劳动者工资保证金，并同意劳动保障监察机构可按规定从其工资保证金中划支拖欠劳动者工资；提交对其有管辖权劳动保障监察机构出具的证明书，证明其在截止竞标之日不存在拖欠或克扣劳动者工资行为。工程项目投标申请人提交的文件中未具备以上三项内容的，在资格审查时，由水利行政主管部门对其实行"一票否决"。经劳动保障行政主管部门调查，发现施工企业在参加工程项目投标时未如实反映工资支付情况，存在隐瞒事实、出具伪证的，应向水利行政主管部门通报，由水利行政主管部门禁止其在一定年限内参与工程项目竞标。在项目实施过程中出现拖欠劳动者工资并经劳动保障监察机构处理的，项目法人和施工企业应一次补足剩余的保证金。劳动保障监察机构在工程项目实施过程中，发现施工企业或项目法人未按本通知规定缴纳农民工工资保证金的，责令其限期改正，拒不改正的按《劳动保障监察条例》有关规定，给予罚款的行政处罚。

第二，交通运输工程项目，未缴纳保证金不能开工。

交通运输工程项目的项目法人和施工企业必须在工程开工前分别按工程中标价的一定百分比向劳动保障行政部门指定的账户存入农民工工资保证金。工程项目实行总承包的，由总承包施工企业缴纳农民工工资保证金，允许参与工程项目分包的施工企业向总承包施工企业缴纳劳动者工资保证金。工程项目的项目法人与承建方签订正式合同后，分别按规定及时将劳动者工资保障金足额存入对其有管辖权的劳动保障行政部门指定的账户，并持银行凭证到劳动保障监察机构备案。由劳动保障监察机构出具备案证明后到交通运输部门办理施工许可手续。没有劳动保障监察机构开具的备案证明的，交通运输行政主管部门不得办理施工许可；项目法人不得向施工企业核发开工令。

第三，劳动保障监察机构，委托银行代发拖欠工资。

在实施工程项目中，发生拖欠或克扣农民工工资行为时，劳动保障监察机构应按照规定程序进行处理，并将经核实的农民工名单及有效身份证明、应补发的工资金额等书面材料经项目法人及施工企业认可后，送交银行并委托代发。劳动保障监察机构经调查认定施工企业有拖欠或克扣劳动者工资行为的，由劳动保障监察机构按规定责令限期改正，逾期不改正的，作出处理决定，并下达《划支拖欠工资通知书》。在几个工作日内从工资保证金中先予划支。

5. 对用人者拒不支付劳动报酬追究刑事责任

各级人民法院对涉劳动者工资案件进行全面排查，被执行人恶意拖欠、携款逃匿等行为，违法情节严重的，依法拘留、罚款直至追究刑事责任。各级人民法院对涉农民工工资执行案件进行全面排查，掌握案件总数、种类等情况，研究提出对策。要充分发挥执行指挥中心的作用，对农民工申请人开辟绿色通道，对案件特别是群体性申请或上访案件，要及时受理或处理，优先安排解决。对涉劳动者工资案件，要按照申请人请求或者按照规定流程及时主动查找被执行人财产线索。根据情况强化冻结、扣押、查封、拍卖、变卖等强制措施。对被执行人恶意拖欠、携款逃匿等行为依法追究规避执行的责任，依法处罚。违法情节严重的，依法拘留、罚款直至追究刑事责任。涉劳动者工资执行案件较多的法院，可开展专项集中执行活动。要对符合限制高消费、限制出境等条件的，与有关部门协调，及时采取相应措施。对重大、疑难案件，要与劳动、工会、信访、公安、城管等执法部门密切配合，做好预案，联动出击。对被执行人没有履行能力而申请执行农民工确有经济困难的，可根据各地司法救助的规定，及时对申请执行的农民工给予执行救助。

五、以经济和社会发展为引擎，推动拒不支付劳动报酬的有效解决

就拒不支付农民工工资来说，拖欠工资主要集中于工程建设领域，国家

统计局历年发布的《全国农民工监测调查报告》就说明了这一点。因此包工头、施工企业往往被认为是农民工欠薪问题的罪魁祸首，这自是没错。但很多时候，包工头、施工企业拖欠农民工工资，是因为拖欠包工头工资，而工程发包方又拖欠施工企业工资。而工程发包方，有私人作坊，有中小企业，更有政府部门。换言之，农民工被欠薪，其中很大一部分是政府部门的拖欠。以山东为例，截至 2014 年底，该省 17 个市（含所属县乡）政府拖欠工程款 1006.07 亿元，其中 848.37 亿元拖欠工程款是由于政府投资款拨付不到位、建设单位资金不足形成的，占拖欠工程款总额的 84.33%。

自 2003 年全国启动清欠农民工特别是建筑业农民工工资行动以来，对拖欠农民工工资的治理已经走过十多个年头。国家和政府出台的关于解决农民工工资拖欠的法律法规政策文件达到 200 多个。对农民工工资拖欠的政策关注度高于其他任何一个社会问题。

2016 年 1 月 19 日国务院办公厅发布了《关于全面治理拖欠农民工工资问题的意见》，该文件认为，解决拖欠农民工工资问题，事关广大农民工切身利益，事关社会公平正义和社会和谐稳定。这一问题经过多年治理取得了明显成效，但尚未得到根本解决，部分行业特别是工程建设领域拖欠工资问题仍较突出，一些政府投资工程项目存在不同程度拖欠农民工工资问题，严重侵害了农民工合法权益，由此引发的群体性事件时有发生，影响社会稳定。为全面治理拖欠农民工工资问题，经国务院同意，提出了重要意见。该意见指出，紧紧围绕保护农民工劳动所得，坚持标本兼治、综合治理，着力规范工资支付行为、优化市场环境、强化监管责任，健全预防和解决拖欠农民工工资问题的长效机制，切实保障农民工劳动报酬权益，维护社会公平正义，促进社会和谐稳定。以建筑市政、交通、水利等工程建设领域和劳动密集型加工制造、餐饮服务等易发生拖欠工资问题的行业为重点，健全源头预防、动态监管、失信惩戒相结合的制度保障体系，完善市场主体自律、政府依法监管、社会协同监督、司法联动惩处的工作体系。到 2020 年，形成制度完备、责任落实、监管有力的治理格局，使拖欠农民工工资问题得到根本遏制，努力实现基本无拖欠。

要降低拒不支付劳动报酬犯罪率，从根本上依赖于经济和社会发展。经济发展会给国家和地方从政府到企业提供支付劳动报酬的充裕的财力，社会发展会提高人们的价值观念，形成尊重劳动和劳动者的社会风气和环境，拒不支付劳动报酬将遭到社会的谴责，有利于克服拒不支付劳动报酬的侥幸心理。就目前来说，发挥拒不支付劳动报酬犯罪的司法治理和社会管理关系的互动关系可从多方面入手，以期取得良好的效果。

（一）从保护职工合法权益出发，拒不支付劳动报酬入罪得到舆论普遍支持

将拒不支付劳动报酬的行为入罪，也只是试图从源头上遏制拒不支付劳动报酬的现象，但并不能从根本上使被欠薪者获得其应有的利益，切实保护其合法权益。因此应该动员全社会的力量来解决该问题，并形成有力的舆论氛围，要考虑需要有关部门修订相关规定，简化劳动争议案件的处理程序，降低农民工的讨薪成本。并且加大对现有法律的落实力度，强化执法，保障各个相关主管部门的通力合作，而不是仅仅依靠增设刑法条文来解决。

（二）多部门联动，查处拒不支付劳动报酬违法犯罪行为

人力资源和社会保障部门、人民法院、人民检察院和公安部等四部门应联合行动，重拳打击欠薪违法犯罪行为。

为贯彻执行《刑法》关于拒不支付劳动报酬罪的规定，完善劳动保障监察执法与刑事司法衔接制度，加大对拒不支付劳动报酬、侵害劳动者权益行为的打击力度，切实维护劳动者合法权益和社会公平正义，根据《中华人民共和国刑法》《中华人民共和国刑事诉讼法》《行政执法机关移送涉嫌犯罪案件的规定》等有关规定，四部门应进一步加强涉及拒不支付劳动报酬案件查处，并对司法移送进行协调。

（三）公安机关要提高保护劳动者的观念

为依法帮助农民工追讨被拖欠的薪水，警方可成立农民工欠薪法律救助中心，和劳动、信访等职能部门联合办公，为农民工讨薪。近年来农民工"讨薪难"问题得到了极大缓解，但仍有一部分农民工被长期拖欠工资，甚至在讨薪时遭到人身伤害。为此，警方成立了专门的法律救助中心，在农民工和职能部门中间搭建平台，督促其为农民工追薪。农民工欠薪法律救助中心应专门配备若干民警，和建委、劳动局和信访办等部门联合办公。对于前来求助的被欠薪的农民工，如果曾签过劳动合同的，救助中心民警将立即反馈给相关职能部门协助追款，并对涉嫌构成犯罪的欠薪单位立案调查；对于未签合同者，民警将先期调查，核对属实后，再通知职能部门，尽可能地挽回农民工的损失。此外，农民工还可以随时电话咨询救助中心民警，了解追薪

进展。

（四）运用经济和社会发展的新科技，以期引起社会关注

实践中有微博讨薪，不仅在互联网上引起广泛关注，主流媒体记者也进行报道。详细经过经媒体曝光后，政府的人保部门一般会主动与劳动者联系。劳动者可通过微信平台寻求社会关注，有关部门应及时跟进，在认定劳动者拖欠工资属实的情况下，要求用人单位尽快支付劳动者工资。

劳动者工资被拖欠现象之所以屡禁不止，主要是解决程序过于繁琐。此外，劳动保障部门没有强制执行权，对用人单位缺乏威慑力，故应给予劳动保障部门处理劳资纠纷时的强制执行权，在用人单位拒不支付工资时进行强制扣除。将已发生工资拖欠的显性欠薪企业和生产经营不稳定的隐性欠薪企业列为重点监控对象。连续两个月不能正常支付工资的，要及时预警，及时报告有关部门，并采取措施加以解决。本行政区域内的建筑施工企业、承揽工程项目的劳务分包企业，以及发生过拖欠工资的其他用人单位，要按时足额预存工资保证金。此外，为了规范农民工的劳动合同签订、考勤、考核、计酬等用工管理行为，要全面实行农民工工资支付登记卡办法。

（五）经济社会发展基础上的拒不支付劳动报酬罪治理的相关制度建设

"徒善不足以为政，徒法不能以自行"。法律制定后，只有切合实际，才具有较强的执行力。从实践经验得知，很难保证这一罪名制定出来后，能迅速和全面地执行，从而对欠薪的用人者形成威慑力。因此，"拒不支付劳动报酬罪"只是解决欠薪的起点而非终点。在法律增设"拒不支付劳动报酬罪"之际，更需要高度重视配套制度的建立，加强企业道德建设，加大法律宣传力度，提高有关部门执法水平，增强企业的社会责任和劳动者的法律维权意识，提高政府机关的公信力。毕竟，惩罚不是目的，解决欠薪问题才是核心。

2016年1月19日国务院办公厅发布的《关于全面治理拖欠农民工工资问题的意见》（以下简称《意见》），提出推行农民工实名制和银行代发工资制等。《意见》虽然缩短了债务链，建立用人单位与农民工直接"对话"机制，但要有效治理拖欠农民工工资问题，还有待观察。政府拖欠农民工工资才是清欠执法的主要障碍。并且，政府部门一边宣传治理欠薪，一边连自己都拖欠着农民工工资，"手电筒只照别人"也会对社会单位起到负面的"示范"作用，产生某种"上行下效"的效应。

治理欠薪，首先要确保政府建设工程不欠薪，加强对政府投资工程项目的管理，将"对建设资金来源不落实的政府投资工程项目不予批准"等行政规定纳入法制轨道。严格执法，追究违法人员的责任。例如对工程建设超预算要问责，目前一些政府工程常常是先干后补，工程款不足，再追加预算，这明显违反全国人大制定的《预算法》。正确的做法，即使是增加预算也要人大另行审议后才能实施；对于已经欠薪的项目政府则必须进行清理清退，不能让辛勤工作的劳动者流血流汗又流泪，当然，自我监督的效用总是要打折扣，可以把所有的政府的拖欠情况予以公布，就像最高人民法院公布老赖那样。

在加强拒不支付劳动报酬法律惩治的制度建设方面，一是加强企业社会责任建设。解决欠薪问题的根本在于企业老板是否有社会责任感。企业不仅要对赢利负责，而且要对劳动者负责。保障劳动者的生命、健康和确保劳动者的工作与收入待遇，这不仅关系到企业的持续健康发展，而且也关系到社会的发展与稳定。企业必须要自觉担负应尽的社会责任，树立企业的良好形象，承担起保护职工生命、健康和确保职工待遇的责任。作为企业要坚决遵纪守法，爱护企业的员工，要多与员工沟通，多为员工着想，搞好劳动保护，不断提高工人工资水平并保证按时发放。只有这样，才能从根本上解决欠薪问题。

二是加强法律宣传和培训力度。目前劳动者法律意识淡薄也是欠薪问题久拖不决的原因，因此要广泛开展法制宣传，不断提高劳动者的法律意识。

《国务院办公厅关于全面治理拖欠农民工工资问题的意见》要求，发挥新闻媒体宣传引导和舆论监督作用，大力宣传劳动保障法律法规，依法公布典型违法案件，引导企业经营者增强依法用工、按时足额支付工资的法律意识，引导农民工依法理性维权。对重点行业企业，定期开展送法上门宣讲、组织法律培训等活动。充分利用互联网、微博、微信等现代传媒手段，不断创新宣传方式，增强宣传效果，营造保障劳动者工资支付的良好舆论氛围。

相关执法部门要不定期送法进企业，以维护劳动者合法权益为重点，广泛开展普法维权宣传咨询活动，对劳动合同、社会保险、工资支付、履行义务等进行全面系统的讲解，使广大劳动者能真正利用法律的武器来维护自己的合法权益。同时加大劳动者岗前培训，提升劳动者法制教育整体水平，把法制宣传教育与就业培训结合起来。

　　三是加强执法部门队伍建设。在劳动者向企业索要劳动报酬无果的情况下，就会诉诸政府有关部门请求维护合法权益。如果相关人员对劳动者的请求置之不理或者不及时办理，都会在一定程度上影响劳动者权益的实现。因此，要突出对于相关部门队伍执法能力的培养和素质的提高，坚持严格执法、依法办事的工作作风，对违反劳动保障法律法规，不依法维护劳动者合法权益的行为，要坚决予以纠正处理，全面提升新形势下做好群众工作的能力和水平。要建立健全与新形势、新任务相配套的管理制度，组织执法人员认真学习、熟练掌握并应用相关法律法规，切实维护劳动者的合法权益。

第十五章

妨害社会管理秩序若干犯罪研究

第一节　黑社会性质组织犯罪研究

当前我国处于深度社会转型的特殊时期，为加强对黑社会性质组织犯罪的打击和预防从而控制其扩张和蔓延趋势，更好地保障公民人身和财产安全，建立健全较为完备的法制体系，构建社会主义法治国家，迫切需要加快对黑社会性质组织犯罪的研究步伐和立法完善。

近几年全国开展的打黑除恶工作取得了较大的成就，打掉了一大批黑恶势力和隐藏于其背后的"关系网"和"保护伞"，提高了人民群众的安全感、保障了社会和谐稳定。自 2018 年初开始，我国进入了扫黑除恶的新阶段。我国在逐步完善黑社会性质组织犯罪立法规定中所做的努力和取得的进步不容忽视。但同时，当前在办理涉黑犯罪的实践中仍然存在一些例如习惯于"运动式"打黑，对于一些"黑社会行为"做升格处理，法律适用及认定标准不统一等违背刑法之罪责刑相适应原则的问题，因此需要进一步改进和完善。我国在进一步完善黑社会性质组织犯罪相关立法上还有很长的路要走，在司法实践中所遇到的诸多问题仍亟待解决。

一、黑社会性质组织犯罪的界定

（一）黑社会性质组织与黑社会犯罪组织

根据我国《刑法》第 294 条的规定，黑社会性质组织具有四个特征。一是形成了较为稳定的犯罪组织且人数较多，组织中有明确的组织者、领导者，骨干成员基本固定，这是黑社会性质组织的组织特征。二是有组织地进行违法犯罪活动或者采取其他手段获取经济利益，拥有一定的经济实力，用以支持该组织的活动，这是黑社会性质组织的经济实力特征。三是以暴力、威胁或者其他手段，多次进行有组织违法活动，为非作恶，欺压、残害群众。这是黑社会性质组织的行为特征。四是通过实施违法犯罪活动，或者借国家工作人员对其的包庇或者纵容，称霸一方，在一定区域或行业内，形成非法控制或者造成重大影响，严重破坏社会经济生活秩序，这是黑社会性质的组织的"非法控制"特征。

我国所称黑社会性质组织，在国际上一般泛称为有组织犯罪集团。基于我国刑法学界普遍将带有黑社会性质的集团犯罪认为是已经具有黑社会性质，但尚且不具备黑社会犯罪的完整特征，属于介于集团犯罪和黑社会犯罪之间的一种过渡形态的观念，黑社会性质组织犯罪的立法尚处于较低级阶段，未达到国外以黑社会组织来命名并进行规范的立法高级形态。亟需以对我国现存黑社会发展状况的科学认识为基础推动我国这一领域的立法向高级形态演进。有人认为："黑社会性质组织，包括黑社会性质的组织以及黑社会组织。这里所指的是犯罪组织自身。黑社会性质组织是黑社会组织的低级状态，它虽然还不够成熟，但是在性质上已经属于黑社会组织，它与黑社会组织只有量的差异而无性质上的区别。"[1]

在日本立法中，将黑社会组织称为"暴力团"，1991年《暴力团对策法》的制定，使其成为正式的法律概念，并被定义为：具有反社会性、营利性、组织性的存在助长其构成人员集团性或常习性地实施暴力不法行为之虞的团体。日本暴力团在与世界上绝大多数的黑社会组织存在相同特征的同时，也与其他国家黑社会组织有着最大的不同点即其公开性。这一特性表现为在日本黑社会组织更多地公开参与社会活动的同时，也要求其获利方式更加隐蔽。为针对日本暴力团的特殊性进行立法，其由日本专家学者和法律工作者上交的研究报告所推动制定的1991年《暴力团对策法》中将其定义分为暴力团和暴力联合体，从组织上进行划分，并从暴力团成员行为状态和详细规定暴力团要求行为的方面，从行为特征上进行了规制。其从本国国情和黑社会发展

---

〔1〕 何秉松：《中国有组织犯罪研究—中国大陆黑社会（性质）犯罪研究》，群众出版社2010年版，第182页。

历程出发对暴力团立法进行完善的方式值得我国借鉴学习。

意大利学者进一步明确了黑社会组织的定义，对本国"黑手党""克莫拉""光荣会"三种黑社会组织进行了分类研究，并就其对政权的影响以及受其影响而生成的美国黑手党的行为和影响进行了研究。除了上述的焦点和热点话题，学者还对有组织犯罪概念的发展史、有组织的金融犯罪、欧盟有组织犯罪立法的协调、近似性等方面进行了探讨。以意大利学者为代表的欧美学者在研究过程中并非仅仅追逐所谓"热点"，而是对于有组织犯罪的真正难题予以持续的关注和研究。

纵观各国黑社会立法，无不针对黑社会犯罪的定义及特征进行了深入且全面的研究，因其决定着对一个犯罪是否属于黑社会性质犯罪，犯罪的严重性及组织发展的程度的精准定位。这种研究对我国立法有借鉴意义。只有明确定位，才能准确认定犯罪、精准打击犯罪，并严格遵循罪刑相适应的原则，使其受到的惩罚符合其所造成的社会危害，从而推动我国建立更加完善的法制体系，形成更加完善的法治精神，培养更加有理论素养的司法队伍。

（二）黑社会性质组织的形成及发展原因

黑社会性质组织犯罪作为一种病态的社会现象，是由特定的历史、现实和时代因素相互作用而产生，随时代的前进而得到进一步的发展，并受社会条件的制约和影响。多种因素相互联系、相互作用为黑社会性质组织营造了犯罪的温床，因此对其原因的分析是十分必要的。

黑社会性质组织的形成是一个从量到质，行为规模从小到大、参与人数从少到多、组织实力从弱到强、内部结构从松散到严密、保护伞从低级到高级的逐步发展的过程。新形势下中国大陆黑社会性质组织将继续滋生和壮大，探究其形成原因有助于我们进一步认识其特征并不断加强综合治理。

1. 历史原因

第一，帮会文化的历史传承。帮会文化随我国的历史长河一直流传至今，在民间始终发挥着令人不可忽视的影响力。其最初存在并不以与统治力量对立为目的，而是作为一种民间纠纷解决的诉求中心而存在。而随着权力的扩大和追求更大利益的本性驱使，其与统治阶级的对立性逐渐显现出来。虽然中华人民共和国成立后，我国政府对帮会的打击使其组织形式基本消灭，但数千年的行帮文化无法彻底根除而为如今的许多黑社会性质组织的成型提供了土壤。

第二，传统文化的精神影响。作为一种私力救济形式而出现的"游侠文化"，产生于政治腐败、社会明显缺乏公平正义之时。而随着国家政权日渐巩固，封建法制秩序的建立，游侠的生存空间被压缩。然而这种出现于各个历史时期的行为方式始终影响着一部分人的思维方式，而为暴力组织所利用。在中国传统文化中，道义精神贯穿始终，其中最重要的就是讲究"义"。这一精神在一定的历史时期是具有积极的作用的，但是，在现代的黑社会性质组织中，其往往演变成犯罪成员的精神纽带，起到了发展、联系、巩固组织成员的消极作用。

2. 现实因素

第一，经济条件。生产方式和生产力的飞速变化和革新以及机器大生产时代的到来，在缩短了全行业必要劳动时间，提高了共同利润，使我国经济走上了高速发展的轨道的同时，必将带来劳动力的解放，并引发失业率的提高。这一为马克思政治经济学所阐明的现象同样出现在我国。而这批面临失去生活支撑的劳动力中，尤其以外出打工的老乡会为典型的组织，最终走上了犯罪的道路。而贫富差距的拉大，社会分配的不均无疑也是使一部分人铤而走险的原因之一。

第二，政策因素。我国在改革开放之初，为了改变落后的生产力水平，大力引入外资。但是对外资的来源往往不加以审查，这就为很多境外黑社会组织渗入境内提供了契机。很多境外黑社会组织将黑钱以外资形式投资境内，在合法企业的外壳下经营非法行业，如贩卖毒品、走私等。[1]而部分地区为了经济的发展，放宽了相应的资格要求和程序审查。此外，非法控制力量的增强根本上源于国家控制力的减弱。这一现象产生的原因通过对比我国成立初期和如今制度的不同也可以说明。在计划经济要求的国家干预力度下并无黑社会性质组织的生存空间，而随着制度变革带来的国家干预力降低，现代化发展过程中人口的方向性流动无疑为这类犯罪的产生提供了可乘之机。

3. 时代背景

第一，社会生活条件的进步。社会生活条件的现代化发展不仅为人们生活提供了便利，也为犯罪活动提供了温床。现代生活生产方式的便捷，为犯

---

〔1〕 陈明华主编：《有组织犯罪问题对策研究》，中国政法大学出版社 2004 年版，第 127 页。

罪分子通过信息传递进行联络沟通、共同犯罪、洗钱销赃、包庇逃匿提供了时间和空间上的便利。通过各种媒体，传播模式、国外黑社会组织的各种作案方式，不断影响着涉黑人员的思想观念和作案手段。市场经济快速发展而部分行业和地区经营秩序却相对混乱，加上法律制度建设的漏洞以及法治观念普及的相对滞后，使针对一些新型犯罪活动的控制和打击一时难以到位。

第二，消极思想观念的影响。改革开放后，社会主义市场经济发展迅速，引发拜金思想的泛滥，导致非法获取暴利之动机的恶性膨胀。黑社会性质组织追求的是经济利益，而且是不择手段的去获取经济利益。此外，"性自由"的价值观在很多涉及强奸、组织卖淫等行为中带来了一定的负面效应。而极端利己主义、享乐至上的价值观使黑社会性质组织的成员试图利用犯罪行为而非通过正当劳动获得经济利益。个人英雄主义、崇尚暴力的价值观则体现在黑社会性质组织中，一个或数个所谓的领导者，通过宣传个人崇拜，加强对成员控制并以暴力为主要行为特征。犯罪文化对价值观的影响，是导致犯罪行为产生的重要原因。

二、黑社会性质组织犯罪特征

（一）组织特征

一是组织结构较为稳定。首先，黑社会性质组织犯罪所形成的组织，较一般的共同犯罪人所结合形成的团体组织有一定区别，一般共同犯罪多为临时结合，犯罪行为结束，团体解散，组织随意而不严密。相反黑社会性质组织犯罪所形成的组织机构严密稳定，长时间存续，不会随时成伙随时解散。其次，黑社会性质组织犯罪的组织在吸纳成员时有严格的考量，成员加入后需将组织活动视为其"职业"，尤其骨干人员，不允许随意加入或退出组织，各项活动均受严格管控。例如广州冯志希、冯志钊组织的"黑龙会"在发展中小学生入会时都经过严格筛选，写下"保证书"并缴纳"会费"，统一登记后才可入会，定期召开内部会议，且采取"考勤制度"赏罚分明，所有成员一切活动必须听从指挥，不允许单独行动。管理十分严格。

二是参与人数较多，领导组织者明确、骨干人员基本固定，且身份等级严格，论资排辈，长幼有序。黑社会性质组织内部等级森严，分工明确，成员一旦加入必须各司其职，不得越级。组织内部一般分为三个级别：第一级别为成立组织，具有绝对领导地位的"老大"；第二级别是入会较早，资历较深，贡献较大的骨干人员、积极分子，例如"军师、堂主"；第三级别是入会较晚，经验不足的"马仔"。组织成员做事需逐级上报，不得越级，表现突出，做出贡献的也可"升职晋级"。上海"尊龙名社"就是这样一个组织严密的"非法社团"，其内部设有"尊堂、刑堂、龙堂"和"残风堂、五虎堂、徐汇分堂"等分堂口，每个总堂分堂都设有堂主，成员需听从各分堂主差遣，分堂主又归总堂主支配命令，各司其职，一旦越权就会遭到严厉惩罚。

三是多存在性别倾向。因黑社会性质犯罪的极端暴力危险性，绝大多数的黑社会性质组织的成员为男性，十分排斥女性。即使有女性成员，也不会让其触及犯罪集团的核心活动，只是从事一些渔利的相关行业，例如组织、强迫卖淫，拐卖妇女儿童，或为组织的犯罪活动提供便利，运毒、窝藏包庇等。且组织中女性的地位极低，经常被作为"物品"交易，或被要求与男性成员发生性关系，以满足男性成员的需求。对女性成员的打骂凌辱也十分常见。

四是以暴力威胁等手段进行违法犯罪活动，为非作歹，欺压群众。黑社会性质组织在社会上多进行收取保护费，替人讨债，帮助拆迁等违法犯罪活动，一旦目的无法达到，就会使用暴力、威胁等手段对势单力孤的百姓进行欺压。重庆万州区张博张涛兄弟的涉黑团伙，操纵赌场，设赌渔利，并为每名成员配发杀猪刀，维护赌场秩序。在追讨赌资过程中故意伤害致人轻伤，非法拘禁他人超过24小时，故意毁坏他人财物等都对其他社会成员的人身及财产安全造成了极大伤害。

五是有严格的组织"纪律"约束。由于其组织严密稳定，等级森严，多从事较严重的违法犯罪活动，所以对成员管束及其严格，黑社会性质组织与普通单位、家庭一样有自己的"单位章程"和"家规"。上海"尊龙名社"就以"战无不胜、尊龙鼎立、唯有名门"作为其口号，并设置12条"堂规"如"广交朋友，尊崇礼数注重尊卑，成员之间不可内斗，不能出卖兄弟"等规定。从中均可看出其具有一定的"正规性"。

六是以合法机构掩盖其组织性质进行违法犯罪活动，或者有国家机关工作人员充当保护伞将其合法化。但这一点并非其存在的必然。

（二）行为特征

一是暴力性。黑社会性质组织所进行的违法犯罪活动中绑架、抢劫、故意伤害、强迫交易、故意毁坏财物等占多数，其进行违法犯罪活动多以打架斗殴、寻衅滋事为过程，硬碰硬、狠对狠、黑吃黑等手段作为其活动的暴力后盾。

二是地域性。黑社会性质组织一般存在于一定自然区域、行政区域、行业区域内，例如某市、某村、某厂的称霸一方抑或是在房地产、娱乐行业、休闲服务、餐饮运输等行业范围内进行大规模垄断。

三是稳定性。黑社会性质组织一旦形成，其活动的区域就会相对稳定，在固定的自然区域、行业区域或行政区域内，其组织结构较为庞大，人员较为集中，所以很少流窜作案。而且，其活动内容、涉及范围也相对固定，例如重庆张波、张涛的犯罪集团就长期以开设赌场，操纵赌市为业，不会随意更换行业，资金渠道也不会轻易改变。

四是结合性。黑社会性质组织所进行的犯罪活动，多是多种犯罪的结合，很少会出现单一的犯罪形式。在替人讨债的过程中会涉及故意伤害、非法拘禁等行为，吸毒贩毒则会伴随非法持有枪支弹药的行为，当其业务涉及娱乐服务行业时，强迫卖淫、拐卖妇女儿童、强奸等情况则屡见不鲜，故意杀人的情况也会存在。

（三）目的特征

一是追求经济利益。加入黑社会性质组织的成员，在社会上多为无业游民或者闲散人员，没有稳定的收入来源，温饱成忧。但是集结成黑社会性质组织后，便可"不劳而获"，放高利贷，收取保护费，开设赌场等都可以使他们在较短时间付出较少劳动而获得大量经济利益，解决温饱，进而获得更高层次的物质满足。

二是满足心理需求。受传媒的误导，众多黑帮由于种种原因其示人的形象都享有较高的社会地位，拥有大量的财富，打着"为民除害"的口号甚至要"保护一方安宁"，黑社会性质组织成员多是被这种"光鲜亮丽"的表面现象所蒙蔽，受不劳而获、极度拜金主义的影响和强烈的占有欲、控制欲、暴力倾向的驱使，成立或者加入黑社会性质组织来满足自己众多扭曲的心理需求。

三是为了打击报复。有些青少年加入黑社会性质组织多是因为自己被"边缘化"、长期被人欺侮抑或缺少应有的关爱，导致其心理扭曲，需要用极端的方式证明自己。同时为了对一些社会成员进行打击报复，从而加入黑社会性质组织的也占据较大比例。例如上海"尊龙名社"的成员多为中小学生，一些人在入会前在学校属于弱势群体，经常被同学欺负但敢怒不敢言。"尊龙名社"的组织者正是利用他们这一点，打着替他们"报仇"的名义，接收他们入会，先帮他们"报仇"进而强迫他们进行各种违法犯罪活动，久而久之，这些原本的弱势群体变成了欺凌他人的强势群体，"仇恨""复仇"这样的字眼扎根内心，他们也不断地用暴力解决一切，误认为自己越来越强大，这就引诱更多的中小学生加入，恶性循环。

从上述特征可以看出，黑社会性质组织犯罪已经从最原始阶段手持"冷兵器"喊打喊杀进化到现阶段持枪械斗，可见此类犯罪不仅具有暴力性特征，其暴力危险性也急剧上升。"张君大案"中张君犯罪团伙持枪持械抢劫、故意杀人、抢劫枪支弹药22次，致28人死亡，5人重伤。这种"较高形态"的黑社会性质组织犯罪给社会造成的危害无疑比一般以打架斗殴为主的黑社会性质犯罪要大得多，且加剧了人民恐慌，极不利于社会安定。其次，其犯罪所涉领域的层次也不断提高。在震惊全国的刘汉、刘维案中，刘汉1997年就在四川成立了汉龙集团，经过数十年的发展，集团业务多覆盖房地产、高新技术、清洁能源等行业，也不乏修路架桥等涉及国计民生的工程。他们以暴力手段获得原始资本积累投资合法行业，又以合法行业为依托，用暴力手段"清扫"障碍，如此循环往复"做大做强"。这种洗白的方式使如今的黑社会性质组织披上了合法的外衣，曾经"拿人钱财替人消灾"的经营方式与之相比，不可同日而语。另外，以往的黑社会性质组织犯罪的组织、领导、参加者多为男性，但是女"黑老大"的出现改变了人们的认知。女性成员为主的黑社会性质组织则是"术业有专攻"，重庆王紫绮案就是以茶楼、洗浴中心等相对小成本的服务业为依托，专门从事卖淫行业。诱骗少女，对其实施奸淫后强迫其进行卖淫活动，从而组织赚取暴利。且雇有打手调教看管这些人员，一旦有行为偏差则实行"家法"，草菅人命的恶性案件频频发生。

三、我国黑社会性质组织犯罪的现状和趋势

现阶段我国并不存在真正意义上的黑社会，但是黑社会性质组织犯罪屡禁不止，且随着社会经济、文化、信息网络的发展而产生新的变化，范围不

断扩大、参与人员低龄化、手段多样化三种趋势杂糅交错，互为表里。

（一）范围扩大化

21 世纪以来，我国各地均有黑社会性质组织出现，黑社会性质组织犯罪也呈上升趋势，并且出现了许多在校学生和社会失学青少年组成的黑社会性质帮会组织等。这些帮会组织不仅存在于北方小城镇，北上广深等大中城市也相继出现。2000 年以后，在广州就查处打掉青少年黑社会帮派组织 20 余个。尽管国家打黑除恶行动不断，但是仍有青少年"顶风作案"，寻求刺激，走上犯罪道路。

（二）参与人员低龄化

许多案件可表明我国黑社会性质组织犯罪已经呈现出低龄化趋势，例如张波、张涛黑社会性质组织案中，14 名成员中有 11 人为 1985 年以后出生，犯案时均不满 20 岁。领导者张波、张涛 1986 年生，年龄最小的张成超 1989 年生。湖北荆州黄毛帮帮主赵飞，年仅 17 岁；陕西西安双喜黑社会性质组织的 20 名成员，年龄最大的 26 岁，最小仅 15 岁。[1] 以上案例均可说明我国黑社会性质组织犯罪呈现出低龄化趋势，黑社会性质组织犯罪已经威胁到我国青少年的成长和发展，在世界观、人生观、价值观尚未形成，尚处人格塑造阶段的年纪就放弃学业，甚至离开家庭进行违法犯罪的暴力活动，对其一生将造成难以挽回的伤害，这种趋势如果不加预防和矫治，将会有大批青少年受到影响，进而影响社会进步。

（三）手段多样化

越来越多黑社会性质组织犯罪以网络、手机为依托，网络黑社会性质组织层出不穷。21 世纪是网络快速发展的时期，从儿童到老人都离不开网络，中小学生更是占据了互联网的"半壁江山"，许多青少年掌握很高的互联网技术，为了追求新奇刺激，炫耀自己的技能，"少年黑客"越来越多，不良欲望膨胀，情绪管控能力差，辨别是非能力弱，青少年很容易就成为网络黑社会性质组织的主力军。例如上海"尊龙名社"就是最早一批出现的"网络黑帮"，在网络虚拟世界向他人挑衅，谩骂、侮辱他人，在现实世界进行违法犯

---

〔1〕　卢维英："试析青少年黑社会性质组织犯罪"，载《山西警官高等专科学校学报》2007 年第 2 期。

罪活动，而网络环境还不能给青少年一个完全净化了的互联网空间。

（四）黑恶势力"硬暴力"方式明显减少，暴力化特征弱化，多使用"软暴力"和非暴力。

20世纪80年代全国开展第一次大规模"严打"时，突出的特点是当时"城市里的犯罪团伙非常突出"，与经济利益结合得并不紧密。在2001年4月召开的全国社会治安工作会议上提到，"严打"整治斗争要重点打击有组织犯罪，具有黑社会性质的团伙犯罪和流氓恶势力犯罪，爆炸、杀人、抢劫、绑架等严重暴力犯罪等三类犯罪。而到了2011年，我国黑恶势力发展出现新特点，包括"向政界渗透""向公司化、企业化等表象合法的形式转变""黑恶势力严重侵蚀基层组织"。

黑恶势力近年来得到遏制，但是仍大量存在，随着打击力度加大，黑恶势力活动逐渐趋于隐蔽，游走于犯罪与违法之间，同时其组织形态、攫取利益的方式也在发生改变。中共中央、国务院于2018年1月发出《关于开展扫黑除恶专项斗争的通知》。中央首次开展全国性打击涉黑犯罪是在2000年。不过，以"中共中央、国务院"名义发出"扫黑除恶专项斗争"通知，这是第一次。已经开展了10多年的"打黑除恶"专项斗争，现在变成了"扫黑除恶"专项斗争。虽然只是一字之变，但涉黑涉恶问题出现了新情况新动向，专项斗争的内涵发生了重大变化。由于黑恶势力更为隐蔽，所以扫黑除恶绝不能手软。"扫黑"比"打黑"更加全面深入，重视程度前所未有。

黑恶势力犯罪随着市场转型和体制转轨，出现了一些新特点。其一，"软暴力"、非暴力手段胁迫。为了规避打击，黑恶势力公开打斗等"硬暴力"方式明显减少，暴力化特征弱化，多使用"软暴力"和非暴力，采取"能吓不骂、能骂不打、能打不伤"的方式，用言语恐吓、跟踪滋扰等手段逃避打击。

其二，披着合法外衣的隐蔽性更强。黑恶势力大多以"公司"形式、依托经济实体存在，一些"转型""漂白"的黑恶势力，组织形式"合法化"，组织头目"幕后化"，打手马仔"市场化"。

其三，渗透的重点领域发生变化。从过去的采砂、建筑等行业，转为向物流、交通等领域渗透。还有构建非法高利放贷平台，成立所谓贷款公司，延伸黑恶势力犯罪，然后进行"软暴力"催债，对群众人身财产安全形成威胁。如"校园贷"等，有的也由黑恶势力操控。

还有很多介于黑社会性质组织犯罪和普通犯罪之间，形成恶势力团伙，进行违法活动。对于上述这些发展变化，政法机关应加大打击力度，对重点地区、重点领域，重拳出击，绝不手软。

扫黑就要铲除黑恶势力生存土壤，这个土壤就是基层腐败这个"保护伞"。凡是黑恶势力能够长期称霸一方、为非作恶，根本原因在于有一项或多项"保护伞"，一般的恶势力后面也有人支持、纵容。现实表明，黑恶势力往往通过拉帮结派、行贿送礼、请客吃饭等方式，与公职人员勾结在一起，而一些抵抗力弱的官员为得到"好处"，充当其"保护伞"，甚至通风报信或包庇、纵容违法犯罪分子，使黑恶势力有恃无恐。还有一些领导和负责人，担心打黑除恶影响当地形象和投资环境，影响个人政绩和仕途，不同程度存在不愿打、不敢打、不真打、不深打等问题，助长了黑恶势力嚣张气焰。从群众的切身感受来讲，发生在基层的、身边的腐败其影响更深更大。因此《关于开展扫黑除恶专项斗争的通知》明确要求：把扫黑除恶与反腐败斗争和基层"拍蝇"结合起来，深挖黑恶势力"保护伞"。司法机关在扫黑中，要严格依据刑法规定，贯彻依法严惩方针，正确运用法律规定，加大对黑恶势力犯罪及其"保护伞"的惩处力度。严厉打击"村霸"、宗族恶势力、"保护伞"以及"软暴力"等犯罪。因地制宜、分类施策，结合本地实际，聚焦涉黑涉恶突出的重点地区、行业、领域，把打击锋芒对准人民群众反映最强烈的黑恶势力犯罪。司法机关既要准确把握法律政策界限，还要突出打击重点，并要严格依法办案，才能有力遏止黑社会性质组织犯罪。

四、我国当前黑社会性质组织犯罪的法律规定及评价

国际上对"有组织犯罪"已经有了较为深入的认识，但我国学界尚没有明确"有组织犯罪"的定义特征，基于理论研究和司法实践中的认识，学界通说认为我国目前尚无国际研究中所定义的黑社会组织，而只是发展阶段较为低级的黑社会性质组织。为更加准确地打击犯罪，法律中的规定应当满足司法实践中提出的要求，因而立法上有必要进一步完善针对相关犯罪的规定。我国刑法及相关解释中的规定在惩治黑社会性质组织犯罪中无疑起了重要的作用，但同时也呈现出了一些问题。

（一）我国黑社会性质组织的立法发展过程

黑社会性质组织犯罪是现行《刑法》第294条首次规定的罪名，该条共4

款，规定了组织领导和积极参加黑社会性质组织罪、境外黑社会组织于境内发展组织罪以及国家机关工作人员包庇纵容黑社会性质组织犯罪三个罪名。

最高人民法院于2000年12月5日公布的司法解释为认定和处理黑社会性质组织犯罪从组织特征、经济特征、保护伞特征和非法行为特征或者后果特征上对其提供了一个统一、明确、具体的标准。

第九届全国人大常委会第二十七次会议于2002年4月28日通过了针对黑社会性质组织犯罪的立法解释。这一立法解释在对2000年司法解释中黑社会性质组织的组织特征和经济特征基本予以吸纳的基础上，有了更为准确的表述；同时立法解释整合和完善了其罪行特征和后果特征。本次立法解释的规定在司法实践中也较以往更易于操作。

2009年，针对司法实践中出现的新问题，为正确理解适用刑法及解释中关于黑社会性质组织犯罪的规定，最高人民法院、最高人民检察院和公安部共同召开了座谈会并形成了座谈会纪要[1]。该纪要就司法机关正确适用法律，严厉打击犯罪提出了更具操作性和指导性的意见。从犯罪组织的目的性、核心成员的稳定性、组织内部的组织性和纪律性、获取经济利益手段的选择性、犯罪行为手段的细化等方面进一步明确黑社会性质组织的各方面特征。但该纪要中司法认定标准不统一、规定之间存在矛盾、表述模糊等问题仍未完全解决。

《刑法修正案（八）》对有关黑社会性质组织犯罪的规定进行了再次修正。进一步明确了黑社会性质组织犯罪的特征，首次将黑社会性质组织中所规定的基本特征予以立法化，使该条文更具有权威性。加强对黑社会性质组织犯罪的打击力度，明确区分组织者、领导者与积极参加者的不同法定刑；对包庇、纵容黑社会性质组织犯罪提高法定刑，明确犯该罪的同时有其他犯罪行为的，应进行数罪并罚；组织、领导、参加黑社会性质组织犯罪的，对其增设财产刑；将黑社会性质组织犯罪由普通累犯调整为特别累犯，并规定对部分黑社会性质组织犯罪可以限制减刑及不得假释，从而完善了黑社会性质组织犯罪的量刑制度。

《刑法修正案（八）》关于涉黑犯罪的修订，总体上体现了宽严相济的政策精神，标准进一步明确，惩罚力度进一步加大，体现了罪责刑相适应的

---

[1]《最高人民法院最高人民检察院公安部办理黑社会性质组织犯罪案件座谈会纪要》。

原则。但《刑法修正案（八）》仍存在一些不足之处，需要结合司法实践过程中所遇到的问题，进一步完善和准确适用法律。

2015 年，为进一步规范黑社会性质组织犯罪案件的审判工作，最高人民法院于 9 月 17 日在广西北海市组织召开了全国部分法院审理黑社会性质组织犯罪案件工作座谈会。这次会议《全国部分法院审理黑社会性质组织犯罪案件工作座谈会纪要》（以下简称《纪要》）的第一部分内容，根据坚持依法严惩的方针和贯彻宽严相济的政策，协调"打早打小"和"打准打实"关系，坚持严格依法履行审判职能的原则等方面对各地区人民法院深入开展打黑除恶的工作提出了更加具体的要求。《纪要》的其他四个部分，对审理黑社会性质组织犯罪案件中产生的一些政策把握、法律适用和审判程序等问题提出了指导性的意见，主要包括对于黑社会性质组织四个主要特征中一些构成要素的认定，以及对于组织存续时间的起点的审查判断、骨干成员如何认定、不同类型组织成员所涉及相关量刑情节的运用以及黑社会性质组织犯罪案件审理过程中涉及的举证质证、财产追缴以及财产没收范围等问题。最值得注意的是，本次会议在继承 2009 年《纪要》有关精神的基础上，对于黑社会性质组织的参与人数、经济实力等问题提出了一般的量化标准，并对其中危害性特征的具体情形进一步予以细化，这将有助于解决司法实践中认定标准不统一的问题。

（二）我国黑社会性质组织犯罪的司法问题

1. 我国黑社会性质组织犯罪司法认定中存在的问题

我国对于黑社会性质组织认定的探索已有近 20 年的历史，但是就其与实践结合的结果来看，效果并不十分理想。在不同地区的司法实践中，对于黑社会性质组织的认定仍存在着诸多问题。比如，对组织特征的认定缺乏对组织内部结构的认定，对经济特征的认定缺乏对所获经济利益用途的认定，对危害性特征的认定缺乏关于称霸一方的范围要求、严重破坏经济、生活秩序的程度的认定等，这些问题的出现是由于司法认定标准不统一造成的。

2. 我国黑社会性质组织犯罪法律适用的问题

（1）法条规定的准确性问题

准确地界定黑社会性质组织之定义及特征是有效惩处黑社会性质组织犯罪之前提，同时也是完善我国关于黑社会性质组织犯罪相关法律规定的关键。

从组织特征的方面来讲，它没有对组织内部结构进行清晰的划分，黑社会性质组织成员可分为核心成员与外围成员，而对于核心成员的稳定性也应当进行认定，而不是通过简单的列举就认定其为组织者或者积极参与者。同时，黑社会性质组织内部应当具有纪律性这一特点没有体现出来，而拥有一定的行为规则又是体现黑社会性质组织稳定的结构性的重要形式。因此，这一法律规定的缺失造成了对黑社会性质组织性质的片面认定。

从经济特征方面来讲，由于我国各地经济发展不均衡的现实情况和黑社会性质组织发展所处的不同阶段，《纪要》中已经认可对于组织经济实力部分不规定具体数额或者具体规模，防止个别组织利用这部分相关规定逃脱法律的制裁。但这种较为宽泛的规定就使得实践中缺乏证明组织经济实力和利益用途的根据，不利于准确地认定黑社会性质组织犯罪。

从行为特征和非法控制特征来讲，"为非作恶"的情节、"欺压、残害群众"的程度，描述并不明确；而"较稳定""称霸一方"等用以表明该组织控制力及控制范围的表述也尚未根据当前黑社会性质组织发展状况制定更为具体的解释说明。这部分表述主要涉及的是危害性的问题，而如若其危害性不能得到充分的证明，则对其的定罪量刑必无法准确进行，从而严重影响司法的公正和公信。

（2）刑罚设置的完备性问题

当前我国相关立法经过数次修正，不断完善，但是在刑罚的设置方面尚存在疏漏。首先，我国当前黑社会性质犯罪的惩治对象主要针对的是自然人，还没有规定单位若涉及黑社会性质犯罪该如何进行处罚。纵观世界各国有组织犯罪相关情况，以法人或者单位的身份实施黑社会犯罪、抑或向黑社会组织提供资金支持从而为己谋取利益的情况已有发生，因而其社会危害性不可小觑。其次，设立罚金或者没收财产等财产刑只包含了组织领导或参加黑社会性质组织罪，而未包含入境发展和包庇、纵容黑社会性质组织犯罪，而境外黑社会组织在我国的滋生是我国黑社会性质组织不断扩张的重要原因之一，设置财产刑无疑能够对其进行有效遏制。此外，涉及黑社会性质组织犯罪的适用缓刑、减刑和假释问题的刑罚设置可以说依然是不完善的。

（3）相关程序法的问题

刑事程序法方面，新修订的《刑事诉讼法》中，部分程序提及了适用于黑社会性质犯罪，但其是分别在各个条文中出现。尤其是由于对涉黑犯罪之特殊性、复杂性等认识不足，针对涉黑犯罪尚未建立专门的侦查制度及证据制度，也没有建立对本类犯罪中所涉证人及受害人完善的保护制度。因此可能造成实践中用以打击涉黑犯罪的法律资源严重不足，对其进行侦查与审判的力度较之普通刑事犯罪并没有太大差别，侦查机关收集证据的能力与黑社会性质犯罪发展的程度不相适应。

除以上原因之外，仍不可忽视的一点，就是各地司法实践队伍之素质不平衡的问题。由于我国东西部以及城乡之间发展不平衡，使法律人才分布不均，各地的审判水平也因此有着相当的差异，同时，审级不同造成的认识不同导致各级审判机关对黑社会性质组织特征理解也有不同，因而很容易造成司法认定标准不统一。

五、黑社会性质组织犯罪的立法重构

由于我国有着巨大破坏性的黑社会性质组织出现较晚、研究时间相对短暂，而认定黑社会性质组织过程中又涉及不可违背的刑法原则和价值观念，这就要求我们在黑社会性质组织认定的不断发展中，使其逐步得到完善。通过参考域外关于黑社会组织的相关研究和处理方式，可以获得能够运用到我国实践操作中的一些提示，也有助于对黑社会性质组织相关认识的提高。

（一）境外黑社会性质组织相关立法规定借鉴

美国为完善对以有组织犯罪为代表的重大犯罪的证人保护体系，针对有组织犯罪的调查和起诉提出了便利规定：即在法庭上可以使用"窃听证据"指控犯罪嫌疑人，同时增设了"证人豁免权"。[1]这对于我国相关犯罪的庭审制度和证据制度之完善有着重要的指导意义。

20世纪80年代以来，日本政府为了打击严重破坏日本社会秩序的有组织犯罪，专门设立了"暴力取缔推进委员会"，聘请国内外专家对反黑打击进行

---

〔1〕　根据美国的州法律和联邦法律，证人可以享有豁免权。在美国法律中有两种取得豁免权的形式。一种豁免权就是证人的证词在任何情况下都不能用来作为对其提起诉讼的证据，即所谓的"直接豁免"。另一种形式的豁免就是所谓的"交易豁免"，在这种情况下，证人在同意作证词后，对该证人的犯罪行为，检察机关提供豁免，对其所犯的与该证词相关的罪行不予起诉，该证人即为"污点证人"。在州法律中，两种形式的豁免都被使用，但在联邦法律中，第一种形式的豁免已在1970年被第二种形式的豁免所取代。

专门研究。并基于 1990 年向警察厅提交的研究报告形成了《暴力团对策法》。20 世纪 90 年代，荷兰政府才开始重视有组织犯罪的问题。从该类型犯罪研究被提上国家议程，到对本国黑社会组织的认定有了比较全面的认识，总结出其国内的有组织犯罪形式与传统形式的区别，荷兰政府经过了多年的调查研究。这对我们国家对于黑社会性质组织的认定极有借鉴意义。因为黑社会性质组织犯罪在新中国出现也只有不到 40 年。

香港法庭裁定一个组织是否是黑社会组织及三合会时，除必须适用法律上的司法认定和警方三合会专家在审讯时的证供之外，还需要援引判例或参考有关的权威著作。权威著作的参考和引用使得对于香港三合会的认定更加具体科学，从而有利于打击本地区黑社会组织的犯罪。

（二）结合我国实际情况探究完善方向

1. 法条规定的准确性方面

建立统一的认定标准是司法实践的重要前提条件，如果法律规定本身不能准确地描述其认定对象，则运用到司法实践中必然会出现各地认定不统一的情况。应该以基于大量实例的调查研究为基础，从我国黑社会性质组织发展的实际情况出发，以建立统一的认定标准。不可否认法律条文在实际应用中存在一定的不确定性，但其首先应当是具有普适性的。我们应当在根据各地不同经济发展状况和政策制定具体的规章政策前，制定一个具有普适性的认定标准。简化和明确黑社会性质组织罪名的定义和特征，明确其中涉及的标准性、范围性的表述，使相关司法活动进一步做到有法可依。其次，我们也应当结合各地区的不同情节，如重庆地区的保护伞问题、广东地区的境外黑社会组织渗入的问题、东北地区的残忍暴力犯罪问题等，进行有侧重的补充规定，以更好地制裁黑社会犯罪。

2. 刑罚设置的完备性方面

针对当前我国黑社会性质组织相关法律规定，应对所有黑社会性质组织犯罪都增设相应的财产刑，削弱涉黑组织犯罪发展的根本支柱，在源头上防止其进一步发展壮大。针对单位犯罪，可以借鉴刑法中其他涉及单位犯罪的相关处罚方式，考虑设置没收财产刑，实行"双罚制"，对不同责任人员规定相对应的刑事责任，争取在更大程度上减少单位犯罪的可能性。此外，制定黑社会性质组织犯罪中关于缓刑、减刑和假释的适用规定，可以根据黑社会性质组织犯罪的特殊性，对其使用标准予以进一步严格限定。

3. 相关程序法的重要性方面

黑社会性质组织犯罪的有组织性、暴力性和时空的广泛性之特点，决定了言词证据在认定黑社会性质组织犯罪中的重要地位，而为保障言词证据的重要提供者之权益，应当进一步完善证人、被害人保护制度。可以采取设立专项资金、设置专门的证人保护机构，以更好地保护证人的生命、财产安全。从人权的角度来讲，在强调知情人作证的义务同时，也应当尽到保护的责任。反观国际社会，德国、美国等国在证人保护制度方面，都有着相对完善的规定、实施程序和相应的保护措施，我国的刑事诉讼立法可资借鉴研究。

第二节　网络赌博犯罪研究

网络赌博犯罪凭借其犯罪成本小、准入门槛低，可承担的风险少、可谋取的利益大等优势，而在全球迅速蔓延。网络赌博犯罪比传统赌博犯罪具有更强的隐蔽性、更快的发展速度、更广的影响范围、更大的防治难度，呈现出更大的对法益的侵害问题。

一、网络赌博犯罪的界定

（一）网络赌博犯罪的含义

网络赌博犯罪，是以指营利为目的，利用现有互联网技术和现代金融交易手段进行的违反有关禁赌法律规定的赌博活动。是利用智能化科技化的方式，以网络为平台，大规模开展的一种新型的赌博犯罪，属于我国目前着力打击的犯罪活动。

（二）网络赌博犯罪的类型

主要分为五类。第一，传统赌博，如打麻将、百家乐、21点、老虎机等传统赌博方式的网络在线竞赌；第二，以体育赛事的结果为投注对象，如足球、篮球、台球、高尔夫球、赛马等，其中以网络赌球为主；第三，以股票、外汇、期货等金融证券产品在市场内的走势和波动作为投注对象；第四，利用网络游戏开发赌博；第五，近年新兴的网络红包赌博，不法分子利用微信平台强大的支付功能，以微信群发红包这种社交娱乐方式火速地进行大规模的赌资流动，这种赌博方式可谓门槛极低，极易泛滥，且不易被察觉。

（三）网络赌博犯罪的特点

1. 网络赌博的虚拟性

网络赌场不像传统赌博的赌场具有固定的场所和服务人员，网络赌博交易利用计算机设备和网络技术，通过数字化的形式来实现。所以网络赌博没有现实的犯罪现场和空间，犯罪的行为地与结果地都处于网络的虚拟空间且不受限制，不像传统赌博犯罪那样在同一物理空间发生。

2. 网络赌博的隐蔽性

因网络赌博不具有传统赌博的参赌流程，且网络信息更新很快，针对用户的个人保护功能往往使得在线赌博痕迹难寻，参赌人员在匿名状态下通过庄家开设的网页进行在线赌博，利用网络进行投注、交易和赌资转移。赌博网站为规避法律法规的监控，往往通过伪装成普通论坛或者聊天室来吸引网民，网站管理者暗中牵制参与人员渐入泥潭，手段极其隐蔽。另外，赌资的流转方式同样十分隐蔽，犯罪分子通过网络操控银行卡的资金，资金的流转又以第三方支付平台作为渠道，暗中的交易难以被察觉。

3. 网络赌博的跨国性

因各国在禁赌方面的法律规定不尽相同，网络赌博公司往往在不禁赌的国家或地区设立赌博网站和服务器，实现境外远程操控，在我国境内进行运作，发展代理，接受投注，达到内外勾结。这导致了资金的大量外流，严重威胁了我国的经济安全。

4. 具有严密的组织性

呈现出集体化公司化的模式，类似于传销组织，具有层层代理、分工明确的特点，自上而下延伸了 5 个层次。第一层次是境外赌博公司老板，第二层次是境内代理，分为"大股东""股东"，第三层次是总代理，第四层次是代理商，第五层次是会员。[1] 2010 年 4 月 25 日，广东省珠海公安部门成功破获一起跨境网络赌博案件，经查明，香港籍公民马某，是"国际会"高层管理人员 5 人之一，其利用该赌博网站在港澳和珠江三角洲地区层层招募股

---

〔1〕 蔡君平："网络赌博犯罪探析"，载《中国人民公安大学报》2012 年第 2 期。

东、总代理、分代理、会员，大规模地进行网络赌博犯罪活动，至案发时该团伙已拥有 12 名大股东，36 名股东，288 名总代理，869 名代理，5734 名会员，由此可见该组织团伙的规模之庞大。

5. 网络赌博营运的成本低，风险小

与传统赌博不同，庄家既不需要提供固定的场所，也不需要为维持赌博投入大量人力和物力，仅仅依靠计算机设备和网站便可吸引大量参赌人员，网络赌博的便利大大减少了赌博成本。

6. 侵害法益程度较深，涉赌金额大

网络赌博是赌客们在虚拟的环境中参与赌博活动，通过互联网下注，参与方式简单便捷，面向更广的受众人群开放，相对于传统赌博而言涉及层面更广泛、参赌人数更多，金额亦更加庞大，发展态势更加猖獗，因此对法益的侵害更严重。这不仅仅对公共治安管理秩序造成威胁，腐蚀了社会文明，也给道德建设带来了恶劣的影响，侵害了法律秩序。利用网络达到境内外互相勾结，实现赌博交易，既导致大量资金外流，严重扰乱金融秩序，又阻碍了数字化科学技术的进步。2008 年 6 月 11 日，云南省昆明市中级人民法院公开审理中国公民谭志伟、谭志满等人在缅甸设立"新东方赌场"进行赌博的案件，犯罪嫌疑人采用现场赌博、网络电话下注、网络直接下注等方式，吸引大量中国公民参与赌博，作为全国最大的网络赌博案，涉案金额达到 87 亿元人民币，创中华人民共和国成立以来赌博案之最。

7. 侦查难度较大

因计算机技术的特殊性和网络赌博犯罪的隐蔽性致使在线赌博活动不易被发现；在电子证据的采集方面也具有很大难度，电子证据容易被隐藏、被消灭，同时其真实性也有待考证；跨国勾结的问题导致在管辖和国际司法协作方面都具有不同程度的困难；另外在打击赌博犯罪的过程中需要多个领域、多个部门之间相互配合，然而不成熟的配合机制制约着侦查工作的进展。

二、网络赌博犯罪活动的发展态势

（一）以普通网络棋牌游戏作为伪装

在近年来所开展的集中打击网络赌博违法犯罪活动专项行动中，侦查机关发现，很多具有赌博性质的网站是打着普通棋牌游戏网站的名义，伪装成为合法网站，而在暗中操作赌博营利活动的运行。这类网站不为普通玩家提供免费的注册；在这些棋牌游戏中所赢得的虚拟货币可以兑换成真实货币并返还到参与玩家的银行账户内，或者可以在某些电子商务平台上兑换成真实货币。这种活动明显具有赌博的性质。

（二）自动注册成为代理、会员

赌博集团在发展代理和会员的方式上与以往有所不同，不再仅仅以上下线的形式进行发展，更多的是个人在网站上自动注册成为代理、会员。我国境内的代理人将境外赌博网站的网址链接建立在我国境内的一些合法网站上，参赌人员通过网址链接进入赌博网站，并自主进行注册成为会员方可参与赌博。这种发展会员的活动变得十分隐蔽，也进一步扩大了犯罪集团的规模。

（三）网络赌博活动的投注对象更加多样

近年来，随着我国经济文化水平的发展，娱乐休闲活动不断丰富，网络赌博活动的投注对象已不再仅仅局限于传统的棋牌类。赌客们将视线投入到股票、期货，货币等金融证券市场上。另外，一些热门体育赛事如足球等也成了赌客们新的投注对象。此外，值得一提的是，新兴的微信红包赌博活动吸引了大量赌客们的注意，异军突起，呈现出不断上升的趋势。

（四）赌资的流转依靠我国境内第三方支付平台

境外网络赌博集团在我国境内实施网络赌博犯罪活动，从中赚取高额利润，赌资的转移以第三方支付平台为渠道。参赌人员将个人网银内的资金支付到我国境内的第三方支付平台，第三方支付平台再将资金转入赌博网站银行账户。赌资收付的问题依靠第三方支付平台而得以解决。

（五）向其他领域渗透，诱发其他犯罪

由于网络赌球活动的盛行，犯罪分子将目光投入到各种体育赛事活动上，企图通过控制赛事的进程或结果来达到谋取非法利益的目的，诱发贿赂等犯罪行为，可想而知体育赛事的公平公正很难得到保证，体育事业的发展受到影响，整个行业都应对由此引发的混乱引起关注。另外，网络赌博成为不法分子洗钱的途径，不法分子将大额流动的非法资产通过赌博网站进行洗白变为己有，从而使得许多贪污受贿人员、黑社会分子逃脱法网，这必将引起经济秩序的混乱和犯罪率的上升。

三、引发网络赌博犯罪的原因

（一）犯罪人思想道德观念低下，法律意识淡薄

大多数参赌人员对网络赌博的法律性质以及将产生的法律后果和造成的对法益的侵害缺乏足够的认识，网络平台的开放性和娱乐化使得网民在追求刺激性和新鲜感的同时，对自身参与网络活动的行为在认知上产生了被美化的偏差。网络赌博犯罪极强的隐蔽性、低成本、低风险、高利润导致了传统道德在虚拟世界中的约束力变得十分脆弱，并遭受到很大冲击。

（二）网络赌博的趋利性和成瘾性

网络赌博犯罪的低风险性和高利润性吸引了大量唯利是图的不法分子，网络赌博的参与方式十分便捷，犯罪门槛低、成本低，投注对象多样，对赌客们具有极大的吸引力，许多人轻易沉迷于其中并不断向亲朋好友推荐，参与犯罪的人数越来越多，涉赌金额越来越大。被表象所蒙蔽的参与者们在侥幸心理的驱使下身陷网络赌博犯罪的泥潭难以自拔。

（三）计算机技术的不断发展为网络犯罪提供了衍生平台和条件

网络科技的进步是把双刃剑，一方面为现代社会的发展提供源源不断的信息和技术，另一方面又被犯罪人所利用从事不法活动从而发展出庞大的犯罪脉络，用以谋取不当利益。网络赌博犯罪就是其中异常活跃的一种。

（四）网络法制不健全

中国网络法制的发展落后于网络犯罪的繁衍，法律上的漏洞被网络赌博犯罪人所利用。我国司法判例中对于赌博犯罪的相关规定，并不完全适用于网络赌博犯罪的情形，从而不利于对该类犯罪的防范和惩治。我国也缺少一部专门的禁赌法对包括网络赌博的犯罪活动加以规制。

（五）境内外犯罪集团的渗透和利诱

随着我国互联网的飞速发展，与其他发达国家科技力量的对比不断缩小，世界各国犯罪人纷纷把目标转向中国这个巨大市场，形成一个以中国为中心的赌博犯罪网，不断建立中文赌博网站，在中国发展代理，境内外相互勾结，相互渗透，形成庞大的犯罪市场。

（六）社会转型产生的负面影响

改革开放取得了显著进步，市场经济不断深入发展，经济全球化程度加深，在这个社会转型时期，各种社会矛盾不可避免地给人们的世界观、人生观和价值观带来了负面影响，许多不法分子崇尚金钱至上，追求新颖刺激的娱乐生活，并热衷于通过投机行为来快速地赚取不义之财，从而触碰到法律的底线，走上犯罪的道路。

四、网络赌博犯罪的构成要件

网络赌博罪在本质上与传统赌博罪是一致的，是形式较为特殊的赌博罪，其成立要件具备其独有的特殊性。对网络赌博行为定性定罪应以现行《刑法》第 303 条和 2005 年 5 月 13 日施行的"关于办理赌博刑事案件具体应用法律若干问题的解释"以及相关法律法规为依据。《刑法》第 303 条规定的赌博罪和开设赌场罪，是以营利为目的，聚众赌博或以赌博为业的行为，网络赌博属于赌博罪，是赌博罪以及开设赌场罪的特殊形式。

（一）网络赌博侵害的法益是公众健康的经济生活和社会风尚

网络赌博犯罪助长了不劳而获之风，毒化人们的心灵，破坏良好的社会风尚，还严重影响了正常的生产、生活秩序，引起社会冲突，引发各类矛盾纠纷，诱发盗窃、抢劫、诈骗、伤害、杀人、贪污等多种犯罪，导致犯罪率的上升，与人们追求美好生活的夙愿相悖。将网络赌博认定为犯罪，有利于保证以诚实劳动换取经济利益，防止生活的善良社会风尚被败坏。

（二）网络赌博的客观要件

网络赌博行为与传统的赌博有差别，主要表现为，以"在网络上聚众赌博""开设赌博网站"或"在网上以赌博为恶习"三种情形。只要具备三种情形之一的，就可以构成赌博罪

1. 在网络上聚众赌博

这种行为是指将他人组织、召集，引诱至赌博网站参与网络赌博，行为人从中抽头渔利，至于行为人是否直接参加赌博对成立赌博罪没有影响。具有表现为通过设置赌博程序在网络平台上设定赌局，并设计出赌局输赢可被操控的网络赌博系统，以实现行为人从中获利的不良犯罪意图，从而造成大

量的赌客在行为人设置的多个赌博网点同时进行在线赌博。对"在网络上聚众赌博"的定性定罪以《关于办理赌博刑事案件具体应用法律若干问题的解释》第1条为依据，即：组织3人以上赌博，抽头渔利数额累计达到5000元以上的；组织3人以上赌博，赌资数额累计达到5万元以上的；组织3人以上赌博，参赌人数累计达到20人以上的。这个数额和传统赌博比较，入罪的门槛并不高，有利于打击网络赌博犯罪。

2. 以网络赌博为恶习

赌博罪规定了以赌博为业的赌博形态，"以网络赌博为业"，是指经常进行网络赌博，将网络赌博作为自己的职业，以网络赌博所得作为其生活或者主要经济来源的行为。但这种表述并不恰当。从目前网络赌博案件来看，许多参赌人员并不以网络赌博作为常业或兼业，他们往往来自于社会不同层次和不同行业，且拥有本职工作并不以赌博为生，这种情形显然与刑法调控的灵活性产生了矛盾，对于这种情况我们不妨参考日本刑法中"常习赌博罪"的有关规定：把握以赌博为业的实质，是指行为人已经具有反复实施赌博行为的习癖，行为人存在赌博的前科和反复累行赌博行为的事实等标准来判断行为人是否为赌博的常习者。[1]

3. 开设赌博网站的界定

网络上也有开设虚拟赌场的行为。以《关于办理赌博刑事案件具体应用法律若干问题的解释》第2条规定为网络上的开设赌场罪的立案标准。具体表现为：在计算机网络上建立赌博网站，或者为赌博网站担任代理，接受投注的，提供网络赌博所需要的软件及用具，或出售网络赌博光盘，提供互联网网址和密码，接受电话投注等方式进行赌博。

4. 犯罪主体为一般主体

凡是年满16周岁，具备刑事责任能力的中国公民和外国公民都可以构成本罪。犯罪人主要有4种：第一，网络赌博的组织者和代理者，即庄家和代理人，包括赌博网站的开办者、经营者、维护者和赌博网站在境内的代理人、代理机构。第二，聚众赌博人员和以赌博为业的赌客。第三，为网络赌博提供赌资支付服务者，包括为网络赌博提供信用卡支付、电子汇款、转账和现金转移等支付服务的行为人，他们通常是和网络赌博的组织者之间构成共同

---

[1]　李勇：《论网络赌博犯罪及其防控对策》，华东政法大学出版社2007年版，第24页。

犯罪。第四，帮助开设、经营境外赌博网站，帮助介绍网络赌博员工、参赌人员以及引诱或组织网络赌博的人员。

（三）主观要件表现为直接故意，并以营利为目的

网络赌博犯罪主观要件是故意，并且要求行为人具有营利为目的，至于其是否实际取得利益，无关紧要。

不同的网络犯罪的行为人，其故意的内容不同。具体来说，"网络赌博的组织者和代理者"是明知自己实施的行为是法律禁止的赌博行为，但为了赚取巨额利润，而希望开办赌博网站或作为赌博网站的代理人，并采取各种手段组织赌客参与网络赌博。"赌客"表现为明知自己实施的行为是法律禁止的聚众赌博和以赌博为业的行为，但为了赚取巨额的利润或以赌博所得的收入为主要生活来源，而希望聚众赌博或参与赌博。"为网络赌博提供赌资支付服务者"表现为明知自己为网络赌博提供赌资支付服务的行为是法律所禁止的，而希望该行为发生。"帮助开设、经营境外赌博网站，帮助介绍网络赌博员工、参赌人员以及引诱或组织网络赌博的犯罪人"则表现为明知自己实施的是网络赌博的帮助行为、引诱或组织他人进行网络赌博的行为，并希望该行为发生。

以营利为目的，是实施网络赌博，以网络赌博为恶习的行为，是为了获取数额较大的金钱，而不是为了消遣、娱乐。不以营利为目的，进行带有少量金钱输赢的网络娱乐活动的，欠缺犯罪的故意，不构成犯罪。虽本着营利目的参加赌博，但只是一般参赌人员，而不属于网络赌博的聚众者或者没有形成网络赌博恶习，不符合网络赌博犯罪的主观要件，不构成赌博罪，也不构成开设赌场罪。

一旦赌博网站开设正式营业，并有人实际使用，就成立开设赌场罪的既遂。至于建立赌博网站者是否实际获得利润，在所不问。建立赌博网站的人或者赌博网站代理人参与赌博，并形成赌博恶习的，应以开设赌场罪和赌博罪数罪并罚。

第十六章

CHAPTER 16 贪污贿赂罪犯罪研究

第一节 贪污罪

我国现行刑法总结多年的司法实践经验，给贪污罪下了一个比较完备而简明的定义。根据《刑法》第 382 条第 1 款的规定，贪污罪是指国家工作人员利用职务上的便利，侵吞、窃取、骗取或者以其他手段非法占有公共财物的行为。

一、贪污罪构成要件

（一）保护法益

本罪侵害的法益比较复杂，不单侵犯了公共财产的所有权，而且还侵犯了国家工作人员职务行为的廉洁性。侵犯国家机关工作人员职务行为的廉洁性更严重，本罪主要是侵犯了该法益，其次才侵犯了公共财产的所有权。侵犯财产所有权的罪名较多，比如，盗窃罪、诈骗罪等。在这些犯罪之外，又规定了贪污罪，而且对贪污罪还规定了死刑，说明本罪比其他财产犯罪更为严重。原因就在于本罪对国家工作人员职务行为的廉洁性的侵害，而且这种犯罪，自古以来就存在，是很难治理的顽疾，理应通过严厉的法定刑予以严厉打击。

本罪的行为对象主要是公共财物。根据《刑法》第 91 条的规定，公共财产包括下列财产：①国有财产；②劳动群众集体所有的财产；③用于扶贫和其他公益事业的社会捐助或者专项基金的财产；④在国家机关、国有公司、

— 437 —

企业、集体企业和人民团体管理、使用或者运输中的私人财产，以公共财产论。国有控股公司如宝钢的财产应视为公共财物。公共财物即使没有经济价值，也可以成为贪污罪的对象，比如，国有商业银行的工作人员误以收缴来的假币为真币，利用职务之便予以窃取的，构成贪污罪，但成立犯罪未遂。

本罪的行为对象不以公共财产为限。根据《刑法》第 93 条第 3 款的规定，委派到非国有公司、企业、事业单位、社会团体从事公务的人员，以国家工作人员论。《刑法》第 271 条第 2 款的规定，国有公司、企业或者其他国有单位委派到非国有公司、企业以及其他单位从事公务的人，利用职务上的便利，将本单位财物非法占为己有，数额较大的，以贪污罪定罪处罚。所以，被委派的非国有公司、企业、事业单位、社会团体中的财物具有公共财物的性质。实践中，这类被委派的非国有公司、企业、事业单位、社会团体的单位，一般是国有参股的单位。所以，也不能无限扩大非公共财物的范围，非公共财物严格以法律规定的范围为限。

所以，对于贪污罪的成立而言，被侵吞、窃取或者骗取的财物是否为公共财物，对于定罪并不是唯一的条件，国家工作人员的身份和从事公务行为的性质，同样决定着本罪是否成立。

（二）客观要件

本罪的客观要件是行为人利用职务上的便利，侵吞、窃取、骗取或者以其他手段非法占有公共财物的行为。

1. 行为要件

贪污罪"利用职务上的便利"，有其特定的含义，是利用自己主管、经营、经手财物上的职务上的便利，不同于受贿罪中"利用职务上的便利"。受贿罪中利用职务上的便利，是利用自己主管、负责、承办某项公共事务的权力。贪污罪中客观行为主要表现为侵吞、窃取、骗取的行为或者以其他手段非法占有。应当承认，所谓侵吞、窃取、骗取或者以其他手段非法占有的行为，与侵犯财产罪的盗窃、诈骗等犯罪形式在客观行为方面没有差别。本罪中的"侵吞"是利用职务上的便利，将自己主管、管理、经手、支配的公共财物非法转归己有或他人所有的行为，如在自己的工作过程中，对收款不入账或者将自己支配的公共财物非法转卖给他人，自己获得款项。又如，在侵占公共财产之后，通过做假账的方式把账目做平，使自己经管的财物或者款项在账面上消失，掩盖侵占公共财产的事实。"窃取"是指利用职务上的便利，用秘密获取的方法，将自己主管、管理、经手的公共财物窃取占为己有的行为，俗称为"监守自盗"。"骗取"是指利用职务上的便利，使用欺骗的方法，非法占有公共财物的行为，如单位在北京，去海南出差，票据总和为5000元，通过涂改单据，将票据之和改为10 000元，骗取审批手续，多领差旅费。"其他手段"是指侵吞、窃取、骗取以外的利用职务上的便利非法占有公共财物的手段。"其他手段"是指侵吞、窃取、骗取以外的利用职务上的便利非法占有公共财物的各种手段，是对侵吞、窃取、骗取三种主要手段的补充，避免挂一漏万。上述4种贪污罪的行为手段，以侵吞为典型的行为方式。

2. 主体要件

本罪的主体是国家工作人员。需要指出的是，贪污罪主体中的国家工作人员与其他犯罪中的国家工作人员有所区别，范围相对较大，包括下述三类主体。

（1）《刑法》第93条规定的4种国家工作人员。

第一，国家机关中从事公务的人员，包括在各级国家权力机关、行政机关、司法机关和军事机关中从事公务的人员。中国共产党的各级机关、中国人民政治协商会议的各级机关中从事公务的人员，以国家工作人员论。

第二，国有公司、企业、事业单位、人民团体中从事公务的人员。需要指出的是，这里"国有"的含义必须是纯国有的，国有控股或参股公司、企业等因为存在非国有资本，不属于刑法意义上的"国有"单位。集体事业单位的工作人员不是国家工作人员。人民团体中的民主党派、各级工会组织、妇女联合会、共青团等，其中从事公务的人员也是国家工作人员。

第三，国家机关、国有公司、企业、事业单位委派到非国有公司、企业事业单位、社会团体中从事公务的人员。应当注意的是，这里的"从事公务"应该是基于"委派"行为而产生的。

第四，其他依照法律从事公务的人员。包括依法履行职责的各级人民代表大会代表，依法履行审判职责的人民陪审员，协助乡镇人民政府、街道办事处从事行政管理工作的村民委员会、居民委员会、社区等农村和城市基层组织人员以及其他由法律授权从事公务的人员。需要注意的是，全国人大常委会专门有一个对《刑法》第93条第2款的立法解释，规定村民委员会等村基层组织人员协助人民政府从事下列行政管理工作，属于《刑法》第93条第

2 款规定的"其他依照法律从事公务的人员"：①救灾、抢险、防汛、优抚、移民、救济款物的管理；②社会捐助公益事业款物的管理；③国有土地的经营和管理；④土地征收、征用补偿费用的管理；⑤代征、代缴税款；⑥有关计划生育、户籍、征兵工作；⑦协助人民政府从事的其他行政管理工作。

（2）受委托管理、经营国有财产的人员。

《刑法》第382条第2款规定："受国家机关、国有公司、企业、事业单位、人民团体委托管理、经营国有财产的人员，利用职务上的便利，侵吞、窃取、骗取或者以其他手段非法占有国有财物的，以贪污论。"这里是"委托"，而不是"委派"。这类人员不是严格意义上的国家工作人员，所以，贪污罪的主体不仅仅限于国家工作人员。受委托最典型的是个人与国有企业签订承包、租赁合同，依照合同约定对国有企业进行管理和经营。1999年9月9日颁布的最高人民检察院《关于人民检察院直接受理立案侦查案件立案标准的规定（试行）》指出："'受委托管理、经营国有财产'是指因承包、租赁、聘用等而管理、经营国有财产。"2003年11月13日最高人民法院《全国法院审理经济犯罪案件工作座谈会纪要》中指出："'受委托管理、经营国有财产'，是指因承包、租赁、临时聘用等管理、经营国有财产。"综合两个规定，受委托管理、经营国有财产的人员是因承包、租赁、临时聘用等管理、经营国有财产的人员。

（三）主观要件

贪污罪是故意犯罪，在主观方面是直接故意，并且具有非法占有本单位公共财物的目的。本罪不可能是间接故意。贪污罪的故意由认识因素和意志因素构成。其中，本罪的认识因素，必须为行为人明知自己的行为将要侵犯公共财物，对于自己的行为侵犯单位财物的所有权具有明确认识。贪污罪的意志因素，是行为人明知是本单位的公共财物，而希望将其非法占有，亦即"以非法占有为目的"。行为人虽然实际占有公共财物，但如果是过失或者缺乏非法占有的主观目的，不构成本罪。非法占有在这里应做广义理解，不仅是非法占有，还包括其他所有权的权能，严格意义上应称为"非法所有"。但是，由于司法实践已经接受了非法占有的提法，而且司法工作者也能够全面理解非法所有的含义，所以没有必要再加以改变，但必须进行正确理解，以避免理论上的误区。

二、贪污罪的认定

（一）贪污罪的数额与情节认定

贪污罪在《刑法修正案（九）》颁布和生效前是数额犯。5000元作为构成贪污罪的起点，贪污10万元以上就要被判处10年以上有期徒刑。因为5000元作为构成贪污罪的起点，入罪数额偏低，打击面过大，不符合经济快速发展的实际，也不能适应现实生活的现状，从而不利于发挥刑法的特殊预防的功能。个人贪污10万元以上就要被判处10年以上有期徒刑，无期徒刑甚至死刑，针对一些经济比较发达的城市而言，不利于"轻刑化"的实现，同时，我国经济发展不平衡，有的地方10万元可能判处无期徒刑甚至死刑，有的地方只判处有期徒刑，不利于法制的统一。

近年来，腐败大案层出不穷，一般的贪污案件也频频发生，《刑法修正案（九）》为适应新形势下反腐工作的需要，避免出现唯数额论处过于僵化而不能做到罪刑相适应的问题，也为了更准确地认定贪污罪，《刑法修正案（九）》将具体数额模式修正为概括式数额，仍然分为数额较大、数额巨大、数额特别巨大3个量刑层次，在此基础上加重"情节"在贪污罪定罪量刑上的作用，也就是情节和数额并列成为具有相同作用的贪污罪定罪量刑要素。贪污罪设定为数额加情节犯。

《刑法修正案（九）》对贪污罪定罪量刑标准予以修正后，虽然数额不再是唯一标准，但不可否认贪污罪仍具有财产性犯罪性质，因而犯罪数额依然是认定犯罪人罪与罚的重要要素。如果不考虑数额，对于贪污罪的量刑将十分困难，情节比较在贪污罪这种财产犯罪中过于笼统，不具有操作性，而且情节是在数额基础上的对犯罪具体细节的进一步分析，所以，在认定贪污罪时，应以数额为主。

为了适应《刑法修正案（九）》对贪污罪的修改，便于公安司法机关准确认定和处理该罪，2016年4月18日最高人民法院、最高人民检察院发布施行的《关于办理贪污贿赂刑事案件适用法律若干问题的解释》规定，贪污或者受贿数额在3万元以上不满20万元的，为"数额较大"；数额在20万元以上不满300万元的，为"数额巨大"；数额在300万元以上，为"数额特别巨大"。贪污数额在1万元以上不满3万元，具有下列情形之一的，认定为"其他较重情节"：（1）贪污救灾、抢险、防汛、优抚、扶贫、移民、救济、防疫、社会捐助等特定款物的；（2）曾因贪污、受贿、挪用公款受过党纪、行政处分的；（3）曾因故意犯罪受过刑事追究的；（4）赃款赃物用于非法活动的；（5）拒不交代赃款赃物去向或者拒不配合追缴工作，致使无法追缴的；（6）造成恶劣影响或者其他严重后果的。具有上述情形之一，贪污数额不满"数额巨大""数额特别巨大"，但达到起点一半的，应认定为"严重情节"或"特别严重情节"，依法从重处罚。新的司法解释为贪污罪的认定提供了比较严格而明确的标准，可以在一定程度上避免贪污罪认定中的随意性。

（二）共犯问题

关于共犯的含义有不同的理解，德日刑法的共犯是指正犯以外的共同犯罪人，我国刑法理论，往往把共犯作为共同犯罪的简称。实践中，大量发生国家工作人员和非国家工作人员相互勾结，共同取得公共财物的案件。但是，对类似案件如何处理，一直有争议。《刑法》第382条第3款规定，伙同国家工作人员贪污的，以共犯论处。《最高人民法院关于审理贪污、职务侵占案件如何认定共同犯罪几个问题的解释》进一步规定，非国家工作人员伙同国家工作人员共同贪污的，以贪污罪共犯论处。国有单位委派到非国有单位从事公务的人员与非国有单位中有职务便利的人员勾结，分别利用各自的职务便利，共同将非国有公司、企业、事业单位、社会团体的财物非法占为己有的，按照主犯的犯罪性质定罪。但是，这个司法解释显然没有明确一个问题，共同犯罪中，如果国家工作人员与非国家工作人员均是主犯，又应该如何定性？

也就是说，在这种情况下，共犯是教唆犯、帮助犯时，按照正犯的性质定，这是没问题的，但在共同实行的情况下，按何罪认定在理论上存在障碍，因为有身份的人和没有身份的人，法律规定是不一样的，把没有身份的人定为有身份的罪名，在法律评价上存在问题。2003年11月13日最高人民法院在《全国法院审理经济犯罪案件工作座谈会纪要》中指出，司法实践中，如果根据按案件的实际情况，各共同犯罪人在共同犯罪中的地位、作用相当，难以区分主从犯的，可以贪污罪定罪处罚。可见，司法实践中，按照重罪认定和处罚，主要是由于利用职务便利是无身份者来勾结有身份者共同犯罪这个根本原因，如果非身份者具有利用职务便利的条件，就不会来勾结国家工作人员即有身份者，盗窃行为或者诈骗行为也就没办法实施。从这个意义上来说，有职务便利者处在一个关键的地位、所起的是关键的作用，如果没有身份犯和利用职务便利的行为，根本无法实施后来的犯罪。尽管身份犯可能有些被动，但只要不是受胁迫，国家工作人员就是积极主动，在共同犯罪中发挥了最关键的作用，都应当认定是主犯。

这种按照主犯身份来定罪的原则存在问题。由于主犯和从犯是量刑问题，按照量刑的身份来解决定性问题，是本末倒置。关于共同犯罪是不是一定要定同一个罪，能不能定不同的罪，是比较复杂的理论问题。如果犯罪有竞合的，分别定罪不违反共同犯罪的定罪原则。我国传统理论对共同犯罪人原则上定同一罪名，但按照国外刑法理论，共同犯罪可以定不同罪名，不同罪名对于非国家工作人员与国家工作人员内外勾结，共同实施侵吞、窃取、骗取或者以其他手段非法占有公共财物的实行行为的定罪问题，是一种解决思路。

三、贪污罪的刑罚适用

根据《刑法》第 383 条的规定，对犯贪污罪的，根据情节轻重，分别依照下列规定处罚：（1）贪污数额较大或者有其他较重情节的，处 3 年以下有期徒刑或者拘役，并处罚金。（2）贪污数额巨大或者有其他严重情节的，处 3 年以上 10 年以下有期徒刑，并处罚金或者没收财产。（3）贪污数额特别巨大或者有其他特别严重情节的，处 10 年以上有期徒刑或者无期徒刑，并处罚金或者没收财产；数额特别巨大，并使国家和人民利益遭受特别重大损失的，处无期徒刑或者死刑，并处没收财产。

犯贪污罪，在提起公诉前如实供述自己罪行、真诚悔罪、积极退赃，避免、减少损害结果的发生，有《刑法》第 383 条第 1 款第 1 项规定情形的，可以从轻、减轻或者免除处罚；有前条第 2 项、第 3 项规定情形的，可以从轻处罚。

值得注意的是，对于贪污数额较大或者有其他较重情节，行为人在提起公诉前如实供述自己罪行、真诚悔罪、积极退赃，避免、减少损害结果的发生的，从宽幅度很大，可以直至免除处罚。但是，对于贪污行为达到第二档、第三档法定刑的，即使行为人如实供述自己罪行、真诚悔罪、积极退赃，避免、减少损害结果的发生，也不得对其减轻或者免除处罚，只可以在相应的法定刑幅度范围内从轻处罚。这里的从宽处罚，有时间限制，即被提起公诉以前；有条件限制，即具有如实供述自己罪行、真诚悔罪、积极退赃，避免、减少损害结果的发生等从轻处罚的情形。这些情形实际上是两大类：（1）在如实供述自己罪行、真诚悔罪的前提下积极退赃。这里的核心应该是积极退赃。换言之，贪污罪是在渎职的同时不法取得公共财物的行为，部分具有侵害他人财产占有权的性质，因此，贪污犯罪后拒绝退赃的，其认罪态度好、悔罪程度深可能都是假象，原则上不宜考虑从宽处罚。（2）采取有效措施避免、减少损害结果的发生。例如，贪污的公共财物被犯罪人处分给第三人的，犯罪人在如实供述自己的罪行之外，还必须提供取得财物者的相关线索，司法机关由此对财物追缴启动相关程序的，才有从宽处罚的可能性。

《刑法修正案（九）》规定，犯贪污罪被判处死刑缓期执行的，人民法院根据犯罪情节等情况可以同时决定在其死刑缓期执行 2 年期满依法减为无期徒刑后，终身监禁，不得减刑、假释。相关司法解释也予以落实，贪污数额特别巨大、犯罪情节特别严重、社会影响特别恶劣、给国家和人民造成特别重大损失的，可以判处死刑。符合上述情形，根据犯罪情节等情况可以判处死刑缓期 2 年执行，同时裁判决定在其死刑缓期执行 2 年期满依法减为无期徒刑后，终身监禁，不得减刑、假释。终身监禁第一次出现在刑法条文中，是对于严厉打击贪污贿赂犯罪的刑事政策上的回应。但是，应当看到对重大贪污贿赂犯罪设置终身监禁刑存在情绪性立法色彩。由于根据《刑事诉讼法》第 254 条暂予监外执行制度的规定，暂予监外执行一般只适用于被判处有期徒刑或者拘役的罪犯，被判处无期徒刑的罪犯中可适用暂予监外执行的对象，只能是怀孕或者正在哺乳自己婴儿的妇女。因为，终身监禁适用的前提是死缓犯，监外执行则适用于徒刑犯或者拘役犯，因此，监外执行犯不适用于被判处终身监禁的罪犯，被判终身监禁的罪犯不存在出狱的可能性。

终身监禁不利于发挥刑罚的教育改造功能，在定罪量刑时切断了犯罪人的改过自新之路，所以，对终身监禁应谨慎适用。有关司法解释规定，对于《刑法修正案（九）》生效以前实施贪污行为，根据之前的刑法规定应当判处死刑立即执行，而根据修正后刑法判处死缓同时决定终身监禁可以罚当其罪的，根据刑法从旧兼从轻的溯及力原则要求，适用《刑法修正案（九）》关于终身监禁的有关规定；根据修正前刑法应当判处死缓的，则不适用终身监禁的规定。剥夺犯罪人在服刑过程中的减刑、假释权不符合人道主义，甚至违反法律。尤其对非暴力犯罪的贪污罪限制减刑，而对暴力犯罪却没有规定终身监禁，不符合罪刑相适应原则。基于以上种种原因，司法实践中贪污罪适用终身监禁的案件很少。

第二节　受贿罪

受贿罪，是指国家工作人员利用职务上的便利，索取他人财物，或者非法收受他人财物，为他人谋取利益的行为。

一、受贿罪构成要件

（一）保护法益

对本罪所侵害的法益，是国家工作人员职务行为的廉洁性。国家工作人员为国家服务，国家发给薪酬，不得向公务活动的相对人收取报酬，为政清廉，保持职务行为的廉洁性，是法律对国家工作人员的基本要求。受贿行为，破坏了公务行为的不可收买性和国家工作人员必须保持清正廉明的行为准则。国家工作人员一旦收受作为对价的利益，其公务行为的公正性就会受到怀疑，[1] 势必破坏公务行为的廉洁性。因为"公职人员执行公务，本应就事论事，公正无私，而能获得社会大众的信赖，但因其贿赂行为的存在，而使这种信赖为之消失，并进而导致国家威信的受损。这种信赖或威信不必等到公职人员已实际收受不当利益，而是在公职人员对外表示其有收受不当利益的意图，足以使他人感到公务行为的可收买性时，即已受到损伤"。[2]

本罪的行为对象是贿赂。根据《刑法》第 385 条和第 388 条的规定，贿赂的内容仅限于"财物"。"财物"一般理解为具有实物形式的金钱与物品。学术界理解的贿赂，有 4 种观点：一是财物说。认为贿赂只能限定为金钱或者可以用金钱计算的财物。二是财产性利益说或称物质利益说。认为贿赂还包括"财物或者其他能够用货币计算的财产性利益"，如提供住房、免费旅游、免除债务、赠送他人未上市股票等。三是利益说。这种观点认为，凡是能满足人的物质和精神等方面需求的一切有形或者无形、物质或者非物质、

---

〔1〕　[日] 山中敬一：《刑法各论Ⅱ》，成文堂 2004 年版，第 803 页。
〔2〕　林山田：《刑法各罪论（下册）》（修订 5 版），北京大学出版社 2006 年版，第 71 页。

财产或者非财产的利益，非财产性利益如提供职位、提供升学的机会和学位、为亲属子女解决就业、户口落户、参军入党、职务升迁等，这些利益不可以用货币量化计算，但为接受人带来益处，可按照受贿罪的情节来量刑。四是不正当利益说。认为贿赂不但应包括财物和可用货币计算的财产性利益，而且应包括能满足受贿人物质需要和精神欲望的其他不正当利益，主要是色情服务，即贿赂的内容应包括一切能够满足人们需要或欲望的有形和无形的不正当利益在内，这种作为贿赂的不正当利益，目前在我国十分常见。

从我国现阶段现实生活中贿赂的现状来看，其贿赂官员的内容确实不仅仅限于财产性利益，还包括不能用金钱计量的其他非财产性利益，甚至色情服务等，按照第三种和第四种观点予以规定，成为刑法立法发展的趋势。

在国外多数国家的刑法中，贿赂的内容也不局限于财物，一些国家的刑法规定，贿赂除了财物、财产性利益之外，还包括其他非财产性利益。《俄罗斯联邦刑法典》第290条所规定的贿赂的内容则包括金钱、有价证券、其他财产或财产性质的利益[1]。2016年4月18日最高人民法院、最高人民检察院发布施行的《关于办理贪污贿赂刑事案件适用法律若干问题的解释》规定，贿赂犯罪中的"财物"，包括货币、物品和财产性利益。财产性利益包括可以折算为货币的物质利益如房屋装修、债务免除等，以及需要支付货币的其他利益如会员服务、旅游等。后者的犯罪数额，以实际支付或者应当支付的数额计算。目前刑法尚未对非财产性利益和不正当的性贿赂进行规制。

从司法实践看，也应将贿赂扩展到非财产性利益和不正当利益，特别是将危害严重的性贿赂作为贿赂犯罪的行为对象。近年来，有关"性贿赂"的新闻频频见诸媒体，用"美女"来攻击贿赂目标，几乎是"弹无虚发"。有名的如厦门远华集团的总裁赖昌兴，他在厦门修建了"红楼"作为他实施性贿赂的场所，对许多官员提供美色进行贿赂，使其走私"绿灯"大开，畅通无阻。省部级领导人如江西省原副省长胡长清，广西壮族自治区原主席、人大常委会副委员长成克杰，公安部原副部长李纪周，湖北省原副省长孟庆平，等等，也拜倒在"石榴裙"下。

尽管这些贪官污吏"落马"都与"性贿赂"有染，但法律上的"真空地

---

[1] 莫洪宪、王明星："论职务犯罪的特点、原因及其刑事对策"，载《犯罪研究》2003年第2期。

带"却常常将这种"色贿"排除在"贿赂罪"之外，没有因此而加重他们的刑罚。2002 年，人们对原湖北天门市委"五毒书记"张二江"在任职期间曾利用职权与其妻以外的 107 名女子有染"的关注程度似乎超出了其贪污、受贿犯罪本身。但在最后的判决中，张二江被以受贿罪、贪污罪数罪并罚，决定执行有期徒刑 18 年，其中没有涉及"性贿赂"情节。面对安惠君一案，检方"性贿赂不属检察机关侦查范围"，再次将人们的视线聚焦在"性贿赂"一词上。

实际上，"性贿赂"同样属于犯罪。"美人计"满足了人们的生理欲望，其功能与金钱贿赂如出一辙，同样算行贿。一个手中无权者生活作风不检点，侵害的法益往往是有限的，而身居要职者一旦痴迷于权色交易，造成的危害却可能是巨大的，甚至是灾难性的。女巨贪蒋艳萍，这个只有初中文化程度的女人，在短短 13 年时间内，利用"性贿赂"开道，迅即从一个仓库保管员升到副厅级干部，贪污敛财达 1000 多万元；江西一个私营企业主窥知大贪官胡某某有好色的特点后，不仅主动陪胡前往珠海嫖妓，甚至还将卖淫女空运到南昌让胡"享受"，通过这一笔笔肮脏的"权色交易"换取了巨大的商业利润……

多起案例显示，目前性贿赂的种种现状已是触目惊心。2013 年广州、珠海、深圳公布的 102 宗官员贪污受贿案中，被查处官员 100% 包养了情妇，甚至有的包养了不只一个，[1]这笔费用自然有人替他们支付。在商场和官场上，包养异姓已经成为某些人的常用手段，甚至成为当今一些所谓的"上流社会"人物"有身份、有气派"的标志。

性贿赂正在成为当前职务犯罪的新动向，而且性贿赂的手段也花样翻新。有的用"公关小姐"拉拢腐蚀，有的提供包养"二奶"或嫖娼的费用，有的为其介绍情妇。"权色交易"目前已成为和"权钱交易"具有同等危害的廉洁腐蚀剂。

"性贿赂"长期"逍遥法外"的原因有三个方面：一是社会对"性贿赂"太宽容。现实生活中，不少人把此视作"生活作风"和"道德品质"问题，甚至有人认为为此立法是对女性的歧视，与中国的文化传统"格格不入"；二是与当今社会舆论的浮躁有关。每当有这样的"有色腐败"出现，一些媒体

---

〔1〕 杨日："深圳珠海 102 宗官员贪腐案中所有官员均包'二奶'"，载南方网，最后访问时间：2014 年 5 月 6 日。

和记者只对"情色"感兴趣,津津乐道于具体情节的报道和描写之中,很少去探寻去这一现象泛滥的深层原因;三是在立法上存在着"真空地带"。现有法律没有对"性贿赂"进行界定与量化,在取证和量刑上也很难操作,从而使这种"擦边球"越打越离谱。"性贿赂"已成了一种比金钱还要管用的行贿方式,它的粉墨登场既是绝大多数腐败分子的腐败起点,也是这些贪官污吏"落马"的首因。这种"权色"交易不但会直接损害到公权机关的形象,影响到权力的正常行使,还会对当事者的家庭形成重创,导致社会道德伦理观的层层下滑。

严重的性贿赂现实,应考虑从源头上治理,从法律上完善。我国目前法律在性贿赂方面规定的空白让犯罪人钻了空子。性贿赂其实并不是一个新问题,学术界已经讨论了几十年。在《刑法》中有关行贿犯罪的规定中,只涉及用财物行贿,范围太狭窄,而实际上行贿手段非常多,除利用财物外,还有财产性利益、不正当利益如提供美色等,但是法律在这些方面都没有规定。现在不法分子也不是法盲,直接送钱的很少,一般都用其他更隐蔽的方式行贿,而一些贪官也暗示除了不接受钱,其他来者不拒,这就使性贿赂和其他各种形式的贿赂大行其道。在一定程度上,性贿赂对法益的侵害和持续性有时甚至超过财物贿赂。因为性贿赂一旦既遂,受贿者就会多次为行贿者谋取不正当利益,多次侵害法益,在某些情况下,财物达不到的目的,性贿赂往往可以达到。由于性贿赂成了法律的空档和死角,纵使造成极大的危害后果,也无法惩治打击。

实际上,性贿赂在法律中早已不是一个陌生的名词,我国的《唐律》《清律》中都有性贿赂的概念出现;欧洲、北美和亚洲一些国家的刑法典也将"非财产性利益"作为贿赂犯罪的内容。1915 年日本的法院判定,异性间的性交也可能成为贿赂的目的物,艺妓的演出(上列大判明 43. 12. 19),异性间的情交(大判大 4. 7. 9 录 21. 990,最判昭 36. 1. 13 集 15. 1. 113)等都是贿赂,[1]日本受贿罪对象不仅包括财产性物质,也包括非财产性利益,而性贿赂也被明确包括在其中。日本的刑法对性贿赂的规定为刑法对受贿罪的立法奠定了基础。《法国新刑法典》第 435-1 条规定,为适用 1997 年 5 月 26 日在布鲁塞尔签订的"关于同牵涉欧洲共同体公务员,欧洲成员国公务员的贿赂行为做

---

〔1〕 大冢仁:《刑法概说(各论)》,冯军译,中国人民大学出版社 2003 年版,第 596 页。

斗争的协定"，共同体公务员，欧盟成员国的国家公务员或者欧洲共同体委员会，欧洲议会，共同体法院与共同体审计法院的成员与任何时候，无权而直接或间接索要或认可奉送，许诺，馈赠或其他任何好处，以完成或放弃完成其职务，任务或其受委托的行为或者由其职务，任务，或受委任而带来方便的行为，处十年监禁并科处 150 000 欧元罚金。[1]法国的刑法典虽未明确规定受贿罪的对象包括性贿赂但是"其他任何好处"的规定已经将提供性服务包括在内。《美国法典·刑事法卷》201 条："公务员收受任何有价值的东西的，构成受贿罪。"所谓"价值"，联邦法院采"主观说"，解释为包括金钱、财物、债权、职位、服务、好处或特权等，"性服务"对于行贿方来说可以换取其他利益，对于受贿方来说，可以获得精神和生理上的愉悦，所以对于双方当事人来说当然是有价值的东西。印度尼西亚修订了相关法案，扩大了贿赂的范围，明确将性贿赂囊括进来。在美国，性贿赂同样也要入罪。香港地区立法规定受贿罪所收受的利益根据《防止贿赂条例》第 2 条的释义，包括如下内容：（1）礼物、借贷、费用、报酬或佣金，其形式包括金钱、有价证券及其他财产后任何财产的权益；（2）职位、雇佣或合约；（3）支付、免除、清还或清理任何借贷，或其他负债之全部或一部；（4）任何其他服务或优惠（款待除外），包括加以维护以免受任何的刑罚或免除此等忧虑，或维护以免受任何纪律，民事或刑事性质之诉讼或控告，无论该等诉讼或控告几经进行或尚未进行；（5）执行或不执行任何权利、权力或职责；（6）有条件或无条件提供，承担或承诺前述（1）（2）（3）（4）（5）项所指的任何利益，[2]香港地区的规定明显包括性贿赂。香港林春叶向冼锦华提供性贿赂案曾经引起轩然大波。在我国台湾地区，"贪污治罪条例"第 5 条也规定"对于职务上之行为，要求、期约或收受贿赂或其他不正利益者，处 7 年以上有期徒刑，得并科新台币 6 千万元以下罚金"，这其他不正利益，便包括性贿赂。台湾地区新北环快弊案，接受了性贿赂的官员被拘捕。

　　目前，我国内地不少法学界人士认为，其实理论界对已包括性贿赂在内的财产性利益和非财产性利益构成受贿罪基本达成了共识，问题是这些贿赂难于量刑，在司法实践中操作起来难度很大，所以久久没有提上立法日程。

---

〔1〕《法国新刑法典》（第 7 版），中国法制出版社 2003 年版，第 172~173 页。
〔2〕赵秉志：《香港刑法学》，河南人民出版社 1997 年版，第 414 页。

有人认为，就性贿赂而言，两人的自愿性行为是否存在，即使存在性行为，这种性行为是否存在交易也很难证明。在这种情况下，很难证明性与其他的交易联系在一起，或者在交易和感情兼而有之的情况下交易的成分和感情的成分各占多少。正是由于性贿赂的这种复杂情况，将其纳入立法范畴存在不少障碍。从现行的《刑法》来看，贿赂行为的罪与非罪，贿赂罪的量刑轻重都依据贿赂的财物数额大小而定，而性贿赂的贿赂物是"性"，"性"是无法量化的。如果设立了"性贿赂罪"，量刑也是难题。

性贿赂只能附属于财物贿赂以说明犯罪嫌疑人生活的腐化程度，但单独设立一个"性贿赂罪"恐怕难以实现。因为性贿赂有两大特征，一是贿赂过程看不到，二是双方的态度有时会达成一致。这为司法操作带来了困难。但是，性贿赂入罪具有可能性，需要排除数额犯的困扰，仅靠量化原则量刑有一定的局限性，贿赂罪不能只从数额上考虑，应综合考虑情节、对社会的危害和影响程度以及谋取利益的大小，这样比较科学。司法机关也应克服畏难情绪，性贿赂的证据形式多种多样，不仅包括录音录像，也包括犯罪嫌疑人、被告人的口供和证人的陈述。

虽然学术界对性贿赂的讨论相当激烈，但是如果这项罪名要真正加入到《刑法》当中，它还有很长的一段路要走，不但需要专家的多方充分论证，还需要具备大量的例证，在提交全国人大常委会后，有关部门还将对其进行周密论证。性贿赂进入立法尚需时日。

（二）受贿罪的客观要件

受贿罪在客观方面表现为利用职务上的便利，索取他人财物或者非法收受他人财物为他人谋取利益的行为。《刑法》第385条对受贿行为的描述，丰富了受贿罪的内涵，但同时限制了受贿罪的外延，即内涵越多，外延就越小。这些诸多的限制条件导致了司法实践对受贿罪认定存在一定困难，影响了对受贿罪的及时打击。

我国刑法关于受贿罪的规定与国外许多国家的刑法规定和我国香港地区关于受贿罪的规定形成了很大的反差。如德国、日本、瑞士、韩国等国家以及我国的香港地区，在刑法上关于受贿罪的规定，均无太多的条件限制。如日本刑法对贿赂犯罪的规定可谓完善细致，它将贿赂犯罪分别规定为受贿、事前受贿、对第三人供贿、枉法受贿、事后受贿、斡旋受贿、行贿、斡旋行贿八种。[1]虽然日本刑法对受贿的形式规定得比较完备，但构成犯罪的条件却比较简略。

因此，我国刑法学界，围绕受贿罪的客观要件存在着激烈的争论，尽可能科学地界定受贿罪的内涵，使构成受贿罪的犯罪人不至于逃脱法律制裁，从源头上治理腐败。

1. "利用职务上的便利"

中外刑事立法都要求受贿罪必须与职务相联系，根据我国《刑法》第385 条的规定，"利用职务上的便利"是构成受贿罪的客观要件之一。利用职务便利的具体理解为两种情况，一是利用本人职务上主管、负责、承办的职权，为他人谋取利益收取财物。直接利用法律赋予自己的职权而以权谋私收受贿赂，是最典型的利用职务上的便利的行为。二是利用职务上有隶属、制约关系的其他国家工作人员的职权。《刑法》第 35 条规定的普通受贿的直接受贿与间接受贿与斡旋受贿不同。第 388 条规定的受贿，是利用本人职权或者地位形成的便利条件为他人谋取利益从而收受财物，这种情况下也是利用其他国家工作人员谋取不当利益，但是他人职务与本人职务没有从属、制约关系，这种受贿是非典型受贿。

2. 索取他人财物的或者非法收受他人财物

这是受贿的两种基本形式。索取他人财物，是主动受贿。行为人主动索要并收取，索贿既可以是明示的，也可以是暗示的。索取的外延大于勒索，勒索包容于索取之中。[2]如果对勒索行为的标准依据其他犯罪处理，会导致对勒索贿赂行为处理较轻，造成罪刑失衡。所以，要求、索要、勒索都属于索取，都属于索贿的形式。索贿情节比较恶劣，不论是否"为他人谋取利益"，均构成受贿罪。但索贿本身不是罪名，没有索贿罪，索贿只是受贿罪的一种严重的形式。

利用职务便利，非法收受他人财物，是被动受贿，是受贿罪的另一种形式。非法收受他人财物，必须同时具备"为他人谋取利益"的条件。在行贿人主动行贿的情况下，如果收取了财物，没有承诺为他人谋取利益，因为情节较轻，没有造成危害，不构成犯罪，不作为受贿罪处理。

---

〔1〕　鲍遂献主编：《刑法学研究新视野》，中国人民公安大学出版社 1995 年版，第 413 页。

〔2〕　邹志宏："论索贿犯罪"，载《中国刑事法杂志》2001 年第 4 期。

3. "为他人谋取利益"的问题

《刑法》第 385 条规定："国家工作人员利用职务上的便利，索取他人财物的，或者非法收受他人财物，为他人谋取利益的，是受贿罪。"《刑法》第 388 条规定："国家工作人员利用本人职权或者地位形成的便利条件，通过其他国家工作人员职务上的行为，为请托人谋取不正当利益，索取请托人财物或者收受请托人财物的，以受贿论处。"根据刑法规定，被动受贿，必须具备为他人谋取利益或者为请托人谋取不正当利益的条件，才构成犯罪。理论界关于为他人谋取利益中的利益有哪些方面存在不同认识，司法解释也有相关规定。2016 年 4 月 18 日发布并实施的《最高人民法院、最高人民检察院关于办理贪污贿赂刑事案件适用法律若干问题的解释》第 13 条规定："具有下列情形之一的，应当认定'为他人谋取利益'，构成犯罪的，应当依照刑法关于受贿犯罪的规定定罪处罚：（1）实际或者承诺为他人谋取利益的；（2）明知他人有具体请托事项的；（3）履职时未被请托，但事后基于该履职事由收受他人财物的。国家工作人员索取、收受具有上下级关系的下属或者具有行政管理关系的被管理人员的财物价值三万元以上，可能影响职权行使的，视为承诺为他人谋取利益。"

关于"为他人谋取利益"或"为请托人谋取不正当利益"能不能作为受贿罪的要件，刑法学界存在着诸多争议。其中客观要件说认为，从刑法的规定来看，"为他人谋取利益"是被视为一种客观行为加以规定的。为他人谋取的利益是否正当，为他人谋取的利益是否实现，不影响受贿罪的成立。因此，从这种观点看来，"为他人谋取利益"，是受贿罪客观方面构成要件的一个组成部分，其意是指客观上有为他人谋取利益的行为，而不要求实际上使他人取得了利益。另一种观点是主观要件说，该说认为，"为他人谋取利益"是主观要件的内容，是行贿人与受贿人之间货币与权力互相交换达成的默契，是主观要件中的犯罪动机。为他人谋取利益只是受贿人的一种心理态度，属于主观要件的范围，应当将其解释为是行为人的意图，是一种心理态度。

有人认为，我国刑法应取消"为他人谋取利益"这一规定。因为这一规定不符合受贿罪的本质，受贿罪的保护法益是国家工作人员公务行为的廉洁性、公正性。国家工作人员利用职务上的便利收受他人贿赂，不管是否为行贿人谋取了利益，其收受贿赂行为本身已经造成了对其公务行为廉洁性和公正性的侵犯和破坏。把"为他人谋取利益"，作为受贿罪的构成要件，在现实生活中容易给犯罪分子以可乘之机，而且也违背常理。收受他人财物，为他人谋取利益，才构成犯罪，但是，收受他人财物不为他人谋取利益，反而不构成犯罪，有时候为他人谋取的这种利益可能还是合法利益。从世界范围来说，除了俄罗斯联邦刑法规定有"为他人谋取利益"外，其他国家和地区都无此规定。取消"为他人谋取利益"这一要件，也减轻了司法机关在证明"为他人谋取利益"这一要件上及收受他人财物与为他人谋取利益之间因果关系的困难，有利于准确认定受贿罪，提高司法机关刑事案件办案效率，也有利于打击受贿罪，从源头上有力遏制受贿多发的态势。

4. 行为主体

受贿罪的行为主体是国家工作人员，在这方面，和贪污罪的主体基本相同。即国家机关中从事公务的人员，国有公司、企业、事业单位，人民团体中从事公务的人员和国家机关、国有公司、企业、事业单位委派到非国有公司、企业、事业单位、社会团体从事公务的人员，以及其他依照法律从事公务的人员。和贪污罪一样，由于腐败愈演愈烈，受贿罪主体也有扩张的趋势，法律需要明确受贿罪的范围，进一步明确受贿罪的范围，和不构成受贿罪的情形，便于遏制多发的受贿罪。

受委托管理、经营国有财产的人员利用职务上的便利条件索取、收受财物的，应成立公司、企业人员受贿罪，而不构成本罪。国有公司、企业中从事公务的人员和国有公司、企业委派到非国有公司、企业从事公务的人员，国有金融机构工作人员和国有金融机构委派到非国有金融机构从事公务的人员，利用职务上的便利，索取他人财物或者非法收受他人财物，为他人谋取利益，或者违反国家规定，收受各种名义的回扣、手续费归个人所有的，依照《刑法》第385条、第386条规定的受贿罪定罪处罚。

村民委员会等村基层组织人员协助人民政府从事行政管理工作，利用职务上的便利，索取他人财物或者非法收受他人财物，构成受贿罪。

国家工作人员利用职务上的便利为请托人谋取利益，并与请托人事先约定，在其离退休后收受财物，构成犯罪的，以受贿罪定罪处罚。如果没有事先约定，在职时利用职务上的便利为请托人谋取利益，而在离退休后收受原请托人财物的，不构成受贿罪。

（三）受贿罪主观要件

受贿罪的主观要件是故意。即行为人明知自己在利用职务便利向他人索取财物或者收受他人财物，在索贿情况下，还希望他人交付财物。在被动收受他人的财物后，还希望为他人谋取利益，促成他人实现愿望。

国家工作人员为他人谋取利益，由家属收受财物的案件，需要证实国家工作人员本人确实知道，或者其家属确实告知了已收受财物事宜，否则不成立受贿的共同犯罪。不过，此时的证实不需要确证，如果国家工作人员本人为他人谋取了利益，家庭成员收受了财物，就可以根据证据推定原则得出该国家工作人员知道家庭成员收受财物的结论，因为正常情况下，国家工作人员应当很容易知道家属收受了财物，这种证明不需要做到证据充分的程度。

实践中，国家工作人员收受请托人财物后及时退还或者上交的，不认为有受贿故意，不是受贿，因为有的情况是不知道有贿赂财物的情形，有时候是当面难以拒绝他人提供的财物，只好事后上交给组织部门。国家工作人员受贿后，因自身或者与其受贿有关联的人和案件被查处，为掩饰犯罪而退还或者上交的，不影响认定受贿罪，因为这种情况是为了逃避处罚或者企图获得从宽处罚，已经具备了受贿罪的要求，受贿行为已经实施完毕，从而构成犯罪。

二、受贿罪的认定

（一）受贿罪特殊行为方式

根据 2007 年 7 月 8 日发布的《最高人民法院、最高人民检察院关于办理受贿刑事案件适用法律若干问题的意见》，国家工作人员利用职务上的便利为请托人谋取利益，以下列形式收受请托人财物的，以受贿论处：

1. 国家工作人员利用职务上的便利为请托人谋取利益，以下列交易形式收受请托人财物的，以受贿罪论处

①以明显低于市场的价格向请托人购买房屋、汽车等物品；

②以明显高于市场的价格向请托人出售房屋、汽车等物品；

③以其他交易形式非法收受请托人财物。

2. 国家工作人员利用职务上的便利为请托人谋取利益，收受请托人提供未出资而获得的股份的干股的，以受贿罪论处。股份转让了的，受贿额按转让行为时股份价值计算，所分红利按受贿孳息处理。股份未转让的，以股份分红名义获取利息的，实际获利数额视为受贿额。

3. 国家工作人员利用职务上的便利为请托人谋取利益，由请托人出资，

"合作"开办公司或者进行其他"合作"投资的，以受贿论处。受贿数额为请托人给国家工作人员的出资额。国家工作人员利用职务上的便利为请托人谋取利益，以合作开办公司或者其他合作投资的名义获取"利润"，没有实际出资和参与管理、经营的，以受贿罪论处。

4. 国家工作人员利用职务上的便利为请托人谋取利益，以委托请托人投资证券、期货或者其他委托理财的名义，未实际出资而获取"收益"，或者虽然实际出资但获取"收益"明显高于出资应得收益的，以受贿罪论处，其中"收益"额或以收益额与出资应得收益额的"差额"为受贿额。

5. 国家工作人员利用职务上的便利为请托人谋取利益，通过赌博方式收受请托人财物的，构成受贿罪。

（二）收受回扣、手续费

除一般索取、收受贿赂之外，《刑法》第385条第2款还规定，国家工作人员在经济往来中，违反国家规定，收受各种名义的回扣、手续费，归个人所有的，以受贿论处。违反国家规定收受回扣，是指未在单位设立的财务账目上如实、公开记载而收受回扣、佣金、信息费、顾问费、劳务费等手续费的。这些项目未在单位账上列支，私自被行为人收受，被行为人占为己有，视为受贿金额。如果在账上列支，没有采取默示的手段，而是采取明示记载，作为物品或单位收益的成本加以扣除的，属于折扣。折扣是正常的经营方式，是法律允许的，不构成犯罪。所以，行为人收受回扣、佣金、信息费、顾问费、劳务费等手续费，在单位财务账目上如实记载，没有归个人所有的，不构成受贿罪。

（三）受贿罪与非国家工作人员受贿罪的界限

受贿罪与非国家工作人员受贿罪的主要区别表现在两方面，第一，非国家工作人员受贿罪侵害的法益是国家对公司、企业以及非国有事业单位、其他组织的工作人员职务活动的管理制度。非国家工作人员受贿罪的行为人的受贿行为直接侵犯了公司、企业、教育、科研、医疗、体育、出版等事业单位等的管理制度，破坏市场公平竞争的交易秩序。第二，非国家工作人员受贿罪的犯罪主体虽然也是特殊主体，但和受贿罪的犯罪主体国家工作人员的范围不同。非国家工作人员受贿罪的主体包括，非国有公司、企业或者其他单位的从事领导、组织、管理的工作人员，包括非国有学校的校长，非国有医院的院长等。

三、受贿罪的刑罚适用

（一）受贿罪量刑标准与现状

1. 受贿罪量刑标准的内容

针对受贿行为，刑法规定了包括死刑等在内的主刑及没收财产的附加刑，未设置罚金刑、资格刑。关于受贿罪的处罚，一贯是将金额视为定罪量刑的根本模式。其中，并未对受贿罪的定罪量刑准则作出单独设置，而是征引贪污罪而适用。关于数额等在刑法中也有详细的规定。

《刑法修正案（九）》首先否定了对受贿犯罪量刑的数额标准，而代之以金额与情节相结合的模式，对情节的规定终于有了用武之地而且也修正了违背罪责刑相适应原则的问题。其次，重新布列了受贿罪量刑刑罚的顺序，近似于 1979 年刑法由轻到重的情况。再次，增设了对罚金刑和终身监禁的规定，直接规定了在提起公诉前真诚悔罪、积极退赃等一系列法定酌定从宽量刑情节。2016 年 4 月 18 日最高人民法院、最高人民检察院发布施行的《关于办理贪污贿赂刑事案件适用法律若干问题的解释》对受贿罪的量刑进行了一定细化，表明对贿赂犯罪整体呈现一种严厉打击的态度。

2. 受贿罪量刑标准的特点

我国现行《刑法》和法律适用中对受贿罪的法定刑主要体现以下几个特点：

第一，受贿罪的刑罚适用历来就是援用贪污罪的。一直以来，刑法中对受贿罪并无专门的规定，只能引用贪污罪来进行案件处理。

第二，受贿罪的涉案金额没有最低限制。即便收受金额小于 5000 元，如果有较重情况，依然处以很重的处罚如有期或拘役。

第三，量刑细节线索过于多样化。除此之外，刑法还设定了情节较轻的以及真诚悔罪等细节幅度，这在某种程度上会影响刑罚的判定。遗憾的是，法律法规基于此没有对这些要素做出进一步详解，审判人员的自由裁量权较大。

援用贪污罪的量刑标准作为受贿罪的量刑标准这在新中国成立以来是有迹可循的，特定的犯罪行为并没有受到特定的法律定刑，而采用类似的法律定刑，这使得法律的适用范围并不是仅仅适用于特定的犯罪行为。但是，就受贿罪和贪污罪来说，这两个罪名存在很大不同。首先，两罪体现的主观恶意不同；其次，侵犯的法益不尽相同；再次，二者的普遍危险性也不相同。所以说，两种不同的犯罪，法定刑相同，违反了刑法的罪刑相适应原则，不利于实现法治公平。

受贿罪的涉案金额没有最低限制这体现了我国对于受贿犯罪的明确态度是坚决打击、零容忍。这样做主要还是因为不法分子的贪利性和审判人员的身份、工作原因。这也是由我国国情的基本情况决定的。不仅能够解决执法者在判刑时统一判刑轻重，而且也避免了由于腐败之风形成的一些缺陷。尽管遵从了立法之意统一了数额，可以准确量刑，也能够限制审判者裁判权的滥用，但这种模式也存在没有考虑到具体案情具体分析，而且对数额认定的评价因素单一等一些主客观问题。法律条文规定不明确，使得涉案金额没有最低限定。这种状况导致能否构成受贿罪的界限不清，同时也无意间扩大了审判者的裁判权。在这种情形下，可能会导致轻罪重刑的判决结果，增加社会舆论对司法的压力。

没有立法解释作为适用标准导致审判者主观性较强，自由裁量权较大。当然，量刑标准的模糊，也符合当前我国快速变化的国内形势以及复杂的社会结构。有些法官糊涂办案，只要具备某些量刑或处罚减轻因素，法官都进行减轻处罚或量刑。较大的减轻幅度使得在司法操作上审判者的裁判权已经超过了法律的范围。减轻处罚的限度没有统一的规定，这将影响到刑罚的适用，同时也不利于我国刑事诉讼水平的提高和法治的完善。假如法官可以合理地运用法律赋予的自由裁量权，能够使判决更加公平，对悔改态度较好的犯罪嫌疑人酌情减刑，对情节严重的犯罪行为进行严惩，做到奖惩有度，发挥法律的惩治作用和教化作用。

（二）受贿罪量刑失衡现状

1. "同罪区别罚"现象的存在

在笔者从裁判文书网上随机抽取进行研究的数十个案例中，发现了如下情况：被告人陈海鞠受贿 486 万元，具备积极退赃情节，依法可从轻处罚。法院判处陈海鞠退还全部赃款，判处有期徒刑 13 年 4 个月，罚金 100 万元。[1]被

---

[1]　上海市高级人民法院（2015）沪高刑终字第 41 号刑事判决书。

告人林学建受贿 542 万元，并在案发后主动自首，积极退赃，也可从轻处罚，法院判处林学建有期徒刑 7 年 6 个月，罚金 50 万元。[1]又有被告人周某收受钱财 26 万元，主动认罪，积极退赃，也是有从轻处罚可能性，法院决定判处周某有期徒刑 2 年，罚金 20 万元。[2]被告人李海勇收受钱财 24 万元，主动坦白，积极退赃，也是可从轻处罚，法院判处其有期徒刑 3 年，罚金 20 万元。[3]

从上述文本可以发现，受贿数额相近，法院判处的不论刑期还是罚金金额却相差很多，诸如此类，不胜枚举。

2. 量刑情节适用过多，量刑幅度过大

量刑情节过于广泛，幅度大是个普遍存在的问题。原因在于：首先，法律对量刑情节并无一致且具体的规定。对刑法规定的一些细化标准还没有法律或司法解释作出规定。其次，对量刑所依据的情况的裁量幅度过大，几乎每份判决书都有"可从轻减轻"等字样。就受贿罪中的自首来说，有数据显示，近年办理的受贿案中，认定自首的极多，大致占总数的 90%。但是一般来说，受贿行为的发生大都很隐蔽，由检察院立案的受贿罪的犯罪官员差不多都要先经历"学习班""关小黑屋"等情形，所以其心理素质都是极其强大的，除非实在是饱受折磨，精神扛不住了才会交代自己的罪行。实践中自首的少之又少。所以，这其中的水分也可想而知。还有法定、酌定的从重、加重情节却在判决书中没有被提及，从重、从严打击受贿罪的精神并没有在判决中得以体现。

3. 缓刑适用率偏高，现行刑罚处罚普遍偏低

笔者查阅了很多中国裁判文书网上公开的受贿罪有关判决，并进行了分析研究且发现，被判处免于刑事处罚的判决很多。一部分跟受贿金额有联系，还有一部分是与其他一些影响量刑的细化要素有联系。按具体犯罪的情况来量刑倒也无可厚非，但是其中就不乏有些当事人并没有正当的量刑细化要素却也减免了刑罚。由此也体现了判决中过高的免刑率。

如此之高的缓刑率注定令人担忧，值得法学界探讨。受贿犯罪是社会毒

---

〔1〕 湖北省武汉市中级人民法院（2016）鄂 01 刑初 11 号刑事判决书。
〔2〕 浙江省缙云县人民法院（2015）丽缙刑初字第 278 号刑事判决书。
〔3〕 山西省晋城市城区人民法院（2015）城刑初字第 418 号刑事判决书。

瘤，是我国现阶段严厉打击的犯罪，也是可能导致民众对政府信任缺失的犯罪，而实际操作中出现的偏高缓刑率，是与罪刑法定原则相违背的，也不利于和谐社会和法制社会的建设和推进。

（三）受贿罪量刑制度的完善

1. 单独设置受贿罪的法定刑

我国《刑法》在立法上对于法定刑并非完全是"一罪一刑"的设置。受贿罪以往采用的依照贪污罪定罪量刑的立法模式，已经不能顺应时代的要求，应当独立设置受贿罪的法定刑。

首先，在保护法益的范围和犯罪主体上，二者明显不同。并且由于两罪在表现上也有差异，所以犯罪主观心理也有区别。二者在组成要素上和危害的评判标准侧重上也有很大差异。

其次，受贿罪的法定刑也有独立之可能。第一，其单独设置法定刑有迹可循，不突兀。《唐律》[1]《大明律》[2]等古代法典对古代为官者受贿及处罚已有设置，有的甚至设立了专门章节。1979 年《刑法》专门将受贿罪设定在渎职罪中，受贿罪自此有了专门体系。第二，此种独而为之的方法已是常态。在德国、日本等国家，受贿罪早就是独立成刑。英美等国家虽未具体列举出来，也仍有设立的单独法规来规制，其各自的法定刑设置也是分开的；第三，其单独成刑具有可操作性。既不会有其体系在刑法典条文设置上的困难，也不需添加新的条文，还不会干扰其他条文，设置简易可实施。

2. 增设受贿罪的资格刑

《刑法修正案（九）》增加了介绍贿赂罪、行贿罪、对单位行贿罪的罚金刑，并对具体实施方法作出了详细的规定。而现行刑法只对行贿罪有规定。这次修订主要内容在于进一步细化财产刑的规定，使犯罪分子在人身受到处罚的同时在经济上也要受处罚。也体现了我国目前对贿赂犯罪加大打击力度的零容忍的态度，在刑罚上也有所加重。

我国刑法对资格刑的规定种类较少，同样，受贿罪适用资格刑仅限于剥

---

〔1〕《唐律疏议·杂律》曰："然坐脏者，谓非监临主司，因事受财，而罪由此脏，故名坐脏致罪。犯者，一尺笞二十，一匹加一等，十匹徒一年，一匹加一等，罪止徒三年。"

〔2〕《大明律·受脏》分别规定了"官吏受财""事后受财""坐脏致罪""私受公侯财物""有事以财请求""在官求索借贷人财物""家人求索""风宪官吏犯脏""因公擅科敛""克留盗脏""官吏听许财物"。

夺政治权利。在世界发达地区，贿赂犯罪早已设置资格刑，比如世界上相对出名的有褫夺公职[1]等，而经历时代变迁，我国的刑罚轻缓理论也已成熟，应该顺应时代潮流。在《刑法》中设置资格刑，并不是单纯地规定剥夺政治权利，而应结合实际对现行剥夺政治权利的设定进行重新界定和设置，比如适当剥夺或永久去除犯罪分子从事相关管理工作的资格或担任与相关职务有关的职位，从源头上铲除其再犯罪的土壤，减少其再犯罪的可能。

3. 受贿罪量刑标准重置，建立以犯罪情节为中心的量刑标准

一直以来，对于受贿罪的量刑标准采用数额定罪模式，根据实证分析学者的调查数据，发现已经逐渐形成受贿金额只要不超 3 万元即可以免于处罚，超过 10 万的，分摊下来需承担的重担更轻，降低了对其的心理压力和震慑力，这种模式背离了罪刑相适应原则。

受贿犯罪，其受贿私得的钱财是社会公众的血汗钱，固然性质严重，但更重要的，这是一种对国家权力、公权职能的玩弄和亵渎。正因如此，数额标准的量刑制度对比于现实实际还是有失偏颇的，当然，这也不是否定它的积极意义，毕竟这种可触摸的处罚方式沿用数年还是很有成效的。根据受贿数额判断违法性的大小有一定依据但有局限性。尽管《刑法修正案（九）》目前已经适用了更多情节标准，但从目前司法实践中可以看出，数额仍是量刑标准的主要影响因素。所以，重置量刑标准很有必要。

4. 规范受贿罪量刑，对法定情节予以量化

目前，世界上法治发达的国家的法律法规，对各种影响罪量规范幅度的细化要素设置有很多值得我们借鉴。同时，应结合我国现实国情，对于量刑情节加以规范。

第一，关于自首刑罚的量化。经过前面笔者的论述也可以发现自首这一细化要素在受贿罪判决中简直太普遍了，多到离谱，几乎每一个案件都有，而且影响也大大不同。这些不同的情节主要包括：自首的动机，悔改、悔罪，认罪三种；自首的时间，分为是犯罪暴露前，还是犯罪暴露后；自首的方式，是主动的还是被动的，是自己亲自去自首，还是委托或是他人陪同自首；是真心诚意悔改的还是虚情假意掩人耳目等等，都对量刑存在影响。自首在世

---

[1] 褫夺公职："褫夺公权者，民国刑法之谓也"，指褫夺"为公务员之资格、公职候选人之资格、行使选举、罢免、创制、复决四权之资格"。

界各国基本都已采从宽处罚的原则。对于此，自首可采用如下量化方法：主动坦白所有罪行的，在基础刑的基础上从轻处罚幅度为 1/6～1/4；被动交代未知的犯罪的，在基础刑的基础上减少 1/8～1/6；被采取强制措施后主动坦白的，在基础刑的基础上从轻处罚幅度为 1/7～1/5；被逼无奈的，在基础刑的基础上减少 1/8～1/7；是经他人劝告下的，在基础刑的基础上有 1/5 以下的从轻处罚幅度；犯罪暴露后，可从轻基础刑的 1/5～1/3；暴露前的，1/4～1/3；罪行轻微的可免除处罚。

第二，关于立功情节的量化问题。对于立功情节的认定要进行限制，裁量时应当综合考虑立功的社会价值与罪行危害性。如果犯罪分子因收受财物所应判处 5 年以下有期徒刑，立功行为所参与的部分被判处 5 年以下有期徒刑的，可从轻大约 1/6～1/5，其余的以此类推；当法院判处刑罚在 5 年以上10 年以下有期徒刑以及以此幅度呈递增趋势时，同时立功行为所参与的部分可能判处 5 年以下有期徒刑以及以此幅度呈递减趋势的，可从轻的力度也表现为呈类似幅度递减，其余的以此类推等。当然，立功是积极的应该被鼓励，但这也是由犯罪嫌疑人实施犯罪后的表现来决定，我国《刑法》第 68 条对是否从轻减轻处罚有详细规定。同时还要注意不能利用此减轻刑罚过多，要严格遵守刑法典的规定。